Gabriela Verosta

Paula Grogger · Der Paradeisgarten

Paula Grogger

Der Paradeisgarten

Geschichte einer Kindheit

Schutzumschlagbild:
© Vim van der Kallen: Paula-Grogger-Haus, Öblarn

Die Deutsche Bibliothek – CIP-Einheitsaufnahme

Grogger, Paula:
Der Paradeisgarten : Geschichte einer Kindheit / Paula Grogger. –
Graz ; Wien ; Köln : Styria, 1999
ISBN 3-222-12674-7

Umschlaggestaltung: Graphik Pirker, Graz
Druck und Bindung: Wiener Verlag, Himberg
ISBN 3-222-12674-7

INHALTSVERZEICHNIS

DIE GUTE ALTE ZEIT

Jeder hat sie einmal und jeder hat sie anders erlebt. Für unsern Vater begann sie auch in der Kindheit, und zwar am Tage, als der Pfleger von Gstatt, seit der neuen Verfassung längst kein Pfleger mehr, unter der rauchgeschwärzten Tramdecke des Stralzenhauses feierlich die erste Petroleumlampe anzündete. Er war der einzige, der dies verstand. Mit der starken Flamme, die steif und rötlichgelb wie ein Hahnenkamm durch den Zylinder brannte, ging den Landleuten gleichsam das Licht auf. Unser Vater ist damals noch ein kleiner Schulbub gewesen, nicht sicher im Abc. Doch er wurde ganz andächtig vor der Petroleumlampe und bewunderte sie mehr denn alles Wunderbare von Himmeln und Heiligen, was er im Kindszimmer hörte. Ja, sie blieb ihm so unvergessen, daß er nach siebzig Jahren mit kindlicher Lebendigkeit davon erzählte.

Denn sie war für ihn wirklich der Vorbot jener erfindungsreichen neuen Zeit, die er später als geweckter tüchtiger Kopf nach Kräften ausnutzte und die dem Rückblick seines Lebens eben darum als Gute Alte Zeit erschien.

Freilich auch deshalb, weil die Bauern schwerer gewerkt und sparsamer gewirtschaftet haben. Er schilderte sie als ungemein anspruchslos und bescheiden, insbesondere vor dem Bahnbau. Das Dienerweibel von Gstatt war zweimal die Woche nach Gröbming gewandert, um die Post zu holen. Es gab nur einen einzigen Schulmeister, der konnte lesen, schreiben und rechnen. Wer etwas bessere Wissenschaft verlangte, zum Beispiel der Stralz, schickte seine Söhne nach Admont. Doch unser Vater hat sich als „Student" nur für die Mathematik interessiert. Er bewältigte sehr notdürftig das Untergymnasium. Nachher wurde er in allen Gewerben aufgedingt, welche der weitläufige Besitz erforderte. Seine Lehrbriefe berechtigten zu besserer Hoffnung als die Schulzeugnisse.

Während von den Brüdern der älteste auf der Walz und der andere bei der Festungsartillerie in Pola diente, mußte er Roßknecht, Fleischknecht, Müller, Viehkäufer, Fuhrmann und am Sonntag auch

Schankbursch sein. Er war oft vom ersten Hahnschrei bis Mitternacht auf den Füßen. Dafür erstatteten ihm die Eltern fünf Gulden im Monat sowie das Gewand und die Schuhe. Sonst waren zehn Gulden der übliche Jahrlohn für ein Mannsbild. Die Mägde bekamen von acht Gulden abwärts...

Sein Vater, Johann Grogger vulgo Stralz, war eigentlich mehr ein Herr als ein Bauer. Er gehörte zu den Fortschrittlern, die im politischen Sturm des 48er Märzen ihre rebellische Weltanschauung jugendlich ausgetobt hatten; doch entgegen seinem Vetter Paul Grogger aus Rottenmann, der, zum Tod verurteilt, nach Amerika entflohen und dort verschollen war, mäßigte er sich zu einem bürgerlichen Liberalismus und wurde in reifen Jahren sogar noch steirischer Landtagsabgeordneter.

Viel mehr als seine von vielen Geschlechtern ererbte Heimat, die er wie ein naturliebender Spaziergänger schätzte, war ihm die weiter und weiter sich öffnende Welt. Wenn er auch zäh an der alten Tracht, an ländlich frommen Bräuchen und am sonntäglichen Kirchgang festhielt, strebte er doch schon neuen Ideen zu. Er studierte Zeitungen, machte Reisen, freilich noch im Biedermeiertempo, und gründete nach dem Beispiel, das er irgendwo gesehen hatte, eine Fabrik.

Um all dieser Dinge willen nannten ihn die Leute einen Freigeist.

In der Fabrik wurden aus Birkenholz dreiunddreißig Gattungen Schuhstiften erzeugt. Die Maschinen hatten ein Heidengeld gekostet, und das Geschäft rentierte sich wenig, schon deshalb, weil er, viel zu vertrauensselig, den unbekannten Kundschaften in der Ferne oft genug Waren lieferte, für die er keinen Kreuzer Zahlung bekam. Immerhin widmete er dem Unternehmen sein ganzes eifervolles Interesse. Einmal oder zweimal des Jahres setzte er sich im weiten loden Wettermantel und rauhen breitkrempigen Zylinderhut auf sein Steirerwägelchen. Unter der Regenblahe verwahrte er etwas Mundvorrat und einen ungeschlachten Preiskurrant, dawo sämtliche Muster in natura aufgeklebt waren. Zum Schutz hielt er eine rostige Hellebarde im Arm. Er fuhr stets allein und kam in einem Monat bis Venezien. Dort kehrte er um. Sein Kundenkreis reichte aber bis in die Türkei.

Der Ehefrau daheim überließ er die ganze ausgedehnte Bauernwirtschaft, und sein dritter Sohn, unser nachmaliger Vater, mußte neben der vielen Gewerbstätigkeit auch die Nagelmaschine bedienen. Ihm war die spielerische Handhabung zuwider, auch trug sie ihm zu wenig. In der Hauptsache arbeiteten Schulkinder. Nur das

Holzbleichen mit Schwefeldampf besorgte ein Tagwerker. Eine lebendige Herzensfreude hatten sie aber doch in der Fabrik, nämlich einen ungewöhnlich großen zahmen Wildhasen. Er folgte auf Schritt und Tritt. Wenn Vater in die Mühle oder nach Hause essen ging, hüpfte er hinterdrein. Selbst die Fleischerhunde fürchtete er nicht. Einmal vermißten ihn die Kinder. Sie schloffen suchend in jedes Loch. Endlich ging Vater zum Schwefelkasten und machte das Türchen auf. Darin hockte der Hase wirklich, elendig hustend. Er hustete noch sieben Tage. Als er tot war, weinten die Schulkinder, und den Vater freute es nicht mehr in der Fabrik.

Er plante überhaupt zuweilen eine Veränderung; besonders in der Zeit, als seine Schulkameraden zum Militär einrückten. Er selbst ist niemals assentiert worden, weil er schon seit dem Kindesalter an der geschwollenen Gicht zu leiden hatte; so wie seine Urgroßahne, die auch immer wieder per Achs in die Gastein gefahren ist.

Als er volljährig wurde, wünschte seine Mutter, entgegen dem Brauch, *er* möge dermaleinst den Stralzenhof übernehmen. Doch er bezeigte keine Wertschätzung für den großen Besitz; weil ihm das liebe Vieh erbarme, entschuldigte er sich.

Gewiß ein Grund, aber beileibe nicht der einzige. Sein Geist war zu beweglich für die bodenschwere Wirtschaft. Er rechnete, daß der teure Schweiß einen geringen Preis abwarf. Der natürliche Jahrlauf vom Körnlein bis zur Ernte, vom Kalb bis zum Mastochsen dauerte ihm zu lang. Er spürte den geschwinden Lufthauch, den die Eisenbahn in die Bergeinschicht emporschnaubte, und ließ sich gerne mitreißen.

So entschied er sich für bare 3000 Gulden Erbschaft und begann einen kleinen Handel, für den Anfang noch im Stralzenhaus.

Es gab im Dorf aber zwei erbgesessene Kaufleute, den vulgo Veitkramer und den vulgo Gschmeidler, die mit ihren ganz wenigen Waren für die Kundschaft genügten. Einer witzig empört, einer hilflos duldsam, betrachteten sie das neue Unternehmen zunächst mit der begreiflichen Hoffnung, daß es bald einginge. Doch auch solche, welche keinen Schaden zu befürchten hatten, verbanden sich mit grausamer Mißgunst gegen einen ihresgleichen, weil er aus der Art schlug und draufgängerisch über sie hinauswuchs. Es wurde dem Vater, nachdem er das hausbackene Brot verschmäht hatte, recht schwer, sich ein anderes zu verdienen.

Er hatte jedoch nicht das Naturell, dem Haß empfindlich oder kämpferisch zu begegnen. Vollkommen unbekümmert, ohne Rücksicht, ob sich die Leute hinter ihm heilig oder unheilig entrüsteten, und mit der gleichmütigen Gewißheit, daß ihm alles glücken werde, entfernte und entfremdete er sich vom angestammten Bauerntum zu jenen schnellen rationellen Fortschrittlern hin, welche die neue Zeit vorbereiteten.

Sein erster und eifrigster Freund in dieser Hinsicht war der Herr Gugu, ein kleiner dicker Schmied, der weder lesen noch schreiben konnte und in der benachbarten Ortschaft Stein an der Enns sein Handwerk recht unscheinbar betrieb. Es ergaben sich immer Geschäfte und Gegengeschäfte, weil der Stralz in der Nähe ein großes Lehen bewirtschaftete und alle Rösser und Zugochsen bei seinem Feuer beschlagen ließ.

Einmal, natürlich als Vater noch jung und ledig war, schmiedeten die zwei Freunde de facto mit dem glühenden Hufeisen allerhand Zukunftspläne. Unversehens leuchtete ihm der Herr Gugu vor die Nase und rief: „Mit *dem* Material mueßt handeln!"

Vielleicht, weil in der Groggerischen Familie ein guter Tropfen Schmiedeblut rann, vielleicht, weil die Idee rentabel ausschaute, kurz und gut, sie fand williges Gehör. Auch der alte Stralz war ihr nicht entgegen. Er schrieb in seiner ganzen feierlichen Ehrsamkeit als Abgeordneter an den Herrn von Steyrer in St. Michael, der einer der letzten selbständigen Werksherrn und überdies sein Beisitzer im Grazer Landhaus war. So verschaffte er dem Sohn einen Kredit. Ja, er tat noch ein weiteres, indem er ein Gewölbe des uralten Verweserhauses als Magazin beanspruchte.

Die Zahlung jedoch überließ er dem, der es nutzen wollte. Und als die Fracht Eisen einlangte, lieh er weder Roß noch Wagen her. Vater war fortan sich selbst überlassen.

Der gute Rat seines Freundes Gugu wirkte sich immer besser und besser aus. Von der nahen Umgebung, von den Berggräben und alsbald auch von den Dörfern und Märkten des Ennstales kamen die Schmiede mit ihren Steyrerwäglein oder, wenn es die Richtung und der Geldbeutel erlaubte, sogar mit dem Zug.

Es gab nämlich in ganz Obersteier sonst keinen Mann, der sich ein solches Unternehmen zutraute. Denn die früheren Eisenverleger waren mit den alten einst so üppigen Erzberg-Gewerkschaften zugrunde gegangen. Ihre Patrizierhäuser in Bruck und Leoben verwahrlosten zugleich mit den ausgeblasenen Schmelzen, Hochöfen und Hämmern.

Auf den abgehausten und lizitierten Realitäten der letzten Radmeister, die bei den vielen Mahlzeiten übersehen hatten, daß die Konkurrenz der Industrien und Compagnien den einzelnen über den

Haufen rannte, also auf diesem Gebiet der steirischen Eisenwurzen, wo sich wohl die Geschlechter, nie aber der ewige Stoff und der lebendige Geist erschöpften, hatten die Herren von Mayr-Melnhof, deren Großeltern noch bäuerlichen Standes gewesen waren, die Alpine-Montan-Gesellschaft gegründet. Hiedurch entstand auch die Zunft der Eisenverleger von neuem und von kleinauf. Unser Vater, der damals noch nicht unser Vater war, gehörte zu den ersten. Er hatte keine Kenntnis vom Glanz und Reichtum seiner historischen Vorgänger. Wie ein Knecht oder ein Arbeiter spannte er sich selbst vor einen Handwagen und zog unzählige Frachten Roheisen, Stabeisen, Bandeisen, Schmiedeeisen, Rundeisen, Blechschnitz und Gußstahl vom Bahnhof ins Magazin. Sein jüngster Bruder Fritz mußte hintenbei anschieben.

Sie brachten es mit Schulden und Gedulden ziemlich bald zu einem Haus. Das „Gewölbe" bekam eine schöne klingelnde Glastür und ein richtiges Auslagfenster, damals in Dörfern eine Seltenheit.

Die drei Wohnräume im obern Stockwerk, nämlich das Große, das Rote und das Blaue Zimmer, stattete Vater behaglich mit Zirbelholzmöbeln, Majolikageschirr und Chenilledecken aus, um es den Sommergästen oder, wie man sich noch ausdrückte, den „Herrschaften" zu vermieten.

Er selbst benutzte sehr anspruchslos eine ebenerdige Stube, die weiß getüncht und entsprechend seinen Körpermaßen eingerichtet war. Auch einen großen Schreibtisch schaffte er sich an sowie eine eiserne Wertheim-Kassa. Darin verwahrte er, wie der Lukas beim Stralzen, in liebevollster Ordnung sein Geld und die Einschreibbücher für die Kundschaft. Sie waren stets gut zusammengerechnet, aber fahrig und ungeduldig beschrieben. Im obersten Fache lag, vergilbt und mürb geworden, ein Päckchen loser Abschnitte: vom „Interessanten Blatt" und von Faschings- und Lokalzeitungen. Darauf sind anonym seine Rätsel gedruckt. Auch ein Gedicht:

Das verdammte Buch
Es kündet von der Kanzel
In einem Bauernort
In seinem heiligen Eifer
Ein Priester Gottes Wort.

Und ruft mit Donnerstimme,
Wie in der jüngsten Zeit
Die unbeschützte Jugend
In Not zum Himmel schreit.

Und ebenso verdammt er
Das neue Schriftentum;
Und sagt, es gibt so Bücher,
Die machen euch nur dumm.

Drum wer von euch, ihr Lieben,
Bekommt solch Buch zur Hand,
Das seinen Sinn verwirret,
Der bring mir's unverwandt.

Da kommt des andern Morgens
Ein altes Bäuerlein,
Er meldet sich beim Pfarrer,
Der läßt den Alten ein.

Herr Pfarrer, spricht der Bauer,
Und küßt des Priesters Hand,
Ihr habt so schön gepredigt,
Daß alles ich verstand.

Auch daß von solchen Büchern
Drauf lastet wie ein Fluch,
Hier bring ich Euch, Herr Pfarrer,
Ein solch verdammtes Buch.

Das hat, wir Ihr gepredigt,
Mir ganz verwirrt den Sinn.
Mit diesen Worten legt der Bauer
Sein Steuerbüchel hin.

DIE VORGESCHICHTE MEINES LEBENS

Um die Zeit, als Vater an seinem Haus werkte und Bürger wurde, vollzog sich auch beim vulgo Veitkramer eine große Veränderung. Der Besitzer war kein Nachkomme jenes Michael Prasthofer aus dem „Grimmingtor", sondern ein kleiner, aber schon reputierlicher Geschäftsmann, dessen Vater aus dem niederösterreichischen Bandlkramerland zugewandert und durch Heiraten bereits mit Öblarner Familien verwandt war. Zu dem schwäbischen Wappel guter Herkunft, auf das er sich mit Stolz berufen konnte, ehelichte er nun eine reiche Brauherrntochter aus Aigen bei Irdning, deren Voreltern reiche Ratsbürger, auch in Schwaben, gewesen waren. Diese junge Frau Cäcilia Kitzinger, geborene Keller, verursachte bei den Frauensleuten ähnliches wie Vater unter seinesgleichen. Sie wandelte, zwar unmerklich langsam, aber doch sicher das bäuerliche Gepräge des Dorfes um. Ihr Brautkleid war vielleicht schon in Graz geschneidert worden. Sie trug nicht vorsätzlich, sondern aus Gewöhnung statt des schwarzseidenen Kopftuches einen Hut. Freilich prangte sie bei silbernen Hochzeiten auch in der uralten Tracht, jedoch galt ihr diese schon als Kostüm. Ihre schwere Goldhaube leuchtete aus dem bescheidenen Duster von Drahtelhauben prachtstrotzend hervor, und ihr patrizisches Gebar hielt jedermann nach seinem Geld oder seinem Bildungswert in geziemendem Abstand. Vor ihr unterdrückte der Volksmund den Namen Veitkramer, welcher manches Menschenalter überlebt hatte. Und als die vergitterten Fensterstöcke mit den Eisenbalken ausgebrochen waren und über einer blitzblanken Auslagenscheibe ein neues Schild auftauchte, las man respektvoll:

Ferdinand Kitzinger, Handlungshaus.

In diesem Haus diente meine Mutter als gelernte Handlungsgehilfin, natürlich zu einer Zeit, da sie noch nicht meine Mutter war. Sie hieß damals Longin Marie und Fräulein nur dann, wenn ihr der Postexpeditor einen Brief übergab. Sie bekam so manchen Heiratsantrag von Schladminger — und Öblarner — Junggesellen. Einer aber widmete ihr nur seine Visitkarte zu Neujahr. Darauf stand viel schöner, als er schreiben konnte:

Franz Grogger, Eisenhandlung.

Das war eine Schicklichkeit, nachdem sie miteinander Theater gespielt hatten. Vater behielt nämlich jenes Gewölbe, das er vor dem Hausbau als Magazin gepachtet hatte, noch weiter und verwendete es für eine Bühne. Die Komödienstücke verschaffte er sich größtenteils selbst, indem er alte Volksbücher, deren genug auf dem Stralzischen Dachboden verstaubten, wieder ans Licht zog.

Der junge Herr Lehrer Walcher, allgemein als Tausendkünstler geschätzt, mußte die volkstümlichen Geschichten in hochdeutsche und mundartliche Zwiegespräche ummodeln. Damit verbilligten sich die Spesen. Auch einen Zauberstab schnitzte er. Darin war unsichtbar ein Stück Kreide befestigt.

Vater selber gab den Doktor Faust und bestellte sich von einer Leihanstalt eigens ein Kostüm hiezu. Als der Vorhang aufging, stand er in seiner ganzen Größe da, zeichnete mit dem bewußten Stabe einen magischen Kreis um sich und sagte feierlich:

Nun, so sey es!

Meine Mutter spielte das Gretchen.

Im alltäglichen Leben war jedoch von einer Liebe oder Freundschaft durchaus nicht die Rede. Denn Vater hatte sich so gut wie gebunden. Zudem verhinderte die Konkurrenzehre, daß sie einander begegneten. Damals waren die Kaufgewölbe von 6 Uhr früh bis 8 Uhr abends fleißig geöffnet. Sogar an Sonntagen ging die kleine schrille Glocke bis drei...

Die andauernde Arbeit, wohl auch das Kälteleiden im Winter, setzten meiner Mutter recht bitterlich zu; sie begann zu kränkeln und wanderte von der Fremde wieder in ihre Heimat Schladming zurück. Freilich wurde ihr auch dort das liebe Brot nicht geschenkt. Sie mußte tüchtig zugreifen, doch sie galt im reichen Bürgerhaus Angerer, wo sie seit ihrem zwölften Lebensjahr in Obhut und schließlich in der Lehre gewesen war, doch soviel wie ein Auferziehungskind.

Ihr Vater war Schulmeister gewesen. Ihre Mutter lebte noch. Sie bewohnte im Vorstadtl ein kleines, über und über weinumranktes Haus. Von ihren sechs Kindern war die jüngste Tochter Julie daheim, weil sie zu keinem harten Dienst taugte. Sie nähte manchmal aus Gefälligkeit ein seidenes Gewand für eine Braut oder eine Brautmutter. Damit verbesserte sie immerhin die magere und spärliche Mahlzeit. Für den Morgen und den Abend stand ein Häfen Kaffee in der Ofenröhre.

Die Schladminger bedeuteten meiner Mutter eine große Familie. Sie mußte sich darin naturgemäß als gut erzogene Tochter vorkommen, wenn die Augen ihrer dreimalgestrengen Frau Mutter, zwar von ferne, aber doch recht gegenwärtig ihr Jungfernstübchen behüteten und der hochwürdige Herr Pfarrer Frühwirt ihr zu Mariae Lichtmeß immer ein Wachsstöckel schenkte, worauf geschrieben stand:

Der wohlgeborenen und ehrenfesten Chorsängerin Fräulein Maria Longin...

Kein Wunder, daß sie in der Fremde das kränkelnde Heimweh bekommen hatte. Sie magerte ab. Sie spuckte ein bißchen Blut, und die Leute waren heimlich der Ansicht, daß sie ihrem Vater nacharte. Doch der berühmte Chirurg und Wunderbader Herr Heinrich Lobenstock sprach ihr den allerbesten Trost zu. Er gab ihr ein pulverisiertes Heilmittel, das sie nüchtern nehmen mußte.

Als es wieder einmal aufgebraucht war, reiste sie mit dem Zug nach Mitterndorf. Damals ging schon lange die Eisenbahn. Als sie auf der Rückfahrt in Stainach umstieg, begegnete ihr ein Öblarner, nämlich derjenige, welcher ihr jedes Neujahr eine gedruckte Visitkarte schickte. Sie setzten sich gegenüber und fragten, was es Neues gebe. Er wußte allerlei, kam eben jetzt von einem untersteirischen Warmbad, wo er seine geschwollene Gicht auskuriert hatte, für alle Zeiten, glaubte er zuversichtlich. Sein Bruder Fritz war schon freigesprochen und führte ihm dieweilen das Detailgeschäft.

Die Gemischtwarenhandlung ging gut, noch besser der Absatz von Eisen. Auch mit Maschinen hatte er Glück. Ob sie schon eine Nähmaschine gesehen habe? oder ein Hochrad? fragte er, und beschrieb die Lust, darauf zu fahren. Er hatte es mit schmerzhaften Gichtfüßen probiert und konnte es bereits. Wenn die Geschwulst einmal ganz vergeht, sagte er, will ich mir eins kaufen. Es kostet 300 Gulden.

Nunmehr begann meine Mutter von ihrer Krankheit zu erzählen; doch sie waren schon in Öblarn.

Das wird alles wieder guet, sagte Vater. Und als er ihr die Hand zum Abschied hinhielt, sagte er: Wenn du gesund bist, tan wir heiraten! Um eine Antwort kümmerte er sich nicht.

Meine Mutter gab ihm auch keine, weder mündlich noch in einem Brief. Sie glaubte nicht, daß sie verlobt sei. Zudem hatte sie wenig

Zeit, darüber nachzudenken. Ihre Mutter verstarb zum Fest der Heiligen Drei Könige.

Im Herbst nach der Trauerzeit saßen die Schwestern wieder einmal beisammen in der Stube, wo so viele Leute sich Rat geholt hatten, und orakelten über die unsichere Zukunft. Meine Mutter, damals im siebenundzwanzigsten Jahr, beredete dabei mit ihrer Schwester die neue Möglichkeit, welche ihr das Schicksal bot. Es hatte sich wieder ein Schladminger Bittwerber gemeldet. Sein langer, dringlich und schön geschriebener Brief lag zwischen Aufschlagkarten und einem zugeschnittenen Samtkamisol auf dem Tische. Der Entschluß war schwer. So wie mit dem Wildenweinhäuschen erging es ihnen mit dem Herzen. Sie wußten nicht, ob es rätlich war, es herzugeben.

In einem Augenblick, da sie vom Nein zum Ja schwankten, klopfte es an die Küchentür und, bevor sie herein sagten, kam der, welchen sie am wenigsten erwartet hatten. Er grüßte mit dem Radfahrergruß, All Heil! Sein runder Mantel, die Pumphose, die karierten Wadenstrümpfe schimmerten verstaubt, waren immerhin durch ihre Neuartigkeit ein empfehlender Anblick. In Schladming trug sich noch niemand so.

Als ihm die Longinischen Schwestern einen Platz anboten, sagte er nicht, wie gebräuchlich, ich bin so frei. Er setzte sich einfach. Die Radfahrerkappe behielt er in der Hand. Denn er war auf der Tour. Damals hieß er schon Eisen-Grogger, und sein Rayon langte bereits über Salzburg nach Tirol. Er machte alle Geschäfte mit dem Velociped; es war am billigsten. Die Unkosten bezifferten sich im Tag auf 20 Kreuzer. Und Kundschaften gewann er auch so viele. Sein Freund, der Herr Puch in Graz, mochte oft mit der Lieferung nicht nachkommen, obwohl er sich schon zum Fabrikanten aufgewirtschaftet hatte. Vor ein paar Jahren war er ein einfacher Schlosser gewesen. Sie trafen einander jede Woche und unterfertigten meist einen Handel auf fünfzig Räder. Den besten Absatz hatten die Vollgummi. Das Hochrad war schon abgetakelt. Auch die „Känguruhs" fielen auf den halben Preis. Auf seiner Hauswand daheim kündigten zwei große Plakate die neueste Marke an; das waren die Kissenreifen.

Er fuhr mit solchen zur Reklame. Von Öblarn bis Schladming brauchte er zirka zwei Stunden.

So beschloß er seine Unterhaltung im Aufstehen. Viel Zeit hatte er nicht, weil er noch die Schladminger Schmiedmeister besuchen wollte. Die Schwestern geleiteten ihn zum Bicycle, das draußen am altersmorschen Spalierzaun lehnte. Sie haben es mit verschämter Bewunderung angeschaut. Den Radfahrer auch, weil ihnen vorkam, daß ihm nichts fehlschlagen könne. Seine Miene strahlte ein bißchen stolz aus dem rötlichen Bartgekräusel. Er setzte wieder die Kappe auf. Und griff mit beiden Händen an die Lenkstange. In dieser Haltung machte er seinen Heiratsantrag.

Marie, sagte er, is' dir recht in drei Wochen?

Sie antwortete ohne Bedenken, ja. Als sie später im Wildenweinhäuschen ihre Briefe und Photographien zusammenräumte, sagte sie: Es ist alles Bestimmung.

ICH IM STEFANIEWAGEN

Hoffentlich gibt es ein Museum, das unter seinen vielen Weltaltertümern auch einen Stefaniewagen aufbewahrt. Er bedürfte einer langen technischen Beschreibung. Kurz gesagt, er war ein Korbsitz, auf drei Rädern fahrbar und von einem Riesenthronhimmel überschattet. Darunter, wohlgeborgen, saß ich. Mein frühestes Wissen geht auf etwas Festes zurück, das ich vor mir hatte — wenn ich mich deutlicher ausdrücken soll, ein Brettchen. Über den strampelnden Füßen spannte sich eine Schutzdecke aus Segeltuch oder Wachsleinwand. Ich bin vielleicht zwei Jahre alt gewesen und noch unfähig, die Dinge selbst zu nennen. Immerhin verstand und gewahrte ich schon allerlei. So weiß ich dunkel, wie Mutter meine Hände verschob und rechts und links die Dachspreizen schnappen ließ; es war mir verboten, sie anzugreifen. Vor mir blähten sich geöffnet die Vorhänge mit dicken roten Quasten. Sie ließen mich ein bißchen ins blaue Licht sehen. Es ist mir das dämmerige Gefühl geblieben, daß ich mich über die Farben und über die schaukelnde Bewegung freute. Auf einmal sagte meine Mutter:

Es tröpfelt.

Sie zog die roten Vorhänge zusammen und wendete den Wagen. Ich habe mir die Stelle sicher gemerkt. Sie ist zwischen dem Elternhaus und dem Pfarrgarten. Und manchmal, wenn ich da vorbeigehe, gemahnt es mich noch an den bangen Schmerzensimpuls, mit dem ich bitten wollte:

Weiterfahren!

Vielleicht war dies meine erste leidenschaftliche Bemühung um die Sprache. Und vielleicht, ja ganz gewiß hat mein Herz, dem so manche geflügelte Ausfahrt verregnet war, hinter einem baumeligen Quastenvorhang die Kraft der Dichtung bekommen.

DAS VATERUNSER UND DAS VOGERL

Ich glaube an das Erbwissen und an das Erbgedächtnis. Nichts im Leben habe ich so leicht erlernt wie das Vaterunser. Ich war vielleicht erst zweijährig, als Mutter mich eines Abends auf den Schoß nahm und mir die Hände faltete, dabei sagend:
So! Jetzt tan wir schön beten!
Ich konnte es bereits. Ähnlich leicht erlernte ich auch das Glaubensbekenntnis und die Litanei. Ich weiß aus meiner Vorschulzeit nur noch, daß die „Großen Leute" nie vom „Lieben Gott", sondern stets vom Herrgott redeten. Die biblische Geschichte von der Welterschaffung hat meine Einbildungskraft zu märchenhaften Höhepunkten gesteigert. Freilich ermattete sie durch die Enttäuschung, daß Gottvater unsichtbar blieb.
Genauso erging es mir auch mit dem Vogerl.
Das nächste Kapitel aus meiner Kinderzeit hat im Gedächtnis keine Spur hinterlassen, doch was verläßlicher ist: eine Photographie im Familienalbum. Sie wirksam zu schildern ist freilich schwer.
Im Hintergrunde, farblos und mauergelb, eine Blahe. Der Boden ist kurzes zertretenes Wiesengras. Auf einem sogenannten Ateliersessel sitzt unsere Mutter. Das „Bitte recht freundlich" widerstrahlt aus ihrer Miene. Sie lächelt jung, zufrieden und vielleicht ein bißchen fraulich stolz. Über den krausen Stirnfransen rundet sich ein Zopf als geflochtene Krone. Ihre einfache kleinbürgerliche Joppe hat einen schwarzen Samtsattel, faltige Schinkenärmel und vorne eine lange Knopfreihe. Unter den Schößen fließt schön glänzend das mächtige Seidenfürtuch hervor. Der steife Saum bedeckt den Schuh bis zur Spitze.
Auf dem Knie hat Mutter meine Schwester Hildegard in einem stoffreichen Kitterl sitzen. Von der Schürze stehen kurze steife Flüglein ab, so als wären sie noch nicht länger gewachsen. Das Haar geradegeschnitten und mähnendick, schillert auf dem Bilde schwarzbraun. Es war in Wirklichkeit kupferrot. Hildegard hat die wulstigen Finger behaglich übereinandergelegt. Ihre Miene erwartet

in spitzbübischer Fröhlichkeit den Augenblick, dawo aus dem schwarzen Kasten das versprochene Vogerl hüpfen werde.

Zur rechten Seite der Mutter stehe ich, kerzengerade, die Füße stramm nach vorn gerichtet und so krampfhaft brav, wie nur ein Kind sein kann, wenn es sich bereits verantwortlich fühlt. Ich wußte zumindest, daß ich beim Photographen sei und zu irgendeinem Zweck stillhalten müsse. Mein Gesicht zahnt kritisch ins Licht. An der Nasenwurzel habe ich ernste Falten. Die Stirn ist ziemlich hoch und blank. Ich bin schon zu alt für die gestutzte Puppenfrisur und habe einen Reifkamm. Er spannt die weißblonden Flaumhaare noch glatter, als sie ohnehin gewachsen sind. Hinter den Ohren stehen sie in straffen Büscheln.

Auch ich habe, wahrscheinlich angelernt, die Hände übereinander liegen und drücke nebstbei noch meine schielende, etwas kahlgerupfte Puppe fest ans Herz. Ich trage eine hell lichtblumige, steifgestärkte Hängeschürze. An den Kleidärmeln habe ich je zwei Zierknöpfe, die für einen Bauernfrack groß genug wären. In dieser schönen Aufmachung sehe ich dem Vogerl gefaßt und feierlich entgegen.

Unser Vater ist nicht auf der Photographie. Zu jener Zeit erschien es den Männern als unmännlich, sich mit kleinen Kindern zu zeigen.

DIE ALTE ERBSCHAFT IM NEUEN HAUS

Den Begriff „Familienoberhaupt" hat Onkel Fritz mir beigebracht. Er galt für ihn, wenigstens solang ich dem Augenschein glaubte, ebenso respektgebietend wie für uns Kinder. Ich verstand zwar zunächst einmal nur mit stolzer Bewunderung, daß unser Vater von der unbekannten weitern Welt viel mehr wußte als alle Öblarner zusammen. Er hatte äußerlich die ländliche Art abgestreift. Er sprach, wenn auch nicht schriftdeutsch, so doch ähnlich wie die Reisenden, die uns im Laden besuchten, oder der Herr Doktor Fischer und andere gebildete Zeitungsleser. Nur manchmal gebrauchte er einen Ausdruck, der mir wegen seiner Seltenheit auffiel und doch verständlich war. Ich erkannte, daß er altertümlich sei, zum Unterschied von neumodernen Fremdworten, die ich oft falsch anwendete und mitunter nicht richtig über die Zunge brachte. Gewürdigt habe ich diese wertvollen Überreste aus der Vorfahrensprache noch nicht. Ich staunte beim Vater das Außergewöhnliche an, vor allem seine Erscheinung: er ließ sich die Anzüge in Wien anmessen und kaufte den Gamsbarthut in Aussee, wo die Aristokraten ihre Jägertracht bezogen. Wenn er, was man damals eine Weltreise nannte, aus dem Bereich der österreichischen Alpenländer fuhr, so setzte er eine Sportmütze auf und schnallte zum Koffer noch einen schwarzgrauen perlpunktierten Plaid mit Fransen. Wenn er heimkehrte, pries er uns, noch ehe er sich richtig zu seinem Schreibtisch setzte, schon die neuesten Erfindungen an, die er gekauft hatte, und zeigte uns Bilder und Prospekte. Unsere Mutter sah ihnen meist mit Besorgnis entgegen; wir Kinder erwarteten sie ungeduldig. Wenn sie ausgepackt wurden, versammelte sich die Familie, die Dienstboten und die halbe Nachbarschaft um das Wunderding. Das war zum Beispiel ein Musikautomat mit tanzenden Ballettmädchen, ein Guckkasten, der wie ein Stehpult aussah und Kinematograph genannt wurde.

Einmal kündigte uns Vater eine „prachtvolle" Kredenz an. Sie enttäuschte mich, weil sie außer der weißen Marmorplatte nichts Sehenswürdiges an sich hatte. Noch dazu mußten wir dafür unsere alte Kredenz hergeben, dem Vernehmen nach das Werk eines entlaufenen Laienbruders, der mit künstlerischer Hand in Wände und Türen Maiskolben, Weintrauben und noch vielerlei Früchte geschnitzt hatte. Die barock ineinander verschlungenen Ornamente verlockten meine Augen und meinen Zeigfinger ständig zum Nachzeichnen.

So klein ich damals noch war, so groß und schmerzlich war meine Empörung, als dieses Prunkstück verschalt und von vier Männern die Stiege hinabgeschafft wurde. Als ich ihm nachjammerte, sagte meine Mutter tröstend:

Is nit schad um den Staubfänger.

Bei aller Herzensverwandtschaft zwischen uns, mein Schönheitssinn fand bei ihr keine Stütze. In der Hausführung und Hauseinrichtung waren sich die Eltern immer einig. Sie hatten beide den Grundsatz: praktisch und wohlfeil. Das Wort wohlfeil stammte noch aus der guten alten Zeit, desgleichen das Wort kostspielig; ich hörte es oft genug. Das Wort Luxus steht in meinem Kindheitswörterbuch neben den Wörtern Speisezimmer und Salon.

Das Wort Dame bedeutete eine Frau, die nichts arbeitet. Meine Mutter meinte es nicht verächtlich, aber schon ihre Aussprache, die sich zu reinem Hochdeutsch entfremdete, weht mir bis heute wie Eisluft im Ohr.

Wir hatten also nur eine bescheidene Wohnstube, durch eine Glastür vom Laden getrennt, der Gewölb hieß, obschon er eine neuartige Traversenkonstruktion hatte. Die Budel, die Stellagen und aller Hausrat waren derb gezimmert und teils naturbelassen, teils in braunem Ölanstrich. Im ersten Stock aber stand eine ländliche Zimmereinrichtung. Und, was meine Augenweide und mein Stolz: die Wände und die Plafonds prangten in Tapetenmustern aus der Hand des Herrn Johann Madl. Er war ein gelernter Kunstmaler und konnte Landschaften, Köpfe und Engel zeichnen, ja sogar Altäre vergolden.

Ein Klavier, das der Großvater dem Vater überlassen hatte, wurde je nach Bedarf an Betten von einem Raum in den andern gerückt, immer dorthin, wo es niemandem im Weg war. Da es schon sehr altertümlich aussah und ein bißchen klimperte, wollte es Vater oft verkaufen, aber die Musikalischen in der Familie schätzten seine Brauchbarkeit, so blieb es im Haus. Ich weiß es anfangs im Roten Zimmer, wo auch das beste Schladminger Erbgut seinen Platz hatte. Unserer Mutter gehörten die Uhr unter dem Glassturz, das Christusbild, das Marienbild, der polierte Schubladkasten und die Vitrine. In dieser verwahrte sie Nachtlichter, Naturheilmittel, das Kneippbuch und den Revolver. Der Tante Julie gehörte das Nähtischchen und ein eirunder Spiegel, in Ebenholz gerahmt, der mich, so oft ich hineinschaute, an das Schneewittchen denken ließ. Das Parademöbel war ein türkischer Diwan. Die Stralzen-Großmutter hatte es als letztes Ausstattungsstück unserem Haushalt zugewendet. Dabei war ihr, wie auch früher manchmal, das Geld ausgegangen. Und Vater hatte das Präsent selber zahlen müssen, was er gern mit treuherzigem Geschmunzel erzählte. Wenn wir Kinder uns hüpfend auf der prallen Federung vergnügten, wurden wir jedoch ernsthaft an den teuern Preis gemahnt. Ich sah die hundert Goldgulden beinahe greifbar aus dem Brokatmuster glänzen.

Die alten Kommoden und die großen Schränke, die Vater vollgepfropft mit Rupfen, Leinwand und Damastzeug mitbekommen hatte, standen im oberen Vorhaus. Daneben standen Ballen, Kisten und, wenn die Magazine überfüllt waren, auch Nähmaschinen und Fahrräder. Die Zimmer hielt Mutter in peinlichster Ordnung. Das Große, das Blaue und das Rote Zimmer hießen Herrschaftszimmer. Vom Juni bis in den September wohnten „Gawliere mit Familie" darin, z. B. ein Feldmarschall, ein General, ein Baron, einmal sogar ein Prinz Hohenlohe-Schillingsfürst. Ins Rote Zimmer kam das Christkind.

Unsere Mutter war zu allen Herrschaften sehr höflich und zurückhaltend. Vater stand auf bestem Fuß mit ihnen und behandelte sie ohne Scheu vor einer Zurücksetzung. Es widerfuhr ihm auch keine. Er war wegen seiner ehrgeizlosen Sicherheit und noch mehr wegen seiner mutterwitzigen Einfälle beliebt. Merkwürdigerweise sparte er den Angehörigen gegenüber mit seinem unübertrefflichen Humor.

Ich glaube, daß wir, meine Schwester Hildegard ausgenommen, alle noch zu fest und zu schwerfällig mit unserer Erbhaut verwachsen waren und ihm darum zuwenig Widerhall gaben. Er tadelte vieles im Haus mit Donnerstimme, besonders unzufrieden war er mit dem Onkel Fritz, der sich hartnäckig weigerte, auf der Schreibmaschine zu schreiben, weil ihm die eigene wunderschön geschnörkelte Handschrift besser gefiel.

Vater ließ von der guten alten Zeit wirklich nur eines gelten, nämlich die Kochkunst. Er brachte von den vielen Tischen, an denen er auswärts tafelte, keine Anerkennung heim. Weder ein Hotel noch eine Gastfreundschaft reichte an die Stralzischen Gaumenfreuden heran. Und auch seine ehliche Hausfrau, die wahrhaftig eine gute

Hausfrau war, erlebte nur ganz selten die Genugtuung, daß er noch die Bröslein vom leeren Teller schabte und mit der Serviette wohlgefällig über den Mund strich.

Dabei sagte er, dem Großvater ähnlich: Sehr guet. Manchmal sagte er noch: Wia dahoam.

Mag sein, daß Liebe die beste Würz war. Er hing sehr an seiner Mutter, sie war, wie mir vorkommt, die einzige Frau, die er dankbar und unwandelbar verehrte. Auch in den Jahren, da man in der Verwandtschaft nur um Allerheiligen ihrer gedachte, und noch später — bis zuletzt hörte ich ihn jeweils geschämig sagen: „Sie hat mir gern was Extriges bachen. Ich bin ihr der Liabste gewest. Weil ich mich mehr wia die Brüader fürs Hoamat geschunden hab."

Wahrscheinlich deshalb ist unserer Mutter das schwarzseidene Staatsgewand zugefallen. Die Stralzengroßmutter hatte es aus lauter Sparsamkeit fast nie getragen. Es war dermaßen schön und kostbar, daß wir Kinder es gar nicht angreifen durften. Die Mutter probierte es vorsichtig, um sich damit im Spiegel zu betrachten. Obgleich wir sie eine Zeitlang bewundernd umkreisten, habe ich keine Erinnerung an seine Machart. Es wurde alsbald umgewendet, so daß nur die vielen Fischbeine und das Unterfutter zu sehen waren. So hing es fortan im Kasten neben dem grünen Taftkleid, das sie in ihrem ersten Ehejahr vom Vater bekommen hatte. Dieses Kleid lebt noch immer, es hat einen ganz schmalen Spitzleib, eine flügelzarte Rüsche über Schulter und Brust und einen hohen keuschen Halskragen. Der Zwickelrock, oben eng, unten wie eine Glocke, springt hinten fächerartig auseinander. Einmal hatte es dort sogar einen kleinen Polster, der uns Kinder zu mutwilligen Worten und Taten verleitete. Wenn Tante Julie dieses Gewand anprobierte, schaute sie fast wie eine Gräfin aus. Aber die Mutter machte es heillos verlegen. Ich glaube, daß die ererbte Bauernstrenge und die Longinische Schulmeisterarmut lebtags ihren Geschmack bestimmten. Aber an Sonn- und Feiertagen, oder wenn sie mit der Eisenbahn fuhr, richtete sie sich doch ein bißchen nach der Zeitmode, vielleicht weil sie städtisch dem Vater besser gefiel, vielleicht auch nach dem Beispiel der Tante Julie, die das Talent hatte, die Dame zu spielen. Dies war sehr günstig für mich: Wenn keine Arbeitseile sie ungeduldig machte, ist sie trotz ihrer Vorliebe für das Hochmoderne meiner Vorliebe für das Historische immer behilflich gewesen.

Historisch war bei mir alles, was ich noch nicht selber miterlebt hatte. Onkel Fritz, ein begeisterter und unermüdlicher Erzähler, gab es mir zu wissen. Und auf unserm Dachboden neben dem großen Warenzimmer lagen in einem dämmerigen Verschlag die Reste der Vergangenheit liebevoll eingesperrt. Mutter hatte dazu den Schlüssel. Vor Faschingszügen, Bällen und sommerlichen Gartenfesten wurde das Familienmuseum geöffnet. Tracht, Mode und Maschkerade lagen damals noch gleichwertig beisammen. Mit jedem Jahr kamen noch Ableger und Neuheiten dazu. Doch nichts mehr diente der bodenständigen Überlieferung. Die alte Volkskunst, Nikolospiele, Krippenspiele, Sternsinger und Rauhnachtsperchten waren längst vergessen. Die Landleute ahmten das Vorbild der Städte nach, politische Ereignisse und Varieté-Nummern spiegelten sich immerhin recht erfinderisch und heiter im Dorfgaudium.

Wir Kinder waren ebenso theaterfreudig. Bei Regenwetter zum Beispiel, wenn Hildegard pritschnaß von der freien Weid ins Haus geholt wurde und ihre Kleidung auf der Wäschestange trocknen mußte, ergaben sich die Verwandlungskünste von selber. Ob wir den Schlüssel erbettelt oder erlistet haben, weiß ich nicht. Die Hauptsache, wir hatten ihn und verstanden es, mit dem Vorrat an Leibröcken, Miedern, Hauben, Schenilltüchern, Spensern, Joppen, Perlpelerinen, Dominos, Gigerlfracken, Kasperlgewanst, Zylinderhüten, Perücken, Bärten und falschen Zöpfen lärmende, ja oft erschreckende Schauspiele aufzuführen. Leider fanden sie bei den Erwachsenen nie den gehofften Beifall. Unsere Mutter ging, sobald sie Zeit hatte, grollend in den Dachboden und räumte alle „Kostüme" wieder säuberlich und sorgfältig in das Halbdutzend Kisten, die wir ausgeräumt hatten.

Es war aber auch neben den zwei Magdkammern ein Verschlag, seine Brettertür hatte nur einen Riegel. Man mußte außen eine hohe Stufe hinauf- und innen eine tiefe Stufe hinabsteigen und im Halbdunkel behutsam vorsichtig sein, daß man nicht mit Kopf und Füßen irgendwo anstieß. Hildegard, die sich das nicht merkte, fuhr mit der Stirn meistens gegen den schiefen Dachstuhl. Wenn ihr die Beule wehtat oder der Spielkäfig zu eng wurde, verschwand sie unversehens. Ich war von seiner Anziehungskraft oft stundenlang gefangen und beschäftigte mich neugierig und andächtig mit den Longinischen Altertümern, deren die Mutter sich schämte. Als ich lesen konnte, untersuchte ich natürlich den Bibliothekskoffer. Außer dem Gedichtschatz gab es noch Gymnasialbücher, handgeschriebene und gedruckte Kochbücher, Notizbücher, deutsche und lateinische Gebetbücher mit Goldschnitt, Theaterstücke und Erzählungen, die mich besonders aufregten, wenn der Anfang oder das Schlußkapitel zerfranst war. Ich erdichtete mir das Fehlende nach Belieben, bald so, bald so. Die biblischen Kupferstiche färbelte ich eifervoll mit Pinsel oder Stiften. Ein andermal machte ich ein Auslagfenster mit Porzellansachen. Leider durfte ich die rubinroten und azurblauen Nachtlichter nicht anzünden. Ölmalereien, Perlbilder, Glasbilder, Spinnräder, Kaffeekannen aus Zinn, Kupfergeschirr, Lampen, Laternen, Stöcke, Schirme, Säbel, Schwerter und Bajonette lehnten, lagen oder hingen, von Staub verschleiert, die niedrige Wand entlang. Wo die Schräge mit dem Boden zusammenstieß, hatte man Scherben und Mausfallen versteckt, dann waren noch Stöße von Zeitschriften, eine Spanschachtel mit Musterbändern, eine Samtschatulle und etliche Albums. Im größten, das eine melodische Spieldose hatte, wußte ich unter vielen fremden Personen auch unsere Verwandtschaft, die entweder schon gestorben oder so gealtert war, daß ich ihre Namen hatte erfragen müssen. Hildegard forschte der Vergangenheit nicht nach, sie hörte die Belehrungen nur nebenbei. Trotzdem sprudelte bei Gelegenheit aus ihrem spitzbübischen Mund erstaunlich viel Kenntnis hervor. Ich nahm alles sehr genau. Die Antworten der Mutter, meist kurz, flüchtig, oft genug auch vorsichtig, befriedigten mich nicht.

IGNAZ LONGIN

Einen besseren Eindruck von der Familie Longin verdanke ich schon der Tante Julie. Sie verstand es, das Unscheinbare wertvoll, interessant, ja sogar geheimnisvoll zu machen, indem sie die Wahrheit ein bißchen aufputzte. So sagte sie zum Beispiel, die Großmutter habe ein römisches Profil gehabt und sie selber habe auch eins. Ich mußte es glauben, überprüfen konnte ich es nicht. Aus dem bescheidenen Photographierahmen jener Zeit schauten mir alle Gesichter gradaus entgegen.

Die Großmutter sitzt, desgleichen sie wohl auch wirklich inmitten ihrer Familie gethront hat, steif und stattlich, vom Reifrock umblustet, wie eine abgebundene Mohnrose, mit unbeschreiblich verstandesnüchterner, herber Miene, straff gescheitelt und glatt gezopft, als wäre sie aus Holz geschnitzt. Meine Mutter im Abc-Schützen-Alter, jedoch faltenreich wie eine Frau gekleidet, lehnt zur Rechten, sich kindlich anschmiegend und von Bravheit gespreizt. Ihr Gegenstück ist der Volksschüler Karl, der sich nicht zum Ernst hatte einschüchtern lassen. Neben ihm behauptet sich größer, strammer und bauernmäßiger der Gymnasiast Heinrich. Am andern Bildende steht Onkel Hans, Sängerknabe des Stiftes Admont, damals noch Muckerl geheißen, sowie die jungfräuliche Tante Karoline, wiederum eine Mohnblume, die aber noch die Nachtjacke anhat.

Ganz vorne, der Großmutter zu Füßen, kauert auf einem Schemel die Tante Julie, trotz winziger Kleinheit auch schon in einen engen fraulichen Spitzleib gezwängt. Doch unter der prallen Kittelglocke stehen weiße Falbenhöschen hervor, die bis an die Knöchel reichen. Unser Großvater, Herr Ignaz Longin, breitet, so gut es geht, die Arme hinter seiner Frau und den vielen Kindern, als wolle er damit seinen Liebeswillen andeuten und verewigen.

Was ich sonst von der guten alten Zeit erfuhr, war nicht besonders gut. Die einzige Mitgift, die unsere Mutter in die Ehe mitbrachte, war ihre hausfrauliche und kaufmännische Tüchtigkeit. Vater wußte sie zu schätzen. Mein wißbegieriger Geist hatte indes an ihrer sichtbaren Gegenwart nicht genug, er beschäftigte sich auch lebhaft mit ihrer Vergangenheit. Ich fragte und fragte. Leider waren mir die Erzählungen meiner Mutter zu trocken, zu ernsthaft, zu unpoetisch. Jeder Schluß steigerte sich zur ausdrücklichen Mahnung, stets dankbar und gehorsam zu sein für das schöne sorglose Leben im Elternhaus, in dem uns so viele Wünsche erfüllt wurden, als wir uns ausdenken konnten, was arme Lehrerskinder nicht einmal zu träumen gewagt hätten.

Noch einen wunderen Punkt gab es in Mutters Rückschau. Aber sie verbot mir, davon zu reden.

Braucht niemand nicht zu wissen, daß mein Vater aus Böhmen herkömmen is. Denn wohlgemerkt, er war kein Böhm nicht, betonte sie mit Nachdruck. Neuhaus ist ein deutscher Ort.

Und den undeutschen Namen Longin haben unsere Vorfahren als Flüchtlinge aus Frankreich eingebürgert, behauptete Tante Julie.

Mutter schüttelte den Kopf. Ihres Wissens waren es erbsässige Bauern, Weber und Glasbläser und ihr Vater ein Zimmermann gewesen.

Er ist, sagte sie, mit seinen zwei Brüdern nach Krems an der Donau in die Gymnasialstudi geschickt worden.

Der Älteste hat es bis zum Oberlandesgerichtsrat gebracht und sogar eine „Edle von" geheiratet, betonte Tante Julie.

Der zweite, wußte ich längst schon, ging nach der Matura zu den Kaiserlichen. Nur der dritte machte die Lateinschule nicht fertig, weil ihn ein unheilbares Siechtum befallen hatte. Er wurde Organist, Schulmeister und Mesner.

Und als er längst in der Ewigkeit war, mein Großvater: wenn meine Mutter gegen mich streng war, betonte sie gern, daß sie noch viel strenger erzogen worden sei und dem Großvater darum ewigen Dank schulde. Er hatte ihr zugleich mit dem Lesen, Schreiben und Einmaleins auch die Noten und das Klavierspiel beigebracht. Mit sechs Jahren konnte sie schon zwei Lieder, nämlich: Kommt ein Vogerl geflogen und Lang, lang ist's her. Später sollte sie Organistin werden. Vorläufig durfte sie beim Hochamt mit ihrem Bruder Karl die Orgel treten. Der Großvater wollte sie stets in seiner Nähe wissen. Wenn er von seiner Elementarschule in Kraubath zur Dienstherrschaft nach Leoben ging, durfte sie ihn begleiten. Sie standen schon um drei Uhr morgens vom Strohsack auf, sie nahmen zwei Kreuzerwecken als Zehrung mit und zum Schutz des Lebens ein kurzes Schwert. Der Großvater hatte es seinerzeit vom Urgroßvater bekommen und bei aller Jugend schwer daran getragen, wenn er zwischen der böhmischen Heimat und der Stadt Krems hin- und herwanderte. Auf einsamen Wegen paßte allerhand Lumpengesindel, selbst in der späteren Zeit, als unsere Mutter bereits auf der Welt war.

Wenn sie uns erzählte, wie sie als ganz kleines Mädchen ihren Vater in schwarzer Nacht von Kraubath nach Leoben begleitet hatte, bildete ich mir schier sichtbar ein, daß er das Erbschwert bei sich getragen habe, weil die Wanderung lebensgefährlich war. Es gab im oberen Murtal noch keine Bahn. Bei Tag fuhr die Post. In der Nacht lungerte lichtscheues Gesindel hinter der Straßenböschung.

Die lodernden Zigeunerfeuer entlang hatte Mutter die Hand ihres Vaters immer krampfhaft gepackt. Der kalte Wind fröstelte ihr über den angstfeuchten Rücken, und wenn sie nach ein paar Stunden zum Wegmittel kamen, wagte sie kein Wort mehr zu flüstern. Hierselbst, in verrufener, einsamer Gegend, stand ein Räuberhaus. Es stammte aus uralter Zeit und war vergittert und baufällig. Man sah nur den Giebel aufragen. Die Mauern selbst waren kellertief unter die Straße gebaut, so daß die Wanderer nicht ahnen konnten, welcher Falle sie entgegengingen. Unterirdisch, sagten alte Leute, solle ein finsterer Gang bis zum Tauern führen, wo in einer Urwaldburg ein Haufen Raubbeute lag: Schmuck, Edelsteine, Samt und Seide. Silbergeschirr, Säcke voller Taler und Dukaten, sogar hochgeweihte Kirchenschätze, Meßgewänder und der Krönungsmantel eines Papsten.

Wenn sie hier vorbei mußten, noch im Sternenschein und übernächtig allen unheimlichen Schatten und Geräuschen ausgesetzt, rannen der Mutter am ganzen Leib die Angstschweißtropfen. Sie stotterte frostgeschüttelt ihre eingelernten Kindergebete und zog den Großvater unaufhaltsam weiter. Er konnte aber nicht schneller gehn, weil er blutarm und brustschwach war.

Der Morgen machte alles wieder gut. Meistens ließ sie ein Roßknecht mitfahren, und dann schlief meine Mutter, bis sie jemand in Leoben auf die Füße stellte.

Sie schilderte, gewiß in der Absicht, uns Kinder für das tägliche gute Essen dankbar zu machen, wie der Großvater in einem Gasthaus zukehrte und mit ihr ein Paar Krenwürstel teilte. Doch vorher hatte er seinen Monatslohn abgeholt, wo und wieviel, erzählte sie mir nicht. Ich war auch nicht neugierig.

Auf dem Rückweg nach Kraubath schwitzten sie beide. Mitunter nahm sie wieder ein Roßknecht mit. So sie aber zufuß an der verdächtigen Keusche vorbeigingen, glaubte meine Mutter auch am lichten Tag an die grausigen Gerüchte, die im Umlauf waren, und sie machte sich jeden Augenblick gefaßt, daß inmitten der Landstraße plötzlich eine Falltür aufbreche und sie beide mit dem ganzen Geld rettungslos in der unterirdischen Räuberhöhle versänken. Wahrscheinlich fürchtete sich auch der Großvater. Denn er zügelte schließlich neben seinen sechs Kindern noch einen Hund auf, der Bello hieß. Nunmehr wanderten sie zu dritt nach Leoben. Aber nicht mehr lange, sagte meine Mutter. Sein Wunsch, sie als Gehilfin abzurichten, erfüllte sich leider nicht mehr, sie war erst sieben Jahre alt und ihre Füße baumelten noch hoch über den Orgelpedalen. Dafür aber leistete sie ihm in der Schule schon manchen Hilfsdienst. Sie bewachte die Kinder und schrieb auf die große Tafel die Namen der Schwätzer auf, während er ein bißchen in die frische Luft ging, um Atem zu schöpfen. Das konnte ich mir vorstellen. Die gelbverblassende Photographie ließ sein Gesicht von Jahr zu Jahr durchsichtiger und kränker werden und mich gleichsam mit ansehn, wie der Großvater an der Lungenschwindsucht dahinserbte. Der traurige Anblick seiner Krankheit und die Reden der Erwachsenen, daß sie erblich, soll heißen, ansteckend sei, zerstörte oftmals plötzlich meine Kindheitsfreuden unter dem Dach.

Anderseits wurde mir das Longinische Bilderbuch durch viel Wissen immer lebendiger und kostbarer. Wenn Tante Julie mich in ihrem Bestreben nach Vornehmheit ganz selbstverständlich belehrte, daß der Großvater nicht Schulmeister und nicht Unterlehrer, sondern Oberlehrer gewesen sei, ging immer auch ihr Stolz, aus einer guten und gebildeten Familie zu stammen, auf mich über. Meine Mutter schüttelte zu dieser Rangerhöhung ablehnend den Kopf. Vor ihrer Wahrhaftigkeit war jede Prahlerei eine halbe Lüge, manchmal schon eine ganze. Dennoch, hinter ihrem Rücken, wenn meine Freundin Mitzi mit ihrem Onkel, dem Herrn Schulinspektor Tremmel, auftrumpfte, rief ich ebenso prahlerisch, daß mein Großvater, der Herr Oberlehrer Longin, auch ein Schulinspektor hätte werden können, wenn er nicht so früh gestorben wäre. Heute freilich denke ich mir in Betrachtung der Familienphotographie, daß weder sein Biedermannsstitel noch der gehobene völlig auf ihn zutrifft. Im feierlich schwarzen Anzug, das dunkelbärtige abgezehrte Gesicht von Leidens- und Liebeswillen vergeistigt, gleicht er am ehesten einem Missionär, der, im Begriff, weit fortzureisen, seine Frau und seine vielen Kinder noch einmal schützend umfaßt.

Mehr war ihm leider nicht möglich, denn bald darauf ist seine

Lungenschwindsucht in das letzte Stadium übergegangen. Meine Mutter wurde gerade sieben Jahre alt. Als sein liebstes Kind mußte sie ihm beim Krankenbett gar oft Gesellschaft leisten. Ihre große musikalische Begabung bereitete ihm noch erquickende Freude. Immer wieder schickte er sie zum Klavier. Und sie spielte, selbst voll Freudeneifer, ein Stücklein nach dem andern taktfest und fingerfertig herab. So verstrich die hoffnungslose Wartezeit. Ein Schleimschlag erlöste ihn ziemlich gnädig im Alter von fünfundvierzig Jahren.

DIE WITWE

Es ging noch keine Bahn, als die Schulmeisterswitwe in ihre Heimat Schladming zurücksiedelte. Hier stand ihr das Wildeweinhäuschen, wahrscheinlich durch Erbanrecht von der Gföllerischen Seite, zu. Es hatte eine Küche und ein Zimmer und ein holzverschaltes Dachboden-Stübchen. Wir kannten es von außen und innen, weil wir Tante Julie, als sie noch Fräulein war, öfter besuchten. Seinerzeit, beim Umzug, war sie erst vier Jahre alt gewesen. Sie durfte schon wegen Schwächlichkeit bei ihrer Mutter bleiben. Aber für die anderen reichten der Platz und das Geld nicht lang. Zuerst suchte sich Karoline eine Stellung. Dann wurde aus dem Gymnasiasten Heinrich ein Kaufmannslehrling. Karl und meine Mutter kamen, als Zwölfjährige ausgestiftet, ebenfalls zur Handlung. Die Mutter traf es glücklich, denn der vermögliche Herr Kaufmann Angerer ließ sie mit seinen eigenen Kindern am Familientisch spielen und satt werden. Und seine Mutter, noch alternd die Herrin im Haus, regierte erziehlich nach der strengen, sparsamen, dennoch höchst patrizischen Lebensart der oberösterreichischen Eisenherren, denen sie entstammte. Dies bedeutete für meine Mutter eine große Veränderung. Nur der nachmalige Onkel Hans brauchte sich nicht umzugewöhnen. Er blieb Sängerknabe im Stift Admont, weil es nichts kostete.

Ungeachtet der harten Gottesheimsuchung, des Darbens und der frühen Witwenschaft lebte die Großmutter bei den Schladmingern auf. Waren doch ihre Vorfahren seit Menschengedenken in der Gemeinde ansässig und durch einen guten Leumund geachtet. Zur Halbscheid war die Verwandtschaft bergbäuerisch. Söhne dieser Abkunft hatten dem Erzherzog Johann oft als kundige Wegweiser und Gastgeber gedient, wenn er in den Tauern pirschte. Ja, sie hatten sogar seinen ersten Ausflug auf den Dachstein begleitet. Auch Zither schlagen mußten sie vor ihm. Dadurch kamen sie zu Ehr und Ansehn. Die Tochter ehlichte der bürgerliche Wirt und Bäckermeister Anton Gföller, es heißt, wegen ihrer wunderschönen Hand. Die Herrschaften wollten immer von ihr das Brot gereicht haben. Als der Mann starb, verschuldete der Besitz durch Brandschaden und andere Unglücksfälle. Der Bäckin blieb nichts übrig, als selber dienend den Brotkorb auf den Rücken zu nehmen. Sie trug ihn gesund und lebensfreudig bis in ihr neunzigstes Jahr. Das war meine Urgroßmutter. Der Großmutter haftete bei aller Armut noch etwas von der Ehrsamkeit des Reichtums an. Auch stand sie trotz ihrer bescheidenen Schulbildung im Rufe besonderer Gescheitheit. Es besuchten sie viele Leute, um ein vertrauliches Geheimnis, ein lautes Ärgernis zu beurteilen, sich wohlüberlegten Rat zu holen oder einen Liebeskummer bei ihr auszuweinen. Eingedenk ihrer Bedürftigkeit kamen die Schladminger nie mit leeren Händen. Der größte Wohltäter war der hochwürdige Herr Kaplan Frühwirth. Er ließ meine Mutter schon als Schulmädchen zur Chorsängerin abrichten und gab ihr Lehrstunden im Zitherspiel. Wenn er die kirchliche Gnadengabe ins Haus brachte, widmete er der Großmutter meist noch eine persönliche Aufmerksamkeit, ein Betbuch, ein Gesangsheft, einen Wachsstock oder sonst ein frommes Souvenir. Und dazu Worte, die das Almosen zum Geschenk machten und ihr höflich andeuteten, daß er hiemit für manche Stunde freundlicher und kluger Unterhaltung danken wolle. Und trotzdem reichte keine böse Zunge mit zweideutigen Nachreden an sie heran. So hörte ich von Tante Julie, die am längsten bei der Großmutter geblieben war. Und wenn ich ihre Erinnerungen auch nicht voll würdigen konnte und ihre Beteuerungen noch nicht verstand, blieben sie doch an meinem Dachbodenspielzeug haften. Onkel Fritz ergänzte sie noch durch seine Belesenheit, er sagte, wenn von der Longinischen Großmutter die Rede war, jedesmal mit feierlicher Stimme, sie könne sich noch im Grabe etwas einbilden, denn ihr Gönner, der Kaplan Frühwirth, habe jetzt den römischen Kardinalshut auf. Dem Andenken meiner wahrhaftigen Mutter zuliebe sei jedoch berichtigt, diese Würde hatte sein Bruder, er selbst stand ein paar Altarstufen hinter ihm.

Aber nicht alle Gespräche, die ich den Erwachsenen ablauschte, waren für meine Ohren bestimmt. Da sie sich aber wiederholten, wurde ich nach und nach manches Familiengeheimnisses inne. Die Namen, die dazu gehörten, konnte ich nie erraten. So gab es in Kraubath oder in Schladming einen hartherzigen Geizhals, der meiner Großmutter lebtags die Unterstützung vorenthielt, die ihr von Rechts wegen gebührte. Ein anderer Geizhals, ein Mann in der Handelsbranche, hat verschuldet, daß Karl, der fröhlichste und beliebteste von den drei Brüdern, plötzlich seinen Dienstposten aufgeben mußte. Er kam nach einer anstrengenden Fußwanderung ganz erschöpft und ausgehungert heim und legte sich mit allen Anzeichen einer schweren Krankheit in die Bodenkammer. Hier blieb er sechs Wochen lang unter schrecklichen Qualen, dann losch er aus. Gedärmverwicklung, meinten die Leute. Der Doktor äußerte sehr zurückhaltend, er werde sich über den Fall nicht klar, und schrieb darum keine Rechnung.

Beim Begräbnis sahen sich die Geschwister wieder einmal. Meine Mutter war schon Ladengehilfin. Tante Julie kam in einem verschleierten Trauerkleide aus der Stadt Pilsen, dawo sie in der deutschen Staatsgewerbeschule die Nähkunst lernte. Heinrich trug bereits die Uniform eines k. k. Finanzers. Er war ungern Kommis gewesen und hatte sich nach der Militärzeit um einen Staatsposten bemüht. Auch mit dem Bruder Muckerl, der von Stifts und Stipendi wegen eigentlich Lehrer sein sollte, verhielt es sich ähnlich. Er kam als neu ausgemusterter Leutnant in die Heimat, und sein schöner himmelblauer Waffenrock strahlte ein bißchen Farbenpracht in den dunklen Trauerzug und ein bißchen Trost in das Herz der Witfrau. Wenn sie schon mütterlich um den Sohn weinte, dessen heitere Zukunftshoffnung der Tod abschnitt, mußte sie doch erleichtert denken, daß es die beiden andern zu einer Versorgung gebracht hatten.

Ihre älteste Tochter, die Karoline, durfte nicht nach Schladming kommen. Sie büßte, regelrecht verstoßen, in der Fremde, weil sie, durch falsche Heiratsbetörungen verführt, eine ledige Kindsmutter geworden war. Aber gegen das Kind, den Linus, empfand die Großmutter keinen Groll, sie hatte ihn von kleinauf in Kost und Pflege. Auch beim Begräbnis führte sie ihn liebevoll an der Hand.

Der Enkel wurde langsam der Inhalt ihres alternden Lebens. Sie sparte sich wieder die Bissen vom Mund ab und widmete ihm jene Sorgfalt, welche sie von ihren sechs Kindern noch in der Übung hatte. Nach der Schule gab sie ihn, auf ein nahrhaftes Fortkommen bedacht, zu einem Schuhmacher in die Lehre.

Das mißfiel mir. Ich hörte lieber, daß Tante Julie, für die Schneiderei zu schwächlich, den Posten einer feinen Gesellschafterin bei einer feinen Dame angenommen hatte. Mutter duldete keine Hoffart. Sie erhob warnend den Finger.

Handwerk hat einen goldenen Boden, sagte sie in der Schriftsprache, welche sie zwecks erziehlicher Wirkung jeweils verwendete, wahrscheinlich nach dem Beispiel des gestrengen Großvaters, weil dieser als Deutschböhme inmitten des steirischen Landvolkes besonders nachhaltig gewirkt hatte.

Der Bua, erzählte sie alsdann wieder in der Mundart und für meine phantasievolle Erwartung viel zu wahrheitsgetreu, der Linus habe es beim Lämmerer in Öblarn gut gehabt. Aber gewachsen sei er nur langsam. Und nach dem Freispruch hat er noch keinem Gesellen gleichgeschaut. Trotzdem mußte er auf die Wanderschaft gehn. Die Großmutter packte ihm den Ranzen. Um den Hals gehängt bekam er ein geweihtes Skapulier und einen kleinen Lederbeutel mit etwas Bargeld.

Ich hoffte umsonst, daß nun eine verwunschene Prinzessin, ein feuerspeiender Lindwurm und schließlich der arme Linus als ausgewachsener Held das bescheidene Schicksal der Familie Longin berühmt machen werde. Leider begab sich nichts mehr. Die Großmutter wohnte ganz allein im Wildenweinhäuschen. Es wurde ihr die Zeit lang, weil kein Sohn und kein Enkel die Flickwäsche brachte und um ein paar Gulden Aufbesserung bat. Das Rasten und die bessere Kost, welche sie sich endlich vergönnen konnte, taugten ihr nicht. Sie habe, erzählte meine Mutter, indem sie selbst an die rechte Rippe griff, einen schmerzhaften Druck gespürt. Und Gallensteine, Sand und Gries hätten in den Heiligen Zeiten zugenommen.

Gerade, als die Schladminger Kinder „Frisch und g'sund" wünschten, und bei den Bürgern die Neujahrs-Visitkarten im Umlauf waren, wurde ihr das Bedanken schon schwer. Zwar widerstand sie der Bettschwäche und blieb aufrecht im Ofensessel. Aber die Sinne trübten sich doch, so daß ihr Tag und Nacht in eins verflossen. Sie sang unermüdlich Meßlieder und lateinische Litaneien, so laut und kraftvoll, daß man sie durch die kleinen, moosverhüllten Fenster hörte. Sie sang bis zuletzt. Am Fest der Heiligen Drei Könige wurde sie begraben.

„Franziska Longin, geborene Gföller, 56 Jahre alt. Influenza und Lungenentzündung", steht auf dem Totenschein.

DER KINDERGARTEN

Soweit ich mich an den Umgang mit Spielgefährten erinnern kann, weiß ich als unsere ersten und allergetreuesten die Walcher Ida und die Kofler Nannerl. Sie erschienen täglich und blieben von früh bis spät. Manchmal waren sie unsere Tischgäste. Sogar übernachten durften sie gaudeehalber, obgleich sie nicht weit nach Hause gehabt hätten. Ida war die Tochter vom Lehrer Walcher, ein dicker, kleiner, kastanienbrauner Stöpsel, mit Kornkaffee und Polenta aufgefüttert, weil es für bessere Kost nicht reichte. Ihre Mutter mußte aus der ersten Ehe ein Schöcklein Halbwaisen miternähren, und Ida gehörte zum zweiten Dutzend. Jedes Jahr bekam sie ein neues Geschwistert. Bei der Nannerl war's gerade umgekehrt. Sie hatte sozusagen zwei Mütter und zwei Väter. Jedenfalls galt sie den Schneidersleuten, die sie auferzogen, soviel wie ein eigenes einziges Kind. Ihre richtige Mutter diente in der Kaiserstadt Ischl als Hotelköchin, und ihr Vater war ein reicher Bürgerssohn. So ging es ihr gut; sie trug besonders am Sonntag die nobelsten Stadtkleider und eine Zopfmasche aus Seide, zweimal so breit und dreimal so teuer wie die unsere. Ihre Unterröcklein waren schneeweiß und spitzenbesetzt. Sie tat mit ihren Sachen sehr kostbar und machte sich selten schmutzig. Mich fürchtete sie immer ein bißchen, weil ich manchmal zu befehlerisch mit ihr umschaffte. Ida setzte mir ihren Dickschädel entgegen oder sagte geringschätzig: Du bist fad. Sie hatte nicht unrecht. Wenn ich eine Zeitlang lebhaft mit ihnen umsprang und spielte, verlor ich auf einmal, weiß nicht, warum, die Freude an der lustigen Gesellschaft und zog mich in den Kindergarten zurück. Damit meine ich beileibe kein Erziehungsinstitut, sondern, vom Gemüsegarten abgefriedet, ein Stück Grasgrund, der uns zur Unterhaltung gehörte. Gegen die Sonnseite schattete ein Fliederbusch; er hatte im Juni dicke blaue Trauben. Auf der zweiten Seite standen Johannisbeersträucher, vom Sommer an so voll, daß wir erst im Herbst mit dem Essen fertig wurden. Der Apfelbaum trug nur Mostäpfel, aber zum Kraxeln war er gut zu brauchen. Vor dem Straßenstaub schützte eine immergrüne Fichtenhecke; sie wuchs schon so hoch, daß unsere strenge Mutter es mit der Schicklichkeit vereinbar fand, dahinter einen Riesenwaschbottich als Bad zu füllen. Wir tauchten, mit faltenreichen, grellrot getupften Schwimmgewändern angetan, wie Clowns im Wasser auf und nieder. Auch eine Hutsche bekamen wir. Wenn Mutter uns im Kindergarten wußte, war sie beruhigt. Hildegard vergnügte sich am liebsten in luftiger Höhe. Mich eiferte der Frühling zur Gartenarbeit an. Seit ich erkannt hatte, daß aus Kernen Keime sprossen, bemühte ich mich eifrig um dieses Naturkunststück. Meiner phatasievollen Ungeduld währte das pflanzliche Wachstum viel zu lang. Ich rechnete mir vor, daß meine Baumschule gewiß zehn Jahre brauche, bis sie Früchte tragen werde. Zwanzig! sagte meine Mutter. Doch sie half mir über die Enttäuschung hinweg, indem sie vorderhand hinter dem Rücken unseres Vaters bei der „teuren Görzerin" jeweils rote Kirschen, goldene Marillen, samtene Pfirsiche und „süße Weintrauben aus Jerusalem" kaufte...

Eine etwas schwermütigeVertraulichkeit zog mich zu den Blumen. Ich bepflanzte im Kindergarten eine Ecke mit Stiefmütterchen, weil ihre scheckigen Gesichter mich besonders menschlich anmuteten. Wenn ich einmal sterbe, sagte ich, müßten sie alle auf mein Grab gesetzt werden. Auf den Einfall brachten mich wohl die sentimentalen Lieder jener Zeit, anderseits auch meine Spielfreude, die sich von der kleinen Naturgesellschaft keinesfalls trennen wollte. Obschon der wilde Rosenstrauch, der von selber sproßte, ein unbequemer Hintergrund war, klemmte ich zwischen die Zaunleisten ein niedriges Sitzbänklein und ein hohes Tischbrett. Ich konnte nach dem Beispiel, das ich beim Hausknecht sah, bereits Hammer und Nägel gebrauchen, so grenzte ich meinen Winkel vorne mit alten Mistbeetdeckeln fast unzugänglich ein. Daß ich mir im Eifer die Finger blau schlug, war ein geringer Schmerz gegen die Glückseligkeit des neuen Besitzes.

Da werde ich jetzt wohnen, sagte ich zu Hildegard und den Freundinnen. Niemand dürfe zu mir herein. Und die Mutter bat ich, daß sie mir das Essen nachtrage. Auch schlafen wollte ich auf dem Bankerl, die ganze Nacht. Mutter tat mir wirklich ein paarmal den wunderlichen Willen. Sobald es finster wurde, kam ich ohnehin lammfromm zu ihr geschlichen. Das einsiedlerische Leben gefiel mir etliche Wochen. Ich holte viele Blumen vom Wegrand, von Äckern und Wiesen und bildete mir gerührten Herzens ein, daß ich sie sehr glücklich mache. Da mir immer mehr Funde unterkamen und immer eine andere Anordnung einfiel, wechselte ich zuweilen ihren Standort. Dabei hielt ich sie für noch glücklicher. Die, welche ich mir am heißesten wünschte, blieben mir leider versagt. Eine wuchs im Steinschatten des Friedhofs aus einer brüchigen Mauer und hieß Akelei. Die zweite blühte auf dem Grabe des Öblarner Bergverwesers. Von ihrem hohen, rundgeneigten Stengel hingen große, kleine und immer noch kleinere Herzen. Das letzte war nur mehr wie ein Blutstropfen. Diese Blume erwartete ich jährlich mit wahrer Inbrunst. Ich hätte sie gerne gepflückt, noch lieber mit der Wurzel in meinen Garten verpflanzt. Doch mir schien es ein Gottesraub. Woher ich den dunkelblauen Rittersporn kannte, ist mir nicht bewußt. Aber ein Unkraut, das an Wachstum und Blattwerk eine entfernte Ähnlichkeit mit ihm hat, ließ meine Sehnsucht nicht zur Ruhe kommen. Es gedieh in Massen um die Tenne und bei der Bahnhofslaterne. Ich behandelte es mit der geduldigsten Liebe, begoß es, freute mich, je mehr es in die Höhe schoß, und musterte jeden Morgen die winzigen farblosen Knospen, die ewig nicht blau wurden.

Glaubens nit, Mutter, fragte ich hoffensselig, einmal wird es schon Rittersporn?

Mutter bezweifelte es. Da sie diesen Wunsch weniger ernst nahm wie das Essen, blühte er durch die ganze Kindheit im Unerreichbaren.

Eine ehrfürchtige Wertschätzung empfand ich für die prallen dunkelroten Georginen in unserem Gemüsegarten. Ich rührte sie nur bescheiden an, ohne sie zu begehren. Sie wurden, wenn unsere „Sommerherrschaften" wieder nach Wien fuhren, zu einem dicken Reisebukett gebunden und in eine schneeweiße Papierspitzenmanschette gesteckt. Ich durfte alsdann die Aufmerksamkeit überreichen.

Auch die Schwalben verabschiedeten sich um diese Zeit. Ich kann mich nicht erinnern, wann ich zum erstenmal ein Junges in Pflege bekam. Ich weiß nur, daß mir die Dorfleute von jeher allerhand Findlinge zubrachten, welche, zu wenig flügge, vom großen Südlandzug zurückgeblieben waren. Die stärksten habe ich mehr aus Instinkt denn aus irgendeiner Erfahrung aufgepäppelt. Andere freilich habe ich unter Tränen in meiner warmen Hand gehalten, bis ihr hochklopfendes Herz auf einmal still war. Wenn mein ehrlicher, fast zu tiefer Kummer sich etwas legte, gewann doch wieder die Sinnenfreude Oberhand. Ich suchte meine Gespielschaft zusammen und zeigte ihnen die „Leiche", welche ich bereits wunderschön in einer Zigarrenschachtel aufgebahrt hatte. Wir stöberten die Flecktruhe nach Organdinflören aus und bereiteten dem kleinen toten Vogel ein weihevolles Begräbnis.

Noch bei vielen Tieren habe ich Mutter gespielt und so ziemlich alle mit Glück und Geschick zum lieben Dasein auferzogen. Da war, auch vor meiner Schulzeit, ein braunes Eichkätzchen, das trank possierlich aus der Milchflasche und schwang sich öfter auf meine Schulter als auf Bäume. Die Bauern schenkten mir junge ausgemähte Feldhasen. Dicke borstige Igel zähmte ich mir leicht. Eine Schildkrot, die mir Vater von fahrenden Gauklern kaufte, war bald so zutraulich, daß sie mir, man möchte nicht glauben, wie schnell, auf einem Spaziergang nacheilte. Die Tiere waren nämlich nicht eingesperrt. Sie wohnten im Kindergarten, jedes hatte seinen schönen saubern Stall. Unser Hausknecht, ein armer Halbnarr und doch ein Tausendkünstler, nagelte mir immer alles nach Wunsch zusammen. In die Vorderwand mußte ein luftiges Drahtgitter. Tagsüber war der Ausgang offen. Und wenn die Tiere meine Stimme hörten, krochen sie hervor. Ich versäumte niemals die Fütterung und ich redete mit ihnen ganz menschlich, aber bestrebt, mich besonders verständlich zu machen, in feinerem Hochdeutsch.

Für Vater wurde die Arche Noah manchmal zuviel. Er wetterte und schalt aus Leibeskräften darüber und schreckte mich mit furchtbaren Drohungen. In Wirklichkeit aber hat er sich niemals roh oder mißlaunig am armen unschuldigen Vieh gerächt. Nur verhinderte er begreiflicherweise eine neue Einquartierung, und mein innigster Wunsch blieb unerfüllt. Ich wünschte mir einen Papagei, weil ich kindlich glaubte, er könne mir in der Menschensprache auf alles Antwort geben.

Leider hat der Herbst unserer paradiesischen Vertrautheit allemal ein Ende gesetzt. Mit dem Phlox fing es an. Wenn ich morgens in den Garten kam und die violetten Blüten zu Hunderten umgekehrt auf dem feuchten Gras liegen sah, dann packte mich etwas Dumpfes, ich konnte es klar nicht ausdrücken, vielleicht ein Gemisch von Schmerz und Todeswissen. Mir ist nur erinnerlich, daß die Phloxstaude auf mich traurig wirkte. Und daß mir kalt war. Ich mußte meine schöne Menagerie bald zusammenpacken. Die Wildhasen waren ohnehin schon üppig geworden und mehrmals im Leichtsinn entflohen. Zwei fand ich im Keller, vom Alkoholdunst schwer betrunken. Ich gab auch ihnen die grüne Waldfreiheit. Der Igel machte sich selbständig und trollte bei Nacht davon. So lockte die Natur die Geschöpfe an sich, will nicht fragen, zum Leben oder zum Tode. Die mir blieben, übersiedelten in den Stall. Oft durfte ich sie samt einem kleinen kranken Ferkel ins Zimmer nehmen. Denn unser Hausrat aus Naturholz wurde oft mit Bürste und Lauge gewaschen. So brachte ich meine Tiere gut durch den Winter, und der Frühling schenkte mir dazu ein paar neue. Das Abc-Studium hat mich dem Kindergarten etwas entwöhnt. Wenn mich mein verschämtes Heimweh auch mit der Schultasche in der Hand geradewegs zur Menagerie führte, war die Betreuung doch spärlicher geworden, und die Tiere vermißten mich bitter. Einmal fand ich mein liebes Eichkätzchen tot im Gras. So schmolz mir der eigene Viehstand unversehens zusammen, und mein Herz wandte sich mehr den Haustieren zu.

DIE GRENZEN DER FREIHEIT

Mein Elternhaus stand damals noch als letzter Neubau am Dorfende. Es hatte rückwärts einen Hof mit Magazinen, an der Pfarrhofseite ein Sommerhäuschen und in die offenen Äcker hinein einen Garten. Über der Straße war ein alter stattlicher Tenn, der früher einmal der Verwandtschaft gehört hatte. Dahinter breiteten sich auch wieder Weide und Ackerland. Die Eisenbahn schnitt mitten hindurch. Sie war für uns schon verbotenes Gebiet. Wir durften allein nur an hundert Schritt fortlaufen, nämlich bis zur Laterne auf dem Promenadeweg. Wenn von weither ein Fahrrad erschien oder die schweren Erzkarren anrumpelten, mußten wir schleunigst ausweichen. Wir taten es stets unter großem Geschrei und paßten, an den Zaun gedrückt, bis die Gefahr vorüber war. Ins Dorf zu gehen, erlaubte uns die Mutter nicht. So blieb der Tenn unser Bereich. Er war alles in allem: Kinderstube, Stall, Tummelplatz, Tanzboden, Schlittbahn, Rutschbahn, Versteck, Schloß, Räuberhöhle, Theater, je nachdem unsere Phantasie es gerade brauchte. Seine zwei riesenhaften Torflügel, zu denen in landläufiger Art eine Brücke schräg emporführte, hießen die „Bondion". Es war dies für uns ein Zauberwort, und ein Zauberwort, dessen Bedeutung mir erst später klarwurde. Wir meinten damit: Ich banne dich an! Im Dialekt verschmolzen die Laute zu einer fremden Aussprache, die beiläufig wie französisch klang. Dem Sinn nach meinten wir ein Asylrecht. Wer nämlich beim Fangenspiel die Torflügel erreichte, mußte mit den Fäusten mächtig drauftümmeln und Bondion! rufen. Dann war er gerettet, und niemand mehr hatte Gewalt über ihn.

Zumal die Brückenbretter fast immer trocken waren und die Baumbloche mit ihren samtgrünen Moospolstern beidseiten gute Sitzbänke abgaben, nahmen sowohl wir wie auch unsere Hunde und Katzen schon zeitig im Frühjahr hier Zuflucht. Mutter, die uns neben der vielen Arbeit gern sichtbar im Auge behielt, billigte unsere Bondion sehr. Sie trat am lieben langen Tag oft genug vor das Haustor, rief uns beim Namen und fragte, ob wir wohl brav seien.

Das war leider selten der Fall. Denn meine Schwester hatte die schelmische Gewohnheit, auch mit den Erwachsenen lustig Verstekken zu spielen. Noch als ganz kleines Kind, bevor sie die Füße recht gebrauchen konnte, war sie kriechend in den Kamin geschlüpft und hatte, wie Mutter sich ausdrückte, ihre tückische Freude gehabt, während man jeden Winkel vom Keller bis zum Dachboden absuchte. Plötzlich aber hatte sie die eiserne Putztüre aufgemacht und hell gerufen: Hiltegar!

Ihren ersten selbständigen Schritt ins Leben wagte sie alsdann keck vom Herrschaftsküchenfenster auf das blechglatte Magazindach. Und kein Schreien und Händeringen brachte sie fürder aus dem Gesetz, nach dem sie angetreten war. So traf Mutter, wann sie, um unser Heil bekümmert, nach uns ausschaute, auf dem ebenen Erdboden meistens nur mich. Sie sagte anerkennend, daß ich die Ältere und Gescheitere sei, und ich nickte pflichtschuldig. Die Bravheit fiel mir nicht schwer, solang Tante Julie noch im Roten Zimmer wohnte. Ich war bei ihr wohlbehütet und hatte vielerlei Unterhaltung.

Bald aber wurde mir allein die Bravheit langweilig. Ich ließ mich allzugern zur muntern Gesellschaft meiner Schwester Hildegard an unsern verbotenen Tummelplatz locken. Dies war der Bahnhof. Hier spielten wir unter einem Birnbaum mit unseren Fleckerlpuppen, setzten sie in einen Zug, der aus mindestens zwanzig Franckkaffeeschachteln zusammengekoppelt war, und schleiften die Reisegesellschaft erster, zweiter und dritter Klasse über den Kiesschotter. Dabei sangen wir so ungefähr: Hiaz gehts dahin, nach Berlin, wo die schönen Mädchen sin. Als dann der wirkliche Zug kam und verschob, liefen wir zur Planke und schauten selbstvergessen wohl eine Stunde zu. Endlich erinnerten wir uns doch an das strenge Verbot.

Es war auch höchste Zeit. Der Lehrling und das Hausmädchen Thekla und letztlich die krumpe Kathi hatten uns bereits talauf und talab gesucht. Die Mutter stand, als wir schuldbewußt daherschlichen, völlig verzweifelt und von einigen Kundschaften umringt, in der Ladentür. Sie zeigte keine Wiedersehensfreude.

Haben euch doch nicht die Zigeuner packt?! schalt sie grausam drohend.

Wir wußten: wir mußten mit gefalteten Händen um Verzeihung bitten. Und wir taten es zerknirscht und bußfertig aus echter Reue und nicht minder in Gedanken an den bevorstehenden Sonntag.

Wenngleich unsere Mutter sechs Wochentage lang von Arbeit

beschwert und durch unsere kindlichen Untugenden erzürnt wurde, verklärte sie am Sonntag ein Abglanz jenes gottväterlichen Wohlgefallens, von dem in der Bibel geschrieben steht: Und es war gut so. Eine Stunde nach dem Hochamt, wenn die Bauern und die Zugleute „Pfüat Gott!" wünschend durch die klingelnde Glastür forttrachteten, blickte sie uns freundlich an und urteilte jedesmal, daß wir eine Belohnung verdient hätten. So ermuntert, wagten wir uns ins Kaufgewölbe, wo uns sonst kaum das Berühren einer Sache, ja nicht einmal das Reden erlaubt war und die bescheidenste Kundschaft mehr Anwert hatte als wir.

Inmitten von Stoffen, Leinwandballen, Lodenballen, Seidenbändern, Mehlsäcken, Kaffeefässern, Gewürzen, Porzellangeschirr, Spielzeug, Kerzen, Fett, Petroleum, Schuhen, Schuhwichs, Schuhnägeln und Schuhriemen, Bergstöcken, Abziehbildern, Modellierbogen und Galantriewaren befand sich der Zuckerlkasten. Er hatte sechzehn Fächer, und jedes Fach enthielt eine andere Süßigkeit. Das Stück kostete einen Kreuzer, wie man damals auf dem Land noch sagte, obwohl schon die Kronenwährung eingeführt war. Zwei Stück durften wir uns aussuchen. Weiß Gott, was uns schwerer ankam: die Bravheit während der ganzen Woche oder die Auswahl am heiligen Sonntag. Unsere Freundinnen Ida und Nannerl spähten gewöhnlich durch das Auslagfenster und gaben uns in der Zeichensprache wohlmeinende Ratschläge.

Bisweilen winkte Mutter sie ebenfalls herein und beschenkte sie. Ein andermal vergaß sie es scheinbar oder wirklich. Und uns, meiner Schwester und mir, blieb leider nichts übrig, als draußen von der Näscherei einen Bissen abzubrechen.

Meine besondere Vorliebe war der Türkische Honig und der Bärenzucker. Es gab aber auch manche effektvollere Sorte, von der uns die Lippen und die Zunge den ganzen Tag lang veilchenblau, scharlachrot oder wunderbar grün blieben.

ALLER ANFANG IST SCHWER

Ich war zu Ostern 1899 fast sieben Jahre alt und meine Schwester noch nicht sechs, als wir, gleich groß wie Zwillinge, in die Öblarner Volksschule eintraten. Die Vorbereitung hiezu begann in kalter schläfriger Frühe. Es wurde uns, obgleich wir am Karsamstag gebadet worden waren, noch einmal sauber der Hals gewaschen. Das tat beim festen Zugriff meiner Mutter immer weh, und ich hätte auf meinen Vorrang als Ältere gern verzichtet. Während ich, noch mit dem Abtrocknen beschäftigt, auf einem Schemel hockte, goß sie mir eine Handvoll Klettenwurzelöl über mein glattes lichtblondes Haar. Es bekam einen fetten dunklen Glanz und wurde nunmehr zu zwei prallen Zöpfen geflochten. Diese durften, weil wir nun Schulmädchen waren, nicht mehr lose hängen, sondern wurden uns bäurisch rund um den Kopf genadelt. Um den ersten Schritt ins Leben zu würdigen, knüpfte Mutter uns zuoberst auf den Scheitel eine große steife Masche. Hildegard mit dem frischen Sommersprossengesicht und dem kupfergoldenen Haarschimmer hatte eine rosenrote. Ich wählte meine Lieblingsfarbe: blau.

Überhaupt bekundete ich meinen Geschmack sehr deutlich. Schon beim Anziehn gab es ob meiner Widersetzlichkeit einen Verdruß. Ich wehrte mich eigensinnig gegen mein Kleid, welches Mutter mit Sorgfalt und Eifer selbst genäht und für das schnelle schwesterliche Wachstum berechnet hatte. Mir fielen die überlebensgroßen Maße schon schmerzvoll auf. Am Halskragen ein bißchen zu weit, an den Achseln ein Stück zu breit, schlotterte mir das schöne Gewand feierlich und ehrwürdig fast bis zu den Schuhen hinab.

Da sich hieran aber nichts mehr ändern ließ, übertrug ich meine Mißstimmung auf die Schultaschen. Mir schien das grüngestickte ABC auf einmal passender als der mit einem Ball aufwartende Pudel, und ich versteifte mich auf einen Tausch. Unser Kinder-, Haus- und Küchenmädchen Thekla wollte mir beim Einräumen behilflich sein. Ich warf indessen alles Zeug wieder heraus und legte mir eine andere Ordnung zurecht.

Du bist ein Nigel sondergleichen! tadelte mich meine Mutter

unter nachhaltigem Stirngerunzel. Das machte mir tiefen Eindruck, und ich bedachte ihre Worte lang und gründlich. Vom Kaffee würgte ich nur einen Schluck durch die Gurgel, aus heller Aufregung einerseits und dann auch deshalb, weil ich nicht begriff, wie der „Sohn dergleichen" sein könne, wo sie doch gar keinen hatte. Durch die bevorstehende Trennung milder gestimmt, verzieh mir meine Mutter die Unart, was sonst nicht der Fall war. Sie gab uns einen Tropfen Weihbrunn, eine Kaisersemmel und ein Osterei. In Gottes Namen! sagte sie, packte mich und Hildegard bei der Hand und führte uns gesittet in die Schule. Wir waren bald von kleinen Anfängern umringt. Ich erinnere mich noch von fern, wie ein Leuteschock sich zum Katheder drängte, wie manche Frau ihren Sprößling vor sich herschob und ihn letztlich mit allerhand Versprechungen zurückließ, wie mich der Herr Lehrer Walcher in die erste Bank der ersten Abteilung der ersten Klasse setzte und unsere Mutter, mit dem Zeigfinger winkend, im Türspalt verschwand.

In der andern Bankreihe beim Bubenvolk hatte denselben Rang wie ich ebenfalls ein Kaufmannskind mit Namen Kitzinger Ferdi. Ingedenk, daß die Eltern sich nicht besonders freund waren, wagten wir auch nur schüchtern, uns anzulächeln.

Beim Kreuzzeichen schielte ich vielleicht mit einer vererbten Schulmeistergenauigkeit, ob die andern es doch richtig machten. Das Vaterunser ging noch wirr. Viele Kinder leierten, daß man kein Wort verstand. Manche schluchzten und wollten aus der Bank laufen. Es passierten peinliche Zwischenfälle.

Der Herr Walcher wußte natürlich, wie jeder Anfänger hieß. Trotzdem fragte er die Reihe entlang. Die Bergbauernkinder antworteten schüchtern in der Mundart oder gar nicht. Uns Bürgerkindern war schon ein wenig Hochdeutsch eingelernt worden. Ich kam, meinem bevorzugten Platz entsprechend, bei den Mädchen als erste dran und sagte langsam, wie ich von Natur aus war:

Ich heiße Grogga Pauler.

Und schon hüpfte neben mir meine Schwester auf und rief:

Ich heiße Grogga Hiltegatt.

Weiß nicht, ob sie wahrnahm, daß die größeren Schüler in den Bankreihen hinter uns kicherten. Ich schämte mich schrecklich. Ich wurde völlig hilflos in der fremden Welt und hielt mich für dumm und nichtswürdig, gar in der Freiviertelstunde, als die ungeschlachten Wildlinge der Oberklasse die Stiege herabtümmelten.

Meine Schwester, wie ein Bub lebendig springend und schreiend, freundete sich mit dem Schock bald an. Ich aber blieb einsam und verlassen, höchstens von einem Bengel hin und her gepufft, auf der Torschwelle stehen und ergab mich dem bittersten Heimweh. Durch einen unruhig verschwommenen Tränennebel blickte ich über den Brunnen hinweg zu unserm hintern Haustor. Und wirklich erschien unsere liebe Mutter, heißgerötet, mit dem Kochlöffel in der Hand und erwiderte meinen stummen Sehnsuchtsgruß...

MEINE FREUNDIN MITZI UND DAS MERKTUCH

Als ich das zweite Jahr in die Schule ging, durfte ich bei der Schulfeier eine Frühlingsblume darstellen. Ich betrat, für meine Rolle prachtvoll ausgeschmückt, mit dickgekraustem offenem Haar das Podium und begann zitternd, aber vorschriftsmäßig laut:
Himmelschlüssel im Goldgewande
Bin ich genannt im ganzen Lande.
Die kleine Tochter des Herrn Oberlehrers Ferdinand Tremel gab im weißen Fronleichnamskleid das Schneeglöckchen. Sie war auch wirklich so durchsichtig bleich. Manchmal lief sie wegen Nasenbluten aus der Klasse fort. Noch im Sommer des nämlichen Jahres mußte sie sterben.
Jetzt ist sie wirklich ein Schneeglöckerl, sagte ihre Mutter weinend bei der Bahre, und wir nickten dazu.
Der Trauerfall brachte manche Veränderung mit sich. Zum ersten einen Trost für den Herrn Tremel. Er wurde, was er gewiß als tüchtiger Schulmann verdiente, zum Bezirksschulinspektor ernannt. So übergab er dem Herrn Lehrer Walcher die Oberklasse. Uns unterrichtete nunmehr ein ganz junges Lehrfräulein. Sie hieß Anna Wolfrum. Ich wunderte mich heimlich über ihren Namen. Ich zerlegte ihn auf die Silben Wolf und Rum. Der Wolf paßte schlecht zu ihr. Von Rum als Getränk und vom Ruhm, mit h geschrieben, hatte ich noch keinen rechten Begriff. Einen Wolf, der frumm war, gab es auch nicht. Schließlich lernte ich, mehr durch Empfindung wie durch Erkenntnis, wissen, daß sie „wohl frumm", nämlich sanft sei. Ich hing ihr mit großer Liebe an. Daß ich ihr zweimal die Woche den Geigenkasten nachtragen durfte, bedeutete für mich die höchste Auszeichnung.
Einen besonderen Anwert bekam sie bei Müttern und Schulmädchen durch den neuartigen Handarbeitsunterricht. Früher, seit einem Menschenalter, hatte eine Sattlersfrau regelmäßig Strickstunden gegeben. Wen es freute, der ließ sich unterweisen. Die keinen Eifer hatten, rannten einfach davon. Ich erinnere mich, daß ich nur einmal aus Neugier sitzen blieb. Man strickte bei ihr Strümpfe in

allen Maßen und Modeln, feine, grobe, graue, weiße und färbige, acht Jahre lang. Stricken wäre die Hauptsache, meinten die Bäuerinnen, und sie hatten für ihren Stand wahrscheinlich recht. Mit der ungeprüften Industrielehrerin wurde auch wieder ein Stück uralter Volkskunst abgedankt. Wie die Frau den Verdienstentzug und die Beleidigung ihrer Arbeitsehre hinnahm, weiß ich nicht. Ich denke mir, sie hat mit andern alternden Menschen der Neuerung nichts Gutes prophezeit. Jedenfalls verhehlte sie ihren Groll schweigsam bis ins hohe Alter. Sie konnte noch über den Neunziger hinaus beobachten, daß die Weibsleute kein Spinnrad mehr traten und ihre Strümpfe als immer dünnere Fabriksware kauften. Vielleicht hätte niemand erfahren, wie schwer sie die Zurücksetzung hinter junge Nachfolgerinnen ertrug, wenn nicht nach vielen Jahren ich an die Reihe gekommen wäre. Ich bekam es zu spüren. In ihren Enkeln wuchs der Groll so stark, daß sie ihn nicht mehr verbergen konnten. In meinen Kinderjahren ahnte ich noch nichts davon. Wir Schulmädchen waren gedankenlos froh, daß wir beim Schwätzen nicht Maschen zählen mußten, und hauchten bewundernd Ah!, als Fräulein Wolfrum ihre Einsätze, das Hosen-, Hemden- und Vorhangspitzenzeug, ein Häkelmusterband, ein Kreuzelmerktuch und ein Nähtuch mit kunstvollen Sticharten vor uns hinlegte, damit wir alles nach Alter und Geschick erlernten und nachahmten.

Ich saß in der Handarbeitsstunde neben einer neuen Freundin, die das veränderte Schulhaus durch ihre Wesensart noch mehr veränderte. Der Herr und die Frau Inspektor Tremel hatten an Kindes statt eine Nichte angenommen. Sie war keine zarte Blume, sondern ein übermütiger Wildfang. Jeden Tag erfand sie einen Unfug. In der Klasse bezeigte sie wenig Fleiß, nur das Singen gelang ihr. Zwei Jahre an Lebensentwicklung voraus, war sie mir in manchen Dingen maßgebend. Den ersten Eindruck machte sie mit ein paar nie gehörten Worten, welche sie aus der Rottenmanner Schule zu uns mitbrachte. So nannte sie zum Beispiel, was sie ärgerte, mit dem Fuß stampfend, impertinent. Selbst vom Herrn Lehrer Walcher wagte sie zu sagen, daß er impertinent sei. Von uns hinwieder nahm sie sogleich die Gewohnheit an, bei irgendeinem Tadel sich mit Arm und Kopf über das Pult zu werfen und so zu tun, als ob sie schrecklich weine.

Wenn ihre Tante sie nicht gerade zu Hilfsleistungen brauchte oder zu einer Hausaufgabe anhielt, hüpfte sie flink über den Brunnentrog oder über den Gartenzaun zu uns herüber. Aber noch schneller war sie verschwunden, sobald sie unsern Vater reden hörte. Er duldete sie ungern, weil sie sich sogar in unserm Geschäft benahm, wie es sich nicht gehörte. Eines denkwürdigen Tages, als sie auf unserm Ladentisch, weiß nicht mehr, ob die Käseglocke oder die kostbare Gewürzwaage zertümmelt hatte, war ich in meiner ewig ehrlichen Mitteilsamkeit ihre Anklägerin geworden. Nachher machte mir ein Herzenszwiespalt bitter zu schaffen. Es gab keine rechte Erlösung daraus. Denn Mutter sagte oft und eindringlich mit erhobenem Zeigefinger: Der Hehler ist schlechter wie der Stehler. Und die Inspektor-Mitzi sagte: Hättst du den Mund gehalten, du dummes Schaf!

Wir mieden uns eine Zeitlang böse. Als Zeichen ihrer Feindschaft warf mir Mitzi hinter dem Rücken der Lehrerin ein Brieferl zu. Darin stand in fahrigen, nach oben gerichteten Buchstaben:

Ich bin harb auf Dich und komme nimmer zu Dir spielen.

Harb war ein neues Wort für mich, das ich ihr ergeben und beflissen nachsagte. Und das Brieferlschreiben war überhaupt meine Leidenschaft. Als meine gekränkte Freundin schon weniger heftig an mir vorbeistob, schrieb ich zurück:

Liebe Mitzi!

Bist Du noch harb auf mich? Ich bitte Dich, sind wir wieder gut. Ich habe Dich sehr gern. Hast Du mich auch gern? Tatsach wahr!

Zumal wir diese Beteuerung eher auf Tod als auf Tat bezogen, kam sie uns schauerlich genug vor. Aber die Inspektor-Mitzi führte dazu noch das kleine, das große und das heilige Ehrenwort ein.

Meine neue Freundin war vielleicht schon zwei Jahre hier und recht im Schulhaus angewöhnt; auf dem Friedhofshügel wurzelten Gras und Blume, ein kleiner weißer Marmorengel hielt mit geneigtem Haupt trauernd Wacht, und auf dem Stein darunter las jedermann die goldene Inschrift: Hier ruht unser einziges Kind Ferdinanda, da bekam, für uns wirklich ganz unvermutet, die Frau Inspektor ein zweites Kind. Ich erinnere mich noch genau, daß ich bei dieser Nachricht sogleich den Widerspruch auf dem Grabstein bemerkte.

Für Mitzi ergab sich nun allerlei Arbeit, die ihren Übermut etwas zügelte. Sie mußte im Gemüsegarten Windeln und Wäsche aufhängen und, was trocken war, wieder abnehmen. Bei sonnigem Wetter fuhr sie mit dem Kinderwagen aus. Meine Mutter schüttelte dazu bedenklich den Kopf. Aber wenn Mitzi ob ihrer neuen Pflicht auch nicht gerade glücklich war, hütete sie ihren kleinen Vetter doch besser, als man ihr zutrauen konnte. Ich leistete ihr mit Vorliebe

Gesellschaft. Aber friedlich kamen wir auch solchenfalls nicht miteinander aus, weil mein Puppenwagenkind dem Vergleich mit dem lebendigen Knäblein nicht gewachsen war.

Tan ma tauschen, sagte ich zu Mitzi und griff auch schon nach dem Kinderwagen. Meine Freundin behauptete ihr Recht mit körperlichen Überkräften. Eine puffte die andere vom Griff hinweg. Und der Kinderwagen, gröbbisch hin und her gepufft, stürzte plötzlich zwischen uns auf die Straße. Gott sei Dank geschah kein Unglück.

Mit den Jahren zeigte sich, daß Feri sehr gescheit und schließlich sogar Universitätsprofessor wurde.

Seinerzeit, als der Unglücksfall meine Phantasie und mein Gewissen mit Angstvorstellungen belastete, ging ich meiner Freundin Mitzi eine Zeitlang aus dem Weg. Vermutlich war sie froh darüber. Wenn wir uns zufällig begegneten, verschwand sie um irgendeine Ecke.

Ich zog mich in die Einsamkeit zurück, allerdings augenfällig. Die Tennbrücke wurde der Schauplatz meiner verbesserten Bravheit. Mein Handarbeitskörbchen mußte jedermann, besonders aber Mutter davon überzeugen. Ich häkelte an einem Häkelmusterband mit zwanzig Mustern, eines schwieriger als das andere. Dafür bekam ich von unserem hochverehrten Fräulein Wolfrum etliche Fleißzettel. Meine Schachtel war bereits zur Hälfte voll. Immer wieder klaubte ich diese Bilder heraus und zählte sie. Man konnte sie anhauchen. Oder man konnte hindurchschauen. Dann erschien die ganze Welt in anderer Beleuchtung. Fräulein Wolfrum ließ mich die Farbe jedesmal selber wählen.

Als mein Häkelband fertig war, mußte ich Kreuzelstiche lernen. Fräulein Wolfrum zeigte uns die Vorlage. Wir sollten einen halben Meter Kongreßstoff kaufen und blaues oder rotes Perlgarn dazu. Während meine Mitschülerinnen ihr willig gehorchten oder gar schon ein solches Merktuch in Arbeit hatten, sagte ich ganz entschieden:

Ich möcht lieber ein geschecktes machen.

Aber Paula, belehrte mich Fräulein Wolfrum zögernd. Glaubst, das wurd fein? Überleg dirs.

Ich blieb fest bei meinem Willen und brachte das nächste Mal eine Rolle Stramin und einen bunten Haufen Baumwollsträhne, deren wir genug als Ladenhocker in unserem Gewölbe hatten. So wunderbare Girlanden und Teppichmuster, wie unsere Mutter aus ihrer Schulzeit noch aufbewahrte, durfte ich leider nicht machen.

Aber ich stickte das kleine und das große, das lateinische und das gotische Abc wenigstens ganz nach eigenem Geschmack. Jeder Buchstabe hob sich leuchtend vom anderen ab. Rot, Smaragdgrün, Lichtlila, Orangegelb, Königsblau, Himmelblau, Schwarz, Taubengrau, Saftgrün, Kastanienbraun, Schwefelgelb, Violett und Ziegelrot wechselten in immer neuer und richtig passender Zusammenstellung. Besondere Überlegung kostete mich zuletzt mein Name und die Jahreszahl. Je voller und scheckiger das Merktuch geworden war, umso glücklicher schaute ich es an. Ich hielt es für ein regelrechtes Kunststück und setzte es gerne ein bißchen prahlerisch dem Anblick fremder Leute aus. Wenn ich, auf unserer Hausbank oder auf unserer Tennbrücke hockend, es recht sichtbar über die Knie hängen ließ und zum Scheine eifrig an der Umrandung stichelte, kam es wohl vor, daß eine freundliche Mutter, eine Herrschaftsfrau oder eine Dienstmagd im Vorübergehen lobend ausrief:

Is dös schön!

Meine Freundin Mitzi aber sagte:

So ein Bauerntanz!

DIE ANDERN GROSSELTERN

Die Großeltern Johann und Maria Grogger vulgo Stralz behielten schon wegen der uns anerzogenen Ehrfurcht und wohl auch zufolge der seltenen und stets besonderen Begegnungen einen unvergänglichen Platz in meinem Gedächtnis. Bevor ich gescheit genug war, in diese einzublicken, noch vor der Schulzeit öffnete Mutter einen schwarzen Holzkoffer, in dem sie ihre Bibliothek aufbewahrte. Auf der Innenseite der altersmürben, aber meist wunderlieblich geblumten Buchdeckel stand in vorbildlicher Schnörkelschrift: Ignaz Longin. Der schönste Einband hatte ein verblaßtes Rosenmuster und den Titel: Briefsteller und Gedichtschatz für christlich Liebende, Brautpaare, Eheleute, Wohltäter und Jubilare. Als „Eigenthümerin" zeichnete, ebenfalls in sorgfältiger Handschrift: Franziska Gföller. Später war mit besserer Tinte der Name Longin beigefügt worden. Sicher hatte die Großmutter ihre ersten Herzensgeständnisse aus diesem Büchlein abgeschrieben und vielleicht auch die Antwort auf den Heiratsantrag, es waren da und dort kleine Zeichen und Sterne gekritzelt.

Nun blätterte unsere Mutter mit benetztem Zeigefinger in dieser Glückwunsch-Sammlung und notierte, wenn ein Familienfest bevorstand, zwei passende Verse auf liniertem Kanzleipapier. Einer wurde mir stückweise eingelernt. Dies gelang nicht klaglos, denn man mußte mir wieder und wieder Worte ausbessern, die ich im Herleiern abgeändert hatte. Meine flinke Schwester merkte sich alles *ohne Fehler* und meist über Nacht. Da unsere Mutter mit den Büchern auch alle Lehrleidenschaft geerbt hatte, wurden uns bei jedem Anlaß längere und schönere Gedichte auferlegt. Wir bewältigten auch zehn und zwanzig Strophen zur stolzen Zufriedenheit der Erwachsenen, die auf Poesie etwas hielten.

Was immer sich die geldigen Bürgerfrauen auch einbilden durften, eines hatte unsere Mutter ihnen voraus; sie konnte mit dem Nachlaß der Longinischen Großeltern den Groggerischen Großeltern eine Aufmerksamkeit erweisen wie niemand sonst in der Verwandtschaft.

Bis zum Vorabend eines Familienfestes hatten wir unsere Kunst schon an sämtlichen Hausbewohnern erprobt. Wir übten sie noch wetteifernd, als wir frisch gewaschen und gekämmt aus der straffen Hand unserer Mutter hervorgingen und Tante Julie uns hinten den Hängekittel zuknöpfelte, den sie Empon-Kleid nannte, was wohl Empire bedeutete; die seidene Masche zuoberst auf den Gretchen-Zöpfen beflügelte uns zu selbstsicherer und ungeduldig schnatternder Vorfreude. Wenn man uns aber das pralle Blumenbukett mit der weißen Spitzenmanschette in die Hand drückte und Mutter über ihr Sonntagskleid noch die schwarze Mantille umnahm, unter dem Haustor oder schon auf der Straße, bei der fast drohenden Mahnung, jedes Wort laut und langsam und deutlich zu betonen, zuletzt passierte es, daß wir uns jäh von ihren Händen losrissen, weil uns ein Bauchzwicken befiel und eilends zur Umkehr zwang. Hildegard war auch bei diesem Wetteifer die schnellere.

Weiterhin aber ging alles gut vonstatten. Gratulationsbesuche beim Großvater machten wir, nach der Uhr genau, im Halbstock des Stammhauses. Die nordseitige, abendlich düstere Stube roch immer nach Moder und Schnupftabak. Der Großvater, den wir sonst riegelsam auf den Beinen sahen, erwartete uns, zwischen Ofen und Büchergestell im hohen Lehnstuhl sitzend. Rechter Hand in einem gedrechselten Ständer staken sieben lange Tabakspfeifen, für jeden Tag eine. Die Pfeife für den Sonntag war eine Rarität. Vom Trambalken hing noch dunkel die Petroleumlampe mit einem breiten Schirm aus Milchglas. Obgleich das Bild der Erinnerung nur traumdämmerig aus einer dämmerigen Wirklichkeit aufsteigt, sehe ich heute noch die beklommenen und respektvollen Stirnfalten meiner Mutter.

Ich als die Ältere mußte mit der Deklamation beginnen. Währenddessen schnitt meine Schwester Hildegard schielende Gesichter. Sie verbarg darunter ihre Angst. Das Aufsagen aber glückte ihr jedesmal besser als mir. Die Zuhörer lächelten sie wohlgefällig an. Und die Stimme der Mutter sagte wärmer und zufriedener als sonst: Auch ich wünsche Ihnen alles erdenkliche Gute.

Von den sparsamen Antworten des Großvaters weiß ich keine mehr. Aber seine sommersprossigen Hände könnte ich zeichnen. Die linke bog sich um den Geldbeutel, die rechte hielt uns steif und schmal und kostbar einen Gulden entgegen.

Bei der Großmutter ging das Anwünschen einfacher vor sich. Sie gönnte sich nicht einmal an ihrem Namenstag einen Ruhesessel. Wir betrafen sie eher abgehetzt als würdevoll mitten in Vorbereitungen für das Festessen, auf das sich die große Familie, die Dienstboten und die bäuerlichen Godenkinder bereits tagelang freuten. Guglhupf, Krapfen, Kipferl, Bretzeln und Potitzen prangten überzuckert neben Wurst und Schunken auf der Anricht. Aber noch lustete es mich nicht um solche Herrlichkeit. Ich glaubte, ein bißchen nach Luft schnappend, mich ebenfalls beeilen zu müssen. Und ich deklamierte einmal beiläufig so:

Meiner Jugend schönste Triebe
Binde ich zu einem Strauß.
Dieser spricht die heiße Liebe
Ihrer Enkelin zärtlich aus.

Schon damals spürte ich in der letzten Zeile etwas Unrichtiges. Im Versbuch war, wie ich später lesen konnte, „Enkelin" nur eingeklammert. Die Großmutter bemerkte das Silbengestolper nicht, sie hatte kaum Zeit, die vielen Strophen anzuhören. Sie warf zwischendurch große Backscheiter in die Feuerung. Aber sie nickte doch beifällig, als wir fertig waren, und gab uns zwei aufgeblähte weizene Krapfen. Dann langte sie nach ihrer Geldtasche, die ihr an gekreuzten Lederriemen über die Hüfte hing, und schenkte überaus freigebig jeder ein Fünfkronenstück. Beim Handbussen schmeckte ich an ihren Fingern und am rupfenen Schurz den Geruch der Speisen, welche sie kochte.

Die Hoffnung, daß sie unsere Kunst bewundern werde, erfüllte sich nicht. Sie interessierte sich nur für Kochrezepte, Gartenarbeit, Schweinemast und Milchkühe. Diese Unterhaltung, die ich schon prosaisch nannte, dazu das Geklirr und Geschebber der Hefendeckel und der flackernde Feuerschein auf den Kupferpfannen, das Überschäumen und Sprühen und Zischen, der erstickende Qualm, der vom Herde ausging, bereitete mir Unbehagen. Wenn die Großmutter, während sie umrührte und würzte und kostete, auch noch lobpreisend erzählte, was für schöne Sachen, Damast und Seide zum Beispiel, sie beim Hausierer gekauft hatte, traf sie die Mutter als Geschäftsfrau. Wir verabschiedeten uns bald. Und die fröhliche Feststimmung war nur noch eine kümmerliche Prahlerei, wenn wir daheim unsere wohlverdienten Silberstücke herzeigten. Wir mußten sie sogleich in unsere Sparkasse werfen. Selbst die gezuckerten Krapfen waren kein nachhaltiger Lohn. Meine Schwester hatte ihren schon unterwegs gegessen. Und mir wurde abends im Bett davon übel.

Einmal durften wir mit dem *Vater* zur Großmutter auf Besuch gehen. In der Küche hantierte, von einer dicken Dampfwolke und brenzeligen Schmalzschwaden eingeschlängelt, die Tante Marie allein. Sie ließ uns vor Arbeitseifer gar nicht in die Nähe, sondern rief hustend und heiser:

Sie is oben. Gehts nur aufi.

Die Großmutter saß angezogen auf ihrem Bett, sie hatte im Rücken einen Turm von scheckigen Polstern. Die geschwollenen Füße waren in Filzpatschen gezwängt. Der enge Samtfrack mit den vielen geschliffenen Knöpfen ging nach unten nicht zu. Sie spreizte Daumen und Finger über den Schlitz und klagte, daß sie keinen Atem habe. Dann deutete sie auf eine Unzahl von Flaschen und Pillen und Pflastern und vertraute uns flüsternd die Namen der Ärzte, bei denen sie neben dem Herrn Fischer heimlich dokterte. Uns Kindern wurde streng geboten, niemandem davon zu erzählen. Ich habe mir die Namen Lobenstock und Murat gemerkt. Einmal sagte die Großmutter zum Vater:

Das schwarzseidene Gewand kriegt nachher deine Frau.

Dann wartete sie uns einen Teller Biskotten auf und mischte Wein mit Honigwasser und Brausepulver zu einem perlenden Saft. Aber wir hatten kaum eingetunkt, als Vater seine Uhr zog und aufstand. Die Großmutter sagte, freundlich in seinen Willen ergeben:

Franz, kimm bald wieder.

Unser Vater versprach ihr die Gartenlaube.

Es hatte selten jemand Zeit, ihr Gesellschaft zu leisten. Wir Kinder vergaßen sie bald, denn wir gingen schon in die Schule, und jeder Tag machte uns die Umwelt wichtiger.

Im fröhlichsten Spieltrubel, gerade vor den großen Ferien, als Mutter wieder den Gedichtschatz hervorsuchte, kam die Botschaft, daß die Großmutter verschieden sei. Der Großvater, eben vom täglichen Spaziergang zurück, hatte sie, genau wie sie immer kauerte, in ihrem steilen Polsterbett gefunden. Auf der Bahre sahen wir sie zum erstenmal in ihrem vornehmsten Kleid. Der schwarze Atlas glänzte und schillerte von Spitzen und Perlen. Um den dicken Hals hatte sie noch extra ein schwarzes Spitzentüchlein. Die Augenlider wölbten sich höher als sonst, ein Auge war halb offen. Unser Vetter Hansl und die vier Cousinen, die im Stammhaus aufgewachsen waren, schluchzten laut und bitterlich. Hildegard und ich bemühten uns, es ihnen gleichzutun.

Zum Begräbnis fand sich von weitem die Verwandtschaft ein, die nobelsten kamen zweispännig in Landauern oder Kaleschen. Andere wurden ungeachtet des kurzen Weges ebenfalls per Achs vom

Bahnhof abgeholt. Beim Anmarsch der Fahnen und der Blechmusik berauschte mich ein stolzes Glücksgefühl. Was ich anfangs nur vorgetäuscht hatte, das herzzerbrechende Schluchzen kam jetzt unaufhaltsam und ganz von selbst. Sogar dem Vater rollte eine Träne über den Schnurrbart. Später im Tafelzimmer, wo sich die Trauergäste zum Totenmahl versammelten, ging es schon heiter zu. Immerhin erinnerte man sich bei den Gesprächen anerkennend, wie fleißig die Großmutter lebtags gearbeitet hatte und wie berühmt und begehrt ihre Kochkunst talauf und talabwärts gewesen war. Mit dem Rahmkaffee reichte man auch den Weiseteller herum, eine vielbewunderte Zinngießer-Arbeit und schon etliche Jahrhunderte bei Taufen, Hochzeiten und Sterbefällen in Gebrauch genommen. Fast jeder Verwandte stiftete fünf Gulden für die reiche Zehrung. Die trinkfesten, wenn sie von Met und Bier und Wein in guter Laune waren, auch das Doppelte. Vater, der an Mäßigkeit dem Großvater ähnelte, legte für uns alle ein neugeprägtes Goldstück dazu. Nach und nach zerstreute sich die Verwandtschaft.

Der Großvater teilte sich auch als Witwer das Leben ein wie bisher. Er stand in aller Herrgottsfrühe auf und widmete sich, von der mageren Schottsuppe und andächtiger Naturbetrachtung gestärkt, einem schönen gleichmäßigen Daseinsgenuß. Sein kohlschwarzer Zottelhund Mohran leistete ihm dabei Gesellschaft. Sorgen hielt er von sich fern. Und sein tätiger Zugriff war im Besitz nicht nötig. Es genügte ihm, die brave Dienstleistung seiner Familie und des Gesindes zu beaufsichtigen und wohlwollend zu bewerten. Dies füllte den Tag, die Woche und das Jahr gerade aus. Obgleich er eine silberne Taschenuhr, fast so groß wie ein Handteller, mit sich herumtrug, richtete sich seine Pünktlichkeit nach der Sonne und dem Glockengeläut. Um die Mittagsstunde erschien er zum Tischgebet. Es wurde für Mensch und Tier aus dem vollen geschöpft. Von ihm war bekannt, daß er sich niemals satt aß. Onkel Fritz lobte seine Abhärtung und seine eiserne Persönlichkeit. Unsere Mutter lobte sein gutes Gehör und sein Gitarrespiel. Wir Kinder durften einmal zuhören gehn, als er im Gastzimmer altväterische Weihnachtslieder sang, die andere Leute kaum noch kannten. Ich horchte nicht besonders aufmerksam. Viel mehr bewegte mich, was ich ein wenig später nur von ferne zu hören bekam. Ich lag schon winterlich zugedeckt in meinem Gitterbett, als Vater und Onkel Fritz ins Stammhaus geholt wurden. Sie sollten dem Herrn Fischer helfen, weil Großvater sich den Arm gebrochen hatte. Wir Kinder glaubten ereignislüstern, er werde nun sterben. Doch der Herr Fischer richtete ihm die Knochen wieder ein, wobei zwei Männer den Patienten an der Schulter packten und zwei Männer an der Hand rissen, bis alles in Ordnung zusammenstimmte. Der Großvater hatte keinen Laut von sich gegeben, und er blieb trotz Geschwulst und Schmerzen als Zuschauer beim Scheibenschießstand, denn er war, wie man damals sagte, ein leidenschaftlicher Schütz.

Er besuchte zum Zweck des Gedankenaustausches gerne seinen Herrn Vetter, den vulgo Sagmüller an der Grimming-Salza. Der war ein Erzklerikaler, wie unser Großvater sich ausdrückte, und hielt den Christlichen Sonntagsboten. Der Großvater las die Alpenpost, das Grazer Tagblatt und die Deutsche Zeitung, sie galt für heidnisch. In die Kirche ging unser Großvater zu meiner Beruhigung aber doch, und zwar regelmäßig an Sonn- und Feiertagen sowie zu Begräbnissen und zum Kaiserfest. Er hatte seinen Sitz bei den Zwölf-Männern im Oratorium und ging ihnen beim Opfergang als erster voran. Unter seinem grünlich schwarzen Tuchfrack leuchteten enzianblaue Modelstrümpfe. Es war ihm sehr ehrfürchtig ernst mit allem, was er Zeremonie nannte. Der Admontischen Patronats-Herrschaft stand er kühl gegenüber. Ich hörte unsern Vater, der sogar den kirchlichen Zeremonien nicht beiwohnte, öfters mit Genugtuung sagen, daß unser Großvater dem stiftischen Waldmeister Pater Altmann einen Prozeß abgewonnen habe, seinerzeit, als Gstatt noch Propstei gewesen war.

Die Gegnerschaft, aus politischer Machtbetonung entstanden, dauerte nicht lang, vornehmlich deshalb, weil Habgier sich auf beiden Seiten kaum auszahlte. Auch führte man, in unserer abseitigen Dorfwelt wenigstens, die Waffe Politik mehr im Spiel als im Ernst. Sie hatte, wiewohl sie lautmächtig an die Ohren donnerte, noch keine scharfe lebensgefährliche Wirkung. Es waren bei solchem Geplänkel genau wie beim Eisschießen und Tarockieren mehrere Partien erforderlich. Und diese fanden sich, nachdem sie gewonnen und verloren hatten, in heiterer Eintracht wieder zusammen. Wir Kinder nahmen es nicht ernster als ein Kartenspiel. In der Zeit, als mir von den Gesprächen der Männer schon manches Eindruck machte, ohne daß ich es recht begriff, belehrte mich jedenfalls der Augenschein, daß die Admonter Herren auf den Großvater nicht mehr böse waren. Sie begrüßten sich friedlich und freundlich zu neuen Wortgefechten. Wenn man diese bei uns im Schreibzimmer gutnachbarlich fortsetzte, näherte sich der Standpunkt des Herrn Pfarrers dem Standpunkt unseres Vaters, wenigstens soweit die Erde gemeint war, immer liberaler, bis zuletzt die versöhnten Gegner namens ihrer geistlichen und leiblichen Heimat gleichsam aus einem Munde behaupteten: So gehts nicht weiter! Beide Besitzer, das Stift und der Großvater, erzielten aus ihrer Land- und Forstwirtschaft keinen Gewinn. Beide waren als große Steuerzahler stets in Geldnot. Denn das Paradeis hatte noch keinen Preis. Wieviel Joch Acker, Wiesen, Streuwiesen, Almen und Wald zum Stralzen gehörte, konnte man ziffernmäßig nur im Grundbuch abschätzen. Und alles Vieh sah man erst im Herbst, wenn Stier und Kühe, Mastochsen, Kälber, Füllen, Schafe, Säu und Hühner vom Hochgebirg wieder in die Stallungen getrieben wurden. Außer dem Wirtsgewerb, zu dem früher auch die Bräutaverne gehört hatte, besaßen sie noch eine Mühle, eine Schmiede, die Fleischbank und die Nagelfabrik.

Wenn der Großvater auch nur einen seiner Söhne als Erbnachfolger ausersah, so hatte doch jeder Sohn nach seiner Schulzeit in die Lehre müssen, um den Freispruch in jenen vier Gewerben zu erstreben, die das Stammhaus existenzfähig hielten. Nur der zweite Sohn Josef und der dritte Sohn, unser Vater, erfüllten diese Forderung. Ihre Lehrbriefe hingen gerahmt zwischen Heiligenbildern und Gamskrickeln. Aber, wie die Zeit einmal war: dem Bäuerlichen abhold und zum Geldmarkt begehrlich hingewandt, hatte der Großvater ihnen gut zureden müssen, bis einer die Heimat übernahm. Selbst die Nagelfabrik hatte keinen Anwert. Vater nannte sie trotz ihrer Neuartigkeit eine veraltete Fehlspekulation, sie wurde ungefähr zur selben Zeit aufgelassen, als der Abt von Admont die Probstey Gstatt verkaufte, weil sie unrentabel war und weil die „Herrn Gawliere" mit dem Fortschritt nicht schritthalten konnten. Die Großgrundbesitzer, die Postmeister und Bräumeister hatten sich besonders gegen den Bahnbau gewehrt. Vater jedoch war der erste gewesen, der mit seiner Hausgründung in den Bereich der Station rückte und füglich im doppelten Wortsinn schneller zum Zuge kam.

Wenn sich unser Bürgermeister, der Herr Fischer, wieder einmal zum Schlagtreffen über mittelalterliche Zustände erhitzte, die seine fortschrittliche Regierung und seine ärztliche Praxis erschwerten, oder wenn er durch kühnen Verbesserungseifer in Schulden geriet, trug er unserem Vater gerne sein Ehrenamt in der Gemeinde an. Doch Vater lehnte es jedesmal ziemlich geringschätzig ab.

Und ich wäre so stolz darauf gewesen. Weil ich nämlich, oft gedemütigt, wahrnahm, daß unsere Mutter als arme Lehrerstochter noch immer nicht zur Hautevolee gehörte. Das Wort bekam in unserer Schulkindersprache zwei harte „t" und in meiner Phantasie einen feinen nachwehenden Schleier. Ich hatte es von der Inspektor-Mitzi gelernt, die aus der Stadt Rottenmann stammte und meine neueste Freundin war. Ganz genau genommen, paßte es nur für die Aristokraten. Dann aber auch für den Herrn Pfarrer Dr. Pater Bernhard Lindmayr, der so vornehm wie ein Graf war, für den Herrn Schulinspektor Tremmel, für den Herrn Dr. Fischer und die Familie Kitzinger. Unser Großvater stand in meinen Augen noch über der Hautevolee. Er war Landtagsabgeordneter, was ich für eine kaiserliche Auszeichnung hielt. Und er war Ortsschulaufseher. Mit diesem Titel und dieser Würde konnte er sogar das Schulhaus des Herrn Bezirksschulinspektors inspizieren. Es geschah des öfteren; wenn ein günstiges Wetter ihn leutselig machte oder wenn es für den Jausenkaffee noch zu früh war, erinnerte er sich gewöhnlich an sein Ehrenamt. Wir hörten jedesmal, wie er im Vorhaus umständlich die Erdbrocken von den Schuhen strampfte und nach einer Pause mit feierlicher Stimme sagte: Mohran, setz dich!

Unser Lehrerfräulein Anna Wolfrum zupfte sichtbar errötend an den Haarnadeln, schlug den Kreidestaub aus ihrer Clothschürze und veränderte ihr junges liebliches Lächeln zu solcher Fremdheit, daß uns der Ernst des Augenblicks durch Leib und Seele fuhr. Es wurde im Klassenzimmer geisterhaft still, bis die Tür sich langsam öffnete. Dann sagte unser Fräulein heiser: Steht auf!

Wir hüpften mit Krach und Gepolter nur allzugern auf die Füße. Nachdem der Großvater unsere Lehrerin mit huldvollem Händedruck begrüßt hatte, stülpte er schweigsam seinen Hut auf einen Handtuchhaken und stapfte, den festen Stockknüppel haltend, mit gravitätischen Schritten und immer noch schweigsam bis zum letzten Fenster. Durch dieses blickte er eine Weile gegen Himmel. Das Fräulein Wolfrum sagte, sich räuspernd: Setzt euch! Arme schränkt!

Wir warteten ehrfürchtig auf seine Beachtung. Als er sich endlich zu uns wandte, sagte das Fräulein Wolfrum: Griffel in die Hand! Denn wir hatten in dieser Stunde meistens Schönschreibübung. Die große, rotlinierte Wandtafel war für die erste Abteilung bestimmt. Zur anderen Tafel wurden Schüler des zweiten oder dritten Schuljahres gerufen, was bedeutete, daß sie für die Schönschrift talentiert waren. Einmal erwählte mich Fräulein Wolfrum in Gegenwart des Großvaters zu dieser Lehrtätigkeit. Ich vollführte sie mit glückszitternder Hingabe und mit Familienstolz. Ich malte behutsam Strich für Strich. Wenn mir ein Buchstabe nicht vollkommen gelang, löschte ich ihn mit dem angespuckten Zeigefinger aus. Endlich war ich fertig. Leider hatte ich einen Fehler gemacht. Das Fräulein Wolfrum bemerkte ihn erst, als die ganze Klasse ihn nachmalte. Sie tippte mit ihrem Stäbchen die Zeilen entlang. In jeder hatte ich viermal Klocke statt Glocke geschrieben.

Der Großvater ging währenddessen von Bank zu Bank, hob eine Tafel nach der anderen und betrachtete sie scharf mit dem linken Auge. Das rechte zwinkerte klein und hohl. Bei den Mädchen nickte er zumeist lobend. Ein paarmal sagte er sogar: Sehr guet, wia gestochen. Den Fehler bemerkte er nicht.

Die Knaben bezeigten wenig Ehrgeiz; sie standen, indes er ihre Schreibkunst musterte, steif und scheinheilig habtacht. Man merkte ihnen jedoch an, daß sie sich ihrer Bravheit schämten. Auch die großen Sitzenbleiber, die in der Unterklasse ausschulten, mußten vor seiner hohen Hagerkeit die Hälse recken. Und das Fräulein Wolfrum erschien an seiner Seite immer ein bißchen kleiner als sonst. Er hielt sich über den Siebziger noch kerzengerade. Haar und Vollbart bleichten nur rötlichgelb. Trotz wetterharter Rüstigkeit, die nichts Greisenhaftes aufkommen ließ, wirkte er in meiner Erinnerung um hundert Jahre älter als jede andere Respektsperson. Vielleicht weil er lebtags die altväterische Tracht bevorzugte, die kein Bürger mehr anzog und darum auch kein Bauer mehr schätzte. Wenn er uns im Sommer mit seiner Visitation beehrte, hatte er eine kurze Schössel-joppe an; im Winter trug er einen langen abgeschabten Frack aus rauhem Loden. Immerdar gleich aber blieb sich die pechige Lederho-se. Sie reichte knapp über das Knie und war mit irchenen Bändern zusammengebunden. Diese beiden streng geknüpften Lederenden, über dem verwitterten Blau der Modelstrümpfe baumelnd, habe ich noch deutlich vor Augen. Wie sein Hut aussah, weiß ich nicht. Vielleicht hinderte uns der Respekt oder die eigene Kleinheit, etwas über seinem Haupte wahrzunehmen. Wenn er den Kalabreser — wie das Ding genannt wurde — vom Haken hob, rumpelten wir Grogger-Mädchen von unseren Plätzen, um ihm als Zeichen näherer Verwandtschaft die kostbar dargebotene Hand zu bussen. Er duldete es kühl wie ein Blinder. Ich befürchtete traurig, er sehe uns nicht, weil er nur ein Auge hatte. Als ich vor lauter Inbrunst mit Lippen und Zähnen an den harten Stein seines Siegelringes stieß, bildete ich mir ein, ich hätte mir weh getan. Aber auch sonst verwirrte seine Nähe meine Gedanken und Gefühle. Der Großvater war zu groß für mich. Er war — im Rückblick betrachtet — zu abweisend und zu abwesend. Er duldete uns, in sich selber ruhend,

ingleichen er ohne Unterschied alles Lebendige um sich duldete. Er war wie ein Stein, wie ein Baum oder eine riesenhafte holzgeschnitzte Krippenfigur... unberührbar, feierlich und meist auch so stumm. Das junge Fräulein Wolfrum begleitete seinen Abgang mit hochgeröteten Wangen und einem mir unvergeßlichen strahlenden Lächeln. Dann sagte sie, ihr Zeigestäbchen schwingend:
Setzt euch!
Aber wir setzten uns nicht. Wir packten unter Lärm und Geschwätz unsere Schulsachen ein. Wir schmetterten achtzigstimmig das Vaterunser herab und stoben, uns paarweise seitwärts und vorwärts puffend, wie eine wilde Horde zur Tür hinaus.

ICH UND HILDEGARD

Hildegard war, wie meine Mutter sagte, ein Neusonntagskind. Sie hatte daher das Glück, verlorene Dinge zu finden, ohne daß sie etwas suchte, und sie sah, nach ihrer festen Behauptung wenigstens, allerlei, was andere Leute nicht sahen, etwa Zwerge, Blumenelfen, ja sogar kleine Teufel, die aus dem Rauchfang emporhüpften. Geister, reitende Habergeißen und die roten Gluraugen der Percht. Sie wollte mich, wenn es dämmrig wurde, mit solchen Fabeleien oft schrecken. Da is einmal a Hex gwest, begann sie jedesmal spitzbübisch. Aber während sie das Unheimliche ausmalte, bekam sie selber die weit größere Angst als ich. Dann wieder hatte sie Einfälle, die mich über die Maßen neugierig machten. Sie erzählte mir, draußen bei der Berghammlacke flöge was, genau beschrieb sie es nicht. Bald sagte sie, ein kugelrunder Luftballon, bald ein Haus mit Rädern und Flügeln. Trotzdessen glaubte ich ihr nur zu gerne. Ich hatte bei meinen stillen braven Puppen keine Ruhe mehr.

Schritt für Schritt, weil mir das Fortlaufen verboten war, unter dumpfen Gewissensängsten wagte ich mich aus meiner gewohnten Begrenzung. Hinter dem Schulhaus, wo schon das freie luftige Feld anfing, wollte ich zaghaft umkehren. Allein es trieb mich unruhig weiter. Eine dünne Straßenwolke engte mir den Hauch. Ich spürte meinen Gaumen so trocken, als ob ich Halsweh bekäme. Das hatte ich oft. Die weiße Sonnenhitze und darin fächelnd die Rainblumen, Margariten, Glocken, Nelken und Zittergras, der Zaun über dem kurzen Hohlweg, welcher mir endlos lang erschien, das Schilf mit den schwirrenden Hornissen und Libellen, alles hat sich in meine Seele gebrannt, unauslöschlich und doch fast unwahr wie ein heißer Fiebertraum.

Ich eilte staubschluckend mit offenem Munde, um ja nichts zu versäumen. Dann stand ich atemlos bei der Berghammlacke still. Aber nirgends schwebte ein Luftballon. Und das Wächterhäuschen der Familie Stock, welches ich in Gedanken so oft aus der Erde gehoben hatte, bewegte sich auch nicht. Ich wartete noch eine

Zeitlang glaubensselig, leider umsonst. Soweit ich schauen konnte, blendete der Himmel hoch und leer. Hinter einem Heuwagen, der gegen das Dorf schwankte, bin ich träge und immer wieder umschauend heimgeschlichen.

Die Mutter war meinen Ungehorsam gar nicht inne geworden. Aber ich beichtete ihr nach dem Abendgebet. Mit einer Verfehlung hätte ich nicht schlafen können . . . Sie schüttelte zu meinem Geständnis mit ablehnendem Lächeln den Kopf. Nach einer Weile erhob sie ernsthaft den Finger und sagte:

Untersteh dich und lauf noch einmal ohne fragen fort!

Hildegard, die meistens bald einschlief, faßte keinen Tadel aus. Als ich ihr am nächsten Morgen meine Enttäuschung vorhielt, sagte sie frisch und fröhlich:

Im Jahr 2000 wirst es schon sehen.

An dieser kecken Zuversicht rankte sich mein Vertrauen zum Wunderbaren stets neugestärkt empor. Sie war auch sehr erfinderisch an Einfällen, so daß ich, kaum hatte ich einen Schwindel tapfer verschmerzt, mir willig den nächsten einreden ließ.

An Leib und Seele weh tat mir auch die Geschichte mit dem Engerl. Es war im Spätherbst, und weil es regnete und der Hof zu einem Morast versumpfte, mußten wir im Zimmer bleiben. Wir hatten schon die schmutzigen Schuhe abgestreift. Die Strümpfe hingen gewaschen über dem Ofensims. Durch die Fenster schimmerte es grau. Am Glas hernieder rieselten Dunstbächlein, und meine Schwester zeichnete aus Langeweile wilde Zickzacklinien hinein. Ich fand mich mit dem Arrest zufriedener ab. Ich vergnügte mich, auf einem Schemel geduckt, indem ich in einem Malbuch Gebirge, Häuser, Figuren, Bäume und Tiere bemalte, ausschnitt und jedes Stück liebevoll und geduldig auf einen Pappendeckel klebte. Es sollte eine Alpenlandschaft werden.

Nachdem meine Schwester die Fensterscheibe lange genug verschmiert hatte, wollte sie mir helfen. Aber sie riß dabei den Menschen die Hälse und den Tieren die Schwänze ab. Ganz gegen meine schulmeisterlichen Anordnungen „kolorierte" sie aus reinem Übermut die Haare grün, die Wangen blau, eine schöne schlanke Sezessionsstatue verwandelte sie unkenntlich in einen schwarzen Krampus. Als ich ihr schmerzbebend drohte, es der Mutter zu klagen, entwischte sie und ließ mich bei der traurigen Bescherung allein.

Ich färbelte nunmehr mit doppeltem Eifer, richtete auf, was sich umgeneigt hatte, und lebte mich in die stolze Hoffnung hinein, daß Onkel Fritz dieses Kunstwerk in unser Auslagfenster stellen werde. Mein Gesicht, meine Hände, meine Schürze waren schon dick von Gummi arabicum, und ich fühlte mich im abnehmenden Licht ein bißchen müde, als plötzlich Hildegard patschnaß und mit kotigen Füßen vor mir stand.

Oben, erzählte sie witzig, auf der Dachrinne huckt ein Engerl. Wenn man unten beim Loch hineinlost, tuats wispeln. Es wispelt eine schöne Himmelsgeschicht.

Mich packte wieder die Neugier. Das Verbot der Mutter und meine nackten Füße hemmten mich anfangs etwas zimperlich. Dann ging ich doch zur Regentraufe. Ich glaubte im muntern Gesprudel wirklich eine Stimme zu hören, bald wars ein Glucksen, bald wars ein Orgeln, bald ein leiser Gesang. Nur verstehen konnte ich nichts. Und zum Ausdeutschen war längst keine Hildegard mehr da. Im Finsterwerden begann ich mich allein zu fürchten und schlich kälteschauernd ins Haus.

Abends, als Mutter unter Stirnrunzeln mein feuchtes Gewand aufknöpfelte, vertraute ich ihr, daß ich in der Dachrinne was Überirdisches habe wispeln gehört. Aber sie redete mir den Irrtum aus.

Eine ganz helle Stimme, beteuerte ich eigensinnig. Dann fiel mir die Tremel Ferdinanda ein, und ich wollte wissen, ob jedes Kind, das in den Himmel kam, Flügel habe und herabfliegen könne und ob ich auch ein Engel würde, wenn ich gestorben sei.

Na, du nit, sagte Mutter, als müsse sie mich und sich trösten. Nur brave Knaben werden es, weil man sagt: der Engel; die großen Schutzengel sand Jünglinge und die Erzengel sand Männer. Keiner hat einen Mädchennamen.

Es bedrückte mich, daß ich später kein Engel werden sollte. Ich konnte mir nicht vorstellen, was ich dann während der ganzen Ewigkeit tun müsse, und empfand schon deutlich, wie langweilig es im Himmel war. Zum Glück fiel mir das Tedeum ein.

Aber die Cherubim und Seraphinen? forschte ich trumpfend weiter, die sind doch wohl weiblich. Sonst kunnt das Buchsteinerdirndel nicht Seraphine heißen.

Vielleicht! gab meine Mutter nach und schupfte kühl die Achseln. Es war immer ein zäher Meinungskampf zwischen uns beiden; nun da ich einmal recht behalten hatte, wurden meine Hoffnungen gleich wieder unbändig stark. Und vielleicht, bettelte ich hartnäckig, indem ich ihr endlich ein bejahendes Nicken abzwingen wollte. Vielleicht ist wirklich ein Engerl auf der Dachrinne gesessen und hat mir was sagen wollen.

So was gibt es nicht, antwortete meine Mutter.

Aber im Jahre 2000 schon? Sie schüttelte in unbestechlicher Nüchternheit den Kopf und sagte nein. Auf das Nein in der Schriftsprache gab es keine Widerrede. Ich schlief so schlecht in dieser Nacht wie nach einer Strafe. Immer zwischen Traum und Wachen peinigte mich ein enges Gefühl; ich wehrte mich traurig beklommen und wußte doch nicht, was mir weh tat. Mir war zum Weinen elend. Am Morgen hatte ich geschwollene Mandeln und konnte kaum schlucken. Meine Schwester brauchte ihren Engelglauben mit keiner Verkühlung zu büßen. Während Mutter Flanelltücher wärmte und mir heiße Zuckermilch und Zwiebelschmalz aufnötigte, war Hildegard flinkbeinig in ihre karierte Trägerhose geschlüpft und mit dem Unterröckchen in der Hand aus dem Zimmer verschwunden. Die alten Himmelsgesetze liefen schon richtig. Ein gnädiges Glück und Geschick bewahrte sie immer vor peinlichen Folgen. Sie versteckte sich einfach wie der schelmische Mond am Neusonntag.

Jeder Ernst prallte an ihren heitern Lebenskünsten ab. Wenn ihr das Gehorchen schwerfiel, hütete sie sich zu widersprechen oder aufzubegehren wie ich. Sie schwieg fein und still und vollführte doch, was sie wollte. So hatten unsere Missetaten von vornherein verschiedenes Gewicht. Meine Worte und Werke zusammen wogen stets mehr. Ich stellte mich auch, vom schlechten Gewissen gedrängt, meist selber der Strafe, zum mindesten war ich leicht herbeizurufen. Hildegard ließ sich, sobald die Birkene in Bereitschaft lag, überhaupt nicht erwischen. Sie rannte mit ihren strammen magern Beinen und trieb halb spitzbübisch, halb furchtsam ein wahres Versteckspiel, bis den Erwachsenen die Verfolgung zu dumm wurde.

Wart nur, rief Mutter aus der Entfernung drohend. Aber sie schob die Rute dann doch hinter den Spiegel. Und wenn ich vorwurfsvoll dreinschaute oder noch unter schmerzenden Gefühlen fragte: Soll Ich Ihnen fanga helfen?, dann antwortete sie zur Entschuldigung: An ihr is halt a Bua verloren gegangen. Ja! So sagte meine Mutter, gar nicht böse, obgleich sie wegen der vielen Überraschungen, die ihr Hildegard bereitete, keine ruhige Stunde hatte und in einer beständigen Angstvorstellung lauter Knochenbrüche, Wunden und sonstige Unglücksfälle voraussah.

Einmal aber ereilte Hildegard auch ein Strafgericht. Sie war nach der abendlichen Maiandacht nicht nach Hause gekommen. Wir suchten und riefen eine halbe Stunde lang vergebens. Mutter bekam schon furchtbare Zornfalten auf der hohen Stirn, und ihr Gesicht verhärtete sich zu jenem drohenden Ausdruck, der mich, die Anwesende, bis zur völligen Nichtswürdigkeit übersah. Dennoch war ich bestrebt, sie mit meiner sichtbaren Bravheit zu trösten, und wagte dann und wann in altkluger Strenge eine Bemerkung:

Na, so ein Fratz, sagte ich, heut kriagt sie's aber!

Mein erzieherisches Gerechtigkeitsgefühl fand nicht die geringste Beachtung. Ganz stumm, in einem kurzen lichtgrauen Schultermäntelchen, aus dem vorne und hinten die große Rute stand, mit der rechten Hand die Röcke raffend, hastete Mutter um die Kirche, um den Friedhof und schließlich durch das Dorf. Ich folgte ihr anhänglichen und ergebenen Schrittes, indem ich den Blick ehrfürchtig auf ihre Haarkrone richtete und wahrnahm, wie sich ein falscher Zopfsträhn in etwas stumpferer Farbe davon abhob. Welcher Weise wir die richtige Spur errieten, ist mir nicht bewußt. Jedenfalls empfand ich es als selbstverständlich, daß sie plötzlich vom eiligen Weg zu einer Keusche abbog und Hildegard endlich erwischte. Sie und das Kind einer Tagwerkerin, Christl hieß es, wollten auf dem offenen Herd gerade Feuerl anheizen. Als sie Mutter mit dem grauen Mäntelchen und der großen Rute sah und dahinter, ebenso zornflammend, mich, da fielen ihr die Arme herab. Sie weinte ob ihrer Strafe wohl sehr. Später jedoch erinnerte sie sich voll schelmischen Übermuts an unsern Anblick. Mir hinwieder prägte sich die eindringliche Warnung vor dem Umzündeln dauernd ins Gedächtnis. Und ich wußte es zu würdigen, daß Hildegard vom Christkind das unzerreißbare Bilderbuch vom Struwwelpeter bekam, worin eine Feuersbrunst und manches andere Schreckbild in leuchtenden Farben aufgemalt war.

Trotzdem begaben wir uns immer in neue Gefahren.

Einmal naschten wir in unserem Kindergarten unmäßige Mengen grüner Ribisel; als sie uns nachher im Eingeweid zwickten, drohte uns Mutter noch mit der schauerlichen Prophezeiung, daß wir jetzt höchstwahrscheinlich die rote Ruhr bekämen.

Warum nicht die grüne! dachte ich bei allen Übelkeiten und einen ganzen Tag lang auf das Sterben gefaßt. Hildegard nahm es nicht so schwer. Und sie hatte recht, es wurde weder die eine noch die andere. Wir gingen mitsamt unseren Freundinnen wieder in den Garten und kosteten die Ribisel, welche, so machten wir uns vor, nun schon süßer und reifer geworden waren. Dann betäubten wir die innere

66

Unruhe auf der Schaukel. Eines mußte hutschen, und die drei übrigen mußten derweil im Kreis herumsausen. Hildegard hutschte so wild und waghalsig, daß ihr Körper bei jeder Schwingung waagrecht in der Luft lag. Wohl vor Staunen verdattert, lief ich nicht schnell genug, und das Schaukelbrett streifte mit aller Wucht meine Stirn.

Ich bin wie maustot hingebumst, doch alsbald lebendig aufgestanden. Mein Schädel brummte ein bißchen. Er war indessen heil und ganz, nur eine beinharte Beule wuchs hervor, die langsam alle Farben spielte. Zeitweise mußte ich ein Tischmesser drauf halten. Zur Kühlung! sagte die Mutter.

Am hohen Tenn vollführten wir auch immer allerlei Turnkünste. Hinten, wo es niemand sah, konnte man am leichtesten emporklettern, es war eine niedrige Holzlage angebaut. Bis zur steilen Dachmitte krochen wir spielend hinauf. Einmal aber wagte sich meine Schwester bis zum First. Doch als sie ihren Fuß über den luftigen Reitsitz schwenkte, brach das mürbe glitschige Schindelholz. Sie verlor den Griff, sie rollte und rumpelte unaufhaltsam und stürzte letztlich mit kreisenden Armen und Beinen ins grüne Gras herab. Als wir sie hilfreich schüttelten, konnte sie nur lallen.

Voll verzweifeltem Entsetzen, meinend, sie sei taubstumm geworden, schrie ich: Mutter, Mutter!

Da verhielt mir Hildegard pfiffig den Mund und bekam durch den neuen Schrecken die Sprache wieder.

Jjjjja nix sagen! befahl sie stotternd. Die Walcher Ida und die Kofler Nannerl flüsterten ebenfalls:

Ja nix sagn!

Mich bedrückte das Schweigen wochenlang. Erstens war ich überhaupt mitteilsam, und zweitens fragte die Mutter ein paarmal verwundert, auf welchem Zaun sich Hildegard ihr Kitterl von oben bis unten zerrissen habe. Schließlich, als sie wieder die Augen groß und ahnungslos auf mich richtete, sprach ich wie gebannt:

Aufm Tenndach oben.

Meine Schwester und die Freundinnen schlossen mich ganz gekränkt von ihren Geheimnissen aus. Das empfand ich recht bitter. Ich grübelte hilflos, was ich stattdessen hätte antworten sollen. Eine Lüge war mir in diesem Alter noch fremd. Nicht nur, daß ich selber aufrichtig und peinlich bei Tatsachen blieb und sie ehrlich heraussagte, sogar im Dichten begnügte ich mich mit der bloßen Reimkunst. Deshalb nahm ich das, was andere mir weismachten, für reine Wahrheit und glaubte alles haargenau.

Mit der Zeit freilich mußte ich erkennen, daß Hildegard und die Kofler Nannerl feuerrot wurden, indes ich ihnen gläubig zuhörte. Wenn dann meine Freundin Ida noch trocken sagte: Dö lüagn ja, dann ging ich den verdächtigen Behauptungen doch nach. Einmal aufgeklärt, wieviel Unwahrheiten es gab, wurde ich so argwöhnisch und vorsichtig, daß ich zehnmal prüfend fragte, ob eine Sache wahr sei. Und dann traute ich ihr noch nicht.

Mutter hatte uns auch zwei passende Sprichwörter eingelernt. Und ich wiederholte sie gelegentlich zur Belehrung und Bekehrung eines Sünders.

Mein Liaber, sagte ich, in die Schriftsprache fallend: Wer einmal lügt, dem glaubt man nicht, und wenn er auch die Wahrheit spricht. Oder ich sagte:

Stehlen und Lügen geht über oa Stiagn. Dabei bildete ich mir eine hohe hölzerne Treppe ein und sah zwei phantastische Gestalten Hand in Hand hernieder wandeln.

Trotz dieser oft gebrauchten Sprichwörter, trotz dieser innern warnenden Erscheinung bin ich leider an einem Diebstahl mitschuldig geworden.

Im Verwesergarten stand nämlich ein mächtiger Kirschbaum. Seine breiten, schwertragenden Äste langten bis über die Kindsgräber im Friedhof. Wenn wir in der Schulpause so dahinspazierten und sehnsuchtsvoll gegen das Licht blinzelten, saß gewöhnlich zuhöchst auf dem Wipfel der Bischof Benjamin und schmauste aus Leibeskräften, obwohl er weder von seinem Vater noch vom Herrn Grafen die Erlaubnis dazu hatte. Er war ein kecker, aufgeweckter Bub, flachsblond, mit kurzen straffen Haarstoppeln und blanken Augen wie ein Falk. Mich mochte er nicht leiden. Ich glaube, meine Oberhoheit in der Schule war ihm zuwider. Kaum hergesiedelt, blitzte er mich schon bei jeder Begegnung schneidig an. Und ich blitzte zurück.

Ich hätte ihn gewiß nicht um Kirschen angeredet. Aber meine Schwester hielt die Schürze auf und bettelte:

Schmeiß uns was awer!

Der Bischof Benjamin ließ aus seiner stolzen Höhe gönnerhaft einen üppig vollen Zweig plumpsen. Mir schien es ein arges Unrecht, weil der Bischof Benjamin ein Ministrant war. Als ich meine Schwester von den gestohlenen Früchten abhalten wollte, lachte er, daß es mir durch und durch ging. Dann warf er immer noch schönere Zweige und Äste herab.

Teil aus, sagten die Mädchen, an meine Vormundschaft gewöhnt.

Ida, die immer hungrig war, kostete bereits eine Kirsche und sagte lobend: Ah! Ich zögerte ein bißchen. Aber von den begehrlichen Augen gedrängt, und mehr noch, weil ich mich vor dem Benjamin schämte, tat ich ihnen den Willen. Zufällig blieb mir eine Handvoll übrig. Damit setzte ich mich auf ein Kindergräblein und ließ mir das unrechte Gut herrlich schmecken.

Jede Woche zweimal, in der Religionsstunde nämlich, wurde ich jedoch sehr unangenehm an diesen Genuß erinnert. Ich schielte beim Aufsagen der Zehn Gebote zu den Mitwissern und fühlte mich auch schon unter meiner Schuld feuerheiß erröten.

Der geistliche Unterricht begann überhaupt für mich schwierig, denn ich fürchtete meinen ersten Katecheten ernstlicher als den lieben Herrgott. Der hochwürdige Pater Engelbert Möstl war ein ungeschlachter Riese mit massivem Schädel und blondem, straffgebürstetem Stirnhaar. Unter dem Habit, der fast ein wenig zu kurz war, standen immer die großen, glanzgewichsten Stiefel hervor. Man hörte sie schon im Vorhaus. Sobald Pater Engelbert in seiner ganzen Mächtigkeit die Türe weit aufriß und mit einem Möbelprakker unter dem Arm die Klasse betrat, mußten wir ruckartig habtacht stehn und so laut als möglich Gelobt sei Jesus Christus! rufen.

Während wir alsdann die Katechismusgesätze auswendig herleierten, marschierte er gewöhnlich zwischen den Buben- und Mädchenbänken auf und ab. Sein Möbelpracker schwang den Takt dazu, manchmal fuhr er auch zum Spaße drohend aus. Es kam vor, daß ein Kind vor Schreck oder Mutwillen aufschrie, dann lachte Pater Engelbert übers ganze breite Gesicht. Je lebendiger und lärmender der Stimmenchor, um so zufriedener war er. Bei den bewußten Zehn Geboten Gottes nickte er sogar zum Unfug, daß wir jedes letzte Wort mit hohem, hellem Knall herausschmetterten. Zum Schluß plärrten wir geradezu heidenmäßig:

Du sollst nicht begehren deines Nächsten Gutttt!

Ich war bei solchen Tumulten bestrebt, mich den wilden Kraftmenschen möglichst anzupassen, und warf, wie gepeitscht vor Unruhe, den Katechismus meiner Cousine Cäcilie vom Pult hinab. Und dies nicht einmal, sondern oft und absichtlich.

Meine Cousine Cäcilie war auch heftig und schnell bewegt. Und da wir nahe beieinander saßen, pufften unsere Köpfe beim Aufklauben feindselig zusammen. Das tat ihr noch bitterer weh. Sie verklagte mich schließlich jämmerlich schluchzend beim Pater Engelbert Möstl, und es wurde ernst mit dem Möbelpracker.

Eine andere Gefahr in der Hand des Herrn Katecheten war der

Katechismus. Ich mochte auch diesen nicht leiden, weil mir das Auswendiglernen der unverstandenen Sätze schwerfiel. Mein Mund mengte nach Belieben allerlei Worte hinein; so wurde ich oft getadelt. Hildegard hatte das weitaus bessere Gedächtnis. Sie schnatterte alles, was sie lernen sollte, vom Anfang bis zum Ende fehlerlos herab. Auch das Lesen sprudelte ihr so flüssig von den Lippen, daß Fräulein Wolfrum ihr auftrug, sie solle mit der Kofler Nannerl tagtäglich eine halbe Stunde buchstabieren. Mir kam vor, *ich* hätte besser zu diesem Ehrenamt getaugt, weil ich erstens die Ältere und Gescheitere war, und zweitens, weil meine Schwester stets nach fünf Minuten das Lesebuch zuschlug und spitzbübisch sagte: Tuat eh schon.

Daß Fräulein Wolfrum trotz aller sonstigen Bevorzugung mich nicht zur Gehilfin auserwählte, hatte seinen weislichen Grund. Ich las stockend und brachte auch beim Lesen die Sätze anders, als sie im Buch standen. Dafür schrieb ich freilich alle Hauptwörter mit großen Anfangsbuchstaben, unterstrich die Zeit- und Eigenschaftswörter richtig und konnte die Einzahl in die Mehrzahl setzen. In der Rechenkunst war ich meiner Schwester himmelweit vor. Ich ließ sie aber nicht abschreiben. Damit sie selber denkt, sagte ich erzieherisch.

Die Verschiedenheit unserer Anlagen hat bei vielen Gelegenheiten entfremdend gewirkt. Hildegard fand durch ihre übermütige Fröhlichkeit bei den Kindern weit größeren Anwert als ich. Und meine Versuche, mich an ihre Freundschaften anzubiedern, endigten mitunter kläglich. Entweder folgte meine beharrliche Natur den lebhaften Sprüngen nicht schnell genug, so daß ich unbeachtet und immer ferner zusehen mußte, wie sie mit meinen schönen Spielsachen sich ergötzten, oder wir wurden uneins, weil ich mich zur Aufsicht und Schulmeisterei befugt fühlte. Wenn ich Hildas nachgiebige Wesensart auch willensgewaltig mit schnellen Dachteln beherrschte, so hielt sie mir doch schon tüchtig ihre zunehmende Körperkraft entgegen. Sie wuchs mir in dieser Zeit buchstäblich über den Kopf, und ich mußte froh sein, wenn ich mit heiler Haut davonkam. Tränen, Kratzer und blaue Flecke gab es jedesmal bei solchen Raufereien. Immerhin ersetzten sie das Turnen, welches damals bei Schulmädchen noch nicht üblich war.

WIE MUTTER DEN KOPF, DAS HERZ
UND DIE NIEREN DURCHFORSCHTE

Mutters stille Freude waren Katzen und Hunde. Wir hatten auch Ferkel, Lämmer, Kitze, Hühner und Enten. Aber meine Mutter aß von dem, was getötet werden mußte, oft keinen Bissen. Sie stocherte nur im Teller, dabei verbarg sie mühsam das Weinen. Wenn Mutter auch noch so barmherzig war und sogar bei den Mausfallen in der Mehlkammer achtsam jeder Quälerei vorbeugte, eine Tiergattung verfolgte sie doch mit Feuereifer jeden Morgen, jeden Abend und wann immer sie Zeit hatte. Das waren keine Mäuschen, sondern ein Reim darauf, wir brachten täglich einen frischen Nachschub von der Schule.

Meine Schwester, die ungern stillhielt, wurde zuerst auf die Fußbank gesetzt. Ich mußte daneben stehen und als „Ältere und Gescheitere" mich gedulden.

Hilda hatte um diese Zeit, wie die Leute sich ausdrückten, „ein richtiges Brünhildenhaar". Das Kupferrot blaßte völlig aus, und wenn sie unbewegt dasaß und der Staubkamm glättend herabstrich, glitt es wie ein goldener Mantel zu Boden. Lange dauerte dieser schöne Anblick freilich nie. Denn meine Schwester schnitt übermütige Grimassen in den Spiegel, wetzte und hüpfte und gaukelte zur Kurzweil. Oder sie versuchte mit einer pfiffigen Ausrede zu entwischen.

Merkwürdigerweise trug ihr das keinen Tadel ein. Ich sah meine Mutter oft heimlich über sie schmunzeln. Laut sagte sie:

Bleib sitzen! Nachher kriagt jedes ein Kreuzerl für die Sparkassa.

Sogar ein Märchen (freilich das einzige in ihrem Leben) hat Mutter zu unserer Gemütsbelehrung liebreich gedichtet. Es hieß: „Die verwunschene Brucken" und war mit seinen vielen Hündlein und Katzen dem „Zwerg Nase" verdächtig ähnlich. Aber wir bettelten immer von neuem um diese „Verwunschene Brucken", weil außer den Tieren auch unsere Nachbarskinder Karl und Fritz darin vorkamen. Ihre interessante Lebensbeschreibung ward jedesmal fortgesetzt und vermehrt mit dem Schrecklichen, das sie „wieder angestellt hatten".

71

Auch Märchen von Andersen erzählte uns Mutter. Sie hatte ein sehr altes Buch mit rührenden Abbildungen. Diese durften wir zur Belohnung anschaun. Das Däumelinchen und der Standhafte Zinnsoldat bleiben mir unvergeßlich. Meine Schwester schloff regelmäßig unter den Tisch, um zu verbergen, wie tief ihr das traurige Schicksal zu Herzen ging. Aber wenn das Märchen zu Ende war, kroch sie munter heraus und flüchtete, oft noch mit hängenden Zöpfen, zu den Freundinnen, die schon auf Unterhaltung paßten. Man hörte sie bald lebendig und lachend stiegenauf, stiegenab trampeln.

Anders erging es mir. Ich ließ mir in meiner Ergriffenheit endlos das Haar kämmen. Es war ebenso dicht und lang, aber, wie die Leute sagten, weitaus nicht so schön, es verfärbte sich aschblond. Die Gedanken darunter glänzten auch nicht heller. Und wenn Mutter einmal verstummte, weil ihr nichts mehr einfiel, lastete das Schweigen so unerträglich, daß ich selbst zu erzählen begann. Ich erzählte alles, was ich von mir wußte: Versuchungen, wahre wie eingebildete Sünden. Und Schimpfwörter, die mir oft im Jähzorn über die Lippen rutschten, ganz besonders der Ausdruck: Mistviech.

Dabei hatte ich das Gefühl, meine Mutter wisse alles schon im voraus. Wenn unsere Katzen durch Gift oder Fallen elend zugrunde gingen, erriet Mutter mit ihrem fast unheimlichen Wissen immer die Urheber.

Werdts es schon sehn! sagte sie, das bringt ihnen kein Glück. Und sie behielt recht.

Einmal hatten wir einen dreifarbigen Kater, den Mutter nicht genug als seltenes Naturwunder rühmen konnte. Nach ihrer Erfahrung wurden sonst nur Kätzinnen so gescheckt geboren. Er war ihr Liebling und wuchs sich bei der guten Pflege zu einem schönen großen, seidenbuschigen Tiger aus. Unheimlich smaragdgrün schillerten seine Augen. Wenn er der Mutter auf den Acker nachlief oder wenn er sie bei der Näharbeit mit weichen behenden Tanzpfoten umschnurrte, blieben auch solche Leute wohlwollend stehn, die sonst den Katzen abhold waren. Sie bekam dann immer zu hören, daß ein solches Tier etwas ganz Besonderes sei und für das Haus Glück bedeute. Ich weiß seinen Namen nicht mehr, obwohl ich ihn zu hundertmalen hörte, aber ich erinnere mich in mitfühlender Bangigkeit, wie Mutter in einer Nacht stündlich vor das Haus trat und ihn lockend rief. Der Kater aber kam nicht. Endlich am Morgen schleppte er sich halbtot zu ihren Füßen. Sein Fell war blutig und vom Rücken bis in die Weichen durchspießt.

Mutter konnte den Schmerz um das arme geschundene Tier lange nicht verwinden. Sie schaute öfter nach jener Richtung, wo die Missetat geschehen sein mußte, und sprach unter ernstem Nicken: Wer andern eine Grube gräbt, fällt selbst hinein.

Ich merkte mir das Sprichwort und sah ebendort, wohin ihr Auge mich führte, ein tiefes Loch, das mit Schwertern und Spießen gespickt war. Da mir aber das Warten auf die Vergeltung zu lange dauerte, vergaß ich darauf und erinnerte mich erst nach vielen Jahren wieder, als das Sinnbild sich erfüllte, wie grausam, beschreibe ich lieber nicht.

Mutter bemerkte immer viel mehr als andere Leute. Ihr Blick war unbestechlich.

Na, na, kannst sagen, was du willst, der g'fallt mir nit, verneinte sie kopfschüttelnd, wenn Vater manchmal einem Käufer allzu vertrauensselig kreditierte. Sie musterte bei Unbekannten immer zuerst die Nase. Obwohl sie mich nicht einzeln über Formen und Normen unterrichtete, lernte ich an ihren Beobachtungen mit, wie ich Farbentöne kennzeichnete, ohne daß sie mir auseinandergesetzt wurden. Und bald wußte ich so findig wie sie über die spitzigen, witzigen, kleinen und derben, stumpfen, knopfigen, schmalen, dicken, langen und krummen Nasen Bescheid. Ein Nasenrücken mit leichtem Bug oder eine streng gerade, nicht zu kurze Nase war ihr sichere Gewähr für einen guten Charakter. Bei Vater bedauerte sie oft genug, daß seine sonst richtige und nach ihrem Geschmack geformte Groggernase sich um einen Gedanken aus der Linie hob.

Das bedeutet Leichtsinn, sagte sie zu Tante Julie.

Dummheit, Klugheit, Schwermut, Lüsternheit, Keckheit, Hochmut, Sanftheit, Ehrgeiz erkannte sie auch so gewiß.

Unfehlbar zutreffend war ihre Beurteilung nach Namen. Bei Schreibnamen unterschied sie ehrliche und verdächtige. Bei einem behauptete sie schroff, wo immer er ihr zu Ohren kam: Dös sand Diaben.

Wenn sie eine Hausmagd suchte oder weiterempfahl, lud sie die Anwärterin zu einem Gläschen Wein an den Küchentisch. Und sagte diese etwa, sich kostbar spreizend: Nein, einen Wein getraue sie sich nie im Keller anzurühren und am Zucker vergreife sie sich auch nicht, dann schöpfte unsere Mutter Argwohn. Wer sich mit einer Tugend prahlt, bei dem wackelt sie schon, meinte Mutter. Anderseits hörte ich sie zufrieden aus dem Dienstzeugnis lesen:

Alsdann Sopherl hoaßen S'?

Mit dem weiteren Wortlaut befaßte sie sich nur flüchtig. Sie hatte mit Sopherln lauter gute Erfahrungen gemacht und schätzte jede neue als gewissenhaft, fleißig, verläßlich und ein wenig kühl gegen Liebhaber ein. Es gab Namen, die sie ungeschaut ablehnte. Aus der Miene und dem Gang eines Menschen konnte sie fast hellsichtig weissagen, wie es um seinen Geschäftserfolg oder um seine Gesundheit stand. Sie blickte zum Beispiel von ihrer Näharbeit gegen das Fenster, weil der Schatten eines Vorübergehenden sie streifte, und sprach aus der schnellen Beobachtung: Dem is was schiefgangen. Oder: Dem is nit guet. Nach ein paar Tagen bestätigte sich, daß sie recht hatte. Von jedem neuen Lehrling wußte sie unheimlich bald, ob er sich die Ohren wusch, ob er log und Geld stahl. Ihre Witterung kam fast ohne Nachforschen hinter Falschheiten und Schliche, sie fielen ihr förmlich von selber zu, wenn sie, oft gar nichts meinend, eine Lade aufschob, ein Gewicht rückte, ja vielleicht nur mit dem Finger nach einem Stäubchen tupfte.

Wie offen lag erst mein Herz vor ihr! Es taugte mir auch gar nicht, wenn Geheimnisse zwischen uns waren. Bei einem dauerte es trotzdem lange, bis sie mich davon erlöste.

Es begann mit einem Unglück. Unser Kater, das wilde gelbe Löwerl, hatte einmal einen Vogel erschnappt und wollte ihn eben hinter den Fichtenzaun schleppen, als die Magd dazukam und ihm den Fang noch aus dem Maul ziehen konnte. Er lebt wohl! rief sie trumpfend und hielt mir auf ihrer rauhen erdigen Hand etwas Feuchtes entgegen, wird der Farbe nach ein Amerling gewesen sein. Er lag rücklings und ließ Hals und Flügel hängen. Ein paar Federn fielen gleich heraus. Kratzwunden oder einen Biß fand ich nirgends. Nur der schütter beflaumte beinige Brustspitz bebte ungewöhnlich, und über die Augen legte sich immer wieder das graue Schleierlid, was für mein Wissen ein schlechtes Zeichen war.

Bald jedoch, nachdem ich den Vogel umgedreht hatte, behob sich der Todesschreck. Die verkrampften Krallen suchten festen Halt, und die Flügel unter meiner hohlen Handfläche tasteten nach Befreiung. Plötzlich saß der Amerling wie gesund auf meinem Daumen. Dann trippelte er mir den Ärmel entlang bis zur Schulter. Kurze hopsende Flüge gelangen ihm schon leicht. Allein er blieb zutraulich und ließ sich meine eifervolle Pflege dankbar gefallen. Ich merkte seinem gesperrten Schnabel gleich den Durst an und gab ihm mit einem Zahnstocher ein paar Wassertropfen. Nach Hanf und Bröseln pickte er schon selber. Es kam mir vor, er verstünde sogar, daß ich ihm Trost zusprach. Bei dieser Betreuung wurde der zahme

74

Vogel meine ganze Freude. Nichts konnte mich von ihm fortlocken. Ich verschmähte die Jause und das Nachtmahl, ich wusch mir den Hals nicht und vergaß das Abendgebet. Bis zur späten Dämmerung, schon mit schlafschweren Augen, verharrte ich halb kniend, halb hockend auf dem Boden und hütete eine weichgepolsterte Schachtel, worin der kranke Amerling übernachtete. Er drehte das gesträubte Köpfchen bereits ruhig unter die Schwinge. Manchmal zirpte und zwitscherte ich ein bißchen, damit er glauben sollte, er schlafe in der Freiheit.

Meine Schwester Hildegard hatte es wieder einmal schwer. Als uns Mutter ins Bett schaffte und wir uns gegenseitig die Kleider aufknöpfeln mußten, erlaubte ich kein Licht. Selbst das Reden verbot ich herrisch. Und schließlich barg ich das Wattenest, um es vor ihrer Neugier zu schützen, vorsorgend zwischen Wand und Kopfpolster. Denn meine Liebesangst wähnte überall Gefahren und durchpulste mich im Dunkel so übermächtig, daß ich noch lange wach blieb.

Am Morgen war der kleine Vogel eher in der Höhe als ich. Eine freudige Besinnung, daß er lebte, ermunterte mich aus traumverworrener Dumpfheit. Als ich jedoch deutlicher sah, wie er bei jeder Bewegung vorüber tunkte und auch auf meiner Hand noch taumelte, ahnte ich freilich, daß mir vielleicht ein bitterer Schmerz bevorstand. Unter dem nackten Brustgerippe werkte der Atem heiß und schnell. Mutter schüttelte den Kopf dazu und sagte mit jener Gebärde, mit der sie mir sonst einen Wunsch abschlug:

Es ist eine innere Entzündung, probier halt Öl oder Rindsschmalz.

Der arme Vogel lag wieder ruhig mit den Füßlein obenauf, indes die Salbe lindernd über seiner zarten dornigen Haut zerfloß. Er duldete überhaupt alles, was ich zu seiner Heilung tun wollte. Nur wenn ich ihn einen Augenblick allein ließ, strengte sich sein Leib zu traurig hilflosem Geflatter an. Mein Herz empfand ganz wissend, daß ihm vor dem Sterben angst war und daß er in die freie Luft verlangte. Ich trug ihn hoffnungsfroh in den Kindergarten, und es stärkte mich, daß mir die Hausbewohner und die Kundschaften, denen ich begegnete, mitleidig zwischen die gewölbten Handflächen blickten. Ich fühlte mich glücklich und wichtig als Lebensretterin. Bald danach aber verscheuchte mich ein Mann, weil er fast anklagend sagte: O je, schmeiß ihn lieber der Katz für!

Im betauten Gras erfrischte sich der Amerling. Sein behendes Zünglein lechzte wieder nach Tropfen. Seine Krallen griffen sicherer um meinen Finger. Manchmal nahm er Luft unter die fetten, verstruppten Federn. Manchmal wendete er den Kopf lieblich horchend gegen die Buschwipfel. Ich glaube, daß Mutter, nachdem sie mich lange umsonst gerufen hatte, einen vollen Suppenteller in den Garten brachte. Aber das Essen schmeckte mir nicht. Meine ganze Aufmerksamkeit galt den kleinen Vogelpätzchen, welche hie und da noch breit auf meine Schürze schmatzten. Sie schienen mir stets ein gutes Lebenszeichen. Mit dem Füttern hatte ich leider kein Glück mehr. Wie oft ich den armen Pflegling gedankenvoll musterte und dabei zähe fragte: Gell, du stirbst nicht! Wie lange ich ihn und mich mit zärtlichen Worten und Streicheln bei Kräften hielt, ob es Stunden oder bis zum nächsten Tag dauerte, und wie alt ich überhaupt gewesen sein mag, um schon solchen Jammers fähig zu sein — ich habe alles vergessen bis auf die letzte wohlgemerkte, fast überbewußte Stunde. Sie blieb im wörtlichen Sinn das zeitlose Spiegelbild mancher Erschütterung, die ich immer wieder beim Abschied von einem vertrauten Tiergeschöpf erlitt.

Es war zwei Uhr nachmittags. Ich hatte mich im blauen Herrschaftszimmer eingeschlossen. Auf dem Biedermeierklavier breitete sich eine ganze Apotheke von Hausmitteln, Watte, Wasser, Futternäpfen, ein umgestürztes Säcklein Hanf, Dotterkrümchen und Eischalen. Daneben stand die Schachtel mit dem leeren Nest. Den Amerling hielt ich behutsam an die Brust gedrückt. Damit wollte ich das heißfliegende Pochwerk eindämmen, welches sein Herz und auch meins schon jagte. Ich erkannte, daß alle Kunst nichts mehr nützte und daß sein Inwendiges in Brand überging. Er kämpfte aber noch stark um das Leben, und die dunkelschwarzen Perlaugen folgten dankbar meiner innigen Flüstersprache.

Ich redete in einem fort leise beschwörend bald auf das ölige Vogelhäuptlein hernieder, bald in das eigene Spiegelbild, das mir aus dem großen blinden Goldrahmen schmerzverzerrt entgegenblickte. Meine Wangen glänzten geschwollen von Tränenröte. Das Haar stieg wildgerauft aus dem Gezopf. An meiner lilablauen Hängeschürze blähten sich die Flügel noch sauber und frisch gebügelt, beim Schluchzen wippten sie. Oben die Sattelfältchen, wo der Amerling im Käfig meiner starrgespreizten Finger hockte, waren klebriges Fettpflaster, und weiter abwärts triefte der Kattun von Schmutz und Nässe. Wie angebannt, immer stumpfer vor Wünschen und Wollen, verschaute ich mich in das sichtbar gläserne Bild, bis ich es ganz durchdrungen hatte und kaum noch wahrnahm. Immer leidenschaftlicher und durchdringender wendete ich mich an das, was ich eigentlich nicht sah und doch vor mir gegenwärtig wußte.

Mein Gott! Mein Gott! Mein Gott! betete ich endlos im geduldigen Ölbergston. Mein Gott! wiederholte ich klagend, fragend. Und indes ich das flüchtige Leben umklammerte und das schnelle Herzensticktack mich unaufhaltsam mitriß, entzündete sich meine Liebe auch inwendig zum Brand. Ich betete ohne Bedacht, was es bedeute, ich betete im Übermaß der Verzweiflung und an allen Sinnen und Kräften entbronnen. Hilf dem Vogerl! Ich opfere mein Kind.

Kaum ausgesprochen, wurde mir das Unheimliche furchtbar bewußt. Ich sah im Goldrahmen plötzlich wieder mein eigenes verstörtes Gesicht. Ich erforschte es bang und lang und enträtselte darin mählich die Antwort, daß ich vielleicht eine Todsünde begangen hatte. Als ich ganz zu mir selber kam, erschrak ich noch mehr. Denn unter meinem Spiegelschauen war der arme Vogel gestorben, ohne Trost und Beistand. Ganz zermürbt vom doppelten Schuldbewußtsein, legte ich die Leiche ins Wattenest und nach vorsichtigem Horchen schob ich den Türriegel auf, weil ich glaubte, man würde mir die Tränen nun weniger anmerken. Zum Glück war niemand auf der Stiege, als ich den Vogel in den Kindergarten trug. Ich nahm mir eine von den schweren Schaufeln und hob in aller Stille ein Grab aus. Zum Begräbnis lud ich diesmal niemanden ein. In der Trostlosigkeit, daß ich nichts anderes mehr zu tun hatte, formte ich den Erdhügel mit liebevoller Genauigkeit. Er wurde eirund und bekam zum Halt einen Kranz von weißen Kieselsteinen. In die Mitte pflanzte ich Trauerstiefmütterchen, und ans Kopfende tat ich ein Kreuz. Erst gegen Abend wagte ich ins Haus zu gehn, ich schämte mich immer noch, mein Gesicht zu zeigen, und wischte es bei jeder Begegnung, so als ob mich gerade eine Mücke irre, um den steifen Schürzenflügel. Die Dienstboten betrachteten mich ziemlich scheu. Niemand erkundigte sich, ob es meinem Vogel besser gehe oder ob er schon tot sei.

Wer das unordentliche Spital im Blauen Zimmer forträumte, weiß ich nicht. Vielleicht ich selber. Meine Gedanken kehrten aus der müßigen Leere wieder eigenwillig zum Schwur zurück. Je peinlicher ich darüber grübelte, um so unklarer wurde er mir. Selbst über den Wortlaut wurde ich unsicher. Um mich von dieser Beklommenheit zu erleichtern, verfolgte ich die Mutter auf Schritt und Tritt und begann immer wieder ein harmloses Gespräch.

Schaun S', sagte ich zum Beispiel, auf Ihnerm Halskragen pickt ein Haar. Ein anderes Mal sagte ich: Tuat Ihnen der Fuaß weh? Auch allerlei fleißige Handlangerdienste leistete ich im Kaufladen, weil ich ihre Laune für ein barmherziges Urteil stimmen wollte. Es kostete mich vieles Schlucken und viele listige Ansätze, bis ich mir ein beiläufiges Geständnis abzwang.

Mutter, fragte ich zaghaft hinter ihrem Rücken hervor. Glauben S', is das ein Frevel, wenn man ein Kind aufopfert? Sie schürzte die Lippen und antwortete unter verneinendem Kopfschütteln: M-m.

Und gilt es? forschte ich weiter.

Sie nickte: Kann schon sein.

Wenn man aber noch kein Kind hat und man opfert's? Jetzt wendete sich Mutter zu mir und maß mich aufmerksam. I woaß nit, was d' allerweil hast, sagte sie mißtrauisch. Und nach einer Pause sagte sie: Ins Blaue Zimmer därfst dich nimmer einsperren!

Mein Mut war dahin. Ich beschwichtigte das unruhige Gewissen mit dem Vorsatz, ihr später die Wahrheit anzuvertrauen, derweil zäppelte ich wenigstens in weh- und demütiger Stummheit hinter ihren rührigen Schritten her. Abends, als Hildegard schon schlief und Mutter einen neuen Kleiderschnitt aus dem Schnittmusterbogen radelte, sagte ich flehentlich: Sitzen S' Ihnen her zu mir!

So bat ich manchen Abend. Und sie erfüllte mir auch den Wunsch, nachdem sie das Papier in die Kreuz und Quer gemessen und etwa zufrieden ausgerufen hatte: Hiaz passen das Vorderteil und der Rucken zusammen.

Wenn sie mit ihren Stricknadeln eine Zeitlang neben meinem Gitterbett klapperte, wurde ich müde, und das Denken verging mir in stader, wunschloser Geborgenheit. Meine fast geschlossenen Lider hoben sich öfter einmal unter ihrer ernsthaft forschenden Miene. Und ich hielt ihr geduldig und ehrlich stand, damit sie das Unheimliche, das in mir war, immer deutlicher sehe. Ja, ich half sogar mit verschämten Andeutungen nach.

Morgen kriagst a Weinsteinwasserl zum Ableiten, hörte ich sie darauf sagen. So sagte sie gerne, sobald ihr vorkam, daß eine Hitze im Blut war. Das Hausmittel wirkte aber schon irgendwie wörtlich. Ich verlor mich in ein traumicht schönes Gefühl, daß mein Herz jetzt freigesprochen wäre, weil sie endlich das Geheimnis wußte vom eitlen Spiegelschauen und vom schauerlichen Schwur. Wieso sie es wußte, wunderte mich nicht. Alles war mir selbstverständlich bei einer Mutter und beim Auge Gottes.

MUSIK

Im Kindesalter reichte meine Musikbegabung gerade für den Werkelmann. Es war meist ein Kriegskrüppel mit einer Reihe Denkmünzen an der Brust, der ein Stelzbein oder nur einen Arm hatte. Blinde gab es auch. Alle begingen schon ziemlich hohe Jahre. Ihr trauriger Anblick wirkte auf uns erheiternd. Schon die ersten fernen Töne lockten mich vor die Haustür. Wenn mir das Warten zu lange dauerte, lief ich ihnen ein Stück ins Dorf entgegen. Ich verfiel bei dem wiegenden Geleier und mehr noch bei den stumpfen Taktstößen der Märsche in einen Fröhlichkeitsrausch. Daß es mitunter quietschend falsch ging, überhörten meine Ohren völlig. Mutter, die von Herzen und mit Schmerzen zuhorchte, reichte mir aus dem Kaufgewölbe einen Kreuzer. Da mir dieser Lohn zu gering erschien, erbettelte ich noch einen dazu. Und richtig! Der Werkelmann oder die Werkelfrau verneigte sich mit aufgehaltenem Hut und spielte zum Dank eine Draufgabe. Manchmal hatten die Bettelmusikanten ein Hündlein oder einen Affen bei sich. Das vermehrte mein Glück ins Überschwengliche. Ich wollte mich gar nicht mehr von ihnen trennen und begleitete sie inmitten eines großen Kinderschwarms viel weiter, als mir erlaubt war. Meine hüpfende Musikfreude wurde recht ernüchtert, wenn Mutter gelegentlich zu ihrer Schwester Julie sagte, daß wir kein Gehör hätten.

Tante Julie war damals noch ledig und wohnte im Schladminger Wildenweinhäuschen. Aber mehrmals im Jahr kam sie für Monate zu uns auf Besuch. Ich umschwärmte das Rote Herrschaftszimmer, wo sie wohnte, recht anhänglich und sah in ihr eine Art Dornröschen oder Schneewittchen. Denn Tante Julie, die nicht unter Menschen hatte dienen müssen, bewahrte und pflegte die feinere Longinische Familieneigenheit. Sie kräuselte sich über Nacht das Haar für eine zierliche Löckchenfrisur und kleidete sich bei aller bescheidenen Sparsamkeit ausgesprochen modisch. Ihre überschmale Gestalt wurde im Mieder noch enger geschnürt, und die Taille hatte in den vielen Nähten steife Fischbeine stecken. Um die Mitte war sie so wespenschlank, daß man sie fast mit den Händen umspannen konnte. Dies behauptete Tante Julie wenigstens selber, gemessen habe ich es nicht. Manchmal trug sie eine Schürze, niemals aber einen Schurz. Mutter mußte sich von ihr oft einen Tadel gefallen lassen, daß sie sich so bäurisch und gewöhnlich anzog, und gar, daß sie bei der Gartenarbeit den Rock gerafft trug wie die Tagwerkerinnen. Ich sah, wie Tante Julie mit ihren zarten, durchsichtigen Fingern an Mutters Gewand umbesserte. Während die Beine der Mutter von Krampfaderbandagen unförmig dick waren, hatte Tante Julie sehr kleine, ebenmäßige Füße und dieselbe Schuhnummer, die meiner Schwester Hildegard mit Wollsocken bereits paßte. Darauf waren beide stolz. Tante Julie rühmte sich gelegentlich auch mit vornehmen Verwandtschaften und Bekanntschaften. Zwei junge Ärzte und andere Verehrer huldigten ihrer Schönheit. Manchmal wurde sie von einer reichen Frau Seefeldner nach Radstadt geladen. Dort lebte sie dann wie eine Gesellschaftsdame ohne bindende Verpflichtung. Höchstens ein Kleid aus Atlas oder Samt mit langer Schleppe schneiderte sie zum Entgelt. Nach ihrem eigenen Urteil und dem Urteil mancher Doktoren war sie für körperliche Arbeit zu kränklich. Die schwachen Nerven brauchten nur geringen Schlaf. Darum las sie bis tief in die Nacht. Ihre Lieblingsbücher waren medizinische Werke. Ich durfte sie leider nicht aufblättern. Ein paarmal tat ich es dennoch unter Gewissensbissen. Die Bilder interessierten und ergötzten mich hoch. Sie ließen in sich hineinschauen. Wenn man die Papierhaut eines Menschen ablöste, erschienen darunter, wieder beweglich und mit vorsichtiger Hand aufzuklappen, die Rippen, die Adern, die Lunge, das Herz, der Magen, das Eingeweid und zuletzt, schon geisterhaft, die Wirbelsäule mit dem Totenkopf. Die Körperteile waren numeriert, wahrscheinlich, damit man sie zählen konnte.

Einmal überraschte mich Tante Julie beim Bilderschauen. Ich habe längst vergessen, was sie dazu sagte. Ausgescholten wurde ich bestimmt nicht. Sie hatte immer eine geheimnisvolle Art des Sprechens und verhüllte ihre Belehrungen mit einem wahren Märchenzauber. Man nahm sich, was man mehr ahnte als begriff, ehrfürchtig zu Herzen. Böse oder zornig behandelte sie uns überhaupt kein einziges Mal. Ihre Liebe äußerte sich nicht ganz so schamhaft herb wie die Liebe der Eltern, aber Küsse duldete sie auch nicht. Mutter war ihr sehr dankbar, daß sie ihr die erzieherische Aufsicht und das Waschen und Kämmen abnahm. Wir machten uns oft im Tag schmutzig, und namentlich Hildegard zerrüttete und zerfilzte ihr Haar wie die Percht. Aber unter den sanften Händen und den seltsamen Fabelphantasien der Tante Julie wurde es schmerzlos glatt.

Außer solchen Hilfsdiensten und allerlei Nähtereien überließ man ihr keine Arbeit. Vater nannte sie darob freilich eine Herrschaftsdame, schenkte ihr aber, weil Mutter es verschmähte, doch ein neues Fahrrad. Mit diesem machte sie als einziges Fräulein in großer Herrengesellschaft weite Ausflüge. Nur Onkel Fritz, der Bruder unseres Vaters, mochte sie nicht leiden. Wenn sie in ihrer blauen Pluderhose fortfuhr, blieb er trotzig zu Hause.

Einzig zur Klavierbegleitung war er zu bewegen, wenn Mutter und Tante Julie uns mit wunderbaren Stimmen und ausdauernder Geduld zwei Lieder einlernten: Weißt du, wieviel Sternlein stehen? und die Melodie: Lang, lang ist's her. Als Text dazu sangen wir: Noch sind wir Kinder, so jung und so klein, selige Zeit, selige Zeit. Noch sind unsere Herzen so schuldlos und rein. Selige Zeit, selige Zeit.

Ich hielt mich tapfer am Sopran fest. Aber Hildegard turnte vom Alt zum Fistelton so laut und unbekümmert, daß sogar ich den Fehler bemerkte. Manchmal am Feierabend, zuzeiten, da Vater in der Welt umherreiste, blieb Mutter lange bei Tante Julie im Roten Zimmer. Sie spielten Zither und Gitarre. Ich erinnere mich besonders an das Lied: Mein Herz, das ist ein Bienenhaus. Die Stimme der Mutter tat hoch und hell. Tante Julie sang tief und ein wenig heiser wie eine Hummel.

Meine Schwester hockte in ihrer Barchentnachtjacke auf dem Diwan und schlief bald ein. Ich aber horchte, was oft bekrittelt wurde, mit offenem Munde zu. Über Dinge, die ich nicht hören sollte, unterhielten sie sich in der B-Sprache. Ich verstand natürlich jedes Wort. Tante Julie legte ihre schneeweißen Schneewittchenfinger über die Saiten. Hie und da zupfte sie an einer. Ich bewunderte ihre langen, wohlgepflegten Nägel. Niemand in der ganzen Familie hatte solche. Das Rote Zimmer dämmerte durch die verhangene Lampe in noch röterem Schein. Ich fühlte etwas Ungewöhnliches und erriet, ein Entschluß gab den beiden Schwestern ernst zu denken. Mutter sagte: Ich red dir nicht zu und nicht ab. Dann ging es in der B-Sprache weiter. Von Kindern, von einer schwachen angegriffenen Lunge und vom Bluthusten. Als ich aber selber schon beinahe schlief, wurde ich plötzlich wieder wach, weil Tante Julie die Gitarre beiseite schob und aufatmend sagte:

Einmal muß es ja doch sein. Jetzt bin ich dreiunddreißig.

Mutter trug Hildegard in ihr Bett. Als sie mir die Nachtjacke zuknöpfelte, nahm ich mir ein Herz und fragte: Gelten S', die Tante Julie heirat den Onkel Fritz? Mutter nickte.

Wir brauchten nun nicht mehr so fleißig unsere beiden Lieder zu üben. Onkel Fritz brachte immer neue andere Noten. Er warf die Hände schwungvoll in die Luft, dann schlug er wieder in die Tasten. Von den Liebesweisen, die ich hörte, blieb mir des fremden Wortlautes wegen eine besonders im Ohr. Onkel Fritz schaute dabei Tante Julie schelmisch in die Augen und sang: Im chambre séparée. Ich stellte mir dabei eine Champagnerflasche vor, welche sie bei der Hochzeit mitsammen austrinken wollten.

Die Vermählung von Vaters Bruder mit Mutters Schwester wurde ein großes Dorfereignis. Eine Photographie macht mir die Erscheinung des Brautpaares unvergeßlich. Seltsamerweise habe ich keine Erinnerung an die kirchliche Trauung. Geblieben ist mir nur meine Enttäuschung, daß Tante Julie auf Kranz und Schleier verzichtete und sich in Pilsen ein englisches Kostüm hatte schneidern lassen. Sie ist doch schon Mitte dreißig, erklärte mir Mutter.

Onkel Fritz war über das Jawort seiner schönen Frau überaus glücklich. Und sein gutes Herz wollte die ganze Familie, besonders uns Kinder, an seinem Ehrentag teilhaben lassen. So lud er uns auf die Hochzeitsreise ein.

Wir fuhren mit dem Personenzug II. Klasse nach Pichl an der Enns. Das Pichlmayrgut dortselbst war ein berühmter Gasthof. Als Schladmingerinnen hatten die beiden Schwestern eine heimatliche Wertschätzung für diesen nahen Ausflugsort. Mich berauschte der stolze Gedanke, daß wir fast bis zur Grenze des Landes Salzburg fuhren.

Wir genossen das Festmahl an Hand der Speisenkarte. Dabei erregte ich Ärgernis, weil ich die Suppe verschmähte, an ihrer statt ein Honigbrot verlangte und es dann nicht aß. Dem Onkel Fritz wurde übel von einer französischen Zuspeise, die Sauce geschrieben und, wie ich bereits wußte, Soooooose ausgesprochen wurde. Gott sei Dank, fühlte sich der junge Ehemann trotz bedenklicher Symptome am nächsten Morgen ganz im Gleichgewicht. Er bewohnte nun mit Tante Julie das Rote Herrschaftszimmer.

Nicht so heil und harmonisch wie das Verhältnis der Neuvermählten zueinander gestaltete sich nunmehr die berufliche Zusammenarbeit mit seinem Bruder. Der Tante Julie gefiel die Abhängigkeit von unserer Familie nicht mehr. Sie wollte keinen Buchhalter zum Mann. So strebte Onkel Fritz nach Selbständigkeit, um so mehr, als seine Frau asthmaleidend war und sich ein milderes Klima wünschte. Dies fand sich auch im weststeirischen Markt Stallhofen.

Sie, die fleißige Briefschreiberin, meldete auch bald, die Gemischtwarenhandlung floriere zur Zufriedenheit, das Personal sei verläßlich, eine reinrassige englische Dogge bewache das Haus, begleite und beschütze Frauerl und Herrl und, was sehr zu begrüßen: sie hätten bei der Hautevolee bereits sympathischen Anschluß gefunden.

Unserm Vater tat es um den Bruder leid, Mutter vermißte oft seufzend ihre Schwester, weil sie bei ihrer Zurückhaltung gegen die Dorfbewohner doch eine vertraute Ansprache brauchte. Auch das gemeinsame Singen ging ihr ab.

Glücklicherweise hatten sich im Blauen Zimmer eine grauhaarige Dame und ihre Nichte eingemietet, die blond war und meist ein mattblaues Kleid trug. Das Fräulein war musikalisch und spielte den ganzen Tag geläufig Fingerübungen. Jeden zweiten Abend begleitete sie ein Gesangskonzert. Es kam ein junger Bahnbeamter zu Besuch, dessen italienischen oder französischen Namen ich nicht mehr innehabe. Er sang, wie die Leute auf der Straße sagten, schmelzend schön Tenor.

Unsere Mutter wurde auch immer eingeladen. Sie sang mit, und ihr Zeigefinger gab unerbittlich den Takt. Schließlich stellte sich noch Vater dazu und versuchte beherzt seine dröhnende Baßstimme. Ich erkannte nicht sicher, wenn er zu hoch oder zu tief wurde, aber ich las alles an Mutters schmerzlichem Gesicht ab. Sie verzog es, als habe sie Zahnweh, und sagte nachher:

Unser Klavier tuat schon falsch.

Das war durchaus nicht gelogen. An einige Melodien erinnere ich mich noch. Sie gefielen mir nicht. Eher ließ mich der Text aufmerken. Bei dem Lied: Durch die Jalousien stellte ich mir fasziniert die grüngestrichenen Fensterbalken des Torschusters vor. In einem Refrain, den ich sehr oft hörte, sangen sie geflissentlich: Eile, Liebchen, eile zu des Liebsten dein!

Zu dem Liebsten! verbesserte ich jedesmal kritisch.

Aber wahrhaft an Leib und Seele durchgeschüttelt wurde ich vom Doppeladlermarsch. Bei dem gewissen schaurigen Trommeldonner sah ich leibhaftig ein bleiches Totengeripp auf einer großen feurigen Kugel durch die Luft reiten.

So werkte meine inwendige Schau schon rege. Das Ohr dagegen entwickelte sich nicht annähernd so fein, wie das mütterliche war.

Im Hingleich zur leidenschaftlichen Aufmerksamkeit, mit der sie allen Instrumenten entgegenhorchte, mußte ich mir beinahe taub erscheinen. Ich fühlte mein Unvermögen durch ihr enttäuschtes Kopfschütteln langsam selber. Und was gleich einem spendenden Quell von ihrer Begabung ausging, machte mich traurig, weil ich nicht dazu fand. Mein Gehör bereitete mir überhaupt bisweilen eine haltlose, hilflose Todesbangigkeit, und ich fürchtete mich vor dem Einschlafen, denn es meldete sich in der Nacht.

Der Zustand ist kaum zu beschreiben. Ich war immer noch ein wenig wach, so daß ich mit halbem Wissen in meinem Gitterbett versank und ein Meer von dunklen schweren Wassern immer näher und näher fühlte, erst summend, dann sägend, zuletzt rauschend, bis es violettgrün und blau über mir zusammenstürzte. Ich ertrank oder erstickte fast und kämpfte entsetzlich um die Gewalt, zu übertauchen. Das Sterben kann nicht bitterer sein. Meistens ermunterte ich mich, ein andermal vergingen mir die Sinne.

Mir ist nicht mehr sicher bewußt, ob es nach solchen Nächten war, daß Mutter mich forschend betrachtete. Jedenfalls erzählte sie mir in der Frühe öfter, ich hätte wieder mit den Zähnen gekraimt. Es klebte dann immer ein trockenes Blutbächlein an meinen Lippen.

Schon als kleines Kind, bevor ich's klagen konnte, mußte ich das Unheimliche erleiden. Um das siebte Jahr weiß ich es am ärgsten. Ich hab es mir so genau gemerkt, weil Onkel Fritz und Tante Julie mir damals einen schönen Malkasten von einer Reise mitbrachten. Ich war in meiner übergroßen Beglücktheit länger aufgeblieben und hatte mit den Farben gespielt. In der Nacht erschienen sie mir alle wie eine schaurig tönende Wassersäge und zerschnitten mich.

An Vormittagen war mir dann so übel, daß Herr Walcher es mir ansah und mich heimschickte. Gesagt habe ich zu niemandem etwas von diesen Todesängsten. Meine Mutter duldete das Jammern nicht. Und wenn mich auch ihre fragenden Augen zu einer Antwort ermutigten, für diesen Zustand hätte die Sprache nicht ausgelangt. Ich hätte vielleicht nur sagen können: „Mutter, helfen S' mir, wanns wieder kimmt."

Aus der gleichen Zeit stammt ein Vierzeiler. Meine Erinnerung daran wäre völlig verlöscht. Aber in einer großen Spielzeugkiste, wo jahrelang auch meine frühesten Werke säuberlich bewahrt lagen, fand sich ein Ärmelschnitt. Darauf steht in der Handschrift meiner Mutter: Paulas erstes Gedicht:

Hoch am Berge möcht ich leben
Im grünen Alpenland,
Wo die lieben Englein schweben
Und auch das Sternenland.

September 1899

Gedichte haben mich später und lebtags noch viel beschäftigt. Und Farben habe ich nach Herzenslust verstrichelt und vermalt. Aber die rauschende Nachtmusik ist mählich verlorengegangen. Sie gibt mir freilich bis heute noch Rätsel auf. Entweder, so frage ich mich, war es nur der Durchbruch der zweiten Zähne? Oder hat mein Gehirn die üppig überzuckerten Torten und Mehlspeisen der Heiligen Zeiten gebüßt? Denn der Alptraum quälte mich besonders zu den großen Feiertagen. Mein nachdenkliches Naturell führte mich von der Erfahrung zur Entsagung.

Ganz von fern hat mich wohl manchmal ein Unbehagen an den nächtlichen Wassersturz gemahnt. Doch bei Tag löste sich das Wasser gleichsam in Wasserfarben auf. Unsichtbare Bilder sichtbar zu machen, war von jeher meine Lust.

BINDUNGEN UND ERFINDUNGEN

Mutter liebte mich über alle Maßen. Sie hatte oft ganz unbegründet Angst um mein Leben und meine Sittlichkeit und wollte mich eng bei sich hüten. Wahrscheinlich ahnte sie mit ihrem unfehlbaren Feingefühl, daß ich von einem besonderen Schicksalsfaden abseits gezogen werde. Dies bereitete ihr mehr Schreck als Freude. Und sie war in ihrer Wohlmeinung und sicher auch zufolge ihres eigenen starken Willens bestrebt, mich nach herkömmlichen Mustern zurechtzubiegen. So bekam ich viel häufiger als meine Schwester die Rute.

Ich war eigentlich kein schlimmes Kind, an Beispielen von heute gemessen, sogar ein braves und meiner Mutter innig zugetan. Nur versuchte ich manchmal in trotziger, widersetzlicher Auflehnung meine Freizügigkeit zu erkämpfen. Ich verschwendete viele Worte dabei. Und sie blieb stumm die Stärkere.

Mit meinem Wachstum wuchs auch die Untugend, daß ich stets nach eigenem Gutdünken handelte. Mutter und Tante Julie erfuhren immer wieder die Kränkung, daß ich mich über ihre Anleitungen hinwegsetzte und die Puppenkleider ganz nach meinem Eigensinn zuschnitt und zusammenstichelte. Beim Kochenspielen verschmähte ich Ratschlag und Rezept. Gewiß nicht aus Bosheit. O nein! In hellem Eifer und von Einfällen überwältigt, umging ich jede Vorschrift. Das Tändeln freute mich überhaupt nur, wenn ich, ledig jeder Einmischung, beginnen durfte, was mich schließlich selbst überraschte. Ich tauchte solchenfalls aus irgendeinem Winkel auf und zeigte mein Kunststück, eine neuartige Torte, ein Vogelnest, einen Kasperl, ein Phantasie-Feenkleid oder sonst etwas vorweisend:

Schaun S', Mutter, was ich erfunden han!

Es war gerade die Zeit, da Erfindungen sich überstürzten. Und ich fühlte mich verpflichtet, auch das Meinige beizutragen.

Ich ging es wenigstens in Entschlüssen ziemlich groß an und beschäftigte mich mit dem Plan, für den Kaiser Franz Josef Gold zu machen. Es werde dadurch, so hoffte ich zuversichtlich, dem Vater und allen Leuten das harte Steuerzahlen geschenkt sein.

Ein anderer Versuch zielte dahin, Häuser in die Luft zu heben. Zunächst meinte ich das Wächterhaus oberhalb des Bahnhofes. Es lag von unserm Balkon aus damals noch frei vor meinen Augen. Der Wächter Stock und seine Frau kamen gerne zu uns einkaufen. Beide waren zwergelklein, und ihr Ziehkind, der Hatzy Josef, war noch kleiner. Er hatte ein fremdländisches Aussehen und nichts als lederbraune Haut über den Knochen. Voll Unruhe und Grimassen, ähnelte er einem Holzkasperl, der, von einer Schnur gezogen, mit Armen und Beinchen zappelt. In der Schule war sein lustiges Spektakel sehr beliebt, und die Wächtersleute verzärtelten ihn hilflos mit einer rührseligen Jammerstimme. Am Monatsersten, wenn die Lebensmittelfassung im bauchigen Zöger nicht Platz hatte, durfte ich mit der Frau Stock gehn und dem Josef Hatzy ein Päckchen tragen helfen. Bei dieser Gelegenheit sah ich die winzige Küche und wohl auch das Schlafkabinett.

Es hatte, was sich für drei Personen gar nicht ausdividieren ließ, nur einen Kasten, einen Tisch, einen Sessel, ein Fenster, ein Bett und darüber ein riesengroßes Bild von der Heiligen Familie. Wenn ein Zug in die Station fuhr, hutschte alles. Beim besten Willen ergründe ich nicht mehr, warum ich es auf dieses Haus abgesehen hatte, vielleicht, weil es mir wie ein Zwergel- oder Puppenhaus erschien. Jedenfalls bedrängte ich meine Mutter häufig mit Fragen, ob zehn starke Männer genug seien oder ob man hundert brauche, um es aufzuheben. In der Phantasie mit jedem Ding gleich fix und fertig, sah ich bereits ihre Bloche und Hebestangen erdwärts gestemmt. Wenn sie Hoh-ruck riefen, ging das Häuschen spielzeugartig in die Luft.

Diese Einbildung regte mich zu dem kindlichen Wunsch an, ein kleines Haus mit Flügeln zu besitzen. Daß nur das Mögliche in Erfüllung ging, ist schon ein Geschenk des Himmels. Die andere Hälfte, das Wunderbare, blieb ein Symboltraum. Ich erinnerte mich daran mit Fluchtgedanken, wenn mir die Heimat unbehaglich wurde.

Daß meine blitzgeschwinden Einfälle sich gar nicht oder nur mit vieler Geduld verwirklichen ließen, begriff ich schwer. Es trieb mich, nachdem Mutter mich von einem Unsinn ernüchtert hatte, recht bald zu einem neuen.

So versuchte ich in meiner ersten Schulzeit ein Putzmittel gegen Tintenpatzen. Ich setzte in unserm Gartenbottich die frischgrünen schleimigen Säfte des Zwiebels an und wusch darin meine bekleckssten Sacktücher. Doch während ich mir die Finger wund rieb und der

Fleck vom Schwarz ins Graugelb bleichte und schließlich zu einem Loch wurde, tauchte unsere Thekla, oder war es schon Fanny, den Spritzkrug ins Wasser und schleppte mir nach und nach den ganzen Extrakt davon.

Mein nächster Versuch zeitigte auch keine glücklichen Folgen. Er betraf einen Strickstrumpf aus roter Berlinerwolle. Unsere tägliche Pflicht war, sobald wir nachmittags von der Schule heimkamen, acht Nadeln abzustricken, später wurden es mehr. Für mich, die jedesmal die Hausaufgaben schon heimlich in der letzten Unterrichtsstunde schrieb, nicht aus Eifer, sondern um sie loszuwerden; für mich bedeutete dieser Strumpf eine immerwährende Leib- und Seelenpein. Bei der Zwangsarbeit sitzend und ohnmächtig gegen die höhere Gewalt ankämpfend, half ich mir wieder mit allerhand Erfindungen. Ich zog und zerrte die Maschen hoch, verwob sie zu Nestern, schlang den Faden kreuz und quer und bildete mir treuherzig ein, daß der Strumpf durch diese „Idee" länger geworden sei. Ich zeigte ihn meiner Mutter. Sie hatte leider kein Verständnis dafür, sondern trennte mir ganze Gänge auf und ließ mich von vorne anfangen.

Der schwierigste Fall war meine kaufmännische Abrichtung. Weil der Herr Walcher und das neue Lehrerfräulein Wolfrum zu den Eltern immer voll des Lobes sagten, daß ich so leicht lerne, und weil ich den fehlenden Erbhalter ersetzen sollte, spannte mich Vater bald in seine Geschäfte ein und versuchte für Eisen, Fahrräder, Werkzeuge, Heuwender, Mähmaschinen, Nähmaschinen und die dazugehörige Buchhaltung mein Interesse wachzurufen.

Zum Lehrmeister für Büroarbeiten keineswegs geeignet und von billigen jüngeren Hilfskräften bis zum Jähzorn gereizt, mußte Vater die Unentbehrlichkeit seines Bruders bald einsehen. Von Monat zu Monat mehrten sich die Differenzen mit dem Großhandel, weil kleine Schuldner nicht zahlten. Die Industriefirmen schränkten ihre Kredite ein. Es kam zu Pfändungen. Ein Grund mehr, daß Vater bereits ungeduldige Hoffnung auf mich setzte.

Schon die kleinste Einschulung in seine Pläne bedeutete mir eine Art Strafaufgabe. Und mein größter Wunsch unter vielen Wünschen gipfelte in der beständigen Frage, wann Onkel Fritz und Tante Julie wieder heimkämen.

Damit sprach ich aus, was die Eltern übereinstimmend dachten. Der rege Spekulationsgeist unseres Vaters errichtete im wahrsten Wortsinne auf diese Möglichkeit hin in unserm Hinterhof ein sogenanntes Neugebäu. Ebenerdig sollte es zu sechs Magazinen und einer Waschküche, im Oberstock zu einer Mansardenwohnung ausgenutzt werden. Gesetzt den Fall, daß seine Prophezeiung sich bestätige! Er war nämlich von Anfang an der Meinung gewesen, daß Tante Julie, „diese verwöhnte Dame", keine Geschäftsfrau sei.

Na, was schreibt sie? fragte er nach Jahresfrist und immer öfter um das Jahr herum. Und einmal, als Mutter ihm die rekommandierte Adresse eines Kuverts samt Inhalt vorenthielt, sagte er fröhlich: Aha! Ich durfte später die Sorgen und Schwierigkeiten aus der schwungvoll stilisierten Schrift herausbuchstabieren. Einen besonders tragischen Brief legte Mutter schließlich doch auf den Schreibtisch. Dabei sagte sie:

Du mußt ihnen wohl helfen.

Vater tat es sozusagen postwendend, indem er den beträchtlichen Geldverlust als noch weitaus größeren Gewinn einkalkulierte. Die große Schuldsumme wurde per Bank telegraphisch getilgt. Und das gänzlich verarmte Ehepaar konnte nach einer herzbeweglichen Abschiedsfeier von der Stallhofner Hautevolee nach Öblarn zurücksiedeln.

Das Haustor zum Neugebäude hatte ein bekränztes Transparent mit der Inschrift: Herzlich willkommen!

Wir Kinder wichen den Heimgekehrten nicht von der Seite. Voraus ich verfolgte sie mit Fragen und Erzählungen bis zum Abend. Und wenn es mir auch nicht erlaubt wurde, im Neugebäu auf dem neu tapezierten Sofa zu übernachten, so malte ich mir wenigstens unerschöpflich neue Bilder für eine poetische Zukunft aus.

Sie begann ein paar Tage später sehr prosaisch in der Schreibkanzlei. Zuerst wurde ich zum dicken Kopierbuch gesetzt und mußte von den seidendünnen Blättern die Korrespondenz mit den vielen Schmiedmeistern herausbuchstabieren und Namen nebst Seitenzahl im Index eintragen; auch sollte ich auf der Schreibmaschine tippen lernen.

Obzwar ich mich bei dieser Arbeit niemals zu Erfindungen gedrängt fühlte, verwandelte und verwechselte ich die Namen unserer Käufer höchst gewissenlos. Und wenn schon eine Adresse stimmte, war auf Folie so und so die gesuchte Post nicht zu entdecken.

Vater donnerte mich ergrimmt zusammen. Das bewirkte einen noch ärgeren Widerwillen gegen die furchtbare Schreibarbeit. Einmal vollbrachte ich sie dennoch zu seiner Zufriedenheit und meinte, ihm eine freundliche Anerkennung herauszulocken, indem ich bittlich sagte:

Gelt, Vater, heut bin ich brav gewesen?

Ihr wißt's wohl noch nit, was arbeiten heißt, war seine karge Gegenrede.

Unsere Cousinen im Stralzenhaus wußten es. Sie wurden von ihrer Mutter noch im schulpflichtigen Alter angehalten, wie Dienstboten in Küche, Geschäft und Landwirtschaft zuzugreifen.

Hildegard brauchte man zu körperlichen Arbeiten nicht anzuhalten. Tragen, Heben, Laufen, Bücken war für sie ein Körperspiel. Lernen, soviel das Gedächtnis aufnahm, trug ihr meistens ein „sehr gut" ein. Im Rechnen hatte sie bestenfalls befriedigend.

Darum wünschte Mutter mich im Kaufladen an ihrer Seite. Sie schulte mich genau nach der Methode, welche sie seinerzeit zur Handlungsgehilfin befähigt hatte. Ich konnte bald Skarnitzel kleben, Borten und Bänder aufwickeln, Tabak und Zigaretten verkaufen und später natürlich Zucker einrichten, Stoffe abmessen und, was die Hauptsache: ich machte weder im Zusammenrechnen noch im Herausgeben einen Fehler.

Weil Mutter sah, daß ich meinen künftigen Beruf leicht erlernen werde, und wohl auch, weil sie Erbarmen mit mir hatte, ließ sie mich oft, ja sogar beim Sonntagsgeschäft zu den Gespielinnen entwischen.

Vater hatte einen Grund mehr zur Unzufriedenheit. Er sagte zu jedem, der ihm gerade in den Weg kam:

Aus der Paula wird nix. Sie ist eine Prinzessin.

Auch die Mutter sparte mit dem Lob. Ich erinnere mich an keins aus ihrem Munde. Sie erzog mich mit Blicken. Davon gab es eine ganze Stufenleiter, vom unbeschreiblich innigen Blick der Liebe bis zum funkelnden Zornschauer. Wenn dieser nicht nutzte, besonders im jähen Impuls, zog sie handgreifliche Strafregister. Die Rute stak bei uns noch ehrenvoll und abgebraucht hinter dem Spiegel. Mit Worten umzufuchteln gelang der Mutter schlecht. Sie hielt sich gern an erprobte Sprichwörter. Zu meinen frühesten Versuchungen, wenn ich ihr etwa Risse und Kakaoflecke in der Schürze verbergen wollte, hörte ich sie sagen: Kein Fädchen ist so fein gesponnen, es kommt doch endlich an die Sonnen. Und während ihrer Näharbeit abends im Schein der Petroleumlampe sprach sie oftmals feierlich: Messer, Gabel, Schere, Licht paßt für kleine Kinder nicht. Wollten wir uns einmal zu nahe an den Zuckerlkasten heranschleichen, ging sie plötzlich trittfest durch das Kaufgewölbe und redete wie zu sich selber: Ehrlich währt am längsten.

Mutter wußte unzählige Sprichwörter, für jede Gelegenheit ein passendes. Manchmal, so denke ich mir, schienen sie ihr aber doch auszugehn, dann seufzte sie höchstens vor Entrüstung, daß es mir wehmütig durch die Seele schnitt: Mit der Paula ist nimmer a leichts!

Oft genug, bei einem geringfügigen Anlaß, namentlich bei Fragen, die ich mir in meiner paradiesischen Einfalt leistete, strafte sie mich, düster ihre Stimme dämpfend, mit dem immer gleichen Ausspruch: Ich scham mich so viel mit dir!

Dennoch hing mein Herz fühlbar innig an den Eltern. Es lustete mich insgeheim, sie mit den Armen zu umfangen und ihnen schönzutun. Aber Zärtlichkeiten wurden uns nicht angewöhnt. Die einzige Annäherung, die wir uns schicklich erlauben durften, war das Handbussen. Vater duldete eher noch, daß wir uns nach der steifen Namenstagsgratulation irgendwie zutraulich an sein Gesicht schmiegten. Wenn wir dabei nicht selber vor den stechenden Haarstoppeln erschraken, ängstigten uns die Dienstboten mit der Prophezeiung, daß uns Dirndeln jetzt auch ein Bart wüchse. Mutter begegnete einer Liebkosung mit fast unnahbarer Keuschheit. Den Onkel Fritz oder die Tante Julie zu umschmeicheln, verbot sie uns ausdrücklich.

Infolgedessen wurden wir Kinder ebenso geschämig. Hildegard verbarg jede Herzensbewegung unter spitzbübischem Mienenspiel. Und ich suchte unbewußt meine abweisende Mutter zu übertreffen. Niemals vergesse ich jenes grausige Entsetzen, das eine Herrschaftsköchin in mir wachrief, als sie echt wienerisch: Du Schatzerl! zu mir sagte und mich gefühlsselig küßte. Eine Abwehr habe ich freilich nicht gewagt. Ich ging auch, um sie nicht zu beleidigen, ruhig fort. Dann aber versteckte ich mich hinter einer Magazintür und wischte mir die Lippen sauber mit der Schürze ab.

Den Bauernkindern blieb ein Kuß sogar den Worten nach fremd. Als unser Herr Pfarrer einmal in der Religionsstunde fragte, womit Judas den Herrn Jesus verraten habe, zeigte ein einziger Knabe auf und sagte strahlend: mit einem Zirkus!

Die Erwachsenen hatten leicht lachen. Wer in jener Zeit aufwuchs, dem wurde eine harte Zucht, aber wenig Belehrung zuteil. Bildlich gesagt, wir waren fest in unserm Paradeisgarten eingesperrt. Aber die ersten Menschen unter ihrem gottgeweihten wunderbar grünen Wipfeldach sind gewiß seltener ermahnt worden als wir. Denn in unserer Kindheit gab es schon viele Bäume und viele Äpflein, die wir nicht begreifen sollten. Jeder, der sie verkostet hatte, wollte uns davor behüten und sagte: Frag nicht so dumm! Oder er sagte: Das erfahrt ihr noch früh genug.

Mit großer Vorsicht mißtrauten die Erwachsenen allem Merkwürdigen, das sich in einer jungen Seele regte. Eigenart galt als Unart und Forschen als Fürwitz. So blieb einem nichts übrig, man erdachte sich selber die Antwort auf Geheimnisse, die jenseits der Erkenntnis lagen. Dabei wurleten die heiligen und unheiligen Dinge freilich in wilder Unordnung durcheinander. Ich behandelte sie alle gleich andächtig. Die Taufe ist vielleicht das einzige Ereignis, über welches ich mir keine Gedanken machte. Sie meldeten sich indessen bald, ein wenig zu früh sogar und genauso überraschend wie meine andern Erfindungen. Es kam vor, daß ich kleine Weisheiten und große Wahrheiten mir nichts und dir nichts erraten habe. Wenn mich dann ein unschuldiges Schuldbewußtsein oder gar die stolze prahlerische Freude über einen plötzlichen Einfall zu meiner Mutter trieb und mitteilsam machte, wies mich ein vernichtender Blickstrahl zum Schweigen.

Ich muß ihr verzeihen! Das war erst der Anfang. Wie oft im Leben ist mir das Herz auf die Zunge gerutscht, und die Welt hat mich nicht besser dafür behandelt.

NACHBARN UND VERWANDTE

In dem Alter, da ich mir über unverstandene Fremdwörter eigene Gedanken machte, verknüpfte ich sie bildlich mit Erlebnissen. Eine Prozession übersetzte mir der Volksmund mit Umgang. Was ein Prozeß bedeute, erfuhr ich sozusagen durch Augenzeugenschaft während zweier Jahre.

Begonnen hat die aufregende Geschichte ganz harmlos über der Straße. Unsere Köchin Marie und das Ladenmädchen Fanny wurden an einem Sonntagnachmittag auf die Kitzinger Wiese geschickt, um schwarze Holunderbeeren zu pflücken. Hinter dem großen Tenn, auf der Zaungrenze zum Uhrmachergarten stand eine üppig tragende Staude.

Die Schüssel für das Familiennachtmahl war erst zur Hälfte voll, als Herr Hotschevar, unser Nachbar, dem Vater bei der Grunderwerbung und beim Hausbau geholfen hatte, auf einen Stockknüppel gestützt, einherhumpelte und das Groggerische Weibergesindel, wie er sich ausdrückte, eines frechen Eigentumsdeliktes bezichtigte.

Mir därfen! verteidigten sich die beiden Dienstboten. Die Frau hat die Frau Kitzinger um Verlaub gefragt.

Herr Hotschevar behauptete jedoch sein Besitzrecht auf den Gartenzaun und den Holunderbusch. Nicht genug, er ließ es nach einem persönlichen Streit mit den Grundnachbarn auf einen Prozeß ankommen. Dieser dauerte bis zum Herbst des folgenden Jahres, und Herr Kitzinger gewann in höchster Instanz.

Der Haß des Verlierers rächte sich an unserer schuldlosen Mutter. Am Vater prallte er ab.

Mir blieb die Bitterkeit des Mitgefühls. Und wenn ich bei meiner Gewissenserforschung die Todsünden erwog, dachte ich immer mit leiser Genugtuung, daß der Prozeß dem „Streithansl" vis-à-vis die gerechte Strafe eingetragen habe. Er kostete ihn fast sein Haus.

Obgleich ich nun über das Schwergewicht des Fremdwortes hinreichend aufgeklärt war, vergaß ich völlig meinen eigenen „Prozeß" mit der Cousine Grogger Cäcilia.

Ziemlich gleichalterig, saßen wir in der Schule nebeneinander und waren beständig in Zwistigkeiten verwickelt. Verläßlich hielt der

Friede niemals. Was mich heute noch reuig an die Brust klopfen läßt, war auch ein Besitzstreit.

Seit jener Religionsstunde, in welcher ich die erste Feindseligkeit verschuldet hatte, mehrten sich wahrscheinlich die gegenseitigen Beleidigungen. Wir brauchten uns nur anzuschauen, gab es schon Funken. Wenn blitzgeschwinde Schimpfworte nicht hinreichten, halfen wir mit der Hand nach. Das gute Fräulein Wolfrum ermahnte uns umsonst zur Verträglichkeit. Als wir strafweise auseinandergesetzt wurden, empfanden wir die Trennung freilich schmerzhaft. Wir tauschten Zuckerl und Haberbirnen, das Geschwätz ging in derselben Tonart weiter. Cäcilie brauchte sich nur umzudrehn. Einmal in der Schreibstunde sah ich so zufällig über ihre Achsel: sie hatte ein Buch auf den Knien und blätterte. Es waren Affen, Bären, Hunde, Katzen, Eichhörnchen, Fledermäuse, Tiger, Löwen, Pinguine, Elefanten, ein Totengeripp, schöne Schmetterlinge, Käfer, Adler, Schwäne, kurzum, die ganze Naturgeschichte darin. Ich wurde beim Mitschauen immer neugieriger, denn in unserem Lesebuch und Rechenbuch gab es keine einzige Abbildung. Ich beugte mich weit über das Pult vor und konnte mir nicht genug sehn. Cäcilie blätterte bereitwillig von vorne nach hinten und von hinten nach vorn. Auf der ersten Seite stand im Lateindruck:

Zoologie für das Untergymnasium.

Und rechts oben in der Ecke stand mit Tinte geschrieben:

Franz Grogger.

Das gehört gar nicht dein! Das gehört uns, wispelte ich entrüstet.

Die arme Cäcilie wurde vor Schrecken dunkelrot und schupfte die Naturgeschichte in den Schulsack. Ich eiferte immer lauter und eigensinniger, bis Fräulein Wolfrum mich ganz verwundert musterte. Aber auch zu Hause ging es so weiter. Die Tierbilder begleiteten mich bis in den Schlaf. Und ich bettelte wochenlang: wenn Vater sich zum Essen setzte, wenn er wohlgelaunt von einer Reise zurückkehrte, wenn er Zeitung las... Das Gebenze wurde ihm wahrscheinlich zu dumm, und er sagte, in seinem Heimathaus, daß sie ein Studierbuch hätten, das ihm gehöre.

Irgendeinmal, als ich morgens in die Schule kam, hatte meine Cousine sich unter ihrer Bank verkrochen. Sie kramte eifrig mit Tafel und Heften. Schließlich schloff sie hervor und hielt mir das heißerwünschte Buch entgegen.

Da hast es, sagte sie mit zuckendem Munde. Ihr Gesicht war schmutzig und von Tränen naß.

Ich empfand gar keine Freude, daß ich meinen Willen hatte. Der ganzen Grausamkeit war ich mir jedoch keineswegs bewußt: ich hätte bedenken sollen, daß meine Cousinen kein Bilderbuch, kein Geschichtenbuch und keine Puppen hatten. Wenn nachmittags die Schule aus war, mußten sie bei der Arbeit zugreifen wie Mägde.

Von Zeit zu Zeit erlebten wir Grogger-Kinder unsere Familiengemeinsamkeit doch mit jener Genugtuung, die der nächsten Geschlechterfolge klar bewußt geworden ist. So etwa, wenn der Herr Inspektor Ferdinand Tremel den Schulbesuch prüfte und unsere Namen in alphabetischer Reihenfolge zeremoniell vorlas.

Aus der Knabenabteilung meldete sich freilich keiner. Der Familien-Stammhalter, Hansl hieß er, war schon einen Stock höher. Doch bei den Mädchen begann die lustige Litanei. Nachdem ein halbes Dutzend Gehringer aufgestanden waren und Herr Tremel für die siebente, namens Wolfsindis, den Strich gemacht hatte, sprach er, seine eingetunkte Feder neu erhoben:

Grogger Cäcilia, Hildegard, Ludmilla, Maria, Paula, Therese...

Hier! riefen wir, nacheinander aufhüpfend und auf die Bank niederpumpsend. Diesen fröhlichen Ruck, mit dem wir unser Dasein bekundeten, spüre ich heute noch.

Das Neujahrwünschen und die Gratulationspflicht zu den Namenstagen gab mir einen genauen Einblick in das Stralzenhaus. Denn die Cousinen führten uns nach der steifen Deklamation jedesmal durch den dunklen holperigen Treppenschacht in den Oberstock. Auf halber Höhe, wo Mohran die Tür des Großvaters bewachte, dämpfte sich unser Geschnatter zu einem jähen „bscht!", um sich alsdann über der letzten Treppenstufe wieder sechsstimmig auszutoben.

Im Stammhaus war das Vorhaus ein Saal. Von der niedrigen Decke hing eine Petroleumlampe mit einem weiten breiten Schirm aus Milchglas. Der Boden war von grobgenagelten Tanzfüßen noch unebener als die Stiege. Die Wände erschienen meinem Augenmaß krumm und nicht im Lot. Zwischen den Türen standen uralte Bauernkästen, bemalte Truhen und rötlichgelbe kirschhölzerne Kommoden, überhaupt alles, was für die „schönen Zimmer" nicht mehr taugte, weil es aus dem Leim ging.

So groß und räumlich das alte Gebäude auch war, viel Platz nahm die Familie nicht in Anspruch. Vier Schlaftrühlein mit abgesprungenen Furnieren und Schränke, deren Griff und Beschlag schon unvollständig waren, gestrickte, gestickte und geflickte Decken hatten meine Cousinen in einer sehr dürftigen Schattenkammer. Durch die kleinen spitzenverhangenen Fenster fand wenig Wärme.

Eine gewölbte Mauertür führte ins elterliche Schlafzimmer, es war mit Zirbelhausrat schon zeitgemäß ausgestattet. Über den Betten hing der Quere nach ein glänzender Öldruck. Man mußte in der bescheidenen Enge achthaben, daß man nicht an den Gläserkasten stieß; er war von oben bis unten durchsichtig wie ein stehender Schneewittchensarg und enthielt Familienheiligtümer, so ein biblisches Erbauungsbuch, Rosenkränze, Wachsstöcke, Statuetten, Hochzeitsflitter, Rekrutenbuschen, Silberzeug, Porzellangeschirr und Schmuckstücke.

Der Bücherschrank daneben faßte mächtig viel: Geschriebenes, Gedrucktes, Gebundenes, Geheftetes, Zerfranstes, Papier mit Wein- und Kaffeeflecken, Goldschnittbände, wenig Gescheites und viel Nichtsnutziges, wie meiner Neugier vorkam. Ich erspähte alles nur hinter dem Rücken meines Onkels, indes er Nummer für Nummer aus der Bibliothek der Unterhaltung und des Wissens vorlas und ordnete.

Unser Vater bezog nämlich einen Großteil seines Lesestoffes vom Heimathaus.

Ich war dem Onkel Josef nicht annähernd so vertraulich zugetan wie dem Onkel Fritz. Es kostete mich stets eine Überwindung, zu ihm zu gehn, um irgendeine Post auszurichten. Ich hatte immer die deutliche Empfindung, daß ich ihm nicht sehr willkommen sei. Meine Ehrfurcht vor Respektspersonen wurde vor ihm zur Furcht. Er genoß auch die Hochachtung der Gemeinde. Was für einen Rang er neben dem Herrn Inspektor Tremel und dem Herrn Bürgermeister Fischer bekleidete, habe ich vergessen oder vielleicht nie gewußt.

Die drei Militärjahre bei der Festungsartillerie hatten ihn zum inbrünstig glühenden Patrioten gemacht. Seinerzeit, als er von Pola heimgekehrt war, hatte er sich, wie unser Vater witzig beschrieb, eine zweispännige Kutsche zum Bahnhof bestellt. Und die Uniform wollte er gar nicht mehr ablegen. Jetzt entschädigte ihn die Würde eines Feuerwehrhauptmannes voll und ganz. Es bereitete ihm die allerhöchste Herzensfreude, bei Festlichkeiten als Befehlshaber auszurücken. Sein schneidiges Kommando ging nicht nur den Veteranen durch Mark und Bein. Zu Hause führte er ein ebenso barsches Regiment. Die Familienmitglieder mußten wie Rekruten brav und stumm gehorchen und unermüdlich arbeiten. Böse jedoch behandelte er sie nicht. Wenn er in Graz zu tun hatte, kaufte er jedesmal schöne Geschenke. Seine Frau, die Tante Marie, nannte er zärtlich Mammerl. Das war ein merkwürdiger Gegensatz zu unserm Vater, der unsere Mutter kurz und geschämig mit Du ansprach.

Marie sagte er höchst sparsam und nur dann, wenn er meinte, wir hörten es nicht.

Kein Wunder, daß Tante Julie manchmal sogar zum Onkel Fritz sagte: Ihr Groggern seids eine rauhe Gattung.

Doch Hansl und seine vier Schwestern waren für das väterliche Kommando mit der Muttermilch auferzogen. Tante Marie, im nachhinein beurteilt, gab ihnen das beste Beispiel, indem sie sich der hausherrlichen Autorität bewundernd, dienend und kritiklos unterordnete.

Weil Tante Julie über ihren Schwager zuweilen in der B-Sprache redete, nahm ich mir den Mut, mich einmal bei ihr auszuweinen.

Die Groggerischen Cousinen hatten nämlich die freundliche Gelegenheit meines Besuchs benutzt, ihren Pflichten für eine Weile zu entrinnen. Ohne Erlaubnis ihrer Mutter, die im Arbeitseifer auf ihre Fragen kaum hinhörte, schenkten sie mir Birnen, Äpfel, Kletzen und Bauernkrapfen. Mit ausgeschoppten Kittelsäcken und vollgebampften Mündern durchstöberten wir alsdann das alte Haus bis in den Dachboden.

Beim Guggubergen entdeckten wir die Überbleibsel aus einigen Jahrhunderten. Sie erweckten aber keine Ehrfurcht oder Hochschätzung in uns. Denn der Zeitgeist, ganz auf den Fortschritt gerichtet, verdrängte alle Sippentradition. Die Dinge hatten für uns nur den Wert, je nachdem man sich gut oder schlecht hinter ihnen verstecken konnte. Und selbst das Herrlichste, die seidenen Trachten, entzückten uns nicht weiter als jede andere Maskerade. Wir fuhren übermütig in die Spenzer, die seltsamerweise so eng und kurz waren, daß sie auf den geschnürten Leib meiner magern Cousinen paßten. Hildegard zersprengte sogleich ein paar Nähte. Wir stülpten uns die glockigen Röcke über und nahmen uns vor, damit als Faschingsnarren umzulaufen. Doch dies wurde uns nicht erlaubt. Die Tante Marie wollte aus den kupfer, lila und grün schillernden Brautgewändern Unterkittel schneidern lassen. Die Schürzen und die Schinkenärmel brauchte sie für Jackenfutter. Was übrig blieb, Mannsgurten, Webdecken mit gelben und scharlachroten Mustern auf schwarzem Grund, Goldhauben und sonst noch allerlei Putz kaufte der Jude Gottlieb.

Es schmerzte uns wenig, als später einmal die Truhen leer waren.

Meine Sehnsucht zog es einen Stock tiefer, wo die „schönen Zimmer" lagen. Sie hatten eigenartige Möbel aus längst vergangener Zeit und solche aus späterer; federnde Plüschgarnituren, Kachelöfen auf Messingfüßen, goldgerahmte Spiegel, Spitzenvorhänge,

Teppiche mit Blumen und Ornamenten und eine schwarze Standuhr auf Alabastersäulen. Diese Raritäten gefielen mir immer besser, und ich dachte traurig und unzufrieden an meine Eltern, weil sie sich nichts dergleichen anschafften. Im Tafelzimmer, wo man die Hochzeitsmähler und die Totenzehrungen abhielt, wäre ich gern stil! gestanden, aber ich wagte es nicht. Ich putzte mir beim Hineingehn und beim Hinausgehn die Schuhe ab und war stets gefaßt, daß der Onkel Josef mich fortjagen werde.

Beinahe tat er es auch, und zwar öfter und immer, wenn er in seiner polternden Weise von der schweren Arbeit sprach, die er sich und seinen Kindern auferlegte. Einmal fragte er noch herrisch, was wir zu Hause täten.

Ich suchte, während mir der Schreck in den Gliedern bebte, meine Schreibverdienste beim Onkel Fritz möglichst wirkungsvoll aufzubauschen und zählte umständlich das Strumpfstricken, Wassertragen und Postholen her, um vor seiner Richterstrenge halbwegs gnädig zu bestehen. Von Spielereien schwieg ich gewitzigt. Denn einmal, als ich noch ziemlich klein gewesen war, hatte er mich auf der Fischerbrücke getroffen, wie ich meinen langen Zug Franckkaffeeschachteln hinter mir nachschleifte. In jedem „Waggon" saß steif zurückgelehnt eine wunderschöne Fleckerlpuppe.

Schamst di nit! hatte der Onkel Josef gerufen, so ein großes Madel und tuet noch mit Docken tandeln!

Zu den Namenstagen und zum Neuen Jahr tauschten die Eltern mit der Verwandtschaft gedruckte Wunschbillets. Wir Kinder überreichten einen abgeschriebenen Vers. Es brauchte meist viel Mühe und nicht wenig gold- und girlandengeschmückte Bögen, bis ein solcher Brief ohne Fehler und Patzen und Einriß, schön gerollt und mit einer Seidenmasche gebunden, dalag. Wenn im letzten Augenblick ein Schmierfleck draufkam, gab es eine schauerliche Tränenüberschwemmung.

Zum Glück währte die höfliche Zeremonie nur kurz. Daß uns alsdann Onkel Josef und Tante Marie mit sparsamer Anerkennung eine blanke Krone in die geschämig geschlossene und abwehrende Hand drückten, entschädigte uns einigermaßen für den scheuen Willensaufwand, den jeder Gratulationsbesuch mich wenigstens kostete...

Die jährliche Osterwunschreise bedeutete uns freilich keine Pflicht, sondern ein Vergnügen. Wir schliefen die Nacht vorher schon unruhig und weckten die Mutter mit der beharrlichen Frage, ob wir nicht doch den Zug versäumten!

Einmal in der Eisenbahn, malten wir uns den Empfang phantasievoll aus. Die Wirklichkeit war dann nicht so überwältigend. Unsere Patenleute gehörten zur vornehmsten Verwandtschaft. Sie hießen Schlamadinger. Der Abt von Admont führte auch diesen Namen. Ihr Besitz umfaßte viele Joch Grund, ein Haus mit mehrfachen Gewerben und ansehnlichen Stallgebäuden. Doch wie alle Reichen wirtschafteten sie höchst sparsam.

Die Frau Goden, eine geborene Vasold, konnte sich auf ihre bürgerliche Abkunft fast ebensoviel einbilden wie eine Aristokratin auf ihren Stammbaum. Für ein „von", sagte meine Mutter, müsse man freilich sechzehn Ahnen im Kirchenbuch haben. Die Vasolden hatten mehr. Ein Vorfahr war schon Anno 1322 Marktrichter von Schladming gewesen.

Unsere Taufpatin hatte die Lebenskraft vieler Geschlechter ihrem einzigen Kind überlassen. Sie war eine milde, stille Person, im besten Alter schon etwas mostig um die Leibesmitte. Mir fiel ihre Wassersucht stets beim Handküssen auf. Wohltuend empfand ich dagegen, daß sie trotz ihrer Vornehmheit meine Mutter stets ebenbürtig behandelte.

Wenn der Herr Göd ein bißchen Zeit fand, sich an unsern Tisch zu setzen, beklagte er, vor sich hinseufzend, die teuern Zeiten und die teuern Preise.

Unsere Mutter runzelte dazu die Brauen. Doch er merkte es nicht. Oder er mißverstand es. Als uns ein rotes und ein blaues Ei zum Suppenteller gelegt wurde, sagte er noch ernster:

Die Oar sand hiaz kostspielig.

Danach ermunterte er uns wohlwollend zum Bratenessen, und die Goden schenkte uns von der Schaumtorte noch ein zweites Stück.

Nachdem die Verwandten uns während des Essens mit ruhig schleppenden Worten etwa eine Stunde Gesellschaft geleistet hatten, näherte sich von der Küche her die Ristl Marie, eine verwaiste Cousine, welche sich mit ihrem ganzen Geld in der Familie Schlamadinger einverleibt hatte. Sie trat dennoch sehr bescheiden auf.

Als wir nur zu gern beiseite rückten, sagte sie Bittschön und Danke vielmals. Dann forschte sie uns neugierig nach Familien aus, die uns völlig fremd waren. Ihr Gespräch interessierte uns nicht im geringsten. Hildegard rutschte mit einer beliebten Ausrede von der Bank hinweg und winkte mir. Dann verleiteten wir unsern Vetter Hansi zum Ballschupfen. Er war ein Bub in unserem Alter. Vorne auf dem dunkelblauen Jackett glänzten zwei Reihen Goldknöpfe. Um den

Hals trug er eine weiße Kragenkrause, die hinter dem Genick mit einem Quastenbändchen zur Masche geknüpft war.

Der Tag, für Mutter eine lange Ewigkeit, verstrich uns Schwestern schnell. Als wir unter schnalzendem Handkuß bedauernd Abschied nahmen, lud der Herr Göd uns freundlich zum Wiederkommen am nächsten Ostermontag ein. Und zuletzt spendierte er uns mit leisen Anzeichen der Überwindung ein Fünfkronenstück.

Mutter, in ihrem Stolz gekränkt, verbrachte die Rückreise unter Selbstgesprächen. Zu mir und Hildegard sagte sie ausdrücklich, wenn wir gefirmt wären, dürften wir nie wieder nach Liezen zur Taufpatin fahren. Daheim sperrte sie, noch in Hut und Mantel, die oberste Schublade auf. Hier lagen neben dem Revolverfutteral und etlichen Schmucketuis unsere Sparkassen. Zwei ganz gleiche rote Holzspateln mit zierlichem Blechbeschlag und einem Schloß. Jede durfte ihr Geld immer selbst in den Einwurf stecken. Zu welchem Zweck es aufbewahrt wurde, fragten wir niemals. Ebensowenig hätten wir gewagt, auch nur einen Heller davon anzutasten. Aber manchmal, auf neugieriges Gebettel hin, erlaubte uns die Mutter, in ihrer Gegenwart nachzuzählen, wie reich wir schon waren. Als wir hundert Kronen beisammen hatten, wechselte Vater sie zu ganz neuen Goldmünzen um.

Unser Gedächtnis hat die Teilsummen unauslöschlich in langer Ziffernreihe gebucht. Mein heimlich widerstrebendes, bis in die Magengrube empfindliches Auftreten vor der Verwandtschaft, das leicht beleidigte Ehrgefühl meiner Mutter, zu dem ich mich mitverpflichtet glaubte, der Fleiß und Schweiß, welchen die Gratulationsbriefe erforderten, der brave Verzicht auf irgendeine heißbegehrte Freizügigkeit: das Almgehen oder Wallfahren mit anderen Kindern, und was selten genug vorkam, ein tadellos herabgespieltes Klavierstück machte sich mit Silberkronen bezahlt. Das Schwitzen unter Tuchenten und Decken, Tafelölschlucken, heiße Fußdämpfe und kalte Duschen, ausgerissene Zähne trugen ein, zwei Sechserln bis zu einem Gulden ein. Und jeder Kupferkreuzer bedeutete eine Minute Stillhalten unter dem Lauskamm.

Alles zusammengerechnet, barg unsere kleine rote, blechbeschlagene Sparkasse ein ziemlich schwer verdientes Kapital.

UNSERE HALBSCHWESTER ADELHEID

Fast alle Öblarner waren untereinander versippt. Wenn jemand heiratete oder starb, erinnerte man sich deutlicher daran. Nur die Rangordnung wechselte. Bei einem Armenbegräbnis gingen immer die Ärmeren zuerst hinter dem Sarge. Und bei einer reichen Hochzeit galten jedesmal die „Besseren" auch als nächste Verwandte. Was unseren Namen betrifft, so hielten wir ziemlich die Mitte auf der dörflichen Stufenleiter. Zuhöchst stand wohl die Familie Kitzinger mit den sieben Häusern und zuunterst, soweit ich beurteilen kann, der Maurer Wastl. Er hatte eine Keusche auf dem Schattenberg und fütterte drei Ziegen.

Vater stellte sich je nach dem Anlaß gut oder schlecht zu seiner großen Blutsfreundschaft. Mutter, die im Laden, gleichviel wie sie behandelt wurde, immer liebenswürdige Geduld aufbrachte, vermied jedweden äußeren Umgang. Sie war im Dorfe nicht übermäßig beliebt. Aber an den Bauern, den Bahnwächtern und den Schulkindern hatte sie einen treuen Anhang.

Einen Familienkult oder einen festen verwandtschaftlichen Zusammenhalt bekamen wir weder zu spüren noch wurden wir dazu angelernt. Besuche und Einladungen gab es nicht. Nur die Godenkinder marschierten zu Ostern auf. Und zu Weihnachten schickte Mutter jedesmal um die Thorbäcken Adelheid.

Das war unsere Halbschwester; ein lediges Kind, das dem Vater gehörte. Ledige Kinder waren so der Brauch wie das Wildern. Nicht nur bei armen Dienstboten, auch bei Bauern und Bürgersleuten. Mancher Kindsvater besiegelte das Naturband später mit einer Heirat. Aber meistens blieb es bei fünf Gulden im Monat. Und noch öfter überließ man das ledige Kind einem fremden Hausstand um Gottes Lohn. Unser Vater zahlte. Wie es in seiner unsteten, leichtbeweglichen Natur lag, vielleicht auch von Zwischenträgern aufgestachelt, hatte er das Liebesverhältnis plötzlich abgebrochen. Meine Mutter traf freilich keine Schuld daran. Sie erbot sich zu wiederholten Malen, die Thorbäcken Adelheid ins Haus zu nehmen. Aber die andere Mutter gab sie begreiflicherweise nicht her. Und nötig hatte sie es auch nicht. Sie stammte aus bester Bürgerfamilie.

Da die Halbschwester um sechs, sieben Jahr älter war, begegneten wir uns in der Schule kaum noch flüchtig und beim Spielen gar nicht mehr. Nur am Heiligen Abend benahmen wir uns vertrauter. Mutter lief vorher voll geschäftiger Unruhe stiegenauf, stiegenab. Ich durfte ihr nicht in die schönen Zimmer folgen; bei aller Vorfreude schmerzte mich diese Trennung und verleitete mich zu allerhand grüblerischen Zweifeln. Onkel Fritz, der es noch eiliger hatte, tat meine stumme Neugier auch nur von weitem mit einem schelmischen Gesicht ab. Ich fühlte mich ganz ausgeschlossen. In der Dämmerung, während ich schon ziemlich trostlos auf meinem Schlitten hockte, rief uns Tante Julie zu sich und erzählte, daß sie bereits den feurigen Schweif eines Kometen gesehen habe. Und daß ein Engel um unser Haus flog und mitunter ein goldenes Federl verlor. Ein bißchen Flitter und seidene Haarflocken zeigte sie uns sogar. Ich wollte ihr gerne glauben. Als sie aber bald danach in den dunklen Türspalt flüsterte: Habast dubu diebie Puppubebe gubut verberstebeckt?, da durchblitzte mich noch die sichere Erkenntnis, daß Mutter und Onkel Fritz den Baum selber aufputzten. Ich fing beinahe zu weinen an.

Glücklicherweise hatte ich nicht lange Zeit. Es wurden schon die eisernen Rollbalken herabgelassen und die Geschäftsbücher in die Kasse gesperrt. Sobald das Haus von oben bis unten sauber war, trug Mutter die Rauchpfanne aus der Küche. Dabei betete sie laut den Rosenkranz. Wir andern hinterdrein waren die Nachbeter. Eines von uns trug das Weihwasser und segnete mit einem Palmzweig jede Schwelle aus. Alle im Haus bis auf den Vater gingen mit. Er blieb bei seiner Schreibmaschine sitzen und duldete ziemlich geschämig, daß wir ihn mit der wunderbaren Wolke von Speik und Weihrauch umnebelten. Auch Weihwasser sprengten wir ihm reichlich über Haupt und Rücken, weil wir bei allem Respekt doch witterten, daß er inwendig wie auswendig doch recht heidnisch war. Aber, so behauptete Mutter, die es wissen mußte, auf die Nacht fast unter der Decke mache er doch ein Kreuz auf die Stirn.

Zur Christbaumfeier mußten wir Kinder ihn besonders bitten. Wir warteten damit, bis die Thorbäcken Adelheid kam.

Ein bißchen nach der festgesetzten Zeit, um 8 Uhr beiläufig, hörten wir sie ans Haustor klopfen. Indes sie eintrat und sich den Schnee abstrampelte, sagte sie etwas gespreizt, aber doch lebhaft und redselig, daß sie mit der Arbeit nicht früher fertig geworden sei.

Sie hatte eines ihrer besten Kleider angezogen und sich frisch die Frisur gesteckt. Ihr blondes Haar lockte sich von selber zu einem weichen glänzenden Schopf. Ihre Augen strahlten viel größer als die Groggerischen, manchmal wasserblau und manchmal himmelblau. Sie hatte ein ebenso zart rosiges Gesicht wie Hildegard, aber gar keine Sommersprossen. Ich glaube, sie war ein lieblicher Anblick. Uns Kleineren kam sie jedenfalls sehr wichtig und erwachsen vor.

Wir hängten uns links und rechts so zähe wie möglich bei ihr ein und berichteten ihr unsere Angelegenheiten, als wenn sie weither von einer langen Reise zurück wäre. Adelheid hinwieder musterte neugierig unser Schlafzimmer. Das Gaslicht, das Vater als einziger im Dorf hatte, die Photographien an der Wand, die gestickten Deckerl, das Blatt der Hausfrau, den Wecker, die Hundskiste beim Ofen, meinen Malkasten, die Kleider, welche wir anhatten, die silbernen Halsketten mit dem Muttergottesbräverl, alles erfaßte ihr munterer Blick. Sie zupfte ein wenig an den Dingen herum. Dabei sagte sie: Sowas hon i a. Oder sie sagte: Sowas hon i nit.

Endlich läutete die Glocke. Wir gingen zuerst in die Schreibkanzlei.

Kömmen S', Vater! bat die Adelheid.

Wir gingen übereilig und er langsam über die Stiege. Noch langsamer in gemessenem Abstand folgten ihm die Dienstboten.

Oben leuchtete der große Christbaum aus der offenen Tür. Onkel Fritz spielte auf dem Biedermeierflügel. Ihr Kinderlein kommet... Danach sagten Hildegard und ich Gedichte auf, die Mutter aus der „Gartenlaube" abgeschrieben hatte. Wenn wir unter allgemeinem Lobesnicken alsdann verstummt waren, schlug Onkel Fritz ein paar feierliche Akkorde an. Und Mutter begann mit heller Stimme: Stille Nacht... Heilige Nacht, sangen wir alle weiter. In der Ecke, wo es am dunkelsten war, lehnte Vater und verbarg die Rührung unter seinem rauhtönenden Bauernbaß. Sogar der törrische Hausknecht Hutterer bewegte die Lippen. Noch einmal ein Klavierstück. Das Lied „O du fröhliche, o du selige", begleitete die vielen Geschenke. Jedes von uns stand schließlich schwerbepackt und ein bißchen hilflos, weil die Arme kaum ausreichten.

Die Hausleute empfahlen sich bald mit tausendfacher Dankesbeteuerung. In der Tür drehten sie sich nochmals zu einem Vergelt's Gott um.

Ich war leider nicht so völlig zufrieden und vergaß die heißbegehrten Gaben, als ich die neue braune Pelerine aus Kamelhaar anprobierte. Sie hing mir, weil das Christkind und die Mutter immer nur das Wachstum meiner Schwester im Auge hatten, bis zu den Zehen herab. Auch Hildegard sah aus wie ein Kapuziner, aber sie urteilte weniger kritisch, und es machte ihr nichts.

Unsere Halbschwester Adelheid packte indessen glücklich und geschäftig ihre Überraschungen aus. Bei jedem Stück hauchte sie freudig Ah! Das Christkind brachte ihr immer das gleiche: einen wollenen Kleiderstoff, ein Sommerkostüm, eine Schürze, schwarze Schuhe oder braune Schuhe und ein Stück Leinwand, schon für die Ausstattung. Aber sie hatte auch ihrerseits ein Präsent unter den Baum gelegt. Nämlich ein Paar gestickter Pantoffeln, mit denen sie bis zum Namenstag, wie sie sagte, nicht fertig geworden war. Vater konnte eine Handarbeit unmöglich würdigen. Mich bezauberten die purpurnen Kreuzelstichrosen, die violetten Veilchen und das Blattgerank in Spinatgrün und Zitronengelb.

Das Schauen und Auswickeln und Einwickeln ließ uns langsam stiller werden. Als die Lichter zur Halbscheid kleiner geworden waren, löschte Mutter sie aus. Die Adelheid half ihr dabei. Dann ging sie Handbussen. Wir Schwestern begleiteten sie über die Stiege. Beim Abschied drückte sie die vielen Pakete fester unter die Arme.

Wir sagten in lebhaftem Durcheinander, so wichtig und nachdrücklich, als ob sie weiß der Himmel wohin führe:

Gute Nacht und Pfüat Gott.

Pfüat Gott, rief Adelheid immer wieder und ging drei Häuser weit ins Dorf hinein.

Vor der Küche warteten die Fanni, die Liesi, der Hausknecht und der Lehrbub schon ungeduldig auf die Mutter. Sie kniete sich zur Dienstbotenbank und betete mit ihnen den Rosenkranz fertig. Auf dem Tisch brannte indes die hochgeweihte Weihnachtskerze. Und rundherum dufteten verlockend der Honigschnaps, der Kletzenlaib und, auf fünf irdene Schüsseln verteilt, Äpfel, Feigen und Nüsse...

Noch ziemlich jung, gewiß vor dem Zwanziger, feierte Adelheid die letzten Weihnachten mit uns. Sie hatte einen eigenwilligen Zug nach der Fremde und strebte in ein Kurhotel, um kochen zu lernen. Dort wiederholte sich an ihr, doppelt traurig, das Schicksal ihrer Mutter. Das Kind, in schwermütiger Verzweiflung geboren, hatte keine Lebenskraft. Als sie wieder daheim war, täuschte die Adelheid freilich noch Jahre gesprächig und überlustig die beste Gesundheit vor. Auf einmal äußerte sie einen unheimlichen Hang zum Deklamieren. Sie deklamierte Erlerntes, Erdachtes und Sinnloses mit schauspielerischer Gewalt. Es fröstelte einem beim Zuhören eiskalt über den Rücken. Sie mußte nach Graz gebracht werden. Ihr Aufenthalt wurde ein Gitterbett unter anderen Geisteskranken. In klaren Stunden und noch vor dem Sterben fragte sie um den Vater. Doch er wollte sie nicht mehr sehen.

DIE ERSTEN SPORTFREUDEN

Vom Fortschrittsgeist beseelt, meinte Vater wohl, was ihm selbst gelungen war und gelang, sollten auch wir lernen. Die Mittel zum Zweck deuchten ihm einfach. Er wollte uns seine Reiselust zunächst auf einer Familientour beibringen und beredete Mutter beharrlich zum Radfahrsport.

Ihre zur Halbscheid Longinische Natur, von kindauf zu landbürgerlicher Arbeit geschult und jetzt noch als Kaufmannsfrau von grauer Morgenfrühe bis zum Abend eingespannt, ihre Gewohnheiten, an die kleine Welt gebunden, schweiften nicht in die Ferne. Vor allem fehlte ihr der leichte Mut! Sie dachte zuviel und zu vorsichtig.

So eifrig ich die väterlichen Wünsche mit Gebettel unterstützte, so lähmend dämpfte mir das mütterliche Mienenspiel die helle Freude, als Vater eines schönen Tages wohlgelaunt sagte:

Kinder, jetzt därfts ihr Veloziped fahren!

Eine Woche später brachte unser Hausknecht das Aviso vom Bahnhof. Wir hielten die Ungeduld des Wartens kaum noch aus. Wir schwätzten in der Schule von nichts anderem. Schließlich wußten es sämtliche Mitschülerinnen und auch noch ein paar Buben in der Knabenabteilung. Zu Mittag, als wir über den Brunnentrog heimhüpften, eilte uns ein ganzer Schock Neugieriger nach und beobachtete, erst vom Umkreis des Hofes aus, dann immer näher schleichend, wie der Tschukopf mit mächtigen Hackenhieben den Verschlag zertrümmerte. Jeden Nagel, den er dabei verbog, klopfte er langweilig und mit trödlerischer Behutsamkeit gerade, bevor er das nächste Brett zerklob. Wir rissen, durch die Latten langend, an vielen Spagatschnüren und begannen bald da, bald dort eine Papierschleife loszuwickeln. Die Walcher Ida und ein paar Bauernmädchen halfen uns.

Endlich hatten wir die beiden Velozipeds ausgepackt. Sie waren dreiräderig, mit Hartgummi bereift und glänzend lackiert. Ich entschied mich für das blaue. Meiner Schwester blieb das grüne. Sie turnte gleich lustig auf den Sattel und trat die Pedale. Ihre langen Beine strampelten so heftig, daß sie mit den Knien bei der

Lenkstange anstieß. Aber bald gelang ihr das richtige Tempo. Und während ich mein Rad prüfend drehte und mich nach dem Herrn Greifensteiner umsah, damit er mich belehre, war sie schon flink auf die Straße gesaust. Sie entschwand, vom Wind zu einer Glocke aufgetrieben, am Bahnhof. Ein Rudel Schulkinder verfolgte sie. Von ihrem Beispiel angeregt, radelte ich dann denselben Weg, jedoch beileibe nicht wild, eher in majestätischer Feierlichkeit. Wenn ich es mit dem Bewußtsein von heute ausdrücken soll: weniger die Geschwindigkeit als der Schwung des Neuen trug mich dahin.

Während der folgenden Wochen gab es kein anderes Vergnügen mehr, als nach dem Unterricht die Schultasche weg und das Dreirad her. In barem Undank vergaßen wir, dem Vater das frische Trinkwasser und die Post zu holen. Er drohte darob voll Ärger, die Karren zu verkaufen, tat es aber nicht. Vielleicht beglückte es ihn unwissentlich, daß wir flügge wurden.

Mutter mochte den Radsport grundsätzlich nicht leiden. Erstens weil der Herr Dr. Fischer ihn für das junge Herz gefährlich fand, zweitens, weil wir nur allzu eilig ihren wachsamen Augen entschwanden. Sie setzte unserer Ausfahrt genaue Grenzen. Dennoch konnte sie nicht verhindern, daß wir uns an den Schotterhaufen die Knie, die Ellbogen und die Nase blutig stießen.

Unsere Freundinnen durften natürlich auch radfahren. Wir zählten das Anrecht mit Sprüchlein aus. Eines hat gelautet:

Asl, wasl, Thomasglasel, wix, wux, außigestutzt bist du!

Die Erwachsenen ließen ihr Schicksal gern vom Heiligen Thomas entscheiden, ein Brauch aus der christlichen Urzeit. Was Asl und wasl bedeutete, machte uns kein Kopfzerbrechen. Und das Glasl war uns auch nur für den Reim wichtig. Jedenfalls half das Orakel den Anwärtern aufs Rad. Die Inspektor-Mitzi, die Walcher Ida und die Kofler Nannerl lauerten sehnsüchtig unserer besondern Einladung entgegen. Wenn sie davonteufelten, rannten meine Schwester und ich im Galopp hinterdrein.

Kein Zweifel, unser leidenschaftlicher Radfahrsport berechtigte unsern Vater zur Hoffnung, daß wir doch ihm nacharteten. So trachtete er, der sonst wenig oder gar keine Zeit für seine Familie hatte, diese erfreuliche Garantie schwarz auf weiß festzuhalten.

Kinder! rief er eines unvergeßlichen Tages verheißungsvoll, tats euch zusammenrichten. Mit dem Vierizug kommt ein Photograph. Sagts es auch der Mutter!

Unsere Mutter schaute kritisch in den Spiegel. Sie wählte für sich einen modernen Stoffrock und eine lila Seidenbluse. Uns Kindern zog sie die Fronleichnamskleider an. Auf den Kopf bekamen wir die rotsamtenen Tellermützen. Vater erschien im forschen Radfahreranzug mit einem Zweirad, ganz ähnlich dem Herrn auf dem Puch-Plakat, nur wirkte der natürlich viel eindrucksvoller.

Der Photograph bestimmte einen günstigen Platz zwischen dem Kitzinger Tenn und unserm Garten, so daß wir das Heimathaus mit dem neuen Portal und die groß gemalte Inschrift Franz Grogger als Hintergrund hatten. Wir gehorchten stolz.

Während wir uns, jede mit ihrem Dreirad, vor die Eltern stellten, verlangte Vater, es solle sich doch auch Mutter mit einem Veloziped „aufnehmen" lassen. So wurde ein sehr schönes Damenrad aus dem Magazin geholt und ihr schicklich an die Hand gegeben.

Man hat in meiner Kindheit den Ausdruck Lichtbild noch nicht gekannt. Doch diese Photographie ist eins. Ist ein Idyll, das mir heute noch ans Herz rührt, obschon es einer Verfälschung der Tatsachen gleichkommt und meinen Schönheitssinn zu wehleidiger Duldung zwingt.

Diese Photographie ist ein Dokument für unser Familienleben.

Vater präsentiert sich seiner Zeit und seiner Welt strahlend, des Erfolges sicher, daß er für seine Eisenfirma immer mehr Neuland entdecken und erobern werde. Und Mutter lächelt in Betracht der gefahrlosen Momentaufnahme recht freundlich aus dem bescheidenen Bewußtsein ihres Eheglücks, das sie zu Hause festhalten wollte.

DER WELTUNTERGANG

Ich erinnere mich noch, daß Vater von einer Reise einen Pack farbiger Postkarten nach Hause brachte. Sie stellten lauter Zukunftsansichten dar. Auf einem Bilde sah man einen Professor an der Kinderwiege, ein größerer Knabe blies ihm mit der Trompete ins Ohr, und ein Mädchen machte Purzelbäume. Seine elegant befrackte Hosenfrau vergnügte sich indes bei Champagner und Zigaretten. Wieder andere Bilder zeigten einen Wolkenkratzer völlig aus Glas, ein durchsichtiges Unterseeschiff, dessen Scheinwerfer die Korallen und Meerungeheuer beleuchteten. Velozipeds sausten einzeln und zu dritt über das Wasser. Ein Mann im Schlafrock stand vor einem Röntgenapparat und beobachtete zwei Einbrecher. „Bewegliche Trottoirs" rollten hin und wider, wobei die Herrn mit dem Zylinder grüßten und sich die Hände reichten. Damen im Schleppkleid wurden sitzend vorwärtsgefahren. Ein Haus lief auf Rädern über die Landstraße, und von einer winzigkleinen Spielzeugwelt erhob sich ein riesengroßes Luftschiff. Unter jedem Bilde stand: Im Jahr 2000.

Gerüchte und Prophezeiungen, auch wenn sie erfunden sind, haben oft eine symbolische und geheimnisvolle Ursache. So mag wohl sein, daß der Menschengeist, aus allen Fugen und Formen strebend, auf seltsame Gedanken verfiel und dem Stoff dieselben unbegrenzten Möglichkeiten zumutete. Man hielt, wie billig, die Jahrhundertwende für den Auftakt dieser verblüffenden „Kunstwunder".

Das Volk freilich erfaßte den Scherz und den Ernst nicht mit Wissen, sondern mit jener Spürgabe, die es überhaupt jede Naturveränderung wittern läßt. Gegenständlicher, sinnhafter von dem erschüttert, was durch langsamen Wandel kommen sollte, sah es die Ereignisse zu einem zusammengedrängt und fühlte darin den nahen Weltuntergang.

Von ähnlichen Gesichten erleuchtet, gab es Zigeuner, Wahrsager und Astronomen, die das Ereignis andeuteten oder errechneten. Kleine Volkszeitungen druckten sogar wichtig das genaue Datum. Soviel ich mich erinnere, wäre es am 24. Februar (oder März) des

Jahres 1900, schlag 2 Uhr nachmittags gewesen. Vielleicht nur ein scheinbarer Irrtum. Es mag den neuzeitlichen Menschen beim Endkapitel so ergangen sein wie den Bibelschreibern beim ersten Anfang.

Das Volk und wir Kinder glaubten einfältig an die sogenannte Weltkatastrophe. Man erfuhr, daß sich manche Leute die umlaufenden Gerüchte schwer zu Herzen nahmen und schließlich aus grüblerischer Gewissensangst und Todesfurcht irrsinnig wurden. Andere wieder fielen Schwindlern zum Opfer. Es half nur wenig, daß die Intelligenz-Zeitungen aufklärend allerlei Warnungen, Strafandrohungen und Gerichtsurteile in die Öffentlichkeit setzten. Sogar die Gescheiten und die Zweifler erwogen vorsichtig, daß die Erdkugel immer älter und kälter werde. Und wenngleich sie die Dummen tadelten, zuwider war ihnen die Unterhaltung nicht. Das witterten wir Kinder.

Ich war damals erst sieben Jahre alt und merkte mir zwar die Reden der Erwachsenen wortgetreu, doch anzufangen wußte ich damit wenig. Mutter schenkte meinen neugierigen Fragen kein Gehör. Sie sagte höchstens mit wegwerfender Handbewegung:

Wird auch nix.

Aber eine Magd hatten wir im Hause, die sich immer wieder geduldig in ausführliche Gespräche über den Weltuntergang einließ. Sie war eine große, vierschrötige Person bäuerlicher Abstammung. Ihr Gesicht glänzte in derber Röte. Das braune, strähnige Haar klebte von Petroleum und Klettenwurzelöl. Hinten am Schädel ringelte sich ein fettschwarzes Zöpfchen, wo es dünn wurde, mit Schuhbändern geknüpft. Ich sehe heute noch die offene Weite ihres Mundes, aus der die rauheste und gröbste Sprache rollte, die ich jemals gehört habe. Sie enthielt viel mehr Selbstlaute als ich in der Schule lernte und aufschreiben konnte. Ich wartete, nachdem wir das Abc abgeschlossen hatten, vergebens, daß Fräulein Wolfrum uns auch solche Buchstaben auf die Tafel male. Heute sage ich mir freilich, sie wären mit Kreide und Griffel nicht festzuhalten gewesen, denn sie klangen wie die Windorgel im Rauchfang oder das Wilde Gjaid.

Holde wie unholde Geister waren unserer Magd Miazl überhaupt sehr vertraut. Sie hatte schon die Unschuldig-Kindel-Percht, die Dreikönigs-Percht und die Lichtmeß-Percht mit eigenen Augen erspäht und wußte, wie jede aussah. Ich habe leider vergessen, welche von den dreien man am meisten fürchten müsse. Miazl beschrieb mir beim Stallausmisten öfter ihre Merkmale: ein graues

Schlampengewand und lange gelbe Haarzotten, rote Gluren, eine krumpe Spitznase und Krallenfinger. Auch das Haus wußte sie, wo die Percht, zu Mitternacht umwandelnd, ein Häuferl Mist gefunden hatte und darob die grimmig rätselhaften Worte sprach:

An zaachen Bloch muaß man an gspitzten Keil einschlouhen.

Dann packte die Percht in der Holzlag ein scharfes Hackel und klob der schlafenden Menschin die Hirnschale mitten auseinander. In das Loch schoppte sie den grausigen Unrat.

Ich wollte wissen, ob die Dirn daraufhin an Blutvergiftung gestorben war. Miazl schupfte die Achseln. Dies lenkte mich auf die furchtbare Einbildung, daß die Bestrafte ihr Lebtag statt des Gehirnes ein Häuferl Mist im Kopf hatte. Ein paar Strohstengel sah ich aus dem klaffenden Spalt hervorstehen.

Wer alles mit der Wilden Jagd über den Grimming fuhr, wußte unsre Miazl auch zu sagen.

Losts, Kinda, begann sie, wenn der Küchenvorhang von nächtlichen Stürmen schwang.

Und wir hörten richtig auch die Hunde heulen und verstanden fast, wie die Reiter untereinander hußten und fluchten. Die Dienstboten trieben mit diesem Aberglauben Spott und Späße. Anderseits waren sie stets bereitwillig, jene uralten Heidenbräuche mitzumachen, die ein liebes langes frommes Bauernjahr mit geheimnisvollem Sinn erfüllen.

Wir Kinder durften als Zuschauer dabei sein, manchmal auch einen Beschwörungszauber selbst versuchen. Wachskerzen, Weihwasser, Rosenkränze, Bräverln, Skapuliere, Spagatschnüre, Palmzweiglein, Irrwurzen und vielleicht noch dies und das waren ihre gläubig verwendeten Hilfsmittel. Meine Erinnerung daran ist jedoch so unsicher, daß ich Einzelheiten nicht zu schildern wage. Sie können mir auch nur erzählt worden sein. Mich interessierte im Grunde ja viel mächtiger, was dabei herauskam. Einmal, das weiß ich noch dunkel, schaute ich unserer Magd beim Abbeten zu. Meine Schwester Hildegard hatte an der Daumenwurzel ein Träubchen Warzen. Das wollte sie los sein. Sie streckte die Hand zögernd und zuckend vor, dabei fragte sie:

Tuats weh?

Miazl beutelte stumm den Kopf und legte einen Zwirnfaden um die Wucherung. Abends beim abnehmenden Mond vergrub Miazl ihn unter der Dachtraufe. Wir schauten eine Woche lang fleißig die Hand an, ob es hülfe. Dann vergaßen wir's. Eines Tages bemerkte Hildegard, daß sie keine Warzen mehr hatte.

In der Thomasnacht war das Lasseln üblich. Neun Hütchen oder, wie es uns genügte, neun Kaffeeschalen wurden umgestürzt auf den Tisch gelegt. Unter jeder versteckte man der Reihe nach ein bedeutsames Ding. Wer seine Zukunft wissen wollte, mußte indes vor der Tür warten. Wenn unsere Mutter So! sagte, kam er herein. Ihm selber und uns allen stockte der Atem, wenn er vorsichtig drei Schalen abhob. Es konnten gute und schlechte Orakel offenbar werden. Der Ring verhieß baldige Heirat, der Schlüssel den Reichtum, der Kamm die Armut. Dann war noch ein Wanderpinkel für die Veränderung. Der Leinwandluller meldete ein Kind an, der Rosenkranz weissagte das Kloster, das Kreuz die Krankheit, die Garnspule galt für ein langes Leben und die Schere für den Tod. Aber Mutter nahm statt einer Schere immer ein Zeichen, das uns fröhlich raten und rätseln ließ. Hildegard und ich durften zuletzt abheben. Vielleicht hatten die Erwachsenen einmal Regie geführt. Wir zogen aus dem Schicksaltöpfchen eine kleine Birkenrute.

Nach dem Auslosen wurde, soviel ich mich erinnere, eifrig vom Weltuntergang geredet. Unsere Mutter mochte es nicht leiden. Doch Vater, der zufällig durch die Küche ging, erfand geschwind eine haarsträubende Schreckensprophezeiung, und die Dienstboten hatten ihre helle Freude, weil die Miazl sie wieder grausam ernst nahm. Nur Mutter schaute ihren Eheherrn mit also vernichtenden Blicken an, wie ich sie bekam, wenn ich etwas angestellt hatte.

Der erste Morgen des Jahres 1900 war ungewöhnlich aufregend und gleichsam ein Markstein hinter jenen, die ich bislang erlebt hatte. Die Erwachsenen feierten den neuen Ausblick mit hoffnungsreichen Wünschen und Sprüchen. Als gegenseitige Antwort sagten sie jedesmal heiter gestimmt und unter lebhaftem Händeschütteln: Ja, wann die Welt nit untergeht.

Manchmal rief man es wie aus einem Munde.

Je näher nun der drohende Kalendertag herankam, um so fleißiger ließ ich mich hinter dem Rücken der Mutter von der Miazl unterrichten.

Das erste Anzeichen, sagte sie, wäre der Antichrist. Er reite arschlings auf einem Kometen, welcher seinen unlangen Feuerschwanz über den finstern Himmel schleife. Dann würden die Steine und das Wasser rogel, so daß aus den berstenden Felsmugeln und aus den Tümpfen die Sündflut quoll ... höher und höher, bis die Bäume mit der Wurz nach oben schwämmen. Da gab es keine Arche Noah nicht. Kein Dampfschiff und kein Schinaggel. Wenn das Meer in die feuerspeibenden Berge zudelte, zerriß es die ganze Welt.

Sonne, Mond und Sterne wurden durcheinander geschmissen und loschen aus. Der Himmel spaltete sich, und unter den Posaunenstößen der Engel stelzten die auferweckten Totengerippe aus tiefen Modergrüften und Gräben hervor. Mit Donnerstimme begann das Jüngste Gericht. Es wurden alle Schandtaten laut. Räuber, Mörder, Engerlmacher, Notzüchter, Huren, Prasser, Schlemmer, Wucherer, Leutschinder, Meineidige, Brandstifter, Verleumder, Ehrabschneider, Geizkragen, Betrüger, Hoffärtige, Heiden und Türken standen mit ihren Lastern entblößt. Für die Buße war es zu spät. Obwohl sie zähneklappernd und wölfisch heulend ihre Hände aufreckten, spießten die Höllteufel sie mit der glutroten Mistgabel in den Abgrund hinab.

Zur rechten Hand Gottes hingegen versammelten sich die Christgläubigen, die mit Weihbrunn getauft und im Namen und Beistand Gottes abgeseelt waren. Sie bekamen einen schönen Mantel für die Scham und in die Hand einen Palmbuschen. Also gingen sie paarweise durch sieben Regenbogen in die himmlische Herrlichkeit ein.

Meine Ahnungskraft hat solche Bilder aus unzähligen Volksphantasien zusammengemalt. Auch dieses wird nicht in allem wörtlich geblieben sein. Gewiß aber traf mich die Bauernsprache unserer Magd am stärksten. Sie war noch so echt und so urgewaltig, daß Mutter mir strenge aufbot, ich dürfe ihr nicht mehr zuhören und nichts mehr nachsagen.

Meine Schwester Hildegard und die Dienstboten strafte sie oftmals mit Zornesblicken, weil sie die Miazl heimlich auslachten. Bosheiten und Spötteleien waren uns frühe abgewöhnt worden, besonders abscheulich nannte es Mutter, den Übermut an armen oder schwachsinnigen Leuten auszulassen. Vielleicht aber taugte der Miazl das Schweigen noch weniger als die lustigen Tratzereien. Sie gebärdete sich störrisch und brauchte von Tag zu Tag mehr geduldige Nachsicht. Wenn ihr eine Arbeit geschafft wurde, wenn sie das Geschirr reinlich abwaschen oder den Herd schmirgeln sollte, wenn man ihr einen heißen Brocken im Saufutter oder eine verwaschene Wäsche vorhielt, antwortete sie mit verächtlichem Tuck:

Zahlt sich eh neamer aus.

Ihre Geistesverfassung wurde von Mund zu Mund beredet, teilweise gespöttig, teilweise lächelnd. Diejenigen, und es waren viele, welche nicht an das Weltende glaubten, verurteilten den dummen Wahn und waren der Ansicht, daß man ihn austreiben müsse. So glaube ich wenigstens im nachhinein; damals habe ich die Zusammenhänge kaum begriffen und weiß nur beiläufig, daß unsere Tante Julie in der Stille allerlei Vorbereitungen machte und uns Kindern immer wieder beteuerte, es sei alles nur ein Jux, wir müßten uns nicht fürchten, wenn einmal ein schreckbarer Krawall losginge. Ein Wunder bleibt, daß unsere Mutter für diesen Plan zu haben war. Sie ließ sich wohl dazu aneifern. Wenn sie auch sonst sehr eigenwillig handelte, gab sie ihrer jüngern Schwester oft merkwürdig gehorsam nach.

Was mir erst in spätern Jahren bewußt wurde: Tante Julies Hang, Doktorbücher zu studieren und Leib und Seelenirrtümer zu erforschen, hat wohl auch damals zu mancher Unterhaltung Anlaß gegeben. In neugieriger, einfältigster Anteilnahme hörte ich da von einem russischen Sadisten sprechen und erinnerte mich dabei unwillkürlich an eine Sachertorte. Sie war eine meiner Leibspeisen, und ich wünschte sie mir stets zum Namenstag. Worte wie Kasteiung, Erotik, Roué, Salonlöwe, frivol, hektisch und hysterisch erlauschte ich auch. So möchte ich im Rückblick glauben, Tante Julie und die gebildeten Bekanntschaften, mit denen sie solch interessanten Gespräche führte, muteten unserer Magd Miazl ein hysterisches Leiden zu. Mir aber scheint umgekehrt, sie wäre die gesündeste von allen gewesen, denn bei ihr riefen die Keimzellen der Zukunft noch die stärkste Gegenwirkung hervor. Sie glich mit ihrem Natursinn den Kindern, die das süßbetäubende Rauschgift unter Üblichkeiten ausspeien, und den Pferden, die im Dunkeln nicht vorwärts wollen, weil der Abgrund aufgeht oder das Eis bricht.

Endlich kam also der Tag, den wir, ehrlich gesagt, in schaurig-freudiger Spannung erwarteten. Ich glaube, es war ein Freitag. Uns hielten der ungewisse Eintritt eines ernsten Ereignisses und der lustige Schabernack, den uns Tante Julie noch einmal andeutete, doppelt in Atem. Wir aßen das Frühstück nur flüchtig, die Fastenspeise zu Mittag fand noch weniger Anwert als sonst. Bei halbvollem Teller warfen wir den Löffel weg. Eine solche Unart ließ man uns selten durchgehn. Aber die Erwachsenen waren ebenso aufgeregt, und Vater, der besonders auf unsere Tischsitten achtete, war nicht zu Hause.

Der Unterricht wurde um eine Stunde früher als gewöhnlich geschlossen; denn die Schulkinder sollten um die bewußte Zeit bei ihren Eltern sein und nicht unterwegs durch einen Unfug geschreckt werden. Wenn indes, so belehrte uns jemand, die Astronomen tatsächlich den Zusammenstoß zweier Sterne vorausberechnet hätten, wenn vielleicht doch ein Erdbeben spürbar werde, sollten wir schnell auf die freie Weid laufen.

Etwa gegen zwei Uhr nachmittags machten wir Kinder uns im Vorhaus für die Weltkatastrophe bereit. Wir hockten paarweise auf den untersten Stiegenstufen und hatten die Hände frierend in die stärkesteifen Kattunschürzen gewickelt. Wenn ich mich nicht täusche, saß neben mir die Walcher Ida mit einer rouge Schürze. Manchmal zog sie die breiten Quetschfalten ihres Lodenröckleins straffer über die Knie. Es war bitter kalt, und beide Haustüren standen schon für die Flucht offen.

Jede Viertelstunde schreckte uns der Uhrhammer. Wir horchten und zählten; einmal, zweimal, dreimal. Dann wieder spähten wir, lustig zusammengeduckt, nach dem Stiegengeländer, dahinter unsere Magd kniete und den Boden rieb.

Sie fürcht' sich, wispelten wir, vor Kälte und Unruhe zitternd.

Wenn sie Schritte hörte, gab es ihrem nervigen Arm einen Ruck, er führte die Bürste in gewaltigem Bogen, und der Fetzen verplanschte weithin Laugenschaum. Ihr großer Mund verzerrte sich bei der Anstrengung. Von den Stirnwinkeln, über Nase, Schläfen und Kiefer tropfte der Schweiß. Immer öfter wischte sie das feuchte Gesicht mit dem Ellbogen ab.

Dann muß die Stunde geschlagen haben. Soviel ich weiß, vollzog sich alles pünktlich, es ist in mein Gedächtnis zu einem einzigen schnellen Schreck gepreßt. Während wir in bebender Umarmung wünschten, es käme und käme doch nicht, ging es los. Als wenn zuhöchst über dem Dachboden der Himmel einstürzte, rumpelte ein ohrenschmetterndes Blechgetöse stiegenab, allen voran unsere Miazl mit einem gellenden Notschrei. Ihren plumpen Strampfschritten kollerten Seife und Bürste und das Reibtröglein gehorsam nach.

Ob sie uns überrannte, ob wir auch fortgelaufen waren und von anderswoher zuschauten, ist mir nicht mehr bewußt.

Unsere Mutter, die mit einigen Kundschaften aus dem Gewölbe trat, stimmte dem Fragen und Verwundern und Lachen nicht bei. Sie ließ schweigend ihre Zweifel merken, als man allgemein hoffte, die närrische Person werde nunmehr von ihrem Aberglauben kuriert sein. Die Erwachsenen diskutierten noch eine Weile eifrig. Uns Kindern war der reinste Nachgenuß beschieden. Wir riefen, beflissen suchend: Miazl, Miazl und schleppten, um sie vom gelungenen Jux zu überzeugen, das Geschirr, die Hafendeckel und die Ketten die zwei Stiegen hinauf und hinab, bis man sie uns wegnahm.

Leider hatten wir mit unserer Aufklärung kein Glück. Die

Kuchldirn hielt sich bis zum Abend versteckt und ließ sich auch in der folgenden Zeit nicht von ihrem „Gehirnschaden" heilen.

Gach amal würscht die Welt schon z'grund gehn, behauptete sie mürrisch.

Ihr Unbehagen in unserem Haus muß täglich größer geworden sein. Sie diente den Leihkauf gar nicht ab, sondern kündigte plötzlich von heute auf morgen mit der kurzen Entschuldigung, daß sie lieber bei einem Bauern arbeite. Alsdann erfuhren wir nichts mehr von ihr, bis auch ich, die ihr mit schlechtem Gewissen nachtrauerte, auf sie vergaß.

Nach ein paar Jahren, vielleicht an einem Sonntag, als Mutter im Pfarrer-Schacherl Strümpfe strickte und wir neben ihr wunderschöne Spielzeughäuschen und Gärten und Wege ins Waldmoos bauten, kam ein Beerenweib und setzte, um zu verschnaufen, ihren vollen Buckelzöger auf das Tischbrett und wurde gesprächig. Ich fing, während ich braune Fichtenzapfen als Kühe in meinen Stall stellte, nichts denkend, ein paar Reden auf. Einmal fragte sie, ob wir uns noch an dieselb Miazl erinnerten, die bei uns im Dienst gewesen war.

Das arme Mensch hatte schreckbar draufgezahlt, hörte ich aus undeutlichen Lispelworten. Auch den Ausdruck Zangengeburt verstand ich. Dann schilderte das Beerenweib mit rundgewölbten Händen „so ein Trumm Schädel". Zuletzt, während sie den Korb wieder auf den Rücken schupfte, sagte sie mit unverhohlener Freude überlaut:

Abers Kind lebt, und wir ghaltens.

DAS TEMPO DES FORTSCHRITTS

Die rauhe Jugend, die Vater durchgemacht hatte, dann sein Existenzkampf von der Pick auf wurde für unsere kindlichen Leistungen ein harter Maßstab. Wir sollten niemals spielen. Waren wir zu einer Arbeit angestellt, so arbeiteten wir ihm nie genug. Eine Ermüdung tat er verächtlich ab. Geschenke gab es selten. Und wenn, meistens nur solche, die er selbst als Reklame von einer Firma bekommen hatte. Einmal aber beschenkte er die Mutter und uns Schwestern kostbar mit bosnischen Broschnadeln. Sie hatten die Gestalt einer Mondsichel, darin war in Gold- und Silberornamenten unser Monogramm graviert. Später freilich, sooft wir schlimm waren, hielt er uns vor, wieviel sie gekostet hatten.

Seine Vorwürfe beschränkten sich überhaupt auf Unkosten, die durch den Ankauf von Büchern und Obst entstanden. Sein Unmut gipfelte in völliger Nichtachtung unseres Daseins. Schläge vermied er, sogar bei Tieren. Erziehung übte er nur beim Essen aus. Wer die Suppe verschmähte, bekam kein Fleisch.

Abends aß er gewöhnlich eine Extraspeise. Wir, vom Milchreis satt, durften ihm dabei zuschaun. Zuletzt gab er uns eine Semmel, damit wir die Soße austunkten.

Pfeifen war bei ihm ein schlechtes Symptom.

Um einem lästigen Besuch zu entgehen, setzte er sich zur Schreibmaschine und klopfte drauflos. War Bedarf an Hilfskräften, stellte er uns Kinder an, schwere Kisten, Säcke oder gar Eisenwaren zu heben.

Die Bravourstücke, die Vater uns zumutete, gefielen unserer Mutter so wenig wie solche, die wir selbst versuchten. Sie duldete oft schweigend, daß wir uns nach dem Unterricht weiterhin unsichtbar machten, und sie ertrug für uns abends, wenn wir wieder da waren, den erbitterten Vorwurf, daß wir verzärtelt seien.

Meine Schwester schielte spitzbübisch zwischen den Eltern hin und her. Ihre Absicht, sie zum Schmunzeln zu bringen, gelang. Ich hielt mit dem Herzen zur Mutter, nicht allein, weil sie uns vor groben Arbeiten schützte, eher aus unbewußtem Mitgefühl.

Immerhin, es kam zuweilen vor, daß Mutter ob unseres schlechten Betragens mit ihrem Hochdeutsch zu Ende war und sich mit der Drohung erleichterte, sie werde alles dem Vater sagen!

Ich nahm ihre Worte jedenfalls heilig ernst und zählte wohl auch die mutmaßlichen Tage bis zu seiner Heimkehr. Wenn Hildegard sich strafbar gemacht hatte, übernahm ich in diesem Sinne die Erziehung. Meine Schwester schielte mich indessen nur spitzbübisch an. Mag sein, daß Mutter ihre Anklage vergaß oder darauf verzichtete. Manchmal hatten wir besonderes Glück, indem Vater eine Neuigkeit, ja sogar eine Erwerbung mitbrachte.

Der Hund Minko, so groß wie ein Kalb, war geradezu eine Sensation. Vater hatte ihn billig unter der Hand gekauft, das hieß, daß er sein Futtergeld mit einer Tauschware abgegolten und damit, wie er uns erzählte, dem armen Tier das Leben gerettet. Sein Besitzer, ein Gastwirt, hatte es erschießen wollen. Weil seine Frau es nicht leiden mochte, sagte er, dabei wäre es ein guter Wachhund, lampelfrumm und folgsam.

Wir alle liebten Minko mit der Gunst von Lebensrettern. Und dabei blieb es auch. In Hinkunft zeigte sich nämlich jedes Frühjahr ein böser Schönheitsfehler, eine Art Räude, die ihre sechs bis acht Wochen anhielt. Der Tierarzt gab uns wohl Salben und versicherte uns, es bestehe keine Gefahr der Ansteckung für Vieh und Leut. Und so war es auch. Weder Mutters Flocki noch Lord, die große englische Dogge, welche Onkel Fritz und Tante Julie bei der Rückkehr in die Heimat als einzigen Besitz mitgebracht hatten, niemand „erbte", wie man sich allgemein ausdrückte, diesen krätzigen Ausschlag.

Die Dankbarkeit zwischen Mensch und Tier blieb gegenseitig. Minko hat unser Haus wachsam gegen Diebe und Einbrecher geschützt. Darum ließ unser Vater ihn auf einem Familienbild verewigen. In der Pose, wie ihm befohlen wurde:

Minko, leg dich! ...So, schön brav und wohlgenährt und glattgebürstet liegt er zu unseren Kinderfüßen.

Als Futter standen täglich zwei Hundeschüsseln voll Polenta bereit, eine kleine und eine große. Dazu noch Knochen, die unsere Dienstboten zu wenig abgenagt unter den Tisch warfen. Manchmal leckte Minko auch die Milchschüsseln der Katzen leer.

Hunger litt niemand im ganzen Haus. Jeder Gemeindearme, der nach dem damaligen Brauch je eine Woche in Bürgers- und Bauernhäusern als Einleger abdiente, schied mit tausendmal Vergelts Gott.

Es war noch eine Zeit, da die Naturgaben selbstverständlich wie Licht und Schnee und Regen vom ländlichen Himmel fielen.

Allein das Geld wurde gezählt.

Wenn Vater, durch immerdar frische Reiseluft und die Freuden der weiten Welt beflügelt, von seinen geschäftlichen Erfolgen sprach, bekam er keinen richtigen Widerhall.

Mutter klagte ihm, daß der Lehrbub Hansl neuerdings gestohlen, daß die Hausdirn einen „Hm, hm" grausigen Zottel durchs Fenster hereingelassen habe, daß der Tschukopf endlich den Saustall mit Lärchenschindeln decken müsse, daß die Bäuerinnen jetzt beim Kitzinger einkauften, weil dort mehr Auswahl an Schnittwaren. Daß, daß, daß und so weiter erzählte, klagte sie, während Vater seinen Braten verspeiste. Ich war auf Knorpeln begierig und zerkaute sie, sobald Vater den Teller wegschob und aufstand. Man hörte ihn pfeifen, jeweils fröhlich, jeweils ein bißchen falsch. Dann ging er ins Gasthaus.

Mutter blieb beim abgedeckten Tisch noch sitzen. Ich und unser Flocki, ein Hund für viele genannt, wir Anhänglichen blieben bei ihr.

Mutter!? fragte ich aus wachsendem Unbehagen, tut Ihnen was weh?

Ihre beiden Hände strichen entlang der gefaschten Beingeschwüre. Sie sagte geistesabwesend eigentlich zum Vater:

Wir haben keine Kohlen nicht und auch kein Brennholz. Nix... Und eine Pfändung is ausgeschrieben zwegen dem großen Steuerrückstand. Ich genier mich soviel.

Wann? wollte ich wissen, hören die Steuern einmal auf.

Nie! sagte meine Mutter.

Ich fragte:

Sind wir arm? Müssen wir abhausen?

Wenns so weitergeht...

Mutters Neigung zum Schwarzsehen wurde durch den Einfluß von Tante Julie noch tiefer geschwärzt. Zur schwesterlichen Anteilnahme kam ihre Angst um die eigene wohlbehütete Existenz. Alles, was sie auf dem ehelichen Umweg über Buchhaltung und Post zu wissen bekam, selbst die kleinste Augenblickskrise trieb ihre frauliche Phantasie zur düsteren Weissagung, wir stünden vor dem Ruin.

Keine Rede nicht! antwortete Onkel Fritz, als ich bei ihm Trost suchte, wir haben genug Geld.

Die Zeit lehrte mich erkennen, daß Vater einfach nicht zahlen wollte und sich überhaupt nicht an Vorschriften hielt.

Weil er nicht beim Militär gewesen ist, sagte Onkel Fritz, der als strammer Ersatzreservist gedient hatte. Es gab auch eine Photographie aus dieser Zeit. Sein Herz war nicht felddiensttauglich, was Nebensache, da es seit 1866 keinen Krieg gab. Vater war im Vergleich zu ihm ein starker Riese. Aber die Groggerische Erbkrankheit, ein Gelenksrheumatismus, in der Bauernsprache vielleicht besser ausgedrückt, die geschwollene Gicht, hat ihn jedes Jahr für ein paar Monate ins Bett geschmissen.

Ein wahres Fegfeuer, das ich später mit ihm durchlitt. In meiner Kinderzeit brannte es für mich noch nicht. Kleine Funken sprühten mir indessen schon durch Leib und Seele, sobald mich Vater zu einem Buben und Geschäftserben abhärten wollte. Es hat ihn unbeschreiblich geschmerzt, daß ich dazu nicht taugte. Und er sagte zu jedermann, der es hören wollte: Die Paula is eine Prinzessin.

Meine Schwester Hildegard, die sich zu einem überstarken Riesenfräulein auswuchs, vollführte freiwillige Kraftproben; diese hatten weitaus mehr Anreiz für sie als die leicht erfüllbaren Wünsche des Vaters.

Unsere Hauptbeschäftigung war, ihm frisches Trinkwasser vom Brunnen zu holen. Und nicht ganz so oft, dafür noch ehrfurchtgebietender als den leeren Glaskrug drückte er uns eine große schwarze Wachsleinentasche in die Hand und sagte:

Kinder, tats bitten um die Post!

Daß wir uns zweimal, ja dreimal rufen ließen oder gar daß jede sich mit Ausreden bemühte, die Pflicht auf die andere abzuwälzen, mußte ihn zu Recht erbittern. Denn das frische Wasser und die Post waren, wenn ich es im Rückblick betrachte, sein eigentlichstes Lebenselement.

Als ein Mann von seltener Beweglichkeit schöpfte er immer aus dem Fließenden und handelte für die enge dörfliche Umgebung, besonders für seine Familie, viel zu unternehmungslustig. Während Mutter vor jedem Wechsel, der fällig wurde, eine schlaflose Nacht verbrachte, befaßte Vater sich mit Plänen für eine Geschäftsgründung in Amerika.

Er war oft die ganze Woche unterwegs, mit dem Fahrrad, mit der Eisenbahn. Sein Arbeitsgebiet wurde immer größer. Und seine Geschäftsbeziehungen reichten bald über die österreichische Grenze bis zu den großen Stahlindustrien im Ruhrland hinaus. Er verdiente viel Geld am Zwischenhandel. Denn die großen Fabriken hatten wenig Unternehmer seinesgleichen und ließen ihm gern die letzte Hand, weil er, was einem Städter noch unmöglich war, mit seiner eigenen angeborenen Art an die zähen, mißtrauischen Bauern und die vorsichtigen Handwerker heranfand.

Dabei war Vater ein richtiger Lebenskünstler, er unterhielt sich mit Herrn ebenso gut wie mit Kleinkundschaften, und so wurde aus der ehrlichen Anstrengung immer zugleich eine Vergnügungsreise. Seine Kleidung paßte sich wohl einigermaßen dem städtischen Geschmack an. Am imponierendsten für sein Auftreten war doch der graue Steireranzug mit grünen Lampas und grünem Gamsbarthut. Es fehlte ihm jeder Ehrgeiz, sich für seinen Stand zu verstädtern, ganz und gar ging ihm das konventionelle kaufmännische Gehaben ab. Es war ihm gleichgültig, sich's mit einem Kunden zu verderben. Während Mutter, wohl innerlich stolz und empfindlich, stets aber mit beherrschter Geduld den Kleinkram der Gemischtwarenhandlung erledigte, kehrte Vater einem Menschen, der ihm nicht paßte, mitunter auch nobeln Herrschaften, kurzerhand den Rücken.

Niemand vergalt ihm diese Behandlung böse. Die Zugereisten schätzten seinen witzig aufgeweckten Geist, denn sie fanden bei ihm Verständnis für ihre fortschrittlichen Wünsche. Alles, was man in Wien zu sehen bekam, war dem Vater ebenso bekannt. Es bereitete ihm Gönnerfreude, die Öblarner Bürger und Bauern nach jeder Ausstellung oder Messe mit irgendeinem Schaustück zu überraschen. So brachte er ein Werkel, in dem drei Ballettgruppen tanzten und im Eckspiegel dutzendfach wiedererschienen, einen Frosch, der Blechkapseln mit Süßigkeiten ausspie, eine Kindernähmaschine, einen kinematographischen Guckkasten und einen neuerfundenen Phonographen.

Für die Gasthäuser kaufte er Musikorgeln zum Aufziehn und Petroleumlampen mit Glühstrumpfbeleuchtung. Schließlich leitete er als erster im Dorf das Gaslicht ein.

Alle Mauern wurden mit Rohren durchbrochen. Der Gasapparat kam in das Wohnzimmer. Zwei schwere schwebende Gewichte, die man jeden Abend aufziehen mußte, setzten den Blasebalg in Betrieb. Einmal die Woche füllte man den Ölbehälter. Mutter tat es immer mit Sorge, aber ohne Handlanger.

Wenn ein Funken dazufliegt, sagte sie in Hochdeutsch, dann geht unser Haus in die Luft.

Mich störte hauptsächlich der Anblick des Gaskotters. Aber Vater bewertete in einer Wohnung nur den Zweck. Unsere Möbel aus Naturholz wurden samstags abgerieben. Die Sessel, übliche Fabriksware, stimmten nicht zusammen. Am meisten mißfielen mir die Kretonvorhänge. Sie hatten ein Sezessionsmuster in Rot und Gelb, waren einteilig und auf einer rohen Eisenstange hin- und herzuziehen.

Wenn ich dies alles tadelte, schalt Mutter ernsthaft, ich solle mich nicht versündigen.

Einmal schien es doch, Vater werde meine inbrünstigen Wünsche erfüllen. Er kam von einer Reise heim und erzählte den ganzen Abend von einer herrlichen Einrichtung, die er bei einem Generaldirektor gesehen hatte. Wahrscheinlich, so denke ich, sind es Mahagonimöbel gewesen. Eine solche, sagte er, bekämen wir nun auch für die neugekaufte Villa Edelweiß. Er schaffte wirklich beim Tischlermeister Schnitzer zwei Betten mit Nachtkästchen, einen Schrank, eine Schubladenkommode, einen Waschkasten, vier Stühle und einen Tisch an. Der Maler Kahr mußte alles mit kirschroter Ölfarbe anstreichen.

Die langsam enttäuschten Hochgefühle, mit denen ich zusah und bis zuletzt wünschte und glaubte, es könne vielleicht noch schön werden, diesen Schmerz habe ich bis heute nicht vergessen; und noch weniger den Verlust jener Kredenz mit dem reichen Schnitzwerk, die Vater auch verschachert hatte. Meinem inständigen Bitten gelang es, wenigstens den Schreibtisch zu retten, der für mein dichterisches Ahnungsvermögen ja schon sinnbildliche Bedeutung hatte.

Dem Vater tat die ruhige Besitzerfreude nicht gut. Es mußte bei ihm ein steter Fluß von Kauf- und Tauschgeschäften sein. Er wollte ja sogar das Haus verkaufen und mit uns in die Neue Welt übersiedeln.

Lange hielt er uns im ungewissen, ob er seinen Plan auch ausführen werde. Daß er so lange schwieg, erregte mich zwiespältig. Meine Phantasie malte sich stolz die Möglichkeit aus, mein Herz litt mit der Mutter. So jung ich war, spürte ich doch schon die Spannung zwischen den Eltern.

Wenn ich darüber reden wollte, tat Mutter einen tiefen Seufzer: Er ist halt so.

DAS GRAMMOPHON

Die Vorderseite unseres Hauses war immer mit Plakaten bunt beklebt. Da stand zum Beispiel im Geleucht von gelben, blauen und grünen Farben eine landwirtschaftliche Maschine, daneben Zentrifugen, Nähmaschinen, Schreibmaschinen, ein Radler, der schwungvoll um eine Straßenkurve sauste. Über ihm rundete sich triumphartig ein großgedrucktes All Heil. Wenn die Witterung das Papier zerriß, mußte unser Lehrbub ein anderes großes Plakat an die nackte Stelle pappen, vielleicht einen schwarzen Schmied mit einem schwarzen Eisenhammer, hinter dem eine rotfeurige Esse leuchtete. Oder eine Tabelle mit Werkzeugen. Oder, was mich noch mehr als Bilder anzog, eine Farbenskala des geglühten Stahls. Ich verstand freilich nichts davon. Aber der Anblick bedeutete mir fast so viel wie ein Malkasten; mein Auge schwelgte in Schattierungen.

Vor der neuesten Reklame blieben aber auch Leute stehen, die alle Erfindungen bereits kannten. Vater brachte sie von einer Wiener Reise und nagelte das Bild selber an die Hauswand. Man sah darauf einen munteren weißen Fox, das rechte Ohr gegen einen Trichter spitzend. Der Trichter lag mit dem dünneren Ende auf einer viereckigen Schatulle. Sie war bräunlich und hatte oben eine schwarze Kreisfläche.

Ein Grammophon! sagte Vater zu den vielen Neugierigen, die ihn befragten. Dann erklärte er mit strahlendem Gesicht, daß er bereits eines gehört habe. Was ein Mensch hineinrede, schalle wortgetreu wieder heraus. Er mußte das oftmals erzählen. Wer in der Zeitung davon gelesen, wunderte sich nur. Manche Leute schüttelten den Kopf und glaubten ihm nicht.

Nach etwa einer Woche konnten sie sich überzeugen. Wir bekamen selbst ein Grammophon. Als die Nachricht umlief, daß die Kiste schon da sei, fanden sich zögernd unsere Nachbarn ein. Der Uhrmacher, die Frau Kofler, der Herr Prünster, der Herr und die Frau Walcher, der Herr Pfarrer, der Stationsvorstand, und zuletzt erschien vom inneren Dörfel noch der Herr Fischer mit dem ehrsam stolzierenden Großvater Stralz.

Wir Kinder durften den feierlichen Augenblick nur im Hintergrund erleben. Ich stand auf einer wackeligen Bank neben der Kopierpresse und empfand körperlich beklommen, wie Onkel Fritz mit Hammer und Stemmeisen den Deckel sprengte. Über der dick gestopften Holzwolle lag ein Stoß Blätter. Man verteilte sie von Hand zu Hand. Auch wir erhaschten eines. Es war eine verkleinerte Abbildung des Plakates. Nur stand ein langes Gedicht darunter. Onkel Fritz mußte es laut lesen. Er hatte ganz die Miene wie am Abend, wenn er mir Teile aus großen Theaterstücken vortrug, und begann in ergriffenem Tonfall:
Die Stimme seines Herrn.
Wir Kinder kicherten anfangs mutwillig in den Rücken der Erwachsenen. Aber die Geschichte ging uns im weiteren Verlauf doch sehr zu Gemüt, und wir horchten alle aufmerksam mit dem armen Foxl, der das Ohr gegen das Grammophon spitzte, weil er daraus noch einmal lebendig die Stimme seines Herrn vernahm. Wir teilten seine frohe Erwartung und erstarrten atemlos, als das treue Hundeherz vor dem leeren erstummten Trichter brach. Es war in unserm Schreibzimmer totenstill. Meiner Mutter kugelten unverhohlen die Tränen übers Gesicht. Vater und noch ein paar Männer schneuzten sich. Meine Schwester Hildegard hatte sich wieder unter dem Tisch verkrochen.
Das wirkliche und sichtbare Grammophon, welches sodann in seinen Bestandteilen sorgfältig aus der Umhüllung gewickelt und nach der Gebrauchsanweisung zusammengestellt wurde, ließ unser aufgeregtes Herz noch schneller klopfen. Wir beobachteten, auf den Zehen stehend, wie Vater stolz die Kurbel drehte und Onkel Fritz die Nadel einschraubte. Dabei sprachen sie von einer „Membram".
Das Wort klang mir fremd und gewichtig. Ich fragte gleich, was eine Membram sei. Mutter verwies meine Keckheit mit einem strengen Blick. Jemand antwortete: Das da. Und wieder jemand antwortete: Das is eben die Hauptsach. Indes die Erwachsenen über den Apparat allerlei Meinungen äußerten, wurde er fertig. Man hörte einen Knacks, dann ein Rauschen, jenem nahenden Geräusch ähnlich, das mich im Schlaf erschreckte. Aus dem harten blechernen Lärm wurde mählich ein Lied. Verstehen konnte man freilich nichts.
Jetzt! hoffte ich geduldig, während die schwarze Kreisplatte unter der Nadelspitze rundum lief.
Ich meinte wohl das Wunderbare, das uns rühren müßte wie den Foxl. So im Warten auf den Anfang ging mir das Stück zu Ende. Auch die zweite Platte tat nicht besser. Trotzdessen zog Vater

unermüdlich die Feder auf, und Herr Fischer, welcher immer bereitwillig mit beiden Händen nach dem Neuen und Fortschrittlichen griff, sagte bei einigen Platten doch: Großartig!

Die ganze Auswahlsendung wurde mehrmals durchgespielt. Es waren Militärmärsche und Wiener Walzer. Dann Die Uhr aus dem Schwarzwald, das Lied vom Elterngrab, Zu Mantua in Banden, Das Röserl vom Wörthersee, Mein Herz, das ist ein Bienenhaus, Verlassen, verlassen, Die Holzknechtbuam, Sei nicht böse, Der bayrische Kirchtag und manches andere, das ich längst vergessen habe.

Meiner Schwester Hildegard und den Freundinnen wurde das Horchen bald zu langweilig. Sie schlüpften zum Fenster hinaus. Ich mit meinen gedämpften Gefühlen blieb allein auf der wackligen Bank zurück und paßte, eigensinnig und beharrlich, wie ich war, ob wenigstens das aus dem Trichter käme, was Vater und die Öblarner hineingeredet hatten.

Als ich später recht enttäuscht von der Fensterbank ins Freie stieg, sagte unsere Mutter traurig:

Den Kindern gfallt der Grammophon gar nit.

Weil sie kein Gehör haben, sagte Tante Julie wie gewöhnlich.

DER NEUE HERR PFARRER

In unserm Dorf, wo alle Einwohner in ihren Häusern festsaßen und nur selten ein Verkauf oder ein Beamtenwechsel vorkam, bedeutete der neue Herr Pfarrer ein weltbewegendes Ereignis. Wir sahen der Veränderung besonders gespannt entgegen, weil wir mit unserer Terrassenseite, einem Lusthaus und einem Gärtchen an den Stiftsgrund grenzten. Mutter hütete sich anfangs vorsichtig, unsere Neugier mit einer guten oder schlechten Hoffnung zu schüren. Der Name des Herrn Pfarrers hatte freilich einen vertrauten Klang: seine Familie gehörte zum alten einheimischen Bürgertum des Ennstales und war mit weitschichtigen Verwandten wiederum weitschichtig verwandt. Mich erfüllte ein merkwürdiger Zufall mit strahlendem Stolz, und ich erzählte, gleich nachdem ich davon erfahren hatte, meinen Mitschülerinnen prahlerisch, daß der neue Herr Pfarrer zur selben Zeit wie Vater und Onkel Hans im Admonter Gymnasium Student und Sängerknabe gewesen war.

Seine Musikbegabung und sein wählerisches Gehör wurden uns auch beim Amtsantritt so ziemlich als erstes offenbar. Er zeigte sich deutlich unzufrieden mit dem Kirchengesang. Falsche Töne oder ein schlechtes Orgelspiel konnten ihn zum Jähzorn reizen. Wir sahen bei der Schulmesse oft, wie er sich im priesterlichen Meßgewand heftig nach dem Chor umdrehte. Einmal beim Hochamt strampfte er und hielt sich angesichts der ganzen Gemeinde die Ohren zu.

Ein extriger Herr, sagten die Bauern, und es war ihnen leid um den Pater Engelbert Möstl, der ihres Erachtens weitaus kommoder mit sich umgehen ließ. Aber sie gewöhnten sich bald an den Nachfolger und verziehen seine herrenmäßige Art, weil sie sahen, daß er die Landwirtschaft des Pfarrhofes beibehielt und daß seine eigene Mutter die Kühe molk, Butter rührte und jenen armen Milchkundschaften nicht aufkündigte, die seit jeher zur Haustür kamen und manchmal ungemahnt in langer Schuld standen.

Die Bürger, namentlich so gebietende wie Herr Fischer, lobten den Herrn Pfarrer für seine moderne fortschrittliche Gesinnung. Sie nahmen es, denke ich im Rückblick, wohl als besondern Gewinn für den Fremdenverkehr und das Ortsansehen, wenn der Herr Pfarrer sich im grauen städtischen Zivil zu einer festlichen Tafelrunde setzte. Bei reichen Hochzeiten eröffnete er sogar mit der seidengekleideten ewigen Dorfbrautmutter Kitzinger den Ehrentanz.

Nachher verneigte er sich noch vor anderen Hautevolee-Frauen und sagte: Darf ich bitten.

Wir Schulmädchen kauerten, in schüchterner Angst, verjagt zu werden, auf der Thorbäckenstiege und beneideten die Erwachsenen um die Hochzeitsbräuche und die lustige Tanzbodenherrlichkeit. Beim Feuerwehrball entliefen wir auch einmal vor dem Schlafengehen und hauchten, klappernd vor Faschingskälte, an die vereisten Fenster der Fischerischen Gastlokalitäten. Leider sahen wir nichts als huschende Schatten. Des andern Tages jedoch erfuhren wir, daß der Herr Pfarrer nach den Damen ein paar Handwerkstöchter aufgefordert hatte und erst knapp vor Mitternacht heimgegangen war. Dies wurde ihm als Verstoß, ja beinahe als Unsittlichkeit ausgelegt.

Das meiste Wohlwollen und die wenigste Kritik, glaube ich, wurde dem Herrn Pfarrer von den Aristokraten entgegengebracht. Sie schätzten seine hohe Bildung und seine Weltgewandtheit vielleicht noch mehr, weil sie durch den akademischen Grad sozusagen verbrieft war.

Ich und meine Freundin Mitzi sprachen jedes Urteil aus ihrem vornehmen Munde mit Verehrung nach und erröteten glücklich, wenn uns der Herr Pfarrer eines Blickes würdigte. Sooft es nur anging, taten wir groß mit ihm, und neue Schüler, die noch nichts wußten, wurden über die Anredeform belehrt. Bei Mitzi war es vielleicht die helle Freude an Titeln, und mich entzückte es, möglichst viele Würden und Worte mit gleichen Anfangsbuchstaben an den Fingern herzuzählen. So sagten wir, wenn wir von ihm sprachen, ehrfurchtsvoll und zungenfertig:

Unser Herr Pfarrer Doktor Pater Bernhard Lindmayr.

Mit der Zeit lernte es die ganze Klasse von uns. Wir gingen nun, was uns bisher selten eingefallen war, auch Samstag in den Abendsegen. Er betete die Anrufungen der Lauretanischen Litanei deutsch, und seine Stimme, die für mich schöner als ein Gesang war, enthob mich in eine wahre Fatamorgana von Einbildungen.

Ich sah das ehrwürdige und vortreffliche Gefäß der Andacht als wunderbares Majolikageschirr. Die geheimnisvolle Rose blühte mit purpurnen Blättern auf; düstergrau aus einem Regenbogen ragend erschien der Turm Davids und schneeweiß der elfenbeinerne Turm.

Dann kam das Goldene Haus, die Arche Noah des Bundes, die Pforte des Himmels, der Morgenstern.

In schauernde Erwartung versetzten mich die hohen Feiertage. Da wurde die verhüllte Samtbrüstung der Kanzel abgedeckt, und aus dem niedern Türchen trat der Herr Pfarrer groß und breit in einem schwarzen, faltenreichen Gewand. Keiner von seinen Vorgängern hatte je ein solches getragen. Es hieß, wie ich später einmal erfuhr, die Flocke und war die überlieferte Tracht der mittelalterlichen Benediktinermönche. Die Admonter, hieß es, zogen sie sonst nur bei einer Inthronisation und bei Professen und Begräbnissen an. Doch der Herr Pfarrer nahm sie mit Vorliebe auch zu Weihnachten, Ostern und Pfingsten.

Seine Sprache, wenn er predigte oder betete, traf mich unbeschreiblich. Ich erinnere mich, daß er alte, seltsame Worte gebrauchte, die sonst, wenigstens bei Gebildeten, gar nicht im Umlauf waren. So sagte er eilf statt elf und Freithof statt Friedhof. Am tiefsten, gleichsam kalt und heiß und heilig eingegossen wurde mir der Tonfall seiner Stimme, wenn sie in einer Marienanrufung, jeden Laut auskostend, betete:

Unseren Jammer, unser Elend, unsere Not.

Was er in viel zu gescheiten Predigten sprach, riß meine Lippen zu stummer Nachahmung hin. Und wenn ich auch wenig begriff, so sehe ich heute noch, an Aug und Ohr gebannt, das herrische Mannsgesicht, die unbewegte Hand und den weiten hängenden Ärmel wie dunkle Flügel eines aufgenagelten Schmetterlings.

Die Leute schüttelten freilich den Kopf und meinten, der neue Pfarrer rede wie ein Schauspieler.

Die Montage und Freitage wurden mir nunmehr wegen der Religionsstunde das teuerste und wichtigste Ereignis der Woche. Denn der Herr Pfarrer Dr. Pater Bernhard Lindmayr hatte für mich eine bessere Hand als sein Vorgänger. Ich erkenne erst im Rückblick, wie früh eine sichere Witterung mich je nachdem strittig und zuwider oder gläubig fügsam machte. Schon das Fuchteln mit dem Möbelpracker, ob es nun brutal oder harmlos gemeint war, wirkte erschreckend auf meine empfindsame Haut und drängte mich zur Notwehr, welche die andern oft wie ein Schlag, zumindest wie eine Feindseligkeit anmutete. Sie wichen scheu vor der Heftigkeit meines Innenlebens, sie wußten damit nichts anzufangen und ließen mich allein. So fühlte ich mich immer fremd und unbehaglich bei solchen, die lautmächtig ihr Übergewicht betonten. Umso dankbarer empfand ich eine feinfühlige Behandlung. Ich bin beim neuen Herrn

Pfarrer nie schlimm gewesen. Überhaupt die ganze Klasse gehorchte ihm ehrerbötig, obschon er in der ersten Schulstunde das Handbussen abgeschafft hatte. Er lernte uns zum Grüß Gott an. Denn das Küß die Hand ist meistens eine Lüge, sagte er, auf jede Rede verantwortlich bedacht.

Aufhören! sagte er, kaum daß wir zu beten begonnen hatten. Es heißt nicht: Im Namen Gottesvaters. Dann sprach er selber das Vaterunser, so schön und ausdrucksvoll, wie wir es nie gehört hatten. Eine Seltenheit damals und für meinen eigenwilligen Kopf eine hochwillkommene Erleichterung führte er in der Memorierkunst ein. Wir brauchten die Katechismusgesätze nicht mehr brüllend herzuleiern, er fragte einzeln ab und drohte nicht, wenn ein Kind steckenblieb. Die Biblische Geschichte durften wir von jetzt an mit unserer eigenen Erzählgabe wiederholen. Es freute mich unbeschreiblich, so genau, als ob ich selber dabeigewesen wäre, die Welterschaffung zu schildern... Den Ort, wo Kain den Abel erschlagen hatte, stellte ich mir unweit dem Schulhause vor, weil auf den Feldern oft ein Hirtenfeuer brannte. Daneben lag ein Haufen Rüben, Bohnen, Kürbisse, Krauthäuptel und sogar ein paar Maiskolben, die sonst in unserer Gegend nicht reiften. Bei der Sintflut sorgte ich mich weniger um Noah und seine Familie. Mein Eifer wollte vielmehr dem Herrn Pfarrer möglichst ausführlich berichten, welche Tiergattungen in der Arche Noah Platz gehabt hätten. Den Turmbau zu Babel, den Schwefelregen von „Sodamankomora", wie wir sagten, den ägyptischen Joseph, das schwimmende Mosesknäblein, David und den Riesen Goliath, Jonas im Bauch des Fisches und viele andere Kapitel, die wir beim Pater Engelbert auswendig gelernt hatten, überblätterte Pater Bernhard und ging stracks zum Neuen Testament über.

Denn wir sind keine Juden, sagte er ein bißchen von oben herab. Ich hörte auch sonst hinwieder jemanden ein bißchen die Juden schmähen, lebte jedoch in vollkommener Unwissenheit, daß sie sich von unserer Rasse unterschieden und gegenwärtig noch Feinde machten. Die Abneigung des Herrn Pfarrers erschien mir nur als eine gerechte Strafe, weil sie Jesus Christus gekreuzigt hatten. Seine vornehm gesprochenen Urteile leuchteten mir überhaupt ein. Er verstand es, mit der bloßen Miene, vielleicht nur mit einem Zug der Mundwinkel etwas abzutun. Die Bauern nannten es gespöttig, uns, namentlich mich und die Inspektor-Mitzi hielt es in schwärmerischer Bewunderung.

Von Zeit zu Zeit wurde ich durch die Religionsstunden in ein himmlisches Glücksstadium erhoben. Es begann bereits beim Eintritt des Herrn Pfarrers; wir deuteten sein Lächeln mit ahnungsvollem Geflüster und wiesen nach der Hand, die er länger als sonst unter dem schwarzen Skapulier versteckt hielt. Wenn er zum Katheder trat, wuchs unser Wispeln und Tuscheln zu stürmischer Ungeduld; unsere Leiber warfen sich im Aufzeigen fast aus den Bänken, und es brauchte nur ein Kind anzuheben, so übertauchte es die ganze Klasse mit einer helldumpfen peitschenden Stimmenlitanei: Biiit Herr Pfarrer! Biiit Herr Pfarrer, schrien wir unermüdlich im Takt. Und während er das Verborgene aus der Schärpe zog, schrien wir immer noch. Alle wußten schon, es war nicht der Große Katechismus, sondern ein Geschichtenbuch. Sobald er es öffnete, bekam ich Herzklopfen. Die ganze Klasse saß, ohne gemahnt zu werden, plötzlich Arme verschränkt. Keine Federschachtel bumste zu Boden, kein einziger Schüler mußte hinaus.

Ich weiß nicht, was uns atemloser fesselte: der Inhalt seiner Geschichten oder die Vorlesung, welche gewiß nicht theatralisch, aber von solcher Schönheit und Gewalt war, daß wir Schulkinder zu nichts und die gedruckten Dichtergestalten zu sichtbar wirklichen Menschen wurden. Wir erlebten mitfühlend ihre Schicksale, ihre Heldentaten, ihre Liebesopfer, ihren vorbildlichen Edelsinn, ihre Großmut und die Schwere stumm ertragenen Schmerzes; wir überhörten vor Andacht das Mittagläuten. Wenn der Herr Pfarrer von seinem Buch hinweg auf die Uhr blickte, ermunterten wir uns nur langsam zu den gewohnten Schulmanieren. In verlegener Scham, daß uns die heißen Tränenkrüglein noch aus den Wimpern tropften, wollte jedes die Aufmerksamkeit von sich ablenken. So riefen wir hämisch gegeneinander:

Ah, dö woant ja!

Eine Erzählung dauerte in vielen Fortsetzungen den staden schneedämmrigen Advent hindurch. Sie hieß die Sternsinger. An den Inhalt erinnere ich mich nicht mehr. Aber die drei Kinder mit dem Stern auf dem Stabe sehe ich unauslöschlich vor mir.

DER AUFSTIEG

Im geistigen Leben war mir dasselbe Schicksal aufgesetzt wie bei den neuen Kleidern. Und wie mir Mutter ein Maß bestimmte und zuschnitt, das mir im Augenblick noch nicht paßte, so war auch das Maß, das mir Fräulein Wolfrum mit dem Schlußzeugnis anlegte, mehr aufs geistige Wachstum berechnet als auf meine tatsächliche Reife. Sie schenkte mir das dritte Schuljahr und erklärte mich in allen Fächern für die Oberstufe geeignet. Die zweite Klasse war der höchste Grad, den ein Kind in der kleinen Landschule erreichte. Man blieb dort bis zur Entlassung.

Eigentlich hatte ich Grund, auf die ehrende Zumutung stolz zu sein. Doch wie angedeutet, ich fühlte mich dem Aufstieg nicht ganz gewachsen und fürchtete unter dreifach ängstlichen Bedenken die großen Schulbuben, den Großen Katechismus und das Große Einmaleins.

Denn was meine Mitschüler und selbst Lehrpersonen nicht merkten, ich lernte, wenn auch leicht, doch höchst ungern auswendig und änderte die Merksätze in meinem eigenen Kopf meist etwas willkürlich. Das vereinte sich schlecht mit der Rechenkunst und den Glaubensartikeln. So war ich wohl immer flink und gelehrig in der Auffassung. Wenn wir jedoch etwas mechanisch herableiern mußten, wurde ich unsicher und machte im Stimmengedröhn stumm und listig die Lippen auf und zu.

Ein Glück für mich, daß unser neuer Herr Pfarrer mehr den Verstand als das Gedächtnis prüfte und nicht wie sein Vorgänger mit Strafen drohte, wenn man stotterte oder steckenblieb.

Doch ein jäher Schrecken befiel mich, als er mich um ein Jahr verfrüht für den Beichtunterricht einreihte.

Du bist schon reif dafür, sagte er lobend.

Wenn wir Auserwählten für das Sakrament der Buße geschult wurden, durften wir die nächsten Ostern zur heiligen Abspeisung gehn.

Die Vorbereitung auf mein Bekenntnis kostete mich viele Denkstunden. Mein Gewissen war streng und mein Gedächtnis lässig. Ich mußte den Beichtspiegel, ein Notizblatt und den Bleistift zu Hilfe nehmen. Und nachdem ich die Zehn Gebote Gottes, die fünf Gebote der Kirche und die Sieben Hauptsünden erwogen und meine Sünden an den Fingern abgezählt hatte, zweifelte ich immer noch, ob ich mich doch keiner Unterschlagung schuldig mache.

Das Wort, von Erwachsenen im Geschäftsleben oft verächtlich angewandt, schien mir auch für seelische Unehrlichkeit passend.

Nebenbei belastete mich die Mitschuld an einer fremden Sünde, nämlich der Kirschendiebstahl im Verwesergarten. Ich besprach mich mit Hildegard und der Walcher Ida.

Ihr müßt, sagte ich, die Sünd nacher auch beichten!

Weiß nicht, ob sie mir gehorchten. Sie meinten jedenfalls, der Bischof Benjamin sei schuld, weil er die Zweige herabgeworfen habe. Und der Bischof Benjamin sei überhaupt ein Zuagroaster und ein Lausbua. Nie werde ich die schwärmerische Dankbarkeit vergessen, die mich beseligte, weil der Herr Pfarrer Dr. Pater Bernhard Lindmayr ohne ein Wort des Tadels mich vom Fluch des Kirschenraubes lossprach.

Mein Bekenntnis war freilich nur ein Flüstern, fast ohne Atem gewesen. Doch so viel hat der weise Seelenhirt sicher verstanden, daß es sich bei der Verführung nicht um einen paradiesischen Apfelbaum, sondern um einen gräflichen Kirschbaum gehandelt hat.

Im weitern Verlauf des Schuljahres brauchte ich mich keines Diebstahls mehr anzuklagen. Jedes Quartal aber mußte ich beichten, daß ich gestritten und gerauft habe. Am meisten mit meiner Schwester, oft aber auch mit den Zweitenklasserbuben, weil ich sie fürchtete. Ich wähnte sie so gescheit, als sie grob an mir vorbeitümmelten.

Ein Trost gegen brutalen Übermut war mir der Herr Walcher. Wenn er die trüb beschlagenen Brillen behutsam mit den Fingerspitzen von der Nase rückte und abwischte, strahlte aus seinen braunen, immerdar ein bißchen entzündeten Augen eine solche Wiedersehensfreude, daß mir leichter ums Herz wurde. Seinen Jähzorn kannte ich auch schon. Man durfte sich darob nicht wundern. Bei dem Unfug, den sich manche Lümmel erlaubten, mußte er oft tüchtig umspringen. Mitunter wichste er den Zeigestab schnalzend auf den Katheder, damit er sich Respekt verschaffe. Ansehnlich war er ja nicht. Er hatte einen braunen zerfransten Schnurrbart. Im Winter rasierte er sich seltener und ließ auch das Haupthaar unbeschnitten. Im Sommer stand es steif gestutzt von der hohen Stirn auf. Er war klein von Gestalt, mager und behende.

Ein Manderl kurzum, wie die großen Schulbengel spöttelten. Aber ein Universalgenie! So hörte ich jene urteilen, die selbst etwas verstanden.

Er mußte im Gasthaus für die Herrschaften musizieren, er malte Wandbilder, Volksfestplakate, Einladungen zum Eisschießen, Karikaturen, Faschingsbriefe, Vergrößerungen von Max und Moritz und Theaterkulissen. Dann dichtete er zu allen möglichen Gelegenheiten je nachdem ernste oder humorvolle Verse in Ausseer Mundart. Für seine Befähigungsprüfung nahm er sich noch immer nicht Zeit; so blieb er auch in der Oberklasse ein schlecht bezahlter Unterlehrer.

Das ganze Dorf wußte, wie arm die Walcherischen lebten. Doch sie bedrängten niemanden mit Klagen über die häusliche Not. Manche Kinder starben schon in den Windeln. Dann kamen neue, sogar Zwillinge. Was auf der Welt blieb, hatte oftmals geschenkte Kleidchen an. Die Schürzen, soweit ich mich erinnern kann, waren immer aus rotem Fahnenstoff. Der älteste Sohn Loisl mußte die Hosen seiner großen Stiefbrüder auftragen. Er wuchs für seine Jahre viel zu langsam hinein. Der Knochenbau ging nur kräftig in die Breite.

Schulden im Einkaufsbüchel, die Küche, das Zimmer und das Kabinett voll Kindsgeschrei, die leere Brieftasche bis zum Ersten waren Ursache, daß sich dem Vater Walcher manchmal das an sich fröhliche Gemüt verdüsterte. Wenn dann noch dazu sein hingebender Schulmannseifer an einem Halbtrottel abprallte, verlor er doch die Fassung. Er wurde zornrot und schlug mit einem Buchdeckel oder gar mit dem Stecken los. Aber meist nicht auf die Schuldigen, sondern auf die Ida oder den Loisl.

In dieser Hinsicht waren die Eckplätze ein bißchen gefährlich. Ich hatte auch einen. Da wir jedoch zu vieren und fünfen in einer Bank hockten, galt er anderseits als rarer und heißbegehrter Vorzug. Es mußten in der Klasse, ob es leicht oder schwer ging, fünf Schuljahre Platz haben. Das Lehrzimmer mutete hell und freundlich an, weil es einen Stock höher lag. Außer dem Kaiserbild hing darin eine vergrößerte Photographie des Herrn Ferdinand Kitzinger, welcher nunmehr Ortsschulratsobmann war.

Der Mittelgang trennte die Knaben und Mädchen. Ein Grenzstrich der Quere nach ergab vorne die erste Abteilung und hinten die zweite. Diese strotzte von lauter Halbwüchsigen und ungeschlachten Knechtslöttern, welche in den engen Bänken nicht mehr gradstehn konnten. Wenn sie direkten Unterricht hatten, mußten wir ein Lesestück abschreiben und den Satzgegenstand unterstreichen; oder wir setzten für einen Gedankenstrich im Sprachbuch das richtige Wort ein. Nicht selten auch das unrichtige. Auf die zweite Abteilung hinzuhorchen war uns nicht erlaubt. Natürlich erschien uns dies viel verlockender als die eigenen Aufgaben, und man lernte als wißbegieriges Kind doppelt und in umgekehrter Reihenfolge. So schielte ich in der Geographiestunde unzählige Male über die Achsel, während die Großen rücklings auf den Bankpulten saßen und Herr Walcher, mit dem Zeigestab über die alte, rissige Landkarte fuchtelnd, alle Grenzen und Kronländer der Österreichisch-Ungarischen Monarchie aufzählen ließ. Nach dem Herzogtum Krain grinste die ganze Klasse von der Wand hinweg zu einer Mitschülerin und brüllte im Stimmenchor:

Görz und Gradiska, Schiefer Franziska!

In der zweiten Halbstunde brachte Herr Walcher uns Kleineren die Anfangsgründe bei.

Merkt euch! so begann er, indem er wieder den langen Stab benützte. Wo der Grimmingschnee hereinschaut, ist Norden, und wo das Wasser auf dem Ofen siedet, ist Süden.

Die Lesestunde hatten wir gemeinsam. Das Lesebuch war dick, bilderlos und enthielt ernste und belehrende Geschichten aller Art. Wir lasen ein Stück so lange, bis auch die Stotterer es halbwegs bewältigten. Die Vifen taten indes unaufmerksam, was ihnen einfiel. Doch wenn eines plötzlich gerufen wurde, plapperte es aus dem Gedächtnis geläufig weiter.

Eine sehr beliebte Unterhaltung unter der Bank waren die Tier- und Pflanzenbilder, welche dem Feigenkaffee beigepackt lagen. Jedes Kind hatte eine kleine Sammlung. Wir tauschten unsere Schätze eifrig aus, verteilten sie zwischen den Blättern der Schulbücher und ergötzten uns in heimlicher Betrachtung. Aber wehe, wenn Herr Walcher derlei dumme, verwerfliche Spielereien erwischte. Sie flogen augenblicklich ins Ofenloch.

Was wir in Naturgeschichte lernen mußten, führte er ohnehin auf Wandtafeln vor. Manches Tier stand sogar ausgestopft im Lehrmittelzimmer. Einen Unterricht in der lebendigen Natur verurteilte man damals noch als Zeitverschwendung. Und die Jahreszeiten der Landschaft wirklich zu bewundern galt als Vorrecht der zugereisten Städter. Auch den Stoff zu Aufsätzen schöpfte man aus Lesestücken. Und im Freihandzeichnen hatten wir Vorlagen. Ich zeichnete mit unbeschreiblicher Leidenschaft zuerst immer, wie es der Brauch war, ein genau bemessenes Liniennetz. Da hinein setzte ich Arabesken, Girlanden und Ornamente. Als mir dies rein und schwungvoll gelang, gab mir Herr Walcher eine neue Bilderserie. Da waren Windmühlen, Wassermühlen, italienische Häuser, Bogenbrücken, Bäume, Tulpen, Tierköpfe und Menschengesichter. Ich durfte mir ein Blatt aussuchen und es nach Augenmaß abzeichnen.

Am liebsten hätte ich nach allem gelangt. Der Montag nachmittag verging mir viel zu schnell im Kunsteifer. Wenn Herr Walcher um zwei Uhr die Schulglocke läuten ließ, radierte und schattierte ich immer noch. Und wenn die übrigen Hefte schon an der Ecke lagen und abgesammelt wurden, blies ich von meinem erst achtsam den Bleistiftstaub. Endlich machte ich es zu. Dabei wünschte ich, die Woche wäre um, daß ich es wieder aufmachen könnte.

Von meinen Lieblingsgeschäften abgesehen, war ich keine Musterschülerin. Ich hatte durch das verbotene Hinhorchen auch so den ganzen Lehrstoff bald inne und zeigte gebieterisch auf, wenn die Großen einmal eine Frage nicht beantworteten. Dafür gab ich in der ersten Abteilung wenig obacht und mußte wegen Schwatzhaftigkeit öfter strafweise hinter der Tafel stehn.

Herr Walcher fand in seinem gütigen Lehrerherzen für solche Eigenschaften eine wohlwollende Deutung. Er schrieb mir nach dem vierten Quartal lauter „Sehr gut" ins Zeugnis und erklärte mich, wiederum vorzeitig, für die II. Abteilung reif.

Als Beweis unseres Talentes mußten wir Aufsteigenden während der Sommerferien ein langes Prosalesestück memorieren. Gerne tat ich es nicht. Ich saß jeden Tag etwa eine Stunde auf unserm Apfelbaum und plapperte verzweifelt und mit zerstreuten Gedanken auf meinen Küniglhasen Pimperl herab:

„Die Krone der Schöpfung, das erhabenste Glied in der Kette der irdischen Wesen, ist der Mensch. Schon aus der Einrichtung seines Leibes ersehen wir seine höhere Natur. Die Augen sind zum Himmel gerichtet ..."

Im Weiterblättern fand ich „Das Lied vom braven Mann" und „Johann, der muntere Seifensieder". Dieses Gedicht, so wußte ich, würde meine nächste Plage sein. Ich packte sie lieber gleich an, aber bestimmt nicht aus Wohlgefallen an der Dichtkunst, sondern weil ich dachte, dann hätte ich in der Schule endlich einmal Ruhe vom Lernen.

DIE KNABEN-ABTEILUNG

Die Schulpflicht ist die erste Vorbereitung für den Umgang mit Menschen. Ich lernte als Abc-Schützin vom Spiel zum Ernst der rauhen Welt um. Derbheiten von älteren Mitschülern, die mich Anfängerin unverdient aus dem Gleichgewicht stießen und meine empfindsame Seele in Furcht versetzten, haben mich immerhin geeicht, so daß ich mich auch später gegen Halbstarke und Ganzstarke behaupten konnte.

Meine Wehrhaftigkeit hatte insofern Rückhalt durch den Herrn Walcher, als er mich oft lobend hervorhob. Für die Oberstufe reichte seine Autorität nicht. Und Mutter riet mir, ich solle in der Pause den Flegeln einfach ausweichen.

Aber wie? Bei dem Rummel von gut hundert „Zweiteklassern" im kleinen Schulhof! So half ich mir eben selber, indem ich auch handgreiflich wurde. Dies trug mir Achtung ein.

Mutter sagte freilich:

Raufen gehört sich nicht für ein Mädchen.

Doch sie hatte mich einmal in das rauhe Element geboren, und ich mußte mich naturgemäß dafür abhärten. Das ging ihr ebenso nahe wie mir.

Ihrem Rate folgend, schauten wir Mädchen die Knaben natürlich gar nicht an. Es wäre unsittlich und auch sonst unter unserer Würde gewesen. Trotzdem spürten wir bei mancherlei Anlässen am eigenen Leibe, daß sie uns durchaus nicht Luft waren. Sie stießen einen gröbbisch die Stiegenstufen hinab, leiteten mit geschicktem Griff den vollen Brunnenstrahl über unsere Köpfe oder gar über das Handarbeitskörbchen; sie rannten, was nicht fest auf den Füßen stand, einfach über den Haufen; sie stellten, wenn man zur Tafel mußte, böswillig das Bein, damit man darüberstrauchelte; sie warfen Schneeballen und Steine. Manchmal schossen sie sogar mit der Kapselpistole nach uns.

Kurzum, wir waren niemals vor ihnen sicher und mußten sie oft genug beim Herrn Lehrer Walcher verschürgen.

Auf mich hatte es mehr denn alle der Bischof Benjamin abgesehen.

Er war mein grimmigster Feind. Wo immer er mir begegnete, sprühten aus seinem blanken Falkengesicht förmlich Funken. Aber ich maß ihn mit ebensolcher Wildheit und sagte noch obendrein: Moanst, i fürcht dich! Oder ich sagte: Du schiacher Lausbua! Das fachte die böse Feindschaft noch heißer an, und eines schönen Tages wurde sie gefährlich.

Es war wirklich ein schöner Tag. Der Neuschnee blendete hochgebauscht zu den Schulfenstern herein, und wir stürmten in der Pause ungeduldig von der dunstschwülen Klasse der freien Natur zu. Da der kleine Vorhof für mehr als hundert Kinder nicht ausreichte, benützten wir den Friedhof als Spielplatz. Das Gugu-Bergen hinter den Kreuzen und Grabbüschen war ein alter Brauch. In unserer Ausgelassenheit vergaßen wir völlig, daß wir einen neuen Herrn Pfarrer hatten, der uns den frevelhaften Unfug ausdrücklich verbot. Der schöne himmelweiße Flockenboden war schon ziemlich zerstampft und die Taxusbäume ausgebeutet, als wir im Laufen ein wunderbares Glatteis unter die Füße bekamen. Es zog sich von den Kindergräbern bis zum Friedhofstor. Im aperen Turmbogen war es wie ein tiefblauer Spiegel. Auf eins, zwei, drei standen wir Mädchen zum Gänsemarsch angestellt und sausten nach kurzem Anlauf über die Rutschbahn. So taten wir immer wieder. Es war eine unbeschreibliche Lust, im gaukelnden Schwung der Arme fast dahinzufliegen. Aber plötzlich einmal stürzte aus dem Mauerschatten eine wilde Knabenhorde. Voran der Bischof Benjamin mit hochgezücktem Taschenfeitel.

Alle Freundinnen entwichen schreiend.

Ich weiß nur noch, wie die plumpe Messerklinge vor meine schreckstarren Augen tauchte. Dann bin ich das einzigemal im Leben so etwas wie ohnmächtig geworden. Aber ich fiel nicht um. Als ich, sicher mit dem nächsten Atemzug, zu mir kam, stand ich ganz allein und wunderte mich, wohin mein Feind gekommen war. Auf der Kirchuhr über mir schlug es zweimal. Ich rannte unter heftigem Herzklopfen den anderen nach. Vor mir schlichen Knaben und Mädchen, auf einen Schock gedrängt, soeben ins stille Schulhaus. Oben in der leeren Klasse wartete Herr Walcher.

Halb eins! sagte er, über die Verspätung böse. Wir mußten nach dem Unterricht hundertmal schreiben: Ich werde pünktlich in der Schule sein. Auch der neue Herr Pfarrer hatte bis zur nächsten Religionsstunde die ganze Geschichte erfahren und erteilte uns eine strenge Belehrung. Am ärgsten kriegte es mein Feind, der Bischof Benjamin, obwohl er Oberministrant war. Das freute mich. Später, als er auf seinem Platz fehlte, tat es mir beinahe leid. Als Beamtenkind blieb er nicht lange im Dorf. Einmal beim alphabetischen Namensaufruf antwortete die Klasse im brüllenden Stimmenchorus: Fortgekommen.

Und das nächste Mal war der Bischof Benjamin schon gestrichen. Nunmehr begann der Katalog mit dem Cozzi Fred. Ich wußte lange nicht, daß er diesen Vorrang zufolge alphabetischer Ordnung einnahm und glaubte, er gebühre ihm wegen der Waldvilla und der nobleren Eltern. Die Tatsache, daß sein Vater aus Triest und seine Mutter aus Hamburg stammte, verwendete Herr Walcher hie und da praktisch im Geographieunterricht. Besonders bei Wiederholungen blickte er den Fred bedeutungsvoll an und fragte:

Wie heißt die größte deutsche Hafenstadt im Norden? Und wie heißt die größte österreichische Hafenstadt im Süden?

Die Antwort machte natürlich dem Cozzi Fred eine stolzverlegene Freude. Sonst hatte er keine ausgeprägte Eignung für die Wissenschaft. Er lernte nicht leicht. Das Lesen gelang ihm nur stockend. Solche Unbeholfenheit fiel noch peinlicher auf, weil er, an Wuchs und Leibeskräften nach seiner Mutter geartet, mit 11 Jahren bereits ein Riese war. Ob die Klasse nun stand oder saß, sein schmaler Kopf und die breiten Schultern tauchten stets sichtbar über die festen Bauernschädel empor; wenn ich's zeichnen müßte, so würde es eine lustige Skizze von lauter Kugeln, je nachdem falbweiß, rosiggelb, pechschwarz, gefärbelt, struppig, borstig oder kahlgeschoren, mit saubern oder grindigen Ohren und dazwischen ein Osterei.

Trotz diesem Überragen spielte Fred sich nicht zum Hauptmann auf. Er blieb ein Fremder. Und vor der Religionsstunde verließ er mit wohlerzogener Haltung, stramm und merklich erleichtert das Schulzimmer. Er war Protestant.

Aber das Schlittschuhlaufen auf der Berghammlacke machte ihm keiner nach. Und einen Bobschlitten hatte er, welcher bei uns noch höhere Wertschätzung genoß als der Papa, die Mama, das „von“ und die Waldvilla. An Sonntagen im Winter, wenn die steilen Wege des Schattenberges, von unzähligen Blochzagen glattgeschliffen, eisig spiegelten, stapften wir schockweise zum Fred hinauf. Er ließ gutwillig die vielen Schlitten an seinen koppeln. Dann fuhr er mit uns die Kurven hinab, daß uns im sprühenden Schneestaub das Hören und Sehen verging.

Einmal hatten wir die Pötting-Grafenbuben in der Schule. Sie waren zeitig im Frühjahr zu ihrer Großmutter geschickt worden und mußten nun auf dem Land mitlernen, was sie in der Stadt versäumten. Weil Herr Walcher „die besseren Kinder" nebeneinandersetzte, rückten sie zum Cozzi Fred in die Bank hinein. Dem Älteren schien es unnötig, er belächelte den mühsamen Drill ein bißchen von oben herab und gab in spärlicher Anteilnahme zu verstehen, daß ihm nichts mehr neu war. Der Jüngere zeigte für unsere Volksschule auch eine Geringschätzung, jedoch in gegenteiliger Art. Obschon er viele Wissensfächer noch nicht genug erlernt hatte, wollte er sich auch gar nicht darum bemühen. Weder der Mineralienkasten noch die Pflanzenbilder noch die ausgestopften Vögel oder Spiritusschlangen interessierten ihn. Mit Schreiben, Lesestücken, Sprachübungen, Aufsätzen und Gedichten befaßte er sich nur kurz. Merkwürdig, hörte ich den Herrn Walcher einmal sagen, der Herr Papa ein Genie und die Frau Mama eine so hochintelligente, belesene Dame!

Die Großmama meinte als Entschuldigung, daß ihr Enkel vielleicht zu stark wachse. Dabei war er aber nicht zu schwach, mit seinem grünen Schmetterlingsnetz einen ganzen Tag lang den Faltern und Käfern nachzuhüpfen. Und bei unserem Eisenmagazin, wo die Heuwender, die Sämaschinen und die Mähmaschinen auswaggoniert wurden, konnte er vor Andacht ein Loch in den Boden stehen. Sein Sinn ging nur auf das Praktische. Und seine Ohren blieben taub gegen die Besorgnis der Erwachsenen; denn er wollte gar nicht Staatsbeamter werden, sondern Bauer.

Niemand sagte es laut, aber die Aristokraten und die Bürgerlichen und die Arbeitsleute stimmten stillschweigend überein, daß dieses Vorhaben eine Schande für die gräfliche Familie sei.

Als die zwei Pöttingbuben fortreisten, saß neben dem Cozzi Fred wiederum der Kitzinger Ferdi. Sie waren von jeher unzertrennlich gute Spielkameraden und gleich schlechte Schüler. Wenn der Ferdi aufgerufen wurde, veränderte sich sein edles ebenmäßiges Gesicht zur Bestürztheit. Er schwieg furchtsam wie im Marionettentheater der arme Schmerzenreich vor dem Ritter Golo. Er wagte selbst das nicht auszusprechen, was er bestimmt wußte. Hielt Herr Inspektor Tremel gelegentlich Nachschau, dann duckte sich Ferdi noch schüchterner hinter den lodern Buckeln seiner Vorsitzer, damit man ihn nicht bemerke. Mich staunte er über den breiten Mittelgang manchmal vertraut und verstohlen an. Ich fühlte mich geehrt dadurch; und stets ingedenk, daß ich dem Geburtstage nach fast seine Zwillingsschwester hätte sein können, lächelte ich vertraut zurück. An einem Karfreitag, ich spüre noch die tauende Luft und die eisigen Bloche, auf denen wir Kinder umrutschten; ich sehe die schwarzen patzigen Maulwurfshügel mit dem gelben Röhrlsalat und dem grünen Vogerlsalat, die Füße hatten es schon kühl, und über den Kopf fächelte die niedere Sonne, da kam der Ferdi daherspaziert. Er stand in kleiner Entfernung still und schaute uns eine Zeitlang zu. Meine Schwester und die Freundinnen ließen sich dadurch nicht irre machen. Ich aber blieb pflichtschuldig auf einem kalten Prügel sitzen, und als er sich zögernd ans andere Ende setzte, fühlte ich mich wieder sehr geehrt.

Was tuts denn, fragte er schüchtern.

Spielen, sagte ich.

Später sagte er: Was habts denn heut gehabt?

Ich sagte: Eine Fastenspeise.

Mir haben Forellen ghabt, prahlte Ferdi mit einem bescheidenen Lächeln.

Die Forellen machten mir einen unvergeßlichen Eindruck. Denn sie waren sonst nur das Vorrecht des Grafen Bardeau. Ich dachte den ganzen Tag an das Gespräch. Am Abend empfand ich geradezu eine unruhige Bedrängnis, es meiner Mutter zu erzählen. Ich setzte mich noch einmal im Bett auf und sagte:

Beim Kitzinger habens heut Forellen ghabt.

So! nickte Mutter bei der Näharbeit.

Ferdi hatte viele Schwestern. Doch der Umgang mit ihnen war gespreizt; es fiel uns regelmäßig ein, daß die Väter als feindliche Konkurrenten sich nie zum selben Wirtstisch setzten.

Im folgenden Schuljahr, als neu Aufsteigende in die zweite Abteilung kamen, begann das Klassenbuch mit dem Bernkopf Franz. Seine Vorfahren hatten sich ebenfalls Grogger geschrieben, nämlich Andreas und Konstanzia. Und sein Heimathaus war die Bräutaverne. Wenn ich mir seine Stimme vergegenwärtige, so höre ich ihn selten mehr als ja oder nein sagen.

Mit dieser alten Bibelweisheit, daß alles andere von Übel sei, bewahrte er sich unbewußt, dennoch sicher vor den verzwickten Gefahren mancher Antwort. Munter wurde er eigentlich nur in der Zeichenstunde. Die andern Lernfächer nahm er gnädig zur Kenntnis und das Aufzeigen sparte er sich.

So waren die „Besseren" in der Knabenabteilung. Die Bauernbuben strengten sich für den Herrn Walcher ebenso wenig an. Dumm konnte man sie gewiß nicht schimpfen. Jedenfalls aber hatten sie keinen Ehrgeiz, für gescheit zu gelten. Am auffälligsten hebt sich noch der Ringdorfer Johann aus meinem Gedächtnis. Nicht, daß er etwa mit seiner klugen Schwester Therese gewetteifert hätte. O nein! Aber das Profil und die strohblonden Schneckerln zogen mein Auge mit Zauberkraft, und meine Finger versuchten oft genug auf dem Papier wie in der Luft, ihnen nachzufahren. Der Ringdorfer Johann glich einer Malvorlage, auf welcher mit Lateinschnörkeln geschrieben stand: Tituskopf.

Sehr aufmerksam, mit dem Gesicht immer gradaus, hielt sich der Pichler Johann, besonders, wenn Herr Walcher vor der Geschichte- oder Geographiestunde befehlerisch ausrief: Arme schränkt! Er gehörte zu den Talentierten, die bei einer Inspektion und bei der Religionsprüfung zuerst gerufen wurden. Sein jüngerer Bruder gönnte ihm den Vorrang und äugte auf den Namen Pichler vergnügt und rotwangig in die Luft, bis er extra noch „Franz" hörte.

Bei den Neupern gefiel mir der Roman; die andern mochten noch so lausbübisch lachen, ihn sah ich stets lerneifrig und ernsthaft, wenn ich mich zufällig nach seinem Platz drehte. Er interessierte mich geheimnisvoll. Eine Gegenbeachtung fand ich nicht.

Sein Bruder Johann, der nach dem Kriege meine Freundin, die Danklmayr Josefa, heiratete, hatte als Volksschüler noch keinen Anwert bei uns Mädchen. Die Josefa schnappte ihn höchstens mit einem gespöttigen Trumpf ab, wenn sie miteinander den nämlichen Schulweg hin und her marschierten. Und der Johann hielt sich lieber zu seinesgleichen, er war ein Raufer. Klein und stämmig von Gestalt und verschmitzt über das ganze Vollmondgesicht, trat er schon damals auf wie ein alter Bauer beim Kirchtag. Den springlebendigen Herrn Walcher brachte er mit seiner zähen Ruhe zum Schwitzen. Beim Unterricht war er nämlich phlegmatisch. Es brauchte eine Weile, bis er sich zum Aufstehn herbeiließ. Dann gab er langsam und pfnausend Antwort, oder auch keine, und bumste um so schneller nach seinem Sitz zurück.

Ganz im Hintergrund saß der Neuper Ferdinand. Er war unser Größter und brauchte nur mehr im Winter schulgehn. Vom Mai bis Allerheiligen waren er und andere Bauernkinder „sommerbefreit". Ich mußte, vielleicht durch seinen Namen erinnert, immer an einen Bären denken, wenn er mit seiner schneesteifen Hose und seinem bamstigen Röckel in die Klasse strampfte. Der Herr Walcher schaute neben ihm wie ein Märchenzwergel aus, und sogar der Cozzi Fred war auf einmal kein langer Riese. Der Ferdinand hockte mühsam in die enge Bank gezwängt. Wenn er gerufen wurde, streckte er ein Bein auf den Gang, damit er stehen könne. Man sah ihm an, daß er sich nicht heimisch fühlte. Er hatte über die sechs Arbeitsmonate das meiste vergessen. Seine Schrift war von der schweren Hand zittrig, krumm und tintenpatzig. Beim Antworten räusperte er sich unsicher. Kurz gesagt: Er schämte sich in der Schule und hielt das Lernen für ein Tändelwerk, mit dem er schon nichts mehr zu schaffen habe. So beiläufig war der ganze Bauernschlag. Der Herr Walcher mußte sich sein Lehrerbrot sauer verdienen. Ein Wunder nur, daß er doch allen das Lesen, Schreiben und Rechnen zufriedenstellend beibrachte. Ein paar arme, hoffnungslose Trottel, die zu oft aus der Wiege gekugelt oder mit Schnaps aufgezogen waren, und ein paar kropfete Hascher lernten freilich in acht Jahren nur Buchstaben malen, immerhin hatten auch sie zuletzt eine ordentliche Schrift. Kein Wunder jedoch war es, wenn unsereins zur Geltung gelangte und bevorzugt wurde. Es stimmte eben für ein jedes neue Geschlecht, was meine Mutter in der Schladminger Normal- und Musterschule (so nannte mans von der alten Zeit her), mit dem Einmaleins gelernt hatte:

6 mal 6 ist 36,
sind die Mädchen noch so fleißig,
sind die Knaben noch so faul,
das ist doch ein Jammertaul.

Ein einziger von meinen Schulkameraden hatte lauter Sehr gut, nämlich der Walcher Loisl. Wir saßen, dem Grad unserer Kenntnisse entsprechend, auf dem Ecksitz der letzten Bänke, nur durch den Mittelgang getrennt, und das gegenseitige Vergleichen und Einsagen war eine Leichtigkeit. Weil sein Vater kein Geld zum Gymnasialstudium aufbrachte, ging er der Übung halber über das 14. Jahr hinaus in die Volksschule. Er konnte einfach alles so schnell wie das Vaterunser herabsagen. Erstens zum Beispiel die Hauptstädte, die Hauptflüsse und die höchsten Berge von Österreich-Ungarn, von Europa und der ganzen Welt. Er hatte schon zweimal sämtliche Bibliotheksbücher ausgelesen. Die Steine im Mineralienkasten und die ausgestopften Tiere, die Schlangen im Spiritus erkannte er mit zugemachten Augen. Er machte keinen Fehler in der neuen Rechtschreibung, unterschied genau den 2., den 3. und den 4. Fall und analysierte die schwierigsten Sätze. In der Geschichte wußte er jeden Krieg und jede Jahreszahl von Leopold I., dem Erlauchten, bis zum Kaiser Franz Josef. In Naturlehre erklärte er ebenso gut wie sein Vater den Schall, das Echo, den Brennpunkt und die Sonnen- und Mondesfinsternis. Zu diesem Zweck tat er sachkundig mit dem Globus um, den sonst niemand angreifen durfte. Wenn er auch nicht alle Sterne kannte, zwanzig bis dreißig zeigte er uns spielend. Zu seinen Schreibarbeiten brauchte er endlos lange, dafür waren die Ziffern auch wie gedruckt und die Rechnungen ohne Patzen und Radierlöcher sorgsam ausgeführt. Aufschriften machte er mit der Rondfeder, und die Hauptwörter hatten bei ihm lateinische Anfangsbuchstaben. Durch die aufrichtige Bewunderung dieser Künste und Fähigkeiten ergab sich allmählich, daß der Walcher Loisl mein Ideal wurde. Ich traute ihm überhaupt alles Können und alle Gescheitheit zu. Ich hielt ihn gradaus für unfehlbar und nahm mit meinen Einfällen immer wieder bei ihm Zuflucht.

Er kam auch gerne zu mir, hauptsächlich in den Sommerferien, wenn den Zaun entlang die Ribisel recht saftig und süß wurden. Derweil er brockte und ein Träubchen nach dem andern mit den Zähnen abrebelte, musterten seine grauen scharfen Augen kritisch mein Gartenwerk. Ich war sehr stolz auf das, was ich zumeist aus Kernen und Sprossen selber gezogen hatte. Nun wuchsen die Obstbäume und die Fliederstauden schon tüchtig in die Höhe. Im Winkel der Strauch stand rot von Hetschebetschen.

Aber Loisl beutelte dazu nur mißbilligend den Kopf.

Tragt nix, sagte er. Man müsset die Wildling veredeln. Nachher würden dicke gefüllte blutrote Rosen und faustgroße Zweschben und solche Äpfel und solche Kaiserbirnen, sagte er, die Hände größer und größer wölbend.

Ja — wie denn? fragte ich, von seiner Verheißung beglückt.

Das is ganz leicht, belehrte mich Loisl. Man nimmt einen Zwirnsfaden, einen Pelzer und bind ihn aufi.

Gell, das tuast?

Doch er schlug mir die Bitte ab. Nein, sagte er, sowas kann i nit, sowas kann netta der Herr Schulinspektor.

Das dämpfte meine Hochachtung ein bißchen.

Ein andermal, als wir im Kindergarten auf dem Hutschbrett hockten und sacht schaukelnd, gedankenvoll, wie er sich ausdrückte, über die Naturgeschichte philosophierten, vertrug es uns, ich weiß nicht, wie, von einem Land zum andern bis in fremde Erdteile. Der Loisl erzählte mir, was er aus Büchern wußte. Er war entschlossen, selbst einmal als Naturforscher mit einem Schmetterlingsnetz und einer Botanisiertrommel nach Indien oder Afrika zu reisen. Dort lebten der Papagei, der Kolibri, die Klapperschlange, das Riesentagpfauenauge und Millionen wilder Urwaldtiere. Der Ozean war voll roter Korallenriffe, und in der Wüste spitzten sich die Kakteen, noch stacheliger, noch prächtiger wie in seiner Mutter ihrem Blumengeschirr. Weil der Äquator sehr heiß war.

Bei dieser Beschreibung meldete sich in mir die alte Robinsonsehnsucht, und ich fragte den Loisl, ob er mir nicht eine Insel machen könne; nur eine kleine wenigstens, mit einer Berghöhle und rund herum lauter Wasser, so wie das stille Weltmeer.

Nein, das konnte er nicht. Da müßte man einen Bach zuleiten. Und es wäre noch zu wenig Wasser. Und dann sagte er, indessen seine Stirne wulstige Falten aufwarf: Du kriegest auf derer Insel das Heimweh. Das is schauderlich.

Ich wollte wissen, wie das sei.

O je! seufzte er. Ich kriag es alleweil, wenn ich mit meiner kleinen zur großen Schwester nach Kumitz fahr. Da mögen wir zum Frühstück kein Bröserl essen, und auf den Abend is uns schlecht.

Wie wirds dir dann in Graz bei der Studi gehen? zweifelte ich besorgt.

Guat! gab er zur Antwort. Da tua i den ganzen Tag in mein Vogerlbuach maln.

Seine Passion, das sagte er selber, seine Hauptpassion waren die Vögel. Er zeichnete und malte sie lebensgetreu mit jedem Federrippchen und jedem Farbflaum, wirklich wunderschön. Dabei ärgerte ich mich nur, daß er den Pinsel ableckte, der patzig von Farben war. Ich sagte von meiner Bank zu seiner Bank hinüber leise: Pfui!

Er antwortete würdig: Das verstehst du nicht.

Manchmal blieb ich nach dem Unterricht eine Zeitlang in der Klasse zurück und schaute ihm bei der Malerei zu. Dann wurde der Loisl gesprächig. Er belehrte mich, wie die Vögel nach ihrer Art nisteten und was sie mit Vorliebe fraßen. Besonders auf ihren Gesang machte er mich aufmerksam.

Los, befahl er, durch das Fenster horchend. Und obschon er ein bißchen taub war und auch sonst kein gutes Gehör hatte, erkannte er das unsichtbare Federvolk von weitem nach seiner Stimme.

Ein rotrückiger Würger, ein Fink, ein Regenpfeifer, ein Gimpel, eine Amschel, sagte er, je nachdem, und seine klüglerische Miene funkelte plötzlich vif und witzig. In solchen Augenblicken hatte er für nichts anderes Sinn. Wenn ich bettelte: Mal mir einen Kolibri und einen Papageier. Oder wenn ich neugierig fragte: Wia tuat man denn beim Zunglösen? Dann fertigte er mich geringschätzig ab.

So fremdländische Viecher sagte er, die gengen uns nix an. Aber dieselben, die mein Großvater drent in Aussee gefangt hat. Das sand Spezialitäten. Mit der Leimrut is er geschlichen durch Reif und Schnee, daß ihm oft die Finger erfroren sind. Und an die hundert Lockrufe hat er gepfiffen. Da hast nix kennt, daß er ein Mensch is.

So prahlte Loisl mit seinem Großvater. Dieser war drüben im Salzkammergut ein Spielmann und Vogelsteller gewesen. Von der Musik pulste in Loisl keine Ader. Er wollte studieren. Auf einen Vogelprofessor.

Wenn er zu Haus das beredete, was er sich in den Kopf gesetzt hatte, sann der Herr Walcher gewiß oft über die Zukunft nach und wünschte, auch die Pläne seiner andern Schüler zu erfahren.

Einmal schrieb er auf die große Tafel die überraschende Frage: Was ich werden will.

Mir paßte eine solche Aufgabe, die den Gedanken freien Lauf ließ. Ich weiß zwar nicht mehr, was mir die Phantasie und der Eifer alles eingaben. Jedenfalls glaubte ich das Richtige gewählt zu haben, als ich den stolzen Satz formte: Ich möchte nach Vollendung der Schule mich zu einer Buchhälterin ausbilden.

Viele Kinder wußten gar nichts Rechtes zu antworten. Meine Schwester Hildegard schrieb: Bäuerin. Die Kofler Nannerl schrieb: Kellnerin. Die Walcher Ida schrieb: Ich lerne die Schneiderei und werde mir viele schöne Kleider anfertigen. Was die Inspektor-Mitzi werden wollte: eine Gesellschaftsdame! erschien uns, außer Fürstinnen und Gräfinnen, so ziemlich das höchste. Sie sprach aber auch schon englisch, behauptete sie. Wahrscheinlich hatte sie wieder ein Buch, dem sie sich Sätze einlernte. I hate. We hate. I lofe. We lofe, sagte sie. Oder: I hafe a little cat und a large dog. Was heißt das auf deutsch? Das i und das a verstanden wir gleich.

In der Knabenabteilung schrieb einer vom andern tapfer ab. Ganze Bänke entlang wollte jeder Roßknecht werden oder Lokomotivführer; sonders Dienstbotenkindern fiel die Berufswahl schwer. Sie hatten ja keinen Vater und kein Beispiel vor sich. Die Erbsöhne taten sich leichter. Aber sie durften nicht schreiben, wie der Neuper Ferdinand wollte: Ich werde Moar. Ein mundartliches Wort galt für gemein. Selbst das Wort Bauer war schmählich. Herr Walcher diktierte den armen und den reichen Söhnen in passender Abwechslung: Großgrundbesitzer, Landmann, Landwirt, Ökonom und Realitätenbesitzer. Der Cozzi Fred und der Kitzinger Ferdi mußten schreiben:

Dem Wunsche meiner Eltern gemäß werde ich Doktor.

Was der Neuper Roman mit seiner todernsten Miene sich ausdachte, weiß ich nicht mehr gewiß. Mir kommt vor, er wollte auf den Pfarrer studieren.

Allein der Mensch denkt und Gott lenkt. Sie wurden zunächst, was keiner voraussah: sie wurden im Weltkrieg alle Soldaten.

DIE MÄDCHEN-ABTEILUNG

Leider war ich der gütigen Beurteilung des Herrn Walcher nicht
würdig. Ich vergalt sie mit barem Undank. Ich schwätzte so viel wie
früher. Meine anfängliche Scheu vor den Älteren verkehrte sich bald
zu selbständigen Herrschgewohnheiten. Da Herr Walcher manchmal nicht fertig wurde, auf den vielen Heften und Tafeln die Fehler
anzustreichen, und mich zu allerlei Hilfsdiensten anstellte, erhob ich
mich, befugt oder unbefugt, zu einer Art Vizelehrerin. Ich schulmeisterte buchstäblich auf eigene Faust; besonders kritisch und angrei-
ferisch wurde ich, wenn ein Kind nach meinem Ermessen Unrecht
tat, log oder sonst eine Falschheit beging.

Dadurch zügelte ich mir böse Feindschaften und gute Freundschaften. Dem armen Sündenböcklein Ida mußte ich aus mancher
Not helfen. Weil ihr Vater sie hart anfaßte, nahmen sich die
Mitschüler auch das Recht, sie zu puffen und zu boxen. Das
erbitterte mich einmal so sehr, daß ich einem großen Weibstrumm
flink zuvorkam und es gewaltsam auf den Schädel drosch. Nachher
freilich rannte ich davon und hielt mich, bis die Stunde aus war,
irgendwo versteckt. Herr Walcher hat mir für das Schulstürzen ein
Nichtentschuldigt ins Klassenbuch geschrieben; es begleitete mich
bis zum Entlassungszeugnis.

Meine Erziehungskunst, wie mir scheint, entwickelte sich ganz
nach dem mütterlichen Maßstab, nur mit dem Unterschied, daß ich
damals noch die Blicke ausließ und gleich tätlich wurde. Natürlich
ließen sich die Mädchen die Strenge nicht gern gefallen. Ein paar
andere Hitzköpfe rächten sich mit Empörungen und Verschwörun-
gen. Aber lange dauerte ihre Feindschaft niemals. Sie brauchten mich
ja doch wieder als Rädelsführerin. Besonders unentbehrlich machte
ich mich bei den Hausaufgaben. Es ist merkwürdig, daß gerade jene
Schulkameradinnen, die ich im Rückblick als die Begabtesten
schätze, mich vertrauensvoll baten, ihre Aufsätze, Rechnungen und
Zeichnungen auszubessern. Vieles fabrizierte ich freilich von Grund
auf mit fleißiger Hingabe bedächtig und abwechslungsreich bis zum
nebensächlichsten Ausdruck, zumal Herr Walcher, wie erwähnt, ein

talentierter Kunstdichter war und jeden Mißklang, ja selbst die gedankenfaule Wiederholung eines Wortes mit roter Tinte anstrich. Er nahm gerne ein Aufsatzheft zur Hand und bildete unser Sprachgehör an schönen, wohlklingenden Sätzen, aber auch ungeschickte Sätze und abschreckenden Blödsinn las er vor.

Wie klopfte mir das Herz in banger Unruhe, daß ich doch wohl unter den Belobten wäre. Und wie lernte ich auf jede Silbe Bedacht haben und jeden Laut im Ohr erwägen.

Meistens tat ich mir die Mühe nicht umsonst an. Ich bekam für mich und meine Freundinnen etliche Gut oder Sehr gut. Und dazu recht schätzenswerte Honorare. Das Wort als solches war mir freilich noch fremd. Aber ein anderes geisterte, weit hergeflogen und etwas verborgen, durch mein kindliches Hirn. Ich nannte das Papier, das ich bekritzelte und das bei den Mitschülern „Kaszettel" hieß, schon sachverständig ein „Manusprikt".

Besonders dankbar zeigten sich Abnehmer bäuerischen Schlages. Es entwickelte sich nach und nach ein regelrechtes Geschäft. Jeder Aufsatz kostete drei bis vier Äpfel oder, was meine ewige Sehnsucht, einen roggenen Krapfen mit Steirerkäse. Dezimal-, Bruch- und Prozentrechnungen waren billiger. Für Zeichnen verlangte ich gar nichts.

Weit deutlicher und besser als damals, wenn auch ohne zeitlichen Zusammenhang, heben sich jetzt oft meine Schulfreundschaften aus dem fernen Hintergrund der Vergangenheit ab. Vielleicht, so denke ich, weil viele von ihnen mich im selben Raum aus den Gesichtern ihrer Kinder nochmals ansahen und so an zwanzig und dreißig Jahre verwischt haben. Während ich Erscheinung und Eigenart in Worten beschreibe, überkommt mich eine alte, fast vergessene Lust. Ich möchte wieder mit dem Bleistift stricheln und stricheln, bis alle diese inneren Bilder sichtbar zu Gestalt würden.

Da waren einmal, zu meinem treuen Anhang gehörig, die Klee-Töchter. Sie redeten nie und glichen mit der eirunden Stirn und den flachen, naturgemalten Wangen meinen Fleckerlpuppen. Ihre Mutter, ihre Großmutter wie seinerzeit schon die Urgroßmutter, arbeiteten bei Bauern im Taglohn. Sie wohnten beim vulgo Grillen. Dort hatte jede ihre Kinder ledig auf die Welt gebracht. Und so ging es auch weiter.

Mehr als heidnische Nester gab es doch christliche Familien, welche die Schulklasse und damit meine Spielgesellschaft jährlich um nachwachsende Glieder vermehrten und bei denen der Kinderwagen daheim noch immer nicht trocken wurde. Der Tischler

Zeiller konnte wenigstens Bettstellen und am Hause einen Zubau machen. Wie sich aber der Bahnwächter Gehringer behalf, das weiß nur Gott. Jedenfalls hielten die Mütter ihre vielen Mädchen sauber und schickten sie montags in frisch gewaschenen, geflickten und gebügelten Kleidern zur Schule.

Eine ebensolche Kette ohne Ende waren die Wundersamer Dirndeln. Sie kamen klein und blieben klein. Vom frühen Aufstehn und vom holperigen Bergweg müde, wurden sie in der ersten Halbstunde manchmal über dem Bankpult schlafend. Doch wenn das wetterbraune kugelige Köpfel wieder in die Höhe tauchte, dann blitzten ihre schwarzgrauen Kreisaugen aufgeweckter als bei den Muntersten, und sie rechneten mit Ziffern und Zahlen so flink, als ob sie nichts versäumt hätten.

In einer staden, anspruchslosen Art, dennoch merkbarer als viele, hielten die Ofenleger Dirndeln zu mir. Die Katharin mischte sich, wie sie ihrem Namen schuldete, wohl geschäftig in meine bewegten Schulhändel. Der Maria genügte es, eine ergebene, wortkarge Anhänglichkeit zu bekunden. Sie ließ sich, kommandiert oder ungebeten, zu allerhand Liebesdiensten herbei. Wenn wir Tintentiegel waschen mußten, nahm sie immer auch meinen mit. Manchmal folgten mir die Katharin und die Maria und die jüngste Schwester Hedwig über den Brunnentrog nach Hause und bewunderten meine Puppen, das Kochgeschirr, den Malkasten und den Baukasten, freilich, ohne daß sie damit etwas anzufangen wußten.

Nüchtern, zum Spielen ungeschickt waren überhaupt alle. Sie hatten ja keine Übung darin; die Zehnuhrjause und die Mittagspause war ihre einzige Lustbarkeit. Um so dankbarer gehorchten sie da meinen unternehmenden Einfällen. Ich gängelte sie recht befehlerisch, wenn ich auch fragte: Was tan ma? Guckabergn, Florian, Florian hat gelebet sieben Jahr, Schneider leich ma d'Scher, Ringa ringa reia, Titz tatz, Pfennig eingeben, Kastelhupfen, Tellerreiben, Kugerlscheiben oder Eisrutschen? Wenn sie ihre Wünsche auch unbändig durcheinanderschrien, schließlich geschah doch, was ich wollte. Eine große Vorliebe hatte ich für die Goldene Brücke, weil es aufregend war, eine jede zwischen Himmel und Hölle raten zu lassen, natürlich unter Decknamen, die ich zufolge meiner anerkannten Gescheitheit bestimmen mußte. Hatte ich sie der Inspektor-Mitzi vorsichtig ins Ohr geflüstert, so spreizten wir beide die Arme zum Bogen, und Hildegard mit einer endlosen Schlange von Schulmädchen sauste darunter durch. Sie leierten:

So fahrt hinein, so fahrt hinein. Die Letzte soll gefangen sein.

Über der Letzten fiel der Bogen nieder, und sie mußte den Kittelzipf ihrer Vorgängerin loslassen. Wir drängten sie zur Entscheidung.

Samt, sagte ich verheißungsvoll... Seide! lockte Mitzi.

Den armen Dirndeln tat die Wahl weh. Manchmal ersann ich Fragen, die sie ganz bestürzt und ratlos machten. Zum Beispiel: Goethe oder Schiller. London oder Paris. Löwe oder Tiger. Nordpol oder Südpol. Mississippi oder Amazonenstrom. Diamant oder Saphir. Weintraube oder Pomeranze. Fixstern oder Komet. Theater oder Zirkus. Mohr oder Indianer. Dampfschiff oder Segelschiff. Karminrot oder kobaltblau.

Je nachdem die Mädchen gewählt hatten, mußten die einen sich hinter Mitzi stellen, die anderen zu mir. Dann kam der feierlichste und furchtbarste Augenblick. Es wurde ihnen wie beim Jüngsten Gericht verkündet, auf welcher Seite der Himmel und auf welcher die Hölle war.

Aber nicht immer freute mich der Tumult. Oft kehrte ich mich aus geringer Ursache empfindlich ab und blieb mit irgendeiner Eigenbrötelei allein. Besonders begierig war ich auf Bücher. Das mochte meine Gespielschaft am wenigsten leiden.

Einmal in der Pause hockte ich lesend auf dem schiefen Bankpult und machte die spannende Erzählung, in welche ich vertieft war, noch genußreicher, indem ich dann und wann in meine Buttersemmel biß. Da kam die ganze Mädchenabteilung, selbst meine Cousinen und Freundinnen, ich glaube, von der Inspektor-Mitzi herangeführt. Sie umringten mich und begannen mit den Händen zu klatschen und klatschten so lang und so höhnisch, daß mir über den unlieben Applaus das Wasser kläglich in die Augen stieg. Ich hielt eine Zeitlang den Kopf gesenkt, damit sie es nicht sähen. Schließlich rutschte ich doch von meinem Sitz und wich vor der feindseligen Überrumplung, immer noch bestrebt, meinen Schmerz zu verbergen, bis in den Ofenwinkel. Hier begegnete ich der öffentlichen Schmach unter rollenden Tränen funkelnd und trotzig.

Vielleicht fühlte ich mich stärker, weil ich nicht mehr so ganz verlassen dastand.

Eine neue Mitschülerin hatte sich plötzlich stumm an meine Seite gestellt. Sie war aus einer armen zugewanderten Handwerkerfamilie und hieß Adele. Ich schenkte ihr aus inniger Dankbarkeit das Skarnitzel Früchtezucker, das ich sonntags von meiner Mutter bekommen hatte.

Wie die Geschichte mit den andern ausging, weiß ich nicht mehr.

Ich glaube fast, sie nahm nur scheinbar ein Ende. Denn wie oft im Leben, zehn Jahre, zwanzig Jahre, dreißig Jahre später widerfuhren mir Massenkundgebungen ganz ähnlicher Art. Inmitten eines wahren Sturmes von klatschenden Anklägern überkam mich zwischen Lachen und Weinen das sonderbar traumhafte Gefühl, daß ich noch in der Volksschule sei und mich hartnäckig wunderte, was ich denn eigentlich Böses verschuldet hätte. Und genau wie damals hilft mir noch tapfer die Glaser Adele. Deutlicher gesagt, immer eine edelmütige Freundschaft, welche mein Herz behutsam anfaßt wie Glas.

Die Walz Maria schickte sich auch so zugetan und gefügig in meine Wesensart. Vielleicht deshalb, weil sie meine alten Kleider auftrug. Sie wurde bei hartem Kleinbauern-Tagwerk und magerer Schottsuppe großgezogen. Oft hatten die Kinder den ganzen Tag nichts Warmes im Magen. Am Abend löffelten sie ein Mus ohne Schmalz aus der Pfanne. Für den Durst stand immer ein Hafen Kornkaffee neben dem offenen Feuer. Hauptsächlich lebte die Mutter davon; sie war eine abgeschundene, magenkranke Frau, schon unfähig für eine nutzbare Wirtschaft. Aber auch der Mann wurde nachgiebig gegen den harten Himmel und die harte Erde. Denn die sauern Talwiesen versandeten und verschilften immer mehr durch das jährliche Hochwasser. Der lang während Winter drückte ihnen das Dach ein und verwehte im Mai noch die grünen Futtergräser. Wenn aber das Vieh mit den letzten Heuschübbeln gehacktes Reisig zu käuen bekam, mußten es die Kälber entgelten, und die Milch wurde auch nicht besser. So verfiel der Hof.

In den unfruchtbaren Monaten war meist kein Kreuzer Geld im Haus. Dann ging die Walz Marie mit dem Einschreibbüchel zu uns einkaufen. Meine Mutter schrieb geduldig Seite für Seite voll und zwischen die Waren im großen Bauernzöger preßte sie oft noch eine Draufgabe, die nichts kostete.

Dafür wollte die Walz Maria ihr die Hand bussen. Und beim Forteilen rief sie vielleicht einmal:

Brauchts nimmer lang zuawarten. Heut is a Lamperl wordn.

Nach drei Wochen brachte sie es. Wir hörten beim Frühstückessen schon von weitem sein klägliches Geplärr. Ich ließ augenblicks die Kakaoschale und die angebissene Semmel stehn und lief ihm entgegen. Noch auf der Straße nahm ich das weiße oder schwarze oder gescheckte Lamm aus den Armen meiner Schulfreundin und trug es in unser Zimmer. Hier stand es steifbeinig und zitternd; unter der baumelnden Schwanzquaste verlor es ein paar Küglein. Was ich ihm zum Fressen vorhielt, fraß es natürlich nicht. Leider mußte ich das liebe Tier bald hergeben. Unser Lehrbub packte es und wog es auf der großen Dezimalwaage. Die Walz Maria schaute dabei zu. Wenn sie dann zum Vater gingen, um den Preis auszuhandeln, sperrten sie es in das Eisenmagazin. Ich wußte wohl, was ihm bevorstand. Ich spähte durch eine Bretterfuge, bis mir selber sterbensübel wurde. Dann schlich ich in den Schulhof und hielt mir die Ohren zu. Von Zeit zu Zeit fragte ich die Kinder:

Schreits noch?

Ja, es schreit noch, antworteten sie gedankenlos.

Mitunter ließ man ein Lämmchen lang auf seinen Tod warten. Es läutete vorher die Schulglocke. Ich war schon auf meinem Platz, wenn die Walz Maria im letzten Abdruck mit ihrem ausgehaarten Kalbfellränzel in die Klasse stürzte. Sie blieb beim Vaterunserbeten im Türstock stehn. Sie atmete hastig von den zwei Wegstunden, vom schweren Tragen und von der Rechenarbeit. Ihr schmales Gesicht im herabgebundenen Kopftuch war blutleer, die Augen wasserblank. Aber sie weinte wirklich nicht um das Lämmchen. Sie fürchtete sich nur, weil sie zu spät kam.

Meine zweite Extrafreundin, die Danklmayr Josefa, war eine kleine, punkerte Großbauerntochter. Umschaffen durfte ich bei ihr nicht viel. Sie gab sich gesetzt und ernsthaft wie alte Leute und trumpfte einen gleich mit nüchternen Antworten ab. Wenn ich ihr etwas schenkte, Semmeln zum Beispiel, weil sie ihr seltsam waren, wenn ich sie, was sie eigentlich nicht not hatte, ein bißchen abschreiben ließ oder ihr einsagte, schob sie augenblicks mit schroffer Gebärde ein Gegengeschenk in meinen Schürzensack. Sie handelte stets auf glatte Rechnung und blieb nichts schuldig. Mir gefiel dieser hantige Bauernstolz, und ich hatte die Josefa gern, weil ich bei aller Empfindlichkeit und Beweglichkeit meines Naturells im Grunde genauso verläßlich rechnete und so ehrsam dachte wie sie.

Noch vertrauter hielt ich zur Ringdorfer Theresia. Sie war auch eine Großbauerntochter. Ein Holzschnitt paßte für ihre straffe, farblose Hagerkeit und das schlichte, lange Gewand mit der Trägerschürze aus Blaudruck. Ihr dichtes Haar wand sie auf dem Hinterkopf zu einem festen Knäuel. An der Schläfe hing ihr beim Schreiben ein Strähn herab. Manchmal versuchte ich auf meiner Schiefertafel ihre steile Stirnlinie, den Augenbug und die feingemodelte Nase zu zeichnen. Es wurde ähnlich. Das Kinn, das sich noch knochig abhob, gelang mir schon weniger. Ganz und gar nicht glückte mir der Mund. Darin lag, wenn ich es heute bedenke, ihr

Ausdruck. Sie hatte fast immer die Lippen zu; so lächelte sie, so dachte sie, so horchte sie, war aufmerksam, schelmisch, ablehnend oder verschwiegen, je nachdem. Mich ließ sie schwatzen nach Herzenslust. Der Herr Walcher hatte uns nebeneinandergesetzt, weil er hoffte, ich würde durch ihr Beispiel brav und still sein. Das bahnte erst recht die Freundschaft an. Wir gingen in der Pause eingehängt spazieren. Wir stritten niemals, ich glaube, durch ihr Verdienst. Manchmal mußte ich ihre Aufgaben durchlesen. Sie waren aber zumindest so gut wie meine. Herr Walcher ließ sich bei ihr zu keinem jähen Wort hinreißen. Er lobte sie oft.

Links von der Ringdorfer Theresia saß die Schupfer Kornelia, die ein ebenso gutes Merktalent hatte. Sie konnte sogar die ganze Biblische Geschichte auswendig hersagen. Nur den Katechismus lernte sie nicht, weil sie evangelisch getauft war. Ihr Bruder hörte auf den wunderseltsamen Namen Traugott. Ihre Mutter, eine kleine, verhutzelte Keuschlerin, kam gern zu uns einkaufen. Sie galt bei den Eltern als karge, aber sichere Zahlerin. Ich weiß nicht, warum, vielleicht weil sie ihren Kindern das schwere Leben nicht zumutete oder weil der kleine Hof nicht mehr zu halten war, gab sie ihn her und wurde Inwohnerin. Die Kornelia hatte immer schon zu uns getrachtet. Und wenn sie nicht spielen konnte, hat sie aus freien Stücken lieber eine Küchenarbeit angegriffen, statt daheim den Stall zu misten. So nahm Tante Julie sie, noch bevor sie ausschulte, als Hausmädchen an. Auch mit der Halberwachsenen verknüpfte uns ein herzliches Freundschaftsband. Plötzlich aber zerriß es, denn die Kornelia hatte den Ehrgeiz, in der großen Stadt Wien einen feineren Posten anzunehmen. Wir hörten, solang ihre Mutter lebte, daß sie ihr fürsorgliche Unterstützung nach Hause schickte. Dann hörten wir viele Jahre nichts mehr.

Bis eines Tages eine Dame mit drei Kindern nach mir fragte. Alle trugen leuchtendrote Regenmäntel und sprachen ein Englisch, das fast so klang wie unsere rauheste Bauernmundart. Diese Dame war die Schupfer Kornelia! Sie hatte einen Deutschamerikaner geheiratet und kam nun den Kindern ihre Heimat zeigen. Es ging ihnen gut, und sie konnten sich die teuere Überfahrt leisten. Ihr Mann war Bäcker, und sie diente als chirurgische Arztgehilfin in einem New Yorker Hospital.

Meine liebste Mitschülerin, zu der ich in schwärmerischer Verehrung aufsah, hatte den düsteren Namen Rabenhaupt Maria. Doch ihr Stimmfall klingt mir freundlich wie das Gezwitscher eines Vogels nach. Sie nahm sich wichtig, vielleicht schon mütterlich meiner an, ich wußte mich immer beschützt durch sie und war stolz, wann ich gelegentlich, von ihrer Hand geführt, ein Stück Wegs spazieren durfte. An jenem Tag, als sie und andere Ausgeschulte dem Herrn Walcher am Katheder dankten und dabei ihr Entlassungszeugnis zwischen die zerfransten Bücher wutzelten, schon mit dem Festgefühl, daß sie jetzt alles nichts mehr anging, als sie Hefte, Federn, Bleistifte, Gummi und Lineal verschenkten und ein leerer Schulpack auf dem Kleiderrechen hängenblieb, an jenem Vorfrühlingstag folgte ich ihr von ferne Schritt für Schritt, bis sie mich wie sonst bemerkte und mitzog. Ich begleitete sie und ihre Kameradinnen zum letztenmal über den Dorfplatz. Auf der Walchenbrücke nahm ich von der Rabenhaupt Maria schnellen Abschied. Ich fiel ihr um den Hals, und wir weinten beide etwas übertrieben herzzerbrechend.

Sie ist später, wie man sich damals ausdrückte, Dienstmagd geworden und hat in guten Häusern beim Kochen, Waschen, Bügeln und Putzen viele Kinder betreut und aufwachsen sehn. Unsere alte Freundschaft ist indessen nicht verrostet. Wenn wir uns später einmal begegneten, kam die „Rabenhaupt" mit ausgestreckten Armen auf mich zu. Sie ist rundlich und mütterlich in die Breite gegangen wie eine blustige Gluckhenne. Ihre Stimme zwitscherte und trillerte noch genauso fröhlich:

Grüaß di, Paula. Wia gehts dir?

Nur ein scheuer, geschämiger Unterton verriet die Erkenntnis, daß sie doch ein Entlein ausgebrütet hat.

VON KRANKHEITEN UND ARZNEIEN

Unsere Mutter glaubte an den Tierkreis, an die Mondeskraft, an die Vorbestimmung, an Vorbedeutungen, Träume, ans Anmelden in der Sterbstunde, ans Verwünschen, Versündigen und Verschreien, ein bißchen sogar ans Abbeten. Sie war auf Diebe, Räuber und Mädchenräuber, Feuersbrünste, Einstürze, Abstürze, durchgehende Pferde und geschäftliche Fehlschläge gefaßt. Sie dämpfte dem Herrn Vater die kühne Unternehmungslust, und wann uns die Walcher Ida zum Schwimmen in der kalten Enns verleiten wollte, sagte sie drohend: Untersteht euch!

Das Schlittschuhlaufen mußten wir erschwindeln, ertrotzen und erbetteln. Und das Rodeln auf dem steilen Schattenberg beichtete ich erst hinterher, wenn ich mit heilem und gesundem Leben trumpfend sagen konnte:

Sehen S' es, Mutter, es is uns gar nix passiert.

Ja, sie war fast um zu vieles besorgt. Aber innere Krankheiten nahm sie selten und lange nicht ernst. Zumindest hatte sie den sicheren Glauben, daß ihre Gegenwart ein Unheil verhüte oder überwinde. Schon von klein auf mußten wir bloßfüßig im Neuschnee waten. Im Sommer wurden wir mit dem Spritzkrug begossen wie Pflanzen. Im Winter nötigte sie uns, ob es uns recht war oder nicht, manchen Beinlöffel mit Tafelöl und Zucker in den Mund. Das war gegen Halsweh; Husten kurierte sie mit Zwiebelschmalz, außen und innen angewendet. Braunen Wipferlsaft leckten wir lieber. Für „Bletzen", eiternde Finger und Knie, brauchte sie eine Wundsalbe, die sie nach einem uralten Rezept geheimnisvoll bereitete. Eine blutende Messerwunde behandelte sie mit Englischem Balsam. Die Zähne mußten wir uns mit Salbei abreiben, und gefrorene Zehen beträufelte sie mit Zitronensaft. Für Bauchweh machte sie Kamillendämpfe, und für einen verdorbenen Magen sott sie Tausendguldenkraut. Sie hatte eine richtige Hausapotheke, darin verwahrte sie, in Säckchen und Skarnitzeln geordnet: Weinstein, Hetschebetsch, schwarzes Ribiselkraut, Rosmarin, Lindenblüten, Zinnheu, Kramperltee, Foenum Graecum, Enzianwurz, Haberstroh, Glaubersalz,

Schießpulver und was sonst noch half bei Mensch und Tier. Voraus vom Holunder empfahl sie alles für heilsam, weil Maria mit dem Jesuskind auf der Flucht darunter gerastet hatte. Und aus der Schladminger Pestzeit wußte sie drei Mittel, die ein schöner fremder Vogel, von Zaun zu Zaun fliegend, verkündigt hatte:

Kranewettbeer — is a leichte Wehr,
Mit Bibernell — stirbst nit so schnell,
Eßts Zellrion — kömmts all davon.

Auch jetzt noch, fügte Mutter bei, könne man damit viele Seuchen und Gifte aus dem Körper treiben.

Daß wir ja nicht mit nassem Haar in den kalten Wind liefen, war ein tausendmal wiederholtes ernstes Gebot. Wenn dennoch einmal etwas nicht stimmte am Schädel, mußte er, luftdicht verhüllt, über einem Absud von Heu und Fenchel schwitzen. Nasse Füße schreckten sie nicht übermäßig. Ausschläge aller Art schätzte sie geradezu für gesund. Nur schön warm halten, sagte sie zum Trost.

Mit ihrem unfehlbar weisen Zugriff gegen unsere kleinen Unpäßlichkeiten erzielte sie, daß Hildegard eigentlich niemals ins Krankenbett mußte. Mich befiel eher ein Übel; vielleicht, weil meinem Magen weder das Frühstück noch das Fasten taugte, wurde ich manchen Vormittag von Herrn Walcher heimgeschickt. Leg dich auf das Sofa! sagte Mutter und tat mir einen heißen Häfendeckel unter die Schürze. Sobald meine Wangen sich röteten, schaffte sie mich wieder in die Schule. Bei Fieberhitze schob sie uns kein Thermometer in die Achselhöhle. Sie legte uns ihre Hand auf die Brust, und je länger sie lag, umso banger wurde mir vor einem Wickel. Mutter gab immer brennend heiße. Die fürchterlichste Kur, welche nur gegen das Phantasieren in Anwendung kam, waren Krenpflaster, nämlich Sauerteig mit geriebenem Meerrettich, um die Hand- und Fußgelenke gewickelt. Nach etwa zehn Minuten brannten schon die Feuerblasen. Man mußte es jedoch doppelt so lange aushalten. Und wenn man sie schreiend abstrampeln wollte, sagte Mutter mit harter Miene: Sei stad, das Jammern mag ich nit leiden. Noch lieber sagte sie: Scham dich!

Über Zahnweh durfte man auch nicht klagen. Einmal strafte sie mein Zorngeschrei mit wuchtigen Dachteln. Ein andermal kam sie und hieß mich den Mund aufmachen. Während sie listig sagte: Laß einmal schauen!, hatte sie den lockeren Stift oder das faule Krönlein schon herausgedreht.

Dabei lebte sie mit dem Herrn Dr. Fischer keineswegs in Feindschaft. Sie hatte große Achtung vor seinen Kenntnissen wie vor seiner Erfahrung und ließ ihn, obgleich sie eine gefährliche Krankheit auch selbst erkannte, vorsichtigerweise doch holen.

In der einfältigen Überschätzung, daß er als gelernter Doktor wissend über Leben und Tod urteile, wehrte ich mich jedesmal ängstlich gegen das mütterliche Vorhaben. Das Harren auf den Besuch, eine lange bange Tagesfrist bisweilen, verbrachte ich unter Horchen und Herzklopfen. Aber sobald Herr Fischer einmal geschwinden Schrittes die Tür aufgerissen und den grünen Hut weggelegt hatte, milderte sein frisch zugreifendes Gebar den Schrecken des Karbolgeruches. Es tat mir plötzlich nichts mehr weh. Ich streckte, für die Behandlung schon geübt und beflissen, die Zunge heraus. Daß ich Ah sagen mußte, daß er mit dem Daumen an meinem peckenden Puls nach dem Leiden forschte und alsdann die ruhige Hand auf meiner Stirn liegen hatte, empfand ich als Zeichen seiner warmherzigen Zuneigung. Ich glaubte dankbar, daß es durch seine besondere Gunst und Kunst „nicht so arg" sei und daß ich, wie er mich lächelnd tröstete, in ein paar Tagen, vielleicht morgen schon, wieder zum Spielen aufstehen dürfe. Regelmäßig nach der Visite bekam ich ein Fläschchen, mit appetitlich roter Medizin gefüllt. Der aufgeklebte Zettel verordnete mir davon „alle Stunden einen Eßlöffel voll".

Mutter roch das Heilträlein mißtrauisch ab und kostete vielleicht ein paar Tropfen. Dann sagte sie: Dös kannst schon nehmen. Dös schadt dir nix.

Es schmeckte ausgezeichnet und hinterließ mir die wohltätige Einbildung, daß es Himbeerwasser sei. Leider genügte es meiner Mutter nicht. Sie behandelte und atzte mich erbarmungslos mit ihren in jeder Hinsicht wirksamen Hausmitteln. Es verursachte ihr gar keine Besorgnis, daß ich oft grausengeschüttelt beteuerte, die heiße Zuckermilch bleibe mir im Halse stecken, die Flanelltücher verhielten meine Atemluft und das Eingeweid zerspringe mir.

Bis zum späten Abend mußte ich gurgeln, schwitzen und schlucken. Denn da hatte sie erst richtig Zeit, ihren Eifer und ihre Talente zum Badern anzuwenden. Ich sah vor dem rötlichen Kreis des Nachtlichtes ihr stades Schattenbild im Kneippbuch lesen und mußte mit dem brenzlichen Geruch des Rüböls immer auch Bemerkungen hinnehmen, was noch für meine Krankheit gut sei.

Morgen werde sie es probieren, verhieß sie mir energisch.

Zum Glück war in der Frühe das hitzige Fieber und alle

Wehleidigkeit meistens gewichen. Ich fühlte mich zum Aufstehn stark. Die geschwollenen Drüsenknöpfe unter den Kinnladen schienen mir kleiner, und das eingetunkte Kaffeekipfel schlüpfte schon leichter durch den Schlund. Ich wartete, indes Mutter schweigend mein Bett lüftete, in einem Umhängtuch auf günstige Entscheidung. Sie fiel betrüblich aus. In verzweifelter Absicht, meinen Freiheitswillen durchzusetzen, erfand ich viele listige Ausflüchte. Ich klagte, daß ich beim Bettliegen eine Zeichenstunde oder Strickstunde versäume, daß ich ein Bibliotheksbuch zurückgeben müsse, daß Schularbeit sei, daß mich der Herr Lehrer für die Suppenanstalt brauche. Schließlich meinte ich, mir käme vor, Hildegard habe auch einen entzundenen Hals. Es nutzte mir nichts.

Als ich, wieder bis über die Ohren eingehüllt, vor mich hinschluchzte, trat Vater einen Augenblick an mein Gitterbett und äußerte sich unbekümmert: Bleib nur schön liegen!

Dann sah ich ihn den ganzen Tag nicht mehr. Mutter spähte auch nur im geschäftigen Vorübereilen durch den Türspalt und erkundigte sich, ob ich wohl fest zugedeckt sei.

Setzen S' Ihnen her zu mir! bat ich jedesmal inständig. Aber sie gönnte sich keine Ruhe und labte meine Sehnsucht höchstens mit einem kleinen Geschenk aus dem Zuckerlkasten oder sie versprach mir etwas für meine Sparkassa. So horchte ich Stunde für Stunde auf ihren raschen, unebenen Schritt und das muntere Geklingel ihres Schlüsselbundes. Wenn ich sie nicht hörte, versetzte die Uhr meine Gedanken in tickendes Gleichmaß. Mein Zeigefinger und die große Zehe tickten eifrig mit. Aus dem immer gleichen Hall der Pendelschläge wurden immer neue Wortzeilen. Sie reimten sich von selber, sie lallten und leierten mich in sanfte Glücksberauschtheit, bis ich unter wohlgefälligen Wiederholungen mit einer fertigen Gedichtstrophe zufrieden eindämmerte.

Nach ein paar Tagen durfte ich den Malkasten haben. Ich pinselte, wann mir das Papier ausging, meine Farbenmischung auf Decke und Tuchent und war mir stolz bewußt, daß wirkliche Maler stets auf Leinwand malten. Da jedoch die Umrisse zerflossen, verlegte ich mich auf die Wandmalerei. Am besten gelang mir über dem Kopfende meines Bettes ein Kirschenzweig in Karmin und Saftgrün. Leider hatten die Eltern, als ich sie aufmerksam machte, keine solche Freude damit wie ich selbst. Gescholten wurde ich nicht, weil ich krank war. Aber am nächsten Morgen erklärte meine Mutter, daß ich wieder gesund sei.

Anderseits kam es vor, daß ich mich freiwillig krank meldete.

Wenn mir nämlich eine Spielerei zu solcher Leidenschaft wurde, daß sie mich in aller Frühe weckte und während des Essens und Lernens beschäftigte und fieberhaft in den Nachmittag trieb und am Abend nicht einschlafen ließ, dann hatte ich gerne eine Klage bei der Hand, welche mir wenigstens die Schule ersparte. Irgend etwas: die Nase, der Kopf, die Seite, das Knie, die Zehe schmerzte mich, wenn ich genau achtgab, ja wirklich. Am leichtesten ging es mit den Fingern; sie waren oft eingebunden, weil ich etliche Tätigkeiten versuchte, die für mein kindliches Geschick zuviel waren, Tischler- und Zimmermannsarbeiten zum Beispiel. So wehe ich mir auch tat, die schädliche Wirkung verwandelte sich hinwieder zur nützlichen Ursache. Deutlich gesagt, wenn bei der Schülerverlesung mein Name aufgerufen wurde, antwortete manchmal Hildegard: Sie muß daheim bleiben, sie hat eine wehige Hand.

Etwa in meinem zehnten Lebensjahr widerfuhr mir ein böses Mißgeschick. Die Nähmaschine spießte in schnellem Gang meinen Zeigefinger am Nagel durch und durch. Das kostete mich einen blutigen Schrei. Immerhin verschaffte es mir auch Vergnügen. Ich las etliche Tage lang alle erreichbaren Bücher aus. Wie das Übel sich besserte, nähte ich mit neun Fingern unermüdlich und ungestört die herrlichsten Puppenkleider.

Mutter, die sonst den Dingen auf den Grund spürte und Lügen schon gar nicht duldete, ließ diesen Schwindel merkwürdig ruhig gelten. Es genügte ihr vielleicht, daß ich in selbstvergessener Bravheit in einem Winkel stillhielt und fleißig werkte. Aber endlich einmal, während sie wieder Englischen Balsam auf die braun verkrustete Narbenhaut tropfte und zur Schmerzenslinderung darüber blies, einmal am Abend fühlte ich mich doch durchschaut, denn sie sprach mahnend: Morgen muaßt wohl wieder Schul gehen.

Als meinem Zeigefinger längst ein heiler rosiger Nagel nachgewachsen war, begann mir rechterhand der Daumen zu schwären. Die Schmutzvergiftung tobte wie ein Hammer Tag und Nacht darin. Mit der kräftigen Wundersalbe zeitigte ich mir eine noch dickere und schmerzhaftere Geschwulst. Meine Freundin Mitzi erklärte geheimtuerisch, sie sei mit Eiter, Blut und Materi voll. Ich löste manchmal neugierig den Zwirnsfaden und das Leinenfetzchen, um besonders die Materi zu erforschen; ich hatte von ihr gar keine Vorstellung.

Mein Leidenszustand deuchte mich hochwichtig und interessant. Da mir aber das Reden und Raunzen nicht angewöhnt war, bemühte ich mich, den verbundenen Daumen wenigstens so nahe wie möglich jedem Menschen vors Gesicht zu halten. Ich wurde denn auch von allen Hausleuten und Kundschaften gefühlvoll bemitleidet. Onkel Fritz, der Kinderfreund und unermüdliche Geber, ging in das sogenannte Kammerl, wo er allerhand Schätze aufgestapelt hatte, die sich wie verspätete Weihnachtsüberraschungen ausnahmen und während des ganzen Jahres nie versiegten. Er brachte mir einen freundlichen Trost. Zum Anschaun! meinte er und bog eine große Papierrolle sorgfältig flach. Daraus sprangen drei farbig bedruckte Bogen; Modellierbögen, sagte Onkel Fritz, die man ausschneiden und zu Lampenschirmen kleben konnte. Die Fenstergevierte müßten messerfein durchstochen werden. Hintendran kämen rote, blaue und gelbe Gelatineblättchen, und wann die Lampe angezündet würde, leuchteten sie transparent. Ein Bild stellte die Stadt Heidelberg vor, eins die Stadt Venedig mit Leuchtturm und Gondeln. Eins die Krippe, die Hirtenwacht und den Weg der drei Könige. Bei diesem Anblick war's um mich geschehn. Ich fühlte die „Materi" stärker toben und überzeugte die Mutter von meiner Unbeholfenheit, indem ich zu wiederholten Malen eigensinnig sagte: Schaun S', mit dem Damling kann ich keinen Griffel und keine Feder nicht halten. Infolgedessen durfte ich von der Schule daheim bleiben. Ich setzte mich auf ein Schemelchen zum Ofen. Auf dem Schoß hütete ich zärtlich die drei Modellierbogen. Aber, weiß nicht, wie, unversehens wurden meine Finger lebendig. Ich hatte den dick eingebundenen Daumen, ungeachtet aller Schmerzen, in eine Schere gezwängt und schnitt und schnitzelte nach Herzenslust. Leicht war es nicht. Dennoch wurde ich bei meiner mühsamen Arbeit von Stunde zu Stunde glückseliger, und nichts tat mir weh. Als ich von der Stadt Heidelberg die Häuser millimeterscharf, die Bäume zierlich geschnörkelt und die Menschen mit Hals und Kopf und Hütchen und Zopf und Korb und Wanderstab fertig hatte, war der Tag um. Am nächsten Tag begann ich die Fensterlichten einzukleben. Es dauerte wieder bis abends, und die Erinnerung, wie ich jede Farbe besonders und sonach die Farben nebeneinander gegen die Lampe ausprobte, diese kleinen, bunten, edelsteinglühenden Transparente strahlen heute noch unverblaßt durch meine größten Lebensfreuden.

Mein schwärender Daumen brauchte eine erhebliche Zeit zu seiner Genesung. Denn nachdem in der Stadt Heidelberg alles gebaut, gepickt, mit Steinchen beschwert und endlich trocken geworden war, machte ich mich ebenso geduldig und hingebend über die beiden andern Modellierbögen. Die stolze Freude der Vollendung erfuhr freilich einen bitteren Dämpfer, weil sich meine wunderbaren Lampenschirme bei unserm Gaslicht nirgends recht verwenden ließen. Mutter stellte sie, „damit ihnen ja nichts geschehe", auf den Kleiderkasten.

Derweil nur! sagte sie beschwichtigend und meinte wahrscheinlich, bis ich darauf vergäße. Ich dagegen hoffte vertrauend — bis wir eine schöne Lampe dazu hätten. Eines Tages fand ich die Schirme nicht mehr an ihrem Ort. Ich begann ein unbändiges Zorngezeter und fragte schmerzerfüllt, wo sie wären.

Unterm Dach oben, antwortete Mutter ein bißchen verlegen und schuldbewußt und nannte meine Kunstwerke lästige Staubfänger. Daß ich eine Weile nachher kopfhängerisch und mit auffallender Schwermut ihr hartes Herz zur Reue zwingen wollte, übersah sie geflissentlich. Nein, verweichlicht wurde ich wirklich nicht. Trotzdem hörte ich unsern Vater oftmals sagen, sie verziehe uns.

Ein 5. Mai ist mir so deutlich in Erinnerung, daß ich noch die schwarzgedruckte Ziffer am Abreißkalender sehe. Es war ein Wochentag in den ersten Jahren des neuen Jahrhunderts. Der Himmel blaufeucht, von weißen, eiskalten Wolken durchflattert. Zwischen den Ribiselstauden im Kindergarten dunsteten ein paar Schneekrusten. Braunes Laub war angefroren. Ich brachte es mit meinem kleinen Holzrechen nicht los. Wo ich schon geheugt hatte, unter dem knospenden Fliederstrauch, sproßten bleichgrüne Veilchenblätter und Schlüsselblumen mit niedrigen Stengeln. Ich bückte mich dazu und hätte ihnen am liebsten beim Wachsen zugeschaut. Aber es wurde mir kalt, und ich setzte mich fröstelnd auf den Gartentisch. Seit ich nichts mehr arbeitete, spürte ich, daß mir der Hals bis zum Nasenrachen würgend weh tat. Ich schluckte und schluckte Speichel, damit es besser werde, es wurde jedoch schlechter dabei. Schließlich ging ich zu Mutter, die bei ihren Mistbeeten umtat. Ich beobachtete, wie sie allerlei Samen säte und mit der senkrechten Hand schmale, gerade Abgrenzungen machte; in jede kam ein Span mit eingezwicktem Zettel. Ich las darauf: Spinat, Kohlrabi, Kelch, Karfiol, Frühkraut; und plötzlich sagte ich heiser:

Mutter, mir tuat der Hals weh.

Setz dich nur schön in die Sunn, war die flüchtige Antwort.

Ich kehrte gehorsam auf meinen alten Platz zurück und buckelte mich gegen die schwache Frühlingswärme. Doch es fuhr mir immer kälter den Rücken auf und ab. Der Wind blies unter meinen Ärmeln die Gänsehaut auf. Und die Atemluft brannte mir in der Nase. Ich hörte die Turmuhr viermal schlagen. Dann ein Viertel, dann halb...

Mutter, sagte ich mit Anstrengung, Mutter, mir tuat der Hals so weh.

Das war ihr nichts Neues. Ja, ja, sagte sie in Eifer und Eile, während sie das Mistbeet mit den Glasfenstern zudeckte. Die Köchin Lisi mußte ihr Strohdecken und Bretter reichen. Ich hoffte, wenn sie fertig wäre, käme sie zu mir. Doch sie ging umstechen.

Als ich meine Klage etwa zum dritten Male vorbrachte, erlaubte mir Mutter, daß ich mir aus dem Gewölbe um zwei Kreuzer Malzzucker holte. Auch dieser nutzte nichts. Ich weiß noch, wie elend matt ich in der Dämmerung aus dem Garten fortschlich. Die Weglein waren naß und schlüpfrig. An einigen Stellen verbog sich ein morsches Brett, von schwerer Erde losgetaucht. Die Ränder hatten Eiswülste. Dazwischen schopfte sich Gras und eine Ackerblume, welche wir Herzeldieb nannten. Ob ich ins Bett geschafft wurde oder von selber ging, kann ich nicht sagen. Mein Bewußtsein verlor sich allmählich in einer stumpfen, eigentlich schmerzlosen Übelkeit. Vom Hals war keine Rede mehr. Ich spürte, während ich so dalag, nur Trockenheit im heißen, hauchoffenen Munde. Hildegard schaute mich durch das grüne Netz meines Gitterbettes kläglich an. Einmal bog mir Mutter mit dem umgekehrten Silberlöffel die Zunge nieder. Hildegard mußte schnell fortgehn, und ich fing lautlos zu weinen an. Als es schon ganz dunkel war und das rote Nachtlicht schauerliche Zeichen über die Wand hinflackerte, kam Vater von der Reise heim.

No, was hats denn? fragte er frohgelaunt in der Türe.

Die Mutter sagte: Du mußt husig zum Fischer gehn, mich ziemt, sie hat die häutig Bräun.

Vater nahm, obwohl der Weg kurz war, das Fahrrad.

Meine Zunge strengte sich zum Bitten an. Ich wollte beteuern, daß ich morgen wieder gesund sei. Ich wollte mich wehren. Aber meine Gedanken verzerrten sich zu Schreckgefrießern. Als der Herr Doktor meine Hand ergriff, war ich plötzlich ganz munter. Ich saß aufrecht und ließ mir den Silberlöffel tief in den Schlund drücken. Dann hörte ich mich dreimal übermacht Ah sagen und glaubte, nun sei alles gut. Aber der Herr Fischer nickte meiner Mutter zu und sagte:

„Diphtheritis."

Ich verstand hellhörig, daß es höchste Zeit sei. Herr Fischer wollte um das Heilserum gehn. Injektionen waren damals noch neuartig, und Mutter, von Natur aus mißtrauisch, empfand einen heftigen Widerwillen dagegen. Sie lasse kein Gift in meinen Körper spritzen, sagte sie hartnäckig. Ich half ihr mit bettelnden Händen und ebenso eigenwilligem Geschluchze. Nachdem unnachgiebig hin und her geredet worden war, entfernte sich Vater, der am dunklen Bettende zugeschaut hatte. Bald hernach ging Herr Fischer. Doch er nahm weder Hut noch Tasche mit sich. Das ungewisse Warten war schreckbar. Plötzlich stand er wieder da.

Es muß sein! rief er, indem er mir entschlossen die Decke vom Leib riß. Er sagte auch: Sie röchelt schon. Ob ich es damals erhorcht habe oder ob es mir später erzählt wurde, weiß ich nicht. Meine Sinne faßten nicht mehr alles. Ich war nur erleichtert, daß die Nadel sonst wohin, ich glaube, in die Brust, in den Arm oder ins Bein stach. Gewiß nicht in den Hals, wie ich unter Todesängsten gefürchtet hatte.

Ich erinnere mich, daß Herr Fischer der Mutter einen Pack Wattestäbchen zum Gaumenputzen gab und sich freundlich mit guter Zuversicht verabschiedete. Sie hielt ihn nicht auf. Kaum war das Haustor zugeknallt, taute sie lebendig aus ihrer Starrheit auf: Geschwind an Fuaßdampf! und hastete wieselgeschäftig davon. Vielleicht dauerte es lange. In der Vergangenheit verschmilzt mir alles zum kurzen Augenblick. Laute Schritte, bald oben, bald unten, irgendein Gepolter, klirrende Hafendeckel, Herdringe, Schürhaken, menschliche Stimmen diesseits und jenseits der Wände, die abgekämpfte Lichtfunze und eilends herzugetragene Schattendinge bei meinem Bett zwangen mich dauernd zu wirren, wandernden Beobachtungen und hielten mein Leben in schmerzloser, bewußtloser Erstickungsnot überempfindlich wach.

Der Rückblick, um manches ähnliche Erlebnis bereichert, zeigt mir jenen Fußdampf immerhin recht getreu, nur wage ich heute nicht mehr zu entscheiden, was mir von Gedächtnisklarheit und was von der Phantasie gemalt ist.

Eine Gewaltkur, die mich zum Strampeln, Schreien und Stöhnen brachte, war es meist. Damals werde ich für einen Widerstand wohl schon zu schwach gewesen sein. Ich saß oder kauerte, in mich gesunken, von Polstern, Matratzen und Händen gestützt, auf meiner Bettkante. Die bloßen Beine baumelten über dem leeren Kneippschaff. Um mich und unter mir nach dem Boden hin und bis Kopfhöhe waren Leintücher und Schafwollkotzen gebreitet, fix und fertig zum Zusammenschlagen, wenn der Dampf kam. Man roch ihn bereits. Schnell, schnell! schrie Mutter, die Türe öffnend.

I kimm schon, schrie Lisi aus der Küche zurück. Dann stürzte sie, gebückt und steif von der schweren, gefährlich heißen Traglast, daher. Jemand bog mich mit gellendem Mahnruf beiseite. Die übrigen Helfer kreischten gleichfalls, während der dicke Heublumenabsud ins Schaff plumpste. Dann setzte Mutter meine furchtsam zuckenden Füße fest auf eine Spreize, damit sie über dem Kneippschaff Halt fanden, und hüllte mich rundum zu. Ich war unbeweglich eingeschraubt und mußte, ohne daß ich mir helfen konnte, den Dampf erdulden, der nach den ersten Minuten schon wie lötiges Feuer brannte. Selbst der Kopf war mumiensteif in Turbane, Kapuzen und Schals gewickelt. Mein Mund hinter einer kleinen Schlitzöffnung atmete mehr Hitze als Luft. Mir kam vor, es rinne mir der Brandschweiß perlend aus Aug und Ohr.

Mutter! seufzte ich von Weile zu Weile im engen schwarzen Höllengrab. Mutter, tuats denn nit bald?

Wohl, wohl! gab sie mir jedesmal feierlich hochdeutsch zur Antwort. Nur noch eine Minute. Nach zehn Minuten sagte sie: Hiaz dauerts nimmer lang.

Ich glaubte, die Pein nicht bis zum Ende auszuhalten. Ich fiel immer schwächer in mich zusammen und schrie mit der ganzen Kraft meiner Verzweiflung: Mutter, i stirb!

Doch Mutter wußte ganz gewiß, daß ich nicht sterben werde. Sie schenkte mir keine Sekunde und zählte nur immer von neuem taktsicher bis sechzig. Wie auf der Wanduhr volle zwanzig Minuten um waren, nahm sie einen nassen Schwamm und wischte mir das Gesicht ab.

Die Erlösung ging sehr schnell vonstatten. Damit ich mich ja nicht verkühle, sagte die Mutter. Als ich, über und über frisch von Essigfeuchte, in frischem Hemdlein und frischer Nachtjacke ins saubere Bett fiel, knüpfte sie mir sanfter als sonst ein weißes Kopftuch unter dem Kinn. Dabei sagte sie mit herbem Wohlwollen: So, hiazt kimmts Schlafmanderl.

Es drückte mir richtig die Augen zu, bevor ich schauen konnte, wo es war. Die Nacht, glaube ich, verging mir in traumlos wohltätiger Erschöpfung. Ich erwachte erst von einem jähen Lichteinfall. Das Geräusch der Vorhangringe tönte im Gehör nach. Herr Fischer saß bei meinem Bett und lächelte mich an. Vor der Untersuchung bekam ich ein Zuckerl. Das Auspinseln im Hals taugte mir weniger. Ich merkte mir betrübt, daß er seine Wattestäbchen als besonders notwendig empfahl. Er sagte: Pünktlich alle zwei Stunden.

Mir graute vor dieser Tageseinteilung. Niemals wäre ich lieber in die Schule gegangen als jetzt. Ich bat innig darum.

Herr Fischer sagte: Nein, noch nicht. Dann machte er uns lobend aufmerksam, um wieviel lauter und besser ich schon sprach. Er strahlte aus heitersten Impulsen. Alsbald mit Hut und Tasche aus dem Zimmer strebend, rief er zufrieden: Ich habs Ihnen ja gesagt, Frau Grogger. Das Heilserum!

Oder der Dampf, flüsterte Mutter schelmisch und legte, mir zur Mahnung, den Zeigefinger über die Lippen.

In den zwei oder drei Krankheitswochen, die nun folgten, vermisse ich den Zusammenhang. Die Nächte waren, zu Anfang wenigstens, von ohnmächtiger Fieberbeklommenheit unruhig und eher ein waches Hindämmern als ein wirklicher Schlaf. Jeder Laut darin erregte mich zu schreckhaften Wahnbildern. Ich weckte oftmals die Mutter. Am Tage dafür döste ich behaglich in ihrer Gegenwart und verschmerzte sogar klaglos ihre Abwesenheit. Der Herr Fischer durfte freilich nicht sehen, daß sie insgeheim zu Hildegard ging und den Dienstleuten in Küche, Stall und Magazinen nachschaute. Er hätte dann bei seiner Visite gewiß gesagt: Marsch ins Isolierhaus! Das war ein altes Gebäude mit steilem Dach und kleinen Fenstern. Die Bauern nannten es Pisterlhaus, und ich mußte mir bei diesem Namen vorstellen, daß es voll schwarzer Blatternarben war, die in der Luft herumhüpften. Wer eine ansteckende Krankheit hatte, sollte dort eingesperrt werden.

Die „besseren Leute" mißachteten diese Vorschrift und verpflichteten sich, ihre Patienten selbst zu isolieren. Denn der Aufenthalt war in schlechtem Geruch. Einmal durch die Ärmlichkeit an sich, zum zweiten stand in nächster Nähe das Gemeinde-Armenhaus mit siechen, bresthaften, verkrüppelten oder schwachsinnigen Einlegern aller Art. Manche fanden als Charakterköpfe und Originale wohl den Beifall der Sommergäste. Die Öblarner jedoch wollten mit ihnen nichts zu tun haben. So kamen nur Dienstboten, Dienstbotenkinder und Fremde, die keine richtige Heimat hatten, ins Pisterlhaus. Wenn darin, was zum Glück nur selten geschah, jemand sterben mußte, bestätigte sich das allgemeine Gefühl, daß dort der Tod überhaupt leichter zukönne.

In den müßigen Stunden des Grübelns schreckte mich ein nachträglicher Einfall. Ich fragte plötzlich, ob sie mich doch nicht holen kämen... Wer? fragte Mutter zurück, und wir wußten vielleicht beide nicht, ob ich mir etwas einbilde oder bei Verstand war. Zumal ich im Forschen heftig und beharrlich blieb, mußte sie einsehen, daß ich am ersten Abend auch noch einen andern Streit erlauscht hatte.

Ja, nickte sie ungern, dennoch von ihrer Wahrheitsliebe bezwungen, der Herr Fischer habe mich ins Pisterlhaus tun wollen, der Karren hätte schon vor der Haustür gewartet, da ja in einem

Kaufgeschäft ein Kind mit „Diphtrittus" nicht liegen durfte. Aber er! vertraute sie mir mit verschämter Freude, der Vater, hat dich nicht hergeben.

Mein Herz berauschte sich an untertänigster Dankbarkeit für diese Lebensrettung. Ich vergaß darüber alle Wohltaten meiner Mutter. Ich wiegte mich spielerisch im sichern Schutz, und das Nachfühlen der Gefahr wurde mir ein beliebter Zeitvertreib. Gerade weil es nicht war, versuchte ich mir vorzustellen, wie es wäre, wenn zwei Einleger mit gezogener Kappe ins Vorhaus träten und zögernd sagten: Hiaz warn ma da. Draußen vor dem Haus wartete der bewußte Karren, mit welchem man sonst die Krauthäuptel vom Feld heimbrachte. Zuerst packte man meine Tuchent und meine Polster in das Trüherl, dann wurde ich selber hineingesetzt und mit der Decke zugehüllt. Es kam mir sogar ein bißchen interessant vor, wie alle Leute im Dorf das Ereignis bestaunten. Dann freilich sagte ich, vor Grauen heiser:

Gelten S', Mutter, jetzt holt mich niemand mehr?

Als ich gesünder und gesprächiger für eine Unterhaltung war, tadelte Mutter immer wieder, daß ich abscheulich durch die Nase redete. Diese Unart, sagte sie strenge, sei ein Überbleibsel meiner Krankheit, und ich müsse sie mir abgewöhnen.

Das fiel mir beim besten Willen schwer. Wissen S', Mutter, sagte ich zu meiner Entschuldigung, vielleicht kann ichs brauchen, wenn ich nachher einmal Französisch lern!

Mit solchen Plänen fand ich wenig Anklang. Sooft ich dringlicher fragte, ob ich nicht auch auf einen Kostplatz oder in ein feines Mädchenpensionat käme, erinnerte sie mich an die Kitzinger Emilie, die vor Heimweh gestorben war.

Mutter hielt das Krankenwarten allmählich für Zeitverschwendung, denn das schöne Wetter lockte sie zur Gartenarbeit. So kam sie nur noch mit der Eßtrage ins Zimmer. Neben das geile Gurgelwasser stellte sie dann und wann eine Leibspeise. Und eines Tages schenkte sie mir ein neues Rübezahlbuch, damit ich recht brav sei. Wenn sie fortging, sperrte sie die Türe zu. Ich vertiefte mich gierig in die aufregend schönen Geschichten. Leider vertrug ich noch keinerlei Kost. Ein paar Seiten und ein paar Löffel machten mich schon matt und schwindlig.

Ich lag wieder, ingleichen ich schon oft gelegen war, die Hände unter dem Kopf verschränkt und mit der großen Zehe im Takt des Pendels wippend. Langweilig wurde mir eigentlich nicht. Meine Gedanken bildeten, vom Rhythmus der Uhr getragen, schwelgerisch allerhand ernste, erhabene Reime. Herz, Schmerz verschollen, enterbt, die Rose im Moose, Heimatliebe und Weltgetriebe waren viel gebrauchte Lieblingswörter. Aber sie zerflossen, wie sie kamen, zwischen Wachsein und Schlaf.

Einmal ermunterte mich ein fleißiges Gewispel. Ich sah, als ich blinzelnd die Augen öffnete, in der grell besonnten Fensterlichte zwei Schädel gerade untertauchen und erkannte an der Haarfarbe meine Schwester Hildegard und die Kofler Nannerl. Sie kicherten geduckt weiter, ihre Fäuste hielten noch die Eisenstangen umkrallt. Über kurze Frist zogen sie sich wieder in die Höhe. Es wurde ein schüchternes Wiedersehen. Die erste Trennung im Leben, vielleicht zehn Tage oder nur eine Woche, während der wir nicht beim selben Tisch gegessen, nicht miteinander abendgebetet, nicht geplappert, gestritten und gerauft hatten, wohl auch der todesgefährliche „Diphtrittus" machte uns fremd und unbeholfen. Hildegard lächelte mit ihrem rosenroten Sommersprossengesicht grinsend in die Breite, so daß die Augen ganz klein wurden. Plötzlich fragte sie fürwitzig: Was tuast denn? Nix, gab ich zur Antwort.

Die Nannerl schwieg überhaupt. Nachdem mir beide am Gitter einige Turnkünste vorgegaukelt hatten, ließen sie sich auf den Erdboden nieder. Aber das geschwisterliche Verlangen meldete sich, einmal angebahnt, bald stärker. Ich brauchte gar nicht lange zu warten. Unter eifrigen Prahlereien, wer es besser könne, kraxelten sie von neuem an der Hauswand empor. Diesmal hatten sie schon die Knie auf dem Fensterstock. Und geschwinder, als ich begriff, stand Hildegard aufrecht und rief, ihren Kopf durch die Stäbe zwängend: I kunnt eh durch. Gesagt, getan. Mit einem Sprung plumpste sie zu mir ins Zimmer. Der Nannerl, die kleiner und schmäler war, gelang es ebenso leicht. Ich fragte: Därfts wohl?

Dös macht auch nix, beruhigten sie mich unbekümmert. Sie schauten umher, als ob sie alles noch nie gesehen hätten, dann trug sich jede einen Sessel herbei und setzte sich zu mir ans Bett.

Bei meiner etwas großtuerischen Erzählung, daß ich fast gestorben wäre, begann Hildegard zu schielen und lustige Gesichter zu schneiden. Damit verhehlte sie, wie ich befriedigt wahrnahm, das Weinen. Auf den wilden, rothaarigen Rübezahl tat ich mir auch etwas zugute. Mag sein, in der Absicht, noch mehr schauerlichen Eindruck zu machen, hielt ich ihnen mein Buch zwischen den Handflächen kostbar vor. Das Anrühren erlaubte ich nicht. Dafür durften sie meine Leibspeise fertigessen.

Soviel ich mich erinnere, blieben sie nach dem Schmaus nicht mehr lange. Kömmts wieder einmal, bat ich sehnsüchtig, während sie sich durch das Gitter wanden. Die abendliche Maisonne leuchtete lachend bis zu mir herein. Doch draußen schien sie noch viel wärmer und lockender. Mein Kirschbaum im Kindergarten blühte bereits. Die Apfeläste waren weiß von Knospen. Ich kniete mich, um noch besser zu sehen, ans Bettende. Bis zu meinen Veilchen und Schlüsselblumen aber sah ich doch nicht. Mir wurde angst und bang, daß jemand sie geraubt habe. Ich rief nach der Mutter, damit sie schauen gehe. Da kein Mensch mich erhörte, fing ich wie geschüttelt zu weinen an.

Hildegard und die Kofler Nannerl brachten mir noch manchen Tag einen Husch frischer Luft und einen Schuß Ungeduld bei, besonders wenn sie vertrauend fragten: Därfst morgen aufstehn?

Ihre drallen, abgeschnürten Bukettchen und ein paar verstreute Wiesenblumen blieben welk am Fenster zurück, und auf meiner Bettdecke lag bei ihrem Besuch immer gehäufter Krimskrams von Bausteinen, Holzwürfeln, Puppenkleidern und Kochgeschirr. Denn sie sagten gerne: Tan mir spielen!

Wenn sie aber aus meiner Spielzeugkiste alles hervorgesucht hatten, fiel ihnen eine andere fröhliche Kurzweil ein. Sie stießen sich an den Ellbogen, sie nahmen sich vor, etwas zu holen, und schon waren sie durchs Fenster entschlüpft. Ich sah sie so schnell nicht wieder und mußte meine Stöckel allein zu einem Bild legen, Bausteine und Kochgeschirr auseinanderklauben und die nackten Puppen anziehen, damit sie, was nur tändelnd gemeint war, nicht auch den „Diphtrittus" erbten.

Natürlich sorgte sich mein Gewissen ernsthaft um Nannerl und Hildegard. Gleich am ersten Abend hatte mich mein Schutzengel gemahnt, der Mutter unsere heimliche Unfolgsamkeit einzubekennen. Es kostete mich einen langen Kampf, und oftmals schlang ich das erste Wort mit dem Speichel hinab, bis ich einmal, ich weiß nicht mehr, wann, sicher jedoch in der späten Dunkelheit des Nachtlichtes meinte: Hildegard und Nannerl würden gewiß bald krank sein.

Ja, warum denn? wunderte sich Mutter.

Weil, begann ich, indem es meinem Herzen gradaus einen Stoß gab. Weil die zwoa allweil beim Fenster hereinschliafen.

Mutter greinte weniger, als ich befürchtet hatte, genaugenommen eigentlich gar nicht.

Mhm, sagte sie mit ungläubigem Kopfschütteln. Wer zu einer Sucht inwendig Anlag hat, der kriagt sie. Ein anderer nit. Woher hätt sie denn der Bua in der Walchen?

Mir schoß blitzplötzlich noch eine dunkle Fieberphantasie, ja selbst der Name eines Mitschülers durch den Kopf. Aber ich wollte, daß alles nicht wahr sei, und fragte, indem ich meiner Mutter prüfend in die Augen schaute:

Wann därf er aufstehn?

Mutter ertrug meinen Blick nicht lange und sagte ehrlich: Sie haben ihn schon eingrabn.

Ich hans eh gwißt, gestand ich ebenso ehrlich.

Merkwürdigerweise erfüllte sich ihr Ausspruch. Weder Hildegard noch Nannerl erwischte eine Ansteckung. Der Bub in der hohen Einschicht und ich blieben, obgleich wir uns nie die Hände gereicht hatten, die einzigen Diphtheriefälle im ganzen Gemeindesprengel.

Durch Nachdenken und andere Erfahrungen begriff ich Mutter. Sie meinte, daß Krankheiten im Körper vorbestimmt seien, und glaubte überhaupt an aufgesetzte Schicksale. Ich empfand oft eifersüchtig ihre geringe Sorge und die ruhige Glücksgewißheit, mit der sie Hildegard beurteilte, weil sie im Zeichen der Waage und an einem Neusonntag geboren war.

Warum bin ich nicht auch am Neusonntag geboren? tadelte ich vorwurfsvoll.

Der Zwölfer ist eine heilige Zahl, der Vormittag is guet, und der Juli ist der Löwenmonat, antwortete sie genauso sachlich, wie sie beim Pflanzensetzen ihre Selbstgespräche mit dem Mandelkalender führte. Andere sterndeuterische Anhaltspunkte hatte sie nicht. Ihr Wissen war mehr von ahnender Herkunft.

Trotz meines sonstigen Vertrauens reizte mich manche Behauptung zu folgerichtigen Gegenreden oder kritischem Aufbegehr. Ich fragte: Wenn ohnedem alles Bestimmung is, weswegen därfen wir nachher nicht im alten Ennsarm schwimmen?

Hüten ist besser wie heilen, sprach Mutter in unnahbarem Hochdeutsch.

Ein andermal sagte sie, daß auch der Mensch das Seinige dazutun müsse. In dieser Hinsicht brauchte mich niemand zu ermuntern. Meine Gedanken waren stets geschäftig. Als die Kräfte wieder auflebten, zumal der Rachen rein und das letzte Wattestäbchen verbrannt war, fühlte ich mich besonders verpflichtet, alles zu befolgen, was der hochgeachtete Herr Fischer anschaffte. An einem Nachmittag erschien er wohlgelaunt. Ich mußte schnell den Mund aufmachen und Ah sagen. Dann schüttete er den trüben Rest Medizin aus dem Fenster. Zum leeren Fläschchen stellte er ein größeres volles.

Aber ja nicht einnehmen! gebot er mit drohendem Zeigfinger. Das ist zur Desinfektion. Dann erlaubte er mir, eine halbe Stunde aufzustehn. Morgen eine ganze! fügte er tröstlich bei. Und von jetzt ab kam er nicht mehr.

Mein Herz klopfte wehmütig, indes seine warme starke Hand zum Abschied noch einmal lange meinen Puls umfaßte. Mutter flüsterte neben mir:

Tua dich bedanken!

Ich tat es im ehrfürchtigen Bewußtsein, daß auch er mein Lebensretter sei.

DIE MELANCHOLISCHE GENESUNG

Die erste Ungeduld, aus dem Nest zu kommen, wandelte sich freilich zur Enttäuschung. Noch bevor der Uhrzeiger die bestimmte Spanne abgelaufen hatte, sank ich mitsamt den Kleidern in den weichen Tuchent zurück. Andern Augenblicksbildern nach zu schließen, muß meine Gesundheit dennoch merklich besser geworden sein. Wie ich noch genau weiß, sagte Mutter oft ärgerlich seufzend: Mit der Paula is nimmer a leichts.

Mein neugestärkter Tätigkeitstrieb befaßte sich nämlich leidenschaftlich mit allen ärztlichen Anordnungen, die ich vom Herrn Fischer während der Krankheitsdauer aufgeschnappt hatte. Da mir seine sichtbare Person abging, hielt ich mich in gläubigster Liebe an seine Wissenschaft. Ich beanständete wie er, wenn nach Sonnenuntergang noch ein Fenster offenstand. Wenn die Köchin Lisi mit Bartwisch und Besen ins Zimmer wollte, belehrte ich sie über die Millionen Diphtrittusbazillen und verlangte eigensinnig, daß sie mit einem feuchten Tuch den Boden wische. Am meisten quälte ich Mutter, indem ich ihren geduldigen Ohren die erdenklichsten Beschwerden vorsummte und zehn-, zwanzigmal des Tages beharrlich fragte:

Wann tan S' denn einmal desinfizieren?

I tua eh schon, rief sie, vor Arbeitseifer heiß errötet.

Es genügte mir aber nicht, daß sie das Bettzeug auf der glutheißen Terrasse klopfte und frisch bezog, daß sie Spinnweben aus dem Winkel kehrte und eine Rauchpfanne mit Speik und Wacholder so lange umtrug, bis wir bellend husteten. O nein, ich verfolgte sie immerdar mit dem bewußten Fläschchen, von dem sie nicht viel zu halten schien, und war erst zufrieden, als sie, ich weiß nicht woher, eine Spritze nahm und tüchtig drauflosspritzte. Ich saß indes auf einem Schemel und ließ den kühlen, tannenduftenden Tauregen still erfreut an mir herniederträufeln. Dann hob ich ihm mein Rübezahlbuch offen blätternd entgegen, weil es ebenfalls „desinfiziert" werden mußte. Leider warf sich von der Nässe das Papier blasig, und der rote Einband bekam abscheuliche Wasserflecken.

Aber Mutter! jammerte ich ob dieser Überraschung jähzornig auf. Schaun S', was tan habn.

Wart nur, sagte Mutter gleicherweise zornbebend, der Krug geht so lange zum Brunnen...

Und wirklich, es dauerte nur noch wenige Tage, dann zerbrach er. Deutlicher gesagt, als Mutter glaubte, daß ich wieder gesund sei, wurde ich bei erstbester Gelegenheit unbarmherzig gestraft.

Ein paar Nachwehen der schweren Krankheit hafteten mir indes zähe an. So konnte ich mir zum Verdruß der feinhörigen Mutterohren das Reden durch die Nase nicht abgewöhnen. Das zweite Übel, welches man nur oberflächlich bemerkte, war eine wehleidige Geistesverfassung.

Es gefiel mir, wenn mich Herr Walcher in der Schule zart und kränklich nannte und wegen meiner blassern Hautfarbe mitleidig berücksichtigte. Die Folge war, daß ich mich beim Lernen immer schwach fühlte und meine Kräfte um so fleißiger zum Schwätzen gebrauchte. Mir allein überlassen, gab ich mich vielen forschenden Gedanken hin und verband unverstandene Erscheinungen mit unverstandenen Worten, die sich, weiß Gott, wann und wo, in mein achtsam aufnahmsfähiges Hirn geprägt hatten. Sicher litt ich noch unwissend an Erschöpfungszuständen. Aber einmal in der Naturlehrestunde, als wir über das Fernrohr und das Mikroskop unterrichtet wurden, schien mir das rare Rätsel gelöst. Ich zeigte, fibbernd vor Entdeckerfreuden, auf und erzählte vor der stummerstaunten Klasse, daß ich auch mit freiem Auge öfter etwas vor mir umeinanderflunkern sähe. Ob das Stäbchenbazillen oder Atome und Moleküle wären? Unmöglich, antwortete Herr Walcher.

Die Kundschaften im Kaufgewölb verhalfen mir hinwieder zu einer andern Interessantheit, die damals gleichsam ansteckend in der Luft lag. Ich hielt pflichtschuldig der Musterung still und machte eine noch kränkere Leidensmiene, wenn sie, über die Budel blickend, sagten:

Is dös ein Unterschied: eine so rotwangig und eine so klewer!

Diese Worte wirkten nachhaltig. Ich ließ vom Abendessen die Hälfte stehn und sagte zu den Eltern:

Nicht wahr, ich han die Blutarmut und die Bleichsucht?

Meine, wie mir vorkam, gescheite Idee fand aber keine Beachtung. Als ich sie eigenwillig nochmals vorbrachte, antwortete Mutter entschieden, sie selber sei nie bleichsüchtig gewest, und ihre Kinder dürften es auch nicht werden. Solche Ausreden studierten sich nur faule Mädchen zusammen, die ungern arbeiteten.

170

Mag sein, daß sie trotz ihrer Strenge sich heimlich sorgte. Sie kaufte bald hernach das Stärkungsmittel Sanatogen. Schon der Name verleitete mich zur Widersetzlichkeit. Ich belehrte jeden, der das O betonte, man müsse die letzte Silbe lang sagen, weil es ein Fremdwort sei. Das Pulver alsdann, zu einem geilen Brei mit dem Frühstück verrührt, verschlang ich mit wahrem Abscheu. Ausspukken durfte ich es leider nicht, weil es sehr kostspielig war. Eine wohlfeilere Kur, die mir noch schlechter und grausamer vorkam, aber besser anschlug, war: in den leeren Magen etwas geriebener Kren, mit Honig versüßt, und sieben bittere Salbeiblätter.

Ehrlich betrachtet, zeigte ich in diesem Lebensalter recht zuwidere Eigenheiten. Ich dankte der Mutter weder die gesunde, nüchterne Behandlung noch die Liebe, mit der sie mir ihre Heilmittel nachtrug und aufnötigte. Wie sie mir auch beikommen wollte, ich fühlte mich auf alle Fälle unglücklich und ging zu Tante Julie klagen. Am schönsten tröstete mich freilich das einsam schmerzliche Auskosten meiner Dulderrolle im Kindergarten. Ich saß hinter dem Fliederwipfel versteckt und bauschte meine Gefühle dichterisch auf. Regelrechte Verse wurden es zwar selten. Wenn aber, dann vertrugen sie mich zu einer hocherhabenen Geistes- und Naturschwärmerei. Ich reimte, weiter und weiter schweifend, Rosen mit Heimatlosen, Sonne mit Wonne, und mein poetischer Schwung hielt erst beim blauen Himmel inne, weil mir die Wahl weh tat, welcher Reim hiezu besser paßte: Sterngewimmel oder Weltgetümmel.

Was mich ursprünglich traurig gemacht hatte, das Zerwürfnis mit Mutter, das Sanatogen und derlei Unannehmlichkeiten, bezeichnete ich nur beiläufig als schnöden Alltag. Noch weniger, das heißt, überhaupt nicht, gedachte ich meiner Gartentiere, obschon ich ihnen während des Dichtens gewohnheitsmäßig fette Kleeblätter vorhielt und den Milchnapf putzte, wann er säuerlich roch. Es wäre mir nicht eingefallen, solch irdische Worte wie Küniglhas, Eichkatzl und Igel in meine Poesie aufzunehmen.

Ein weißes Lämmchen, kein wirkliches, sondern ein Abbild im „Kränzchen", war das einzige Vierbein, welches in meinen schwermütig schmachtenden Träumereien einen wichtigen Platz einnahm. Am Hals trug es eine Silberschelle und eine blaßblaue Masche. Seine Herrin Felizitas, genannt Fee, hatte es mit der Flasche aufgezogen und bei einem Brand sogar vom Tod errettet. Sie selber war von einem fallenden Balken so verletzt worden, daß ihr Rückgrat schwach blieb. Sie mußte zuschauen, wenn andere spielten, und das weiße Lämmchen leistete ihr Gesellschaft. Bei dieser Entsagung wurde sie immer sanfter und gleichsam zum guten Engel des Hauses, während ihre Geschwister wilde Rangen, nach unserm Sprachgebrauch Mistfratzen waren und alle möglichen Streiche vollführten.

Die Geschichte mit den beigefügten Illustrationen rührte mich innig, und obzwar ich Gott sei Dank meine geraden, gesunden Glieder tüchtig zum Laufen gebrauchte, zog es mich in Gedanken wohlgefällig zu dieser wehmütigen Idealgestalt. Ich wünschte mir eine Gelegenheit für eine heldenhafte Liebestat, damit mich alle Leute groß bewunderten und Mutter endlich einsähe, daß sie zu streng und hartherzig gegen mich war. Auch sonst kam mir vor, daß ich Talent hätte, ein feenhaft sanftes Mustermädchen zu werden. Jeden Morgen begann ich mit neuem Vorsatz und einer melancholischen Träumermiene. Leider würdigte es niemand recht, Mutter am wenigsten. Sie schalt ärgerlich:

Was haltst denn gar so trübsinnig her?

Ich wußte keine Antwort und fühlte mich nur noch tiefer beleidigt. Einmal bei einem Schulereignis, welches den meisten Kindern freudig willkommen war, glaubte ich meine Stimmung besonders düster zur Schau tragen zu müssen. Es erschien nämlich vor den großen Ferien der Herr Schulinspektor Tremel ganz unerwartet in der Klasse und befahl uns mit feierlich ernstem Gesicht, für den nächsten Tag unsere Sonntagskleider anzuziehen. Denn... so fügte er langsam bei, indessen das Schuhwetzen und Griffelrollen zu unheimlicher Kirchenstille umschlug, morgen werde uns die Turnstunde beziehungsweise die Handarbeitsstunde geschenkt. Es käme ein Photograph, um die ganze Schuljugend zu photographieren. Die bemittelten Kinder sollten ihre Eltern fragen, ob sie ein kartoniertes Bild kaufen dürften, es koste eine Krone.

Kaum war der Herr Inspektor fortgegangen, erhob sich ein Heidenlärm. Manche Schüler weinten, andere murrten trotzig, sie hätten kein Geld dazu, wohlhabende riefen schon unter dem Aufzeigen wichtig und ein bißchen prahlerisch: Bitt, Herr Lehrer, wir nehmen zwei. Zu diesen Bittstellern gehörte auch ich.

Der Rest des Tages verging unter aufgeregten Vorbereitungen. Die Hauptsache waren die Kleider. Unsere Mutter bestimmte die roten Cheviotkleider mit runden Krägen und schwarzem Bortenaufputz und fing, sobald sie Zeit hatte, zu bürsten und zu bügeln an. Auch die Unterröckchen stärkte und bügelte sie frisch. Indes mußten wir uns gründlicher als an Samstagen die Ohren, den Hals, die Knie und die Füße waschen. Dann wurden wir mit dem Staubkamm gestriegelt, bis uns ein jedes Haar weh tat. Ein paar dicke Öltropfen vollendeten die Glätte. Natürlich flocht uns Mutter die festen Gretchenzöpfe in der Früh wieder und nach der Schule ein drittes Mal. Dafür aber sahen wir wahrscheinlich wie gewichst aus.

Die Groggerischen Cousinen kamen ebenfalls im roten Cheviotgewand. Die Kitzinger-Mädchen in Institutsuniform mit Flügelschürzen. Auch unsere Freundinnen trugen ihre schönsten Kleider, und die Bauerntöchter erschienen im eiroten, blaugeblümten oder grünscheckigen Prangkittel. Bei den Knaben war es weniger heikel. Nur die vornehmsten hatten neue Anzüge. Sonst sah man geflickte Ellenbogen, eingestückelte Hosenböden und geschenkte Matrosenjanker mit einem oder keinem Goldknopf. Von den ärmsten Schülern fehlten mehrere bei der Verlesung, und man hörte an ihrer statt eine andere Stimme antworten: Bitte, er darf sich keine Photographie kaufen. Bitte, er hat keine Schuhe nicht.

Als wir ins Freie geführt wurden und die großen Buben mit ein paar Sitzbänken herbeitümmelten, ergab sich eine Schwierigkeit. Der Photograph, welcher, unter einem schwarzen Tuch verborgen, das hohe Stativ und den Apparat vor sich hertrug, sagte immer wieder, der Schulhof sei für eine Aufnahme nicht geeignet. Er irrte in seiner geheimnisvollen Umhüllung kreuz und quer von einem Ende zum andern und suchte sogar über der Straße weiter. Die Buben polterten ihm mit den Sitzbänken willig nach. Im Schatten zwischen Kirche und Friedhofsmauer blieb er endlich stehn und rief, indem sein Gesicht über den Kasten tauchte: Hier!

Wir wunderten uns kichernd und wollten ungern glauben, daß er diesen Ort wählte. Aber während er den malerischen Hintergrund der vier Pappeln pries und Herr Walcher wie Herr Inspektor sich davon überzeugten, drängelten wir doch neugierig ins Pförtchen. Danach entwickelte sich alles in hastiger Eile. Das ganze Kindsvolk wurde stufenweise gruppiert. Die Großen stehend und kniend nach hinten, die Kleineren nach vorn, ein paar mußten mit übergeschlagenen Beinen wie Türken im Gras hocken. Den Platz in der Mitte nahm Herr Walcher ein, und ich durfte, wie alle verlangten, als sein „Herzkäferl" ihm zur Rechten sitzen. Rings um ihn her setzte man, selbstverständlich ohne es auszusprechen, die andern „bemittelten" Kinder.

Während der Photograph sich wieder unter dem schwarzen Tuch verschloff, erlaubte der Herr Inspektor, daß wir uns noch ein bißchen rührten. Den Knaben, die bereits krampfhaft Habt acht! standen, befahl er, einige sollten zur Abwechslung die Arme schränken. Daraufhin schränkten alle die Arme. Der Photograph kam unter nervösen Gebärden schnell zum Vorschein, und es brauchte eine besondere Anordnung, bis er mit der Gruppe zufrieden war.

Aber jetzt! sagte er und hob den Zeigefinger warnend in die Höhe. Es dauerte immerhin noch etliche Minuten, denn er mußte noch die Plattenkassette aus der Tasche heben, numerieren und in den Apparat schieben. Ich beobachtete das, weil ich es bei Onkel Fritz oft genug sah, ziemlich geistesabwesend und benutzte die Wartepause, um jene Haltung einzunehmen, die mir meines Glaubens wegen so wohl anstand. Der Friedhof verpflichtete mich zu noch tieferer Schwermut, ich erinnere mich, als sei es gestern gewesen, wie ich den Kopf leidend zur Seite bog und den fettblonden Haarsträhn, der sich trotz vieler eiserner Nadeln losgelöst hatte, mit Absicht nicht hinter die Ohren strich, weil mir vorkam, es harmoniere mit meiner Kränklichkeit und Weltentsagung.

Als der Herr Inspektor Ruhe gebot, wurden einige Kinder sehr unruhig. Jemand fing zu husten an, obwohl es im Sommer war, und meine Freundin Mitzi flüsterte hinter mir:

Die Lippen naß machen, dann wird man eine Schönheit!

Ruhe! sagte der Herr Inspektor noch einmal. Der Photograph hielt den Daumen an einen Gummiball und sagte: Bitte, recht freundlich!

Als er losdrückte, hatte ich die wortwörtliche Einbildung, meinen Mund umspiele ein schmerzliches Lächeln.

Und so war es auch! Nach etwa 14 Tagen durfte ich Geld einsammeln und die billigen Abzüge, die Postkarten und die aufgeklebten Bilder austeilen. Dabei sah ich, wie gut und lebfrisch alle meine Mitschüler getroffen waren. In meinem Gesicht suchte ich leider ganz umsonst nach einer poetischen Ähnlichkeit mit der Fee. Auf jedem Blatt, das ich kritisch musterte: vierzigmal, fünfzigmal begegnete ich mir in derselben traurigen Jammergestalt. Das mißfiel mir sehr.

DIE HEILIGEN SAKRAMENTE

Der Herr Pfarrer hat mich tatsächlich um ein Jahr früher als meine Altersgenossen für die Erstkommunion bestimmt, weil ich in Religion die Note „sehr gut" verdiente und mein „sittliches Betragen" seiner Ansicht nach in Ordnung war.

Wir Auserwählten wurden wöchentlich in drei Extrastunden auf das heilige Ereignis vorbereitet. Die Katechismussätze waren bald gelernt. Daß er unsere Aufmerksamkeit auch mit frommen Erzählungen weckte, verdoppelte den Wert seiner Autorität.

Nicht minder hielten mich die Vorbereitungen meiner Mutter in Atem. Sie nähte mir ein weißes Kleid und zum Schutz gegen die Osterkälte allerhand warme Barchentunterwäsche. Auch dicke weiße, selbstgestrickte Kniestrümpfe bekam ich. Und aus dem Geschäft spendete sie den teuersten Kranz. Mein Haar wurde für drei Tage in beiläufig zwanzig Zöpfe gezwängt, damit es sich am Weißen Sonntag zu einer Mähne bausche.

Ich prüfte bewußter im Spiegel als im Beichtspiegel, ob ich für den Empfang der heiligen Hostie würdig sei.

Im Volksmund ging die Rede, unser Herr Pfarrer sei froh, daß Frau Walcher wieder im Wochenbett lag. Hiedurch ermöglichte sich die Aushilfe eines hochmusikalischen Organisten.

Wir Erstkommunikanten versammelten uns im Schulhof und zogen, von Fräulein Wolfrum angeführt, durch das große Flügeltor in die Kirche.

Der unsichtbare Herr Gottvater in der sichtbaren Barockherrlichkeit des Hochaltars verpflichtete mich zu gläubiger Anbetung. Ich hauchte die zarte weiße Hostie mit zweifelnder Bangigkeit, ob ich sie wohl bis in mein Herz hinabschlucken könne, ein. Auf die dritte göttliche Person vergaß ich, weil ihr unfaßbares Geheimnis für die Firmung aufgespart war. Ehrlich gesagt, ich hatte noch keine Ahnung von jenen Ahnungen, die sich meine Schaugabe im geistigen Reifen ausmalen sollte.

Dem bürgerlichen Dorf Öblarn fehlte das religiöse Klima. Weder unser Herr Pfarrer noch die Irdninger Kapuziner, ja nicht einmal ein

Dutzend Missionsprediger konnten unsern naturgebundenen Glauben über das bäuerliche Brauchtum hinaus entfalten.

Mein erster Kommuniontag verlor schon beim Frühstück seinen überirdischen Glanz, weil meine Mutter unwiderruflich anordnete, ich dürfe mein Prangkleid nur bis zum Photographieren anbehalten.

Für die Nachmittagsjause waren wir Schwestern und die Walcher Ida bei den Kitzinger-Mädchen eingeladen. Wir fühlten uns sehr geehrt. Als wir, mit Kakao, Schlagobers und großem Guglhupf gelabt, das beneidenswert schöne Speisezimmer verließen und Fräulein von Kolar in Hut und Paletot für einen Spaziergang entschwand, rief Hildegard draufgängerisch:

Und was tan ma hiaz?

Kinderkriagn! sagte Ida ingedenk ihres neuen Brüderleins Benno.

Verlegener Stummheit folgte ein zögerndes Ja nach dem andern. Wollte doch jede von uns beweisen, daß sie nicht mehr an den Storch glaubte. Wir Größeren hielten allerdings unsere Jüngste, die Justi, für unser geheimes Wissen zu klein. So durfte sie das Mädchenkabinett ihrer Schwestern nicht betreten. Zum Trost versprachen wir mit heiligen Ehrenwörtern, sie dürfe nachher Taufpatin für unsere Kinder werden.

Während sie vor der verperrten Tür wimmerte und weinte, erwählten wir Bella als die Älteste für die erste Mutterrolle. Doch die Reserl hüpfte schneller ins Bett, als die andere ja sagen konnte. Sie barg ihre Puppe fest an den Leib gepreßt unter dem Hängeschürzenbausch.

Ida zählte ab März neun Monate herab. Im Dezember war es soweit. Die Geburt vollzog sich mit Hokuspokus und zauberisch kreisenden Gebärden, die wohl dem unverstandenen Wort „kreißen" abgelauscht waren.

Wie es weiterging, habe ich vergessen. Richtige Mutterfreuden blieben jedenfalls aus. Bella verzichtete auf die Entbindung mit vornehm gespreiztem Abstand, worauf ich geschämig sagte:

Mich gfreuts nimmer.

Hildegard und Ida schalten mich wieder einmal fad, als ich zum Heimgehen drängte. Doch verlegen waren sie auch.

Am Abend, ganz plötzlich mitten im Nachtgebet erklärte ich meiner Schwester mit dumpfgebietender Gewissensstimme:

Du! Die Unkeuschheit müssen wir bereuen und beichten.

Das Sonntagskind, geübt im Fliehen, verschloff sich augenblicks zwischen Polstern und Tuchent. Der Versuch, mein Schuldbewußtsein ebenso zu ersticken, half mir wenig. Die Finsternis und der

Mangel an Atemluft nötigten mein Gewissen zum strengen Selbstvorwurf, daß ich die Heilige Kommunion entweiht habe...

Die Firmung im nachfolgenden Jahr brachte nur irdische und vorwiegend unerwünschte Aufregungen mit sich.

Mutters vorsichtige Haltung gegen die wohlhabende und bürgerstolze Verwandtschaft unseres Vaters beeinflußte die Wahl der Patin.

Das gescheiteste, so überlegte sie, wir bitten die Tante Julie.

Und den Onkel Fritz! verlangten wir Kinder stürmisch.

In Wirklichkeit wurde Vater unser Firmgöd, weil meine Eltern selber die Kosten übernehmen wollten.

Vater erbot sich, zwei Uhren aus der Stadt Wien zu beschaffen. Dies tat er denn auch und überreichte sie unserer Mutter mit der flüchtigen Feststellung, daß Silber für Volksschülerinnen genüge. Leider blieb es nicht bei dieser großen Enttäuschung. Beide Uhren gingen falsch, sagte Mutter leise zu Tante Julie. Man mußte sie immer wieder aufziehen, bis sie schließlich unverrückbar stillstanden.

Onkel Fritz vermutete, sie seien aus dem Versatzamt. Er versprach uns goldene Damenuhren, konnte jedoch nicht Wort halten, weil Mutter ihm zuvorkam und selbst zum Uhrmacher ging.

Gemäß dem Sprichwort: Reden ist Silber, Schweigen ist Gold, besänftigte sie unsere Neugier stumm und nahm ihren Verwandten die Unkosten ab.

Die Eltern waren stets um den Ausgleich der unterschiedlichen Schicksalsgunst bemüht. Obwohl Onkel Fritz sein eigener Herr war und sein Gehalt nach eigenem Ermessen bestimmte, obwohl Tante Juliens Hausmädchen das beste Gemüse aus unserm Garten und die Lebensmittel aus dem Geschäft um den Eigenpreis einschreiben ließ, fühlte Tante Julie sich benachteiligt und in ungebildeten Kreisen vereinsamt. Ihr ausgewählter Umgang waren Herren mit Matura: Lehrer und Bahnbeamte. Auch Onkel Fritz gehöre von Rechts wegen zu den Studierten, behauptete sie, was ich mit stolzer Billigung glaubte.

Mutter lächelte darob nachsichtig, und Vater nannte seine Schwägerin eine Funzen. Ganz ernst genommen, war an der Klage ein Körnlein Wahrheit. Als Erben sind die beiden Spätlinge in doppelter Hinsicht zu kurz gekommen. Sie hatten unter den Füßen keinen so bäuerlich gesunden Erbboden wie die Groggerische Verwandtschaft und auch die Longinische, soweit in ihr das Gföllerische Blut überwog, wie in unserer lebenstüchtigen Mutter, die neidlos schätzte, daß Onkel Fritz ihre kränkliche Schwester gleichsam auf Händen trug.

In Erwägung all dessen und mit Rücksicht auf die väterliche Sparsamkeit kaufte sie uns nur silberne Firmungsuhren. Wir durften diese sogleich bewundern.

Ich jammerte und nörgelte. Onkel Fritz hätte uns goldene Uhren geschenkt!

In meinen Augen waren die armen Verwandten reich. Sie lebten poetischer als unsere Eltern. Und ihre kleine Wohnung hatte jedenfalls für mich verführerische Anziehungspunkte. Ich und Hildegard waren Mitbesitzer, zumindest Nutznießer ihres Eigentums. Und die Eheleute behandelten uns auch, als seien wir ihre leiblichen Kinder.

Die Patenschaft im Namen des Heiligen Geistes prägte der natürlichen Liebe sozusagen ein himmlisches Siegel auf.

Um den Ort der Firmung entstanden allerdings Unstimmigkeiten. Onkel Fritz schlug natürlich die Stadt seiner Jugend vor. Tante Julie hätte sich gern für Graz entschieden, weil dort ihr Bruder Hans als Direktor der Alpine-Montan-Gesellschaft in einer Villa lebte.

Die Eltern einigten sich kurz und bündig für St. Martin am Grimming.

Diese Aussicht verdarb mir die ganze Vorfreude. Ein kleines Bauerndorf, für uns auf einem Spaziergang in zwei Stunden erreichbar! Nein! das war kein passender Ort für Firmlinge, deren Vater alle Hauptstädte von Österreich und Deutschland kannte! Überdies gehörten unsere neuen Kleider in moderne Umgebung. Wenn auch Mutter sie bezahlt hatte, verdankten wir sie doch der Tante Julie. Sie waren wirklich prachtvoll und sind es in meiner Erinnerung noch heute. Damit wir sie auch zu andern heiligen Zeiten anziehn könnten, waren sie nicht weiß, sondern fliederfarben, aus dem teuersten Cheviot unseres Schnittwarenlagers, in „Emponform" plissiert und an Hals und Ärmeln mit „ecrü" Spitzenrüschen aufgeputzt. Eine Verwandte unserer Mutter, die von Schladming nach Pilsen geheiratet hatte, war uns für die Anschaffung gefällig gewesen. Wir standen stets im Briefwechsel mit ihr, und ihre Tochter, die Radda Tony, eine absolvierte Bürgerschülerin, lobte meinen Stil und meine Rechtschreibung. Natürlich prahlte ich in allen Tonarten immer gewisser, daß wir bald ein Auto bekämen. Jetzt zur Firmung sollten wir halt schon eins haben, wünschte Onkel Fritz. Na, na! Um Gottes Willen, nein! wehrte unsere Mutter mit bestürzter Miene ab. Da fahr ich doch noch lieber in einer Kutschen.

Ein Vergnügen war auch dies für sie keineswegs. Unter seufzendem Bedauern, daß man St. Martin nicht per Eisenbahn erreichen könne, saß sie denn auch im Landauer, der uns vom Stammhaus zur Verfügung gestellt worden war, peinlich gestrafft wie auf Nadeln.

Aber das bemerkte nur ich. Tante Julie hatte ihren getupften Hutschleier über Augenhöhe gezogen. Onkel Fritz machte Momentaufnahmen, wobei er des öfteren von Hildegard gestört wurde. Unruhig, wie sie war, tauschte sie gern ihren Sitz mit den Firmlingen der Mutter. Neben uns mußten noch andere Mädchen Platz haben. Sie zupfte sogar das Bübel auf dem Kutscherbock, das nach unserm Vater den Namen Franz bekommen sollte.

Alles Nachwuchs armer Leute, deren Passiva man nie im Kundenbuch ausstreichen konnte. Unsere Mutter als Geschäftsfrau, die reiche vornehme Frau Kitzinger und ganz besonders der fromme Junggeselle Herr Waidhofer hatten schon in Betracht ihres großen Warenlagers einen nieversiegenden Anwert mit jährlich wachsenden Spesen.

Unserem Vater mußte manches verheimlicht werden. Immerhin sagte er zu Bittstellern und Schuldnern so gerührt als geschmeichelt: Ja. Das war aber auch alles, was er tat. Beim Kirchgang mußte ihn Onkel Fritz vertreten.

Auch Walcher Ida wurde in St. Martin gefirmt.

Ihre Patin, das Fräulein Prünster Marie, hatte ihr ein wunderschönes Pranggewand mit Säumchen und Falten und Spitzen genäht. Nun fuhren die beiden auf Lederpolstern, per Achs, von einem Pferd gezogen, in der langen Prozession der Anwärter auf den Heiligen Geist.

Die Goden konnte sich solche Freigebigkeit leisten. Sie war als einzige Tochter die professionelle Mitarbeiterin und Mitbesitzerin des Gewerbebetriebes ihrer Mutter, laut Aushängeschild:

Agnes Prünster, geprüfte Damenschneiderei-Werkstätte.

Unsere Freundin Ida, die ihr Bruder manchmal Mistkäfer nannte, war kaum noch zu erkennen. Was sie sonst und sogar sonntags auf dem Leib hatte, Trägerkittel, Bluse und Schürzchen, von Frau Walcher aus der haltbaren Hinterlassenschaft älterer Generationen in mühsamer Nachtarbeit kunterbunt zusammengestückelt, das ganze arme Aschenbrödel war zum weißen Schneewittchen verwandelt. Ihre braune Haarmähne krönte ein künstlicher Maiglöckchenkranz. Um ihre Mitte war ein breites blaues Seidenband zur Masche gebunden. Überdies wußten wir, daß die Patin ihr neue Schuhe hatte anmessen lassen.

Kein Wunder, daß sie sich wie eine Gräfin vorkam. Ihr klein gebliebener Körper bäumte sich im Gerüttel und Geschüttel des Einspänners zu würdiger Haltung. Wir machten uns im Vorfahren übermütig johlend bemerkbar, was sie in diesem Ausnahmezustand mit lächelnd geschlossenen Lippen erwiderte.

Die jüngsten Kitzinger-Kinder, Ferdi und Justi, vermisse ich in meiner Rückschau. Sie wurden wohl standesgemäß in der Stadt gefirmt. Unvergeßlich ist mir indessen der Kummer über meine Eltern, denen so gar nichts daran lag, zu verwirklichen, was ich mir einbildete.

Mein Schönheitssinn, meine Schaulust für geistliches und weltliches Gepränge, besonders meine sehnsüchtige Schwärmerei für Salzburg, die Onkel Fritz mit Pathos weckte und nährte, alle meine erhabenen Phantasieblüten verdorrten in der Prosa der Daseinswelt.

Das Kirchlein von St. Martin war kein Dom. Die Orgel quietschte manchmal. Beim Hochamt spielte kein „Orchester", sangen nicht berühmte „Kapazitäten" aus dem Mozarteum. Und der Bischof von Graz-Seckau hätte ein Kardinal sein müssen! Schon das Wort verzückte meine Seele zu melodischem Hochgefühl.

Sicherlich ging mir auch durch den Kopf, was wir in der Religionsstunde gelernt hatten. Aber Hand aufs Herz, ich müßte lügen, wenn ich die bischöfliche Handauflegung als fühlbar beglückendes Ereignis beschreiben wollte. Mein Geist, völlig von sinnfälligen Wahrnehmungen abhängig, strampelte bildlich gesprochen noch in den Windeln, doch immerhin äußerst lebendig. Es erging mir wie einem Säugling, der die Taufe schreiend über sich ergehen läßt, weil das Wasser die Mutterwärme abschreckt.

Meine Einbildungen fanden sich meist schmerzlich mit Tatsachen ab. Ich hatte mir vom Sakrament der Firmung eine Art Wunder ausgeträumt. Vom langen Warten, bis ich an die Reihe käme, schon schwach und schwindlig, schaute ich zur Taube empor, die unter dem Luster die Flügel breitete. Die sieben Kerzen erleuchteten mich nicht zum Bewußtsein der sieben heiligen Geistesgaben. Erlösend berührt hat mich nur die sanfte Handauflegung des steirischen Oberhirten Schuster, weil unser Lehrbub Hansl mir eine Watsche prophezeit hatte.

In der besten Absicht, mich des Heiligen Geistes würdig zu benehmen, unterdrückte ich mühsam die Enttäuschung, daß ich Sein Göttliches Merkmal nur in einer Dorfkirche empfangen durfte. Ich war überzeugt, daß ein jedes Gotteshaus, das Kathedrale hieß, dem himmlischen Thronhimmel ähnlicher sei.

Das Stehen in der schwülen Luft ist dir zuviel geworden. Du bist ganz bleich, bemerkte Tante Julie, ihrerseits heiser und atembeklommen.

Onkel Fritz ging auf Suche nach unserem Stellwagen. Und Mutter rief mit heller Stimme ihre Firmlinge zusammen. Sie waren mit Hildegard längst auf ihre Plätze geturnt.

Später, im Gastgarten der Sagmühle, entschädigten sie sich übereilig für das fleißige Beten und lange Stillstehn. Mir erregte das üppige, nach Schmalz, Knoblauch und Süßigkeiten duftende Festmahl keinen Appetit. Meiner Schwester wurde vor Genußfreude übel.

Ich glaube, der junge Mensch muß alt werden und viele Sensationen: Schaufenster mit goldenen Uhren, fetten Backhühnern und paradiesischen Früchten durchschauen, bis ihm die Segenskraft eines Sakramentes offenbar wird.

Ich war mit zwölf Jahren noch zu blind, zu einfältig und zu eitel, um zu erahnen, daß ich in der kleinen Kirche von St. Martin am Grimming vom Urgottvater gefirmt worden bin.

DIE FRAU SCHNEIDERMEISTER KOFLER

Unsere Mutter, die ihre freie Zeit am liebsten stillbesinnlich verbrachte und nicht eben schroffe, aber höfliche und deutliche Ausflüchte erfand, um ihre Ungeselligkeit zu bemänteln, unsere Mutter, die jedem Tratsch und namentlich bösen Nachreden abhold war, weil, so behauptete sie, erstens Geschäftsleute sich mit der Kundschaft nicht verfeinden dürften, und zweitens, weil eine Frau, die Kinder hat, doppelt und dreifach ihren Mund hüten müsse, um nicht die Strafe Gottes auf sich herabzubeschwören: unsere Mutter, die schweigende Beherrschung in Person, hatte eine, will nicht sagen Freundin, so doch eine Bekannte von grundverschiedener Art.

Nämlich die Frau Schneidermeister Kofler.

Das ergab sich vielleicht aus der Nachbarschaft und noch mehr aus der schwesterlichen Anhänglichkeit, welche ihr Ziehkind, die Kofler Nannerl, mit uns verband. Daß wir gemeinsam zu Abend aßen, die Schuhe und Strümpfe auszogen, die Füße ins Badeschaff steckten und alsdann frisch gewaschen wieder weiterspielten, war eine häufige Gepflogenheit. Aber wenn die „Tant" nach dem Gebetläuten nur aus dem Fenster rief, so hörte Nannerl es nicht und vergaß auf das Heimgehn. Sie legte säuberlich die Schürze, das Kleid, die beiden schneeweißen spitzenbesetzten Unterröckchen und die weiße Knöpfelhose ab, und während ich jedesmal unzufrieden und kritisch unser glattgesäumtes, schwarzweißgestreiftes, rotgewürfeltes, blaugetupftes, meist schon geflicktes Zeug mit dieser Putzwäsche verglich und auch unsere bäurisch überzogenen Betten mir langsam mißfielen, hutschten Nannerl und Hildegard auf den Sprungfedermatratzen, oder sie übten sich vergnügt im Ballwerfen. Dazu nahmen sie natürlich die Kopfpolster.

Wenn dann die Frau Kofler verspätet kam, um ihr Ziehkind zu holen, so lag es meist schon neben meiner Schwester müd und sänftlich eingeschlafen. Ich aber saß noch wach und hatte auf der Decke mein Märchenbuch. Manchmal schnitzelte ich Figuren aus einem Preiskurrant oder bemalte Bilder in der „Gartenlaube", manchmal nähte ich ein Puppenkleid.

. Sosehr ich mich über einen freundlichen Blick und ein Lob gefreut hätte — die Frau Kofler betrachtete wohlwollend die zwei andern, während sie im Traum die Arme warfen oder laut aufredeten, ohne zu erwachen. An mir ging sie gönnerhaft nickend vorüber. Sie mochte mich nicht so gut leiden wie meine Schwester. Ich schloff, vielleicht aus Trotz, vielleicht im Bestreben, gleicherweise guten Eindruck zu machen, unter die Decke; dennoch schlief ich so bald nicht ein. Ich sah und hörte alles.

Die Unterhaltung fing immer mit großer Eilfertigkeit an. Sie habe nicht Zeit, sagte die Frau Kofler, wenn Mutter sie aufs Sofa einlud, sie müsse noch einen Korb voll Krägen und Manschetten einweichen. Dann setzte sie sich aber doch. Weil ihr die Füße weh täten, sagte sie mit einem Seufzer. Obwohl der Mann als Schneidermeister sein Auskommen hatte, plagte sich die Frau Kofler mit einem Nebenverdienst. Sie war Feinwäscherin und Glanzbüglerin und stand oft von der Frühe bis in die Nacht beim Bügelladen. Als Zeichen ihrer besonderen Gunst und Liebe versprach sie meiner Schwester, sie in die Lehre zu nehmen, wenn sie einmal ausschulte. Auch jetzt zeigte ihr die Frau Kofler schon stolz den gewissen Vorteil, mit der Bügeleisenkante und dem nassen Fetzchen in einer papiersteifen Herrenhemdbrust die Ziersäume aufzustellen. Und bei Stücken, die nicht gar zu kostbar waren, durfte Hildegard sich ein bißchen üben.

Mir erlaubte sie nichts dergleichen.

Trotzdem fühlte ich mich zur Frau Kofler unheimlich hingezogen. Ich folgte ihr auf Schritt und Tritt, wenn sie unterwegs etwas einkaufen kam und zuletzt bei Mutter in der Küche anklopfte. Noch mehr hielten mich ihre nächtlichen Gespräche in Atem, und ich schlief nicht ein, solange sie bei uns war.

Haben S' schon ghört, Frau Grogger, sagte sie gern mit einer reschen, eifervollen Stimme und erzählte alsdann umständlich und in vielen aufregenden Einzelschilderungen eine Dorfneuigkeit: Diebstähle, Liebschaften, ledige Kinder, Grund- und Erbschaftsstreitereien, Ehebrüche, Schulden und was sonst noch schändlich lautwurde. Von Zeit zu Zeit erinnerte sie sich an mich und schoß einen kurzen Blick zu meinem Gitterbett. Wenn sie sich aber in einem anstößigen Wort vergessen hatte, erhob meine Mutter den Zeigefinger und sagte: Schindeln aufn Dach. Oder sie warnte in der B-Sprache: Diebi Papaulaba schlabaft noboch nibicht.

Darauf redete Frau Kofler vorsichtig „durch die Blume".

Doch diese offenen oder verhüllten Wahrheiten hörte ich nur

nebenbei. Vieles verstand ich wirklich nicht; einiges wußte ich unschuldig von selber. Was mich mit Mund und Augen aufmerken ließ, war etwas anderes. Die Frau Kofler sprach noch viel mehr als der Herr Walcher im Ausseer Dialekt. Ihr hoher, geläufiger Tonfall mit allerhand raren Ausdrücken hämmerte sich eindringlich in mein schlaftrunkenes Hirn.

Wenn ihr Mutter gastfreundlich ein Stück Schweizerkäse aufwartete, zierte sich die Frau Kofler und schob den Teller gegen die Tischmitte. Dabei brach sie mit den Fingern etwas ab und sagte: Ich mag nit viel, netta ein Bröckerl.

Während sie aber dann in ihrer Redseligkeit unversehens mit mummelnden Kiefern das ganze aß, werkte meine Einbildung noch mit dem einen Wörtlein „netta", bis es zwischen aufgespreizten und leise zufallenden Augenlidern ein Nettogewicht auf unserer Dezimalwaage wurde.

Über Toiletten redete Frau Kofler auch sehr gerne. Sie zog sich stets adrett und sauber an. Alle ihre Röcke waren im Zwickel geschnitten, vorne ein bißchen gespannt anliegend; hinten hatten sie einen Quetschfaltenfächer, der mächtig auseinanderging. Wochentags trug sie eine breite Kattunschürze, sonntags eine schwarze, rundum spitzenbesetzte Clothschürze. Eine besondere Vorliebe, ja einen wählerischen Geschmack wendete sie ihren Blusen zu. Diese lagen ihr auf dem Rücken strenge an und endigten unter der Mitte im drallen Schößchen. Die Vorderteile hingen lose wie eine Nachtjacke über dem Schnürleib herab. Sie nannte das eine „Mandineeform". Den Hauptwert bedeutete ihr der verschiedene Aufputz.

Na, was sagen S' dazua? Is das nit gschmach? fragte die Frau Kofler einmal zur Tür herein, indem sie uns ihre neueste Bluse mit Stehkragen, Atlaseinsatz und Posamentrieborten zeigte. Meine Mutter, die allein durch geduldige Übung und fleißiges Abschaun das Kleidermachen erlernt hatte, interessierte sich am meisten für den Ärmel. So drehte sie die Frau Kofler nach links und nach rechts, um zu bewundern, wie meisterhaft er eingenäht war. Ich hatte immer ein merkwürdiges Mitgefühl auf Zunge und Gaumen, wann die Frau Kofler einen Stoff, eine Machart, ein Blumenbukett oder sonst etwas „gschmach" nannte. Ich kostete es gleichsam aus. Unterröcke, die keine Spitzen hatten, und geflickte Kleider nannte sie „schmafu".

Neben der gewohnten Mundart brauchte sie oft auch Fremdwörter, die sie sich in ihrem geschäftlichen Verkehr mit Sommergästen angelernt hatte. Wir Kinder wußten bereits, daß sie einige beliebig ummodelte, und wir paßten spitzbübisch, wenn sie vielleicht an einem regnerischen Sonntag überall herumsuchend, mit ungeduldiger Stimme ausrief:

Ich bin schon ganz nerviös! Nannerl, wo han i denn mein Plompadur?

Schließlich fand sich das Ding doch. Und indessen die Frau Kofler sich's über den Ellbogen hängte und den Schirm aufspannte und die Röcke raffte, so daß die weiten Stickereifalbeln hervorblitzten, und indessen ihr beim wuchtigen Schreiten der Strickbeutel mit dem dicken Knäuel an die Hüfte baumelte und schlug, prägte sich meinem Sprachgefühl unbewußt, aber anschaulich die Überzeugung ein, daß es doch ein „Plompadur" war.

Als die Frau Kofler wieder einmal heimgarteln kam, las meine Mutter gerade einen hochinteressanten Roman in der „Alpenpost" und wäre bei der Stelle: Schluß folgt so gerne noch eine Stunde lang in nachdenklicher und phantasievoller Mutmaßung verweilt, um zu erraten, wie es ausging.

Sie flüsterte, den Schatten im Fenster sehend: Aufn Sunntag versteck i mich mit der Zeitung, dann überwand sie doch ihren Unwillen und trug für den Besuch sogar eine Schale warmen Kaffee herbei.

Die Frau Kofler schlürfte mit der dicken Haut wiederum netta ein Tröpferl und zuletzt noch den kalten Rest aus der Untertasse. Zum Dank dafür versprach sie meiner Schwester etwas Gutes oder zog auch bereits eine Pomerantsche aus dem Plompadur. Meine Mutter, die ihren Roman schweigsam in die Tischlade geschoben hatte, bekam als Entgelt, ob es ihr nun recht war oder nicht, die schauderbarste Dorfneuigkeit aufgetischt.

In einer Herrschaftsfamilie, so erzählte die Frau Kofler, mußte knapp vor der Hochzeit die Verlobung rückgängig gemacht werden, weil der Bräutigam Trink- und Spielschulden machte. Nun hatte die Braut einen Nervenschock, und die Mama war ganz „perflex".

Bei dem Wort „perflex" sah ich immer in einer Art Explosion alles zerplatzen; ich gebrauchte es daher stets im Jähzorn und überhaupt in jeder Gemütserregung.

Die Frau Kofler empfand gegen mich eine merkwürdige Eifersucht. Einmal sagte sie: Wenn die Paula sterbet, müaßt die Nannerl der Hildegard ihre Schwester werden. Das traf mich schwer, und ich bemühte mich ein paar Tage lang fleißig um ihre Freundschaftsgunst. Aber die Nannerl zierte sich steif wie eine arme verwunschene

Prinzessin, und ich wußte mit ihrer braven, friedlichen Art bald nichts mehr anzufangen. So ging ich weit seltener als meine Schwester Hildegard zum vulgo Thorschuster, wo sie wohnte. Oft aber machte ich mir Gedanken über dieses Haus.

Und ich sagte zu meiner Mutter, es müsse von Rechts wegen „beim Thorschneider" heißen; denn auf dem einen Schild, seitlich vom breitgewölbten Eingang, stand: Agnes Prünster, Kleidermacherin.

Dann wieder fragte ich, ob es nicht besser gewesen wäre, der Herr Kofler hätte die Frau Prünster geheiratet, denn sie übten das gleiche Handwerk aus.

Ich bekam auf meine Vorschläge keine genügende Auskunft. Mutter antwortete achselzuckend: Das weiß i nit. Einmal sagte sie etwas, das ich begierig aufnahm und nie mehr vergessen konnte. Es wird halt früher ein Schuster drin gewohnt haben, sagte sie. Und daneben ist vielleicht das Tor gewesen, in der alten Zeit, wo Öblarn noch eine Römerstadt war. Darum heißt es so.

Mehr wußte meine Mutter nicht. Als ich noch dringender forschte, sagte sie gewissenhaft: Man muß es nicht glauben, es kann auch eine Sage sein.

Das Haus war eines der sieben Kitzinger-Häuser, uralt, halb gemauert, halb aus Holz; die kleinen Fenster an der Straßenseite hatten geschmiedete Wabengitter mit einer Bekrönung aus Tulpen oder Sternen. Ein Gitter hatte zwischen den Stäben drei verschnörkelte Buchstaben und eine Jahreszahl. Dahinter sah man immer den Kopf der Frau Prünster, ernsthaft vornübergebeugt; ihre Hand mit der Nadel flog auf und nieder, manchmal rückte sie die Brillen und fädelte einen Faden ein. Obwohl sie keinen Augenblick von der Arbeit aussetzte, hatte sie doch jeden Menschen in acht, sie wußte, was er trug oder zog und wohin er trachtete. Sie war bei allen Öblarnern sehr beliebt. Wenn sie im Sommer einen Fensterflügel offenließ, grüßte sie jeder, der vorbeiging, die Mannsleute blieben stehn und schwatzten durch das Gitter, weil sie eine hübsche, leuchtend rothaarige Tochter hatte. Wenn ich sie ansah oder wenn ich auf dem Geschäftsschild den Namen Prünster las, mußte ich immer an ein Feuer denken.

Der Hausvater war ein stiller Mann und diente beim Grafen Bardeau als Fischer. In seinen Freistunden glaste er Bilder und Fenster ein. Hinten hinaus lag die Werkstatt mit allerhand Spenglerzeug, Fischlageln, Angeln und Netzen. Sie war immer dunkel und kalt wie ein Keller aus der Römerzeit. Auf der Esse brannte nie ein

Fünkchen. Aber ein wunderbarer Stein war darin eingemauert, der deutete viele Tage voraus das Wetter an. Doch nur der Herr Prünster konnte seine Zeichen enträtseln. Um die Heumahd und beim Kornschnitt hatte er von den Bauern fleißigen Zuspruch. Aber auch sonst konnte man ihn klein und groß befragen. Er verstand sich auf Fische, Wasserpflanzen, Giftpflanzen, Heilpflanzen, Schlangen, Würmer und Insekten so gut wie ein Naturgelehrter.

Links von der Werkstatt über eine steile, holperige Stiege gelangte man zum Kofler.

Mochten noch so viele Kundschaften ein und aus gehen, die Dielenbretter waren immer blank gerieben. Ein langer Fleckerlteppich zog sich durch das Vorhaus bis zur Schneiderstube. Diese lag genau über der Prünsterischen. Und genau im selben Fensterwinkel saß der Herr Kofler vornübergeneigt, und seine Hand riß ebenso geschäftig die Fäden durch die Luft. Nur war er nicht fettleibig. Er stak dürr und schmal in einem steifgebügelten Anzug, und sein Gesicht glänzte bleich aus dem dunklen Barthaar. Um das, was sich auf der Straße abspielte, kümmerte er sich nicht.

Er habe ein Magenleiden, sagte die Frau Kofler. Und der Herr Dr. Fischer verordnete ihm frische Luft und Bewegung.

Aber der Herr Kofler meinte, es wäre Bewegung genug, wenn er zehn- und zwanzigmal aufstand und zum großen Zuschneidetisch ging und von da zum Ofen. Und mit dem heißen Stahel alsdann zum Tafelbett, wo er bügelte.

Im Tafelbett schlief nachts der Geselle. Und in der Schublade darunter schlief der Lehrling. Die Eheleute selbst hatten nebenbei eine Kammer, die für zwei Bettspanten und ein Sofa gerade noch räumlich genug war. Sie lag nordseitig. Die Sonne leuchtete nie hinein, und der Himmel nur spärlich, weil das Fenster von einer Stallmauer verdunkelt wurde.

Im Schönen Zimmer, welches gegen den warmen offenen Kirchplatz lag, wohnte niemand. Die Frau Kofler bewahrte darin die Herrschaftswäsche auf. Von Leintüchern und Organdinschleiern luftig zugedeckt, lagen steife Glanzbügelbrüste, gerollte Manschetten und Stehkrägen, Anstandsröcke mit Falbeln und Fälbchen, Nachtkorsetten, weiße und geblumte Sommerkleider. Unter dem Bett standen die Hutschachteln, auf der Kommode die Einsudgläser. Und aus den verschlossenen Schranktüren rochen die Winterkleider von Speik, Lavendel und Naphtalinstaub.

Aber einmal im Jahr, bevor die Fräulein Pepi, nämlich die richtige Mutter der Nannerl, auf Urlaub kam, wurde das Schöne Zimmer zum Übernachten hergerichtet. Gehäkelte, geschlungene, gestrickte und bestickte Deckerl lagen aufgebreitet. Die Nannerl mußte für die dünne Sezessionsvase einen dicken Strauß Astern brocken. Die Frau Kofler kaufte bei uns eine Stearinkerze für den Leuchter, und wer eben Zeit hatte, schablonierte auf einen länglichen Pappendeckel das Wort „Willkommen". Es grüßte dann grünbekränzt dem Fräulein Pepi im Vorhaus entgegen.

Wir durften noch am selben Abend die schönen Sachen auspak-ken, welche sie aus Bad Ischl mitgebracht hatte. Uns gefiel alles. Am ehrfürchtigsten bewunderten wir immer die „eisglasierte, frucht- und farbengeschmückte Galatorte" aus dem Kaiserhotel.

Die Kofler Nannerl zeigte sich nun ein paar Tage nicht bei uns. Wir sahen sie bestenfalls etwas sehnsüchtig im Fenster lehnen oder mit ihrer Mutter spazierengehn. Einmal machten sie einen Höflich-keitsbesuch in unserm Haus. Die Fräuln Pepi glich ihrer Schwester gar nicht. Sie war blond und hager und im Wesen wenig mitteilsam. Nach kurzer Weile, kaum daß sie recht saß, verabschiedete sie sich schon, wie wenn sie sich unbehaglich fühlte. Das flößte uns großen Respekt ein. Ich wandte kein Aug von ihr.

Nannerl benützte das Wiedersehen indes zum Gugubergen, und als sie mit nach Hause gehen sollte, hörte man ihre Stimme, irgendwo im finstern Tenn verschloffen.

Sie is halt wie dahoam da, sagte ihre Mutter und bedankte sich bei unserer Mutter, indem sie mit beiden Händen zufaßte. Von jetzt an kam die Nannerl wieder alle Tage spielen. Einmal holte sie der Schneiderlehrling schimpfend ins Thorschusterhaus. Wir hatten ganz vergessen, daß der Urlaub aus war und daß es schon Zeit zum Zuge wurde. Auch wir begleiteten die Fräuln Pepi auf den Bahnhof. Sie ging in einem eleganten grauen Lüstermantel neben ihrer Schwester; sie redete fast gar nichts. Als die einfahrende Lokomo-tive pfiff, zeigte sie zwei Fahrkarten her und sagte scherzweise: Nannerl, heut mußt mit mir fahren.

Aber die Nannerl warf sich der Frau Kofler ängstlich um den Hals. Dann fingen alle drei zu weinen an.

DIE FRAU WALCHER

Die Frau Walcher war sozusagen meine Kindheitsschwiegermutter. Ein bißchen Angst hatte ich schon vor ihr. Mit ihrer hagern und magern Gestalt und den breiten, glatten seidengrauen Zöpfen erschien sie mir schrecklich alt. Sie mag aber erst in den Vierzigern gewesen sein. Es kam alle Jahre der Storch. Wir wußten es immer schon vorher, weil meine Freundin Ida mit einem nüchternen freudlosen Lächeln sagte:

Hiaz tan ma schon wieder Badwandel richten.

Die Lebenden und etliche Gräblein zusammengezählt, waren es damals vielleicht zwanzig Kinder. Da mußte es wohl sparsam zugehn. Trotzdem ermöglichte Herr Walcher einem Sohn aus erster Ehe seiner Frau das Lehrerstudium. Die andern lernten die Handlung. Zu Hause war nur noch die jüngste Hallertochter mit Namen Ella. Die Sommerfrischler nannten sie eine Schönheit. Sie hatte zwei Zöpfe, die reichten bis zum Kleidersaum. Auch ihr herrlicher Gesang wurde oft gepriesen. Man riet ihr, sich für die Oper ausbilden zu lassen, und prophezeite ihr eine glänzende Laufbahn. Die Mittel hiezu gab ihr freilich niemand.

So übte Ella in der Frühmesse ihre Stimme. Die Frau Walcher war Organistin und sang Alt. Bei Hochzeiten und Begräbnissen fiel dieser Nebenverdienst ein bißchen ergiebiger aus. Die kleinsten Walcherkinder waren zu solchen Gelegenheiten sich selbst überlassen, mitunter kugelte eins aus der Wiege, aus dem Wäglein oder vom Tisch herab; davon wurden sie schwerhörig. Andere Übel oder Krankheiten ließ ihre Mutter nicht gelten. Wenn wir im winterlichen Flockenfall bei Sturm und Kälte rücklings schlittenfahrend über den Rain geschleudert wurden oder die locker und gefährlich geschichteten Blochberge abliefen oder eine hohe Schneeburg bauten und auch bewohnten, bis wir schließlich in der Dunkelheit, auf den Leib durchnäßt, heimschlosserten, dann sagte Ida beim Schultor:

I trau mi nit, geh du zerscht.

Das tat ich auch. Der Weg um die Ecken des finstern Vorhauses dauerte lang. Endlich, nach vielem Tappen, mußte ich doch bei der Küchentür klopfen.

Herrein, sagte Herr Walcher, nicht ermunternd. Er rauchte bei Tisch seine Pfeife. Ihm zu Füßen, auf einem schadhaften Fleckerlteppich, spielten die kleinen Kinder mit etwas Zerbrochenem, einem Henkel oder Nippesgegenstand. Die Frau Walcher zerstampfte den Polenta in der Pfanne und ließ uns arme Sünder weh- und demütig auf das Gericht warten. Als schon eine Lacke Schnee und Wasser vom Kittel zu Boden getropft war, ärgerte sie sich noch mehr.

Gseng enks God, wanns enk verkühlt habts, sagte sie drohend und verordnete für alle Fälle eine Strafe, „kein Nachtmahl", oder sie nahm die Rute und wichste Ida tüchtig durch. Ich schaute pflichtschuldig zu. Mir geschah nichts. Trotzdem schlich ich tränenzerknirscht davon.

Zu Hause wiederholte sich der peinliche Empfang. Wir bekamen auch nichts zu essen, dafür aber in feierlicher Tonart die Lehre eingeprägt, daß wir Kinder den Eltern ewigen Dank schuldeten und ihre Arbeit und Sorge sowie das teure Spielzeug, die nahrhafte Kost, das Gewand und die Medizinen niemals abzahlen könnten.

Das wirkte: ich brauchte nur an meine Freundin Ida zu denken, um unter heißesten Reuegefühlen einzusehen, wie gut ich und Hildegard es hatten.

Wahrscheinlich machte Frau Walcher ebensolche Vergleiche. Sie gab meiner Mutter manchmal harte bittere Reden über den Brunnentrog. Mutter kränkte sich tagelang darüber und zögerte mit dem Wasserschaff hinter dem Haustor, bis Frau Walcher die Windeln und Hemdlein geschwemmt hatte und die Bodenbürste zum Trocknen in die Sonne tat. Aber in nachbarlicher Feindschaft lebten sie nicht miteinander. Ich durfte öfters eine Flasche Wein und zu den Namensfesten allerlei nützliche Geschenke hinübertragen, was aber niemand für ein Almosen schätzte. Denn die Erinnerung an den üblichen Schulmeistertribut war bei den älteren Leuten noch lebendig. Meine Großmutter hatte seinerzeit auch ihre Kinder damit großgezogen. Und meine Mutter war wohl eingedenk, wieviel besondere Liebe und Aufmerksamkeit der Herr Lehrer Walcher mir zuwendete und sagte immer wieder:

Wir sind Ihnen häufig Dank schuldig.

Ich ging jedenfalls sehr gerne mit vollen und mit leeren Händen auf Besuch. Und ich fühlte mich glücklich und hochgeehrt, wenn ich in eines der beiden Zimmer geladen wurde. Im Kabinett saß gewöhnlich die Ella bei einem metergroßen Stickrahmen und machte Nadelmalereien auf Seide, auf Tuch und Samt. Vielleicht fünfzig Strähne in den zartesten Schattierungen lagen vor dem Fenster ausgebreitet. Die Farben passend auszusuchen oder je zwei Fäden behutsam aus dem Zöpfchen zu ziehen war meine größte Freude. In seßhafter und beharrlicher Geduld sah ich solcherweise Tulpen, Veilchen, Enzian, Nelken, Schneerosen, Gartenrosen, Wasserrosen, grünes Gerank, Blätter und Dornen, Rehköpfe, Gewehre, Rucksäkke, Auerhähne, Singvögel, Bänder und Sprüche unter ihren fleißigen Fingern hervorwachsen. Die meisten Handarbeiten waren für die Frau Gräfin und andere Wohltäter bestimmt. Als Ella einmal Zeit hatte, gab sie mir Unterricht in dieser schwierigen Kunst.

Sehr anregend war es, der Frau Walcher bei den Fleckerlteppichen zu helfen. Sie trat die Nähmaschine, und ich reichte nach Geschmack und Wahl die Streifen dazu: rote, grüne, blaue, gelbe, schwarze, weiße in schneller Abwechslung. Je scheckiger das Webeband wurde, um so beglückter schaute ichs an.

Merkwürdig! Die kleine Lehrerwohnung war immer eine Art Werkstätte. Und genau wie Herr Walcher sich dauernd für die Männer in Öblarn beschäftigte, um als Musikus oder Plakatmaler oder Schauspieler und Zauberer ihren Festen den reizvollsten Glanz zu geben, so mußte Frau Walcher den Hausmüttern und Sommerfrischlerdamen zur Erfüllung ihrer wichtigen und vornehmen Wünsche verhelfen. Sooft ich meine Freundin Ida zum Spielen abholte, lag vielleicht auf dem Bügelbrett eine fremde Batistputzwäsche, über dem Flickkorb lag ein Berg Strümpfe und über der Nähmaschine ein Stück Ausstattungsdamast mit millimeterschmalen Säumchen. In den Sticktrommeln sah ich siebenzackige und neunzackige Adelskronen, weiße hochgewölbte Monogramme, die man mit rundoffenen Augen bestaunen oder, was noch beliebter war, blind mit dem fühlenden Finger lesen konnte.

Frau Walcher war meist geduldig und gerne bereit, unsere ewig fürwitzigen Fragen lehrreich zu beantworten. Manchmal machten wir sie aber doch „nerviös", wie Frau Schneidermeister Kofler sich ausdrückte. Von den unzähligen Ursachen weiß ich noch, daß wir bei ihrer breiten Häkelspitze allzubehilflich die 39 Luftmaschen und 27 Stäbchen einzeln, im Chor und im Durcheinander mitzählten und daß wir wieder an einem andern Tag am parfümierten Reformkleid einer Pazzanitochter so lange ehrfürchtig und genießerisch schnopften, bis neben dem kleinen Mottenloch auch noch ein paar schillernde Nasenspiegel sichtbar wurden.

Zu tun hatte Frau Walcher wirklich mehr als genug. Der rege, vertrauensvolle Zuspruch war der sichtbare Beweis, daß sie bei aller Armut eine eigentlich reiche Geberin war. Sie genoß weitum

Achtung dafür. Ihr kluger Verstand und, wie ich mir denke, noch mehr, was sie an Entbehrung gelitten und an Arbeit vollbracht hatte, ließ die Menschen fast ein wenig scheu und schuldbewußt vor ihr werden. Nicht nur meine Mutter, auch andere Bürgersfrauen, selbst Männer wie der Herr Schulinspektor Tremel mußten manchmal die bittere Wahrheit eines gelegentlichen Wortes schweigend anerkennen.

Sehr zugetan, ja mit einer gewissen Verehrung ergeben war ihr der Briefträger David. Ein Zwergel, kurzbeinig mit breiten Schultern und, soweit ich mich zurückerinnere, mit einem alten lederfarbenen Hutzelgesicht. Jedes Jahr stellte ein neues Schöcklein Schulkinder trumpfend fest, daß es nun auch schon ein Stück größer sei als er. Überheblich oder boshaft betrug sich indes keines gegen ihn. Wir hielten ihn fröhlich für unseresgleichen, und wenn er seinen schwarzgelben, paketbeladenen Postkarren zum Bahnhof schob, begleiteten wir ihn wichtig und halfen im Wetteifer seinen schwachen Kräften vorwärtstauchen. Es schien uns selbstverständlich, daß er wegen der vielen Briefe und Schachteln auf die Welt gekommen war und immer unterwegs sein mußte, auch dann, wenn wir essen oder schlafen gingen. Wir sagten natürlich wie alle Leute „Du" zu ihm, und wahrscheinlich niemand im Orte erinnerte sich, daß er bereits ein älterer Mann war. Immerhin wurde er als Amtsperson nach Gebühr gewürdigt. Wenn er mit seiner Posttasche, die ihm von der Spitzbrust bis über die Knie reichte, ernsthaft über den Platz schritt, traten ihm die Herrschaften erwartungsvoll entgegen, und der Herr Bürgermeister Fischer klopfte ihm wohlwollend auf die Achsel.

Sonntag, auch an Wochentagen, sofern es sein Dienst erlaubte, stand der Briefträger Davidl hinten im Kirchenschiff und lauschte dem Meßgesang.

Vorne der hochwürdige Herr Pfarrer Dr. Pater Bernhard Lindmayr, welcher durch die Stiftadmontische Musikpflege geschult und verwöhnt war, nannte das Orgelspiel der Frau Walcher ganz unzulänglich. Namentlich ihre Stimme fand er „nicht auf der Höhe". Er drehte sich bisweilen am Altare um und verzog die Miene zu geschmerztem, unzufriedenem Tadel. Davidl bog sein Zwergenhaupt ebenfalls ein wenig nach oben. Dabei lächelte er jedoch derart himmelselig, daß wir Kinder seinen Anblick stets als die lockendste Sehenswürdigkeit der ganzen Schulmesse empfanden. Wir ergötzten uns verstohlen an ihm, stießen uns unzählige Male an den Ellbogen und kicherten. Weniger Eindruck machte uns das kleine Bukett, das

Davidl am Morgen, bevor Frau Walcher kam, getreulich auf ihr Orgelpult legte. Er pflückte die Blumen auf seinen Botengängen. Im Frühling waren es Buschwindröschen, Himmelschlüssel und Veilchen, im Sommer waren es hie und da Rosen. Was er ihr im Herbst schenkte, weiß ich nicht, denn da hatten wir Ferien.

Noch eine besondere, ja geheimnisvoll anziehende Kostbarkeit hatte Frau Walcher, nämlich ausländische Gewächse. Dieserhalb besuchten sie selbst Bäuerinnen, die sich sonst lang über eine Schwelle bitten ließen. Sie streiften sich umständlich die Erdklumpen von den Schuhen und wanden sich zähe durch die beiden Türen, von denen immer eine der andern den Zugang versperrte. Ihre Schritte zögerten, als würden sie eine Kirche betreten oder als fürchteten sie, jemanden zu wecken. *Ein* Kind schlief ja auch sicher. Im großen Zimmer gab es überhaupt nur Betten und Blumentische. Der Herr Walcher holte sich Birkenholz, Zirbelzäpfchen, Lärchenzäpfchen, Rinden, Moos und Weidenruten aus der freien Natur und nagelte selber die Gestelle. Jede Fensterlichte war dicht damit ausgefüllt. Zu beiden Seiten schleierten schneeweiße Spitzenvorhänge, wie bei einem Maialtar. Es blühte immer etwas: eine Fuchsie, eine Skarnitzelblume, eine Myrthe. Das größte und freudigste Ereignis in der Familie Walcher war eine blühende Kaktee. Wir umstanden sie in heller Bewunderung und wohl wissend, daß ihr Leben kurz war.

Manches Neugeborene, lauter Knäblein, welkte auch so bald. Bis zum nächsten hatten wir seinen Namen längst vergessen. Wenn die Frau Walcher im Wochenbett lag, so schlief das Kind in einem Wäschekorb neben ihr. Ich wagte es vor Scham nicht anzuschauen; ich stand mit meiner Weinflasche und der Biskottenschachtel ratlos da und wußte nicht, wohin damit. Auf dem Nachtkästchen häuften sich Zeitschriften und Bücher. Sogar die Federtuchent beschwerte ein Stoß Hefte. Eines hielt Frau Walcher in der Hand. Ihre Finger langten zerbrechlich dürr wie Gerippchen aus dem faltigen weitgeschweiften Nachtjackenärmel. Am Halse ging der Verschluß nicht zu, weil Frau Walcher einen Kropf hatte.

Von den vielen Geburten, sagte Frau Kofler gerne.

Mir fiel dieses „sündhafte" Wort ein, und ich spürte mich brennendrot werden. Schnell sah ich über den Kropf hinweg. Aber auch dem vertrauten Blick wagte ich nur flüchtig zu begegnen. Das Gesicht in der Bett-Truhe, die glatt geflochtenen grauen Zöpfe um die Ohren hängend, so sauber und edel es in meiner Erinnerung gezeichnet ist, damals verwirrte es mich. Ich mußte immer an das Unheimliche denken, das geschehen war.

Die Frau Walcher sagte indessen recht lebensfrisch: Sitz dich nieder, Paulerl.

Herr Walcher nahm mir das Weiset ab und machte mir Platz auf einem Gitterbett. Es war kein eisernes mit grünen Netzen, wie ich eines hatte, sondern ein bäuerliches mit Holzsprossen. Hier hokkend, bekam ich die gelbgeheftete Zeitschrift auf den Schoß. Es war das Leib- und Seelblatt der Frau Walcher, nämlich der „Heimgarten" von Peter Rosegger. Sie wandte ihm ihr ganzes Herz zu, stimmte allen seinen Gedanken bei und bezog trotz ihrer sonstigen Sparsamkeit jeden Jahrgang. So hörte ich sie beim Stricken, Flicken und Bügeln, insonders aber im Bett, wo sie einmal Zeit hatte, rühmlich von seinen Dichtungen reden. Ich verstand nur so viel, daß sie sehr gescheit urteilte, aber manches sagte, was dem Herrn Pfarrer nicht gefallen hätte. Nach meiner ganz dunkeln Witterung war sie „freiheitlich liberal" wie unser Großvater. Sie ereiferte sich leidenschaftlich für den Plan, daß viele deutsche Schulen gegen die Slovenen gebaut würden. Auch von einem Herrn Lueger redete sie öfters. Ich wußte aber noch nicht, daß er Bürgermeister von Wien war. Für die blaue Kornblume und das schwarz-rot-goldene Band, glaube ich, hatte sie eine schwärmerische Vorliebe. Und wie mir scheint, verbarg sie sogar ein verbotenes Buch über den Kronprinzen Rudolf. Sein Tod, sagte sie, sei ein furchtbares Geheimnis, welches sich der Welt niemals enthülle. Und wenn der Kaiser Franz Josef sterbe, sagte sie, dann ginge Österreich in Trümmer und wir kämen zu den Alldeutschen.

Der Herr Lehrer Walcher wurde bei solchen Prophezeiungen sehr böse; nicht allein, weil sie sein Brot gefährdeten. Er empfand sie überhaupt als Majestätsverbrechen.

Vielleicht fing dann das Fatschkind zu schreien an. Vielleicht kam die kugelrunde Frau Koglhuber mit ihrer Hebammentasche und den zwei zottigen Spitzen zur Tür herein. Ich weiß es nicht mehr genau. Jedenfalls mußte ich gehen. Und nach wohlwollendem Brauch gab mir die Frau Walcher etwas zum Lesen mit. Ich durfte es mir beliebig aussuchen. Aber den „Heimgarten" legte ich achtlos wieder auf das Nachtkästchen zurück. Ich hatte für seinen ernsten Inhalt noch zu wenig Auffassung. Und Vierzeiler und Bauerngeschichten interessierten mich gar nicht. Im begierigen Griff nach einer illustrierten Prachtausgabe erwischte ich die Gesammelten Werke von Hauff. Ich eilte schwer bepackt über den Brunnen heim und vergaß ein paar Wochen lang auf Spiel und Essen.

Die Märchen zwar kannte ich schon aus meinem eigenen Buch.

Aber mit Bildern gefielen sie mir noch besser. Das „kalte Herz" in dem zugebundenen Einsudglas konnte ich unter Gruseln und Grauen nicht genug betrachten. Und heiß wurde mir jedesmal vor Entsetzen, wenn ich die arme geschlagene Frau vor der Schwelle liegen sah.

Die Bettlerin von Pontes Artes, Jud Süß und noch mehr die Memoiren des Satans durchflog ich freilich nur wie einen Gespenstertraum. Ich fragte meine Mutter besorgt, ob Hauffs Werke, welche mir Frau Walcher geliehen hatte, doch wohl für mich paßten. Sie wußte es aber selber nicht.

FRÜHE LESEFREUDEN

Unsere Mutter las jeden Sonntag die „Alpenpost". Darin standen Einbruchsdiebstähle, Naturereignisse, fürstliche Heiraten, eine Weltrundschau und in vielen Fortsetzungen ein Roman der Courths-Mahler.

Werdts es schon sehn, rätselte Mutter, vom Lesen hochbefriedigt, im Selbstgespräch. Im Marmorkamin steckt das verschwundene Testament, und der Mann mit der Perücken und dem falschen Bart is ein Geheimdetektiv oder der verschollene Erbe.

Alle vierzehn Tage erschien das „Blatt der Hausfrau" mit einem Schnittmusterbogen, in den sich Mutter hingebend vertiefte. Einmal im Monat kam die „Gartenlaube", für mich ein liebliches Bilderbuch, ich habe es mit Wasserfarben und Malstiften eifrig koloriert.

Und im Advent, wenn das Geschäft von Wachsstücken, Orangenzelteln, Zibeben, Weinbeeren, Feigen und Gewürzen roch und die Bauern für Weihnachten einkauften, lag auf dem Ladentisch immer ein Stoß Kalender geschichtet, so der „Wiener Bote", der Feuerwehrkalender, der St.-Josefs-Kalender, der Marienkalender, der Bauernkalender und wegen der Himmels- und Wetterregeln auch der Mandelkalender. Den benützten ältere Leute, die nicht lesen und schreiben konnten. Sie fanden sich mit den gemalten Heiligen und allerhand Zeichen sicher zurecht. Die Kalender waren sehr begehrt, und Mutter mußte sich beizeiten von jeder Sorte einen zurücklegen, wenn sie sich für die Feiertage und weit über den Spätwinter hinaus mit Lesestoff versorgen wollte. Das übrige Jahr lagen sie dann beim „Großen Ägyptischen Traumbuch" in der Schublade. Am öftesten und aufmerksamsten von allen Büchern studierte Mutter den Pfarrer Kneipp.

Anhänglich, wie ich ihr in allem war, folgte ich ihr auch im Lesegeschmack, nur wurde ich viel geschwinder mit dem Vorrat fertig. Ich kramte im Dachboden die alten Kisten aus und fand von irgendwelcher Überlieferung her Schullesebücher und Unterhaltungsbücher, zwar verstaubt, teilweise ohne Anfang und Ende und teilweise, was die Gedichtbändchen anlangt, sogar voll fein gedrechselter wortspielerischer und liederlicher Anzüglichkeiten aus der

Zopfzeit. Ich dachte mir niemals etwas Böses, wenn von einer Schäferstunde die Rede war, sondern malte mir beiläufig das Bild, wie seidengebauschte Rokokodamen und Herrn in der Tracht Kaiser Josefs auf einer Schafwiese spazierengingen, Blumen pflückten und Ball warfen. Besonders fruchtbar taute dabei der Wohlklang des Reimes auf mich. Erst nach Jahren, als ich, reichlich erwachsen, meine große Spielzeugkiste ausleerte, schämte ich mich über diesen frivolen Besitz. Atemberaubend gefesselt hat mich ein spanischer Schauerroman, der während etwa 40 Fortsetzungen einen Infanten im finstern Hungerturm an der brausenden Meersküste gefangenhielt. Seine Befreierin hieß Ines de Castro. Ich taufte meine nächste Puppe nach ihr. Weiters fand ich eine Erzählung von Zigeunern und einem geraubten Grafenkind. Es wurde für Lösegeld trügerisch feilgehalten und doch weitergeschleppt, bis es zuletzt, ich weiß nicht mehr, durch welche Glücksfügung, der schwarzverschleierten Mutter in die Arme fiel. Wochenlang, monatelang, ja meine ganze Kindheit beschäftigte mich ein sehr altes abgerissenes Buch, in dem kapitelweise ein paar Blätter fehlten. Es war die Geschichte von zwei ausgesetzten Russenkindern namens Fedor und Olga. Ich las sie voll leidenschaftlicher Neugier immer wieder und leimte mir die Bruchstücke mit phantastischen Einfällen zusammen.

In dieser Dachbodenbibliothek fand ich auch einen Band, der noch neu aussah und sich „Der Gute Kamerad" betitelte. Vielleicht hatten unsere Herrschaftskinder ihn vergessen. Er machte mich mit Bastelarbeiten und Indianergeschichten bekannt. Sie wurden von nun ab meine Leidenschaft. Onkel Fritz mußte auf mein beharrliches Gebettel seinen Bücherkasten aufsperren. Nachdem er die schöne klassische Weltliteratur unter Seufzen aus den Fächern geräumt und von oben bis unten alles überrückt hatte, kam richtig Karl May zum Vorschein. Ich beteuerte hoch und heilig, daß ich ihn weder ausleihen noch schmutzig machen noch zerreißen werde, und folgte alsbald in einem wahren Traumzustand den Spuren der Rothäute.

Vielleicht auch den Spuren der fremden Landschaft. Noch heute können mir glitzernde Flußkiesel plötzlich den Zauber eines niegeschauten und doch vertrauten Schleichpfades wachrufen. Ich sehe unter mondbeglänzten Schlinggewächsen die abenteuerlichen Goldwäscher, sehe blautätowierte Häuptlinge mit Federkrone und Kriegsbeil, sehe Einbäume im Canyon steil abwärtsstürzen, Zelte, Wigwams, Pferde im Lasso, Skalpe auf dem Spieß, tropische Urwälder und brennende Prärien.

Jules Verne begeisterte mich ebenso. Er fachte meine Robinson-

Sehnsucht zu neuen Impulsen an. So lebte ich eine Zeitlang auf einer verlassenen Insel, auf einem Schiff, unter dem Meere, auf dem Monde, kurzum überall, nur nicht in der Wirklichkeit. Aber schließlich mußten diese heißgeliebten und ernsthaft geglaubten Bücher hinter einem zurückstehn, das mir noch besser gefiel und von dem ich noch inständiger hoffte, es möge wahr sein. Ich kaufte es auf einem Bauernkirchtag. Sein scharlachroter Einbanddeckel leuchtete auffällig aus dem andern Budenkram und stellte einen gewaltigen Mann dar, welcher an Zehen und Fingern und Haaren gefesselt, am Meeresufer lag. Vom Gesicht bis zum Bauch krochen ihm unzählige ameisenkleine Männchen. Im Himmel stand fettgedruckt: Herrn Gullivers Reise zu den Zwergen.

Zu bestimmten Zeitläuften, mir schien es selten, wurden in der Schule die Bibliotheksbücher verteilt. Ich verbrachte schon den Vormittag in unbeschreiblicher Herzensverfassung, ich hatte für nichts mehr Ruhe. Wenn sodann Herr Walcher in der letzten Nachmittagsstunde seinen Sohn Loisl zum Katheder rief und mir schaffte, die Schönschreibhefte auszutragen, war es ganz um mich geschehen. Ich verwechselte die Latein- und Kurrentschrift, die ersten und die letzten Bänke, die Knaben und die Mädchen.

Die ganze Klasse bekam eine Stillbeschäftigung und mußte von der Tafel einen Spruch abschreiben, zum Beispiel:
Arbeit ist des Bürgers Zierde / Segen ist der Mühe Preis.
Ehrt dem König seine Würde / Ehret deiner Hände Fleiß.
Ein anderer Spruch lautete:
Genieße, was dir Gott beschieden, / Entbehre gern, was du nicht hast.
Ein jeder Stand hat seinen Frieden, / Ein jeder Stand hat seine Last.

Indes verfügte Herr Walcher über die Bibliotheksbücher, und Loisl vermerkte im Katalog genau und bedächtig die Namen und Nummern. Solche Minuten, in denen ich, beirrt vom wachsenden Geschwätz der Stillbeschäftigung und verwirrt von ungeduldiger Vorfreude, mich für den Augenblick der Beteilung faßte, solche Minuten dehnten sich zur Ewigkeit. Ich machte Schreibfehler und Tintenpatzen, ich radierte Löcher ins Papier und deckte sie bald von oben, bald von unten mit dem Löschblatt zu. Endlich wurde ich doch aufgerufen. Herr Walcher hatte eines der dicksten und begehrtesten Bücher für mich ausgewählt. Mitunter bekam ich sogar zwei.

Auch diese Güte vergalt ich mit Undank. Ich fing in den folgenden Tagen bereits während der Rechenstunde heimlich zu lesen an und kümmerte mich, bis ich am Ende war, nicht mehr um seinen eifervollen Unterricht. Die braven Kinder von Christoph Schmid haben ein ziemlich verschwommenes Andenken hinterlassen. Aber zwei andere, die, im Schnee verweht, ein Notfähnchen aussteckten, blieben mir unvergeßlich. Die liebliche Schilderung ihres Winterweges, ihrer Eishaft und ihrer Rettung begleitete mich jahrelang. Ich wollte sie oft wiederlesen, wußte aber den Titel nicht mehr. Wie habe ich mich gefreut, als ich sie endlich in Stifters Werken fand.

Zu heftiger Gemütsbewegung, ja zu Tränen erschüttert wurde ich von historischen Schicksalen. Ein also wirkungsvolles Büchlein hieß „Das Glöcklein von Schwallenbach". „Die Waise vom Ybbstal" hat ungefähr auf mich gewirkt wie später Wallenstein und Don Carlos. Ich strebte hartnäckig und zudringlich, alle Hausleute dafür zu begeistern. Meiner Mutter trug ich das Büchlein auf Schritt und Tritt nach. Als sie mir abends wirklich den Willen tat, darin zu blättern, beobachtete ich durch das verblichene Netz meines Gitterbettes ihre Miene. Leider Gottes wartete ich umsonst auf den Augenblick, daß sie vor Rührung weine. Sie löschte schon nach dem ersten Kapitel das Licht.

Nur Onkel Fritz, dem ich „Die Waise vom Ybbstal" gleichfalls aufhalste, gab sie mir nach kurzer Frist zurück und sagte:

Wunderbar!!

Und noch eine Freude machte er mir in diesem hungrigen Alter, da meine Wünsche nur auf Bücher gingen. Er bestellte aus Graz die Zeitschrift „Das Kränzchen". Nun hatte ich von Woche zu Woche auf ein Heft zu hoffen. Es lag pünktlich jeden Donnerstag bei meinem Suppenteller. Der Umschlag zeigte die ehrende Adresse: Fräulein Paula Grogger, Öblarn.

Die laufende Erzählung im ersten Jahrgang hieß: „Der Irrwisch", ich glaube, von Henny Koch. Der nächste Jahrgang brachte eine noch viel schönere Geschichte; sie behandelte in anschaulichen Bildern und Kapiteln den deutsch-französischen Krieg. Schon die Aufschrift „Aus großer Zeit" las ich stets mit gehobenem Gefühl! Ich schwelgte ereignislüstern in Einbildungen, wie es bei einem Feldzug herging. Ein verwundeter Offizier mit einer malerischen Stirnbinde nahm mein Herz besonders für sich ein. Ich fragte meine Mutter hoffnungsvoll, ob es nicht möglich sei, daß der Krieg auch zu uns käme. In meiner Vorstellung entstand bereits ein passendes Schlachtfeld. Ein Heer auf dem Schattenberg, das andre auf der Grimmingseite... Ob vielleicht die Kaisern sich einmal unsere Gegend aussuchten?

Mutter schüttelte den Kopf. Dann erzählte sie mir vom Onkel Hans, der als junger Leutnant bei der Besetzung von Bosnien gewesen, aber Gott sei Dank heil und mit gesunden Gliedern heimgekehrt war, obwohl die Bosniaken die Brunnen vergiftet und siedendes Pechöl aus dem Hinterhalt gegossen hatten. Ich hinwieder, stolz auf die bestandene Heldentapferkeit und eitel, daß wir einen Offizier in unserer Verwandtschaft hatten, prahlte vor meinen Freundinnen gern mit diesem Lieblingsonkel. Und zur Bekräftigung sagte ich: Gelten S' Mutter!

Aber die Mutter runzelte dazu die Stirne wie beim Singen, wenn ich einen falschen Ton traf. Einmal nahm sie mich beiseite und verbot mir das Großtun mit dem Onkel Hans. Schweigen und noch einmal schweigen, sagte sie. Er wäre längst Montanbeamter und kein Leutnant nicht. Ich forschte, warum? Weil, gestand sie mir schamvoll, ja weil er einen goldenen Ring gekauft hatte für seine Braut und ihn schuldig geblieben war. Das wollten ihm die Vorgesetzten noch verzeihen. Als er aber bei seinem Willen blieb, die Tante Paula zu heiraten, mußte er abdanken. Denn sie war ein armes Mädchen.

Diese traurige Geschichte eiferte meine Impulse noch mehr zum Erzählen an. Das auferlegte Geheimnis bereitete mir eine stete Pein und Versuchung. Aber auf den Einfall, es so herzbeweglich, wie es mich erfüllte, niederzuschreiben, auf den Einfall kam ich nicht.

Um so begieriger warteten meine kriegerischen Hochgefühle jeden Donnerstag auf „Das Kränzchen". Nebenbei hielt mich noch etwas in Atem, nämlich das rückwärtige Umschlagblatt mit den Photographien und dem Briefkasten der Kränzchenbackfische. Sie schlossen unter Kose- und Spitznamen miteinander Freundschaft, gründeten Vereine, wechselten Fragen und Antworten und luden sich gegenseitig auf Besuch ein. Im fernen, bescheidenen und sehnsüchtigen Miterleben bekam ich den ersten Inbegriff des unbekannten Landes, aus welchem meine schönen Weihnachtsbücher stammten. Und wenn Onkel Fritz nunmehr von Deutschland redete, sah meine Einbildung sogleich in fettgedruckten Buchstaben die Pensionate und Städte und herausgrüßend geschopfte, gezopfte und gescheitelte Mädchengestalten, klein, groß, im Matrosenkleid, in langen und kurzen Röcken, in weißen, hochgeschlossenen Batistblusen, in Reisemänteln, im Konfirmationsstaat, älplerisch mit Rucksack und Bergstecken, auf einem Schiff, mitten unter Wald- oder Haustieren, einzeln und wie die Schwalben gereiht.

Es wurde bald mein innigster Wunsch, auch als Backfisch zu gelten und in Deutschland eine Freundin zu finden. Nachdem ich viele Donnerstage gesucht und mir manchen Karten- oder Briefaustausch überlegt hatte, faßte ich bei einer Zwölfjährigen Mut und sagte entschlossen: Derer schreib i.

Es wurden mehrere „Manusprikte" aufgesetzt. Als ich endlich

zufrieden war, vertraute ich mich vorsichtshalber der Tante Julie, denn sie besorgte sonst die Familienkorrespondenz und verstand überhaupt den Umgang mit gebildeten Leuten. Ihr Urteil fiel gut aus, nur hie und da verbesserte sie ein Wort oder eine Höflichkeitswendung. Auch Onkel Fritz und Mutter mußten alles prüfend durchlesen. Dann durfte ich im Gewölb eine neue Aluminiumfeder nehmen und Briefpapier ganz nach Wunsch. Es gab viele Sorten: große Bogen mit seidenem Blumenaufdruck, freundschaftlich verschränkten Händen, brennenden Herzen, Täubchen, Amoretten und Landschaften, die man mittels Schnürchen vom Papier zog, dann leuchtete die Fläche dahinter in wundervoller Abendröte. Solche Briefbogen blieben mir immer lange in der Hand.

Aber sie waren zu bäurisch, wie alle sagten. So wählte ich ein viel kleineres Papier in zartem Blaßblau, zeichnete darauf behutsam Bleistiftlinien und schrieb mit lateinischen Anfangsbuchstaben, im übrigen aber kurrent, was mir wegen der großen Wichtigkeit bis heute so ziemlich wortgetreu im Gedächtnis geblieben ist:

Liebe Kränzchenschwester!

Nachdem Sie gerne in Briefwechsel treten wollen, erlaube ich mir, Ihnen einen Gruß zu schicken, und es würde mich sehr freuen, wenn wir uns dadurch kennenlernten. Um mich Ihnen vorzustellen: bin elfeinhalb Jahre alt und besuche die zweite Klasse Volksschule in Öblarn. Meine Eltern sind Kaufleute mit Eisen- und Maschinenhandel. Das Dörfchen liegt in Steiermark von hohen Bergen umgeben. Ich interessiere mich sehr für Deutschland und freue mich jede Woche auf das Kränzchen. Nebstbei besitze ich schon viele Bücher. Eine Schwester habe ich auch, sie heißt Hildegard und ist um ein Jahr jünger. Wie geht es Ihnen? Hoffentlich gut. Mit der Bitte um baldige Antwort grüße ich Sie vielmals   Paula Grogger.

Ich las dieses Schreiben noch zehn- und zwanzigmal, schloß den Umschlag klopfenden Herzens, bat im Schreibzimmer um eine Zehnhellermarke und schrieb die Adresse, kann nicht mehr sagen, an wen und wohin.

Hiaz schick ich ihn fort, meldete ich meiner Mutter mit banger Feierlichkeit und spazierte zum Briefkasten. Die Wartetage, die Onkel Fritz berechnete, waren schwer zu übertauchen. Es tat nun nicht mehr not, daß Vater mir zweimal das Postholen schaffte. Ich lief von selber nach jedem Zug. Ich malte mir geduldig wochenlang, monatelang meine deutschländische Freundin aus und umwob sie mit dem Glorienschein „Aus großer Zeit".

Aber ich bekam von ihr niemals Antwort.

ONKEL FRITZ

Onkel Fritz war im eigentlichsten und wahrsten Sinn des Wortes ein Buchhalter. Er hatte bestimmt die größte Bibliothek im ganzen Dorf, nämlich einen Kasten mit Schnitzwerk und Flügeltüren, von oben bis unten gesteckt voll. Durch das Monogramm F G im Milchglas sah man lauter Goldbuchstaben schimmern. Hinter dem Samtvorhang einer schlichten Stellage aus gebeiztem Fichtenholz hortete er einen Stoß Klaviernoten und Operettenpartituren. Meines Glaubens kannte er die Namen aller lebenden und verstorbenen Dichter und Komponisten. Wenn er über einen nicht schnell Bescheid wußte, zog er Meyers Großes Konservations-Lexikon zurate.

Gedichte schätzte er nicht so sehr wie Romane. Neuerscheinungen bestellte er in der Buchhandlung Paul Cieslar in Graz. Was seinen besondern Beifall fand, lieh er der Frau Walcher. Sie hatte indes eine Vorliebe für ältere Werke. Im Winter, wo sie mehr Zeit hatte, weil ihr Nebenverdienst ausfiel, und in Nächten, wo sie einem Säugling zuliebe wachbleiben mußte, las sie dicke Bände aus. „Der Kampf um Rom" von Felix Dahn, „Die Ahnen" sowie „Soll und Haben" von Gustav Freitag.

Paulerl, sagte sie, das wär auch eine Lektüre für dich.

Was in Onkel Fritzens Bücherschrank der Tante Julie gehörte, stand für mich unter Leseverbot. Sündhafte Liebesgeschichten rührte ich sowieso nicht an, weil ich meine Neugier hätte beichten müssen. Doch wissenschaftliche Werke erachtete ich für lehrreich und notwendig, denn ich wußte mit elf Jahren ziemlich alles, was man in einer zweiklassigen Volksschule lernen konnte.

Die Vorbereitung für die Handelsschule oblag dem Onkel Fritz.

Er nahm seinen Beruf bis ins kleinste genau. Seine Handelsbücher waren bibliothekarisch geordnet. Er hatte immer ein halbes Dutzend schön und scharf gespitzter Bleistifte und eine Auswahl Federstiele auf dem Schreibtisch liegen. Manches schrieb er mit roter Tinte, manches mit schwarzer, manches mit violetter Kopiertinte. Mit dem Lineal machte er kreuzweis waagrechte, senkrechte und schräge Striche. Seine Buchstaben füllten, schwungvoll geschnörkelt, die

Zeilenbreite. Die Worte Rundeisen, Bandeisen, Stabeisen, Blechschnitz und Hufnägel wiederholten sich hundert- und tausendmal. Die Ziffern und Zeilen standen steil und deutlich da. Jede Rechnung stimmte auf den Heller. Und wenn er beim Jahresabschluß sagte, der Umsatz sei gestiegen und unser Wohlstand habe sich tüchtig vermehrt, so freute sich sogar die Mutter, obgleich sie insgeheim den waghalsigen Plänen des Vaters mißtraute. Zu einem Glückserfolg, den er uns abends des nähern auseinandersetzte, sprach sie höchstens vorsichtig:

Glaubst doch wohl?

Ihre Zaghaftigkeit und Vorsicht beleidigte den Vater und trieb ihn zu noch kühnerer Selbstbehauptung. Irgendwie hilflos gegen Mutter, griff er, um seinen Ärger abzuschütteln, nach einem Beistand. Und das war ich, sein Wunschbild.

Und weil er bei seiner Leichtblütigkeit nie mit einem Mißlingen rechnete, schaffte er mich trotz mancher Enttäuschung immer wieder voll Zuversicht ins Schreibzimmer, damit ich ebenfalls von der Pick auf zu einer billigen Bürokraft und tüchtigen Nachfolgerin abgerichtet werde.

Paula, sagte er gerne so gebietend als verheißungsvoll, morgen mußt dem Fritz helfen. Er hat a Massa Schreiberei für dich. Eine „Massa" war es selten, und Schreibereien waren es meist keine. Aber die ungeliebte Pflicht für beiläufig anderthalb Stunden belastete mich unsäglich schwer.

Einen ganzen schulfreien Donnerstag bei der Singer-Maschine zu sitzen und die schönsten Puppenkleider zu nähen, meinen Hasenstall zu säubern, im Kindergarten versteckt zu dichten, zu zeichnen, bis es stockfinster wurde, bereitete mir Sinnenlust ohne Ermüdung. Dabei kostete mich die Grübelei nach Reimen und die Kunst, im Takt zu bleiben, ungleich mehr Zeit als das Sitzen über einer kaufmännischen Strafaufgabe.

Wenn ich dann federkauend zwischen zwei Fenstern hockte und die Gespielinnen vorbeilaufen sah, wenn ich unter trostlosen Unglücksgefühlen stumm zu weinen anfing, dann trat wohl plötzlich der gute Onkel Fritz hinter meine Sessellehne und sagte heiter:

Was is denn das wieder für ein Patzwerk?

Ich würgte meine Wehleidigkeit mit aller Gewalt in den Schlund hinab. Es gelang mir sogar, zu seinem Scherz später ein Kichern hervorzuglucksen. Zu reden brauchte ich nicht. Er reichte mir schon eine Löschwiege über die Achsel und trocknete fürsorglich das traurige Gemisch von Tränen und Tintenpatzen. Zuletzt holte er ein feines Radiermesser und besserte mir auch die vielen Abschreibfehler aus.

So hatte Onkel Fritz durch mich doppelte Arbeit. Denn er duldete in musterhafter Ordnungsliebe keinen unrichtigen Federstrich. Nicht einmal das Umschlagpapier durfte beschmutzt sein. Jedes der gewichtigen Bücher lag auf den Millimeter genau in der richtigen Reihenfolge. Jede Strazza war mit römischen Ziffern numeriert. Auf dem Hauptbuch und dem Kassabuch prangten lateingeschnörkelte Aufschriften.

Onkel Fritz hatte in der linken Rocktasche immer ein eigenes Sacktuch. Damit staubte er den Schreibtisch und die Stellagen mehrmals am Tage peinlichst ab. Tante Julie tadelte ihn ob dieser Gewohnheit oftmals.

Noch weniger mochte sie leiden, daß er sich in Briefen als Buchhalter unterschrieb. Wenigstens auf seinen Visitkarten hätte er sich Prokurist nennen müssen.

Onkel Fritz gab treuherzig zu, ein studierter Beruf wäre ihm lieber gewesen. Aber seine drei großen Brüder hatten im Admonter Gymnasium für die Wissenschaft versagt und ihm füglich einen andern Weg vorgestrampft. Ihr Vater, durch unnötige Geldausgaben gewitzigt, riskierte für seinen Jüngsten nur die Bürgerschule in Salzburg. Nach diesen Studentenjahren, wie Onkel Fritz sich mit Vorliebe ausdrückte, war ihm die Kaufmannslehre bestimmt.

Die erdichteten drei Stralzenbuben in meinem Familienroman, Matthäus, Markus und Lukas, sind Spiegelbilder der Wirklichkeit, so unsinnig es klingen mag, Ebenbilder der Nachfahren, die ich aus der väterlichen Generation um ein Jahrhundert zurückversetzt habe.

Unser Onkel Fritz, der Johannes vom Grimmingtor, wäre aber kein Buchhalter geworden, sondern ein sehr belesener herzensgütiger Schulmeister.

Die beiden Berufe, so gegensätzlich sie auch sind, haben einen gemeinsamen Inbegriff. Beide bedeuten Kundendienst. Der eine arbeitet mittels Büchern für das Wachstum der Kultur, der andere für die Basis der Zivilisation. Schade, daß Tante Julie die prosaische Arbeit so geringgeschätzt hat.

Wir Kinder zollten dem kaufmännischen Beamtentitel höchste Anerkennung, zumal Onkel Fritz für uns eine Art Wunschautomatenbesitzer war. Denn im untersten Fach seiner Handelsbibliothek lag immer vielverheißend ein Stoß Preiskurranten, welche wir so wenig wie seine Federn und Bleistifte durcheinanderbringen durften. Nur Mutter holte sich vor unsern Namenstagen und vor Weihnachten hier Auskunft und Rat. Es war ein unerschöpfliches Sortiment der allerschönsten Sachen abgebildet, nämlich Bälle, Baukästen, Blumenquartette, Puppen, Puppenzimmer, Kaufläden, Tiergärten, Modellierbögen, Malbücher, Abziehbilder, Eisenbahnen, Theater, Menagerien, Leierbrunnen, Botanisiertrommeln, Ausnähkästen, Gesellschaftsspiele, Kochgeschirr, Schmetterlingsnetze, Kirchengeräte, eine Arche Noah, Tennispracker, Drachen, Kinderbestecke, Schlittschuhe... Auf mancher Seite war ein Geschenk mit rotem Bleistift angemerkt und der Preis unterstrichen. Nebenbei stand in sorgfältiger Lateinschrift: für Hilda, für Paula.

Dann gab es noch einen dicken färbigen Blumenkatalog, aus welchem Onkel Fritz allerlei für sich selbst bestellte. Uns gefiel ein Kopf, der Vetter Fritz hieß. Er war zuerst kahl, aber mit der Zeit wuchsen ihm steife grasgrüne Haare. Die freudigsten Aussichten bot, wenigstens mir, ein Stoß Bücherkataloge. Der Grazer Buchhändler Paul Cieslar schickte sie in regelmäßiger Folge und hielt uns so über die Neuerscheinungen auf dem laufenden. Weil ich sehr behutsam umging, durfte ich im Abschnitt Jugendschriften manchmal blättern. Ich konnte, unersättlich wie ich damals im Lesen war, stundenlang sitzen und überlegen und aufschreiben und durchstreichen, bis ich vielleicht an zwanzig Stück beisammen hatte. Zwei brachte mir das Christkind immerhin.

Onkel Fritz half mir jedesmal auspacken, und es rutschte ihm, obwohl er meinen Weihnachtsglauben sonst geheimnisvoll bestärkte, die stolze, ja geradezu theatralische Bemerkung heraus, daß solche Bücher nur in Deutschland gedruckt würden.

Ich dachte mir nichts Bestimmtes dabei, aber mein Respekt verdoppelte sich, und ich hütete meine alten und neuen Schätze fast feindselig. Nicht einmal die Einbände ließ ich antasten. Wenn Hildegard in die Nähe kam, deckte ich sogleich die Schürze darüber. Meine Schwester war ohnehin nicht neugierig und zum Lesen viel zu unbeständig. Ihr genügten der unzerreißbare Struwwelpeter und die sieben bösen Streiche von Lies und Lene. Es war alle Kinderjahre hindurch ihre Gewohnheit, mit diesen Bilderbüchern umzufetzen und die Schandtaten mutterwitzig herabzuleiern.

Mir bereitete der Struwwelpeter keine angenehme Unterhaltung. Ich erlebte, für die lieblich und heiter gemalten Szenen vollkommen unempfindlich, den Sinn lehrreich und tragisch. So versetzten mich schon zwei kleine Verszeilen in teilnehmende Abschiedsstimmung, und ich sah meine eigene liebe Mutter im Fransenumhängtuch zur Rorate gehen, ingleichen hier erzählt wurde:

Konrad, sprach die Frau Mama, ich geh fort und du bleibst da. Die Geschichte von Paulinchen, welches allein zu Haus war, machte mich ebenfalls traurig. Ich bedachte und beredete kritisch die vielen Möglichkeiten, wo man das Feuerzeug hätte verstecken können. Sehr mahnend zu Herzen ging mir das lehrreiche Schicksal vom Suppenkaspar, denn es zeigte sich bereits an mir selbst, daß ich gegen meine Schwester zurückblieb und keine so roten Wangen hatte, weil ich öfter die Suppe nicht aß.

Meine Bücher waren ganz anders beschaffen. Eines, die „Grimmsche Märchensammlung", enthielt mehrere hundert Geschichten und wog so schwer, daß ich sie allein beinahe nicht tragen konnte. Daneben hatte ich noch ein gutes Dutzend Volksmärchen und Sagenbücher, ein Kochbuch, ein Spielbuch, zwei Gebetbücher, ein Puppenschnittmusterbuch, ein Zauberbuch, ein Rätselbuch, ein Gratulationsbuch, kurzum eine kleine Bibliothek.

Die illustrierte Prachtausgabe von Goethe und Schiller verdankte ich natürlich auch dem Onkel Fritz.

Die ganze klassische Weltliteratur, sprach er mit gehobener Stimme, und die modernen Autoren kriegst du später, wenn du die Bürgerschule hinter dir hast.

Immerhin stillte er meine ungeduldige Wißbegier schon früher. An Abenden, da wir unsere Hunde an der Berghammlacke spazieren führten, erzählte er mir gerne von „unsterblichen Werken". Schauspiele gab er hochdramatisch zum besten. Er hat sie während der Salzburger Zeit nicht nur gelesen, sondern auch gesehn. Alle! Weil er sich für jedes Nachtmahlsechserl, das er von der Kostfrau bekam, einen Stehplatz im Theater kaufte. Meine eifrige Einbildungskraft hat seine altväterischen Bühnengestalten neu belebt und mit farbenstrotzenden Kostümen angetan. In dieser romantischen Ausstattung blieben mir zu einer ewig untrennbaren Trilogie verbunden: Wallenstein, Doktor Faustus und die Puppenfee.

DIE HOCHZEIT

Trotz meines zähen Eigenwillens wirkten im kindlichen Alter die Impulse der Spielfreundschaften oft bestimmend für mich. So entschloß ich mich etwa elfjährig zu einer Vernunftehe. Liebe dürfte kaum der Beweggrund gewesen sein, denn ich dachte weniger an den Bräutigam als an schöne Kleider und Zeremonien. Und das auch nur, weil ich gegen meine Vorbilder nicht zurückstehen wollte.

Überhaupt den ersten Anlaß gab eine Hochzeit in der Pöttingvilla. Komtesse Flora nämlich hatte geheiratet, einen Ulanen- oder Dragoner-Rittmeister in herrlicher Uniform.

Das machte der Inspektor-Mitzi, welche stets für Vornehmheit schwärmte, solchen Eindruck, daß sie tagelang von nichts anderem mehr sprach und uns schließlich zur Nachahmung aneiferte.

Wir vergnügten uns in glanzvollen Hochzeitsplänen, ohne daß mir zunächst die Hauptrolle vorschwebte. Mitzi selber wünschte die Braut zu sein. Der Bräutigam mußte ebenfalls aus bester Familie stammen, und nur die allerfeinste Gesellschaft sollte bei der Tafel mitessen. Weil Mitzi als Nichte des Herrn Schulinspektors mit den Kitzinger-Mädchen auf gleicher Stufe stand und manchen Sonntag zu ihnen spielen ging, verabredeten sie alles Wichtige miteinander.

Einmal morgens erzählte sie meiner Freundin Ida hoheitsvoll über die Stiege herab, daß die Familie Kitzinger die Hautevolee von Öblarn sei und daß der Ferdi ihr Bräutigam werde. Der Heustadel in der Schulwiese war als Ort der Feierlichkeit ausersehen. Sie wollten ihn mit Kränzen dekorieren und zuoberst eine Fahne aushängen. Sogar eine richtige Brautausstattung sollte Mitzi bekommen, nämlich ihr weißes Prangkleid; dazu bettelte sie der Tante noch ein Handtuch ab, welches sie hinten am Unterrock mit Sicherheitsnadeln festspendelten, damit es nachrauschte wie eine Schleppe. Einen echten Brautschleier lieh ihr Frau Kitzinger. Der Cozzi Fred machte den Beistand. Und seine Schwester, die Cozzi Nora, sodann die Kitzinger Bella, die Reserl und die Justi richteten sich „bildhübsch" als Kranzeljungfern zusammen. Ein kleiner Page wurde Schleppträger, und ein kleines Mädchen mußte auf blauseidenem Nähpolster die Eheringe tragen. Ausgemacht Punkt 3 Uhr am nächsten Sonntag. Begreiflich, daß meine Freundin Mitzi sich auf ihre Hochzeit etwas einbildete. Kaum hatte sie fertig geredet, so eilte Walcher Ida zu mir und berichtete die überraschende Botschaft haargenau.

Aber von uns hat sie nix gsagt, fügte sie zuletzt trocken bei.

Die Zurücksetzung dämpfte uns eine Weile. Doch schließlich trösteten wir uns mit dem muntern Einfall, daß wir auch wohl Hochzeit feiern könnten. Meine Schwester Hildegard, die Kofler Nannerl und die Walcher Ida ernannten mich einstimmig zur Braut. Sie wollten Kranzeljungfern sein, aber noch weit noblere wie die andern. So erhoben sie sich mit den hochgeschätzten Namen der Nostitz-Komtessen Nora, Wanda, Lisi wieder einmal in den Adelstand. Die Mutter versprach uns eine gute Hochzeitstafel und mir besonders noch ein Brautgewand. In einer späten Abendstunde sah ich sie durch das grüne Netz des Gitterbettes eine breite Falbel an meinen Hängekittel säumen; hinten lief sie zu einer richtigen Schleppe aus. Was die Mitzi gar nicht vorgesehen hatte, sogar den geistlichen Herrn und den Ministranten sicherten wir uns schon während der Woche. Unsere Köchin, eine stattliche Murbodnerin mit rundem, vollblühendem Gesicht und dünnen, fast unsichtbaren Zöpfchen war leicht wie ein Pfarrer, ja wie ein Bischof herzurichten; sie fand sich schon das Wäschestück, welches einem Chorrock beiläufig ähnlich war.

Das Ladenmädchen Fanny als die Kleinere mußte ministrieren. Zum Bräutigam ernannten alle einstimmig den Walcher Loisl. Mir war es recht. So ging ich mit meiner Freundin Ida schnell auf die Suche, um ihn zu fragen, ob es ihm auch recht wär.

Er saß in der leeren zweiten Klasse und malte gerade für sein Vogelbuch wieder einen neuen Vogel.

Du, sagte Ida, während sie sich neben ihn auf die Bank kniete, aufn Sunntag tan mir Hochzeit spielen, und du muaßt der Bräutigam sein.

I? sagte Loisl, ohne daß er sich irre machen ließ. Er hatte echte Schwungfedern, Papiere mit blau und rot und grünschillernden Klecksen auf das Pult gebreitet. Mitten heraus leuchtete eine Malvorlage. Seine Hand bewegte sich eifervoll zwischen der Wasserschale und den ausgehöhlten Farbstöcklein. In steter Abwechslung spitzte er den nassen Pinsel im Mund und zog einen haarfeinen Strich. Ein Flügel schillerte bereits naturgetreu.

Weilen er so schwieg, brachte Ida den Heiratsantrag nochmals vor. Und ich sagte zu meiner Entschuldigung:

Wir wissen sonst niemand.

Loisl malte seinen Eisvogel, Buntspecht oder was es war, schöner und schöner. Er wandte kein Auge von ihm. Bei dieser wohlgefälligen Betrachtung sagte er einmal:

I bin schon zu groß zum Spieln. I paß nimmer zu die Dirndeln.

Mit der Zeit aber glückte es uns doch, ihn zu überreden. Nachdem wir ihm erzählt hatten, daß die Kitzinger-Kinder auch Hochzeit feierten, daß aber ich ein nobleres Brautkleid mit einem wirklichen Schlepp und der Bräutigam vom Onkel Fritz einen Zylinder bekäme, daß die Köchin Lisi sich eigens als Pfarrer anzog und unsere Mutter eine Tafel richtete mit Kakao, Guglhupf und Himbeersaft, da sagte der Loisl endlich herablassend:

Na ja, wegen meiner!

Als Kirche wählten wir das Sommerhäuschen im Kitzinger-Obstgarten. Es stand zwischen dem hohen Tenn und wilden Kastanienbäumen etwas beschattet. Außen an der windgeschützten Seite hatte der alte Gasteiger sechs strohgeflochtene Bienenkörbe nebeneinandergestellt.

Sooft ich dem alten Gasteiger begegnete, mußte ich an ein geheimnisvolles Wort denken. Ich hatte irgendwo den Satz gelesen: „Er war ein Hagestolz." Weil mir das lange Nachgrübeln nicht half, fragte ich doch die Mutter, was das bedeute.

Ja... begann sie zögernd, und nach einer Weile meinte sie: Der alte Gasteiger ist ein Hagestolz.

Ich brauchte gar nicht warum? zu fragen. Schon das Anschaun überzeugte mich, wenn er wirklich hager und steif daherschritt, weder links noch rechts sah und mit niemandem redete. Früher einmal war er Matrose gewesen; er trug noch seinen Seemannsbart. Manchmal durften wir bei ihm Honig kaufen. Er wohnte beim Thorschneider in einer ebenerdigen Stube. Die Türe ließ sich nur mühsam öffnen, weil ein schweres Gewicht von Mänteln, Hosen und Röcken daran hing. Der Boden, glaube ich, war bloße Erdstampf. Auf vier hohen dünnen Spreizen stand ein eiserner Herd, überladen mit Wachsstiegeln; daneben ein ungewaschener Teller und eine Pfanne mit Knochen und Speiseresten. Ein Paar Schuhe auf Draht gehaftelt und sonst noch allerlei hing zum Trocknen am langen Rauchrohr herab. Die drei Fensterlöcher waren zur halben Höhe eine Stellage für Honiggläser. Daneben rankte dunkler Efeu. Er wuchs schon über die Heiligenbilder. Bienen, Wespen, Hummeln, Fliegen vollführten ein immerwährendes Gesäuse. Eine handgroße Taschenuhr tickte über dem Kopfort des Bettes. Aus der kurzen, braungefärbten Strickdecke bauschte sich ein praller rotgemusterter Polster hervor. Unter dem Bett stand ein blecherner Kachel.

Der alte Gasteiger nahm einem, wenn man Grüß Gott! und Bitt schön! sagte, das Glas aus der Hand und nickte. Dann trat er zum Fenster und knüpfte das Pergament von einem Tiegel. Es waren ganz seltsame Tiegel, wie man sie sonst in keinem Haushalt traf. Manche sahen wie Mörser aus, manche wie große Humpen und Kelche. Sie waren alle weißlich, aber außen beschmutzt, und bei einigen fehlte am Rand ein Scherben. Erst heute denke ich mir, es werden Arzneigefäße der alten Bader-Apotheke gewesen sein; der Hagestolz war ein Nachkomme aus dem ortsansässigen Gasteigergeschlecht, das sich schon ein paar Jahrhunderte lang mit Chirurgie und Heilkunde befaßte. Eine Schwester hatte den praktischen Arzt Johann Fischer geheiratet, und dieser führte das Geschäft fort. Die Familie gehörte, wie meine Freundin Mitzi sagte, zur Hautevolee. Sie hielt vom mürrischen Hagestolz etwas Abstand.

Wir Kinder suchten seine Nähe mit einem Gemisch von Scheu und Anhänglichkeit. Denn er hatte eine Art, mit dem Honig umzutun, daß uns die Augen stehnblieben. Ganz von hoch herab ließ er das goldene Band zielsicher ins kleine Glas fließen; es schürzte sich dabei zu allerlei Figuren und Falten und Maschen, bis es schließlich langsam in ein schönes breites Gekräusel überlief. Dann fing er's geschickt mit seinem dürren Zeigefinger und strich es schmatzend um die Lippen. Kein Tropfen patzte daneben. Uns entzückte dieser Vorgang so, daß wir jedesmal in Gedanken mitschleckten.

Wenn wir die dreißig oder vierzig Heller für den Honig bezahlt und uns ehrfurchtsvoll gegen den Rücken des Herrn Gasteiger verabschiedet hatten, draußen im Vorhaus neigten wir unser ebenvolles Glas und versuchten das Kunststück nachzumachen.

Am Tage vor meiner Hochzeit gingen wir wiederum zu ihm, denn die Mutter buk für unsere Tafel auch eine Nußpotize. Und zum Zuckerwasser und zum Himbeersaft sollten wir noch Honigwein bekommen.

So kauften wir mehr als gewöhnlich ein, verschwiegen aber, warum. Nur kicherten und kutterten wir geheimnisvoll beim Anklopfen. Beim Fortgehen pufften wir einander mit den Ellbogen und lachten noch auffälliger. Er bemerkte es aber nicht.

Am Sonntag glaubte natürlich jede, die Schönste zu sein. Ich und Hildegard gingen das ganze Haus ab, um uns in jedem Spiegel zu betrachten. Ich erinnere mich besser an mein eigenes Bild.

Mir hingen, wie ich es eitel bei mir selber nannte, malerische

Haarlocken über die Schultern. Ein steifgestärkter Organdyschleier verhüllte mich bräutlich. Tante Julie hatte ihn auf dem Kopf zu einer Art duftigen Tulpe gebauscht. Als stolzeste Zierde bekrönte mich ein wächsernes Myrtendiadem, mit Eisennadeln unbarmherzig festgespendelt und mit einer weißen Unschuldsmasche noch besonders niedergebunden. Ich stapfte vorsichtig langsam hinter meiner Schwester drein und weiß nur mehr, wie beim Stiegensteigen alles an ihr flog, der mähnenstarke leuchtende Kräuselwusch, die nackten Arme mit den Sommersprossen und die Rockfalbeln rund um Waden, Knie und Hosenspitzen.

Die Kofler Nannerl mußte als die kleinste Kranzeljungfrau meinen Schlepp tragen. Ihre Ziehmutter war bei der „Tollette nicht schmafu" gewesen. Sie erlaubte ihr den Kranz vom hohen Fronleichnam und das neue Kleid, welches die richtige Mutter aus dem Kaiserlichen Kurort Ischl geschickt hatte. In der Hand hielt die Nannerl einen Strauß wilder Kastanienkerzen mit prachtvoller Blumenmanschette. Sie lächelte gespreizt und verklärt in der glücklichen Einbildung, daß sie der Komteß Elisabeth täuschend ähnlich sei.

Der Walcher Ida fiel es ein wenig schwerer, die Komteß Wanda nachzuahmen. Wir mußten ihr erst die schmutzigen Tränenspuren vom Gesicht wischen und das welke Margaritenkränzlein zusammenknüpfen, das sie in der Eile mit Strickgarn gewindelt hatte. Das Pranggewand erlaubte ihr die Frau Walcher nicht, weil sie genug Kindswäsche waschen und bügeln mußte. Und die Zöpfe durfte sie auch nicht aufflechten. Das lange schwere Haar zerzauste und verfilzte sich offen, und „die Mutter habe zum Kampeln keine Zeit nicht", sagte Ida mit finsterer Miene, als ob sie alle Hoffart verachte.

Als letzter stellte sich der Bräutigam ein. Onkel Fritz hatte ihn aufs feinste ausgestattet. Er trug vom Stiefbruder den schönen Firmungsanzug und über die Achsel geschnallt einen Operngucker wie die Hochzeitsreisenden. Der Zylinder, den er nie vom Kopf nahm, und der gemalte Schnurrbart machten einen Herrn aus ihm. Er war fast nicht mehr zu kennen.

Nun konnte die Hochzeit angehen. Der Ministrant paßte ohnehin schon die längste Weile mit einer massiven Kuhglocke. Er vollführte beim Nahen des Festzuges ein dröhnendes Geschepper. Und der dicke stattliche Herr Pfarrer, welcher mit verschränkten Armen beim Eingang des Lusthäuschens gelehnt hatte, nahm sogleich eine würdige Haltung an. Zwischen Tenn und Bretterwand, neben den Bienenkörben hockte der alte Gasteiger, den Buckel gegen die Sonne gedreht. Er wendete kein Auge nach uns, indessen wir feierlich durch das blühende Gras schlürften. Ein paar Schritte hinter ihm zog Hildegard die Schultern hoch und sagte bst!

Wir Kinder, die den Unnahbaren immer mit dem golden fließenden Glorienschein des Honigs umgaben, hofften nun auch unsererseits Eindruck zu machen. Vielleicht erwarteten wir sogar ein Hochzeitsgeschenk. Da er jedoch weder vom Glockenhall noch von unserer aufgeputzten Schönheit zu freundlicher Bewunderung verlockt wurde, spähten wir stumm verlegen nach den andern Erwachsenen, die uns bis zum Tennschatten gefolgt waren. Wir wußten jetzt, da die lang und kostbar ausgedachte Trauungszeremonie beginnen sollte, plötzlich nicht weiter.

Gehts füri! ermunterte uns die Frau Kofler. Und der „Herr Pfarrer" schaffte, mit dem Zeigefinger vertraulich winkend: Kömmts her da!

Als wir uns näherten, erhob Fanny den Wäschewedel und sprengte uns einen Guß Weihwasser ins Gesicht. Sie schaute im weiten scharlachroten Unterkittel beinahe wie ein wirklicher Ministrant aus. Die Frau Kofler hatte ihr von einer Sommerfrischler-Dame eine Spitzennachtjacke geliehen, oder wie sie sich ausdrückte, ein „Mandinee".

Lisi trug über ihrem schwarzen Faltenrock ein Hemd, das Vater nur mehr über Nacht anzog, weil es vom vielen Waschen schon schneeweiß gebleicht war. Als Stola hing ihr ein blau und rot gesticktes Handtuch über den gewaltigen Leibesbambst.

Ihr zu beiden Seiten an den Lusthausbalken pendelte grünes Fichtengewind mit Kunstrosetten. Der Tisch innen hatte einen Aufbau von dichtgeschopften Feldblumen. Unsere Vasen reichten gar nicht hin; die mächtigsten Sträuße staken in Emailhafen und Blechbüchsen eingefrischt. Aus manchen rann still und stetig ein Wasserbrünnlein. Dadurch wurde das Meßbuch ein wenig feucht. Es war eigentlich mein Großes Grimmsches Märchenbuch. Onkel Fritz hatte es in blaues Zuckerhutpapier gebunden und mit einem goldnen Kreuz verziert. Es lag rechter Hand auf der gehäkelten Altardecke. Linker Hand blitzten eine Flasche Hochzeitswein und ein Messingleuchter. Die Flamme sah man im Tageslicht nur selten flackern, aber man schmeckte das Wachs, und die Bienen umschwärmten während der ganzen Hochzeit den Altar und den Pfarrer.

Wie sich alles nacheinander vollzog, ist mir nur mehr wie ein ungewisser Traum. Der Loisl und ich mußten als Hauptpersonen auf der Stufenschwelle stehen. Ernst, wie ich alle Dinge nahm, wagte ich mich in einem fast überirdischen Hochgefühl kaum zu rühren. Mir klopfte spürbar das Herz. Mein Bräutigam, der Loisl, stand ebenso regungslos.

Also hiaz tan ma heiraten, begann der Pfarrer, indem er unsere schüchtern dargebotenen Hände packte und zusammengab. Dann drückte er, wieder mit festem Angriff, einen Zipf des Handtuchs darüber und sagte:

Pax et schbiritus tumm.

Thomas wo bist dumm? respondierte der Ministrant, indem er auf die Stirn tupfte.

Ich errötete ob dieser Entweihung und schulmeisterte anklagend, Dominus vobiscum muß es heißen, und es ist ein Frevel. Dabei stieß ich den Loisl, damit er mir beistimme. Er schwieg und kam nicht aus der Fassung.

Aber die drei Kranzeljungfraun, welche die Nostitz-Komtessen spielen wollten, hatten gar keine Bildung. Eine nach der andern stopfte sich kichernd die Fäuste in den Mund, und schließlich lachten alle laut und unheilig heraus.

Seids stad, ermahnte der Pfarrer.

Als es still war, mußten wir dreimal ja sagen. Dann hieß er uns niederknien und beten. Er selber griff nach dem schweren Meßbuch. Darin las er eine Weile murmelnd. Es war aber nicht lateinisch, auch nicht B-Sprache, sondern die Iwassn-Awassn-Sprache, welche die Bauern zu geheimen Reden untereinander brauchten. Fanny, der Ministrant, leuchtete ihr dabei beflissen mit der Wachskerze. Es kam uns alles wie bei einer richtigen Hochzeit vor. Wird wohl auch eine in der Luft gewesen sein. Vielleicht schwärmte das Bienenvolk durch den Holunder. Die Schwalben und die Wiesenvögel haben ihre Lust verzwitschert, und der täubende Schmelz ist über Blüt und Rispen geflogen wie jedes Jahr. Aus dem warmen Boden zirpte der Grillenschlag, Käfer surrten, und Hummeln sumsten und bumsten, von Gerüchen berauscht. Zu dieser Musik schmetterte unsere Mutter auf einem Kamm und einem Blättchen Seidenpapier die helle Sopranstimme. Es war eine Melodie aus dem Zigeunerbaron, die Onkel Fritz in seiner Theaterbegeisterung oft genug sang. Sie bewegte mich immer zum Nachdenken. Ich hätte gerne gewußt, wie ein Dompfaff ausschaut. Beim Schluß von der Himmelsmacht, welcher sich in jubelnder Steigerung wiederholte, wurde mir langweilig.

Ich fuchtelte nach den Bienen und Fliegen, wann sie sich im Organdy oder im Haargekraus verfingen. Umschauend bemerkte ich, daß die Kofler Nannerl meinen Schlepp ausgelassen hatte und nun eifrig trachtete, jene noble Aufführung nachzuahmen, durch welche die Walcher Ida sich immer naturgetreuer in die Komtesse Wanda verwandelte. Vergessen war, daß sie nur im graulodenen Trägerkittel mit der ewigen Rougeschürze dakniete und die Zöpfe nicht aufzausen durfte. Sie steckte beneidenswert vornehm, als ob sie in Wahrheit kurzsichtig wäre, die kleine Nase ins Gebetbuch, blätterte, mit den Augen zwinkernd, bald vorn, bald hinten und neigte sich endlich tief zum blumichten Erdboden nieder. Es spielte sich alles geheimnisvoll wie bei ihrem Vorbild in der Kirche ab; man wußte nicht, was sie betete, das Vaterunser, die Wandlung oder den Beichtspiegel. Auf dem Höhepunkt ihrer Andacht drückte sie eine Zeitlang die Hände über das Gesicht, dann klopfte sie mit Daumen und Zeigefinger wohl ein Dutzendmal zierlich an das Herz. Ich wünschte sehnlich, daß die Kitzinger-Gouvernante einmal vorüberkäme. Sie würde uns anreden, glaubte ich, weil wir so fein waren wie Grafenkinder.

Bei der Kranzeljungfrau Hildegard hatte das Nora-Wanda-Lisi-Spiel leider Gottes keinen Bestand. Nicht einmal die Hände hielt sie gefaltet. Sie versteckte in der Faust tückisch ein paar Heuschrecken. Einen ließ sie gerade der Nannerl über den weißen Strumpf hüpfen. Ich nahm mir entrüstet vor, es nachher unserer Mutter zu klagen.

Endlich hörten das feierliche Lied und die Lesung auf. Die Predigt sparte sich der Pfarrer. Wir mußten ihm die Finger hinspreizen, und er steckte uns die Eheringe an. Als dies geschehen war, rief der Ministrant hell und bündig Deo gratias. Er besprizte unsere Häupter und Gewänder und hinter uns das Wiesengras mit einem wahren Weihbrunnregen. Zuletzt kam der Wein an die Reihe. Der Pfarrer tat den ersten Zug und schenkte das Glas wieder voll, damit die neugeschlossene Verwandtschaft nach dem Kirchenbrauch sich fröhliche Bruderschaft zutrank.

Nun aber war die Hochzeit fertig. Unsere Lisi, der das Lateinische und die Iwassn-Awassn-Sprache ausging, sagte langsam So! und verabschiedete uns mit einem großmächtigen Kreuzzeichen.

Der Ministrant voran, nach ihm der Pfarrer, dann wir Brautleute richteten uns zum Auszug. Jetzt trug ich selber das Bukett. Die Nannerl bückte sich zu meiner Schleppe. Hinter ihr gingen Hildegard und Ida, und im kleinen Abstand beschlossen meine Mutter und die Frau Kofler den Hochzeitszug.

Während abermals tönend und dröhnend die Kuhglocke tümmelte, schielten wir Kinder schnell verstohlen nach dem Lusthauswinkel, wo die Bienenkörbe standen. Allein der alte Hagestolz hatte sich während der Hochzeit davongeschlichen.

An der Südwand unseres Hauses erwartete uns eine reichgedeckte Festtafel. Alles, was wir uns wünschten, und noch mehr war aufgetischt. Immer noch mußten wir Schüsseln und Teller und Krüglein enger zusammenrücken. Als nirgends mehr eine leere Spanne übrigblieb, wischte Mutter sich befriedigt die klebrigen Hände ab, und wir Hochzeiter setzten uns auf die kranzgeschmückten Stühle. Das Fenster ins Schreibzimmer war offen, und aus dem Rahmen hervor leuchtete im frisch geputzten Messingglanz der Grammophontrichter. Onkel Fritz besorgte die Tafelmusik.

Er spielte die Donauwellen, den Kaiserjägermarsch, den Schönbrunner-Walzer, die Holzhackerbuam, die Mühle im Schwarzwald, Spinn, spinn, Mägdelein, Sei gepriesen, du lauschige Nacht, lauter Stücke, die ihm selber ausgezeichnet gefielen, obgleich manche für den Anlaß zu traurig waren, wie das gefühlvolle Lied vom Elterngrab und die hochdramatische Ballade:

Zu Tode gehts, ich habs gewußt,
Lebt wohl, ihr Brüder, hier die Brust.

Wir redeten an diesem Tage fast nach der Schrift. Die Walcher Ida zwinkerte weiterhin kurzsichtig, trank nur nippend und faßte die Nußpotize mit den Fingerspitzen. Sie fühlte sich ihrer Rolle gemäß ganz in den obern Regionen, obwohl mein Herr Bräutigam, wahrscheinlich etwas angeheitert, öfter einmal Du brauner Mistkäfer! zu ihr sagte.

Der Loisl hatte überhaupt den Größenwahn und gab sich ein Ansehen, als wäre er bereits Vogelprofessor. Er kostete schwelgerisch alle Weine durch, zum süßen roten Himbeerwein sogar die rosarote saure Brauselimonade, und war dabei peinlich bedacht, daß kein Tropfen danebenging.

Als unser Kapellmeister Onkel Fritz ihm mit Verneigung eine Sportzigarette anbot, begann er keck zu rauchen.

Du, mahnte Lisi, der Pfarrer, welcher majestätisch an seiner Seite saß. Wann dich deine Schwiegermutter siecht!

Er schmunzelte erhaben und fürchtete sich keineswegs.

Tan ma tanzen, rief die Kranzeljungfer Hildegard, auf ihrem Sitz schon ungeduldig.

Nein, sagte ich, hiazt ist es noch zu feierlich. Dann bettelten wir dem Bräutigam die Zigarette ab. Sie ging von Mund zu Mund. Die ganze Gesellschaft lächelte dabei ein bißchen kläglich und ein bißchen schlau. Nach einer Weile kamen wir zu streiten, weil die

Brautjungfer Nannerl immer die patzigsten Weinbeeren für sich zusammenklaubte. Ich tadelte erzieherisch:
Das gehört sich nicht bei einer feinen Tafel. Und dann befahl ich:
Alois, nimm ihr den Guglhupf weg!
Ja, weil mich die Ida alleweil mit dem Ellbogen steßt, entschuldigte sich das gute Kind, worauf der Bräutigam unhöflich bemerkte:
Ah, sand die Dirndeln dumm!
Tats essen, sprach die Köchin Lisi beschwichtigend, wie es zu ihrem heiligen Amt paßte, und gab noch jedem seine letzte Schnitte. Obzwar eine geteilte Mehlspeise keine doppelte Mehlspeise ist, stopfte sie doch die böse Unterhaltung. Ja, sie wölbte sich in unserm Innern wie ein dickes Pölsterchen. Das Kinderherz hüpfte darauf. Die Augen schwammen in satter Freude. Der Sonnenflimmer, die Luft und die Grammophonplatte drehten sich. Wir fingen zu tanzen an. Sogar der Pfarrer und der Ministrant tanzten. Und die Festtafel tanzte im Kreis herum mit Nußkrumen, Rosinen und Weinbeeren und Zibeben.
Plötzlich patschte ein alter Fleckpantoffel in die lustig hüpfende Gesellschaft. Unsere Freundin Mitzi stand mit der Milchputsche beim Hauseck und sagte, ihre Hochzeit sei wohl weit schöner gewesen.
Da fragte die Brautjungfer Nannerl hoffärtig:
Habts ös einen Grammophon?
Da streckte die Brautjungfer Hildegard ihre Zunge lang heraus.
Da schrie die Brautjungfer Ida, ihre große Ähnlichkeit mit Komtesse Wanda jäh vergessend:
Der Loisl haut di durch.
In wildem Wirrwarr verhallte die Weise vom Brüderlein fein. Der Pfarrer streifte das gestickte Handtuch und das weiße Hemd ab. Dabei sagte er zum Ministranten, sie müßten jetzt die Ferkel füttern. Die drei Brautjungfern liefen uns auch davon. Vielleicht verfolgten sie rachsüchtig die Inspektor-Mitzi, vielleicht war ihnen schlecht geworden. Allein ich und Loisl glaubten, unsern Hochzeitstag mit Würde vollenden zu müssen. Wir gingen, solang uns noch jemand sehen konnte, Arm in Arm spazieren. Es war ungemein feierlich. Der Schleier wehte, von der Nachtluft aufgeblasen, wodurch meine malerischen Haarlocken noch mehr zur Geltung kamen. Die steifgestärkte Schleppe rauschte über den Straßenstaub. Sogar die Schuhe wurden weiß wie Herrschaftsschuhe. Dazu hatten wir ein Promenadekonzert, denn Onkel Fritz spielte für sich selber alle seine Lieblingsstücke.

FRONLEICHNAM

Unsere selige Großmutter hatte in ihren letzten Lebensjahren vom Hausierer, der immer beim Stralzen übernachtete, einen ganzen Ballen Batist gekauft. Davon sollten alle ihre Enkelinnen die gleichen Fronleichnamskleider bekommen. Die Thorbäcken Adelheid wurde dabei nicht vergessen. Und wenn ich mich recht erinnere, fielen etliche Meter auch für die Thorbäcken Mariedi ab. Die war eine kleine Halbschwester der Adelheid, väterlicherseits von einem Bäcker. Wir rechneten sie einfach zu den Enkelinnen.

Der feine Batist hatte ein liebliches Blumen- und Schnörkelmuster von allerhand blassen Farben auf weißem Grund. Wir bestaunten ihn mit eitler Freude. Unsere Mutter und Tante Julie wollten die Kleider selbst nähen. In „Empon", wie Tante Julie sagte. Wir mußten sehr oft vom Spiel weg zum Anprobieren. Ich gehorchte ein bißchen widerwillig und mißtrauisch, aber schließlich nach vielem Aus- und Anziehen mußte sogar mein kritisches Auge befriedigt zugeben, daß unser Gewand diesmal die richtige Länge hatte. Die drei Säume waren mit einer Spitzenrüsche verdeckt. Auch den Sattel schmückte eine Spitzenrüsche. Und vorne an jedem Eck entfaltete sich eine rosa Rosette mit herabhängenden Bändern.

Noch inniger wünschte ich freilich, daß Mutter die Prangkleider bei der Frau Prünster angeschafft hätte. Als Öblarner Dorfnähterin schnitt sie alles nach ortsüblichen Mustern zu. Darum machte sie den Cousinen natürlich kein Emponkleid, sondern feste gefütterte Leiber, auf der Brust mit blauem Atlas verziert und seitwärts zu hafteln. Um die Mitte legte sie ein blaues Band. Es wurde hinten zu einer Masche gebunden. In den Kittel kam ein tiefer Sack für das Schneuztuch und die vielen Dinge, welche ein Kind immer bei sich trägt.

Zwei Tage vor dem Fronleichnamsfest wusch uns Mutter das Haar. Als es später neben dem Küchenherd schon zu trocknen anfing, benetzte sie es noch einmal mit Bier und Zuckerwasser. Dann teilte sie den Kopf in „Scharln" und flocht von jedem Scharl mit unbarmherzig festem Zugriff ein Zöpferl. Es durfte höchstens fingerdick sein.

Bei dieser Arbeit, die ein paar Stunden währte, versprach sie, daß Vater uns in den neuen Kleidern vielleicht auf eine Stadtreise mitnähme. Aber dies sei noch ein Luftschloß. Für sicher stellte sie uns in Aussicht, daß sie uns wieder einmal die Haare abschneiden müsse. Das tat sie, sobald sie recht lang waren, ohne jedes Bedauern und gründlich. Ich erduldete es in der eitlen Hoffnung, es wüchsen uns zum Entgelt Naturlocken nach.

Zum hohen Fronleichnam wurden wir indes noch wunderschön aufgeschneckerlt. Die meisten Schulmädchen erschienen gleichfalls mit Zöpferln. Wir zählten sie gegenseitig ab. Nur meine Cousine Mariedel hatte keine, weil sie naturgelockt war. Cäcilie brachte es höchstens auf fünf oder sechs. Ihre Lippen zuckten verräterisch, wenn sie unter lebhaftem Aufzeigen sagte: Bitt, Herr Pfarrer, die Knaben tun mich alleweil ausspötteln. Die Walcher Ida mit ihren dreißig Zöpferln aber weinte auch wegen dieser Tratzereien. Ihr Kopf glich einem schwarzen, wurlenden Schlangennest. Der Tag war hart und die Nacht noch bitterer. Wir schliefen wie eingeschraubt, jedes Haar tat extra wehe. Im Alptraum hörten wir den Regen träufeln, und wir hüpften wohl zehnmal vom Bett auf, um nach dem Himmel zu spähen. Sobald es dämmerte und die letzten Sterne in der Taukühle bleichten, weckten wir die Mutter. Das Leiden hatte sich ausgezahlt. Es wurde ein blauer Morgen.

Im steifen Unterröckchen, schon zittrig und zappelig, löffelten wir alsdann in der Kaffeeschale und würgten die Brocken hinab. Alle Frauensleute im Haus beeilten sich, uns die Zöpferl aufzuflechten. Links und rechts, vorn und hinten fühlten wir uns gezupft und gezerrt, dann marterte uns noch der Kamm, immerhin zur frohen Erlösung. Wir rissen uns abwechselnd den Spiegel aus der Hand und bewunderten ganz glücklich unsern schönen, zartgesträubten fliegenden Haarwusch. Tante Julie, welche die feinsten Finger hatte, band die seidene Kopfmasche und zog uns unter steten Ermahnungen das Prangkleid an. Zuletzt nadelte sie uns den Kranz auf. Wir waren meist eine Stunde zu früh fertig und durften uns nicht mehr rühren. Das bedeutete für meine Schwester Hildegard keine Kleinigkeit.

Gegen dreiviertel acht, wenn wir, im Schulhof versammelt, uns paarweise hinter der weißgrünen Fahne anstellten, hingen ihr richtig Masche und Kränzlein windschief. Aber unsere Mutter sah zum Glück über den Zaun und konnte die Unordnung noch gutmachen. Sie hütete uns auch weislich die vier Opferkerzen, das Sacktuch und das kellerfrische Blumenkörbchen. Beim ersten Anschlag des großen

Kirchengeläutes gab Herr Schulinspektor Tremel den Lehrpersonen mit dem schwarzen Zylinder einen feierlichen Wink, und der Einzug begann. Voran marschierte natürlich das Bubenvolk. Unter dem Kirchentor teilte sich der Zug. Herr Walcher machte etwas heftige Zeichen und gebot immer wieder mit leiser Stimme: Die Knaben auf die rechte Seite.

Uns Mädchen führte Fräulein Wolfrum nach links. Vorne wurden die Kirchenstühle für uns freigehalten. Wenn irgendwo noch ein altes Weibel im breiten seidenen Kopftuch und Samtschlawanker bucklig hockend die Leere um sich vergessen hatte, so humpelte es bei unserm Anblick geschwind aus der Bank. Wir drängten uns dafür hinein und saßen alsdann etwas gespreizt neben den verschleierten Herrschaften. Wer ganz am Speisgitter zu knien kam, dem vergingen fast die Augen vor dem gelben Brokat, den goldenen Quasten und den weihrauchumwölkten Tabernakellichtern. Wenn dann noch der Orgelwind in unser aufgekräuseltes, schöngestärktes, bänderflatterndes Bewußtsein brauste, so fühlten wir uns gleichsam mitbeteiligt an der Herrlichkeit Gottes. Ich will nicht behaupten, daß wir viel gebetet haben. Aber selbst beim heimlichen Schwätzen und Puffen bewegte uns die stolze Wichtigkeit der Auserwählten. Wir weißen Jungfrauen durften bei diesem Hochamt ganz allein um den Altar opfern gehn. Wirklich schneeweiß waren außer den Komtessen nur noch die Kitzinger-Mädchen, die Inspektor-Mitzi und die Kofler Nannerl. Sie paßten sich schon mehr dem städtischen Brauch an. Wir Groggerischen im Batistkleid gingen natürlich nacheinander. Lichtfarbige Prangdirndl gab es noch viele. In der dritten Rangordnung folgten jene, welche ein rosarotes, ein eirotes, ein himmelblaues oder sonst ein scheckiges Gewand anhatten; es galt aber auch für weiß. Der Herr Pfarrer betonte stets ein paar Tage vorher, die Hauptsache sei die reine Gnade der Unschuld. Trotzdem reihten sie sich selber in bescheidener Geringschätzung zuletzt ein. Was indes keines noch bedachte und keines noch würdigte, gerade die Ärmsten, die sich einen Putz nicht leisten konnten, gerieten so bei Prozessionen ganz nahe vor den Himmel. Zu ihnen hielt sich die Mayr Loisl, eine Bauernnähterin, schon hoch in den Vierzigern. Sie war die eheliche Tochter vom vulgo Engelhart. Der Name hatte wahre Bedeutung. Denn sie lebte mit ihrer Mutter in selbstgewählter Zurückgezogenheit, einfältig und keusch wie eine Heilige.

Viel mehr als sie beachteten wir Kinder eine andere Person, die jedes Jahr mitging, nämlich die Schneider Loisi. Sie war ein mißgewachsenes Zwergel mit verkrüppeltem Rücken. An Werktagen sah man sie oft auf den Gräbern umirren und hörte sie kreischend schluchzen. Am Fronleichnamstag aber trug sie ein Jungfrauengewand aus feinfädiger Hauswebe, ganz altmodisch geschneidert und steif stehend wie Papier. Über den festen Haarzöpfen hatte sie einen Kranz, dessen grüne Schweifchen tief in den Rücken hinabpendelten. Sie hinkte beim Umgang neben dem langen Zug der Schulkinder laut betend einher, bald vorne, bald hinten. Dabei hielt sie mit beiden Fäusten eine kleine Monstranz fest umklammert. Um die Hostienscheibe wand sich auch ein Ährenzierat, und die Glassteine leuchteten in der Sonne so überwältigend, daß uns oft der Mund im Kichern stillstand.

Der Dorfplatz und die Straßen waren für die Prozession mit Birken besteckt. In den Fenstern wachten blumenumrahmt und auf gestickten Decken die Heiligen. Auf jeder Seite hatten sie ein Licht. Für die vier Evangelien mußten nach der Überlieferung die vier größten Besitzer aufkommen. So richtete der Thorbäck einen Altar auf. Den zweiten stellte die Herrschaft Gstatt, den dritten die Bräutaverne, welche durch Einheirat vom Namen Grogger auf den Namen Bernkopf überschrieben war. Das Evangelium Johannes und der Wettersegen wurden immer beim Verweserhaus abgehalten, obwohl das Bergwerk es in Geldnöten längst verkauft hatte.

Wenn wir Schulkinder an einem Altar vorbeikamen, trippelten wir mit unseren Körbchen geschäftig aus der Reihe und streuten Blumen auf: Narzissen, Fliederzweige, Jasmin, traurig geköpfte Schwertlilien und die Blätter einer Pfingstrose, die lebendig wie warme Blutstropfen aus der Hand wehten. Im Umdrehen sahen wir die Blechmusik stramm im Schritt marschieren. Und bei einer Biegung sahen wir weiter zurück den Kirchenchor. Diesen stellten immer die Familien Walcher und Lämmerer. Alle hielten das Gesicht feierlich und fast unbeweglich über das Notenblatt, denn in nächster Nähe folgten schon die Himmelträger in weiten, langen, scharlachroten Mänteln. Die Ministranten nebenher hatten rote Kittel und auf dem kahlgestutzten Haupte einen dicken Kornblumenkranz. Jeder trug ein offenes Wachslicht.

Wenn uns aus dem Baldachinschatten das Allerheiligste anstrahlte, schlugen wir so wie bei der Wandlung ans Herz und bückten uns zum schnellen Kniefall. Nachher lugten wir verstohlen umher, ob es so recht sei.

Hinter dem Herrn Pfarrer, in gemessenem Abstand vom schleifenden Vespermantel, erschienen die Herrschaften. Hinter den Herrschaften ging der Herr Bürgermeister Dr. Fischer mit den Männern von Öblarn. Von den Bürgern fehlten nur die ganz Fortschrittlichen, so der Herr Kitzinger und unser Vater. Onkel Fritz und der christgläubige Kaufmann Waidhofer stapften bescheiden unter den Kleinbürgern. Soweit als das lange Frauengefolge reichte, konnten wir Kinder gar nicht sehen.

Manchmal wurden wir durch das fromme Beispiel der Mayr Loisl zum Rosenkranzbeten angeeifert. Wir leierten eine Weile beflissen, aber nichts denkend, denn für uns bedeutete der Weg noch keinen Bittgang. Die liebe Gottesfrucht, welche die Bauern der Wettergnade und den heiligen Nothelfern abringen mußten, fiel uns durch die fleißige Elternhand fürsorglich auf den Tisch. Uns hatte der Hagel noch nichts zerschmettert. Und die jungen muntern Füße gehorchten allzu willig dem Takt der Musik. Diese ländlich gespielten Militärmärsche, auch wenn sie ein bißchen falsch gingen, berauschten mein Ohr zum ersten Hochgefühl. Sie machten uns bald im Beten irre. Ich erlebe es heute noch und viel deutlicher als damals. Hildegard und ich spazierten Hand in Hand mit ungleichen Schritten. Manchmal stockte der Zug einen Augenblick in Verwirrung. Eine ganz kleine Kranzeljungfrau wurde schnell mit Zuckerln gelabt, damit sie still war. Am Weg glänzte das Futter taunaß, und aus dem blassen Weizengrün spitzten sich saftig die Ähren. Wieder ein Evangelist im sternbesäten Altarvorhang und von Kronzacken und allerhand Schnitzwerk übertürmt erinnerte uns zum Blumenstreuen. Man sah vor lauter Sonne die Flammen kaum. Sie lagen vom Wind geflacht, und die Birkenblätter lagen auch so. Ich zerpflückte im Vorübergehn eifrig eine Pfingstrose. Die vielen hundert Füße drängten mich weiter. Fern vor uns aus durchsichtiger Nebelbläue klärte sich der Grimming. Und nacheinander flatterten die Zunftfahne, die Knappenfahne, die Veteranenfahne und die Schulfahne in sein Bild. Ein Helmgesicht tauchte grellgolden über die Köpfe, und eine Hand im weißen Handschuh kommandierte gebieterisch Halt.

Meine Cousinen erröteten. Denn das vorderste Ehrenamt im Fronleichnamszug hatte ihr Vater Josef Grogger. Er war Feuerwehrhauptmann, auf seinen Befehl mußten sich die Feuerwehr, die Vereine und die Schuljugend nach dem Himmel umdrehn.

Wir duckten uns, den lichten Kleidsaum umfassend, vorsichtig ins Knie. Wir klopften unzählige Male an die Brust und fürchteten uns beinahe. Denn unter donnernden Böllerschüssen hob der Herr Pfarrer Dr. Pater Bernhard Lindmayr das Allerheiligste auf. Und gab uns den Segen.

DIE HERRSCHAFTEN

Ich wußte nur noch vom Hörensagen: der Herr Dr. Fischer hatte sich seinerzeit als erster um die Sommerfrischler bekümmert. In seiner Ortsvertrautheit am besten kennend, wie not den Öblarnern frischer Absatz und Geldzufluß tat, wohl auch aus begeisterter Liebe zu seiner angeheirateten Heimat, sparte er keine Reklame. Er nannte das Dorf kurzweg „die Perle des Ennstals" und überzeugte mit dem, was er selber glaubte, die andern. So waren sie einzeln, paarweise und endlich zu Dutzenden angerückt: Fürsten, Grafen, Barone, Generale, Konsuln, reiche Bankiers und hohe Staatsbeamte, kurzum lauter Herrschaften, wie Dr. Fischer seiner Gemeinde respektvoll und respektgebietend erklärte. Im Ehrgeiz, recht gastliche Unterkunft zu bieten, entschloß er sich sogleich zu einem Villenbau. Herr Kitzinger folgte wetteifernd diesem Beispiel, und Vater hatte sich bereits am Haus einen „Zubau" mit großer Steinterrasse geleistet.

In der Fischer-Villa wohnte, als wir noch kleine Kinder waren, eine griechische oder, wie andere behaupteten, eine holländische Familie mit Namen Pazzani. Die Herren und Frauen waren breit und mächtig. Sie hatten keine Ähnlichkeit mit den Marmorstatuen des Altertums. Ich könnte sie im nachhinein eher mit Rubensbildern vergleichen. Meine Freundin Ida redete oft von ihnen und wußte, daß die fünf Schwestern Julia, Lilli, Alexia und Stefanie hießen. Den fünften Namen habe ich vergessen. Alle waren überaus herzlich und liebenswürdig gegen die Walcher-Kinder und beschenkten sie freigebig für jeden Dienst, welchen sie nur gar zu gern verrichteten.

Mehrmals in der Woche gingen die fünf Pazzani-Töchter in die Walchen, „Lawen Tennis spielen", wie Ida sagte. Sie und ihr Bruder Loisl mußten die Bälle aufklauben, und wenn einer über das hohe Drahtgitter in den Bach flog, geschwind mit dem Schmetterlingsnetz nachwaten. Schwamm er davon, so machte es auch nichts. Zu anderen Tagen gingen die Walcher Ida und die Emma in den Hochwald Erdbeerpflücken. Abends brachten sie die volle Putsche in die Herrschaftsküche und schauten zu, wie die Köchin das Obers steifschlug und es als locker wackelnden Berg in eine Glasschüssel stürzte. Es blieb immer noch ein Rest; die Walcher-Kinder durften zuletzt den Schneekessel auslecken. Auch die Zahlung fiel nobel aus. Frau Walcher bestimmte das Geld für die Sparkassa. Diese war keine versperrbare Schatulle, sondern irgendein dickbäuchiges Tier. Ich glaube mich zu erinnern, daß Ida es manchmal vom Küchensims hob, um eine Münze durch den Rückenspalt zu werfen. Am Schütteln und Schebbern erkannte man, wieviel es schon gefressen hatte. Wenn sich nichts mehr rührte, sagte Ida, dann dürfe sie es in Scherben schlagen. Merkwürdigerweise aber wurde der Bauch nie ganz voll, denn Ida verstand die geheime Kunst, wenn es dringend nötig war, ein Sechserl herauszufangen.

Manchmal gingen wir, weil sie wollte, zur Pazzani-Villa spazieren und beobachteten, über den jungen Fichtenzaun lugend, wie die fünf Schwestern und ihre Mutter in blumigen Morgenkleidern und Shawlschleiern auf Liegestühlen ausruhten und riesengroße Zeitungen, das „Interessante Blatt", die „Fliegenden" und noch schöner bemalte Hefte durch das Lorgnon anblinzelten. Bei einem grausilberglitzernden Sandhaufen schaufelten dicke vollwangige Knaben, die nichts als schneeweiße Trägerhöslein anhatten. Auf einmal lief Ida zu den Damen Handbussen. Sie wurde freundlich aufgenommen, ein bißchen geneckt und um ihre kleinen Geschwister befragt. Beim Fortgehen bekam sie, was wir eifersüchtig wahrnahmen, ein Geschenk. Stolz auf diese Gunst, erzählte sie uns dann, daß die Pazzani-Frauen sich Diamantringe ansteckten und daß dem Herrn Pazzani alle Kohlenbergwerke der Welt gehörten. Ein Schwiegersohn, wußte sie, war kaiserlich-königlicher Hofopernmaler. Der, welcher mit Fräulein Julie verheiratet war, hieß Herr von Zimmermann. Die Öblarner hatten an der Hochzeitsfeier der freigebigen Familie mit einem Ständchen teilgenommen, und Eva, die große Stiefschwester der Walcher Ida, hatte einen langen Vers aufgesagt. Auch die jüngeren Walcher-Kinder konnten ihn noch auswendig.

Mein Ohr, das jeden Klang zu Bildern machte, empfand den Namen Zimmermann ein wenig geringschätzig.

Aber bei uns hat einmal der Prinz Hohenlohe gewohnt, prahlte ich und bildete mir dabei ein wahres Sonnwendfeuer ein. Und der Baron Königsbrunn! schwelgte ich in Worten weiter. Da Ida nur fad die Lippen schürzte, spielte ich als höchsten Trumpf den Herrn von Goldlust aus.

Ich sah in meiner Kindheit so wenig Juden, daß mir eigentlich die Kennzeichen ihres Gesichts, ihrer Kleidung und des Gehabens niemals recht auffielen und für später wenigstens in den feineren

Belangen hie und da die Empfindlichkeit fehlte. Wir wußten als wirklichen Juden nur den biederen Hausierer Gottlieb, der in regelmäßigen Zeitabschnitten im Dorf und bei den Bauern Felle abholte, sich unter seinem Buckelpack stundenweit plagte und auf den Heller ehrlich gegen Barzahlung handelte. Manchmal erwarb er freilich auch wertvolle Altertümer, aber dies taten ebenso andere Fremde; kein Mensch erzürnte darüber, denn die Hiesigen gaben ihr Gelump, wie sie sagten, dem Fetzensammler, und das Hölzerne warfen sie auf den Misthaufen.

Höchstens unsere Mutter mahnte in beschwörendem Ton, einen Juden oder einen Protestanten dürften wir wohl nicht heiraten. Anderswie wurden wir kaum mit feindseligen Instinkten geimpft. So fehlte mir schon bei Geschäftsreisenden das Augenmerk, und eine Herrschaft war eben eine Herrschaft. Denn viel deutlicher als die Rassen hielt man damals die Klassen auseinander.

Im höchsten Rang standen natürlich die Aristokraten; Mutter nannte sie „die Blaublütigen". Eines Tages begann ich über das Wort nachzugrübeln. Ich zeigte ihr die durchscheinenden Äderchen an meinem Handgelenk und wollte ihr einreden, daß ich auch blaublütig sei. Was für eine Antwort ich darauf bekam, habe ich vergessen. Jedenfalls lernte ich aus ihrer stolzen Bescheidenheit und noch mehr aus unbewußten Eindrücken manche himmelweiten Unterschiede selbst beurteilen. Meine Findigkeit entwickelte sich allmählich so unfehlbar, daß ich, nichts denkend, vielleicht auf einer dunklen Straße schon, einen Adeligen unter hundert anderen Menschen erkannte. Am leichtesten war es natürlich, wenn eine Dame ein schwarzes Bändchen mit Kreuz oder Medaillon am Halse trug und wenn ein Herr irgendwelche Unhöflichkeiten mit einem höflich-kühlen Ah ja?! von sich abprallen ließ. Mein Verstand hatte an solchen Beobachtungen noch keinen Anteil; aber kurz und gut, ich wußte es.

Die frühe fortwährende Anschauung war ein sicherer Maßstab. Wenn die „Blaublütigen" sonntags in lauter Unterhaltung, oft auch französisch sprechend, den Umfried der Kirche verließen, rückten die Bauern das Hütel und machten zu beiden Seiten Platz. Arme Leute, die einen Gönner brauchten oder schon hatten, eilten zum untertänigen Handkuß, und wir Kinder bemühten uns, immer von neuem grüßend, um ihre Huld. Alles in allem war dieses Gesellschaftsbild von Uniformen, Stadtmode, schleppenden Rocksäumen, Schleiern, Girardihüten, Sonnenschirmen und feinparfümierten Handschuhen zwar ein kleiner, aber doch getreuer Spiegel jenes großen Weltschauspiels im nahen Salzkammergut, wo der Kaiser von Österreich in den Sommermonaten hofhielt und europäische wie exotische Fürsten sich prunkvoll einfanden.

Wenn sich auch die Jahre in meiner Erinnerung nicht mehr sicher abgrenzen lassen und manche Aristokraten bald wieder aus meinem Gesichtskreis verschwanden, merkte ich mir die Namen, welche völkerbunt wie die alte habsburgische Hausmacht mit ihrer geschichtlichen Entstehung zusammenhingen und über ihren langsamen politischen Verfall uns Kinder und das kindliche Volk noch hinwegtäuschten.

Mit meinem nachmaligen Wissen betrachtet, gab es neben den deutschen Reichsunmittelbaren und dem Landadel noch niederdeutsche, belgische, französische, böhmische, polnische, ungarische, kroatische, slovenische, venezianische, lombardische und spanische Adelsfamilien. Eine Grafenkrone war päpstlichen Ursprungs.

Soweit ich Namen wie Hohenlohe, Königsbrunn, Waldersdorff, Schönau, Lamberg, Zimmermann und Lattermann inhaltlich verstehen konnte, schätzte ich ihren Wert nach dem Wort. Sailern zum Beispiel erweckte in mir die Vorstellung von dichtgedrehten Hanfstricken. Schwieriger, sollte man meinen, wären die fremdsprachigen Namen wie Belrupt und Bellgarde gewesen. Aber es fanden sich ganz ohne mein Zutun auch dafür Bilder. Beim Grafen Manzano, der ein Flügeladjutant des Kaisers war, fielen mir stets Arranzini, Pignoli und andere Südfrüchte ein, die in schönen Glaskelchen auf dem Ladentisch der Eltern standen. Die Gräfin Moy brachte ich, weiß nicht, warum, mit grauschwarz getupften Schleiergeweben in Zusammenhang; Montecuccoli erinnerte mich an Kukuruz.

Am höchsten in der Rangordnung stand der Name Nostitz; er bedeutete nicht nur für mich, sondern auch für die Walcher Ida und andere Kinder übereinstimmend eine süße Nußpotize.

Besonders eindrucksvoll berührte mich der Name Zawisch. Was für phantastische Formen aus ihm herauswuchsen, läßt sich nur beiläufig schildern. Die erste Silbe stieß blank und scharf wie eine Lanzette in die Luft, an ihr hing ein weißer Wisch aus Schnüren oder Wolle, den man mit zischendem „sch" im Winde sausen hörte. Zum letzten Träger paßte er schlecht. Der war schmal, blondbärtig und mit wunderbaren blauen Augen die Ruhe in Person. Manchmal aber wurde mir seine Frau zum merkwürdigen Inbegriff des Namens, obwohl sie durchaus nicht lanzendünn, sondern klein, rundlich und festgeschnürt von Gestalt war. Ich muß noch bei der Erinnerung an sie immer das Wort „Sssssssawischschsch" flüstern. Die Baronin hatte lange, starke, doppelt so große Zähne wie sonst ein Mensch und das straffe Haar straff nach oben gekämmt. Würdig ihres Vorfahren Montecuccoli, der die Türken in Ungarn geschlagen hatte, war sie eine heißblütige Reiterin und um Flüche nie verlegen. Luder, sagte sie jeden Augenblick. Von ihren drei Töchtern war eine Stiftsdame, eine Braut und die jüngste noch ein halbwüchsiges, blondgezopftes Mädchen, das, wie ich von der Ferne sah, gerne Fingernägel biß. Deswegen bekam sie von ihrer temperamentvollen Mutter einmal angesichts aller Zugleute eine schallende Dachtel. Ich fühlte mich zu meiner Leidensgefährtin impulsiv hingezogen und durch die vielen Dachteln, die mir meine Mutter versetzte, gleichsam mitgeadelt. Zu einer Annäherung aber kam es erst nach vielen Jahren, als wir, schon über den Zwanziger hinaus, uns wiedersahen. Wir tauschten lateinische Lehrbücher und allerlei Gedanken, und meine neugewonnene Freundin Carla nahm sich die Mühe, nebenbei noch verschämte Dichtgeständnisse anzuhören. Kunsteifrig wie Aristokraten von jeher, wußte sie auch schon förderliche Wege dafür. Bei ihr hielten sich die musikalische und die wissenschaftliche Begabung so ziemlich im Gleichgewicht. Sie wurde Kinderärztin und schließlich Hochschullehrerin für Histologie. Ihre Mutter lebte längst nicht mehr, als sie durch manche rühmliche Entdeckung in ihrem Fach die abgenagte Fingersubstanz ersetzte.

Schon in den ersten Jahren, an die ich klar zurückdenken kann, hatte der Sommerfrischenverkehr in den heimischen Tälern rege zugenommen. Immer mehr schöne Zimmer und Wohnungen wurden angeboten. Die Mieter wechselten, denn sie wollten jeden Sommer andere Gegenden und Naturschönheiten kennenlernen. Auch die Preise fielen ins Gewicht. Für das Dorf aber blieben sich die Neugier und die Aufregung gleich. Ich hörte den Herrn Dr. Fischer zu hundert Malen von der „Saisohn" reden und unsern Vater geschäftig fragen, ob wir schon „Fremde" hätten.

„Herrschaften" nannte man nur noch diejenigen, welche sich aus Wohlgefallen hier seßhaft machten und allmählich zu halben Öblarnern wurden. Sie hatten ihre eigenen Landhäuser und ihren ständig bezahlten Kirchensitz. Sie blieben meistens von Mai bis Oktober. Wir Kinder bewunderten während der Schulmesse fürwitzig aus nächster Nähe, was sie taten. Schon das Kreuzzeichen interessierte uns. Wir konnten es ihnen nicht genau abschauen, mit einem Wort, sie brauchten mehr Platz dazu. Oft standen oder knieten sie, wenn wir schon wieder bummfest auf der Bank hockten. In ihren Gebetbüchern waren Bändchen eingelegt, mit denen sie die

Blätter bald nach vorne, bald nach hinten wendeten. Vor der Wandlung hielten sie beide Hände wie weinend vor das Gesicht. Und während es läutete, klopften sie weit ausholend mit großen feierlichen Schlägen an das Herz. Die Bäuerinnen daneben pochten nur klein und eilends, als ob sie nicht lange Zeit hätten. Alle diese Unterschiede bewegten uns zur höchsten Ehrfurcht.

Ganz für sich im Presbyterium der schönste und weiteste Betstuhl mit Einlegarbeit und Wildlederpolstern gehörte einem Grafen Bardeau; sein Vater hatte ihm als Maturageschenk die alte Stiftspropstei Gstatt gekauft, im Jahre 1892, glaube ich. Er besaß anderwärts noch reichere Güter, man hielt ihn für einen fünfzigfachen Millionär. Recht wohl dazu paßte sein überlebensgroßer Wuchs. Mutter und Schwester maßen auch soviel. Die Familie vergnügte sich anspruchslos mit Jagd und etwas Reiten. Ihr Auto, das erste, das uns Öblarnern zu Gesicht kam, verwendeten sie sparsam. Der einzige Luxus des Grafen war Häuserbaun. Alles, was ihm gehörte, stand sauber wie ein Modellierbogenbild. Weiße Tünche und schwarze Schmiedeeisenkunst bevorzugte er; bei Fenstern war er heikel, er mochte inwendig keine Gardinen und außerhalb keine Bäume leiden. Da er und seine Verwandten nur wenig Umgang pflogen, entrückten sie in sagenhaftem Nimbus jeder Kritik. Nur sein treuer Wirtschaftsverwalter Kiefer wurde durch den Leutemund gezogen. Er war ein Original und sagte schon bei einer geringfügigen Anschaffung kummervoll:

Der Herr Graf wird doch nicht einmal abhausen?

Die Forstamtsbuchungen wiesen freilich große Beträge auf. Wenn eine der Gemeinden von Schladming bis Admont und noch weiter in Geldnot war, wenn Ortschaften eine Feuerspritze brauchten, wenn eine neue Brücke nottat, wenn ein Bub Pfarrer werden wollte, wenn in den Schulen das Holz ausging, wenn ein Haus abbrannte, wenn eine arme Frau wieder ein Kind gebar, wenn die Überschwemmung Schaden anrichtete, wenn die Blechmusik ein Instrument und die Veteranen eine Fahne brauchten: kurzum jedesmal klopften die Sammler zuerst bei ihm an. Freilich brachten die reichen Wohltaten reiche Ehren. Beim Hochamt traten nur die vier Kirchenväter mit roten Scharlachmänteln und armdicken Kerzen zur Opferung voraus. Dann folgte der Herr Graf Bardeau gemessenen Schrittes und legte ein schweres Goldstück oder gar eine große Banknote auf den Teller.

In anderer Hinsicht hochvermögend schätzte man den Grafen Nostitz; denn es liefen vielleicht noch schwerere Gnaden und Gaben durch seine milde Hand; sie langte bis zum Kaiser! Viele Bedürftige, sonders die Bauern und die Militaristen, hielten bei ihm hoffnungsvoll um Hilfe an. Er führte den Titel Exzellenz, war Kämmerer bei der Erzherzogin Maria Theresia und dem Range nach Feldmarschall-Leutnant. Sonntags ging er im Steireranzug. Doch bei hohen Festen trug er seine Uniform und den rotgefütterten Paradenmantel. Vor ihm auf der Bank lag vielbestaunt der Generalshut mit dem grünen, mächtig wallenden Federbusch. Die unruhigen Schulbuben bekamen hie und da einen Wink, davon Abstand zu halten.

Linker Hand des Mittelganges auf den ersten Eckplätzen saß die Exzellenzfrau mit ihren drei Töchtern Nora, Wanda und Elisabeth. Die jüngste war in unserem Alter. Sie trug viel kürzere Kleider als wir und hatte das blonde Haar noch nicht aufgesteckt. Wir sahen sie öfter auf dem Sonnberg Kühe treiben. Dabei schwang sie ihre Peitsche und schnalzte kunstgerecht wie ein Hüterbub. Ihre großen Schwestern bewegten sich indes schon vornehm in langen glockigen Röcken. Durch den feinen weißen Stoff der Matrosenbluse sah man zuweilen ein Fischbein oder die straffe Schnürung vom Geradehalter. Sie setzten, was uns wunderte, auch bei trübem Wetter einen Hut auf. Und wenn es noch so heiß war, behielten sie ihre Handschuhe an. Sie wollten später einmal Hofdamen oder Stiftsdamen werden, sagten die Leute.

Wir Kinder bewunderten alles ehrfurchtsvoll aus unnahbarer Ferne. Dabei kam es vor, daß wenigstens unsere Wünsche und Einbildungen sich grenzenlos in diese hohe herrschaftliche Welt verstiegen. Jedes redete, so gut es ging, in der Schriftsprache. Und die Nannerl flocht sich, weil sie die kleinste war, den Zopf auf. Wir andern ließen den Trägerkittel unter der Schürze knöcheltief herab. Auf den Kopf nadelten wir eine riesige Krautblotsche, die über und über mit Blumen geschmückt war.

Wenn dann unsere Mutter, mißtrauisch ob der plötzlichen Stille, auf die Straße schaute und ein paarmal rief: Hilde, Paula, was tuets denn schon wieder?, dann traten wir langsam aus dem alten Bauerntenn, beziehungsweise aus der Grafenvilla, und antworteten in unserer ganzen Schönheit: Wir tan Nora, Wanda, Lisi spielen!

Die dritte Kirchenbankreihe war ebenfalls abgeteilt, so daß wir Schulkinder nicht zum Eckplatz rücken konnten. Dieser gehörte einer Baronin. Ihr Name, Franziska von Lindner, geborene Baronin Riesenfels, stand auf einer vergilbten Visitkarte. Den Knieschemel bedeckten zwei Polster. Meistens lag ein altes Gebetbuch auf dem Sitzbrett. Die Baronin war auch alt. Sie hatte ein rosiges Gesicht und graues, glattgescheiteltes Haar. Die Öblarner zeigten scheuen Respekt vor ihr, weil sie mit ihnen noch ziemlich herrisch umging und selbst die Bürger kurzweg beim bloßen Schreibnamen ansprach. Als resche Witfrau lebte sie, seit Jahren einheimisch, von der mittelgroßen Talbauernwirtschaft beim vulgo Berghammer. Den Kauf hatte ihr seinerzeit Großvater Stralz geraten und durchgeführt.

Hinterrücks behandelte man sie nicht mit derselben Hochachtung. Man schalt sie notig, weil sie bei anderen Höfen jenen Hausrat erwarb, den die Besitzer als schlechtes Gerümpel zum Brennholz schmissen. Der Tischler mußte ihr dann, was wackelte, sauber zusammenleimen. So kamen die Truhen und Kasten, Tische, Stühle, die Standuhr, der Herrgottswinkel, das Himmelbett und viele Bilder aus früherer Zeit wieder zu Ehren. Die schöne blumige Bemalung fiel einem besonders ins Auge, und man wurde ganz nachdenklich, wenn man allein im Vorhaus oder in der Stube auf etwas warten mußte. Man wagte kein Zinnkrüglein anzutasten. Die Sachen standen da wie bei Herrschaften. Und sie, die Frau Baronin, hatte doch nichts Besseres als die Bauern.

Reich war sie tatsächlich nicht. Sie wirtschaftete sparsam und einfach und legte überall mit den Dienstboten fleißig Hand an. Ihre Geschäftssorgen vertraute sie immer noch gern dem Großvater Stralz an. Der machte einen geduldigen Zuhörer und einen freundlichen Berater. Schwierigkeiten überließ er den Jüngeren.

Gehen S' nur aussi zum Franz, sagte er wohlmeinend und in der gelassenen Überzeugung, daß sein Sohn schon tüchtig und richtig zupacken werde.

Aus solchem Anlaß sahen wir öfter die Frau Baronin Lindner in einer altmodischen Überjacke mit Puffärmeln, einem grauen Herrenfilzhut auf dem rosig geröteten Apfelköpfchen, einen festen silberbeschlagenen Spazierstock in der Hand, eilig und entschlossenen Schrittes vom inneren Dorfe kommen.

Wir meldeten den nahenden Besuch aufgeregt im Schreibzimmer und machten uns an der Hausstufe laut grüßend bemerkbar. Meistens wurden wir nicht beachtet. Sie ging stracks zu Vater und sagte beim Eintritt in ihrer harten, befehlerischen Art:

Sie, Grogger, ich hätt' was zu reden.

Vater fühlte sich von ihrem Zutrauen durchaus geehrt. Auch die Anrede beleidigte ihn nicht. Er blieb aber ruhig bei der Schreibmaschine sitzen und sagte, ohne den Kopf zu wenden:

Machen S' die Tür zua, Frau Baronin. Ich han kein Servitutsholz, so wia Sö.

Meine Mutter ärgerte sich über die eine wie über die andere Unhöflichkeit, darum habe ich alles wörtlich im Gedächtnis behalten. Einmal jedoch wurde Mutter auch zu einer Besprechung in die Schreibkanzlei gerufen. Als sie wieder heraustrat, lächelte sie verheißungsvoll. Wir sollten über den Sommer eine Familie mit fünf Kindern bekommen.

Die Frau Baronin hatte nämlich eine große, weitläufige Verwandtschaft. Einmal die oberen Grafen Pötting, die ihre eigene Villa bewohnten. Der alte Herr war sehr leutselig und schwatzte oft stundenlang mit den Öblarner Bürgern. Meinem Onkel Fritz zeigte er gerne Photographien. Er machte, wie allgemein gesagt wurde, Kunstamateuraufnahmen. Einmal durfte ich neben ihn treten und durch ein Fenster das erste Farbenbild betrachten. In die Nähe seiner Familie wagte ich mich nicht. Er hatte schon erwachsene Töchter. Die älteste, hieß es, sei Braut, die zweite Stiftsdame, was fast soviel wie Klosterfrau bedeutete. Eins von beiden müsse ein adliges Fräulein auf Wunsch des Kaisers werden, belehrte mich die Inspektor-Mitzi, die mir immer alles Wissenswerte über Herrschaften beibrachte.

Wanns aber nicht wollen? fragte ich beklommen. Und meine Mutter fragte ich am Abend: Ist es nicht furchtbar, wenn man ja sagen muß fürs ganze Leben?

Nein, antwortete Mutter ernsthaft, es ist nicht so arg.

Trotzdem nahm ich an der Zukunft der jüngsten Grafentochter besorgten Anteil. Ich riet, während sie auf dem Kirchenchor die Messe sang, welchen Entschluß sie fassen werde, und fand, ein Brautschleier stünde ihr gut an. Die drei Komtessen Flora, Carola und Ami waren sehr schön, noch schöner und majestätischer aber war ihre Mama.

Der untere Graf Pötting, ein großer, etwas vorgeneigter Mann mit langem, seidigem, rotblondem Vollbart und blassen, kurzsichtigen Augen, mischte sich weniger als sein Vetter unter die Leute, sondern benutzte jeden Urlaub lieber zu lehrreichen Naturstudien. Bei schönem Wetter machte er Bergpartien oder malte Landschaften. Er war der erste Maler, den ich im Leben sah. Ich fühlte mich oft mit Sehnsucht in seine Nähe gezogen. Aber Mutter sagte immer, wenn es sich um höhere Stände handelte: Bis daher und nicht weiter. Da ich ihren Ausspruch wortwörtlich auffaßte, umging ich die Staffelei in entfernnterm Bogen.

Den adeligen Kindern, wenn sie mit uns gleichaltrig waren, wichen wir nicht so schüchtern aus. Das bäuerlich nahe Dorfleben brachte sie vertrauter in den Leutemund und führte zu vielen Begegnungen mit ihnen. So erschienen bei der letzten Schulbeichte vor den Ferien manchmal auch Mädchen, die in einem vornehmen geistlichen Institut erzogen wurden, und Buben in Kalksburger Uniform oder in der Uniform des Wiener Theresianums. Wir ließen ihnen natürlich den Vortritt und beobachteten ihren Zugang und Abgang in der demütigen Gewißheit, daß sie zufolge ihres höheren Standes beinahe nichts angestellt hätten. Ich als kleine, ungeübte Anfängerin hielt mich zu den letzten in der Reihe, damit ich eine längere Frist hätte, meinen langen Beichtzettel fehlerlos auswendig zu lernen. Als der harte Bußweg endlich vollbracht und drei Vaterunser an den Altarstufen kniend gebetet waren, paßte unter dem Kirchenchor schon ein Schock flüsternder Mädchen auf mich.

Denk dirs! sagte eine Mitschülerin, indem sie rund die Augen aufriß und die gefalteten Hände vor den Mund hielt, heut han i's einmal gehört: die Grafenkinder habent ganz die gleichen Sünden wie mir!

Auch über andere Ähnlichkeiten mußten wir uns wundern. Und es rutschte uns aus unbewußten Freundschaftsgefühlen das Du wie nichts über die Lippen, wenn zum Beispiel die unteren Pötting-Buben mit ihrem großen, raubtierstarken Hund Rustan ins Haus kamen. Er fraß immer unter Knurren unserem Minko die Polentaschüssel leer. Zum Entgelt für den Schaden winkte uns die gräfliche Mama, sie mit einem Körbchen heimzubegleiten. Wir durften dann beim Berghammer, wo die Familie wohnte, im Baumgarten süßes Fallobst klauben.

Ein weiterer Anziehungspunkt war das zahme Viehzeug. Die Gräfin zeigte es uns gerne. Sie hatte ein ganzes Asyl, weil die Hilfsbedürftigen ihrem mitleidigen Herzen witternd zustrebten. Wenn der Geier zwischen die Hühner stieß, wann im Stall ein Füllen wurde oder ein Stück Rind mit dem Händler wandern mußte, tat sie sich selber die schmerzlichste Aufregung an. Die Dienstboten waren ihr sehr ergeben, aber sonst belächelte das einfache Volk in jener Zeit noch, daß eine Dame ihresgleichen zum Gesinde herabstieg, heugen, hiefeln und rummeln ging und sich mit dem Bauerntisch begnügte. Böse Mäuler nannten sie für dieses gute Beispiel die Schottsuppengräfin. Dennoch arbeitete sie ebenso unbeirrt wie die Baronin Lindner, ich denke, den Söhnen zuliebe, welche einmal die Großmama beerben sollten.

Überlang für ihr Alter, ritten sie schon jetzt gravitätisch auf den schweren Ackerpferden. Wir standen öfter als steife, hochachtungsvolle Zuschauer, wo ihre große Landwirtschaft an unsere kleine grenzte. Die letzten Wochen vor der Reisezeit war ihnen der Aufenthalt in der freien Natur besonders wichtig. Sie liefen immer im Schwarm der Dorfkinder, wenn samstags plötzlich das feierliche Gebimmel der Almkuhglocken herandröhnte. In aufgeregter Schaulust, aller Standesunterschiede vergessend, pufften sie sich mit uns dem geschmückten Viehtrieb entgegen. Der wettergekrauste Stier hatte einen aufgeputzten Wipfel ans Joch gebunden. Bis er vorbei war, ließen wir gerne die Buben vorne stehen. Kecker begleitete unser Staunen die Milchkühe, welche dünnbeinig mit runden Leibern und rauschgoldenem, buntschleifigem, spiegelglänzendem Gehörn sichtbar eitel einherschwankten. Selbst das Galtvieh ging in lieblicher Flitterzier. Ihm folgten Schafe mit dichtem Wollfilz, neugeborene Lämmer sogen zäppelnd an ihren Eutern, hinterher sprangen Specksäue, noch mit dem braunen Hochgebirgsmorast auf den Schunken. Wenn zuletzt der Saumkarren in einer Wolke von Schmalz- und Käsegeruch und Hühnermist anrumpelte, gab es kein Halten mehr. Das wilde Kindsrudel drängte sich um die Sennin und ließ sie nicht ehender gehen, bis nicht in jedem Hut und jeder Schürze eine Handvoll Almraunkerln lag. Die Gröbsten erwischten sogar einen weizenen Krapfen.

Später, wenn die Herden auf die Talweiden getrieben wurden, gingen wir hüten. Vater schalt freilich: Fremde Kühe gingen uns nichts an. Wir sollten lieber im Kaufgewölbe Gewürz einwägen, Zuckerhüte zerklopfen und Skarnitzel picken. Mutter hinwieder war uns zwar die Freude willig, aber sie fürchtete, daß wir von einem biesenden Rind aufgegabelt würden oder abstürzten, wenn wir, was unsere Lust war, ein paar Meter hoch unter das Dach eines Heustadels kletterten. Schließlich erbettelten wir ihre Erlaubnis doch und eilten, mit langen Peitschen fuchtelnd, so schnell als möglich davon.

In unbeständigem Wohlgefallen wählten wir einmal die Lämmerer-Wiese in der weiten farbenprächtigen Ennslandschaft, einmal die Kitzinger-Wiese, an welcher der Zug vorbeifuhr, und einmal die Bräuwiese, die neben den Pötting-Gründen lag.

Dementsprechend wechselte auch die Unterhaltung. Das Aufpassen und Umspringen übernahm die flinke Hildegard allein. Sie hatte das beste Augenmerk und kannte alle Kühe mit Namen. So schrie sie, munter durch den Krautgarten jagend, je nachdem:

Sterndl, Schatzl, Veigl, Nagl, Semmla, Scheckin, Moarin, Glöckl, Almrausch, Feinedel, gehst außer?!

Die Glockkuh hieß bei vielen Besitzern Gräfin.

Ich wachte nicht so geistgegenwärtig und rief meist falsche Namen, wenn eine Kuh auf den Schaden ging; ich achtete lieber auf das, was mir die Hüterinnen erzählten. Ein Mädchen wußte besonders schauerliche Geschichten von Freimaurern, Seeräubern, Sklavenhändlern und Kavalieren, welche arme Jungfraun verführt hatten. Einmal vertraute sie mir, ihre Großmutter habe der Prinz Johann verführt. Ich malte mir diese Verführung höchstromantisch im unschuldigen Rahmen einer Schaubühne und folgerte daraus noch nicht, daß meine Freundin vielleicht eine weitschichtige Verwandte des Kaisers war.

Als es schon reifkalt wurde, fiel uns das Herdbauen ein. Nachdem wir die Feldsteine ordentlich im Viereck gelegt und die Zirkulation obenauf mit einer weißen flachen Kalkplatte zugedeckt hatten, gingen wir in den Berghammacker und gruben ein Tuch voll Erdäpfel aus.

Die Grafenbuben, die ihre eigenen Kühe hüteten, sahen von der Weite zu, und wir schauten manchmal geschmeichelt hinüber, während das Feuer aus Papierwutzeln, Grünholz und Kreppen aufzüngelte und der kastaniensüße Dampf gebratener Schalen über die blaue, kühle, windige Wiese hinstrich. Als wir mit zuckenden Fingern die heiße Hirtenkost aus der Asche stringelten, kamen sie neugierig näher und näher, bis sie in kleinem Abstand von uns stillhielten. Redselig waren sie nicht, und wir unterließen in bescheidener Zurückhaltung, ihnen etwas anzubieten. Sie liefen bald wieder davon.

Den abendlichen Heimweg machten wir gemeinsam. Hanno marschierte, was immer sein Ehrgeiz war, mit einem Trumm Peitsche und schnalzte wie ein Knecht. Als er wieder einmal, wahrscheinlich, um bewundert zu werden, durch die Luft hieb, passierte ihm das böse Ungeschick, daß er mich mit dem Geißelriemen am Hals traf. Es tat mir wahrhaftig wehe. Aber ich schrie noch mehr, als es mir wehe tat.

Meine Mutter eilte erschrocken aus dem Gewölbe. Sie sah den roten Schmiß auf meiner Haut, sie sah den Missetäter mit der langen Peitsche dastehen, vor Schuldbewußtsein feuerrot bis in die feuerroten Haare, und erriet augenblicks, was geschehen war.

Pfui! schalt sie erbittert und mit jenem unnahbaren Stolz, den sie sonst immer unter einer höflichen Miene verbarg. Dann gebrauchte sie noch den Ausdruck: Die jungen Herrn Grafen. Hanno und sein Bruder Erich begegneten ihrem Tadel stumm und steif. Nachdem sie ins Haus gegangen war, kehrten sie sich ab und gingen auch. Am nächsten Tag kam die Baronin Lindner. Sie trug ihre schwarze Pelzjacke mit den Puffärmeln und den faltigen Schößen. Auf dem rosigen Apfelköpfchen nickte ein Kapotthütel etwas schief. Guten Abend, grüßte sie herrisch zur Tür herein. Dann entschuldigte sie sich freundlicher, als in ihrem Naturell lag, für das, was ihr Enkel Hanno im Übermut, aber nicht böswillig getan hatte. Meine Mutter sagte nachher ganz gerührt und in gewählteren Worten:

Das ist eine Familie mit feiner Bildung.

In jenem Frühjahr, als die Baronin Lindner bei uns Wohnung mietete, hatte sie andere Verwandte im Auge. Diese gehörten zwar wie die Grafen Pötting zur hohen Staatsbeamtenschaft, schrieben sich aber nur „von Fabrizii". Die vielen Köpfe beschränkten die Ansprüche und die Lebensführung. So hoffte unsere Mutter in liebreicher und bescheidener Freude, daß die Herrschaftskinder mit uns spielen würden. Sie begann, sobald das warme Wetter die Terrasse trocknete, die Matratzen, Decken, Tuchenten und Polster auszustauben. Das Küchenmädchen Lisi mußte den Boden reiben, und das Ladenmädchen Fanny putzte die vielen Fenster blank. In den Dachstuben tümmelte unser Hausknecht Franz Tschukopf. Er war von verarmter Herkunft, ein wenig törrisch und spielte sich gegen den Lehrbuben gerne als Herr auf. Wenn die hohe Leiter schwankte, wenn ein Hammer nicht dalag, drohte er mit unverständlichen Schimpfworten und hob sogar die Faust. Bei der fleißigen Arbeit brach manchmal Geschirr in Scherben. Oder Vater schalt dröhnend von unten her über die verrückte Räumerei. Wenn Zeit war, kam Onkel Fritz, musterte die Bilderrahmen prüfenden Blicks und band malerisch die Vorhänge auf.

Nur wir Kinder hatten nichts zu tun und standen überall im Wege. Nachdem das Große, das Blaue und das Rote Zimmer, die Dachkammern und die Herrschaftsküche endlich fertig waren, zog Mutter von allen Türen den Schlüssel ab. Unsere Erwartung und Vorfreude steigerte sich hiedurch ähnlich wie um Weihnacht.

Ich glaube, die Familie Fabrizii kam schon im Mai, weil einige Wiener Schulen gesperrt waren. Sie enttäuschte uns nicht. Der Herrschaftsherr wie die Herrschaftsfrau hatten einen sympathischen Charakter. Sie würdigten die schöne Wohnung und die Bescheidenheit der Eltern, welche sich auf wenig beschränkten, damit alles für ihren Aufenthalt zur Verfügung stand. Oft blieben sie beim Einkaufen plaudernd im Gewölbe, und für den geringsten Verstoß oder das Geschrei des jüngsten Kindes entschuldigten sie sich jedesmal.

Mutter zahlte diese Höflichkeit mit gleicher Münze. Sie hielt uns zu peinlichster Bravheit an und stimmte auch ihrerseits den Ton und die Umgangsformen städtisch ab. Nach einer Begrüßung sagte sie gerne:

Wie steht das werte Befinden?

Und beim Abschied, wo sie sonst die Hand hinreichte und Kömmens bald wieder! sagte, sprach sie, nur mit sicherm Anstand den Kopf neigend:

Empfehl mich. Schaffen ferner, bitte.

Vater bediente den Herrn von Fabrizii selbst, wenn er sich nach dem Essen eine Zigarre kaufte. Mitunter sagte er verbindlicher, als es seine Art war:

Wünsche wohl gespeist zu haben!

Die Kinder hatten gleich am ersten Tag mit uns Freundschaft geschlossen. Wir durften auch wieder die schönen Zimmer betreten. So vernichteten wir im gemeinsamen Spieleifer schnell, was Mutter wochenlang hausfraulich geordnet, betreut und schließlich sauber wie aus dem Schachterl übergeben hatte. Ich brachte glückstrahlend meine vielen Puppen. Da war die größte eine Lederpuppe mit Porzellankopf und echtem Haar. Dann eine Gliederpuppe mit Schlafaugen; sie sprach bei leisem Druck auf den Magen: Papa und Mama. Dann war eine kleine Puppe mit Namen Elfriede und noch kleinere bis hinab zu den bäuerlichen Fleckerlpuppen, die mir Tante Julie gemacht hatte. Meine Ausstellung brauchte immer mehr Platz. Ich kam noch mit dem Puppenwagerl, mit den Puppenbetten und den vielen Puppenkleidern. Hohen und bestaunten Wert fand auch mein Kochgeschirr und mein gedrucktes Wiener Kochbuch. Ich bettelte Mutter um Mandeln, Staubzucker, Schokolade, Rosinen, und wir rührten eine Speise zusammen, die uns allen wunderbar schmeckte. Die Herrschaftsköchin schrieb sich sogar das Rezept ab. Das erfüllte mich mit Stolz. Noch stolzer empfand ich, daß eines der Kinder meinen Namen trug. Es waren drei in unserm Alter und ein vielleicht vierjähriger Bub, der im Eifer, uns nachzulaufen, öfter die Stiege herabkugelte. Sie hießen der Reihe nach: Pia, Paula, Mucki, Wicki.

Als die Familie Fabrizii eine Woche bei uns wohnte, erbte ich, wie man sich ausdrückte, die Schafblattern. Alle vier Kinder hatten sie nämlich in Wien gehabt. Soviel ich mich erinnere, wurde für mich kein Doktor geholt. Die Krankheit verlief unter Jucken und Kratzen. Und schließlich, als der Herrschaftsherr, die Herrschaftsfrau und die Herrschaftsköchin ihr Gutachten abgaben, daß ich wieder gesund sei, badete mich meine Mutter in heißem Wasser und begoß mich eiskalt mit einem Spritzkrug. Das tat sie auch sonst sehr oft und sehr gerne. Wir durften wochentags bei schönem Wetter bloßfüßig gehen und sonntags, wenn sie selber bei uns sein konnte, knietief in der Walchen waten. Jedenfalls war uns dies viel lieber als das ewige Halswaschen.

Die Fabrizii-Kinder mußten sogar öfter die Hände herzeigen. Sie fürchteten als höchstes Familienoberhaupt ihre Großmama. Diese war eine Generalin, aber lange nicht so draufgängerisch wie ihre Schwester, die Baronin Lindner. Nur weil sie nie lächelte und ein schweres unheilbares Leiden hatte, getrauten wir uns kaum zu ihrer Tür. Sie bewohnte das Rote Zimmer. Mittags, wenn sie schlief, wurde uns geboten, still zu sein. Wir wurden in ihrer Anwesenheit überhaupt noch öfter zur Bravheit ermahnt und bemühten uns redlich, das bäurische Gehaben Nora-Wanda-Lisi-mäßig umzumodeln. Es gelang nicht völlig. Und die Fabrizii-Kinder lernten eher von uns die Mundart als wir von ihnen die Stadtsprache. Eine gewisse Vorbildung hatten sie freilich schon aus andern Sommerfrischen.

Der Mucki konnte es am besten. Einmal kam er, wiewohl er natürlich keinen Kreuzer bei sich hatte, durch die klingelnde Glastür in unser Kaufgewölb. Die Hände rückwärts verschränkt, stolzierte er eine Zeitlang pfeifend umher und musterte den Ladentisch und die Stellagen. Beim Zuckerlkasten blieb er stehen und schaute sich die Augen aus. Uns wurde langweilig, und wir wollten ihn fortlocken. Mucki, sagte meine Schwester unermüdlich, Mucki, tan ma fanga spieln. Doch er verharrte, von uns abgewendet, in sehnlicher Betrachtung; er gab uns gar kein Gehör. Sein Finger tupfte da und dort auf das schiefe Glasfenster. Da meine Schwester nicht aufhörte zu betteln, schrie er plötzlich barsch über die Achsel:

Kannscht mi gern habn!

I hon di eh gern, beteuerte Hildegard kleingeschreckt.

Ich erfaßte den einfältigen Witz einer solchen Antwort noch nicht. Was Mucki gesagt hatte, klang mir aber merkwürdig in den Ohren nach. Ich erzählte es meiner Mutter.

Ja, ja, sagte sie mit einem Lächeln, so reden die Tiroler.

Die Herrschaften kamen auch das andere Jahr wieder. Aber nicht mehr mit der strengen Großmama. Sie brachten an ihrer Statt eine dralle slowakische Amme und einen Kinderwagen. Darin lag rund und rosig das jüngste Fabrizii-Kind; es hieß Elisabeth.

DIE DORFGEWALTIGEN

Viele Jahre bevor ich auf die Welt kam, als Mutter noch im Kaufgeschäft des Herrn Ferdinand Kitzinger bediente, als das Ansehen ihres Brotherrn durch die vornehme bürgerliche Heirat sich zu den Dorfersten aufschwang, war im Nachbarhaus diesseits der Walchenbrücke der Name Gasteiger, der sich seit Jahrhunderten immer wieder mit Badern und Chirurgen fortpflanzte, fast im Aussterben. Hierorts in der Familie wuchs kein berufsfreudiger Sohn mehr nach: ein zugereister Arztgehilfe, aus dem Innviertel gebürtig und mit dem Grazer Diplom befugt, arbeitete sich langsam in Praxis und Apotheke ein. Und nachdem er seine Tüchtigkeit erwiesen hatte, hielt er um die Erbin Maria Gasteiger an.

Mit dem gescheiten Kopf und dem draufgängerischen Feuergeist paßte er wie gewunschen in den Stammbaum. So führte er wenigstens das Blut würdig weiter, wenn schon der Name auf dem Haus übermalt wurde. In der Zeit, als ich lesen lernte, war zwischen dem Fenster des Warteraums und dem Fenster des Ordinationszimmers ein schwarzes Täfelchen eingemauert mit der Inschrift:

Johann Fischer, praktischer Arzt.

Er beherrschte mit Geschick die Chirurgie und die gesamte Heilkunde. Seine Diagnose hatte weitum einen berühmten Ruf. Die Leute nannten ihn allgemein Herr Doktor.

Bürgermeister war er auch. Denn nicht genug, daß ihn sein Amtseifer unermüdlich Tag und Nacht in Anspruch nahm und talauf, talab jagte, mit dem Einspänner über die Straße und mit Steigeisen zu den Bergbauern, vom Holzschlag auf die Alm und vom Grubenbau zu den Wildbachtriften, im Pelzrock oder in Hemdsärmeln, je nach der Jahreszeit, immer hilfreich und wohlgelaunt, wenn er auch mitunter jähzornig wetterte; nicht genug, daß er eine siebenköpfige Familie, den vornehmsten Gasthof sowie einen weitläufigen Grundbesitz hatte, der Herr Fischer beschäftigte sich zu alldem noch mit der ganzen Dorfgemeinde.

Kaum daß er, vom Einspänner gesprungen, das Roß ausgeschirrt und die kotigen Stiefel ins Eck geschleudert hatte, sah man ihn mit adretten, lieblich gestickten Pantoffeln im Vorhaus stehn und ziemlich befehlerisch sein Nachtmahl verlangen. Die Frau Fischer hatte es oft nicht leicht mit ihm. Sie mußte sich überwinden und die Ruhe selber sein. Beim Bierholen sahen wir sie neben der Schwiegertochter stehn und Portionen austeilen. Schon von hinten erschien sie mir wie eine Gräfin. Sie hatte einen hohen Wuchs und war, obwohl schon graublond, beinahe so anmutig und so schlank wie ihre beiden Töchter. Die Augen strahlten in wunderbar blauem Farbenspiel. Den Mundwinkel zog eine weinerliche Falte nach abwärts.

Große Kinder, große Sorgen, hörte ich sie einmal seufzen.

Freilich meldeten sich um die Töchter noble Bewerber, und die Söhne arbeiteten sich zu guten Stellungen empor. Aber die Ausstattung und die Ausbildung hatte schweres Geld gekostet. Von Dr. Hermann hieß es allgemein, er sei ein medizinisches Genie. Dem jüngsten, Gustav mit Namen, lag sein hundertjähriges Erbteil auch im kleinen Finger. Doch er machte keine Prüfungen, und der Berufsernst lockte ihn noch gar nicht. Man sprach gerne von den vielen Semestern, die er schon verbummelt hatte, und nannte ihn ein bemoostes Haupt. Oft in der Monatsmitte brachte der Briefträger Davidl ein Telegramm um Geld. Das wußte bald das ganze Dorf. Denn der Herr Fischer tobte über seinen Sohn. Und nicht bedenkend, daß die Mensuren und die Schmisse und die Ausdauer zum Kneipen ebenso dem väterlichen Temperament entsprachen, und noch weniger ahnend, daß der Jüngste einmal, nachdem er ausgegoren war, sein würdiger Nachfolger und weitum berühmter sein werde, mußte die Mutter manches harte Wort erdulden. Je mehr Zuhörer rundum standen, umso lauter schrie er:

Ich enterb ihn, den Verschwender, den Lumpazi, den Vagabunden!

Trotzdem konnte man durch die Gardinenlichte des Gastzimmers bald darnach sehn, wie er beim Stammtisch voll Hochgenuß speiste und aus einem Humpen fleißig Wein trank.

Fünf, sechs Öblarner Bürger leisteten ihm dabei Gesellschaft. Sie waren sozusagen seine Minister. Er besprach die mannigfachen Ortsangelegenheiten mit ihnen, und es geschah nichts Gutes und nichts Böses, was nicht vorher durch diese heikle Beratung gegangen wäre. Jeder Berater verfolgte dabei seine eigenen Berufsinteressen. Meine Mutter, die natürlich keine Kenntnis haben konnte, was sie sprachen, sah es den Männern am Gesicht an, wenn etwa eine Vorschrift zu unserm Schaden geplant war. Jetzt habens wieder was im Sinn, sagte sie ganz bekümmert. Als man den alten Wiesenweg, auf dem die Beerenweiber zu uns auf Warentausch kamen, über Nacht einmal mit Stacheldraht verrammelt und „bei Strafe verboten" hatte, sagte sie: Da steckt der Kitzinger dahinter! Dem Herrn Inspektor Tremel gab sie die Schuld, daß wir in unserm Garten kein Brunnenrohr legen durften. Und andere Widerwärtigkeiten nannte sie „dem Herrn Vorstand seine Intrigen".

Sie war gegen die Dorfmächtigen unbeschützt wie eine Witwe, denn Vater antwortete auf eine Klage meist gleichgültig:

Was du dir alles einbildst!

Ich dagegen glaubte ihr jedes Wort. Nur konnte ich in meiner kindlichen Arglosigkeit die Zusammenhänge nicht fassen. So wurde ich immer befangener vor der Allwissenheit unserer Mutter.

Natürlich gab es Anordnungen, bei denen sie sich höchst dankbar und willig auf die Obrigkeit berief. Im Winter, wenn beim Loher Bühel das Schlittenfahren untersagt war, im Herbst, wenn Hüterbuben zu nahe den Heustadeln Feuerl heizten, auf einem Spaziergang, wo wir eine morsche Brücke abgesperrt fanden, kurzum hundert- und tausendmal erinnerte uns Mutter ehrfurchtgebietend an den Herrn Fischer und den Herrn Tremel.

Beide rechtfertigten ihren Rang auch wirklich voll und ganz, sie waren das, was in unserm Lesebuch Meister Hämmerlein vorbildlich darstellte: gemeinnützige Männer, mit Fleiß und nie ermüdenden Kräften um das Wohl ihrer Gemeinde besorgt.

Ihre Autorität äußerte sich nur verschieden. Der Herr Fischer, klein, untersetzt, vollblütig, mit gutherzigen braunen Augen und gewichstem Schnurrbart, artete durch seine Innviertlernatur leicht zu Gewalttaten aus. Ein paar Bierkrüge zerschmiß er mit Lust in Scherben. Dann war er wieder gut. Der Herr Tremel bezwang die Menschen gewöhnlich nur mit aufgerissenem Blick und schweigendem Stirnrunzeln. Man weissagte einig, daß er zum Bürgermeister gewählt werde, wenn den Herrn Fischer einmal der Schlag träfe. Die Stimme des Volkes erwies sich als Gottes Stimme, freilich erst nach vielen ehrenreichen Jahren.

Ich erachtete die beiden Männer, die auch eine Heiratsverwandtschaft band, derzeit für zwei gleich hohe Herrgötter. Äußerlich, der Statur nach war Herr Tremel der stattlich Überragende und an Größe etwa unserm Vater ähnlich. Aber nicht an Körperfülle. Sein Kopf, seine wuchtigen Schultern, seine Finger strafften sich knochiger. Er hatte ein gelblich bleiches, immer ernstes Gesicht und dunkle, buschige Brauen. Wenn er einen anlächelte, empfand man es als kaum verdiente Gnade. Was ich damals nicht begriff, aber durch den

Erfolg fühlte: es gab an Lehrern und Erziehern wenige seinesgleichen. Er wirkte in dieser Schulmannseigenschaft bei Bürgern und Bauern immer noch, vielleicht ohne daß sie es wußten. Namentlich die, welche er unterrichtet hatte, schauten zu ihm wie zu einem Vater auf; es mögen ihrer schon zwei Geschlechter gewesen sein. Wir, die Jüngsten, kannten ihn nur noch von der Inspektion. Es stand uns in seiner Gegenwart beinahe der Hauch still. Niemand wagte einen Ungehorsam, niemand wagte den leisesten Einspruch. Mädchen wie Buben übten wie Statuen: Arme schränkt. Nur seine Nichte Mitzi entschlüpfte ihm mit allerhand Schelmereien. Und wenn sie bei seinem Eintritt eben strafweise hinter der Tafel knien mußte, sprang sie auf und ging mit kecken Schritten an ihren Platz zurück. Der Herr Walcher tat jedesmal, als habe er nichts bemerkt. Und der Herr Tremel desgleichen.

Einmal, als ich auch strafweise draußen stand, verriß es mich unbedacht zum Aufzeigen. Ich sagte voll Entrüstung:

Bitte, die Mitzi ist hineingegangen.

Der Herr Inspektor schaute mich an, nicht tadelnd, nicht freundlich, nicht feindlich. Dann rief er ein anderes Kind.

Heute denke ich mir, er konnte zu ihr nicht strenge sein, weil seine eigene, stille, brave, wohlerzogene Tochter so früh gestorben war. Er pflegte überhaupt einen engen, friedlichen Familienzusammenhalt. Durch seine vielen Dienstreisen wurde ihm die Häuslichkeit um so kostbarer. Niemals gebrauchte er über seine nächsten Angehörigen ein abfälliges Wort, er behauptete höchstens wie grollend, daß er völlig unter dem Pantoffel sei. Einen solchen Scherz konnte sich Herr Tremel wohl erlauben. Seine Frau war ein sehr zartes Persönchen, in den besten Jahren schon ein bißchen blutleer und faltrig. Auf der rechten Wange wuchs ihr ein braunes Muttermal. Das Haar hatte sie zu einem lockeren Zopf emporgekämmt. Man sah stets mehr Kämmchen und Nadeln als Frisur. Diesen bescheidenen Anblick wogen ihre fraulichen Herzenstugenden reichlich auf. So spindelschmächtig sie war, sie machte sich rein zu nichts vor Fleiß und Sparen und dienender Ergebenheit. Wenn sie, alle Tage gleichmäßig heiter und mütterlich geschäftig, dabei mit der Hochachtung eines gehorsamen Kindes sich wunschgemäß unterordnete, beherrschte sie den starken Gebieter vielleicht wirklich. Unserer Jugend war dies freilich nicht so klar bewußt. Wir hörten nur oft die Erwachsenen sagen, daß der Herr Inspektor ein treuer Ehemann sei und daß er keiner Lehrerin, selbst wenn sie noch so jung und schön war, den Hof machte.

Dieses Beispiel männlicher Hochschätzung übertrug sich natürlich auf uns Kinder, um so mehr, als wir vom Herrn Lehrer Walcher noch besonders zu artigem und rücksichtsvollem Betragen ermahnt wurden. Wir sollten beispielsweise in den seltenen Zeiten, da die Frau Schulinspektor Kopfweh hatte, weniger laut über die Stiege tümmeln und in der Pause unser Geschrei mäßigen. Dies geschah auch, freilich nicht aus Mitgefühl, sondern aus Übertreibungs- und Sensationsfreude. An Bravheit wetteifernd, schlurften wir zehenleise durch das Vorhaus und weideten uns an grausiger Ausmalung ihrer schweren Krankheit.

Sie hat allweil schon so klewer hergeschaut, flüsterten wir, ohne das, was wir heimlich meinten, zu Ende zu sprechen. Aber die Frau Inspektor stellte solch künstliche Trauermienen auf keine lange Probe. Schon am nächsten Tag vielleicht schaute sie, muß ehrlich sagen, zu unserer Enttäuschung, aus der Küchentür und tat eine teilnahmsvolle Frage der Schuldienerin mit einem Lachen ab, das heftiger und schmetternder klang, als zu ihrer Filigranfigur paßte; es erschreckte mich stets ein wenig.

Wenn sie plötzlich einmal Mitzi! rief, fuhr nicht nur die zusammen, der es galt und die meist ein schelmisch schlechtes Gewissen hatte, auch ich fühlte mich irgendwie mitbetroffen.

Die Frau Inspektor war als vorbildliche Hausfrau nämlich der Ansicht, daß eine Dienstmagd, für sie wenigstens, überflüssig sei. Den Kohlenkübel brachte Frau Leitner, unsere Schuldienerin, eine mannshohe, massige Person, etwa das Doppelte oder Dreifache der Frau Inspektor. Wir begriffen nicht, daß sie, über die Stiege keuchend, ihre Traglast mehrmals absetzte und, mit dem Gesicht an den Unterarm gelehnt, bei der Mauer Halt suchte.

Sie woant, kicherten wir. Als wir einmal erfuhren, daß sie ein Herzleiden habe, konnten wir uns auch nichts Arges vorstellen, weil sie so groß war.

Uns Schulkindern oblag es, jede Woche das Brennholz in die Küche zu tragen. Das übrige besorgte die Frau Tremel selbst, und was über ihre Kräfte ging, schaffte sie ihrer Nichte mit der oftmaligen Mahnung, daß man ein junges Mädchen nicht früh genug zur Hauswirtschaft anlernen könne. Mitzi mußte zeitig aus dem Bett und in ihren Freistunden tapfer zugreifen. Gerne tat sie es nicht. Sie tobte, wenn sie sich vor den strengen Augen der Frau Tremel sicher fühlte, bei unserm gemeinsamen Brunnentrog gerne gegen die auferlegte Pflicht und warf wohl auch Bürste, Bartwisch, Besen oder sonst etwas in witzigen Zornausbrüchen weit von sich.

Auch ich mußte ihre Mißlaune mitunter entgelten, denn sie fand mich immer beneidenswert. Unser Kaufladen, die Schreibmaschine, der Fahrradhandel, das Auspacken der Waggonladungen, kurzum alles, wofür ich kein Interesse aufbrachte, hatte für sie einen Anreiz. Ein noch lieberes Entgelt für das unwillkommene Tagwerk war ihr das Romanlesen während der Nacht. Sie las in der Dachkammer bei aufgesparten Lichtstümpchen unermüdlich und beharrlich eine Menge Bücher aus. Aber es mußte von Prinzessinnen, Hofdamen, Edeldamen, Gutsherrn und Offizieren handeln. In diesen, wie sie sich ausdrückte, „obern Regionen" kam ihr dann die sichtbare Umgebung, namentlich unsere Volksschule, recht gemein vor. Sie verabscheute die Luft, die immer von auffälligen Gerüchen dunstete: von Bauernkäse, Schafloden, Stallmist und so weiter. Ingedenk, daß die Kinder dies Zeug auch an den Händen haben konnten, berührte Mitzi die Klinke nur mit dem Schürzenzipf. Mich steckte dieser Ekel zwar nicht an, ich aß dankbar jeden Krapfen, welchen meine Schulkameradinnen aus dem schmutzsteifen Kittelsack hervorwutzelten, immerhin aber war ich sonst gelehrig und berauschte mich an den großartig prahlerischen und rätselhaften Andeutungen meiner Freundin. Selber Wunsch und Wirklichkeit nicht mehr trennend, brachte sie mir gezierte Salonphrasen, Fremdwörter und Gesellschaftssitten so überlegen bei, daß ich voll neugierigen Staunens lange glaubte, jene Menschen, von denen sie erzählte, seien tatsächlich ihr geheimer Umgang.

Mit der Zeit freilich durchschaute ich klarer, daß sie ihre ganze feine Vornehmheit aus Büchern zusammenfabelte. Die Frau Tremel machte diese Entdeckung ebenfalls und wurde wegen der Romane und der feuergefährlichen Kerzenstümpchen schrecklich böse. Ich selbst mußte beim Verhör in der Inspektorküche leider als Zeugin auftreten. Es handelte sich noch um eine zweite Anklage. Jemand war mit der Beschwerde gekommen, daß Mitzi böswillig auf die Gartenbank des Herrn Lehrer Walcher gespuckt habe. Von den Kindern, die gleich mir davon wußten, leugneten einige, andere beriefen sich eifrig auf mich. Im Hintergrunde der Szene stand der Herr Inspektor. Sein Gesicht war bleich und der Mund zusammengekniffen. Plötzlich wendete er sich mit den dichtbuschigen Brauen zu mir.

Ich verlaß mich auf deine Aussage, sprach er feierlich. Wenn du es zugibst, will ich es glauben!

Nein, nein! beteuerte meine Freundin Mitzi. Sie schaute mich durch Tränen verzweifelt flehend an, und am grünen Wolljäckchen, das bei den Ärmeln und vorne grau gestopft war, sah man, wie ihre Brust im Schluchzen auf und nieder ging.

Es wurde mir in der Pause, da alle Anwesenden meine Antwort erwarteten, fast ebenso elend übel wie ihr. Ein Wirrwarr von Gefühlen durchfröstelte mich. Dabei aber glaubte ich doch, daß ich dem Herrn Lehrer und dem Herrn Inspektor die Wahrheit schuldig sei und sagte:

Ja, sie hat es getan.

Nachher erforschte ich mich unter quälerischen Zweifeln, ob ich nicht doch gelogen hätte.

Mitzi wehrte sich nun nicht mehr gegen die Anschuldigung. Sie ging, wie ihr befohlen wurde, zum Walcherischen Ehepaar um Verzeihung bitten. Überdies mußte sie nach dem Gebot ihrer Tante eine Stunde knien und drei Tage mit Hausarrest verbüßen. Die vielen stibitzten Wachslichter kamen in sichere Verwahrung, und die schönen scharlachroten Romanbändchen sperrte der Herr Inspektor in den Kasten der Volksbibliothek.

Ich selber trug in der Folge eine etwas theatralisch verdrossene Miene zur Schau und fühlte ein erbärmliches Schuldbewußtsein, wenn Mitzi, stolz ihr Näschen hebend, an mir vorbeiflitzte. Der Freundschaftsverkehr bahnte sich nur langsam und in eiskalten schriftlichen Grenzen an. Endlich aber erweichten wir doch zur Versöhnung. Als die Frau Inspektor, schon ewig auf die gewaschenen Erdäpfel passend, uns beim Brunnen wieder vertraulich tuscheln sah, lachte sie mit jener gewissen Nüchternheit, die mich ganz kleinschreckte:

Das hab ich mir denkt.

Doch wie verwandelte sich ihr Werktagsärger, mit dem sie eben noch gescholten hatte, sobald irgendein Anlaß ihre ehlich wohlgestimmten Herzensnerven zum Schwingen brachte. Von unzählig Malen, da ich als Kind nichts denkend beobachtete, mag sein, auch von späteren Berufswegen, blieb mir ein zeitlos getreues Augenblicksbild ihrer schlichten Persönlichkeit haften, da sie, aus der Küche tretend, den sauberweißen Hausfrauenschurz abband und mit höflichsteifer Geste vorauszeigte, um den Besuch in das Besuchszimmer zu führen. Man sah im offenen Türgeviert ein paar rotgepolsterte Salonmöbelstücke, aufgezogene Häkelsterndecken, windig geblähte Spitzenvorhänge und im Eck ein zugeklapptes Pianino. Darüber aus der braun, grau, grün und drapp ornamentierten Zimmermalerei leuchteten zwei schwere schmale Goldrahmen mit farbenglänzenden Makartnymphen. Ein anderes Bild stellte den gekrönten Kaiser dar. Alles war so schön, daß der Lehrer oder das Lehrerfräulein beim Eintritt zögerte und sich vor dem Ölstrich des Bodens beflissen die Schuhe putzte.

Bitte! begann dann Frau Inspektor ungewöhnlich leise, indem ihr ledriges Gesicht und ihre gelle Stimme weihevoll behaucht schien, wollen derweil Platz nehmen. Der Herr Papa kommt gleich!

Ebenso feierlich empfing sie in diesem Paraderaum auch die Namenstags- und Neujahrsgratulanten. Sie wurde von der bevorzugten Verwandtschaft und von Untergebenen Frau Mama genannt. Den geziemenden Titel gnädige Frau beanspruchte sie nicht. Allein sonntags gefiel sie sich doch als solche. Sie trug ein feines Stadtkleid und ein Schleierhütchen, das, nachdem es modernisiert war, immer wieder neu ausschaute. Im Winter hatte sie sogar Pelzboa und Muff. Einen hoffärtigen Eindruck machte sie indessen nicht. Wenn sie beim Glockengeläut mit ihrem Knaben Feri langsam und achtsam wie über einen kostbaren Teppich ging, wirkte sie immer noch verbindlich bescheiden, weil sie alles Ansehn nur auf den Familienerhalter bezog. Noch demütiger als für diesen – so scheint es mir – trug sie ihren schönen Staat im Hinblick auf den Welterhalter. Ohne es ausdrücklich und wörtlich zu denken, wußte doch jedes im Dorf, daß der Kirchgang der Frau Inspektor einer bangen Bittaudienz gleichkam. Sie betete ständig für die Erhaltung ihres Kindes. Es war damals trotz fürsorglicher Pflege überaus zart und lebensschwach. Sein kluger, zäher Lerneifer erweckte fast mehr Besorgnis als Freude. Immerhin hatte es einen starken Eigensinn und im kleinen schon das Gesicht seines Vaters.

Der Herr Inspektor gönnte sich selbst am Sonntag keine Stunde Bequemlichkeit. Er leitete nach dem Hochamt die Fortbildungsschule, gab Amtsstunden für die Raiffeisenkasse und hielt Unterrichtskurse im Bienenzüchterverein. Am Nachmittag erledigte er seine Inspektionsprotokolle und die behördliche Korrespondenz. Bei alldem erübrigte er noch Zeit, Interesse, ja sogar Humor für den Bürgermeister-Stammtisch. Doch er nippte den ganzen Abend nüchtern sein Achtel Rotwein aus, und das bedeutete mehr eine Ehre für den Wirt denn einen Bedarf für ihn selber.

Der Dritte im Bunde der Männer von Öblarn, Herr Ferdinand Kitzinger, war trinkfest und blieb am längsten bei seinem Freund Fischer sitzen. Er galt für den originellsten Witzbold im Ort. Als reicher, hochgeachteter Mann konnte er sich bei seinen Späßen die ungenierte Derbheit eines Bauern gestatten, er fand immer respektvollen Beifall.

Daß wir Kinder genauere Kenntnis hievon bekamen, dankten wir dem Fräulein Prünster Marie, welche bei Gelegenheit in Gasthäusern kochen oder servieren half und tags darauf zu uns einkaufen kam. Sie wiederholte Aussprüche des Herrn Kitzinger mit luststrotzender Entrüstung. Besonders lebhaft tadelte sie, daß seine Spottsucht nicht einmal die eigene Familie schonte, obgleich er in unbescholten glücklicher Ehe lebte. Frau Kitzinger tat ebenfalls, was sie wollte und was keine Bürgersfrau der damaligen Zeit gewagt hätte. Sie ging ohne Schutz und männliche Begleitung auf Bälle und ins Gasthaus, um sich selbst zu unterhalten. So saßen die Ehegatten oft Rücken an Rücken oder auch durch viele Menschen voneinander getrennt. Er sagte bei ihrem würdigen Auftreten höchstens:

Oho! Meine Gnädige.

Seine Töchterschar nannte er Damen. Das stimmte nicht schlecht; denn Frau Kitzinger betonte ihre vornehme Bildung im Gegensatz zu seiner Ungeniertheit und wünschte auch die Kinder nach ihrem Geschmack und zu jener Form und Lebenshaltung erzogen, welche ihnen durch den künftigen Reichtum zustanden.

Das Ehepaar hatte im Lauf der Jahre genausoviel Wohn- und Grundbesitz erworben, wie Erben aufwuchsen. So war für später vorgebaut. Aber um das gegenwärtige Wohlergehen der großen Familie konnte die Mutter als geplagte Geschäftsfrau sich nicht allseitig kümmern. Weil der Lärm und die Unordnung, welche eine volle Kinderstube verursacht, störend gewesen wäre, hatte man jedes Neugeborne bald aus dem Elternhaus getragen. In einem andern der sieben Häuser lag der Nachkommenschaft ein ganzes Stockwerk offen; und hier wurden die Geschwister wie Orgelpfeifen unter der Obhut und dem harten Regiment einer kindermüden, griesgrämigen Aufsichtsperson gemeistert, bis sie nach und nach, in jeder Hinsicht mustergiltig, zum Elterntisch heimkehren durften. Einige kannte ich schon erwachsen. Josef, der erste und uneheliche Sohn des Herrn Kitzinger, diente im Kaufmannsberuf. Die erste eheliche Tochter hatte man zur höheren Ausbildung nach Graz gegeben; sie hieß Fräulein Cäcilie. Dann kamen die Emilie, die Isabella, der eheliche Sohn und Stammhalter Josef, die Theresia, der Ferdinand und die Justine.

Mit den beiden jüngsten machte uns die Schulbank etwas vertraut. Auch führte die Kindsfrau Luzie sie öfter zur reifen Obstwiese. Wir entflohen bei ihrem Anblick jedesmal schleunig vom unerlaubten Tummelplatz, ließen uns aber, durch die Zaunlatten lugend, doch wieder zur Annäherung herbei. Jeweils verlockten wir

Ferdi und Justi sogar in unsern Tenn, der eigentlich ihnen gehörte, und spielten, in einer Kutsche verhuschelt, mit sanfter Gespreiztheit Ausfahrn. Ganz unbefangen fühlten wir uns schon wegen der alten Luzie niemals. Sie war über die Maßen streng mit ihren Zuchtkindern und schlug sie oft böser, als sie verdienten. Davon wurden sie schüchtern und zaghaft.

Den größeren Kitzinger-Mädchen begegneten wir in ganz scheuer Zurückhaltung und mit steifem „Sie", obschon der Altersunterschied längst nicht dazu verpflichtete. Aber sie besuchten nur kurz die Volksschule und mußten frühzeitig in ein teueres Erziehungspensionat. Weil aber die Emilie aus lauter trostlosem Heimweh zu kränkeln begann und schnell dahinstarb, holte die Mutter ihre übrigen Töchter wieder nach Hause und stellte für sie eine Gouvernante an. Bei dieser lernten sie so viel wie in der Stadt. Sie hatten auch Anstandsstunden und Französisch. Wenn sie sich mitten in ihrer Obstwiese oder im Sommerhaus einübten, suchte ich aus geziemender Entfernung etwas zu erlauschen. Meine sehnsüchtigen Ohren vernahmen richtig ab und zu ein Wort. Sehr oft, doch leider ohne Ausdeutschung, hörte ich sie von Vokabeln reden. Und aus vielen Studiersätzen merkte ich mir den Reim:

Le boeuf, der Ochs, la vache, die Kuh,
fermez la porte, die Türe zu.

Wie ich mir die zweite Zeile übersetzt habe, verschweige ich schicklich. Ich wunderte mich nur, daß die Kitzinger-Mädchen solche Verse laut aufsagen durften.

Mehr noch als die fremde Sprache interessierte mich das fremde Fräulein. Es wurden allerlei Gerüchte über ihre Herkunft laut. Die Frau Schneidermeister Kofler sagte, sie käme aus Paris, der Walcher Loisl behauptete, aus Kroatien. Ihr Bruder, hieß es, sei ein hoher Offizier. Da er in Graz lebte, galt auch sie schließlich allgemein für eine Grazerin.

So ganz am andern Dorfende, hatte ich selten das Glück, die feine Erziehung in nächster Nähe zu beobachten. Nur an Sonntagen war es mir sicher. Die Familie Kitzinger hatte nämlich ihren Kirchenstuhl hinter dem unsern. Wenn die drei Mädchen, gleich gekämmt und gleich angezogen, mit roten Hüten und grauen Jacken im Hochamt knieten, wagte ich mich vor Ehrfurcht oft minutenlang nicht zu bewegen. Bei irgendeiner passenden Gelegenheit riß mir die Neugier doch den Kopf herum, und ich genoß im Erröten blitzartig den heiß begehrten Anblick.

Das Fräulein war eine hohe, steife Erscheinung mit schmalen Hüften, schmalen Schultern und dünnem Hals. Ihr braunes Haar kräuselte sich naturgelockt aus der Hutkrempe. Schneller, als man beschreiben kann, überzeugte mich ihr Gesicht, daß sie eine echte, wirkliche Gouvernante war. Die steile Stirn mit den leisen Altersrunzeln, die länglichen Wangen und das volle Lippenböglein, welches sich zu einem magern Lächeln nach abwärts zog, kurzum ihre ganze Miene erweckte einem stets die wohlwollend besorgte Frage, ob man doch brav sei. Am deutlichsten behielt meine Erinnerung, daß ihre sonst schön gebildete Nase sich an der Spitze ein bißchen knopfig verdickte. Diese Eigenheit offenbarte sich mir später an manchen Menschen als Merkmal verläßlicher und peinlich genauer Wesensart. Wunderschön leuchteten die Augen der Erzieherin. Wenn man nach dem Kirchgang noch so oft an ihr vorbeitrachtete und „Grüß Gott" wünschte, antwortete sie jedesmal mit derselben Herzlichkeit. Ich empfand es dankbar. Daß sie den Namen „von" Kolár führte, bedeutete für mich die Krone aller Vorzüge.

Als wir Kinder einmal bei einem besondern Anlaß mit den Eltern in die Stralzen-Wirtsstube durften, erspähten wir das Fräulein von Kolár im Extrazimmer. Ihre Zöglinge saßen, der Größe nach, gesittet beim Tisch. Dem Ferdi und der Justine war noch die Serviette um den Hals gebunden. Die älteren gebrauchten Messer und Gabel schon wie Erwachsene. Sie sprachen nach der Schrift.

Auf dem Präsidium thronte die Mutter in einer Samtbluse. Oder in einem Seidenkleid? In den vielen Nähten staken Fischbeine. Der hohe Halskragen, bis zu den Ohren gesteift, preßte am Kinn noch ein Unterkinn hervor. Die Wänglein wölbten sich wie rote Polster, die Nase war weich und rund und ein bißchen keck. Ihre schönen, dichten Haarzöpfe trug Frau Kitzinger zu einem braunen Gupfhäubchen um den Hinterkopf gespendelt.

Am meisten wurde von den Leuten immer ihr Schmuck bewundert. Sie hatte eine goldene Uhrkette, eine schwere Broschnadel aus Dukatengold und Brillantenohrgehänge. An den Fingern glänzten Edelsteinringe. Ihr Haupt war gerne ein wenig zurückgelehnt und verschwamm oft undeutlich in einer graugelben Rauchwolke. Von Zeit zu Zeit blies Frau Kitzinger eine neue aus dem Mund; sie rauchte Cubazigarren.

An einem andern Tisch sahen wir den Herrn Kitzinger. Er war ein stattlicher, etwas mostiger Mann. Sein Gesicht hatte ebenfalls Fettwänglein. Brauen und Schnurrbart waren drei merkwürdig geschwungene Bögen. Er sprach, die andern lachten. Später vermißten wir ihn. Er war in ein anderes Gasthaus gesiedelt. Und die Frau ging auch heim, wie es ihr beliebte.

Nächsten Tags zog es uns mächtig zum Kitzinger-Laden. Er hatte einen um so stärkern Zauber, als er uns von den Eltern verboten war. Hefte und Schulbücher mußten wir trotzdem holen, denn der Ortsschulrat gestattete diesen Vertrieb nur dem Dorfobersten. Ganz aufgeregt und klopfenden Herzens spähten wir erst eine Zeitlang durch die Auslagscheiben. Dann traten ich und Hildegard und Ida und Nannerl, einander puffend, über die Schwelle. Bei dem Andrang von Kunden wurden wir nicht so bald beachtet. Man konnte im Warten nach dem langen Ende des Raumes schauen, wo die Frau Kitzinger die schönsten Stoffe gegen das Licht hielt und den stumm lauschenden Bäuerinnen bei der Auswahl gustieren half. Wenn sie mit ihrem sichern, wohlwollenden Gutdünken sagte: Das paßt, so paßte es eben. Die Kundschaften rechneten es sich als Bevorzugung an, von ihr beraten zu sein.

Schließlich fragte uns doch ein Kommis, was wir wünschten. Ein Zeichenheft, antworteten wir im Stimmenchor. Und ich zahlte, weil es für mich war. Die Gouvernante sahen wir leider nicht.

Glücklicherweise schwankten die feindseligen Spannungen öfter zur Versöhnung. Einmal, so erinnerte ich mich jahrelang mit stolzgeschwellten Gefühlen, in einer Kaffeejause in der Sägmühle setzte sich Herr Kitzinger freundlich zu uns. Er redete vom Wetter und von den Gröbminger Bürgern, die er heimgesucht hatte. Sein leerer Einspänner stand vor dem Pferdestall. Im Sonnenuntergang, als der Garten kühl wurde und die Stechmücken unausstehlich herbeischwärmten, entschloß sich Herr Kitzinger zur Heimfahrt. Und das kaum faßliche Wunder geschah, er wollte mich und Hildegard auf seinem Wäglein mitnehmen. Die Freundinnen hatten leider keinen Platz.

Unserer Mutter, die sehr pferdescheu war, fiel die Erlaubnis gewiß nicht leicht. Dennoch schmolzen ihre heimliche Angst und der heimliche Groll zu einem Lächeln. Während meine Schwester bubenbehend auf das Bänklein turnte, half sie mir unter wiederholten Ermahnungen zum hohen Sitz. Aber noch mehr denn höflich hilflose Redensarten gab ihr glücklich verschämter Tonfall zu erkennen, wie hoch sie die Auszeichnung zu schätzen wisse.

Mich befiel ein wenig das bange Heimweh. Krampfhaft an die Eisenlehne geklammert, hätte ich mich gerne an Ort und Stelle festgehalten. Das flinke Rössel aber entführte uns mit fliegendem Schweif. Ein Stück weiter erfing ich mich zum Gleichgewicht und sah, so gut ich mich neben dem dicken Herrn Kitzinger drehen konnte, nach der Mutter zurück.

Sie winkte als entfernter Schatten im gelblich grünen Abendhimmel. Links ging die Kofler Nannerl mit ihrem Strickkörbchen, rechts die Walcher Ida; sie durfte den großen geblumten Sonnenschirm tragen.

Als Herr Ferdinand Kitzinger nach unserm Großvater Ortsschulrat geworden war, betrat er das Lehrzimmer kein einziges Mal. Dafür hing alsbald sein lebensgroßes Brustbild verpflichtend neben dem Kaiserbild.

Wieder ein anderer Freund des Herrn Fischer, der in viel späteren Jahren gleichfalls zur höchsten Ortswürde emporstieg, eine allseits geachtete Autorität war der Herr von Cozzi. In Wirklichkeit gehörte er zu den Bürgerlichen. Doch er hatte sich wie andere Herrschaften hier eine hölzerne Waldvilla gebaut und sprach, weil er von Triest stammte, hochdeutsch. Darum rechnete man ihn zu den Adeligen. Seine Erscheinung unterschied sich sehr von den Hiesigen. Der hohe Wuchs setzte kein Fett an. Der Gang, mit dem Fernglas der Erinnerung betrachtet, mutete vornehm und etwas steif an; es knickten ihm die Knie nicht ein. Daß er einen goldenen Zwicker trug, erhöhte sein Ansehn bei uns Kindern noch mehr.

Die Frau von Cozzi, geb. Schröder aus Hamburg, war eine Riesendame. Sie redete völlig anders als die übrigen Herrschaften. So sagte sie zum Beispiel: Ach nee. Mein Mann ist nich zu Hause. Ihr könnt mal ruhich hier warchten. Oder sie sagte, jemandem herablassend die Hand hinreichend: Es war mir ein Vergnüchen. Eine solche Sprache machte mich natürlich aufhorchen. Bei allem Respekt vor der Frau Cozzi beurteilte ich ihre Aussprache doch wie Schreibfehler. Noch weit weniger deutsch, wie mir vorkam, redete ihre ehemalige Köchin Luzi, welche — wieso, weiß ich nicht — von Budapest hierher gewandert, den Herrn Schneidermeister Benesch geheiratet hatte. Immer noch ihrer Gnädigen treu, ging sie gelegentlich aushelfen. Lang und hager und mager, in geschenkten windig schlotternden Herrschaftskleidern, mit einem grellblumigen Kopftuch und so abgerackert, daß man die Halsschlagader pecken sah, pflegte sie manchmal zu unserer Mutter zu sagen:

Heide hob ich wieder grose Wesche gehoobt.

Mit dem Taglohn durfte die Frau Benesch immer auch Kinderröckchen, Mäntel, Schuhe und Lebensmittel heimnehmen. Der ganze Ort wußte freilich, daß die Beamtenpension des Herrn von Cozzi eine bescheidene und sparsame Einteilung vorschrieb. Aber die Frau von Cozzi verstand förmlich aus nichts einen großartigen Eindruck zu machen und überdies arme Leute mit Wohltaten zu unterstützen. Die Walcher-Kinder bekamen sehr viel Spielzeug von den Cozzi-Kindern. Es waren zwei in der Waldvilla. Die Tochter Nora, schon etwas erwachsen im Hingleich zu uns, wurde wegen ihres Lerntalents von jedem Hauslehrer gelobt. Damals unterrichtete sie das Fräulein Wolfrum. Der Sohn Fred ging mit uns Dorfkindern in die Schule. Wenn er wieder einmal ganz nordländisch angezogen daherkam, vertraute uns die Walcher Ida, daß er in Hamburg einen reichen Onkel und viele hohe Verwandte habe.

Der Herr von Cozzi verwaltete in der Gemeinde zwei Ämter mit Eifer und Geschick. Er war Obmann für den Fremdenverkehr und den Verschönerungsverein. Wenn ich mir seine Haltung beim Stammtisch einbilde, so ähnelte sie wohl der Grandezza seines Schrittes und war vom goldenen Zwicker noch vornehmer betont. Wein und Bier ließ er sich von der Kellnerin ebensowenig kredenzen wie der Herr Tremel.

In allen Dingen mittätig, unermüdlich eifrig, wichtig und nach Art kleiner Männer von den heftigsten Energien durchpulst, war der Herr Stationschef Herster. Die jungen Beamten hatten bei seiner pflichttreuen Genauigkeit nichts zu lachen, und unsern Vater, der sich ungern an Vorschriften und Gesetze hielt, tunkte er zuweilen mit dem Lagerzins und bahnamtlichen Anzeigen tüchtig ein. Aber im Grunde war das, was Vater zuweilen mit Recht eine Sekkatur und Bosheit nannte, doch nur die Auswirkung eines tadellosen Charakters. Jeder Leichtsinn reizte den Herrn Vorstand zu leidenschaftlicher Strenge. Denn er selber dankte dem eigenen Lebensernst, daß er von bescheidener Herkunft zu dieser beeideten, verantwortungsvollen und ehrenvollen Staatsstellung aufgerückt war. Laut durfte man es ja nicht sagen, aber heimlich wußte es jeder im Dorf: er war nicht mit einem Maturazeugnis, sondern als gelernter Sagschneider zur Eisenbahn gekommen. Nach und nach aber hatte er strebsam und gewissenhaft alles Notwendige erworben, eine schöne Schrift, eine gediegene Berufspraxis, eine erstklassige Dienstbeschreibung, gutbürgerliche Umgangsformen und eine belesene Bildung. An Mäßigkeit und Familiensinn stand er dem Herrn Schulinspektor Tremel nicht nach. Für den Sohn wurden alle Sparkreuzer zusammengelegt. Er sollte studieren, damit er auf der väterlichen Laufbahn noch ein paar Stufen höher steige. Er war schon auswärts. Die Tochter, das Fräulein Poldi, welche wir mit traurig romantischer Schwärmerei verfolgten, sah man höchstens an sehr warmen Tagen unter dem

Birnbaum sitzen und Ausstattung nähen. Sonst ging sie selten ins Freie, weil sie „kränklich und bleichsüchtig" war. Als sie sich mit einem schmucken Forstbeamten, dem Herrn Leopold Pfütz, verlobte, weissagten die Leute, daß sie bei einem Kinde sterben werde. Ich brachte den Gedanken nicht mehr aus dem Kopf.

Einmal hatten wir etliche Öblarner Familien zufällig in der Sägmühle getroffen. Schon ziemlich bei Dunkelheit spazierte man gemeinschaftlich und fröhlich nach Hause. Wir Kinder, zu einer Kette eingehängt, brauchten die ganze Straßenbreite. Plötzlich schrie das Fräulein Poldi oder die jung verheiratete Frau Pfütz voll Entsetzen auf. Eine dicke schwarze Wasserschlange wälzte sich aus dem Schilf vor ihre Füße. So klein und dumm ich war, dachte ich augenblicks, das bedeute ihren Tod. Übers Jahr hieß es, nun bekäme sie ihr Kind. Wir hatten sie inzwischen kaum gesehen. Sie verbarg sich vor den Augen wie früher vor der rauhen Luft.

Wanns nur gut abgeht, sagte die Frau Kofler. Und die Frau Koglhuber, die Dorfhebamme, blieb beim Küchenfenster stehen. Sie war wie eine Kugel oder zwei oder viele Kugeln. Mit den Würstchenfingern strich sie gerne über die Brust, und ihre vollen Lippen und ihre runden Pupillen blusterten sich wollüstig, wenn sie neben uns Kindern zu Mutter sagte:

Heint schwimmt auf der Enns noch oans daher. Das muaß ich außerfischen.

Mir wurde jedesmal bang und übel wie vor dem Zahnziehn.

Alle Kundschaften im Geschäft sprachen von dem aufregenden Ereignis. Wir beobachteten, wie der Herr Vorstand Herster vorbeiging. Mutter las ihm am Gesicht ab, daß er den Herrn Fischer holte. Und später gegen Abend, als Herr Pfütz und ein Bahnwächter und nacheinander wieder die Frau Koglhuber, der Herr Doktor, der Herr Pfütz und der Herr Vorstand hin und her hasteten, schüttelte sie nur den Kopf und schätzte, daß dies kein gutes Zeichen sei. Am nächsten Morgen war es wiederum so. Weswegen ich nicht in die Schule mußte, ist mir entfallen. Vielleicht war Donnerstag. Ich hockte angezaubert beim Fenster. Es regnete. Die Tropfen perlten ruckweise am Glase hernieder. Vom Tenndach planschte die Traufe in einen gelben Kieselsteinsee. Es trieb mich, mein dunkel wissendes Grauen vor meiner Mutter auszusprechen. Aber ich wagte es nicht und schaute nur manchmal, wie sie auf dem Ladentisch einen Zuckerhut zerhackte und zu großen Kilopaketen auswog.

Jetzt, begann ich unter Herzklopfen, jetzt geht wieder ein Bahnwächter. Oder ich erzählte ihr, wer sonst vorbeiging.

Um die Zeit des Elferläutens eilte Herr Forstadjunkt Pfütz in Jägertracht und Gamsbarthut mit spannenden Schritten vom Dorf her. Vom Bahnhof her kam sein Schwiegervater in der Uniform. Er hatte keine Kappe aufgesetzt. Aus dem Haar triefte der Regen. Beim Tenn, gerade unter dem spritzenden Wasserspeier, begegneten sie einander, und der kleine Herr Vorstand fiel dem großen Herrn Pfütz in die offenen Arme. Beide waren vom Weinen geschüttelt, und ich wußte, daß die junge Frau Pfütz gestorben war.

Zu wenig Bewegung und frische Luft, sagte Herr Dr. Fischer. Das Kind, ein Mädchen, wurde nach beiden Eltern auch dem heiligen Leopold zugetauft; es blieb gesund und lebendig in der Pflege seiner Großmutter.

So sah man die alte Frau Vorstand wenigstens mit dem Kinderwagen. Weiter trat sie freilich niemals aus ihrer verschämten Zurückgezogenheit. Man kannte sie kaum, und ich weiß nicht mehr, wie sie aussah.

Wenn der Herr Vorstand Herster sich einmal mit einer Frau in der Öffentlichkeit zeigte, dann war es unsere Postmeisterin Luise Hohensinner. Obwohl sie mir im Rückblick mit vielen freundlichen Eigenschaften erscheint, gehörte sie durch ihren Beruf zu den Männern und war für unser kindliches Gefühl eine ebensolche Respektperson.

Früher hatte der Herr Kitzinger den Postmeistertitel geführt. Und die alte Kanzlei lag in seinem Hause. Nun aber richtete Frau Hohensinner in einem Gewölbe des alten Verweserhauses ihr neues selbständiges Amt ein. Sogar eine Uniform, Rock, Jacke und Dienstkappe beschaffte sie sich.

In Zivil trug sie gerne Reformkleider, weil diese ihrer plastischen Figur, wie sie selbst urteilte, am besten anstanden. Das eisenschwarze, schon etwas grau gestrichelte Haar steckte sie in ein dünnes festes Zopfkränzlein auf. Irgendwie damit zusammenhänglich brauchte sie öfter den Ausdruck deutsches Gretchen. Ihr Anblick, die stattliche Gestalt, die Amtsmiene, die Augen, lauter graue Farbenringe, die sich dunkel, licht und wieder dunkel abschatteten, die furchige, kantige Stirn wirkte streng auf einen. Ich fürchtete die Frau Postmeister, sobald sie im Schalterviereck erschien, und fühlte mich dennoch zu ihr hingezogen, denn wir hatten die gleichen Leidenschaften. Manchmal zeigte sie den Sommerfrischlern ein Wasserfarbenbild. Und ich, mit meiner Posttasche in einen Winkel gedrückt, erhaschte einen Schimmer von Wolkenbläue, Baumgrün, Wiesen- und Flußflecken, alles recht flau verwischt, aber ich glaubte, von der

Nähe sei es gewiß sehr schön. Dann wieder hörte ich sie Gedichte, oft unter Tränen, „vordeklamieren". Je mehr man sie lobte und bewunderte, um so sichtbarer wurde ihre Freude und Rührung.

Mir fiel dabei kritisch auf, daß die Reime sich nicht richtig reimten und daß die Herrschaften einander zublinzelten. Doch die Falschheit so oder so versetzte mich eher in den bescheidenen Zweifel, ob ich nicht selber im Irrtum sei.

Schönheitsliebe konnte ich der Frau Postmeister jedenfalls auch bei späterer Betrachtung niemals absprechen. Sie pflegte neben ihren vielen fleißigen Amtsstunden einen Garten in lieblich prächtigem Farbengeleucht. Über ihrer Kanzleitür ließ sie einen kunstgeschmiedeten und kunstgemalten Doppeladler befestigen. Der Herr Musikkapellmeister Anton Bogensperger bekam einen neuen Dirigentenstab aus Ebenholz und Elfenbein. Immer verschenkte sie etwas, um das Ansehen des Dorfes zu heben.

Von ihrer besonderen Gunst bevorzugt, durfte ich manchmal ihre Wohnung betreten; aus welchen Anlässen, weiß ich freilich nicht mehr. Doch unvergeßlich bleibt mir das Speisezimmer. Es war von einem Tischler neu gemacht. Die Frau Postmeister hatte es mit eigenem Pinsel grün angestrichen und alsdann, wie sie mir erzählte, aus dem Handgelenk ohne Vorübung weiße und lila Fliedertrauben nur so hingeworfen. Dieses Beispiel riß mich zur eifervollsten Nachahmung hin. Ich griff nach meinem Farbenkasten und malte viele von unsern Möbelstücken ebenfalls mit Fliedertrauben an. Allein so wertvoll sie mir schienen, immer samstags wurden sie mit Seifenlauge weggewaschen.

Auch bei Spaziergängen und bei Gartenarbeiten würdigte mich die Frau Postmeister gerne einer Ansprache. Und da unsere Grundstücke aneinandergrenzten, rief sie mich einmal vom Sandhaufenspiel an den Zaun und schenkte mir Pflanzen mit der Wurzel. Dabei sagte sie in ihrem belehrenden, ja fast drohenden Stimmfall:

Veilchen blühen nur in der Morgensonne.

Einmal, nachdem ein feiner Mann vom Postschalter fortgegangen war, sagte sie zu mir:

An den Händen erkennt man den Charakter. Das war ein brutaler Kerl.

Und wieder einmal streichelte sie über meinen Kopf und sagte:

Mein liebes Kind, du wirst nicht alt werden, du hast ein viel zu gutes Herz.

Merkwürdigerweise machte mich dieser Ausspruch auf ein anderes Organ aufmerksam. Ich verfiel in neugierige Todesgedanken und fragte meine Mutter öfters über die Lungenschwindsucht aus. Daß die Frau Postmeister einem Menschen das Leben absprach, war indes nichts Überraschendes. So sagte sie nicht einmal, sondern unzählige Male zu mir und Hildegard:

Euer Vater wird nicht alt werden; er ißt zuviel Fleisch.

Genau dasselbe prophezeite sie dem dicken Herrn Kitzinger, dem Herrn Fischer und dem Onkel Josef Grogger. Niemand nahm es ernst. Nur für mich wurde es wieder Anlaß zu allerlei Beobachtungen. Eine kleine Annonce, die im „Blatt der Hausfrau" und in der „Gartenlaube" regelmäßig erschien, ängstigte mich nunmehr Tag und Nacht. Jedes neue Heft blätterte ich schnell von hinten auf. Und wirklich bleckte wieder der Totenkopf zwischen gekreuzten Totenbeinen. Darunter stand fett gedruckt: Korpulenz. Daß Vater bei seiner Riesenhaftigkeit einhundertzwanzig Kilo wog, deuchte mich noch ungefährlicher. Doch die zunehmende Rundlichkeit meiner heißgeliebten Mutter bestürzte mich. Es gab Abende, da ich mich unter der Decke verzweifelt in den Schlaf weinte. Und das schrecklichste war, daß ich ihr die Sorge gegen alle Gewohnheit verschweigen mußte.

So ähnlich wie die Annonce bannten mich auch die grauen Kreisaugen der Frau Postmeister. Ich blieb bei jeder Gelegenheit stehn und wartete, ob sie vielleicht beginnen würde: Eure Mutter... Aber sie sagte nichts dergleichen. Stattdes trug sie uns höchstens eine amtliche Weisung für daheim auf. In dieser Hinsicht gab es Verdrießlichkeiten wie mit dem Herrn Stationsvorstand Herster. Manchmal war der lahme Amtsschimmel schuld, manchmal der allzu flüchtige Vater.

Die gemeinsame Feindschaft und die treue Berufsfreundschaft, welche den Herrn Vorstand Herster mit der Frau Postmeister Hohensinner verband, schloß die beiden in unseren Kinderaugen wie ein Ehepaar zusammen. Und obwohl sie es bei Gott nicht waren, galt es auch den Erwachsenen für selbstverständlich, daß bei jedem Fest die kleine Eisenbahnuniform neben der imposanten Postuniform auftauchte, sozusagen als ein Herz und eine Seele.

In der Freude aller Selbstbildner, das Gefundene, Wissenswerte mitzuteilen, hielt die Frau Postmeister besonders in Gesellschaft ausführliche Tischgespräche. Ihre Lieblingsunterhaltung war Gesundheitschemie; sie verfügte über gediegene Kenntnisse, welche freilich damals noch wenig Anwert fanden und sogar von Gebildeten belächelt wurden, um so mehr, weil die Frau Postmeister oft genug ihre wirkliche Weisheit mit beglückt strahlendem Selbstgefallen unterstrich und, auf ihren Namen hindeutend, sagte, sie sei verpflichtet, hohen Sinnes zu sein.

Der Herr Vorstand ereiferte sich kurzerhand für alles Neue, was ihn vom Lesen oder vom Hörensagen anflog. Manchmal, erinnere ich mich, vertrugen ihn seine unbändigen Fortschrittsideale zu naiven Luftschlössern. So war er eine Zeitlang bestrebt, unter den Einheimischen und Sommergästen möglichst viele Anhänger für die Freie Schule zu sammeln. Indem er diesem Plan immer tatkräftiger näherrückte, schlug er komischerweise, im tiefsten Sinn aber tragisch, den Hollerbühel als Ort der Gründung vor.

Ringsum der Wald. Mitten auf der Almwiese Tafel und Bänke. Besser, gesünder, frischer und freier könne es die Jugend nirgends haben, sagte er bieder ...

Ich grübelte ganz erstaunt, warum die Leute hinter seinem Rücken lachten. Von kleinen Irrtümern abgesehen, war er jedoch ein wirklicher Bahnbrecher jenes liberalen Deutschtums, welches vom Parlament durch die Zeitungen und Wahlkreise sickerte und zuletzt in den Landgemeinden Wurzel faßte. Unter seinen Gesprächen ergrünte für unsern Großvater gleichsam der politische Johannestrieb; er nickte dazu geschlossenen Auges mit einem sanften, zufriedenen Lächeln. Sein Sohn, unser Onkel Josef Grogger, war der verläßlichste Gast bei den Fischerischen Sitzungen. Er vertrug einen guten Tropfen, er hieb zu jedem Vorschlag, der ausgespielt wurde, so beifällig in den Wirtstisch, daß die Krüge hüpften, und zechte getreu mit den Lustigen weiter, nachdem die Ernsthaften gute Nacht gewünscht hatten. In später Stunde fing er zu streiten an; doch er zügelte sich damit keinen Feind.

In welcher Weise die Bürger ihre Unterhaltung führten, blieb in meinem Bewußtsein nicht haften. Nur aus gedankenlos eingehämmerten Schlagworten, hinter denen Namen und Gesichter aufstehen, nur aus dem Nachhall, so vertraut und sicher, wie sich der Klang eines Eßlöffels eingeprägt, ohne jeden Anhalt weiß ich im nachhinein, daß Herr Fischer und seine Minister deutschfreiheitlich gesinnt und Bismarck-Verehrer waren. Wir Kinder begriffen dies nicht im geringsten. Ebensowenig begriffen wir das Trutzsprüchlein, welches unsere Mutter in der Schladminger Musterschule zur Herabsetzung dieses hohen Fürsten gelernt hatte. Ich leierte es voll vergnügter Freude an den Reimen herab, und keiner von vielen Zuhörern empfand es als Ehrenbeleidigung. Anderseits entflammte mich die Wacht am Rhein zu Hochgefühlen; ich sang aus Leibeskräften mit, obschon ich wußte, daß es verboten war.

Und wiederum nichts ahnend, in reinem Spieleifer gingen wir Kornblumen und Eichenlaub brocken, banden Sträußchen und verkauften sie, wie auf den Turnplakaten zu lesen stand, zugunsten des deutschen Schulvereins oder der Südmark. Die schwarz-rotgoldenen und die schwarz-gelben Fahnen regten uns nicht einmal zu Vergleichen an; sie waren uns selbstverständlich wie ein Gamsbarthütel neben dem Zylinder. Und in der langen Viertelstunde, während wir beim Herrn Fischer um eine Medizinflasche herpassen mußten, beobachteten wir aufmerksam die Wespen und die Wandfliegen, nicht aber das sinnbildliche Wahrzeichen, über das sie schwirrten, nämlich zwischen gekreuzten Degen die Studentenkappe und das Schärpenband vom flotten Burschenschafter Gustav. Unzählige Male hörte ich die Erwachsenen „Los von Rom" sagen. Ich hörte, daß die Kirche an der Volksverdummung interessiert sei und daß die aufgeklärte Intelligenz nicht alles, was Pfaffen predigen, zu glauben brauche. So fein mein Gewissen die Sünden abwog, bei politischen zuckte es um kein Quentlein. Ich war noch nicht aufgeklärt und hatte am Abend, wenn ich den Tag überprüfte, in dieser Hinsicht meiner Mutter nichts zu beichten. Immer schon schläfrig im ruhigen Bett der Weltordnung, begann ich mit gefalteten Händen: „Müde bin ich, geh zur Ruh..." Bei der Bitte: „Alle Menschen groß und klein" umschloß ich wirklich alle, den Papst, den Kaiser, hauptsächlich unsern, die Könige, die Fürsten, auch den Fürsten Bismarck, und die ganze Stufenleiter immer tiefer und tiefer bis zu uns Kindern und zum Briefträger Davidl, der ein Zwerg war.

Ganz genau betrachtet, erging es den Männern von Öblarn nicht viel anders. Freilich studierten sie mit Staatserlaubnis unterschiedliche Zeitungen und dementsprechend disputierten sie, wenn sie, von der Arbeit müde, eine Kurzweil brauchten. Die kleinen Minister ergötzten sich über die großen Minister im Kickericki und belächelten den Kaufmann Waidhofer wegen seiner klerikalen Rückständigkeit. Der Schmied Pilz gründete mit den Eisenbahnwächtern die Sozialdemokratische Partei. Und selbst die christgläubigen Bauern, wenn sie sonntags bei Bier und Schweinsbraten saßen, das Knechtsgesind und die Armenhäusler, aller Volksmund errechnete, am Grausigen sich weidend, die Zeit, da Österreich zerfallen werde.

Aber am 18. August, wann der steinalte Kaiser in Krone und Purpurmantel wieder um ein Jahr älter wurde, legten die Öblarner ihr bestes Gewand an und gingen hinter dem schwarz-gelben Doppeladler in die Kirche. Der riesenlange Veteranenhauptmann mit einer viertelmeterbreiten Fähnrichsschärpe und weißen Zwirnhandschuhen spießte den hohen Fahnenschaft mit Leibeskräften gegen den Himmel. Die Blechmusik schmetterte, daß unsere Füße sich von selber hoben. Es war gleichsam ein zweites Fronleichnamsfest, bei dem das Allerheiligste sich von einer ebenso unsichtbaren Erdenmajestät vertreten ließ. Der Herr Pfarrer hielt ihr zu Ehren das Hochamt. Die Grafen und Exzellenzen und die Dorfgewaltigen eröffneten den allgemeinen Opfergang. Vom Oratorium herabsteigend, erschien der Herr Fischer im schwarzen Bratenfrack und dem Glanz seines goldenen Verdienstkreuzes. Gemessenen Abstand wahrend, folgte Herr Schulinspektor Tremel. Jeder hielt linker Seite den Zylinder und rechts ein Geldstück. Als Rangdritter, den schönen Kopf erhoben und des Prunks seiner Feuerwehruniform wohlbewußt, mit unbeschreiblich stolzen Siegerschritten marschierte unser Onkel Josef Grogger. Hinter ihm drein strebte, trotz seiner Kleinheit augenfällig, mit dem goldbetreßten Zweispitz in der Hand, der Herr Augustini, der Bergverweser Steinlechner, die Forstbeamten Buchsteiner und Kiefer, der Kaufmann Kitzinger, der Bräumeister Bernkopf, der Kirchenobmann Salzinger vulgo Thorbäck und die Großbauern. Nach altem Apostelbrauch immer ein gutgezähltes Dutzend.

Wenn das Hochamt zu Ende war, begaben sich die Adeligen mit dem Herrn Pfarrer nach der Ehrentribüne, die man beim Verweserhause errichtet hatte, wo zu Fronleichnam der Altar des Heiligen Johannes stand. Feldmarschalleutnant Graf Nostitz in weißer Uniform und grünem Hahnfederbusch nahm hier das Defilee der Vereine und der Schuljugend ab. Herr Inspektor Tremel hielt eine lange Huldigungsrede, die mir einen unvergeßlichen Eindruck hinterließ, obwohl ich mir nur das feierlich hinschwingende und oft wiederkehrende Wort „nndaß" gemerkt habe. Der Herr Bürgermeister Fischer brachte ein begeisterungstrunkenes Hoch auf das Leben Seiner Apostoli-Majestät, des Kaisers und Königs von Österreich-Ungarn, aus. Drei Pöllersalven krachten. Dann setzte die Blechmusik zum „Gott erhalte" ein. Die Veteranen, die Feuerwehr, die Gemeindevertretung und die Schulbuben standen plötzlich wie Soldaten stramm habtacht. Und wir Mädchen im gestärkten Prangkittel sanken vor heiliger Ehrfurcht tief ins Knie.

ALLERLEI FESTE

Unser Vater gehörte weder zu den Dorfministern noch in die gewählte Gemeindevertretung. Es erging ihm wie den Hühnern, den Krähen und solchen Vögeln, die vom eigenen Nest in einen fremden Garten gefallen sind: Die eigene Sippe kannte ihn nicht mehr als ihresgleichen an und peckte manchmal als geschlossene Schar gegen ihn. Besonders diejenigen, welche aus Brotneid und allerlei Gehässigkeit seinen kleinen Anfang erschwert hatten, verzichteten nun, da er sie überflügelte, auf seine Einmischung erst recht. Er war viel zu selbständig, er stimmte nicht wie sein Bruder Josef und andere Bürger mit treuherzigem Jawort bei, wenn Herr Fischer der Gemeinde einen Entscheid vorlegte, der vom Stammtisch bereits beschlossen war. Und überhaupt, er hatte keinen Ehrgeiz, im Dorf etwas zu gelten.

Meinem unschuldigen Kindsverstand fiel dieser Unterschied gegen die Öblarner sehr schmerzlich auf. Ich betrachtete mitleidig und mißbilligend seine karierte Radfahrpumphose und das färbige Jägerhemd, besonders aber die Teilnahmslosigkeit, mit welcher er angesichts aller gräflichen Herrschaften und der ganzen Bevölkerung einer prunkvollen Ortsfeierlichkeit nur von weitem zusah. Einmal nahm ich mir den Mut und zupfte ihn:

Vater, begann ich. Vater, möchten S' nit auch einmal Bürgermeister werden?

Na, gab er zur Antwort. Die Schererei tragt nix.

Als ich hienach meine Mutter bange ausforschte, warum er nicht wenigstens bei der Feuerwehr sei, gestand sie mir unter ernstem Kopfschütteln:

Er halt sich an keine Ordnung; er ist nie beim Militär gewest.

Aber wenn Vater auch jeder blinden Pflicht auswich und am heimatlichen Schicksal recht oberflächlich vorbeiging, ließ er sich durch sein leichtbewegliches Gemüt zu schneller, uneigennütziger Freundschaft hinreißen, wenn ihn jemand persönlich um Rat und Hilfe bat. Eine Beleidigung, ja sogar eine Feindschaft vergaß er in der erfinderischen Bereitwilligkeit, dem Bittsteller einen Gefallen zu tun.

Weil er das, was er für seine Schützlinge zu reden hatte, wie eine eigene Sache verfocht und Vorteile und Nachteile so sah, wie er sie sehen wollte, gelang ihm einfach alles. So stiftete er Vernunftehen, vermittelte Käufe, schlichtete Konkurse, auch bei Geschäftsgegnern, vielleicht mit der großmütigen Lust, ein Löwe zu sein, solange der andere eine Maus war; er setzte kluge Testamente auf und machte bei Zwistigkeiten zur Zufriedenheit beider Teile den Schiedsrichter.

Darum fanden die Ortsinsassen und die Bauern immer wieder den Weg zu ihm. Von den Aristokraten angefangen, sah ich im Laufe der Zeit fast alle vertrauend oder erregt an die Zuflucht seiner Schreibkanzlei klopfen und, nachdem die Besprechung überstanden war, mit erhelltem Gesicht und Dankesbeteuerungen eilig fortgehn.

Niemals kam Herr Kitzinger, selten der Herr Tremel, aber häufig, mitunter alle Augenblicke kam der Herr Fischer. Denn Herr Fischer war hingebend bestrebt, die Perle des Ennstals, deren Kostbarkeit er angepriesen hatte, durch immer neue Fassungen und Zutaten noch kostbarer zu machen. Der Verschönerungsobmann, Herr von Cozzi, ließ einen Tennisplatz walzen und an die ausgeholzten Waldwinkel schattige Sitze zimmern. Die Blechmusik bekam einen Pavillon. Ein Männergesangverein, ein Streichorchester waren gegründet worden, und Herr Fischer stellte sich mit Leib und Seele in dessen Dienst. Er übte, in Hemdsärmeln schwitzend, fleißig und geduldig die zweite Violine. Und wenn er auch öfter danebengriff, hatte niemand den ehrlichen Mut, ihn mit einer Kritik zu dämpfen. Nein, im Gegenteil, sein temperamentvoller Eifer rührte die Herzen aller Zuhörer. Und auch Sommergäste, welche die Kunst der Wiener Hofoper gewohnt waren, gratulierten ihm mit einem lobenden Händedruck.

Da die bäuerlichen Tanzböden und Gasträumlichkeiten des Dorfes nicht mehr ausreichten, leistete sich Herr Fischer einen Saalzubau. Im Winter gestattete er die freie Benützung dem Turnerbund, welchen er aus völkischen Grundsätzen und in freundschaftlicher Übereinstimmung mit dem Herrn Vorstand ins Leben gerufen hatte. Unsern ebenfalls fortschrittsgesinnten und hochehrsamen Großvater bewog er, entlang seinem schönsten Wiesengrund einen Promenadenweg anzulegen und mit Baumzeilen zu umsäumen. Neben die erste Ruhebank wurde eine Tafel gestellt. Darauf war in handgroßen Buchstaben zu lesen: Johann Grogger Allee.

Mit lebhafter Freude und Vorliebe veranstaltete Herr Fischer große Feste, wo und wann immer sie möglich waren: im Freien, unter Dach, bei Tag oder Nacht und zu allen Jahreszeiten. Wenn seine Minister behaglich rund um den Stammtisch saßen und, ob ihrer vollbrachten Berufsarbeit zufrieden, vielleicht an gar nichts dachten, überraschte er sie plötzlich mit einem Liter besten Weines und einem fertigen Entschluß.

Meine Herrn, rief er, kräftig in den Tisch hauend, jetzt müssen wir wieder einmal was machen. Ein Volksfest, sagte er im Sommer. Im Winter sagte er, ein Schützenfest oder einen Maskenball und einen Faschingszug.

Unser Onkel Josef Grogger antwortete der Obrigkeit mit einem ebenso dröhnenden Fausthieb. Der Herr Kitzinger trank aus und zahlte einen Doppelliter. Ein Minister nach dem andern nickte beifällig. Man meldete sich mit Vorschlägen, zu welchem Nutz und Fromm der Reinertrag verwendet werden solle. Man sah in den Kalender, um den Zeitpunkt anzusetzen, man verteilte unter die Wirte das Recht, ein Kaffeezelt, eine Almhütte, einen Bierschank und einen Weinkellner beizustellen. Die Namen vieler Dorfbürger, welche mitarbeiten und mitverdienen sollten, wurden auf einer Liste notiert. Der Herr Fischer bestimmte Ouvertüren, Märsche, Walzer, Operettenlieder und ordnete gebieterisch an, daß man den unentbehrlichen Tausendkünstler Schrögnauer, auch wenn er schon im Bett liege, zur Sitzung hole, weil sich keiner so gut wie er auf Budenzimmern, Kranzbinden, Kulissenschieben, auf den Vorhangmechanismus und Triumphbogenbau verstand. Herr Cozzi rechnete dem Herrn Kitzinger vor, wieviel Lampions, Konfetti und Papierschlangen er bestellen solle. Dann wörtelten die Männer eine Weile über die Gärten und Auen, welche für die Lustbarkeit in Betracht kamen. Der Herr Vorstand mußte die günstigen Zugsverbindungen aus dem Kopf hersagen, jemand erinnerte an den Grafen Bardeau, und wieder jemand erbot sich, eine Deputation nach Gstatt zu führen und die übliche Geldspende sowie Pfosten und Bretter zu erbitten. Man bezeichnete wählerisch den engeren Festausschuß. Man verlangte von der Kellnerin einen frischen Kanzleibogen. Hierauf rückte Herr von Cozzi den Zwicker zurecht und schrieb mit seiner zarten, weithin leserlichen Beamtenschrift: Einladung zu dem am soundsovielten August stattfindenden Großen Volksfest in Öblarn, der Perle des Ennstales. Programm:

Indes sein Bleistift sich zögernd in die Luft spitzte, diktierte Herr Fischer schon feurigen Geistes weiter:

Erstens: Empfang der Gäste auf dem Bahnhof mit Marschmusik. Zweitens...

Aber die Minister insgesamt erstummten. Keiner konnte sich

ausdenken, wie das eigentliche Fest sich abspielen sollte. Wenn in der verlegenen Pause zwischen Weintrinken und Räuspern ein zaghafter Einfall lautwurde, trumpften ihn gewiß die Beisitzer mit der Bemerkung ab, daß sie so etwas ohnehin schon im Vorjahr gehabt hätten. Der Herr Fischer eiferte den Stammtisch so ungeduldig wie vergeblich an. Zuletzt sagte er, selber schon ratlos:
Wir müassen den Grogger Franz ins Komitee nehmen.
Alle Bürger gaben ihre Zubilligung und wählten unsern Vater noch am gleichen Abend einstimmig zum Obmann.
Am nächsten Morgen ziemlich zeitig, wenn er noch beim Schreibtisch seinen Kaffee ausschlürfte und ich im Unterröckchen das brunnenfrische Trinkwasser herbeitrug, hörte ich den Herrn Fischer in der Schreibkanzlei. Er saß zur Halbscheid auf dem Kopiertisch und ließ ein Bein in der Luft baumeln. Sein Anzug roch von Tabak und Karbol. Den grünen verwaschenen Hut ein bißchen übernächtig aus der Stirn gerückt und die braune buschige Schnurrbartlippe zu strahlender Glückserwartung öffnend, sagte er gerade:
Alsdann Franz, i verlaß mich auf dich.
Vater teilte seine Aufmerksamkeit zwischen dem Frühstück und der Schreibmaschine, antwortete vielleicht etwas unwirsch, daß er keine Zeit habe und im Begriff sei, nach Wien zu reisen. Er fuhr tatsächlich, aber doch nur, um seine originellen Einfälle in Theatern, Varietés und im Wurstelprater neu zu bereichern. Den Münchner Karneval, die Salzburger Dult und die historischen Volksbräuche in Aussee, im Lungau und Murboden kannte er auch.
Wenn er sich einmal einem Plan verschrieb, gab es kein Geschäft mehr. Die Schmiede mußten auf das Eisen warten und die Firmen auf das Geld. Öblarn war im Handumdrehen verwandelt, jedermann fügte sich seinem Willen wie Wachs, die Gegenspieler grüßten ihn fröhlich von der Weite. Und er herrschte, ohne sich solcher Absicht bewußt zu werden, als oberster Schaffer über die Gemeinde. Der Herr Lehrer Walcher war sozusagen sein Ingenieur; er mußte die anbefohlenen Kunststücke talentvoll in Bild und Wort und Tat umsetzen. Onkel Fritz bestellte die teuersten Kostüme und Dekorationen dazu. Schon Wochen vorher sicherte man sich durch Zeitungsreklame und effektvolle Plakate einen rührigen Zuzug von auswärts. Wenn die Leute gläubig herablasen, daß dieses Volksfest großartige und nie dagewesene Sehenswürdigkeiten böte, so wurden sie kein Jahr enttäuscht.
Freilich, denke ich mir heute, freilich hätte ein strenger Bewahrer der heidnisch-christlichen Urbräuche manches Gebild des väterli-

chen Geistes als Unfug getadelt. Aber damals wog das Neue, je neuer es war, viel wuchtiger wie das Alte, und niemandem fiel auf, daß unsere grüne Riesendame, welche einen ganzen Ballen Barchent für ihr Kleid brauchte, möglicherweise die jung erschaffene Frau des Herrn Samson war. Niemand ahnte, daß die Maschkera mit den grotesken Wasserköpfen aus Papiermaché vielleicht von jenen Glockelläufern abstammten, die zwei Jahrtausende hindurch ein Schädelgetürm aus Sternsymbolen tragend, leuchtend und klachelnd die bösen Geister verscheucht hatten. Menschenmode ist eben veränderlich. Immerhin, diese herabgekommenen Nachfahren im Gigerlfrack vertrieben auch ein paar Dämonen, nämlich die Traurigkeit und die verhärteten Feindschaften im starr begrenzten Lebensraum.

Mein Gedächtnis unterscheidet die vielen Feste nicht mehr einzeln. Ich sehe, während Sommer und Winter sich vermischen, nur noch deutlich, was mich besonders anmutete, zum Beispiel das altdeutsche Gretchenkleid, welches meiner Mutter schon zu eng war, ihre um so üppigere Tscherkessinnentracht mit den Zigeunermünzen und das echt seidene Pluderhosengewand der Tante Julie. Ich belehrte meine Schulfreundinnen, daß sie eine orientalische Türkin sei. Frau Kitzinger trug ein ähnliches Kostüm, dessen Leihgebühr aber noch einmal so hoch war. Vorne auf dem Turban blitzte der diamantene Halbmond. Darüber erhob sich ein glänzender Wisch aus Pferdehaar oder, wie uns Kindern deuchte, ein silberweißer Gamsbart.

Die Siamesischen Drillinge mit vier Füßen, drei Köpfen und zwei Armen interessierten mich lebhaft, jedoch keineswegs im Glauben, daß sie zusammengewachsen wären, sondern aus Neugier, wohin sie ihre übrigen Gliedmaßen getan hätten. Ich konnte es meinen Freundinnen bald erklären. Einmal im Fasching gab es ein Dampfschiff. Es schaukelte, von vier Ochsen gezogen, über einen See von Eis und Kot und Schnee. Der Schmutz spritzte unter seinen Rädern hinweg, daß es eine Lust war. In der Höhe flatterten bunte Fähnchen und Wimpelketten. Blau-weiße Matrosen winkten vom Mast, und aus dem Schlot stieg eine wirkliche Rauchwolke.

Ein Kasperltheater, ich weiß nicht, wann, regte mich zu Lachen und Weinen und atemloser Spannung auf. Ich wäre am liebsten bis in die Nacht davor gestanden. Der grausam gespießte Drache und der tote Teufel hingen schon eine Weile schlaff aus der Bühne und purzelten, als ein paar Kinder sie anrührten, in die Versenkung; die Zuschauer verliefen sich, und ich erhoffte immer noch sehnsüchtig ein Lebenszeichen. Trotz der bengalischen Beleuchtung der lieblichen Lampions war das Volksfest für mich erloschen.

Die mächtigste Anziehungskraft eines anderen Jahres, eine Sehenswürdigkeit von unauslöschlich tiefem Eindruck, war jene Bude in der Walchenau, deren dunkelgehüteter Inhalt nur vom Hörensagen meine Phantasie zu wilden Mutmaßungen erhitzte. Nicht eben groß, halb Zelt, halb Bude, und recht fremdländisch mit alten Bettvorlegern und Teppichen zugedeckt, lockte das Geheimnis immerdar Ströme von Beschauern herbei. Wer hineintrat, verschwand sogleich zwischen rollenden Vorhängen und ließ uns nur den kurzen Dämmer eines roten Lichts erspähen. Man hörte Kreischen und Lachen. Im schmalen hohen Schlitz der Eingangstür stand Herr Walcher, als Zauberer gekleidet; er hielt einen Zauberstab. Grüne Schlangen und graue Totenbeine kreuzten sich unheimlich auf seiner Kutte. Er grinste mit scharfgeschminktem, kaum kenntlichem Gesicht und rief von Zeit zu Zeit im Schauderton:

Hereinspaziert, meine Damen und Herren! Rrriesenpanoptikum und Rrrraritätenkabinett. Entré 50 Heller.

Wir Kinder zappelten förmlich, um zu erfahren, was sich hinter diesen rätselhaften Worten versteckte. Doch der Preis war für uns unerschwinglich.

Einen stets freudig begehrten Anwert bei Bauern und Stadtherrschaften hatte das Theater. Die Bühne, welche seinerzeit von Vater und Herrn Walcher errichtet worden war, bestand noch und wurde mit zunehmender Erfahrung und besonders durch das Geschick des Herrn Tapezierers Schrögnauer vielfach verbessert. Unsere Eltern, die Frau Prünster und jener Uhrmacher, der überallhin seinen zahmen Affen mitnahm, kurz die ledigen Leute von damals sah ich als Respektspersonen nicht mehr auftreten; es ging ihnen aber ein guter Ruf nach. Jetzt war Onkel Fritz der Capo, wie er sagte. Er bestellte Volksstücke und Bauernstücke. Einmal lernte das Fräulein Cäcilie Kitzinger bei ihrer Gouvernante ein Lustspiel. Es waren leider nur zwei Personen, ein feiner Herr und eine feine Dame in einem feinen Salon, die, soviel ich begriff, wegen eines Liebesstreites immer hin- und hergingen. Was mich am meisten fesselte, die braunen, schwermütig bewegten Augen der Braut und das Margaritchenzerzupfen, versuchte ich lange ehrgeizig nachzuahmen. Wenn mir Hildegard, Nannerl und Ida beteuerten, daß ich dem Fräulein Cäcilia schon ganz ähnlich sähe, war ich hochbefriedigt.

Eine wunderbare Erinnerung leuchtet aus früher Kindheit. Ich könnte nicht sicher sagen, wo die Bühne aufgestellt war. Onkel Fritz ist wohl noch ledig gewesen, und die blonde Fischer Adelheid erscheint mir als schmächtig junge Mädchengestalt. Sie spielte die Hauptrolle in einem historischen Drama. Meine Erwartung und Vorfreude erlitt eine ganze Woche lang furchtbare Foltern. Denn die Gemeinde bekam die Lizenz nicht, und Vater mußte dreimal beim Bezirkshauptmann Baron Esebeck in Gröbming vorsprechen, bis ihm endlich die Aufführung schwarz auf weiß bewilligt wurde.

Zum Entgelt drängte ich mich dann freilich eine Stunde zu bald in die erste Reihe. Und wie ein Inselchen aus ferner Verschwommenheit hebt sich heut noch sichtbar der grüne Rasenpolster, den ich mit meinen stumpfen schwarzen Schuhen langsam in den Grund wetzte. Dann sehe ich den Vorhang ruckweise sich aufrollen; meine Ungeduld steigerte sich ins Fieberhafte, da er eine Zeitlang über Füßen und Waden steckenblieb. Von der Handlung merkte ich nur voll Genugtuung, daß viele Personen spielten.

Doch ihren Höhepunkt empfand ich schon ganz richtig wie die großen Leute. Ein Staunen und Raunen begrüßte den Onkel Fritz, als er in atlasblauem Rokoko mit Zopfperücke und Dreispitz zwischen den ausgeschnitzelten Baumkulissen hervortrat. Die arme blonde Müllerstochter hielt wie geblendet ihre zuckerweiße Putzschürze über die Augen. Das Publikum begann zu schluchzen, und mir bebte das Herz, als er mit ergreifender Stimme sagte:

Geliebte! Niemals sollst du erfahren, daß ich der Kaisar Josef bin!

Obwohl der gerühmte Ruf solcher Feste jedes Jahr mehr Besucher anlockte, reichten die Einnahmen niemals für die verschwenderische Unternehmung hin. Nachdem der Festjubel verrauscht war, meldeten sich die Gläubiger nüchtern mit ziemlich hohen Rechnungen, die ärmeren Schuldner brachten die Kostüme beschädigt und ohne Entgelt zurück. Onkel Fritz addierte, subtrahierte, multiplizierte und dividierte. Aber wie viele Zettel er damit auch vertat, es ergab sich immer eine Differenz zwischen Soll und Haben. Und dem Vater blieb nichts übrig: er mußte zuletzt die Spesen zahlen.

DIE SCHULFEIER

Eine Feierlichkeit gab es im Jahr, an der unser Vater weder mit Freuden noch mit Nachwehen beteiligt war. Er bezeigte ja wohl auch keinen Sinn hiefür. Und da er anderseits nie befragt und zur Mitwirkung beigezogen wurde, befand er sich füglich auch niemals unter den Festgästen. Ich vermißte seine Anwesenheit sehr, denn die Veranstaltung war eine Feier zugunsten der winterlichen Schulsuppe. Sie fand jährlich mit großem Pomp um die sommerliche Zeit des Kaiserfestes statt, und ich prangte dabei stets mit einer Vorzugsrolle, das heißt, ich mußte möglichst schön gekleidet ein möglichst langes Gedicht aufsagen. Auch in das schüttere Schöcklein der Solistinnen wurde ich gewählt. Die Gesangsproben begannen schon im Mai. In dieser Kunst aber mangelte mir die innere Sicherheit. Ich fühlte gleich, daß mir die Kitzinger-Kinder, die Grogger Therese und ein paar Bauernmädchen über waren. Sie merkten sich eine Melodie viel schneller; das beste Gehör hatte die Inspektor-Mitzi, die sich ansonst in der Schule mit nichts befaßte und ihren Kopf nur zu Schelmereien gebrauchte. Sie trillerte wie ein lustiger Vogel; kein Ton ging ihr fehl. Ihre Mutter und die Frau Tremel stammten aus der Familie Gretler in Rottenmann. Darin gab es seit jeher tüchtige Geigenspieler. Ein Vorfahr war Leibmusikant des Prinzen Johann gewesen. Das wußten wir Kinder damals nicht. Und Mitzi bildete sich auf andere Sachen etwas ein, zum Beispiel, daß sie in einer Stadt geboren war.

Wir mußten in der Singstunde sehr oft nebeneinander stehn und füllten jeden möglichen Augenblick mit Schwätzen aus. Denn bei aller Verschiedenheit hatten wir eines gemeinsam, es fehlte uns jeder Ehrgeiz. Eine Sache erlernen zu wollen fiel uns gar nicht ein. Wir glänzten mit dem, was uns gleichsam im Schlaf geschenkt war. Mitzi gönnte mir meine „Sehr gut" im Zeugnis neidlos, und ich hinwieder verfiel, sobald Herr Lehrer Walcher zu uns herhorchte, in musikalische Hauchtöne, vertrauend, daß meine Freundin ersetzte, was mir abging.

Immerhin wurde ich, von ihrer Sicherheit gestützt, im Laufe der vielen Schuljahre eine tapfere Sängerin, und mein Sopran hielt ohne Wanken stand, da konnte es rechts und links noch so traurig falsch gehen. Ich traf hinsichtlich Text und Ton eine eigentümliche Auswahl, bezeigte wenig Vorliebe für helle, schnelle und heitere Lieder. Auch Jodler und bäuerliche Volksweisen, die uns Herr Walcher mit dem tanzenden Strich seiner Violine beibrachte, hatten bei mir keinen Anwert. Mir schien all dies eher für meine Schwester Hildegard passend, weil sie öfter Kühtreiben ging und nach Ansicht der Erwachsenen ein halber Bub war. Es gab Melodien, die mir ausgesprochen mißtönig vorkamen. So stand auf der Stufenleiter meines Geschmacks ganz zuunterst „Prinz Eugen, der edle Ritter". „Hopp, hopp, hopp, wer will unter die Soldaten" und ähnliche Knabenlieder verachtete ich ebenfalls. Ziemlich gering schätzte ich „Die Forelle", „Froh wie die Libell am Teich", „Hinaus in die Ferne" und „Blaue Luft". Schon etwas höher im Rang stand der Wanderrhythmus „Wem Gott will rechte Gunst erweisen" und das deutsche Weihelied „Stimmt mit an mit hellem hohen Klang"; es leitete bereits zu jenem gemessenen Tempo über, das meiner schwerer beweglichen Natur entsprach. Ich sang gerne und in melancholischer Rührung schwelgend „Muttersprache, Mutterlaut", „O hast du noch ein Mütterlein", „Üb immer Treu und Redlichkeit", „Zu Mantua in Banden", „Guter Mond", „Droben stehet die Kapelle", „In einem kühlen Grunde", „Ich hab mich ergeben mit Herz und mit Hand", „So leb denn wohl", „Ich hatt' einen Kameraden".

Einmal zum Abschiedsschmerz gestimmt, trug ich Herrn Lehrer Walcher noch zwei Lieder vor, genau so wie unsere Hausmagd und die Huber Kathi beim Sackflicken in schauerlichem Tonfall sangen: „Die Sonne sank im Westen, mit ihr beginnt die Schlacht..." Dabei sah ich bildhaft deutlich einen armen Soldaten auf die Erde gestützt. Zum andern sah ich einen Zug Auswanderer in ein weißes Segelschiff steigen und empfand bange miterlebend: „Die Zeit und Stunde ist schon da — wir reisen nach Amerika". Dem Herrn Walcher gefiel es nicht. Er schüttelte zuletzt den Kopf und sagte, das seien gewöhnliche Scharwachtlieder.

Als erhabenste, kostbarste Seltenheit, nur zwei, dreimal im Jahr wurde die Kaiserhymne geübt. Wir konnten, vielleicht durch das Erbteil der Geschlechter, alle vier Strophen ungelernt auswendig. Ihr Klang war uns eingehämmert, und ihr Sinn entrückt der menschlichen Kritik, wie die unnahbare und unverletzliche Majestät selber. Sogar meine immer schulmeisternde Geschäftigkeit meldete sich zu

keiner Verbesserung, wenn rechter Hand von mir ein paar Knaben-
stimmen mit mannhaft dröhnendem Ernste sangen:

Laßt uns seine Federkrone
Schirmen wider jeden Feind.

Die heilige Andacht löschte alle Gedanken. Ich hörte es und hörte
es nicht.

Für die Schulfeier ordnete Herr Inspektor jeden Sommer ein
anderes Liederspiel an. Er selber stand neben dem Klavier und leitete
in regelmäßiger Abwechslung Chor und Deklamation. Seltsam
genug hat mein Gedächtnis nur wenig Spuren davon bewahrt.
Stattdes weiß ich mit voller Deutlichkeit, wie der Kitzinger Ferdi und
die Kitzinger Justi drei Monate hindurch in der Singstunde stumm
und regungslos artig herstanden. Sie hatten Trauer, weil ihre
Schwester Emilie im Pensionat gestorben war. Ich schaute ihnen
gern auf die fest geschlossenen Lippen und war überzeugt, daß einzig
ihnen diese feine Ausnahme gebühre.

Anfänglich fanden die Schulfeiern in der 2. Klasse statt, später im
Fischer-Saalbau.

Hier trat ich einmal vor ausgewählten Zuhörern als Sängerin auf.
In der ersten Reihe, vielleicht drei Schritt vom Podium entfernt,
saßen sämtliche Adelige. Die Herren teils uniformiert, teils in
steirischer Herrentracht. Die Damen trugen Riesenhüte, mit
Schleierspitzen, Samtmaschen und prachtvollen Kunstbuketten
geschmückt. Ihre Kleider, enggeschnürt, bauschten sich an Brust
und Ärmeln. Der Rocksaum fiel in faltiger Glocke auseinander.
Ältere Damen richteten ihr Lorgnon auf uns. Der Herr Pfarrer und
der Graf Bardeau musterten mit verschränkten Armen behaglich
und unter gegenseitigen Bemerkungen einzelne Schüler. Man hörte
oder fühlte sie Namen flüstern und glaubte, von einem Fuß auf den
andern tretend, daß man aus irgendeinem Grunde Mißfallen errege.
Aus der zweiten Reihe, wo die Hautevolee von Öblarn saß, tauchte
würdebewußt die Miene der Frau Kitzinger und, etwas ängstlich
gespreizt, das Gesichtlein der Frau Schulinspektor Tremel hervor.
Schmuckstücke blitzten uns entgegen, man wagte nicht mehr zu
schauen, von wo. In der dritten oder vierten Reihe, schon bescheiden
verschwindend, dennoch mit der ganzen Gewalt ihres erziehlich
kritischen Ausdrucks nickte mir unsere Mutter zu. Sie bangte
vielleicht ebenso für mein Auftreten wie ich selbst. Der Herr
Inspektor hatte mich nämlich mit der Glanzleistung des Abends
betraut.

Mir verging vor Beklommenheit beinahe der Atem. Denn ich war Prüfungsängste nicht gewohnt. Alles Lob, das ich während eines Jahres spielerisch und selbstverständlich aufhob, zerstäubte nichtswürdig vor dem immerdar schlechten musikalischen Gewissen. Wie ein armer Sünder seine kurze Galgenfrist abnehmen sieht, rechnete ich von der hektographierten lilaverwaschenen Einladung jede erledigte Nummer ab. Vor mir, glaube ich, kam ein Bergmannslied, und ein Knabe, der in Knappentracht etwas aufsagte, vielleicht auch das Kräutermädchen mit dem Blumenkorb oder die Schnitterin mit der Sichel; ich hörte im Takt der Gesänge noch das helle Dängeln und Hämmerpochen und weiß, daß ein Menschentagwerk mit Arbeit und Andacht dargestellt wurde. Mein Programmpunkt hieß: Das Gebet. Er rückte näher und näher. Ich zupfte, zwischen die Mitschüler gepfercht, unzählige Male die Rosetten und die Bänder meines weißen Hängekleides zurecht, löste den gekrausten Haarmantel von fremden Knöpfen und versuchte das schwere Kunststück, mein Gebetbuch und den Rosenkranz mit schön gefalteten Händen an das Herz zu drücken. Indessen sagte der Knabe bereits seine letzte Strophe auf; noch eine Verneigung, das Publikum klatschte freundlichlangen Beifall und dann... dann war der Augenblick gekommen.

Mir wurde schwindlig zum Versinken, als Herr Inspektor Tremel mich ansah und dabei der Kitzinger-Gouvernante die Klaviernoten umblätterte.

Herr Walcher teilte mit seinem Geigenbogen den Sopran und den Alt; ein puffendes Gewurl von heißen Kindsleibern bewegte mich vorwärts, bis ich ganz allein an der Stufenkante stand. Vor meinen flammenden Augen erschienen die vielen Sitzreihen zugleich. Ich wußte am deutlichsten darin das besorgte Lächeln meiner Mutter.

Beim Auftakt des Vorspiels setzte pünktlich der Chor ein. Wir sangen zweistimmig ein frommes Lied, dessen Wort und Weise ich um keinen Preis der Welt wiederholen könnte. Nach einem Übergang von Moll in Dur, der für mich ein leeres Luftschnappen war, begann ich mit streng gefalteten Händen und steif vor eingelernter Bravheit mein Solo. Es hatte einen melodisch wiegenden Tonfall und nur vier Textzeilen. Die letzte wurde ein zweitesmal mit tiefem Ausklang gesungen. Dann übernahm der Chor den hundertfachen Widerhall meiner bebenden Stimme. Ob das Publikum Beifall spendete, weiß ich nicht mehr. Meine Erleichterung war recht schwach und ungewiß. Mit einem Gottseidank, daß es wenigstens aus war, wollte ich eben in die Schar der Mädchen zurücktreten, als

Herr Inspektor, unten stehend, mich an der Kittelrüsche fing. Er blickte mich aus seinen gebuschten Brauen ernsthaft an und sagte: Bist du noch bei Stimme?

Ich wußte nichts darauf zu antworten, faßte aber seine Frage richtig für einen Befehl und blieb, weil ich niemals einer peinlichen Sache auswich, gehorsam stehn, während er unter dem gedämpften Murmeln der Zuhörer die Wiederholung anordnete. Freilich quoll mir bei den bangen Mollakkorden das Wasser in die Augen, denn noch niemals, seit es Schulfeiern gab, hatte ein Kind seine Aufgabe verbessern müssen. Ich hörte vor Beschämung überhaupt nichts mehr und erwartete angstbetäubt nur noch meinen Augenblick. Als mir Herr Inspektor das Zeichen gab, beherrschte ich das Zittern meiner gefalteten Hände und sang durch einen farbenkreisenden Tränenschleier so laut und inbrünstig, als wenn es um alle Seligkeit ginge:

Erhöre Deiner Kinder Flehn / Und schenk uns huldvoll Deine Gnade,

Daß wir der Tugend goldne Pfade / Durchs Leben freudig immer gehn,

Durchs Leben freudig immer gehn.

Und schenk uns huldvoll Deine Gnade! fiel der Stimmenchor rauschend um mich zusammen. Was dann folgte, ist an meinem Gedächtnis haltlos und spurlos vorbeigewischt. Als die Schulkinder nach erfüllter Pflicht hungrig und durstig zum Würstelstand hinaustrampelten, suchte ich im Gedränge meine Mutter und faßte von hinten zaghaft ihre Hand. Nach einer Weile flüsterte ich:

Hats falsch tan?

Nein, gar nicht, antwortete sie sachlich. Die Herrschaften waren mit dem Lied zufrieden. Drum ist es nochmals verlangt worden...

Zum ehrenvollsten Auftritt in der Öffentlichkeit verpflichtete mich die Schiller-Feier Anno 1905.

Eigentlich hätte man meine Schwester Hildegard dazu ausersehn müssen, weil ihr vorzügliches Gedächtnis jede Anzahl von Strophen spielend bewältigte. Doch ihr Naturell eignete sich nicht für feierliche Themen. So durfte ich ein Glanzstück von Schillers Romanzen deklamieren.

Ich habe es mir, in unserm Kindergarten versteckt, wohl hundertmal eingelernt.

Der Graf von Habsburg
Zu Aachen in seiner Kaiserpracht,
Im altertümlichen Saale

Saß König Rudolfs heilige Macht,
Beim festlichen Krönungsmahle.
Die Speisen trug der Pfalzgraf des Rheins,
Es schenkte der Böhme des perlenden Weins,
Und alle die Wähler, die sieben,
Wie der Sterne Chor um die Sonne sich stellt,
Umstanden geschäftig den Herrscher der Welt,
Die Würde des Amtes zu üben.

Und meine Phantasie malte sich, von poetischem Entzücken und patriotischen Weihegefühlen entflammt, zu prunkvollen Bildern, was ich mit zitternden Worten begann, heiser, aber mit Schwung betonte und mit einer tiefen Verneigung abschloß.

Stürmischer Beifall belohnte mich.

Nach der Aufführung schlich ich zu meiner Mutter und fragte, nach Lob heischend:

Ich bin nit ein einzigesmal steckenblieben. Hab ich schön aufgesagt?

Sie schüttelte den Kopf, dann sagte sie bedauernd:

Nein, du hast recht geleiert.

SCHRECKENSBILDER

Ohne richtigen Zusammenhang, urplötzlich, wie uns Eindrücke überraschen, und heftig, wie sie mein Herz trafen, sind sie in mein Gedächtnis geprägt. Wir hielten vom Sandhaufen her noch Löffel und Gugelhupfmödel in der Hand und wischten unsere klebrige Nässe in die Schürzen, dann eilten wir den Schreien und Rufen näher und sahen vor dem Haus einen Menschenschwarm. Daraus hervor trugen zwei Männer den Onkel Fritz. Arme und Beine baumelten wie tot herab. Er hatte ein großes Plakat an die Wand nageln wollen und war von der Leiter gestürzt. Die Leiter stand noch da, und die Zuschauer versuchten nacheinander, ob sie wackle. Später schauten sie durch das offene Fenster in die Schreibkanzlei, wo Onkel Fritz auf dem Ledersofa lag.

Muaß er sterben? fragten wir unbeholfen und fassungslos vor dem entsetzlichen Anblick. Aber die Erwachsenen schoben uns beiseite, als hätten wir Kinder etwas Böses angestellt.

Nach ein paar Stunden erfuhren wir, daß Onkel Fritz lebte und gar keinen Schaden erlitten hatte. Er stand bald wieder frisch auf den Füßen. Doch Tante Julie grollte recht erbittert über seinen Unglücksfall und verbot ihm, für den reichen Bruder derlei knechtische Dienste und Waghalsigkeiten zu vollführen; es half ihr wenig, denn er hatte selbst eine kindliche Freude an Plakaten und Dekorationsarbeiten. Und in seinem zugriffslustigen Eifer blieb er ebenfalls unverbesserlich.

Einmal, ich habe die Jahrzahl längst vergessen, schlug in der Nacht die große Kirchenglocke an, ruckweise, unregelmäßig, fast wie eine atemlose Menschenstimme. Bald gellten und wimmerten die kleineren dazu. Wir Kinder hüpften mit einem Satz aus den Betten. Ein Hornist blies in der trüben Dunkelheit nahe und immer ferner, Fackeln mit einer langen, windverbogenen Flamme bewegten sich gegen die Feuerwehrhütte, das runde Tor wurde licht. Menschen, die auf der Straße gegeneinander liefen, schrien sich keuchend etwas zu. Wir verstanden immer nur:

Der Bach, der Bach.

Wir mußten uns ganz ankleiden. Indes sagte Mutter zur Beruhigung, bis zu unserm Haus rinne er schwerlich. Aber wir wollten es nicht glauben und gingen von der Fensterbank nicht fort. Ein wahres Fieber vor Kälte und Aufregung beutelte uns. Wenn wir aber den Hornisten schwächer hörten und das Schauspiel von Licht und Schatten auslosch, so war uns leid, und wir wünschten, ehrlich gesagt, der Bach solle doch kommen. Sogar die erwachsenen Leute empfanden vielleicht ein ähnlich unheimliches Grauen, mit Lust gemischt. So brachte Frau Kofler eiligst ihre kleine Nannerl, dazu ein Bündel Kleider, Eßsachen und den Schulpack. Wir sollten sie dabehalten, weil das Wasser ja bald das Thorschusterhaus überschwemmen werde. Anhaben hätte es dem starken steinernen Grundgemäuer nichts können; und wenn, so wäre es ebenso in unser Erdgeschoß gebrochen, aber sie dachte nichts mehr, sie war von Unheilsbotschaften wie berauscht, und die Nannerl wollte bei uns sein.

Im Hofhaus hatten sie indessen schon Licht gemacht. Wir sahen Schatten huschen. Bald erschien Onkel Fritz in Feuerwehrausrüstung, um von uns Abschied zu nehmen. Ihm folgte Tante Julie; sie wollte ihn nicht gehen lassen und besprengte ihn unter Vorwürfen und Ermahnungen mit Weihbrunn. Er antwortete: Höchste Zeit! Vor der Feuerwehrhütte sah man keinen Menschen mehr. Alle Ortsbürger waren in den Walchengraben marschiert. Vom Berg kamen schon die Bauern zu Hilfe. Die Glocken hallten langsam aus. Man hörte durch die Nacht das Bachgetös und übermächtig gebrüllte Rufe. Der Herr Bürgermeister Fischer und Onkel Josef als Feuerwehrhauptmann führten das Kommando.

In jedem Haus wurde fleißig Tee gekocht. Die Buben, welche die Hafen brachten oder abholten und wer vom Zuschauen heimging, schreckte uns mit Schilderungen und Prophezeiungen.

Wenn es nicht bald anders wird, behaupteten sie, dann ist das ganze Dörfel hin.

Tante Julie fragte jedesmal nach dem Onkel Fritz und trug jedermann fürsorglich diese und jene Post auf. In der grauen Frühe stand er plötzlich in der Küchentür. Seine Hose schlotterte schwer von Morast und Lehm. Wir schnürten ihm die zerweichten Schuhe auf. Jemand hielt ihm ein warmes Getränk hin. Doch er beachtete es kaum im unermüdlichen Fluß des Erzählens.

Er sprach so, wie er Theaterstücke zum besten gab, mit gewählterem Ausdruck und feierlichen Gebärden.

Uns Kindern ging es heiß und kalt über den Rücken. Wir

schwelgten im Schauerlichen. Nichts war uns genug. Wenn er eines Atems Länge innehielt, drängten wir begierig:

Und nachher?

So wohlbehütet im sichern Nest, faßten wir gar nicht, was die Walchen anrichtete.

Die leichteren Brücken waren vom Anprall des Hochwassers schon zerstört. Auch die breite starke Dorfbrücke begann haltlos zu schwanken. Eine Blutbuche wurde vom Ufer gerissen wie nichts. Sie verspreizte sich mit vielen andern Bäumchen, Holzstücken, Brettern und Heuballen unter dem Durchlaß, der von Steinblöcken ohnehin immer seichter wurde. Das Geröll tat wie ein unaufhörlicher Donner. Kleine lehmige Wasserzungen leckten auf die Straße. Da ließ der Herr Bürgermeister Fischer das Brückenkreuz mit dem lebensgroßen Christuskörper abheben und in den Friedhof tragen.

Die ganze Gemeinde hatte vereint mit allen Kräften gearbeitet, um an Stellen, wo sich der Bach verklauste, wieder eine Bahn aufzureißen. Anderwärts, wo er die Au und die schmale Wiese mitnahm, dämmten sie die stattlichsten Fichten, so grün, wie sie gefällt wurden, als Böschung ein. Sie brauchten dazu faustdicke Eisenketten, oft konnten viele einen Baum nicht halten. Er hutschte ihnen unter den Zabbeln davon, was aber hängenblieb, war nach wenig Stunden ein glattgeschliffener Besen ohne Nadeln, mitunter sogar ohne Rinde.

Wir sahen es mit eigenem Aug, als uns Mutter am nächsten Vormittag in den Graben mitnahm. Wir mußten Umwege gehn. Schon zwischen dem Kaufmann Kitzinger und dem Kaufmann Waidhofer war Erdreich in die wilde Strömung geritten, und der Steg, auf welchem sonst zum Ärger für beide die Kundschaften hin und her gingen, war mitten entzwei und mit Trümmern verrammelt. Keuschen und Ställe standen unter Wasser, Mauerecken klafften offen, das arme Vieh graste auf der steilen Bergleite. Ertrunkene Ferkel, Säue und Hühner lagen in einem Winkel halb vermurt. In den Grasbuchten schwammen sauber geklobene Holzscheite, die letzten Überbleibsel etlicher Holzschupfen, die bis gestern noch von ausdauerndem Winterfleiß vollgeschichtet neben der Knappenstraße gestanden hatten. Nun gab es keine Straße mehr. Wo der Bach um Mittag etwas abebbte, blinkte aus gelben Lacken ein Schotterbett. Sogar die Bloche beim Sägewerk waren überwälzt. Der Graben bergauf litt keinen Menschentritt; er lag bis zu den Felsen bloßgeschürft.

In der Nacht staute sich das Wasser noch einmal von der Schmelz, die tagsüber in den Tauern zusammensickerte. Dann schwoll die Enns, von vielen solchen Wildbächen gespeist. Wir stiegen auf den Dachboden und sahen das Tal in einen See verwandelt. Die Züge blieben aus. Niemand mochte zum Schloß Gstatt. Als der Finsterfeuchter von der Grimmingseite her um den Doktor watete, verlor er die Straße unter sich und ertrank. Futterhaufen und Heustadel fuhren majestätisch auf dem blauen Spiegel dahin. Eine Wiege schaukelte kreisum.

Wir Kinder hatten für nichts anderes mehr Sinn, wir wollten immer recht nahe der Überschwemmung sein. Und wenn uns am Morgen vorkam, sie sei noch höher gegen das Dorf gestiegen, so riefen wir es in grausiger Tonart den Erwachsenen zu. Heimlich freuten wir uns. Es bedeutete uns eine fast unbeschreiblich aufregende Lust, mit anzuschauen, wie Gstatter Jäger auf einer Bretterstiege in den Oberstock des Dienerhauses gaukelten und im Fenster verschwanden. Noch heftiger zog uns das Schifferlfahren. Doch leider, unsere Mutter erlaubte es nicht.

Das Hochwasser kam alle Jahre. Wenn es nicht das milde Pfingstwetter herabtaute, so verschüttete es ein Wolkenbruch oder der graue unerschöpfliche Septemberhimmel. Freilich hatte es nicht immer gleiche Gewalt, und so tief wie in alter Zeit wurde das Dorf nie mehr in Sand vergraben. Aber die Leute prophezeiten es stets von neuem und kämpften, im Grunde machtlos, wie geschäftig wurlende Ameisen gegen die Elemente. Obwohl sie die Gefahr mitunter aufbauschten, der Schaden stellte sich gewiß ein. Immer und jedes Jahr bröckelte ein Erdäpfelacker, ein Grasfleck, eine Ziegenweide, ein Stück Streuwiesensumpf von ihrem Grundbesitz ab. Immer mußten sie Obstbäume und Gärten aus der Verwüstung schaufeln.

Eine andere Erinnerung haucht mich jeden Vorfrühling aus den tauenden Schneekrusten an.

Wenn Ende Februar oder im März die Sonne schon stark auf den hohen Schnee heizte und die Landschaft hell und grell leuchtete, war es vorbei mit der Schlittbahn. Auch beim Eisrutschen spritzte uns das Wasser ins Gesicht. In den Höfen schwabbte das Erdreich, von den Dächern rann die Traufe; besonders vom Tenn, der einen hülzenen Wasserspeier hatte, kam ein platschender Guß; da die Mutter uns früh auf Kneippkuren abrichtete, stellten wir uns gerne darunter, freilich zu ihrem Entsetzen, denn sie mußte uns jedesmal frisch anziehen.

Aber noch mehr als das Wasser zog uns doch schon die Wärme. In der ganzen Umgebung gab es nur einen einzigen trockenen Fleck.

Der war unserem Hause schief gegenüber beim Uhrmacher Hotschevar. Die vier jungen Akazien, viel zu empfindsam für die rauhe Natur, gaben mit ihrem gestutzten Astgestrüpp keinen Schatten. An den Wurzeln dampfte die Feuchte, bei der Hauswand war es indes staubtrocken. Hier setzten wir unsere Kugeln an und ließen sie in leidenschaftlichem Spieleifer in den Kot hinausrollen. Jedes Kind hatte ein Säckchen, voller, leerer, je nachdem die Glücksgewinne sie verteilten. Weil ich sehr behutsam mit meinen Sachen umtat und nicht verlor, hatte ich immer die schönsten Kugeln, gläserne, größer wie Augäpfel, man konnte hindurchsehend die wunderbarsten Farbenornamente beobachten. Auch Marmorkugeln hatte ich, gewiß dreißig bis vierzig. Wenn sie einmal im rinnenden Pferdemist oder gar in den Kuhfladen steckenblieben, wurde ihre Schönheit sehr getrübt. Sie machten Spuren an der saubern Hausmauer, und unsere lebendigen Hände, weiß nicht, wie, beschmutzten sogar das blanke Schaufenster, hinter dem ganze Reihen von Taschenuhren, Weckern sowie Eheringe, Armbänder, Silber- und Goldketten mit „Glaube-Hoffnung-und-Liebe"-Anhängseln auf rötlich verblichenem Samt ausgestellt waren. Vielleicht gefiel uns manches so sehr, daß wir mit den Fingern auf das Glas tupften. Dann begab es sich, daß Herr Hotschevar plötzlich die Lupe vom Auge nahm und aus seinem Haus trat, um uns zu verjagen. Er war groß und stützte sich hinkend auf einen dicken Stock. Wenn er so dastand mit blaublitzenden Augen und langem Bart und uns mit dem Stockknüppel nachfuchtelte, schaute er aus wie Rübezahl in meinem Märchenbuch. Natürlich entwichen wir schreiend, dennoch ohne wirkliche Furcht.

Das Schreckensbild, welches mir oft und oft an dieser Stelle begegnete, war viel anders. Wenn ich nämlich Schiedsrichterin spielte und gerade die Spannen ausmaß oder mit einer Schulfreundin Kugerl tauschte, fünf marmorne galten für eine gläserne, in der besten Unterhaltung erscholl immer ein Gefluch, das mir durch Mark und Bein ging. Ich konnte buchstäblich nicht mehr bis fünf zählen, ich ließ die Freundinnen Kugerl tauschen und Kugerlscheiben, wie sie wollten, und schaute steif gebannt dem langen Zug der Bergwerksgäule entgegen, die zwischen dem Thorschuster- und dem Thorschneiderhaus hervorkamen. Es war ein grausamer Anblick, wenn sie unter heftigen Peitschenhieben sich zu schnellerem Trab anstrengten und dann doch auf der ebenen Straße festrannten. Die schweren Truhen, mit Roherz hochgegupft, staken wie angewachsen in der apern Kotfurche. Da half kein Schlagen. Wohl rissen die magern, ausgemergelten Hengste mit schiefverzerrtem Gerippe wieder und wieder an den Anzen. Der Schweiß triefte schwarz über das braune stumpfe Fell. Und der dürre Schädel streckte sich lang aus dem schlechten Kummet. Nie werde ich diese Qual vergessen. Sie würgte mich selber im Hals, und die Hiebe taten mir ebenso oder mehr wehe als die Rutenstreiche, die ich mitunter bekam.

Wenn meine Mutter die Schinderei bemerkte, trat sie zornfunkelnd ins Haustor. Viel Worte waren ihr nicht gegeben. Sie rief mit ihrer hellen gewaltigen Stimme meistens nur:

Es is neamer a leichts!

So wurde dieser vertraute Tadel für mich noch inhaltsschwerer. Aber auch den Erzführern machte er Eindruck. Sie schaufelten murrend Erz aus der Schlitt-Truhe. Es kam vor, daß die Mißhandlung den Augen meiner Mutter entging und die Knechte ihr Fuhrwerk ein Stück weiterpeitschten. Dann wußte ich noch eine Zuflucht. Ich schrie verzweifelt gegen das Hofhaus: Tante Julie, Tante Julie! Sie stand ohnehin auf dem Balkon. Alsbald erschien ihr Gesicht in der Umrahmung vieler winzig gekräuselter Löckchen zwischen den fichtengrünen Gittern.

Der Balkon war im Winter mit Reisig, Bäumen, Futterhäuschen, aufgehängten Nüssen, Unschlittnäpfen und Schaukeln zu einer großen Menagerie verwandelt. Es schwirrte von Vögeln. Tal- und Bergvögel, auch ganz seltene Arten waren hier Stammgäste und bekamen eine Mahlzeit nach Wunsch. Manche stritten und rauften und fuhren mit gesträubten Flügeln gegeneinander los. Andere leisteten sich wahre Turnkunststückchen und purzelten kopfüber, ohne von ihrer Hutsche zu fallen. Eine arme Schopfmeise, die einfüßig über das Geländer stelzte, mußte Tante Julie immer beschützen. Sie war zahm und pickte ihr die Körner aus der Hand.

Ich sah alles beinahe unbewußt und hörte durch das schrille Vogelzwitschern Tante Julies tiefere, etwas verschleierte Altstimme auf die groben Knechte herabsprechen.

Es sei eine himmelschreiende Roheit. Sie werde diese nicht gut sein lassen und alles schriftlich zur Anzeige bringen, sagte sie gerne.

Und das war nicht gelogen. In ihrer angebornen Neigung zum Schreiben setzte sie tatsächlich oft halbe Nächte lang mit aristokratischen Buchstaben die schönsten Briefe auf. Leider war ihr keine genaue Adresse bekannt. Die Anzeigen wurden vielleicht gar nicht in den Postkasten geworfen. Mich tröstete es jedenfalls im Augenblick. Die Erzführer, glaube ich, nahmen ihre Drohung nicht ernst. So befahl sie immer einmal dem Onkel Fritz, er solle Ordnung machen.

Onkel Fritz, gleichfalls ein warmherziger Tierfreund, trat, durch ihre Empörung angeeifert, recht herrisch auf und sprach, wie es auch der Großvater getan hatte, mit den Knechten in der dritten Person. Bald aber verfiel er den Eigenheiten der Großmutter, die eine red- und leutselige Frau gewesen war, sein anfänglicher Zornausbruch milderte sich zu einem schier endlosen Gespräch. Schließlich legte er selber noch hilfreich Hand an.

Während das Gewind sich höher schraubte und ein Drittel Ladung aus der schiefen Truhe an den Straßenrain rieselte, wurde auch mir das Herz leichter. Ich wühlte neugierig in den silbergrauen, gelblich glitzernden Brocken, malte mir das Bergwerk phantastisch mit Höhlen und feuerspeienden „Hunden" aus und plagte mich auch mit dem Einfall, wie man es anstellen müßte, die Goldmacherei zu erfinden. In solcher Nachdenklichkeit verweilte ich bei den Erzhaufen, bis die Knechte vom Bahnhof um die zweite Fuhre kamen oder Tante Julie mich und den Onkel Fritz nach Hause rief. Sie war mit ihm nicht zufrieden und gab ihm zu bedenken, wie unvorsichtig er sich wieder strapaziert habe. Ihr nervöses Gemüt sah ihn öfter in Leib- und Lebensgefahr.

Besondere Ursache hatte sie in jener Nacht, als er dem Herrn Waidhofer vulgo Gschmeidler einen Freundschaftsdienst erwies.

Die beiden Männer waren Schulkameraden und hatten beim Militär als Ersatzreservisten gedient. Alle zwei Jahre rückten sie mitsammen zur Waffenübung ein. Auch bei der Öblarner Blechmusik standen sie nebeneinander. Onkel Fritz mit der Trompete, Herr Waidhofer mit der Pikkolopfeife.

Seine schmächtige Figur verschwand unter den Dorfbürgern. Dafür kam sie in der leeren Kirchenbank zur Geltung. Er fehlte keinen Sonntag. Er stiftete fleißig Hochämter und dicke Wachskerzen. In seiner kleinen Krämerei konnte man neben den üblichen Waren weiße, blaue und rote Perlrosenkränze, Weihbrunnkessel und goldgerahmte Heiligenbilder bewundern. Im Winter verkaufte er wunderlieblich geschnitzte Krippenmännlein in alter Bauerntracht. Wenn wir zu Advent das Moos zwischen die Fenster gepolstert hatten, gab uns Mutter eine Krone, so konnten wir jedes Jahr unsern Anbetungszug mit Senninnen, Bauern, Klampferern, Webern, Zimmerleuten, Jägern, Brotträgern und Hirten vermehren, und der Viehstand wurde auch immer größer.

Die Leute nannten den Herrn Waidhofer geringschätzig einen Betbruder, und man verspottete ihn, weil er damals noch keine Frau hatte. Er lebte im ehrbarsten Junggesellenstand, und seine Schwester Kathi, Jungfrau und ebenso unbescholten, führte die Wirtschaft.

Als er mit seiner anspruchslosen Zurückgezogenheit schon eine schöne Summe im Sparkassenbuch hatte, kam er auf eine Idee, die niemand von ihm erwartete. Er begann zu bauen. Schneller, als wir Kinder begriffen, wuchs neben dem geduckten altersschwarzen Schindeldach ein großartiges Warenhaus in die Höhe. Unser Neugebäude war nichts dagegen; selbst den reichen Kitzinger schmälerte der Vergleich. Und nur wer schon in einer Stadt gewesen war, hatte solche Auslagfenster gesehen.

Vielleicht wollte Herr Waidhofer heiraten, mutmaßten die Leute. Sein Bruder Matthias, von Beruf Tischler, machte für das Geschäft eine gediegene Einrichtung. Die Waren wurden nun in großem Ausmaß angekauft. Ein paar forsche Kommis bedienten. Sie warfen Ladenhocker, zerbrochenen Krimskrams samt dem Makulaturpapier in den Dachboden. Neben diesem provisorischen Magazin lagen schon fertig ausgebaut ihre Zimmer. So erzählten die Leute wenigstens später. Der ganze Ort wunderte sich über die Unternehmung, welcher dieser stille Mann fähig war.

Einmal in der Nacht weckte uns lautes Kirchengeläute vom Bett auf. Wir taumelten noch verschlafen und ganz unwissend, dieweilen uns Mutter die Patschen anzog und über Hemd und Nachtjacke die langen braunen Kapuzinermäntel hüllte. Dann durften wir ins Herrschaftszimmer gehn, wo die alte Herrschaftsdame im violetten Kleid mit einer goldenen Uhrkette und einer Spitzenrüsche über der Brust sich zu uns herabneigte und jede an der Hand nahm. Es war licht im Zimmer. Das Fräulein, welches so schön Klavier spielte, hatte wieder ein mattblaues Kleid an. Alle Erwachsenen schauten todernst. Beim Waidhofer, sagte sie. Von einer Hilfsfeuerwehr schmetterte laut ein Hornsignal, und die Glocken dröhnten. Dann machte die alte Dame die Tür auf und ließ uns auf die Terrasse.

Eine furchtbare Flammenlohe stieg kirchturmhoch und fiel über dem Dorf sprühend, spritzend und prasselnd auseinander. In steilem Bogen durchstaubte sie da und dort ein Wasserstrahl. Die Dachflächen und Giebel zeichneten sich finster vor unsern Augen. Aber der weite Himmel und die Landschaft verschwammen in einer glühenden Rauchwolke.

Als wir uns schon müde geschaut hatten, erlaubte die alte Dame, daß wir, auf ihrem Divan hingekauert, ein bißchen schliefen. Ins Bett ging niemand wegen der großen Gefahr, die über dem ganzen Ort lag.

Gegen Morgen wurden wir noch einmal ermuntert, weil Onkel Fritz mit der Feuerwehrkappe und so berußt und triefend, daß wir ihn kaum erkannten, im Zimmer stand. Er schilderte die Löscharbeit während der ganzen Nacht und die vermutliche Ursache:

Eine Zigarette, sagte er.

Sein geschwärztes, übernächtiges Gesicht war vielleicht von Mitgefühl noch verzerrter. Er redete unaufhörlich unter großen Handbewegungen. Alles ein Raub der Flammen! sagte er. Das ganze Zimmer roch vom Brand. Onkel Fritz hustete bellend, und Tante Julie prophezeite ihm eine Lungenentzündung.

Er hatte sich tatsächlich schwer verkühlt. Sein Herz, von Natur aus etwas tadelhaft, kämpfte nun öfters mit Beschwerden. So mußte er bei der Blechmusik seinen Austritt melden.

Herr Waidhofer machte vom Unglück weiter kein Aufsehen. Er trug es bescheiden und frettete sich mit der kleinen, angestammten Krämerei, die trotz der nächsten Nähe gar nicht viel Schaden erlitten hatte. Seine dicken Wachskerzen prangten weiter auf dem Altar, und genau wie früher stiftete er Ämter und Hochämter. Über eine Weile, auch als es niemand voraussah, fing er neuerlich zu bauen an. Dann überraschte er die Öblarner mit einer Ehefrau, die er durch die Kirchenzeitung in Augsburg kennengelernt hatte. Sie war nicht mehr die Jüngste, und Vermögen brachte sie wenig mit.

Das wurde wieder Anlaß zum Kritteln. Man zählte die guten Partien her, welche er unter den Einheimischen ausgeschlagen hatte. Und man munkelte, daß er sich bei seiner Geschäftsspekulation mit Schulden belastet habe.

Aber die fremde Frau lebte in ruhiger Zurückhaltung abseits und gab, aus einem größeren Gesichtskreis kommend, vielleicht gar keinen Widerhall auf kleinliches Gezänk und Geschwätz. Sie half ihrem Mann, der wirklich in Zahlungspflichten steckte, getreulich durch die schweren Jahre und mischte sich trotz zunehmender Beliebtheit nicht unter die geselligen Menschen. Ihre ganze Freude waren die Tiere. Sie hielt viele Katzen, Hunde, Tauben und einen stolzen Pfau. Als einer Tagwerkerfamilie die Mutter fortstarb, begehrte sie das Jüngstgeborene an Kindes statt, und Herr Waidhofer ließ ihm gesetzlich seinen Namen zuschreiben. So war für das kleine wie für das Riesenwarenhaus vorgesorgt und der Brandschaden mit Fleiß und Frömmigkeit übertaucht. Nur hölzerne, schön bemalte Krippenmännlein von altersher gab es niemals wieder zu kaufen...

DER NIKOLO

Ein Schreckensbild erschien uns alle Jahre ganz gewiß am 5. oder 6. Dezember. Wir bereiteten uns stundenlang darauf vor, indem wir uns seine Erscheinung ausmalten und gegenseitig beteuerten, wie furchtlos wir seien.

Es gibt eh keine wirklichen Nikoloen nicht, sagten wir, unsere Reitschlitten den glatten Tennsbüchel emporzerrend. Der Bischof, der Engel und der Teufel sind einwendig nur Menschen.

Abc-Schützen spitzten hinterdrein neugierig die Ohren, und große Buben tümmelten, was sonst nicht geduldet wurde, durch unsern Mädchenschwarm. Sie überboten sich an kecken Prahlereien; und während wir auf der Anhöhe den Schlitten umdrehten, schrien sie uns, obgleich sie leise sein wollten, mit einer aufgeregt rauhen, brüchigen Stimme die Namen jener Burschen ins Ohr, die als Nikolobarteln im Dorf bekannt waren.

Den Braven tans nix! riefen wir zum Dank dafür einem Lausbengel zu. Aber dich packt heute nacht der Gangerl. Oder der Krampus. Oder der Satan. Oder der Luzifar.

Is schon grecht, war die Antwort. Nachher muaß i neamer schulgehn.

Bei solchen Späßen kamen wir immer drohender auf die Rangordnung der höllischen Geister zu reden. Da wir aber, in Parteien gespalten, keine Einigkeit erzielten, wer der böseste und stärkste sei, brach sogar unter uns Mädchen ein feuriger Streit aus. Ich sagte aus reiner Rechthaberei zu meiner Schwester Hildegard: Du dumme Dudel du! Die Kofler Nannerl fing mitfühlend zu weinen an, und Ida, die *mir* half, stützte sich wichtig auf ihren gescheiten Bruder Loisl. Der habe, behauptete sie, ein Geheimbuch über Teufel und Freimaurer unter seinem Strohsack versteckt. Was drin stand, müsset man glauben.

Wir begannen natürlich, sie des Näheren auszuforschen. Sie wußte jedoch außer unbestimmten und unverständlichen Andeutungen nichts Schauerliches zu erzählen. So sagten wir geringschätzig: Das is nit wahr. Du lüagst glei.

Ob dieses Vorwurfs wurde Ida störrisch und sonderte sich ab. Als ich sie mit ihrer dicken grauen Pudelhaube und dem kurzen Schultermäntelchen zum Thorbäcker-Tenn strampfen sah, ging ich auch. Aber wieder zu einem andern Büchel. Der war noch steiler, und es paßte dem fibbernden Mut, zu wetteifern, wer am weitesten in die Bahn schoß. Kein Fuhrwerk hemmte uns. Wenn wir, in wilder Fahrt heransausend, erst im letzten Augenblick vor den Pferden ausbogen, vielleicht weil wir im Windgestöber nichts sahen oder weil wir mit unserer Waghalsigkeit trumpfen wollten, vertrug es uns wohl einmal den Hang hinab, und wir kugelten unter Übermutsgejauchze immer rundum, bis wir in einer Flockentuchent steckenblieben.

Immerhin war alle Schneefreude an diesem Nachmittag nur eine Art Vorübung für den Abend. Jedes Kind redete beim stolpernden Bergaufgehn einzig von den Höllteufeln. Es wurde auch hier geprotzt und gestritten, bis der flaumig rieselnde weiße Winter dämmerbläulich zu glitzern anhub und aus dem kalten Schattenschnitt der Dächer ein Rauchfähnlein nach dem andern wirbelte. Mit dem ersten eisigen Sternstrahl bemerkten wir plötzlich, wie starr unsere Hände schon waren, und sagten im Anhauchen schroffer und entschlossener als sonst:

I geh hoam!

Von allen Bücheln und Tennbrücken liefen Kinder fort und fanden sich so, wie sie zusammengehörten. Auch ich begegnete im Nachhausegehen meiner Spielgesellschaft, und wir strebten verträglich der Küche zu, erstens, weil wir uns anwärmen wollten, und zweitens, weil wir im Katechismus noch nicht völlig sicher waren. Ein bißchen fürchteten wir uns bereits.

Unsere Dienstboten gaukelten uns auch genug grausige Angst vor. Sie hatten — Tatsach, Ehr und Seligkeit — schon einen „Schiachen" lauern sehen. Und im Hofe draußen stank es von Pech und Schwefel. Als der Lehrbub Hansl Milch holen mußte, jammerte er in Fisteltönen:

I trau mi nit. I trau mi nit. Dann pfiff er doch flott zum Abschied und sagte: Ebba kimm in neamer.

Ja, ja, sprach die Köchin Lisi beifällig nickend. Im Murboden, wo ich aufgewachsen bin, hat der Bartl ein Kuhmensch an der Ketten mitgeschleift und kopfüber in die Ranten tunkt.

Daß jedes Jahr so und so viel zappelnde Kindshaxen aus dem Buckelkorb standen, war allgemein der Brauch. Einmal freilich hatte ich mit meinen achtsamen Augen ein paar ausgestopfte erspäht. Dies verschwieg ich aber vor dem nahenden Ereignis wie einen Frevel, den die Unterirdischen hören könnten. Für ganz von der Erde hielt ich sie doch nicht. Ich blätterte im Katechismus weiter und trieb uns alle zum schnatternden Lernen an. Schließlich, wenn Lisi ihren Schurz umband und den Weitling mit Musmehl füllte und das Schmalz in der Pfanne zerrinnen ließ, daß es in heißduftenden Schwaden über den Herd nebelte, und wenn sie von Zeit zu Zeit wohlwollend versprach, daß unser Nachtmahl bald fertig sei, dann beteuerten wir in banger Übereinstimmung, wir hätten eh keinen Appetit nicht.

Das Ladenmädchen Fanny fehlte beim Tisch. Sie war zur Frau Prünster gegangen, Gewand anmessen, sagte Lisi und stellte ihr auf dem Herd einen Knödel warm. Unsere Mutter eilte auch nur flüchtig zur Küche herein, um ein Blechgefäß zum Aufspritzen zu füllen. Weil der Hansl, der Lausbub, wieder nicht mit der Milch heimkam, mußte sie selber das Kaufgewölbe kehren. Onkel Fritz zog ihr die Eisenroller herab. Dann schloß er, wie wir gut merkten, eine halbe Stunde früher als sonst die Geschäftsbücher in die eiserne Kassa.

Er hatte das Rheumatische, Halsweh, Zahnweh, Ohrenweh, Influenza, Hitze und Husten. Wir wollten ihn wissend anlächeln, aber er neigte den Kopf schmerzlich auf die Seite und wünschte mit gekränkter Stimme gute Nacht.

Mutter, bleiben S' einmal herinnen, baten wir.

Ja, ja, rief sie ziemlich kühl von der Seite. Mit sichtbar triumphierender Genugtuung, daß wir für allerlei Unarten von Gewissensangst gepeinigt wurden, erschien und entschwand sie unseren Blicken, ohne uns nur im geringsten zu beruhigen. Einmal brachte sie frische Schürzen und befahl uns, die Hände zu waschen.

Wir redeten nur mehr flüsternd.

Auf der Straße schebberten schauerliche Höllenketten daher. Teufel johlten, Engel bimmelten mit Glocken. In kurzen Abständen bumsten Fäuste ans Haustor. Dann wieder tschinderte es hinter dem Fenstervorhang.

Nit einerlassen, hauchte die Kofler Nannerl, indem sie bettelnd die Hände zusammenschlug.

Trotzdem ging Mutter aufmachen. Es kam aber kein Nikolo, sondern die Frau Kofler. Sie schnaufte vom Laufen kurzatmig.

Na, dö Teufeln machen einen ganz nerviös. Einer hätt mich fast mit den Hörndeln aufgespießt. Ein anderer hatte ihr den Kittelsaum vertreten. Sie zeigte uns die lose Anstoßborte. Dann hob sie, immerdar erzählend, das Kopftuch ab und streichelte sich den braunen Haarscheitel noch glatter.

Es war ein wunderschöner Nikolo, doch die Höllischen trieben es zu damisch. Es gingen ihrer fünf, mit stinkenden Bockszotten und dicken Schwänzen. Dem Krampus hing die rote Zunge bis zum Bauch herunter. Beim Uhrmacher schlugen sie den Fritzel gerade mit der Rute. Und der Karl mußte Scheitl knien. Im Zöger schrie ein Schulbub aus Leibeskräften. Es war so finster, man erkannte ihn nicht.

Wir rieten auf den Josef Hatzy und andere, welche für besonders schlimm galten.

Plötzlich klopfte es an der hintern Haustür.

Hiaz kimmt der Loisl, sagte Ida. Wir gingen alle, ihm aufzumachen. Er führte seine kleinere Schwester Emma an der Hand. Huh, das ist ein Hokuspokus heute! sprach er in seiner gewählten Ausdrucksweise, indes wir uns mit dem Rücken gegen die Tür stemmten, bis sie wieder verriegelt war.

Jetzt wirds nimmer lang dauern, meinte unsere Mutter und blickte die Frau Kofler vielsagend an. Diese steckte der Nannerl ein frisches Sacktuch zu; die Quetschfalten am Kleid, die Schürzenflügel und die seidene Zopfmasche wurden ihr schöner gerichtet. Hildegard mußte den Strumpf hinaufziehen. Lisi nahm den Katechismus zum Einsagen mit. Und Ida und ich begannen noch schnell im Flüsterton:

Festgemauert in der Erden... Es war leicht möglich, daß wir Schillers Glocke aufsagen mußten. Dies galt bei uns als Gipfel der Gescheitheit.

Das Schreibzimmer war bereits wie zu einer Prüfung hergerichtet. Wo sonst die Kopierpresse stand, hatte Mutter unsere Kinderschultafel aufgestellt. Ein Schächtelchen Kreide und der feuchte Schwamm lagen bereit. Vor und neben dem Ofen boten sich Sitzgelegenheiten: Sessel, Bänke, Schemel und die Kohlenkiste, mit einem Brett bedeckt. Als wir eine kleine Weile schon eng zusammengeschmiegt zwischen den Erwachsenen saßen, erhob sich im Hause selber ein helles Kettengerassel. Als es verstummte, zeigte sich im Türspalt lautlos mit ihrem roten Spitzentuchzipf über dem Kräuselkopf die Tante Julie. Und wir hörten ihre matte Stimme sagen:

Sie sind schon da; sie sind durchs Schlüsselloch geschloffen.

Die Türe ging weiter auf. Eine weißbehandschuhte Faust mit dem goldenen Krummstab kam langsam hervor. Dann der Kopf mit weißwallenden Locken und flächsernem Bart, übermenschlich groß und ehrwürdig; fast bis zum Türstock reichte die Bischofshaube. Der Nikolo hatte ein Meßgewand aus weißer Glanzleinwand, golden verziert. Mit der linken Hand hielt er ein blaues Tugendbuch an die Brust. Den Zeigefinger schmückte ein Siegelring, von Silber, Gold und Edelstein natürlich. Hinter dem Nikolo wandelte der Engel, verschleiert. Sein Gesicht bedeckte eine immer lächelnde Larve. Das dunkle Schneewittchenhaar fiel, ein schmaler langer Mantel, noch über die Kniefalbeln des Engelkleides hinab. Er trug weiße Schuhe wie die Herrschaften. Die Körbe, die er mitbrachte, waren so schwer, daß er sie gleich zu Boden stellen mußte. Er hatte genug Mühe mit den Teufelsketten. Zwei schleiften klirrend von seiner Hand zum Eingang hin, wo die noch Unsichtbaren wie Bestien brüllten.

Wuff, antwortete Minko und trabte ihnen majestätisch wedelnd entgegen. Mutter breitete doch unwillkürlich den Arm vor unsere Gesichter hin und sagte:

Es gschieht enk nix.

Immerhin kreischten wir hellauf, als die zwei schwarzen Pelzwutzel lärmend ins Zimmer stolperten. Sie hatten nur kleine Augenlöcher, die sie erst zurechtschieben mußten. Der Krampus war dick und schwerbeweglich. Seine stumpfen Bockshörner, mit denen er nach der Köchin Lisi puffte, verrutschten sogleich ins Hinterhaupt. Aber der Luzifer hatte inwendig Hosen an. Seine Nagelschuhe polterten, und die Krickel nahmen sich gefährlich aus. Am meisten schreckte einen die Zunge; sie machte gradaus Kunststücke. Oft schoß sie pfeifend als ein ellenlanger Pfeil hervor. Dann war sie plötzlich wieder verschluckt.

Nachdem die zwei Teufel eine Weile spektakelt hatten, klopfte sie der heilige Nikolaus mit dem Krummstab zur Ruhe. Minko, der die Körbe beschnuppert hatte, setzte sich ebenfalls gehorsam, und wir Kinder verharrten, wie wir durch die Schule abgerichtet waren, in steifer Haltung, Arme schränkt.

Grüß euch Gott alle miteinander, begann der heilige Nikolaus in dumpfem, feierlichem Baßton. Ich bin soeben mit dem Engel vom Himmel herabgestiegen, um einmal nachzurevidieren, ob alles in Ordnung ist. Seid ihr doch brav gewesen das ganze Jahr?

Wir schielten ziemlich unsicher nach der Mutter. Sie antwortete an unser statt:

Nnnna ja, es tuat sich.

Und könnt ihr schön beten? fragte der Bischof.

Ja, riefen wir aus einem Munde.

Also, liebe Paula, befahl er, mich in seiner himmlischen Allwissenheit erkennend und nennend; dann bete uns den Glauben Gott Vater vor.

Ich vollbrachte es ohne Stocken. Hildegard bekam das Vaterunser anbefohlen, Ida das Ave Maria, die Kofler Nannerl die Schutzengelanrufung und die Walcher Emma, weil sie ein bißchen schwer redete, mußte Kreuz machen. Der Walcher Loisl spreizte sich nach Bubenart mutig und überlegen schmunzelnd. Er wollte beweisen, was er immer sagte, daß er nämlich für den kindischen Hokuspokus und für das Bravsein und Beten schon zu groß war. Der Engel ließ darob die Ketten fallen, und die Teufel tobten gewalttätig. Als sie ihn aber anbinden und mitziehen wollten, schrien wir Mädchen so erbärmlich, daß der heilige Nikolaus gebot, den Loisl wieder auszulassen. Er sprach für mein Gefühl fast zu milde.

Nachher soll er wenigstens die Zehn Gebote Gottes aufsagen. Um damit daß ihm die Strafe geschenkt wird.

Loisl war von der Rauferei mit dem starken Luzifer doch ein bißchen gedäftet und sagte fehlerlos auf. Wir bekamen noch etliche Katechismusfragen, zum Beispiel die sechs Grundwahrheiten, die fünf Gebote der Kirche. Was heißt christlich glauben? Wieviel Gott gibt es? Wer hat Himmel und Erde erschaffen? Wie hießen die ersten Menschen und wo wohnten sie? Blieben sie immer so gut und glücklich?

Die Antworten gingen wie am Schnürchen. Wir stotterten höchstens deswegen, weil die Lisi uns hintenbei gefehlt einsagte. Der Religionsprüfung folgte die Tugendprüfung. Sie war uns weitaus peinlicher. Es wurde atemstill. Sogar die Teufel gaben aus lauter Neugier Ruhe, als der heilige Nikolaus das blaue Buch aufschlug.

Liebe Kinder, sagte er feierlich und schob die Brille tief in den Nasenrücken. Im allgemeinen bin ich ganz zufrieden mit euch. Der Schutzengel hat mir berichtet, daß ihr ordentlich euer Nachtgebet betet. Und hier steht mit goldenen Buchstaben geschrieben, ihr geht alle Tage in die Schulmesse. Ihr tut schon fleißig in die Kuchel Holz tragen. Das ging die Ida an. Ihr tut Kinder schaun, sagte er zu Emma. Ihr habt eine wunderschöne Schrift, wie gestochen. Ihr habt lauter Sehr gut. Ihr bleibt schön bei der Mutter und tut Malbücherln maln. Jetzt wartete ich wohl auf meine Namensnennung. Doch er lobte weiter: Ihr könnt schon gut lesen und schreiben und rechnen. Rechnen! dachte ich, kann Hildegard wirklich nicht. Ihr gebt aufs weiße Fürterl Obacht und habt immer ein sauberes Gewand an. Wir blickten auf die Kofler Nannerl, der es galt. Ihr tut nit Hund und Katzerln schinden. Ihr — ihr — sprach der heilige Nikolaus beim Umblättern, und weil er wahrscheinlich keine Tugenden mehr wußte, sprach er mit erhobenem Zeigefinger:

Ihr sollt Vater und Mutter ehren, auf daß ihr lange lebet und es euch wohlergehe auf Erden.

Jetzt kam der andere Teil. Ganz hinten, zwischen den Einband und die letzte Buchseite gesteckt, flatterte ein großer Zettel und flog beinahe heraus.

Leider Gottes, begann der Bischof Nikolaus von neuem; als er sich räusperte, erhob sich ein furchtbares Teufelsgebrüll, der Luzifer stampfte und schlug aus wie ein Roß. Der Engel mußte an der Kette reißen, damit er uns nicht mit seinen Krickeln aufgabelte. Dann klopfte wieder der Krummstab, und wir mußten uns für eine lange Sündenvorlesung fassen.

Es ist mir zu Ohren gekommen, hörten wir seine hohle Stimme sagen, daß die lieben Grogger-Kinder und die Walcher-Kinder und die Kofler Nannerl nicht immer brav sind.

Das Fingernägelbeißen gewöhnt sie sich gar nicht ab, klagte die Frau Kofler voreilig. Und wann sie die Stärkwäsch austragen soll, is sie nia dahoam.

Jawohl, bestätigte der Bischof nickend, als stünde auch das im Buch. Und nach einem tiefen Luftpfnauser wurde in schier endloser Reihenfolge offenbar, daß wir unfolgsam waren, daß wir den Hals und die Knie nicht waschen wollten, daß wir mit der Posttasche umschleuderten, daß Hildegard und ich stritten und rauften, daß ich Schimpfwörter gebrauchte, daß wir auf den rutschigen Blochbergen Fangen spielten, daß wir nach der Schule nicht Strumpf stricken wollten, daß wir die Milchhaut ausspuckten, daß Hildegard ihre Kleider zerriß und ich mit meinen Kleidern nie zufrieden war, daß ich der Mutter eigenwillig entgegenbenzte, daß Ida eine teure Kaffeeschale zerbrochen hatte, daß Hildegard keine Fleißaufgabe schrieb, daß Emma zu Hause manchmal Würfelzucker naschte, daß wir am Abend nicht schlafen gehn und in der Frühe nicht aufstehn mochten, daß wir so selten Klavier übten, daß ich die Suppe stehenließ, daß die Nannerl immer ihre Zopfmaschen verlor, daß Hildegard immer über Dächer und Zäune kletterte, daß wir ohne fragen fortliefen, daß wir in der Kirche schwätzten, daß wir unser Kinderkochgeschirr schmutzig in die Kiste warfen, daß Hildegard mitunter die Tante Julie anlog, daß wir auf Bittschön und Dankschön vergaßen, daß wir uns in die Schürze schneuzten und beim Laufen und Purzeln den Unterrock, ja sogar die Hose herzeigten.

Unsere Sünden wuchsen ins Unendliche, ich hörte gar nicht alle, weil ich, wie auf Nadeln sitzend, die beschämendste Anklage erwartete. Aber jetzt, dachte ich, sooft der Bischof um eine Zeile tiefer schaute, jetzt kommen meine Tintenpatzen und Schreibfehler im Kopierbuch. Sie kamen noch immer nicht.

Gegen Schluß des Gerichtes, als der Bischof das kleine Schriftgekritzel schon etwas unbeholfen nach rechts und nach links drehte, half ihm der rosig und lieblich lächelnde Engel mit leisen Einflüsterungen. Ich glaube, daß es Tadel waren, die der Walcher Loisl ausfaßte. Er lächelte auch, indem sein gespitzter Mund viel Fältchen machte.

Und wo ist der Lehrbub Hansl, fragte der heilige Nikolaus plötzlich drohend. Es entstand eine achselzuckende Stille. In diese sprach der heilige Nikolaus noch drohender:

Es ist mir leider zu Ohren gekommen, er tut Schoklad fressen.

Brrr! antworteten die Teufel und schlugen mit den Ketten. Besonders der Luzifer hüpfte abwechselnd auf einem Klumpfuß und streckte seine feurige Zunge heraus.

Dann fragte der heilige Nikolaus mit ernstem, langsam suchendem Blick nach der Fanny.

Sie muß Gwand anmessen bei der Frau Prünster, sagte Lisi, und die Frau Kofler sagte: Ja, Herr Bischof, sie wird sich nicht heimtraun.

Nachher richtets ihr meinen Gruß aus, befahl der Bischof. Und die Lisi soll es sich auch merken. Es ist mir leider zu Ohren gekommen, daß es bei der Nacht immer geistert. Und daß die bösen Geister es auf das Kuchelfenster abgesehen haben. Wenn wieder einer bumst, dürft ihr ja nicht aufmachen, um damit daß kein Malheur passiert.

Die Lisi wurde feuerrot über das kugelrunde Gesicht. Und wir duckten mit den Köpfen gegruselt zusammen. Mich beklemmten dabei weniger die Geister als eine Bemerkung, welche die Frau Kofler einmal abends gemacht hatte, während ich fast schon schlief.

Also gut, sagte der Bischof. Ich hoffe, ihr werdet euch meine Lehren zu Herzen nehmen, denn sonst seid ihr sehr brave, fleißige, ehrliche Mädchen...

Aber den Stall nicht offen lassen bei derer Kälten, schaffte Mutter, seine Gedankenpause benutzend. Und den Katzen nit aufs Schweifel treten und dem Hund das Futter nicht so heiß vorgeben.

Und in der Früh zeitlicher einheizen im Schreibzimmer, fügte der heilige Nikolaus rasch hinzu. Dann fragte er in feierlicher Besinnung:

Ja, wo ist denn der Onkel Fritz heute?

Er hat das Rheumatische, antworteten wir scheinheilig und pufften uns mit den Ellbogen.

Ja, Herr Bischof, sprach Tante Julie aus dem Hintergrund. Weil er überall sein Kapperl liegenlaßt. Und die längste Zeit im Schnee steht und mit jedem Spitalmandel dischkuriert. Ich muß ihn zum Essen oft holen lassen, sagte sie matt und leidend, wie es ihre Gewohnheit war. Beim Photographieren nimmt er gar keine Rücksicht, daß es mir weit zu stark wird. Über Berg und Tal peinigt er mich jeden Sonntag. Sie wußte noch Klagen, die ich nicht mehr in Erinnerung habe. Zuletzt sagt sie, daß Onkel Fritz seine besten Taschentücher zum Abstauben herbrauchte.

Der Luzifer und der Krampus machten Freudensprünge. In ihr Getümmel und ihr Lachgegurgel lachten schließlich auch die Frau Kofler und die Lisi. Der Walcher Loisl saß schmunzelnd mit gespitztem Mund. Wir verhielten das Kichern auch nicht mehr, es wurde uns aber doch ein wenig bang dabei. Ich schielte nach der Mutter und merkte in ihrem Gesicht eine leise Mißbilligung, beim Klavierspielen oder beim Singen schaute sie auch so, wenn man aus den Takt kam. Auf einmal war der Bischof wieder der Bischof, und Onkel Fritz lag mit dem Rheumatischen im Bett und erbarmte mir.

Er wird sich bessern! gelobten seine gleichfalls lachende Stimme und seine weiße, feierlich erhobene Handschuhhand. Zur Buße wird er der lieben Tante Julie heute noch Abbitte leisten. Und aufs Jahr wird er eine Reise mit ihr machen über die Tauernbahn nach Triest und Venedig in den sonnigen Süden.

Der tiefe asthmatische Atemzug, den Tante Julie aus kostbar geschlossenen Lippen zur Antwort gab, vermehrte mein Respektsgefühl. Ich verstand, daß Onkel Fritz ihren Wünschen zärtlich nachgeben mußte, weil sie eine schwache Lunge und ein so schönes klassisches Gesicht hatte. Sie stand regungslos in einem neumodernen Reformkleid mit Applikationsborten. Merkwürdigerweise befiel mich an ihrer statt ein wahres Reisefieber. Ich nahm mir ungeduldig vor, die Mutter zu bitten, daß ich mitfahren dürfe. Doch der Gedanke, wie ungern und ängstlich sie mich von ihrer Seite ließ, der innerliche Kampf mit ihrem Willen verwirrte mich dermaßen, daß ich nicht einmal auf den heiligen Nikolaus achtgab. Plötzlich fragte er mich etwas. Sie waren schon bei der Schulprüfung.

Ich schwieg, gar nicht wissend, worum es sich handelte.

72, sagte mir die Walcher Ida ein.

72, wiederholte ich und leierte das Einmaleins von 12 pfiffig, wie ich's in der Schule tat, zu Ende.

Sehr guat, liebe Paula, lobte der heilige Nikolaus meinen Eifer. Sodann mußte ich zur Tafel gehn und mit Dezimalzahlen addieren, subtrahieren, multiplizieren und dividieren. Es gelang mir bei der unruhigen Vorstellung vom Zug- und Schifferlfahren nicht so fehlerlos, wie ich meinem Zeugnis schuldig war. Der heilige Nikolaus langte mir ein paarmal über die Achsel und sagte, indem sein weißer Finger eine Ziffer auslöschte:

Was 'is denn das wieder für ein Patzwerk?

Ich schämte mich nicht wenig vor dem Walcher Loisl. Der saß, beide Hände über dem hochgezogenen Knie verschränkt, und lachte wohlwollend und selbstverständlich „Ha, ha", wenn ich den Dezimalpunkt unrichtig setzte.

Hildegard durfte das Gedicht „Der muntere Seifensieder" deklamieren. Es belohnte sie lauter Applaus. Besonders lange paschte die Frau Kofler. Die Nannerl mußte aus dem Lesebuch vorlesen. Sie las, ohne abzusetzen, eine Seite aus dem „Loch im Ärmel". Die Frau Kofler war ganz gerührt darüber und fing fast zu weinen an.

Als die Walcher Ida an der Reihe war, flüsterte der immer lächelnde Engel dem Bischof vertrauliche Worte ins Ohr.

Jawohl... befahl dieser etwas unsicher. Du, mein liebes Kind, sagst mir die Fürwörter und die Vorwörter auf.

Wie eine Ratsche ging es herunter, die persönlichen, die besitzanzeigenden und die unbestimmten.

Dann kamen die Vorwörter, welche den 2. Fall regieren. Beim 3. und 4. Fall leierten alle mit, auch die kleine Emma, welche eben ihren Namen an die Tafel malte.

Die längste und schwierigste Prüfung hatte Loisl zu bestehen. Er mußte wieder einmal seine Talente leuchten lassen. Zuletzt gab der Engel dem heiligen Bischof noch einen Zettel, darauf standen zwei Rechenaufgaben. Loisl schrieb sie an die Tafel, ich glaube, eine geometrische und eine Prozentrechnung. Sie waren ihm eine Spielerei. Während er so dahinmurmelte, bewunderten die Erwachsenen seine Haar- und Schattenstriche, seine Musterziffern und prophezeiten, daß er ein Professor werde. Sogar die Teufel nickten.

Meiner Schwester Hildegard wurde langweilig. Kaum hatte der Bischof das blaue Tugendbuch zugemacht, hüpfte sie von ihrem Schemel. Wir bekamen indes noch eine lobende und belehrende Abschiedsrede zu hören und mußten versprechen, unsern Eltern und dem Herrn Lehrer recht folgsam zu sein.

Ja, ja, ja, beteuerten wir ungeduldig und hielten bereits unsere Schürzen auf, weil der Engel und die Mutter den Gabenkorb herbeitrugen. Sie verlasen miteinander, wem jeder Papiersack gehörte. Niemand war übersehen worden.

Und nun lebt wohl, meine lieben braven Kinder, sagte der heilige Nikolaus.

Sein ehrwürdiger Fortgang mit dem hohen goldenen Krummstab und der noch höheren Bischofsmütze machte uns wenig Eindruck. Wir waren alle in heller Aufregung, weil der Krampus plötzlich tobend ausartete und die Köchin Lisi mit der Kette einfing. Indes sie sich schluchzend wehrte und die Hände vors Gesicht hielt, fauchte der Luzifer mit seiner Feuerzunge. Er fauchte so wild und so lange, bis sie ihm schließlich als ein nasser Papierschlauch vom Munde brach. Als das Höllengetöse draußen verstummte, hoben wir das Ding neugierig auf und zeigten es kichernd der Hildegard, damit sie hinter der Nähmaschine hervorschloff.

Is eh nur der Hansl und die Fanny gwesen, behaupteten wir einstimmig und fürchteten uns nicht mehr. Die Vorhänge waren fest zu. Die Papiersäcke lagen umgestülpt auf dem Kindertisch. Süße klebrige Herrlichkeiten quollen hervor, und rundum wanderte das Kilogewicht, mit dem wir die Nüsse aufknackten. Es durchfuhr uns eine schauerliche Lust, wenn hinter uns der Gaskotter grunzte oder wieder ein Zug Bauernnikoloen schellend vorbeilärmte. Einmal sagte Hildegard mutterwitzig:

Der Schöne hat ganz dem Onkel Fritz seine Stimm ghabt.

Er is eh gewesen, meinte Ida trocken.

Nur der Engel machte uns noch zweifeln. Wir rieten anfangs von Ohr zu Ohr, dann immer lauter auf die Walcher Ella. Loisl sagte endgültig:

Jawohl! Mit 99 Prozent Gewißheit! —

DAS MARIONETTENTHEATER

Liebevoller, behutsamer, viel ernster als meine Schwester spielte ich mit meinen vielen Puppen. Hildegard gab als Kind noch kein Anzeichen für jene mütterliche Fürsorge, mit der sie Tag und Nacht ihre vier geborenen Kinder betreute, großzog, bekleidete und sich selbst vergaß.

Ganz im Gegenteil. Hildegard, die wenig nachdachte und vom Aufstehen bis zum Einschlafen in Bewegung war — „wie ein Bub", sagte man —, Hildegard war keine gute Puppenmutter. Sie bekam wohl gleichviel Puppenkinder wie ich, aber sie boten bald einen traurigen Anblick. Niemand hätte vorausgesagt, daß sie später einmal in unermüdlichem Fleiß sogar Anzüge für Buben schneidern werde, daß ihr Nachwuchs sauber gewaschen und gekämmt, mit graden Gliedern von der Schule ins Leben wachse.

Ihren Puppen fehlte binnen kurzer Zeit alles. Zuerst wurden die wunderschönen blauen Schlafaugen eingedrückt. Das Haargekräusel wurde, was mich stets an Indianer gemahnte, ein gerupfter Skalp. Wenn dann ein Arm oder ein lockeres Bein ausbrach, erbarmte ich mich der Jammergestalt. Nicht gefühlsmäßig. Ich bekundete neben meiner Leidenschaft für Erfindungen einen Hang zur Chirurgie, welches Wort mir allerdings noch fremd war. Man gebrauchte in unserer kleinen Welt für einen Künstler dieses Faches das Wort „Beinrichter".

Und! Die Kunst gelang mir mittels einer Häkelnadel und einer Gummischnur. Wenn aber der Kopf zerbrochen war, wenn er überhaupt weg war, kurz gesagt: eine tote Puppe begruben wir. Mein Sinn für das Sinnfällige trieb mich, von unserer Mutter ein Stück schwarzen Organdy zu erbetteln. Als Trauerflor.

Die Puppen, die mir das Christkind brachte, starben niemals. Sie leben sozusagen heute noch. Eine, die schönste, in einer großen Schublade auf dem Dachboden, worin meine Zeichnungen, meine Schulbücher und die Gesammelten Werke meiner Jugend verwahrt sind, unter diesen bereits Puppenspiele.

Denn mir erging es umgekehrt. Ich bekam keine Kinder. Aber längst, bevor ich das wissen konnte, beeilte mein Geist sich eifrig, das

Leben zu verkörpern. Und das blieb nicht unbeachtet. Gab es doch zur Zeit in unserm Dorf keine Dilettantenbühne mehr, die den Dr. Faust spielte. Die Schulfeier und der Fasching waren nur einmal im Jahr. Zudem konnte man sie nicht Poesie nennen.

Wirklich erschüttern, aneifern und befruchten konnte mich nur, was ich Poesie nannte. Es sollte freilich noch viele Jahre dauern, bis ich reif für die Empfängnis war, die metaphysisch das eigene Leben zu verdichteter Aussage weckt. Die ersten starken Impulse verdanke ich dem Marionettentheater.

Alles, was aus der weiten Welt kam, kam den Mitterberg entlang ennsaufwärts über Gstatt, über die Brücke, zwischen der Pappelallee, den Fronleichnamsweg, vorbei am Wächterhaus. Und wer bisher nichts bemerkt hatte, sah beim Feuerwehrdepot die Ankunft.

Zwei ausgemergelte Huzulenpferde zogen den hochbepackten Wohnwagen und einen Anhänger, unter dessen Blahe halbverborgen Bretter, Stangen und, wie Onkel Fritz sich ausdrückte, Dekorationen, Requisiten und Soffitten schwankten. Die Puppen waren nicht zu erspähen. Aus den spitzenverhangenen Fensterchen lugte kein Gesicht. Der Herr Direktor stolzierte, mit der Peitsche schnalzend, an uns vorüber. Mann und Frau halfen, je nachdem der Weg uneben war, beidseiten des Wagens durch kräftiges Antauchen oder mit dem Radschuh.

Meist reihten sich Nachzügler an. Ein fahrender Künstler schleifte einen Karren hinterher.

Aber auch die Puppenspieler gingen mit der Zeit, vielmehr sie fuhren eines schönen Tages mit der Eisenbahn, per Lastenzug. Ab Station Öblarn übernahmen die stattlichen Thorbäckenrösser den Transport. Und was immer schon üblich, begann von jetzt ab an unserem Haus: Ein gold- und silbergeschmückter Knabe trommelte die Leute zusammen, die bisher gegen unser Kindergeschrei taub gewesen waren.

Auf dem Kirchplatz alsdann verkündigte der Herr Theaterdirektor dem hochgeehrten Publikum die bereits am heutigen Abend bevorstehende erste Gala-Eröffnungsvorstellung.

Wir zählten die Stunden. Wir würgten das Nachtmahl hinab. Wir stürmten den alten Bräukeller der Grafen-Taverne, wo das „Gastspiel" stattfand.

Völlig außer Rand und Band vor Erwartung, tauschten wir mehrmals Platz. Unsere kurzen Kinderfüße baumelten haltlos von den hohen Sesseln. Die Ellbogen pufften hin und her. Die Köpfe fuhren geduckt zueinander. Oft griffen wir alle zusammen in den

Zuckerlsack, um uns für den langen Genuß zu stärken. Unsere Wangen rundeten sich immer dicker gestopft, so daß wir uns stumm mit Murmeln und Deuten verständigen mußten. Endlich einmal schallte die Glocke. Und ein Ruck des Vorhangs bändigte unsere freudig zappelnde Ungeduld regungslos auf den Sitz nieder.

Am Eröffnungsabend wurde herkömmlich die „Heilige Genoveva" gespielt. Sie erschien wunderbar violettsamten gekleidet mit einem goldenen Kreuz auf der Brust. Ihr Häuptlein bog sich, indes sie feine Reden säuselte, immer nickend, als ob sie wirklich lebte. Vor dem Ritter Golo verhüllte sie ihr Antlitz im Schleier. Man sah, wie sie, von seiner grausamen Stimme geschreckt, zu beben anfing und mit der rosa bemalten steifen Hand taktmäßig die Tränen trocknete. Herzergreifend wirkte der Augenblick, da ihr holdes Knäblein Schmerzenreich hungerklagend im Wald umirrt und der Hirschkuh begegnet. Ich fühlte, während ich nebenbei noch fürwitzig auf den geheimnisvollen Zug der Fäden bedacht war, mein Mitleid heißer und höher im Halse würgen und langsam aus den Augen tröpfeln. Hildegard weinte auch schon.

Merkwürdig bleibt, daß ich bei aller Ergriffenheit den Beweggrund der traurigen Handlung gar nicht erfaßte. Nicht mit eines Gedankens Hauch berührte mich die Tatsache, daß der böse Ritter Golo es auf eine Verführung abgesehen hatte und die heilige Genoveva wegen ihrer Tugend in die Wildnis verbannt oder geflohen war. Mir ersetzte das schaurige Gebar von Klang und Bild den inneren Zusammenhang. Ebenso aufgeregt erwarteten wir eine andere hochdramatische Szene. Obgleich wir längst schon jedes Wort vorauswußten, schlug unser stades Tränengeschnupfe in hellkreischenden Beifall über, und wir wurden nicht müde zu lachen, sobald der Kasperl, keck daherspazierend, an der Höhlenglocke zog und den Klausner zu einem lustigen Frage-und-Antwort-Spiel hervorlockte.

He, Wirtshaus! rief er und prallte mit seiner langen Nase vor der Kutte zurück. Schamster Diener, was is denn das für ein Jammergstell?

Der Klausner begann in feierlich dumpfem Tonfall: Ich bin ein frommer Einsiedler.

A Leimsiader? Brrr! grauste sich der Kasperl, indem er vor Abscheu am ganzen Leibe wackelte.

Neun! Du törichtes Weltkind, sprach der Klausner. Wisse, ich bin ein Eremit, der unter den Tieren des Waldes haust; mein Bett ist aus hartem Steun und mein Pfad ist voll Eus und Schnä.

Seine Pfoad ist voll Läus und Flöh, mißverstand der Kasperl, entsetzt von einem Fuß auf den andern hopsend, und drehte auch weiterhin die schönsten Stellen der ehrwürdigen Lebensbeschreibung in spitzbübische Possen um. Zum Höhepunkt steigerte sich das Zwiegespräch immer, wann der Klausner mit hohler Stimme sagte: Ich äsße sonst nichts wie Wurzeln und Kräuter...

Was? Schuaster und Schneider! schrie der Kasperl, und wir schrien mit ihm, denn so klein die Marionetten waren, in diesem Augenblick erschienen sie uns groß lebendig, so daß wir unwillkürlich voll Mitleid an den Herrn Schneidermeister Kofler dachten.

Der nächste Abend wurde womöglich noch aufregender. Wenn wir, gewiß um eine halbe Stunde zu früh, ins Theater gingen, war der Einlaß von einem undurchdringlichen Menschenschwarm verstopft. Wir bekamen Tritte auf die Zehen. Hildegard und ich verloren uns aus der Hand, wiewohl wir uns fest gehalten hatten, und es brauchte immer die helle Stimme der Mutter, bis wir uns alle glücklich beim ersten Platz zusammenfanden. Der zweite Platz füllte sich dichter und dichter, und auf dem Stehplatz verknäulten sich Bubenvolk und Bauernburschen bereits in eine stille, aber gefährliche Rauferei. Unser Hansl stieg gerade auf den Ofen, und der Kitzinger-Lehrling wollte ihn bei den Füßen herabziehen. Kleinere Kinder, die hinten nichts sahen, besetzten krabbelnd die Fensterbänke; sogar die Rollbalken ließ man geöffnet für die Zuschauer draußen, die zuwenig Zeit oder kein Eintrittsgeld hatten.

Wir mußten uns sehr lange gedulden. Jemand sagte, auf seine Uhr blickend, es sei fast halb neun! Wieder jemand sagte, schon dreiviertel. Die Glocke klingelte von Zeit zu Zeit, und der Vorhang war schon einmal spannbreit in die Höhe gekippt; trotzdem verzögerte sich der Anfang, denn es traten mit langsamen Schritten und höflich gezogenem Hut immer noch Männer in den Saal, um sich wenigstens die Wand entlang bescheiden aufzustellen. Dann wieder schoß eilfertig eine Frau daher und flüsterte so laut, daß alle es hörten:

Bitt schön, kimm i do nit z'spat?

Endlich, nachdem wir die Mutter wohl eine Stunde mit Fragen umseufzt hatten, begann das beliebte Zugstück, das wir bis ins kleinste auswendig konnten und dennoch jedes Jahr mit neuer Spannung erlebten, weil es, wie die Erwachsenen ernst und einstimmig behaupteten, „auf Wahrheit beruhte".

Es hatte den Titel „Der boarische Hiasl".

Diese historische Hauptperson, ein verwegener Mann mit

schwarzem Schnurrbart und zinnoberroten Wangen schaute alsbald zwischen unheimlichen Baumkulissen auf die Bühne und erging sich, während seine dünnen schwarzen Hosenbeine behutsam vorspannten, in einem furchtbaren Selbstgespräch. Das schneidige Hahnfederhütel pickte ihm schief über dem Ohr. Der kurze graue Lodenrock stand gesträubt von Brust und Buckel. Rund um den Gurt blitzten Waffen: Revolver, Messer, Dolche, Hirschfänger; sogar einen Säbel hatte er umgehängt. Manchmal zielte er mit seinem Wildererstutzen kniend in die Ferne. Dann wieder ließ er ihn förmlich auf seine Schulter zurückfliegen. Daß die Schüsse vorzeitig oder verspätet eintrafen, minderte die Wirkung nicht. Wir duckten uns doch, betäubt von Knall und Schwefel.

Als der boarische Hiasl mitten in bösesten Räuberplänen durch einen fröhlichen Gesang gestört wurde, strampften seine Lederstiefletten hörbar tuschend in den Boden. Wir glaubten auch zu sehen, wie seine Augen funkelten und seine Zähne gewalttätig aufeinanderknirschten.

Kein Wunder, daß der arme Kasperl ob dieser Begegnung vor Schrecken klappernd auf den Hintern fiel und jämmerlich um Gnade bettelte. Zu unserer größten Freude schenkte ihm der boarische Hiasl wirklich das Leben, nur leider verlangte er zum Dank hiefür, daß der arme Kasperl sich als Hausknecht verdinge.

Also schwüre! Bei Tod und Teufel! befahl er mit rauher Stimme.

Der Kasperl hob seine Hand zitternd zum Himmel auf. Dabei sagte er: Ich schmiere!

Wir lächelten verständnisvoll und belohnten ihn hinter der vorgehaltenen Hand mit gedämpften Bravorufen. Er hatte nunmehr auch bei dieser Vorstellung eine wichtige, atemraubende Rolle zu spielen; aber, was ich mit Wohlgefallen merkte, eine edlere. So aufmerksam sein traurig verschmitztes Nasengesicht dem Räuberhauptmann zuhörte, so tief ergeben mit schlotternden Armen er ihm nachzäppelte, durchkreuzte er doch eine jede Schandtat in dummem Übereifer. Hirsch und Reh und Hase bekamen beizeiten Wind, und die Wanderer, denen sie im Hohlweg des Waldes auflauerten, konnten immer noch durch einen wunderbaren Zufall mit heiler Haut entschlüpfen.

Der boarische Hiasl strampfte ob solcher Fehlschläge wieder mit den Stiefletten, und seine Miene funkelte, wie uns vorkam, noch grimmiger.

Folge mir ins Wirtshaus! sprach er barsch. Ich muß meinen Durscht löschen. Wir ahnten sogleich, er wollte sagen, seinen

Rachedurst. Hochklopfenden Herzens begleiteten wir ihre Schritte. Wenn der boarische Hiasl einmal tückisch zurückblieb, hüpften wir von den Sesseln und schrien angsterregt:

Kasperl, paß auf! Kasperl, paß auf!

Versteht sich, versteht sich, antwortete dieser und überließ seinem Herrn mit vielen höflichen Bücklingen den Vortritt.

Im nächsten Akt sahen wir die beiden vor dem Wirtshaus sitzen, sie gerieten schon in Streit, und beim Trinken und Würfeln wurden sie tätlich. Ein paar Zuschauer lachten noch; mir fröstelte es schaurig über den Rücken, als der boarische Hiasl plötzlich seinen Säbel zückte.

Ölender Spitzbube! Einen Lohn willst du auch noch. Du sollst ihn haben! schrie er zornentbrannt und wollte den armen Kasperl umbringen.

Zum Glück eilte die Kellnerin Gretl dazwischen. Sie war eine liebliche Person mit blitzblauen Augen und rosa Wänglein. Das naturechte Haar trug sie zu zwei langen Zöpfen geflochten. Im goldverschnürten Mieder steckte ein kleines Blumenbukett. Staunenswert geschickt hielt sie in jeder Hand drei Bierkrügel mit weißem Zuckerschaum, dergleichen wir oft beim Kirchtag kauften. Über die Atlasputzschürze spannte sich ein Hüftriemen, woran eine richtige Geldtasche zum Einkassieren hing. Beim Gehen wippte sie, und der ganze Reifkittel wippte grau mit grünen Bortenbändchen wie eine Glocke.

Dahinter hatte sich der Kasperl plötzlich verschloffen. Denn die brave Gretl war seine Braut. Wenn ihn der Räuberhauptmann von links verfolgte, spitzte seine lange Nase rechts hervor. Wenn er nach rechts schlug, duckte sich der Kasperl an die linke Seite.

Dieser hitzige Zweikampf machte uns Kinder rogel. Buchstäblich hingerissen, mit sprachlosem Lach- und Schreckgestammel drängten wir uns im schmalen Zwischenraum vor der Bühne zusammen. Die noch zu wenig sahen, stiegen auf die Sessel. Erwachsene tunkten sie schimpfend nieder.

Der Kasperl wurde durch die allgemeine Anteilnahme keck. Er feuerte gegen seinen Herrn allerlei Trotzreden, und einmal, ich weiß nicht, wie, sprang er behende mit seinem Knüppel vor und focht und fuchtelte ihm den Säbel aus den Fäusten.

Wieder rief jemand Bravo! Ein schüchternes Händepatschen da und dort im Saal vermehrte sich zu stürmischem Applausgetümmel.

Es folgten dann noch andere Akte und Abenteuer, in denen er ebenso siegreich über die Bosheit und Schlechtigkeit trumpfte.

Schließlich lockte er den boarischen Hiasl pfiffig in seine eigene Falle und hatte das Verdienst, daß ihn die Schandarmen endlich erwischten. Von jeder Richtung sechs, in Federbusch und grüner Uniform, blitzblank ausgerüstet und schwarzbestiefelt, marschierten sie hintereinander auf. Da gab es keine Wehr und kein Entrinnen mehr.

Der berüchtigte Wildpratschütz und Räuberhauptmann wurde in Ketten gefesselt und zur Enthauptung geführt.

Beim Trommelwirbel der letzten Szene standen auch die Erwachsenen auf. Wer noch gelacht und gespöttelt hatte, verstummte, als der Scharfrichter in einem blutroten Radmantel zur Richtstätte trat und mit Grabesstimme befahl:

Armer Sünder, knije dich nieda!

Noch ein dumpfer Trommelwirbel. Und das Schwert fiel in sausendem Luftbogen auf den Block herab.

Jedes Jahr gleich, aus nie geschwächten Impulsen überschlug sich ein Schrei im Munde, wenn der finstere Räuberkopf mit dem lichten Halsstöpsel über die Bühne rollte.

Unser Hauch und unsere schreckstarren Glieder belebten sich erst, wenn die tote Leiche von unsichtbarer Hand in die Kulissen geschleift wurde und der Scharfrichter hinter dem Zug der Schandarmen verschwand.

In dieses erlöste Aufatmen spielte immer schön leise wiegend ein Leierkasten. Der Kasperl, nun wieder sein eigener Herr, trat mit offenen Armen der braven Gretl entgegen und barg das selig verschmitzte Gesicht an ihrer Miederblume. So umschlungen, tanzten sie einen langen lustigen Hochzeitswalzer.

Am dritten Abend fand gewöhnlich seine Benefizvorstellung statt. Die Theaterfrau, welche für ihn absammeln ging, bekam einen gehäuften Teller voll Kreuzer und Zehnerln. Wir brachten, nachdem sie von allen freudig beschenkt worden war, gerne noch eine Draufgabe zum Bühnentürchen, denn der liebe Kasperl hatte unser ganzes Herz erobert. Wir trennten uns schwer von ihm. Und das gehabte Schauspiel hielt uns noch tagelang im Bann.

DIE DICHTERSCHULE

So gegensätzlich Hildegard und ich veranlagt waren, das Marionettentheater verband uns zu Zwillingen. Bei mir wirkte es zunächst auf die Augen. Bei meiner Schwester ging es schneller ins Ohr, obgleich sie kein musikalisches Gehör hatte. Durch Mark und Bein fuhr uns die Dramatik. Und das ist so geblieben, nur mit dem Unterschied, daß die Begeisterung sich naturgemäß in zwei Wege teilte.

Für mich war es der Lebensweg aus dem Kindergarten der Lyrik über die Stufe der Miniaturbühne. Denn Reden ist der Anfang menschlicher Begegnung und fällt dem jungen ungeduldigen Schöpfertrieb leichter als Beschreiben.

Aus Hildegardens gutem Gedächtnis entwickelte sich bald ein theatralisches Mienenspiel. Sie ahmte unter Schielen und Gesichterschneiden zum Ergötzen aller Mitschüler den boarischen Hiasl oder den Ritter Golo nach. Ich gab in schwermütigem Pathos die heilige Genoveva, und die Kofler Nannerl mußte der Schmerzenreich sein, weil sie bei dieser Rolle am wenigsten zu reden hatte. Leider konnten wir nur Bruchteile des Stückes ohne Kostüm und Dekoration zum besten geben. Das genügte mir nicht. Gründlich wie immer wünschte ich mir ein wirkliches Marionettentheater und stellte mir auch schon mit phantasiereicher Gewißheit vor, wie leicht es zu machen wäre.

Wir hatten im Dachboden übergroße starke Schachteln, darin künstliche Allerheiligenkränze aufbewahrt lagen. Eine solche leerte ich aus, um sie als Bühne herzurichten. Sie bekam einen schönen roten Vorhang. Das Auf- und Zuziehen allein war so viel Freude, daß ich meine zerschundenen Finger vergaß. Am meisten Mühe kosteten mich oben die Schlitze, in denen ich nach weislichem Plan später den Draht oder Spagat führen wollte. Für den Hintergrund und die Kulissen verschwendete ich einige Bogen Packpapier, bis sie beiläufig so farbenprächtig romantisch gelangen, wie mir vorschwebte. Ich malte eine Burg, einen Kerker, ein Wirtshaus und eine Waldlandschaft mit Eremitenhöhle. Sogar die glitzernden Felsen unseres alten Kripperlberges habe ich unbedenklich diesem neuen Zweck geopfert.

Is nit schad? bedauerte Mutter. Noch ärger beklagte sie, daß ich ohne ihre Erlaubnis die schönsten Stoffe aus der Fleckerlkiste nahm und zur Garderobe benützte. Bis in die späten Abende nähte ich fieberhaft fleißig. Als meine Puppen für das Theater gekleidet waren, hängte ich sie am Hals an Spagatfäden und begann zu spielen. Das ließ sich freilich schwieriger tun, als ich mir eingebildet hatte. Die Schnüre verwickelten sich, so daß die Marionetten wie Kreisel gedreht wurden oder frei durch die Luft baumelten. Dazu blieb ich noch im Text stecken. Öfter einmal half mir Hildegard hinein. Da ich mich auch sonst gerne von ihr bedienen ließ, verlangte ich es geradezu. Doch leider fand ich an ihr keine verläßliche Stütze.

Sie hilft mir gar nicht, klagte ich fast weinend der Mutter. Aber auch Mutter konnte mir nicht helfen. So mußte ich mit heißem Eifer und unentwegter Hingebung meine Theaterstücke ganz allein zusammendenken.

Um wenigstens einige Anhaltspunkte zu finden, studierte ich das dicke Märchenbuch der Brüder Grimm. Wenn auch hierin nicht stand, was ich suchte, so enthielt es doch ähnliche Beispiele von Burgfrauen, Hexen, Feen, mißratenen Wichten und verstoßenen Waisenkindern. Ich modelte daraus manches lehrreiche Drama, in dem das Gute belohnt und das Böse bestraft wurde. Weniger Verständnis bei den Zuschauern fand mein Lieblingsstück „Patin Tanne". Die Hauptrolle spielte unser bereits abgeräumter Christbaum, also eine Märchenfigur in Überlebensgröße, die ihrem Patenkind eine Nähnadel schenkt. Vielleicht nur meine Mutter wußte das lehrreiche Thema zu würdigen.

Sichtbarer noch als meine „Inszenierungen", wie Onkel Fritz sich ausdrückte, freilich allein für mich wirksam waren meine erdachten Bühnenbilder. Von allem wie ein bang erlebter Traum blieb mir „Das Haus im Walde" gegenwärtig, obgleich die Ruinenfrage in meinem dicken Märchenbuch ein Kinderspiel war. Aber der Einsiedler, ein schneeweiß bärtiger, zeitlos alter Mann, der im Halbdunkel bei einem kreisrunden Tische saß und, während das Mädchen eintrat, das Haupt von den aufgestützten Händen hob. Ich selber war das Mädchen, das er prüfend fragte:

Schön Hühnchen, schön Hähnchen, und du, schöne bunte Kuh, was sagst du dazu?

Furchtsam vor dem Unheimlichen, was über Nacht geschehe, legte ich mich ins Bett, das Er mir erlaubte. Am Morgen war es wieder mein eigenes Gitterbett, das mir zehn Jahre viel zu groß gewesen und nun zu kurz war. An den Inhalt der Waldhausgeschich-

te erinnere ich mich längst nicht mehr. Doch der greise, ehrfurchtge-
bietende Einsiedler — Gottvater! wie mir mit den Jahren bewußt
wurde — hat mich noch mit vielen Fragen geprüft. Ich verlor im
Antworten die Bangigkeit und habe Seine Erscheinung sogar in
Büchern aufgemalt. Für ein Marionettentheater war er viel zu groß
und zu heilig. Dies erahnte ich schon als Kind.

Mehr und mehr auf meine Kunst allein angewiesen und meist
auch ein aufmerksames Publikum vermissend, schwand mir die
Freude am Marionettentheater überhaupt. Ich glaubte, die Kleinheit
der handelnden Personen sei schuld am Mißerfolg. Meine unbändige
Sucht nach dichterischer Betätigung und Spielleitung zeitigte den
freudigen Einfall: Ich brauchte Schauspieler in Lebensgröße. Ich
hatte sie ja bei der Hand. Und ich bildete mir ein, die neue
Unternehmung gehe vonstatten wie das Lehrerspielen.

Zunächst einmal setzte ich meine Schülerinnen im Kreis um mich.
Jede mußte einen Bleistift und ein Schönschreibheft auf den Knien
bereithalten. Hildegard übte sich schon in Grimassen. Die Kofler
Nannerl schaute kläglich drein, und die Walcher-Kinder widerspra-
chen für alle Fälle. Die Inspektor-Mitzi tat justament nicht mit, wohl
aber ein paar gescheite Schulfreundinnen, die ich eingefangen hatte.
Und ich begann ungefähr so:

Du bist die böse Stiefmutter, sagte ich zu meiner Schwester, ich bin
der Jägersmann und ihr seid die Zwerge. Zur guten Fee ernannte ich
diejenige, welche sich gerade meiner besonderen Gunst erfreute,
weil sie gegen eine meist große Widerstandspartei zu mir hielt. Denn
ich hatte meine Gegner. Anfangs zwar höchstens Hildegard, weil sie
ungern still saß. Die andern nickten bei der Rollenverteilung
ergeben, zustimmend oder begeistert. Sie wurden jedoch störrisch,
sobald ich, mit dem Staberl deutend, sagte:

Jetzt sag was... Oder: Und was sagst du drauf?

Schließlich mußte ich jeder den erwünschten Satz diktieren. Ihn
auch nur aufzuschreiben war ihnen schon lästig genug. Ich konnte
einfach nicht begreifen, daß ihnen nichts einfiel. Und da ich mich
doch als ihre Lehrerin fühlte, teilte ich erbittert Ohrfeigen aus. Zu
meiner Zeit eine gerechte und übliche Strafe. Zumal ich, wenn ich
eine Strafe verdiente, ihr standhielt, erschien mir die Flucht meiner
Gespielinnen als ein weiterer Fehler, und ich beklagte mich bei der
Mutter. Sie half mir nie. Sie antwortete in solchen Fällen auf
hochdeutsch:

Denk lieber nach, ob du nicht selber schuld bist.

Diese streng anerzogene Nachdenklichkeit wurde mir öfter zum

Nachteil, weil manche meiner Ankläger niemals ihr Gewissen erforschten. Ich blieb also auf meinem Kunstlebensweg allein, soweit es die nunmehr geistigen Erfindungen betraf. Nicht so in der sichtbaren Welt. Unsere Mutter erlaubt mir sozusagen eine Theatergründung. Das Zimmer, in dem ich geboren bin, später ein Wohnzimmer und dann die nahrhafte Mehlkammer der Landgenossenschaft wurde für jeweils eine Woche zum Musentempel.

Schon der Name aus Onkel Fritzens Wortschatz beflügelte mich für alle Vorbereitungen, einschließlich der wichtigsten: meiner dichterischen Leistung.

Onkel Fritz als „Capo" unterstützte mich ebenso begeistert mit seinem großen Wissen aus der Bürgerschule in Salzburg. Und die Angestellten vom Herrn Greifensteiner — Chauffeur und Maschinen-Mechaniker — bis zu den Kaufmannslehrlingen der Gemischtwarenhandlung, ja sogar unser Hausknecht Tschukopf, der groß bei Kräften war, alle halfen zusammen. Wer uns damals den Hintergrund und die Kulissen malte, habe ich vergessen. Später tat ich es selber. Nicht immer gab ich Vorstellungen eigener Werke. Fremde Texte, Spielbüchlein, von Onkel Fritz bei Paul Cieslar bezogen, forderten mein Echo, aber nicht meine Kritik heraus. Ich verbesserte sie nur eigensinnig, wenn sie mir sprachlich mißfielen.

Nein! ich nahm die Kunst nicht auf die leichte Schulter. Ich verlangte viel von mir und viel von meinen Schauspielerinnen.

Hildegard war meine beste. Sie lernte, was ich nachzählte, hundert Zeilen und tausend Worte im Handumdrehen. Sie hatte ein „Mienenspiel" nach Bedarf und schloff gleichsam in jede Rolle, die ich ihr auferlegte. Daß man sie bewunderte, machte sie scheu. Sie schielte aus Verlegenheit oder versteckte sich.

Niemand hätte voraussagen oder nur ahnen können, daß ihr Spitzbubentalent die Maske einer großen Naturbegabung und untrüglich künstlerischen Medialität war. Sie spielte in den Laienspielen meiner Reifezeit genau so, wie ich es ihr zumutete und es im Innersten sah. Und sie hatte, weit besser als ich, alle Klassiker im Ohr, aber nicht eingelernt in höheren Schulen, sondern erlesen, inmitten einer Lehrerfamilie, wenn Mann und Kinder längst schliefen. Unsterblichen Geistes Worte, in der Stille andächtig nachgesprochen für den Dichter. Ohne den Beifall der Welt. Bei Küchenherd und Abwasch, beim Bügelladen, bei der Nähmaschine.

Ganz zuletzt, während ihrer drei Sterbejahre, lagen noch Grillparzers Werke auf dem Krankentisch. Ihr liebstes Drama war „Libussa".

FREUDEN AUS DER NACHBARSCHAFT

Unser Herr Pfarrer hing seiner Mutter, ich darf wohl sagen, mit ehrfürchtiger, ritterlicher Liebe an. Wenn ihm sonst oft leidenschaftliche Worte entfuhren und der Jähzorn dunkelrot ins Gesicht fluschte: der alten Frau Lindmayr gegenüber mäßigte er sich bis zu rücksichtsvoller Schweigsamkeit. Ihr Leben mutete ihn schon recht kostbar an. Sie war vielleicht über den Siebziger. Ich weiß es nicht. Die Merkmale des Alters begannen damals frühe bei den Kleidern, aber spät am Haar. Man zeigte uns gerne eine Bäuerin, die lebtags rabenschwarz blieb, weil sie nur einmal die Woche ihre drei Wiedel so streng wie Hanfseile drehte, und wenn ein Haar struppig aufstand, es mit Nußöl niederstrich. Frau Lindmayr kämmte sich freilich jeden Tag, aber in ihrer Frisur bleichten nur wenig Fäden. Die festen braunen Zöpflein lagen auf dem Hinterkopf über Kreuz gespendelt. Eine Netzhaube mit breitem schwarzem Samtband gebunden, drückte sie noch glatter. Ob es warm oder kalt wehte, lag um den Hals ein seidenes Tuch gebunden, und die zähe Gestalt von Haut und Bein war stets in grün-speckig schillernde Stoffröcke gepreßt. Um die Hüften schlotterten verschwenderisch reiche Kittelfalten. Die Bräme hatte inwendig einen sauber ausgestückelten Belegstreifen in verschiedenen rotfarbigen Mustern. Wenn diese beim Bücken ein wenig wippten, sah man über plumpen Lederschuhen die weißen Beinstecken. Nur der Leib, das einzig Rundliche an ihr, schien unter dem rupfenen Schurz beengt.

Über Krankheiten klagte Frau Lindmayr niemals. Sie bewältigte noch rührig den ganzen Pfarrhof allein. Dienstmägde hielt sie nicht. Außer ihr und dem Sohn wohnte nur noch eine Nichte im großen geräumigen Haus; sie hieß Fräulein Marie und war blind. Wir Nachbarskinder sahen sie alle Tage aus dem Haustor treten. Sie tastete sich mit einem Spazierstock durch ihr traurig lichtloses Dasein. Zwei gelbe zottige Schäferhunde begleiteten sie. Wir verstummten in atemloser Scheu, wenn sie ihr Gesicht blinzelnd gegen Himmel richtete, und wähnten, sie sehe uns. Bei gutem Wetter blieb sie auf einer schattigen Bank sitzen und strickte Strümpfe.

Die alte Frau Lindmayr trug indessen schwere Holzkörbe aus dem Tenn und werkte im Garten wie eine Junge. Uns Kindern kam sie mit ihrem dürren Runzelgesicht und dem hageren, hochgekrümmten Rücken uralt vor, achtzig, neunzig, hundert Jahre galten uns ziemlich gleich viel. Wie wir von den Erwachsenen wußten, hatte sie noch etliche Söhne und Töchter, die, längst verheiratet, dem Erbhaus und anderen reichen Häusern vorstanden. So blieb sie bei dem Sohn, der sie am nötigsten brauchte und vielen Anzeichen nach ihrem Herzen am nächsten war.

Seine Fürsorge aber wehrte sie mit herber Verschämtheit fast beleidigt ab. Und wann hohe Besuche kamen, ging sie bescheiden wie eine Wirtschafterin aus dem Wohnzimmer. Der Herr Pfarrer hatte ob seiner akademischen Bildung einen großen gesellschaftlichen Anwert. Der Bezirkshauptmann, die Exzellenzen, der Graf Bardeau und die übrigen Aristokraten nahmen ihn für ihren sonst abgeschlossenen Kreis lebhaft in Anspruch und behandelten ihn als ebenbürtig. Bisweilen läuteten adelige Fräuleins beim Pfarrhof an, um einen religiösen Zweifel oder sonst eine Skrupelhaftigkeit durch theologischen Zuspruch loszuwerden. Die alte Frau Lindmayr zeigte beim Türöffnen wenig Freude. Kam aber ein und dieselbe Baronesse öfter, dann machte Frau Lindmayr nur spaltbreit auf und sagte unfreundlich:

Gehen S' nur wieder. Für solche Sachen hat er nit derweil.

Uns Kinder behandelte sie wohlwollender, wenn wir mit neugierigen Späherblicken am Lattenzaun unseres Gärtchens emportauchten, während der Herr Pfarrer Brevier betete. Ja, sie bemerkte sogar, daß wir öfter, um nicht so aufdringlich zu sein, nur hinter die Ribiselhecke geduckt, schwatzten und kicherten. Das Warten dauerte verschieden lang, plötzlich einmal sagte sie gewiß:

No kömmts halt her da.

Ihr Gesicht tauchte uns streng entgegen. Aber es war doch mit Augen, Stirn und Nase ihres Sohnes Gesicht. Und ihre Hände, wie grob und mager sie auch herausschauten, wölbten sich wie eine volle Schüssel über unsere Köpfe und verhießen immer neue Freuden aus der stillen Nachbarschaft. Im Frühjahr bekamen wir frisch von der Erde den ersten Monatsrettig. In der heißen Zeit gupften sich schwarze Ribisel, Kirschen oder dicke Pröbstlinge hervor. Im Herbst beschenkte sie uns vielfach mit Haberbirnen und Glasäpfeln. Wenn das Obst abgeerntet und der Garten schon zum Umbrechen war, stieß sie mitunter ihre Schaufel in die rußschwarzen Knollen, so daß der Stiel senkrecht stand, und schlurfte, ohne ein Wort zu sagen, durch das bereifte Gras davon. Am Haustor putzte sie sich sauber die Schuhe ab und verschwand. Die Spannung, ob sie doch wohl unsertwegen gegangen sei, machte uns völlig stumm. Wenn sie zurückkam, hauchten wir: Ah! Frau Lindmayr enttäuschte uns nicht. Sie trug über dem prallen Leib den Schurz, wiederum prall gebauscht. Indem sie ihn auseinander tat, sahen wir auf einem Teller etwas Gutes aus dem Speisekasten: Guglhupfstücke, Zwetschkenschnitten und gebackene Mäuse. Selbst der kalte Winter verwehte die Besuchsgelegenheiten nicht, der Fußpfad hinüber und herüber war im weißen Schnee zu kennen wie im grünen Klee. Ob wegen der Mutter oder dem Sohn zuliebe, darüber machten wir uns keine Gedanken.

Einmal überraschte uns Frau Lindmayr mit einer wichtigen Neuigkeit:

Hiaz kriagts nachher a Gspannin zum Tandeln, sagte sie.

Ein Freund des Herrn Pfarrers, Herr Neumayr hieß er, kündigte sich mit seiner Familie für die Urlaubswochen an; sie wollten natürlich im Pfarrhof wohnen. Wir paßten lang genug, bis wir endlich einen fremden Mann in Hemdsärmeln pfeifenrauchend durch den Garten spazieren sahen. Wie die Bekanntschaft im einzelnen vor sich ging, weiß ich nicht mehr. Kurz und gut, er hatte eine blonde, hübsche wienerisch mollige Frau und eine Tochter mit Namen Emy, die in all und jedem, selbst in der kindlichen Rundlichkeit ganz der Mutter nachartete. Anfangs, als sie die Kleider noch bis zu den Knien trug, standen die Quetschfalten über den Unterröcken wie bei einer zierlichen Ballettänzerin. Ich verzweifelte bis zu Tränen- und Zornausbrüchen, wenn ich unsere würdig langen Kittel damit verglich. Doch schon im zweiten Sommer erschien Emy mit einem handbreit angestückelten keuschen Besatz. Nach meiner Rechnung muß sie damals vielleicht im vierzehnten und ich im elften Jahr gewesen sein. Der Altersunterschied störte mich nicht. Ohne daß eine vorherrschte, ohne daß sich Mißstimmungen ergaben, waren wir ein Herz und eine Seele. Ich respektierte neidlos, daß sie bereits in die III. Klasse Bürgerschule kam, und ließ mich von ihr belehren. Sie dafür wußte mit meinen Einfällen gut umzugehen. Wenn Hildegard und Nannerl, einer Beschäftigung bald überdrüssig, fortliefen und die Walcher Ida sich schon bockbeinig widersetzte, nahmen wir beide, die Neumayr Emy und ich, unser Vergnügen noch gründlicher ernst. Auch die allerlängsten Sommertage in den großen Ferien reichten für die vielen Spiele und Spielsachen nicht aus. Am Abend winkten wir uns aus den Fenstern zu oder wir schrieben uns Briefe mit allerlei Plänen für den nächsten Tag. Eine Zeitlang, so erinnere ich mich unter besonderen Glücksgefühlen, hatten wir eine wahre Seifenblasenleidenschaft. Wir freuten uns, durch Stunden auf demselben Fleck sitzend, an den Farben und Spiegelungen und beobachteten mit behutsam verhaltenem Hauch, wie unsere Luftballone majestätisch gegen die Sonne schaukelten. Wenn einer zerplatzte, so sprudelte unser Strohhalm aus dem Schaumhäuferl einen neuen, noch schönern hervor. Zuletzt machten wir unsere Kunststücke im Laufen.

Zu meinen Puppen zog es Emy mit verschämter Sehnsucht. Vielleicht, weil sie schon zu groß war oder weil ihre Eltern nicht unnützes Gepäck schleppen wollten, hatte sie die eigenen in Wien gelassen. So half sie mir beim Kleidernähen. Wir nähten Schürzen, Matrosenkleider, Lockkleider* und Hauben. Dann fiel uns ein, daß wir ein Kind bekommen sollten. Eine rosa Spitzenaufdecke wurde vorbereitet. Emy trug sich als Patin an, ich war natürlich die Mutter. Die Tatsache, daß unser Kind auf die Welt kam, umgingen wir flüchtig verlegen. Wir sagten, indessen eine vor der andern errötend die Augen niederschlug:

So, hiaz is geboren.

Dann faschten wir die Puppe so fest ein, wie man damals die wirklichen Säuglinge faschte. Zu trinken bekam sie aus einem Parfumfläschchen. Nachdem wir lange über den Namen beraten hatten, vollzog sich die Taufe umständlich und feierlich im Sommerhaus neben dem Pfarrgarten. Den Pfarrer bildeten wir uns nur ein. Dennoch hörten wir deutlich, daß er sagte:

Wie soll das Kind heißen?

Sein Name blieb mir nicht im Gedächtnis. Denn leider lebte es keine Woche. Es mußte sterben, weil wir auch ein Begräbnis abhalten wollten. Dies kostete noch weitaus mehr Arbeit. Hildegard und die Freundinnen mußten uns bei der Aufbahrung, beim Blumenbrocken und Kränzebinden helfen. Das Loch scharrten sie an der Hausmauer, wo die Schwalbengräber waren. Am eifrigsten besorgten sie das „Beileidwünschen". Sie erschienen immer von neuem mit einem Stäbchen, das eine Kerze darstellen sollte, und flüsterten nach dem gewohnen Beispiel der Erwachsenen:

Na, wia wanns schlafet.

Dann sprengten sie verschwenderisch viel Weihbrunn auf die verstorbene Puppe. Sie lag wie das Schneewittchen offen im Sarg,

* Tragkleider

305

der aber nicht gläsern, sondern eine schmale Kiste war. Wir trugen sie über zwei Besenstecken mit den Schultern beiläufig so wie in der biblischen Geschichte die Juden ihre Bundeslade; unsere Trauergäste schritten einzeln hintereinander, damit der Leichenzug recht lang werde. Nachdem wir die Puppe nochmals mit Weihwasser bespritzt hatten, machten wir einen Blumenhügel und ein schönes Grabkreuz.

Und was tan ma hiaz? fragten die andern nach dem Ablauf aller heiligen Zeremonien. Denn seltsam, obwohl alles nur ein Spiel war, tat es uns ähnlich wie den Erwachsenen nach einem Begräbnis. Die Fernerstehenden verliefen sich, man hörte sie alsbald lustig umhergaustern. Emy und ich kehrten ins Sommerhäuschen zurück und empfanden ob der Unordnung von welken, zertretenen Stengeln, geköpften Knospen und zerrissenen Papierschleifen wirklich ein banges, leeres Verlustgefühl.

Einigen Sinnes wie gewöhnlich, sagten wir schon nach ein paar Stunden:

Graben ma's wieder außer.

Die Auferstehung nach diesem Scheintod fiel nicht so beglückend wie in einem Märchen aus.

Wir mußten zu unserer bittersten Bestürzung erkennen, daß Nässe und Erde das goldene Lockenhaar und die beweglichen Wachsaugen, ja überhaupt die ganze Schönheit verdorben hatten. Der Daumen bröselte pappig ab, und die rosenrote Haut war durch einen fleckigen Ausschlag entstellt. Dieser Umstand gab uns nun wieder vollauf zu tun. Denn die kranke Puppe mußte gebadet, gepflegt und operiert werden. Ganz gesund wurde sie nicht mehr. Es blieben ihr vorne die Masern und Schafblattern. Hinten hatte sie den Scharlach.

Immerhin noch ein kleines Unglück im Hingleich zu dem, welches meinen Gröbminger Freundinnen Anna und Kathl zustieß. Ihnen war, wie sie erzählten, um dieselbe Zeit auch das Leichspielen eingefallen. Sie nahmen ihre schönste Gliederpuppe dazu. Aber einen Sarg und ein Grab brauchten sie nicht, weil sie ihren Vater, den Herrn Dr. Miller, öfter von der Leichenverbrennung reden hörten. Bei günstiger Gelegenheit, da sie keine Aufsicht zu fürchten hatten, zogen sie unter düstern Chorgesängen zum Küchenherd und schoben die aufgeputzte Bahre hinein. Alsdann beobachteten sie durch die Feuerlucke vergnügt das Gezüngel der Flammen. Später wurde ihnen bang und langweilig, sie wollten ihre Puppe wieder herausholen; doch diese war im Krematorium wirklich zu Staub und Asche geworden.

Erwachsene lächelten zu solch traurigen Erfahrungen; man nannte es Lehrgeld zahlen. Soweit es uns betraf, urteilte Mutter freilich, daß es schade sei; dennoch zeigte sie sich gegen meine Bitten nicht ungnädig und ließ mich hoffen, daß das Christkind eine neue, noch größere Puppe bringen werde. Vater dagegen schalt wieder einmal strenge, daß wir unser Tändelzeug ruinierten und daß wir keines mehr bekämen, weil wir schon zur Arbeit taugten.

Eine Unterhaltung sah er aber mit wohlwollender Miene an, nämlich das Kaufmannspielen. Das immerwährende Vorbild bot sich ja im elterlichen Gewölbe, und ein anderes, das uns durch seinen Seltenheitswert noch stärker aneiferte, war zweimal im Jahr der Bauernkirchtag. Er übte mit seinen Lebzeltbuden und Kramerständen einen unbeschreiblich seligen Zauber aus. Im Mai, zu Kreuzerfindung, kam noch das Fahnengepränge der auswärtigen Prozessionen dazu, und über den Andrämarkt legte bereits der Advent seinen geheimnisvollen Schatten. Schwarze Krampusse und weiße Nikolos hingen an eine Schnur gereiht, manche zum Essen, manche zum Anschaun, blaue, rote, gelbe, grüne Kerzen, Christbaumflitter, Südfrüchte, Zuckerl, Schaumrollen, Likörfläschchen, Hüte, Stoffe, Schürzen, Patschen, Kapselpistolen, Pfeiferl lagen hergebreitet, ein Kastanienbrater schüttelte den glühroten Rost und füllte kleine und große Zeitungsskarnitzel für einen hungrigen Kreis von Kindern und Kirchgängern. Man konnte einfach alles haben, Wein wenig billiger und schlechter vielleicht als bei den Kaufleuten, uns erschien es das Herrlichste der ganzen Welt.

Die Neumayr Emy hatte zwar noch keinen Kirchtag erlebt; bei meiner Beschreibung und Anleitung wurde sie indes immer erfinderischer; so gelang uns im hingebenden Fleiß einiger Tage ein wunderschöner Kramerstand. Vom Sommerhaus bis zur Terrassenmauer waren Spagatschnüre gezogen. Daran baumelte allerlei Zeug, welches im elterlichen Geschäft grau verstaubte, in der blauen Himmelssonne jedoch als Sehenswürdigkeit zur Geltung kam. Ich erinnere mich an metallene Hähne, denen man in den Schwanz blasen mußte, dann krähten sie naturgetreu. Trompeten, Wisperln, Griffelspitzer, Kugerl, Kottillons, Spiegel, Taschenfeitel, Reiseandenken, Brandmalereien, zwei beschädigte Tennispracker, R-Federn, Bälle, Reifen, künstliche Blumen für Strohhüte, halbe Zollstäbe, „altmoderne" Hemdkrägen, schabenbrüchige Wolle, Stoffmuster, wie sie zu Hunderten von den Fabrikanten versandt wurden, Knöpfe, Garn und Bänder hatten wir auf Lager. Über dem langen Budelbrett standen Lebensmittel verteilt. Zum Abwägen lieh uns Mutter eine geeichte Waage nebst Gewichten. Manchmal prüfte sie uns, ob wir doch auf den Deka genau wären.

Das sei das erste Gebot der Kaufmannsehre, sagte sie. Als zweites wichtiges Gebot verlangte sie, daß wir die Spitzen eines Skarnitzels mit gewisser Daumenfertigkeit eindrückten. Hinsichtlich der Preise machte sie keine Vorschriften. Wir verlangten für die meisten Stücke einen Kreuzer. Zerbrochene Zuckerl kosteten einen Heller, und 10 Deka irgendeiner Ware kosteten 10 Heller. Höhere Quantitäten verkauften wir selten.

Da neben unserm Ladentisch eine Tafel mit der schablonierten, weithin sichtbaren Inschrift „Gemischtwarenhandlung" angebracht war, hatten wir nicht nur Bewunderer, sondern auch viele Kundschaften.

Dorfleute, die zu Mutter ins Gewölbe gingen, sagten auf dem Hin- oder Rückweg lächelnd:

Enk muß i doch auch was abkaufen.

Sogar die fremden Zugleute blieben schauend stehen, und wann sie Kinder bei sich führten, dauerte die Auswahl besonders lang. Ich glaube mich zu erinnern, daß ein kleiner Bub mit eingebundenen Zähnen und rollenden Tränen sich eine Musi wünschte. Nachdem er Pfeiferl und Mundharmonikas ausprobiert hatte, ging er unter schmetternden Trompetenstößen wie ein Blasengel davon.

Zufolge des guten Zuspruchs fanden Neumayr Emy und ich oft kaum Zeit zum Mittagessen. Walcher Ida half uns verläßlich. Sie war eine gute Rechnerin; nur die geschäftlichen Umgangsformen beherrschte sie weniger. Das heißt, sie ließ sich zu keiner Höflichkeit anleiten und sagte auf eine Belehrung geschämig:

Tuat eh aso a.

Hildegard und die Kofler Nannerl gefielen sich in zweierlei Rollen. Bald kamen sie als Kundschaft mit einer Tasche, dann wieder wollten sie Ladenfräulein sein. Doch sie hatten keine Hand zum genauen Einwägen und zum Skarnitzeldrehn. Sie widmeten sich mit Vorliebe dem Zuckerlgeschäft. Ich mußte sie daher von Zeit zu Zeit entlassen. Die Frau Kofler, welche sonst gerne 10 dkg Malzbonbons bei mir nahm, kränkte sich ob dieser Härte bitterlich. Sie verbot der Nannerl das Einkaufen und eilte auch ihrerseits mit ihrem Pompadour stolz an mir vorüber.

An meiner Freundin Mitzi hatte ich die unbeständigste, aber eifervollste Handlungsgehilfin. Mit ihren dreizehn Jahren schon ein recht kräftiges Mädchen, mußte sie im Haushalt so ziemlich alle Arbeit einer Erwachsenen leisten. Ihr phantasiereicher Sinn reifte indessen noch nicht zu fraulichen Eigenschaften, und ihr einziges Trachten im engen Kreise der Tagesordnung war die Flucht zu unsern Spielereien. Wann immer es anging, unbeachtet oder mit einer listigen Ausrede, entwischte sie daheim und kam atemlos um die Terrassenecke gehuscht. Dabei sagte sie:

So, da bin i!

Ihre Gegenwart veränderte den standesbewußten Ernst einer Gemischtwarenfiliale zum heitern Kirchtag. Sie machte in ihrer mundfertigen Art viel Aufsehn und erlaubte sich, was uns Mutter von jeher streng abgewöhnt hatte, mit einfältigen Kundschaften manchen Schabernack. So konnte sie zum Beispiel jemandem ein Zauberschachterl einreden, das in Wirklichkeit nur eine Zündholzschachtel war. Wen andern machte sie glauben, daß aus der umgedrehten Mundharmonika noch weit schönere Melodien hervorqueckten, wenn man nur recht närrisch hineinblies.

Ich fürchtete gewissenhaft, daß solche Unredlichkeiten unserer Kaufmannsehre schadeten, zumindest aber von Mutter beanstandet würden.

Hast nit ghört, Mitzi, begann ich in der Verlegenheit eines kritischen Augenblicks, sie haben dir gruafen?

Ah na — ös wollts mi glei fortlaxeln, antwortete mir meine Freundin schlagfertig. Aber ich bleib schon da, die Tant denkt sich, i tua Krautwürm klauben.

Mein schwerfälliges Herz schwankte immer zwischen Bewunderung und Bangigkeit, während sie schelmenwitzig erzählte, wie sie die Frau Schulinspektor über ihre Abwesenheit hinwegtäuschte. Beim Geschirrwaschen ging es am leichtesten, weil die Tante an Kopfwehtagen sich eine Stunde auf das Sofa legte. Am großen Waschtag ging es schwer. Und beim Gemüsejäten gab es nur eine Rettung. Nachdem Mitzi schon ein paar Stunden, in der Gartenschwüle kniend, geschmachtet hatte, fing sie an, mit dem Unkraut auch die Pflanzen auszurupfen. Sie irrte sich so lange, bis Frau Tremel verdrossen schalt:

Geh weiter und scham dich. So ein großes Mädchen soll den Zeller und den Hühnerdarm schon auseinanderkennen.

Mitzi behauptete, sie sei kurzsichtig. Bei uns war sie das nicht. Sie hatte ein sehr gutes Auge für die kleinsten Kleinigkeiten im reichhaltigen Kinderkaufladen. Besonders in die Fingerringe mit den Edelsteinen, in die Nippessachen und sonstigen Galanteriewaren verschaute sie sich mit andächtigem Entzücken. Da sie selten Geschenke und niemals wertloses Tändelzeug bekam, wünschte sie sich alles. Doch anstatt mir etwas abzubetteln, lüftete sich ihre trotzig verhaltene Sehnsucht in einem harten Wort aus. Sie sagte zum Beispiel:

Ich bin nicht so verzärtelt wie du.

Mein kindlicher Unverstand gab ihr ein ebenso hartes Wort zurück. Wir zerstritten uns leidenschaftlich, ohne recht zu wissen, warum; die Neumayr Emy mit ihrem lieblich runden, bestürzten Gesicht mußte machtlos dabei zuhören. Das Ende war, daß Mitzi uns hocherhobenen Kopfes verließ.

Aus is die Freundschaft, jetzt kumm i nimmer. Tatsach, Ehr und Seligkeit! sagte sie gerne zum Abschied.

Unsere vielen Sehenswürdigkeiten hatten indes eine versöhnliche Anziehungskraft. Noch magnetischer zog sie der nahe Pfarrgarten an, darin der hochwürdige Herr Pfarrer Dr. Pater Bernhard Lindmayr, an schönen Sommertagen auf und ab wandelnd, sein Brevier betete. Mitzi sah unentwegt hinüber. Wir Kinder dagegen sahen Mitzi und riefen:

Schauts, hiaz tuat sie Farb wechseln.

Das Farbwechseln kam bei ihr oft vor und bereitete ihr ein hilfloses Schamgefühl; uns natürlich ein Vergnügen. Sie rieb sich vor einem Fensterspiegel oft die Wangen rauh, um ihre Haut abzuhärten. Aber es nützte nichts.

Einmal war sie wieder unerlaubt von zu Hause fortgelaufen und half uns geschäftig, indem sie, auf einer Kiste erhöht, unser sogenanntes Auslagfenster, nämlich die gespannten Schnüre mit allem baumelnden Drum und Dran, in Unordnung brachte.

Heut bin i Freifräulein! Wir haben Besuch kriagt! sagte sie ein bißchen großtuerisch und vor Übermut blitzend. Alsdann erzählte sie uns, wie ahnungslos ihre Tante und die alte Frau Fischer bei der Kaffeejause strickten.

Plötzlich, mitten im lustigen Geplapper hörten wir vom Schulhaus her durchdringend Miiitziii! rufen.

Sie erstarrte bei offenem Mund. Und wir, ebenso sprachlos in ihr Gesicht starrend, sahen, daß sie wiederum Farbe wechselte. Dann war sie mit unfaßlich schnellem Sprung über den Ladentisch geturnt und verschwunden. Jetzt erst wurde uns wehmütig offenbar, daß ihr Kleid die meisten Waren zur Erde geschleift hatte. Hier lagen nun Zuckerl, Kugerl, Gewürzbriefe, Papiersäcke, Mehlstaub, Schuhnägel, Pfeiferl, ein Wust Stoffmuster und, was wir nur mit zögerndem Betasten zugaben: die teure gläserne Käseglocke in Stück und Scherben zersprungen.

Der Tag ging trübselig zu Ende. Am Abend bei Kassaschluß blieb uns nichts anderes übrig: Wir mußten unserer Mutter auch das Häuflein Unglück darreichen. Wie ihrer stummen Miene anzumerken war, wußte sie es bereits. Sie sagte, ohne nach der Missetäterin zu fragen, mit ihrer ganzen Allwissenheit:

Das sieht ihr wieder einmal ähnlich!

Die Frau Inspektor erhielt jedoch keine Rechnung. Und wir Kinder beteuerten unserer Freundin Mitzi ewige Verschwiegenheit. Trotzdem wagte sie sich nicht mehr in die Nähe. Und dies wurde wohl ihre schwerste Strafe. Denn sie konnte nicht bedienen, wenn der Herr Pfarrer zu uns einkaufen kam.

Er und seine Mutter waren die besten und treuesten Kundschaften. Wenn die alte Frau Lindmayr bei Mutter ihren Bedarf gedeckt hatte und etwa Grieß und Kaffee im Schurz heimtrug, stand sie im eiligsten Schritt plötzlich besonnen still und fragte:

No, was habts denn alles?

Lauter wunderschöne billige Waren, Frau Mutter; tun S' Ihnen nur aussuchen, antworteten wir prahlerisch und anhabig wie Hausierer. Wir brachten wirklich so viel an, daß wir des feinen Eindrucks halber schriftlich zusammenaddierten; es machte 15—20 Heller aus. Nachdem Frau Lindmayr ihre vielen Kreuzer aus dem umgekehrten Geldtäschchen geschüttet und abgezählt hatte, schrieben wir auf die Rechnung: Dankend saldiert.

Es kam vor, daß sie uns die gekauften Sachen später über den Zaun zurückgab; nicht etwa, daß sie damit unzufrieden gewesen wäre, o nein! Sie rief nur wohlwollend barsch:

Sunst werdts gach fertig mit enkern Graffel.

Der Herr Pfarrer redete mit uns hochdeutsch. Ich fragte mit jenem Anstand, den ich bei meiner Mutter sah, ebenfalls hochdeutsch:

Was steht zu Diensten?

Schokolat! war seine Antwort. Er kaufte en gros und teilte stückweise aus; denn es gab genug Kinder, die sehnsüchtig umherstanden, weil sie von ihrer Mutter den erwünschten Heller nicht bekamen. Seine Ministranten waren die fleißigsten Abnehmer. Schuhnägel nahm er gleich ein paar Hände voll; die kleinern bestimmte er für seine Mutter, die bei ihrer Feldarbeit und im Kuhstall genug Leder zerriß. Die massiven, sagte er, paßten gerade für seine Versehgangstiefel. Zu unserer dankbaren Freude hatte er sogar Verwendung für die Stoffmuster, die sonst jede Kundschaft achtlos oder geringschätzig beiseite schob. Wir sahen sie auf seinem Schreibtisch als Tintenwischer. Obwohl er durchaus nicht alt, sondern in mittleren Jahren war, benutzte er nach früherer Sitte neben den Stahlfedern weiche Gänsekiele und dunkelvioletten Streusand. Ihm beim Gebrauch zuzuschauen bereitete mir helles Entzücken. Natürlich fiel mir ein, ihn mit solchen Waren zu beliefern. Er zahlte unsern grauen feingesiebten Moorsand teuer und wies die etwas zerrupften Hahnschwänze und gefundenen Krähenflügel nicht zurück.

Zum Pfeifenputzen tuns schon, meinte er freundlich.

Man sah ihn, wenn er mit dem Brevier fertig war, gerne eine lange wertvolle Pfeife rauchen. Seine beiden Hunde wedelten beharrlich zu ihm auf und mahnten ihn manchmal mit der Pfote. Dann griff er in den Gewandsack um ein paar Stücke Zucker. Diese stammten ebenfalls aus unserem Geschäft. Unter unsicherem Herzklopfen wagte ich einmal dem Herrn Pfarrer mein selbsterfundenes Rosenwasser anzubieten; es roch zwar nicht mehr völlig naturgetreu und hatte im Flaschenhals einen grünlichen Schimmelpfropfen, doch mein hochverehrter Gönner sagte schnupfend:

Wirklich wie Parfum.

Auch Dekorationsgegenstände schätzte er. Ich erinnere mich, daß er seinen Strauß künstlicher Purpurrosen, Phantasiemohn, Vergißmeinnicht und Flieder freiwillig mit einer Krone bezahlte. Wir gaben uns der stolzen Hoffnung hin, sie am Sonntag am Hochaltar zu sehen. Das war leider nicht der Fall, aber wir fanden sie, vielleicht noch mehr beglückt, am Küchenspiegel seiner Mutter.

Außer diesen großen, „echt nachgemachten" Blumen gab es kleinwinzige Moosröslein aus Zelluloid. Die Bauern trugen sie seit früheren Zeiten, als Vater Kaufmann geworden war, als eine Art Stadtmode in der Krawatte oder auf dem Bratenfrack. Unserm Herrn Pfarrer gefielen sie sogleich. Er löste eines aus dem vollen Dutzend, probierte es ins Knopfloch seines Skapuliers und steckte es schließlich auf den Hut. Mit dieser Zierde erschien er uns noch stattlicher und schöner denn je.

Als er sich höflich grüßend verabschiedete, sagte ich geehrt und verklärt:

Schaffen ferner, bitte!

Am Abend gingen wir mit unserer Geldschüssel ins Gewölbe. Vorher auch nur einen Kreuzer beiseite zu tun, war uns nicht erlaubt. Die Einnahme wurde nach einer bestimmten Regel „auseinanderdividiert", wie Mutter es nannte. Sie zog für sich einen gewissen Anteil ab; unser Anteil mußte in die Sparkasse, die Freundinnen, glaube ich, durften ihn beliebig verwenden. Verwunderlich bleibt mir im

Rückblick, daß unsere Gemischtwarenhandlung niemals bestohlen oder gar ausgeraubt wurde. Wir ließen nämlich die aufgefädelten Sehenswürdigkeiten über Nacht im Freien.

Ein Schmerz dämpfte uns freilich. Als wir ungefähr schon eine Woche lang wichtig vergnügt Kaufmann und Kirchtag gespielt hatten, machten die Eltern beim Mittagessen eine Bemerkung, daß wir unsere Bude bald wegräumen müßten. Bei nächster Gelegenheit erfuhr ich auch, warum.

Den Namen, den unsere Mutter der alten Frau Lindmayr über den Zaun hinüber wispelte, habe ich mir nicht gemerkt, kurzum, jemand hatte halb scherzend, halb im Ernst beanstandet, unsere Filiale sei eine ungesetzliche Feilbietung und ein strafbarer Ausverkauf.

Ich beobachtete dankbar, daß die schwarzen Brauen der alten Frau Lindmayr sich noch finsterer buschten, während Mutter ihr Herz erleichterte. Die zwei Frauen traten jeden Tag einmal an der Gartengrenze zu einer Unterhaltung zusammen. Hier, wo ein breiter Holunderwipfel nach jeder Seite die schämig vergönnte Freizeit vor bösen Augen verbarg, schwatzten sie von der vielen Arbeit, hier tauschten sie Nachfragen, Neuigkeiten, Erfahrungen, Kochrezepte und anderes. Mit ihren Gärten wetteiferten sie immer ehrgeizig. Jede wollte den frühesten Salat und die festesten Krauthäuptel ernten. Ich hörte sie bei solchen Gesprächen oft sagen, daß sie nicht „derweil" hätten. Immerhin blieben sie noch eine Zeitlang stehen. Mutter erzählte von uns Kindern, und Frau Lindmayr von ihrem Bernhard; mitunter nannte sie ihn Franz. Ich horchte aufmerksam zu, weil ich hoffte, sie werde uns seine Lebensgeschichte vertrauen, welche die größeren Schulmädchen unter sich tuschelten.

Die Inspektor-Mitzi gebrauchte dabei den Ausdruck romantisch. Wir mußten ihr „Tatsach, Ehr und Seligkeit" schwören, damit das Geheimnis sicher wäre. Sollten wir aber den Eid brechen, drohte sie schauerlich, alsdann spräche uns kein Bischof und kein Papst von der Hölle los.

Da ich vor dieser harten Strafe Angst hatte, wagte ich trotz brennender Neugier nicht, meine Freundin Emy zu fragen, obwohl diese, im Pfarrhof wohnhaft, am ehesten wissen mußte, ob es wahr sei.

Es handelte sich um ein Gelübde.

Als die Familie Neumayr im Herbst wieder fortreiste und die Langeweile um meine liebe Gespielin mich zu schriftlicher Mitteilsamkeit drängte, war ich oft versucht, dem strengen Schwur untreu zu werden. Denn in Briefen, die ich leidenschaftlich gern schrieb, flossen mir die Worte schier von selber zu. Und mehr als die Lippen verschwiegen, ja mehr als ich selber wußte, stand oft unversehens auf dem rosaroten oder vergißmeinnichtblauen Böglein, natürlich nicht prosaisch, wie ich redete, sondern überschwenglich poetisch und pathetisch, in wunderbarer Stilkunst. Wahrscheinlich, so denke ich mir heute, hat meine Freundin Emy sich beim Lesen nicht völlig ausgekannt. Sie war bestrebt, mich abwechselnd mit lilafarbenem, orangegelbem und erbsengrünem Papier zu erfreuen, und schrieb mit leichten lateinrunden Buchstaben stets vernünftig von Puppen, Handarbeiten und Schulaufgaben. Eine romantische Andeutung über den Herrn Pfarrer Doktor Pater Bernhard Lindmayr kam niemals vor.

Meine kleine Weibsschlauheit bemühte sich nun, den furchtbaren Schwur auf andern unschuldigen Wegen zu umgehen. Vor der Mutter blieb mir freilich das Wort im Munde stecken. Denn sie durchschaute einen wie die Allwissenheit Gottes. Bei Vater hatte ich dieses Gefühl nicht; so begann ich einmal möglichst scheinheilig, ihn nach seinem Studium in Admont auszuforschen. Ob er sich noch an den Onkel Hans erinnern könne und ob der Herr Pfarrer wirklich Franz geheißen habe? So oder beiläufig so fädelte ich vorsichtig ein.

Ja, sagte Vater ahnungslos und verlor sich in abfällige Urteile, wie unnütz die Wissenschaft sei, wie wenig er sich dafür interessiert habe, wie die meisten Schüler sich die Studierzeit vertrieben, wie er beim Evangeliumläuten sein Schlüsselbein zerschlagen habe und wie ein Gottscheer ins Stift die Blattern einschleppte. Die Studenten erbten sie der Reihe nach. An einem Morgen saßen nur noch zwei gesund bei der Einbrennsuppe, und denen erlaubte man die Heimreise. Die beiden, nämlich Vater und der andere, eilten um ihr Sonntagsgewand. Doch vor dem Kasten fiel Vater bewußtlos nieder: er hatte auch die Blattern, zum Glück nur die weißen mit wenig schwarzen gemischt, erzählte er.

Ob der andere vielleicht der Herr Pfarrer gewesen sei?

Na, sagte Vater.

Ich wagte mich nun schon gefährlich nahe an den Schwur heran und forschte unter Gewissensängsten:

Aber vom Orgelchor is er wirklich herabgepurzelt?

Ja, kopfüber, erinnerte Vater sich langsam. Wie die Sängerknaben wieder einmal grafft ham. Noch vor dem Kirchenbrand, da war von oben bis unten alles Stein. Gerumpelt hats tüchtig; das muaß a Bua schon aushalten! sagte Vater und begegnete gleichmütig meinen durchdringenden Augen. Von der Hauptsache sprach er leider gar nicht.

Mich drückte die Schwere des Wortes allein schon nieder; wenn es während der Handarbeitsstunde leichthin von Bank zu Bank gewispelt wurde und meine Schulfreundinnen der Inspektor-Mitzi ein kleines Gelübde ablegten, daß sie von diesem großen Gelübde nichts sagen würden.

Die ganze Mädchenabteilung schwieg wirklich standhaft, um ja nicht in die Hölle zu kommen. Leider verloren die immer gleichen Tatsachen durch die Gewohnheit ihren Zauber. Wir verlangten beim Stricken und Häkeln und Nähen unersättlich nach neuer Ausschmückung und Fortsetzung. Da die andern Eingeweihten sonst nichts wußten, wurde ich die Erzählerin und erzählte in erfinderischer Vielfalt und unter dem Siegel der Verschwiegenheit die Geschichte, wie der Herr Pfarrer noch Franz geheißen habe und als Stiftischer Sängerknabe vom hohen Chor gestürzt sei. Bei der Stelle, wo die Benediktiner die Unglückspost nach Liezen geschickt hatten und die „alte Frau Lindmayr" sich auf alles gefaßt machte, unterstützte mich die Inspektor-Mitzi mit rührenden Schilderungen über den Reichtum der Familie Lindmayr, so daß in unserer durchgängerischen Phantasie erst eine vierspännige und schließlich sogar sechsspännige Kutsche nach Admont sprengte. Manchmal griff Mitzi auch den Ereignissen vor und prahlte, wie gescheit der Herr Pfarrer trotz der Gehirnerschütterung geworden sei. Er habe, sagte sie, das ganze Gymnasium und die ganze Universität erlernt. Ein anderes Mal sagte sie, er sei ein Gentleman und es gebe nur noch einen, der ihr gleich gut gefiele.

Dann ließ sie sich ziemlich lange von unserer Neugier bedrängen; und erst nachdem wir Tatsach, Ehr und Seligkeit geschworen hatten, gestand sie im Wispeln errötend:

Der Graf Bardeau, weil er auch keinen Bart hat.

Ich ließ mich von dieser Geschmacksäußerung sofort überzeugen und teilte nunmehr mit meiner Freundin Mitzi eine zwar hoffnungslose, dennoch schwärmerisch glückliche Doppelzuneigung. Allerdings etwas deutlicher schlug mein Herz für den Herrn Pfarrer. Sogar seine Mutter im abgeschabten Tuchfrack und Zwilchkittel streifte ein romantischer Glorienschein. Ich mußte immer, während sie von ihrem Franz redete, an das denken, was sie im Schmerz gelobt, als ihr Sohn wie zu Tod gefallen, stumm und leichenbleich auf dem Sterbebett gelegen war. Bei diesem traurigen Anblick soll sie den Kopf gebeutelt und gesagt haben:

Wenn der noch einmal aufsteht, weih ich ihn dem Kloster.

Und siehe! da gab er das erste Lebenszeichen.

Ich begriff, daß sie mit ewiger Worttreue dafür danken mußte. Eine geheimnisvolle, unwiderstehliche Anziehung trieb mich, meiner Mutter zu folgen, sobald sie zum Zaun trat, um guten Morgen oder guten Abend hinüber zu wünschen. Einmal, so hoffte ich, würde uns die alte Frau Lindmayr doch die ganze Geschichte selbst erzählen. Sie sprach aber nur von dem, was der Herr Pfarrer gerade brauchte, was er zu arbeiten hatte und was sie ihm kochen wolle. Auch solche Reden schon verpflichteten mich zu verklärter Andacht und machten ihre Erscheinung unvergeßlich. Heute noch, wenn mir irgendwo das Wort Gelübde unterkommt, sehe ich, wie sie hochrückig in ihrer ganzen strengen Hagerkeit dastand, den Leib ein wenig vorgeschoben und die knochige Hand ans Hüftbein gestemmt. Mit der andern Hand hielt sie gern ein duftendes Suppenkräutlein unter die Nase.

DIE FREUDEN AUS DER WEITEN WELT

Ich verfiel im Wandel des Jahres auf neue Ideen. Alles, was die warme Zeit von weither brachte, ließ sich ja leider nur in bescheidenstem Maße nachahmen. Aber durch Mark und Bein bebte mir der Freudengenuß immer, daß wir hinterher, wenn er aus und vorüber war, in einer wild phantastischen Fortsetzung schwelgten.

Unsere besorgte Mutter erlaubte uns doch noch lieber das Hutschbrett im Kindergarten als jene „große amerikanische Schiffsschaukel", die ihr soviel Angstschweiß als Geld gekostet hatte.

Gott sei Dank! Hiaz kömmens ebba doch nimmer, seufzte sie, während der bemalte Wagen im Eisenbahnzug fortrollte. Allein sie täuschte sich. Um die nächsten Pfingsten, sobald gemäht war, stand das Gerüst richtig wieder mitten in der Fischerwiese. Ein Dutzend Schinakel mit grell aufgefrischten Farben und Namen pendelte verführerisch an massivem Eisengestäng. Man konnte sich für eine Zehnhellermünze aussuchen, wie weit die Reise gehen sollte. Die Wahl war oft schwer. Hildegard und Nannerl entschieden sich gern für ein bestimmtes Schiff, von dem sie erprobt hatten, daß es am leichtesten und höchsten trug. Ich fuhr, wissenschaftlich auf die Geographie bedacht, einmal nach Hamburg, ein andermal nach Triest, nach Venedig, Pola, Spalato, Ragusa, Zara, Konstantinopel, Kairo, New York und weiß Gott wohin.

Im ruckweisen Aufwärtstauchen schupfte uns eine schrille Werkelmusik erst mit kurzen Quiekstößen, dann aber in ununterbrochen jagendem Tempo durch die Luft. Ganz gleich, was geleiert wurde, der liebe Augustin oder die Donauwellen, unsere Sinne fühlten nichts mehr als den angstbetäubten Glückstaumel zwischen Steigen und Stürzen, sie wurden wirklich von den Sturmwogen des Meeres gefaßt und schwanden beinahe.

Die Ernüchterung aus dem Schwung tat immer wehe. Wenn der Glockenhammer pemperte, brach plötzlich die Musik ab, und der tätowierte Matrose hob ein Bremsbrett nach dem andern, bis alle Schifflein stillstanden. Manchmal mußte er uns bei der Landung helfen. Denn wir hatten uns atemlos auf den Sitz gehockt und wollten nicht aufstehen. Füße und Arme zitterten in der Ruhe haltlos, und der Magen war ein bißchen seekrank.

Lang dauerte die Schwäche niemals. Kaum hatten wir unserer Mutter zu Hause ein Käsebrot und ein neues Zehnerl abgebettelt, waren wir zum Schaukeln wieder stark genug.

Der ausgelassene Luftrausch wahrscheinlich weckte in mir und Hildegard den gleichen Einfall. Ganz ohne Verabredung, einfach von selber trafen wir uns im lebhaften Bemühn, das Fliegen zu erfinden. Ich erinnere mich, daß wir jeweils bei Gewitterwinden und einmal auch nach einem durstigen Schluck Bier mit offenem Haarmantel und wachelnden Armen dahinsausten und schon zu spüren glaubten, wie es uns aufhob. Von einem Drachen erhoffte ich mir noch gewisseren Erfolg. Unser Lehrbub mußte mir aus spanischen Stäbchen ein Gerippe nageln. Die Verkleidung besorgte ich liebreich und farbenfreudig nach eigenem Geschmack. Dabei verschwendete ich so viel Almkuhpapier und bunte Bänder, daß dem Drachen sein Schwanz allein zu schwer war. Mein Gewicht lupfte er noch weniger. Unser letzter Versuch hätte vielleicht ein Kunststück werden können. Aber es fehlte die Übung. Als wir uns eines Tages wieder zum Rand der Tennbrücke stellten und auf 1, 2, 3 wie Vögel ins leere Nichts schwangen, sah Mutter leider Gottes auch den tiefen Fall zwischen Ziegelklumpen, Brennesseln und Glasscherben. Sie tadelte unsern Übermut und verbot das Fliegen mit warnendem Zeigefinger. In der Haustür kehrte sie sich noch einmal um, dabei sagend:

Nehmts lieber einen Strumpf in d'Hand.

Diese Andeutung stutzte mir augenblicks die Flügel. Und tatsächlich, mein Vorgefühl wurde bittere Wahrheit. Mutter fand, genau mit dem Vater übereinstimmend, daß wir schon zu groß zum Spielen seien. Sie schränkte nach der Schule unsere Freiheit ein und befahl uns jeden Tag eine längere Strickaufgabe. Hildegard nahm sich die Strafe nicht zu Herzen. Ich dagegen büßte unter Tränen und blieb, freilich untätig, sitzen, wann sie schneller als menschenmöglich ausrief:

I bin fix und fertig.

Mutter vergaß mit der Zeit das Nachschauen und wir die Pflicht. Kein Wunder, daß Vater uns oft grimmig vorhielt, um wieviel tüchtiger er in diesem Alter die Arbeit angepackt hatte. Bei nächster Gelegenheit, vielleicht als ein Ringelspiel ins Dorf kam, versäumten wir wieder, sein frisches Trinkwasser und die Post zu holen.

Auf meine Wesensart hatte das Ringelspiel einen ganz eigenen

Zauber. Obwohl es mich nicht zu verwegener Lust berauschte, war ich doch ebenso von Entzücken getragen, wenn ich in einer pomphaften Galakutsche saß und Hildegard vor mir auf dem Schimmel ritt. Ida und Nannerl zahlten sich gern hinter mir in einer Kutsche ein, besonders wenn die Plätze kostbar wurden. Gegen Feierabend füllte sich immer der Kreis mit Kindern und Leuten. Ihre Köpfe, Leiber, Rößlein und Wagen, die runden Zierecken des Zeltdaches, die Eisenspeichen und die vielen blaugelben Azetylenflammen wischten während der Fahrt mählich ineinander, so daß mich alles Bekannte seltsam verändert anmutete. Die Gesichter leuchteten fremd. Auch ich selber wurde mir fremd und schwebte, wieder vom Werkeltakt begleitet, ungewöhnlich erhaben über der Erde. Manchmal, wenn ich im wachen Traumschwindel das berittene Eilgefolge hinter mir wahrnahm, richtete ich mich in meiner Kutsche majestätisch auf, und es tat mir unter schmeichelnden Hoheitsgefühlen ungefähr wie der Kaiserin Maria Theresia.

So entfachten die Landfahrer immer neue Herzensfreuden und Wünsche neben denen, die mich sonst in Atem hielten. Noch abhängiger machte mich ihre Anziehungskraft, weil es bei ihnen meistens auch Küniglhasen, Hunde und kleine dressierte Pferde zu sehen gab.

Ich besuchte sie am Morgen mit der Frühstückssemmel und einer Handvoll Zucker, liebevoll meinend, sie müßten ohne mich verhungern. Dem Anschein nach aber wurden die Tiere nicht schlecht genährt noch grausam behandelt. Wenn ich den Besitzer fragte, wie teuer sie wären, lächelte er statt einer Antwort und versprach mir für das nächste Wiedersehn ein Junges. Zu meinem großen Schmerz wartete ich jedes Jahr umsonst. Entweder es wackelten die Neugeborenen naßgeleckt und kaum erst sehend am Muttergesäug oder das letzte und schönste — „ein phänominalisches Prachtexemplar", sagte der Ringelspielmann — war gerade am Tage vorher verkauft worden.

In früher Kindheit hatte sich einmal ein Kameltreiber in unser Tal verirrt. Und ein dicker Tanzbär mit langer Kette erscheint meinem Gedächtnis gleichfalls, ohne daß ich heute zu behaupten wage, er sei leibhaftige Wirklichkeit gewesen. Vielleicht sah ich nur durch die Augen der Mutter. Ich fragte oft nach ihm, allein niemand konnte mich sicher überzeugen. Affen natürlich wurden in meinen Schuljahren noch häufig zur Schau getrieben. Wann der Samojede oder sonst ein Südländer mit seinem Tamburin gegen unser Dorfende hinauszigeunerte, glich er immer schon dem Rattenfänger von Hameln.

Fast alle Kinder und Lockkinder* von Öblarn wurleten hinterdrein, um den Affen anzustaunen. Auch wir wären ihm am liebsten endlos gefolgt, denn halten ließ er sich nicht. Überhaupt, wo Neugierige kein Trinkgeld aus dem Sack zogen, murrte der Samojede auf ihre Späße und Fragen „nix deitsch" und ging mit leichten, sehnig wiegenden Schritten weiter. Seine Hose franste verwittert um die Knie. Dafür hatte er die weichen Fußlederlappen ebenmäßig schön bis über die dunkelbraunen Waden herauf verschnürt. Auf der Brust erblickte man mehr Haar und Haut als Hemdfalten. Seinen Rücken wenigstens deckte ein Scheikel** mit allerlei Borten und Messingputz. Auch viel Straßenkot klebte daran, weil er beim Wandern den kleinen Brotverdiener auf der Schulter trug. Es war eine geschwänzte Meerkatze in roter Pelerine und einem roten Fez, der einerseits für den Kopf, anderseits für gute Gaben bestimmt war. Die grauen, rosig angehauchten Menschenhändlein fingerten ungemein geschickt nach allerlei Leckerbissen, welche wir aus den Laden unseres Kaufgewölbes gestöbert hatten. Dank erlebten wir freilich keinen. Denn der tagtägliche Umgang mit tratzerischen Schulkindern und das ewige Künsteln verdroß den Affen bereits. Er zeigte uns manchmal fauchend sein blankes Menschengebiß. Auch zuviel gegessen hatte er wohl. So spuckte er übersättigt um sich und warf Dörrzwetschken, Nußschalen, Kirschen, abgelutschte Kerne, und was sonst im Fez kugelte, oft unversehens unter seine Verfolger. Es gab immer ein paar, welche die besseren Sachen aufklaubten und einander kämpferisch aus der Faust zwängten.

Abgesehen von der kindlichen Schaulust und dem herzlichen Mitleid zog mich ein erregter Gedanke über die menschliche Abstammung zu den Affen. Gab es doch etliche Gebildete im Dorf, die von einem gewissen Darwin gelesen hatten, der seine neu erfundene Wissenschaft über „das Altertum der Menschheit" unter das einfache Volk brachte. So erfuhr ich denn eines Tages von unserm Lehrbuben Hansl, daß die Geschichte von Adam und Eva ein Märchen sei. Zum Beweis hielt er mir ein gedrucktes Aufklärungsheft vor Augen, das, schon ziemlich zerfranst, von Hand zu Hand ging.

Onkel Fritz „konfiszierte" es.

Immerhin verwirrten mir solche Verleumdungen und Beschimpfungen den kindlichen Verstand. Meine Mutter schwankte verlegen

* Ein Kind, das noch getragen wird
** Spenzer

zwischen nüchternem Wahrheitssinn und biblischer Glaubenstreue. Mir scheint im nachhinein, daß ihre große Liebe zu den Tieren an solcher Verwandtschaft keinen Anstoß nahm.

Tante Julie, die aus Gesundheitsrücksichten nicht in die kalte Kirche ging, tadelte indes meinen unreligiösen Fürwitz entrüstet.

Und daß du dich von einem Lehrbuben beeinflussen läßt...! sagte sie, nach Worten suchend, ist, ist einfach unerhört. Du mußt glauben, was der Herr Pfarrer sagt!

Ich ging zu ihm.

Er beruhigte mich mit seinem Blick, der mir Gewißheit gab, daß er mir meine Nachforschungen verzieh. Wie er sie befriedigte, weiß ich nicht mehr. Seine Sprache, seine Aussprache überzeugten mich, daß die Heilige Schrift ein göttliches Dokument ist.

Trotzdessen nahm er, wie mir beklommen vorkam, die heidnische Aufklärung ernst. Ich wurde nun auch an ihm ein bißchen irre. Meine schwärmerische Verehrung läuterte sich indes nach einigen Schwankungen zur festen Anerkennung, daß er ein theologischer Doktor war, der alle Geheimnisse Gottes aus Bildern enträtseln konnte.

DER ZIRKUS

Die größte Sehenswürdigkeit und Augenweide des Jahres war der Zirkus. Er hieß nach einer Wandertruppe, die seit Menschengedenken durch das Tal kam. Unsere Großeltern hatten sie schon gekannt, unsere Eltern wußten sich an einzelne Mitglieder genau zu erinnern, und nun erneute sich die alte Freundschaft zwischen Kind und Kindeskind in der weiß Gott wievielten, von heut aus beurteilt, jedenfalls in der letzten Blütegeneration. Ihr künstlerischer Beruf entflammte mich zu grenzenloser Hochachtung auch von Worts wegen. Wenn Hildegard, als Neusonntagskind immer die findigste, plötzlich einmal ins Zimmer stürzte und ausrief: Akrobaten kömmen!, so wirkte es beinahe so erhebend auf mich, wie wenn sie gesagt hätte: Aristokraten kömmen! Ich empfand sogleich die innige Sehnsucht, eines Gnadenblickes und einer Ansprache aus höchster Nähe teilhaft zu werden.

Einmal kam der Zirkus früh am Morgen. Hildegard stand, warum, weiß ich nicht, aufrecht in ihrem Bett. Sie hatte noch das sterngetupfte Nachtjäckchen über dem Hemd und sah zum Fenster hinaus. Plötzlich deutete sie fuchtelnd gegen den Mitterberg, sagte etwas, schneller, als man's begreifen konnte, hüpfte in den Tuchent nieder, fuhr mit den langen Beinhaxen aus dem Bett und hinein in den Kittel. Auf eins, zwei, drei war sie halbwegs angekleidet und schon entschwunden. Ich äugte indessen, auch im Nachtjäckchen und bloßfüßig, gegen die Gstatterstraße und sah zwischen dem mailichen Grün der Lärchen und Birken einen roten Kasten schaukeln. Bald nachdem er sich fortbewegt hatte, folgte ein blauer.

Die bange Hoffnung, ob es doch wohl wirklich die Akrobaten seien, trieb mich späterhin beim Waschen noch öfter zur Ausschau.

Sö sands, sagte ich, mit eingeseiftem Gesicht gegen die Pappelallee blinzelnd, wo die Wagen gut erkennbar wurden. Ich planschte mir, um besser zu sehen, fleißig die brennenden Augen an; für den Hals, die Arme und die Knie nahm ich mir keine Zeit. Hildegard wusch sich überhaupt nicht. Als sie mit der gewissen Botschaft wieder auftauchte, half ich ihr nur eilends beim Kämmen, was uns damals schon allein überlassen war. Ich bändigte sie auf einen Schemel nieder und riß, unterweilen sie sich die Schuhe knüpfte, aus Leibeskräften an ihrem langen dichten Goldhaar.

Auweh, auweh, mein Kopf, seufzte sie in einem fort gottsjämmerlich, erduldete aber meine festen Zugriffe dennoch, bis ich ihr die Gretchenzöpfe wie Stricke um das Haupt gewunden und mit Eisennadeln festgesteckt hatte. Dann lief sie mir freilich so geschwind davon, daß ich sie erst bei der Feuerwehrhütte einholte. Hier paßte schon ein Schock Kinder mit dem Kalbsfellranzen auf dem Buckel oder in der Hand. Keines wollte einen Schritt weiter; und als es zur Schulmesse läutete, strebten wir in wildem Gedränge nach der andern Richtung, weil die Zirkuswagen bereits über das Bahngeleis rumpelten. Die erste Fuhre doppelspännig. Man hatte über hochgetürmten Kisten und Käfigen eine Regenblahe gespannt. Darauf war ein grüngemaltes Krokodil zu sehen und eine große, violett verwaschene Reklameschrift. Wir buchstabierten andächtig: Die Schrecken des Urwaldes.

Hinten vom runden Dachboden herab schwang ein Triangel mit einem wunderbar farbenschillernden Papagei. Er hielt sich so ruhig, daß man glauben konnte, er sei ausgestopft. Unversehens aber dehnte er den Schnabel zu trägen, schauerlichen Krächzlauten.

Nach dem Blahenwagen kam der rote. Ein mageres Huzulenpferd und ein Akrobat zogen ihn schwitzend. Wir wußten, es war derjenige, welcher ein paar Zentner Eisen stemmte und ein hochgebautes Sesselgerüst mit den Zähnen im Gleichgewicht halten konnte. Nebenbei schritt gravitätisch der Herr Direktor; er hatte schon seine Tierbändigerpeitsche in der Hand. Die Frau Direktor stand gerade zwischen den batistgebauschten Fenstergardinen und wickelte sich ihre grauschwarzen Haarlöckchen auf. Ihr Gesicht war ältlich gerunzelt, aber ihre großen Ohrgehänge und der blau, rot, grün und gelb geblumte Schlafrock mit der Spitzenhalsrüsche gefiel uns sehr. Sie raffte ihn vor unserer Neugier über der bloßen Brust zusammen, mit der andern Hand winkte sie uns freundlich. Auch aus dem Ärmel quollen Spitzenrüschen.

Im dunkeln Innenraum tummelten sich Kindsgestalten hin und her. Es wurde schon gekocht. Man schmeckte die Milch. Und aus dem Blechrohr, welches wie ein eckiger Arm über das Dach ragte, kräuselten dünne Rauchfetzchen. Nachschauend sahen wir die offene Wagentüre. Ein Mann hockte lässig darangelehnt, seine Pantoffeln stützten sich am Stieglein. Es war der dumme August. Er warf uns Kußhände zu, und der weiße Spitz neben ihm bellte fürchterlich.

Zuletzt fuhr der blaue Karren, vollbepackt mit Zeltstangen, Netzen, Laternen, Leitern und sonstigem Zirkusgerät. Ein Esel zog ziemlich widerwillig an der Deichsel, öfter blieb er stehn und rupfte Futter vom Wegsaum oder von verwilderten Schotterhaufen. Der alte Großvater, welcher bei ihm war, mußte oft am Halfter zerren. Er tat es jedoch nicht grob, sondern mit Nachsicht, ja sogar mit Lobesworten. In mir erwachte natürlich augenblicks der Wunsch, ihm den Esel abzukaufen.

Hinter dem letzten Wagen zottelten noch andere Kinder von den umliegenden Höfen jenseits der Enns. Wir schlossen uns dem Gefolg an. Als die Zirkusleute ins Dorf kamen und im Kastanienschatten vor der Walchenbrücke stehenblieben, wurden sie fast undurchdringlich von Zuschauern eingeringt. Es läutete zum Evangelium, es läutete zur Wandlung, wir verharrten wie angezaubert. Erst beim Achtuhrschlag keuchten wir atemlos ins Klassenzimmer.

Der Herr Lehrer Walcher hatte an diesem Tage sicher einen kreuzschweren Stand mit uns; bald sagte ein Schüler: Bitte, ich muß Nasenbluten, bald sagte einer: Ich muß Wasser trinken oder: Ich habe Bauchweh. In Wirklichkeit aber schaute jedes draußen auf den Kirchturmzeiger und berechnete die Viertelstunden und Minuten, bis wir wieder zur Schultür hinausdurften.

Nach der Turnstunde kamen die Knaben gerade recht auf den Dorfplatz. Sie wurden vom Herrn Zirkusdirektor gedungen und mit der Aufgabe betraut, aus den Wirtshäusern leere Bierfässer herbeizurollen. Sodann mußten sie diese als Sitzblöcke halbrund anordnen und mit Brettern zu einer „Arena" verbinden. Wir Mädchen probierten gleich die drei Sitzreihen aus. Ganz besonders wichtig und waghalsig machten sich die Knaben beim hohen Seil zu schaffen. Die Akrobaten spannten es mit Zustimmung des Herrn Dr. Fischer und des Herrn Pfarrers Pater Dr. Bernhard Lindmayr jedes Jahr vom Thorbäcken-Dachfenster zum Kirchturm. Wenn sie von der Glokkenstube zurück waren, hielten sie immer geheimnisvoll grinsend die Hände versteckt oder sie griffen unter den zugeknöpften Rock und warfen uns plötzlich lebendige Fledermäuse in die Schürze. Ein roher Schulbengel wollte uns sogar einige auf den Kopf setzen. Wir liefen kreischend davon, denn nach altem Glauben verfilzten sich die scharfen Krallenflügel so unlöslich im Haar, daß man das ganze Nest abscheren mußte.

Der schöne Tag hatte überhaupt einen aufregenden Beigeschmack von grauenhafter Lust. Im dämmerigen Schatten zwischen dem Verweserhaus und einer provisorischen Schutzblahe standen nämlich die Schrecken des Urwaldes bereits ausgepackt. Es war wegen äußerster Lebensgefahr verboten, in ihre Nähe zu gehen. So horchten wir wenigstens in erlaubter Entfernung und beantworteten die leider spärlichen Tierstimmen mit übertriebenem Angstgeschrei. Der bestialische Gestank, welchen wir mit gerümpfter Nase gierig einschnopften, gab uns vorderhand die sichersten Anhaltspunkte und Beweise, daß lauter wilde Ungeheuer hinter der Zeltwand seien.

Die Schaubude für sie wurde abseits der Arena nicht weit von den Reisewagen aufgestellt. Indes der Herr Direktor anschaffte, trippelte die Frau Direktor, wieder im Blumenschlafrock, aus ihrer Wohnung. Wir wichen ehrfürchtig zur Seite. Sie hatte an den nackten Füßen zierliche Atlasstöckelschuhe. Zwischen den edelstein- und goldberingten Händen trug sie ein großes Blechgefäß voll Kaffee. Die Zirkuskinder wuschen im Pfarrerbrunnen etwas Eßgeschirr. Wir begleiteten das größte Mädchen zum Thorbäcken und waren bestrebt, unsere nähere Bekanntschaft mit ihr zu betonen, indem wir fleißig: Du, Elvira! zu ihr sagten. Sie kaufte einen Brotlaib. Statt zu zahlen, warf sie stolz den gelben Lockenschopf zurück und sagte:

Aufschreiben!

Als jedes sein Teil hatte, setzte sich die Familie, wo eben Platz war, über Deichseln, Stiegenstaffeln, Leitersprossen, Kisten oder ins Gras zur Jause. Das Zuschauen erinnerte uns an den eigenen Hunger. Wir gingen endlich heim.

Jetzt müaßts einmal dableiben, sagte unsere Mutter und langte ins warme Herdrohr. Allein die braune Milchhaut war noch nicht aus der Schale gestringelt, als uns eine neue Verlockung in die Füße fuhr. Draußen trommelte der dumme August vorbei. Er hatte ein blaurotes Gewamst an und auf dem Kopf einen Zuckerhut. Die Trommel hing hüpfend über seinem Polsterbauch. Ein kleiner Pojazel begleitete ihn mit der Tschinelle. Hinter ihnen wimmelte ein Kometenschwanz von Kindern. Auch mich und Hildegard zog es magnetisch mit. Wir kamen im feierlichen Marschschritt durch das ganze Dorf. Immer einmal standen wir still und lauschten mit immer gleichem Hochgenuß, wie der dumme August dem hochgeehrten Publikum die am Abend stattfindende große Gala-Eröffnungsvorstellung und die weltberühmte Menagerie ankündigte. Zuletzt sagte er:

Um zahlreichen Besuch bittet ergebenst die Direktion.

Namen hatten damals noch keine Bedeutung für mich. So wage ich nicht verläßlich zu behaupten, ob es der Zirkus Strohschneider gewesen ist und ob ich selber noch Abkömmlinge dieser Artistenfamilie kennengelernt habe. Jedenfalls hörte ich den Namen oft genug, wenn Vater zu solchen Zeiten von einer Reise heimkehrte.

Wir erwarteten ihn stets in hoffender und zitternder Herzensunruhe, denn die Mutter sagte gern:

Heut müaßts *ihn* um den Eintritt bitten!

Schon eine Stunde vor Ankunft des Zuges eilten wir zum Bahnhof. Anfangs vertrieben wir uns die Zeit, indem wir die Perronsperre entlangturnten. Später setzten wir uns geduldig auf den hohen Stufenabsatz, welcher eigens für den Briefträger Davidl gemacht war, damit er den Briefkasten erlangte. Hier paßten wir bis zur spätesten Verspätung. Wenn wir alsdann hoch über dem Schwarm der Zugleute einen Gamsbart wacheln sahen, hüpften wir überraschend herbei und riefen von rechts und links wie aus einem Munde:

Vatta, Akrobaten sand kömmen.

Vater interessierte sich für das Ereignis gar nicht. Er gab uns sein Reisegepäck zu tragen und erzählte wohlgelaunt von den guten Geschäften, die er gemacht hatte. Wir sollten morgen dem Hausknecht verladen helfen: einen Waggon Blechschnitz, Hufnägel, Drahtstiften, Flacheisen, Weißblech, Sengsen, Pflugplatten; und so ging es weiter, bis ich unter einem freudigen Einfall ausrief:

Morgen is ja Sunntag, Vater.

Nachher halt Montag, verbesserte er, ahnungslos, daß mein Gemüt darüber in aschgraue Verzweiflung fiel. Wir ließen dennoch zuversichtlich seine Hand nicht locker. Und als er gewohnheitsmäßig: Was gibts Neues? fragte, erzählten wir wieder vom Zirkus und von der Menagerie. Im Gitterkäfig hockte eine gefleckte Hyäne. Daneben ein Zwergenkrokodil, die Buben nannten es Eidaxel. Die Riesenschlange hatte zwei abgebrochene Giftzähne. Sie wand sich dem Herrn Direktor fünfmal um den Leib. Ein Affe konnte salutieren und exerzieren. Der zweite, welcher an der Kette hing, beutelte die Kinder an den Ohrwascheln, wenn sie ihn belästigen wollten. Uns hätte er fast gebissen. Der Papagei peckte auch oft böse her. Und die großen Schulbuben, die keinen Eintritt zahlten, schimpfte er zusammen wie ein Mensch. Weil seine Zunge gelöst war. Er sagte gerne:

Du verflixter Bazi. Du Geizkragen! Gehts aussi.

Noch besser gefiel uns das Zirkusspektakel. Wir schilderten während des kurzen Heimwegs und später, als Vater, an seinem Schreibtisch sitzend, das Nachtmahl verspeiste, mit unermüdlichem

Eifer, wie dumm der dumme August sich bei den Kunststücken anstellte und was für Antworten er dem Herrn Direktor gab. Die Frau Direktor, welche sonst in einem seidenen Abendmantel am Kassentisch saß, spielte bei manchen Szenen ebenfalls mit; ihrer Rollen entsinne ich mich nur undeutlich, wohl aber weiß ich, daß wir mit Entzücken nachahmten, was der dumme August, die Laute zupfend, vor ihr sang. Es hieß darin:

Du hast ja Diamanten und Perlen, mein Liebchen, was willst du noch mehr.

Einmal wurde der dumme August mit einem Zauberstab hypnotisiert und mußte sich denken, daß er ein Bienenkorb wäre. Die Frau Direktor umkreiste ihn als Königin, schön geschmückt mit Krone und klappernden „Armbraceletten". Sie vollführten ein Zwiegespräch. Der Bienenkorb antwortete immer nur summend und brummend. Aber plötzlich bei einer Frage, die ich leider vergessen habe, blähte er die Wangen und spraderte auf die Bienenkönigin einen wilden Wasserstrahl. Zur Strafe bekam er vom Herrn Direktor eine laute Watsche. Dergleichen gab es bei jeder Vorstellung genug. Wir hatten indessen längst bemerkt, daß der Knall nicht weh tat, und vertrauten dem Vater das Geheimnis, wie man es machte. Er hinwieder sollte uns sagen, ob alle Kinder der Frau Direktor gehörten oder ob auch geraubte dabei wären. Die Leute behaupteten, das schöne Mädchen mit den blonden Locken hätte auch schon eins gehabt, und den Fatschkindern, meinten sie, bräche der Herr Direktor das Rückgrat und die Gelenke; deshalb würden sie nachher so geschmeidig. Sie rollten als Räder, krochen wie eine Spinnerin mit dem Bauch nach oben, schloffen durch enge Ringe und standen auf einer Hand kerzengerade in die Luft. Auf zwei Händen liefen sie. Der kleine Pojazel konnte schon Ballschupfen und Kettenbeißen wie der große Akrobat, und bei der Galavorstellung nahmen die Seiltänzer zum erstenmal die „vierjährige Koriphäe" mit. Ob wir gehen dürften, fragten wir bettelnd. Es koste alles nur 20 Heller.

Hiaz seid's einmal stad! sagte der Vater fast böse. Endlich schob er uns zwischen dem Nachtmahl und der gehäuften Korrespondenz doch zwei Münzen zu und nannte sie, während er aß und Bestellungen las, ein hinausgeworfenes Geld. Denn diese Gaukler leisteten nichts mehr. Seinerzeit hätten sie ganz andere Sachen aufgeführt. Sie waren aber auch in einer Stadt, im Orpheum und im Prater aufgetreten. Großartig! sagte er, indem sein rosiges, goldstoppeliges Gesicht immer strahlender lächelte. Dann wischte er sich mit der Serviette über den Schnurrbart und stieß den Teller zurück. Wir durften eine Weile zusehen, wie er seine große Brieftasche hervorzog und mit genetzten Fingern Banknoten zählte.

Das Wort „fufzehn" fiel mir dabei auf, weil es wuchtiger klang als fünfzehn. Zuletzt langte Vater nochmals in die Brieftasche und sagte unbeschreiblich stolz:

Da schauts her!

Zwischen seinen Fingerspitzen schwankte eine bedruckte Visitkarte des Herrn Direktors Arthur Strohschneider. Auf der Rückseite war in lateinischer Handschrift die Erlaubnis vermerkt, daß Vater jeder Zirkusvorstellung, wo immer sie stattfand, „gratis beiwohnen könne".

Oh, wie dankbar hätten auch wir eine solche lebenslängliche Einladung geschätzt! Wir mußten leider jeden Abend den ganzen Eintritt zahlen. Höchstens bei der Menagerie genossen wir als Stammgäste eine Ermäßigung. Wir durften nämlich, nachdem wir schon herausgegangen waren, noch ein zweites Mal mit der gleichen Karte hineingehen. Und die Kinder, welche Hilfsdienste leisteten oder Futter und Stroh für die Hyäne brachten, bekamen einen freien Stehplatz.

Die Galavorstellung wurde stets besonders ausgetrommelt. Da sie an einem Samstag stattfand, hatte sie unmäßigen Zuspruch. Alle Plätze waren verkauft. Sessel und Hausbänke mußten zur Arena getragen werden. Auf der Friedhofsmauer, ja sogar auf den Pappeln rührten sich schwarze Schattengestalten. In den Fenstern türmten sich die Köpfe. Wir durften wieder die erste Reihe nehmen. Mutter setzte sich in die Mitte. Beidseiten saßen die Freundinnen, welche sie ohne Wissen unsers Vaters eingeladen hatte. Sie schmiegten sich dankbar und von der Abendkühle fröstelnd an uns. Wir brauchten bald die dicken Kapuzinermäntel, die Mutter auf dem Schoß hielt.

Guat sands doch! mahnte sie mich ein bißchen belehrend, zumal ihre Faltenfülle gerade doppelt reichte.

Der Pechfackelqualm und die süßlich riechenden Karbidlampen kürzten und würzten uns die lange Wartefrist. Manchmal drehte der alte Großvater das Werkel. Es spielte Lieder, die uns in wehmütig feierliche Stimmung versetzten, wie: Sei nicht bös!, Still ruht der See, Die Vöglein schlafen. Oder: Sei gepriesen, du lauschige Nacht. Wir fingen, von Vorfreude erschöpft, zu gähnen an. Rund um unsere rote Lichtinsel wurde es schon finsterschwarz, und der Himmel darüber funkelte immer schöner und stärker von Sternen. Plötzlich, als wir am wenigsten darauf gefaßt waren, durchschnitt ihn eine

Leuchtrakete. Sprühende Feuerschwärme regneten hinterdrein. Das Werkel spielte den Radetzkymarsch, und sämtliche Zirkuskünstler traten hintereinander auf die Arena. Ihre grünlichen, bläulichen und elfenbeinfarbenen Trikotleiber schimmerten unirdisch nackt. Um die Hüften hatten sie Atlasschärpen und einen Bamst von Seide, Silber, Gold und Edelsteinen. Der federnde Schritt berührte den Boden kaum. Die Arme hatten sie in die Seite gestützt, und die Köpfe so hoch erhoben, daß sie mehr gegen den Himmel als gegen die Erde schauten. Inmitten des Schauplatzes, wo ein bunter Fleckerlteppich lag, verneigte sich der Herr Direktor, indem er dabei seine graziös gespreizten Hände an die Lippen hielt und hienach mit schwungvoller Gebärde so tat, als zöge er seinen Schnurrbart unsichtbar und endlos in die Länge. Wir wußten bereits, es bedeutete einen Gruß und Kuß ans Publikum. Seine Truppe teilte sich indes zu beiden Seiten und gipfelte sich schnell zu einer lebendigen Pyramide auf. Zuöberst stand das vierjährige Mädchen Koriphäe über zwei Kinderachseln und ahmte dem Herrn Direktor die Verneigung und Ehrbezeigung nach.

Viele Zuschauer bewunderten sie gerührt. Als sie später auf einer großen Kugel Ballett tanzte, flüsterte jemand hinter uns, die sei bestimmt schon schulpflichtig. Die Gaukler gäben ihr nur ein Mittel, daß sie klein bleibe.

Alle Turn- und Athletenkunststücke wurden an diesem Abend unter Musikbegleitung gespielt. Obgleich wir die meisten während der sechs Wochentage einmal oder öfters gesehen hatten, erschienen sie uns bei einer böhmischen Polka oder im Walzertakt noch viel großartiger. Unsere beschwingten Lustgefühle turnten gleichsam mit. Einmal kündigte der Herr Direktor etwas Neues, nie Gewesenes, nämlich eine „Komische Pantomime" an.

Wir sahen ihr mit aufgeregter Neugier entgegen. Aber schon nach den ersten Grimassen, die der dumme August machte, stieß ich Mutter am Ellbogen und sagte:

Das muesset Pantomiene heißen.

Mutter verneinte es heftig mit geschlossenem Munde. Allein ich gab nicht nach. Ich sagte immer wieder in ihre Ohren:

Wohl! Pantomiene heißt es!

Vor lauter Eigensinn vergaß ich, auf die Handlung zu achten, und zum Schluß, als der dumme August ein paar schallende Ohrfeigen bekam, wußte ich gar nicht, warum die Leute lachten.

In der Pause, wo wir sonst gerne unsere eingeschlafenen Füße austummelten, blieben wir diesmal steif sitzen. Nur dann und wann streckten wir die Hand aus der warmen Mantelhülle, um, plötzlich besorgt, zu fühlen, ob es doch nicht tröpfelte. Der Himmel aber war, Gott sei Dank, noch heiterer und heller von Sternen geworden. Langsam pendelten ein paar Karbidlampen an den Gerüsten empor. Die Frau Direktor zog die Geldlade aus dem Kassentisch und schlug im Forteilen ihren seidenen Mantel darüber. Wie jeden Abend brauchte es vieler Zurufe, bis sich aus dem Publikum zähe ein paar Gehilfen näherten. Sie mußten eine Art Hängematte an Stricken straffziehen. Das Netz war aber ganz unzureichend und diente nur den Zuschauern zur Beruhigung, daß ihnen kein Seiltänzer auf den Kopf falle.

Wir duckten uns schon im voraus und besprachen wispelnd, weil wir's laut nicht wagten, ob vielleicht ein Unglück passierte, wenn einer schwindlig strauchelte, und ob er sich zu Tod fiel? Unser aufgeregtes Murmeln erstickte zu stader atemloser Spannung, als der Herr Direktor in Gigerlfrack und Zylinder erschien, um eine Ansprache zu halten. Dabei nannte er uns mehrmals hochgeehrte Herrschaften. Noch lieber als dies hörten wir die Botschaft, daß sonntags wieder eine Galavorstellung sei. Zuletzt dankte er für den vollzähligen Besuch und stellte die jüngste Koriphäe der Welt vor, welche, so sprach er, für ihre Glanznummer auf ein kleines Douceur reflektiere.

Das Mädchen war ein schmaler Strich von Haut und Bein, mit einem Flitterleibchen und einer kurzen Kittelkrause bekleidet. Es warf die gelben Locken auch schon künstlerstolz. Den Bauern erbarmte es wegen seiner dünnen Zerbrechlichkeit. Einer sagte: Kimm her, du Schoaß. Wohin es seinen Silberteller hielt, überall tauchten ihm willige Hände entgegen. Die zweite, die dritte und die vierte Reihe, ja selbst das Stehplatzpublikum langte durcheinander und übereinander. Jeder gab, was er noch zu geben hatte, heimlich bedenkend, daß es besser und sicherer sei, wenn das Seiltänzermädchen früher absammeln ging.

Nachdem es sich mit seinem Teller irgendwo im Zirkusschatten verloren hatte, erscholl ein Trompetensignal. Eine Kometenkugel schweifte durch die Finsternis und entführte unsern rundaufgerissenen Blick buchstäblich zum Höhepunkt des Abends.

Zuerst einmal wurde es sehr lustig. Das Werkel leierte. Oh, du lieber Augustin. Währenddes schaute der dumme August in Nachtjacke und Schlafhaube aus dem Thorbäcken-Dachfenster. Seine Wangen waren kreisrund geschminkt und die Nase weiß von Mehlstaub. Stirn und Kinn hatten lächerlich große schwarze Punkte.

Also aufgepaßt! rief der Herr Direktor ihm von der Arena zu und schnalzte gewaltig mit der Tierbändigerpeitsche. Haben Sie gehört, August, Sie werden jetzt dem ehrenwerten Publikum Ihre Kunst zeigen.

Der dumme August antwortete prahlerisch, mit Vergnügen, das wäre ihm eine Spielerei. Dann streckte er sitzend ein weiß- und blaugestreiftes Hosenbein vor, das zweite tastete zaghaft nach. Schon das Aufstehn spießte sich an einem Nagel; er mußte sich auf sein rotes Bauernparaplue stützen. Am freien Seil schlürfte er nur kläglich unter Schwanken und Wanken weiter.

Es scheint mir ja die Sunn ins Gsicht, rief er zimperlich. Dann wieder nach ein paar Schritten rief er vor Kälte gegruselt: Nein, es regnet. Ich werd ja waschnaß und kriag die Strauken!

Die Ausreden halfen ihm nichts.

So spreizen Sie eben Ihr Paraplue auf! befahl der Herr Direktor. Das ängstliche Schirmgefuchtel brachte den dummen August noch mehr aus dem Gleichgewicht. Uns schwindelte selber schon heiß und kalt. Wir glaubten jeden Augenblick, er werde herabpurzeln. Dabei lachten wir immer lauter. Als er in der Mitte des Seiles war, ließ er sich auf ein Knie nieder und jammerte in Fisteltönen:

I trau mi nit, i trau mi nit. Unter meiner sitzt ja das ehrenwerte Publikum.

Denken S' Ihnen, das sind lauter Krautköpf, antwortete der Herr Direktor ohne Erbarmen. Und nach neuerlichem Peitschenknall sagte er: Vorwärts, August! Machen S' Ihre Sache gut! Sie verdienen sich ein schönes Trinkgeld.

Nit um a Gschloß, heulte der dumme August und fuhr mit einem Fuß schon in die Tiefe. Der Schirm kollerte ins Netz. Alles schrie zusammen. Über uns schrie der dumme August mit aufgehobenen Händen: Zu Hilfe, zu Hilfe!

Seine Angstrufe überschmetterte plötzlich flotte Walzermusik. Und siehe da! Am halbdunkeln Kirchturm klomm eine schillernde Trikotgestalt windgeschwind das steile, zweimal gestückelte Leitergerüst empor. Es war das Mädchen Elvira mit den gelben Locken. Auf ihrem Rücken hutschten goldgelbe Schmetterlingsflügel. Um die Stirn trug sie einen Reif mit Fühlern. Ihr Körper balancierte oben wie nichts. Kaum spürten die Zehenballen das Seil unter sich, da ging es schon wiegend und fliegend dahin. Als sie dem dummen August die Hand reichte, juchzte er sogleich mutig und stand mit einem Hopser pfeilgerade. Sie machten alsdann vorwärts und rückwärts tretend wunderschöne Tanzfiguren, und wir begriffen, daß der dumme August auch ein großer Seilkünstler war. Nachdem er sich unter Bravorufen und Beifallsklatschen in der Dachluke verkrochen hatte, erwies uns der hohe Schmetterling immer von neuem die „Gruß-und-Kuß-Reverenz". Jemand hinter mir sagte leise:

Das ist seine Geliebte, mit der er das Kind hat.

Es folgten ein paar andere Bravourstücke, die wir bereits kannten. Der Athlet verwendete sogar eine Fünf-Meter-Balancierstange, woran schwere Gewichte befestigt waren. Jedes ein Eisenzentner, sprach er und stemmte die Arme kräftig, so daß die Muskeln in sichtbaren Wülsten hervorsprangen. Gerade über dem Herrn Direktor drehte er sich im Kreis herum.

Unserer kindlichen Ungeduld entlockte es wenig Bewunderung, wir begehrten immer noch mehr. Endlich, endlich wurde uns durch lebhafteres Rücken und Reden im Publikum offenbar, daß die Glanznummer mit der Koriphäe kam. Einige Zuschauer standen auf, um besser in die Höhe zu sehen, und jemand sagte:

Aber hiazt!

Das Werkel begann eine feierliche Orgelhymne. Und an der Turmseite schwang sich Elvira, der Schmetterling, empor. Sie hatte einen goldenen Reifen bei sich. In diesen schloff sie beim Gehen erst mit dem Haupt, dann mit dem ganzen Flügelleib; bis ihr der Reifen zuletzt um die Füße hüpfte, stieg sie behende wieder heraus. Während sich das Kunststück zweimal und dreimal abspielte, reckten sich unsere Hälse schon nach dem anderen Seilende, wo die Frau Direktor mit behutsamen Schritten herankünstelte. Sie erschien lockig aufgekräuselt mit roten Wangen und silbernen Stirnspangen. Plötzlich machte sie ihren wallenden Abendmantel auf und ließ ihn zum Netz niederflattern. Und sieh da, sie selbst war in einen schwarzen Nachtschmetterling verwandelt. Um den Leib ringelte sich auch etwas Rundes, nämlich die vierjährige Koriphäe. Nachdem die Kindsfüße von den Händen gelöst waren, rutschten sie zappelnd auf das Seil herab und standen schon.

Ah! hauchten wir aus offenen Mündern.

Das Mädchen bekam nun den Goldreif auf die wippende Kittelkrause und tänzelte so wie in einer Gehschule angebandelt zwischen dem Tagfalter und dem Nachtfalter hin und her. Die beiden ließen ihm für jeden Weg einen größeren Zwischenraum. Einmal mußte es bei bengalischer Beleuchtung ohne Band und Ring gehen, soweit die Hängematte reichte. Es fürchtete sich nicht, und es geschah kein Unglück. Als wir ihm Beifall paschten, brachte ihm die

Frau Direktor ein blaues Zierkörbchen, und es durfte bei seinem Abgang Blumen streuen.

Leider war damit die Vorstellung zu Ende. Es dämpfte uns traurig, daß der Werkelkasten nicht mehr leierte und die Karbidflammen zur Erde schaukelten und erloschen. Nur noch der offene Reisewagen und vergitterte Windlaternen beleuchteten die leere Arena. Der Pojazel und das Akrobatenmädchen liefen schon mit Bierkrügen aus der Thorbäckenschenk. Aber wir Kinder wollten lange nicht von den Sitzbänken aufstehen. Wir redeten immer nur von der kleinen Koriphäe.

Mutter, fragten wir unzufrieden, kann sie wirklich nit mehrer?

Erwachsene Zirkusbesucher äußerten sich ebenso enttäuscht. Ja, sie glaubten, wenn sie Zeit hätten, ließe sich manches Kunststück schon erlernen. Eine Frau, die mit Mutter auf der dunklen Straße nach Hause ging, sagte in irgendeinem Zusammenhang, den ich nicht inne wurde:

Mein Gott, dös sand auch Menschen!

Und Mutter antwortete: Grausen kunnt oan! Die zwoa Weiberleut mit dem Kind da oben!

I trauet mich wohl! behauptete Hildegard. Und in mir regte sich natürlich der unternehmende Wunsch, einen Zirkus zu gründen.

Gesagt, getan. Wir begannen gleich am nächsten Vormittag, und zwar mit der Seiltänzerei. Mit Kälberstricken, deren es genug im Hause gab, ließ sich noch nichts anfangen. Besser taugte uns ein Leiterwagen, den die Kitzinger-Knechte über den Feierabend neben der Tennbrücke hatten stehn lassen. Das Heu war längst unter Dach, allein der lange Bindbaum lag da, und die beiden Leitern erwiesen sich recht praktisch und förderlich für unsere akrobatischen Einfälle. Soviel ich mich erinnere, hatten wir kein hohes Gerüst noch halsbrecherische Programmnummern. Trotzdem meinte Mutter, als sie einmal aus der Ladentür schaute, daß unsere Turnübung eine Lebensgefahr und unschicklich sei.

Stante pede steigts herunter! befahl sie auf hochdeutsch, mit dem Zeigefinger noch besonders auf den Boden weisend. Wir taten es gedäftet. Zum Glück indessen mußte sie wegen der vielen Kundschaften schnell wieder ins Gewölb zurück, und wir konnten nach Herzenslust weitergaukeln. Bis zum Mittagsläuten hatte es meine Schwester mit ihrem kecken Wagemut schon zu einiger Vollkommenheit gebracht. Sie lief spielend auf dem Bindbaum und behielt auch bei allerlei Zwischenkunststücken das Gleichgewicht. Um den Akrobaten ganz ähnlich zu sein, war sie entweder aus ihrem Kitterl geschlüpft oder sie trug es hinaufgebauscht. Man sah einfach nur ihre schwarz- und weißgestreifte Hose, welche unter den Knien einen engen Gummizug und eine Rüsche von Schlingspitzen hatte. Ich dagegen stand ehrbar gekleidet im grünen Gras und fühlte mich mit der Kuhpeitsche in der Hand als Herr Direktor. Publikum hatten wir auch schon.

In dieses glückselige Vergnügen gellte jählings ein Aufschrei. Mutter nämlich eilte zorngerötet aus dem Kaufladen und konnte sich über unsern Ungehorsam nicht fassen. Sie sagte immerdar kopfschüttelnd:

Es is nicht mehr a leichts. Dann sagte sie, mit dem Finger zum Haus zeigend: Allamarsch hinein!

Wir wurden ins ebenerdige Schlafzimmer gesperrt, welches wir um die Jahreszeit in Erwartung der Sommerherrschaften schon gemeinsam bewohnten. Mutter drehte außen den Schlüssel um; zu essen gab sie uns nichts. Ich erinnere mich klar, daß ich ob der Haft fassungslos im Zimmer auf und ab ging und daß mir langsam die Knie schwach wurden, aus Hunger vielleicht ebenso wie aus Zerknirschung. Manchmal blieb ich auf meinem Spaziergang stumpf vor einem Möbel stehen, rückte Decken, Zeitungen, Schachteln und sah in alle Laden. Eine war vollgesteckt mit Kleiderschnitten. Eine andere enthielt einen Krimskrams von Kämmen, Fingerhüten, Haarnadeln, Spiegelscherben, Zahnbürsten. Während ich mich in trostloser Langweil verschaute, stieß jemand an die verschlossene Tür.

Na, was is dös? fragte Vater; dann drehte er den Schlüssel um und kam großmächtig gerade auf mich zu. Mir stockte das Herz. Ich war unter einem Sturm von Zweifeln auf alles gefaßt: daß er uns noch mehr strafte und daß er uns freiließ.

Doch Vater sagte gar nichts. Als wenn ich Luft wäre, griff er neben mir in die offene Lade und nahm seine Zahnbürste. Dann putzte er sich wie nach jeder Mahlzeit sorgfältig die Zähne, gurgelte, spuckte das Wasser in den Kübel und ging fort. Auch er verschloß draußen die Türe. Nachdem sein schwerer Schritt verhallt war, konnte ich nicht mehr stehen. Ich hockte mich auf unsern Kinderschemel und versank, an den kalten Kachelofen gelehnt, in einen Abgrund von Trostlosigkeit. Eine Stunde mag es wohl gedauert haben, mir kam es ewig vor. Wie Hildegard diese Frist verbrachte, weiß ich nicht. Es ermunterte mich, daß sie unversehens über mich hinweg in den Winkel langte. Dann sah ich, wie sie mit dem eisernen Schürhaken zum Fenster ging. Hier stieg sie stumm auf einen Stuhl und machte den obersten Riegel auf.

Kaum war der Rahmen geöffnet, sagte sie „bst" und schloff schon zwischen zwei Gitterspangen hindurch. Einmal im Freien, glänzte mich ihr rosagelbes Sommersprossengesicht freudetückisch an, und ihr Finger bedeutete mir nachzukommen.

Als ich endlich begriff und, von ihrem Beispiel verlockt, ebenfalls zum Fenster trat, tauchte sie flink hinab. Ich folgte ihr ziemlich zaghaft. In der ersten Gewissensangst versteckten wir uns zwischen den vielen Kisten, welche längs der Mauer gestapelt waren. Bald aber hatte meine Schwester eine neue Idee gefaßt. Sie sagte:

Gehn wir zu der Nannerl spielen.

Ich begleitete sie auf ihren listigen Umwegen nur bis zum Brunnentrog. Die Flucht schlug meinem schwerfälligen Herzen nicht so gut an. Immer verlorener zäppelte ich durch den Hof, in den Kindergarten und schließlich ins Haus zurück. Es empfing mich Feiertagsruhe. Vor dem Gewölbe waren schon die Roulleaux herabgelassen. In der Küche glühte leer der Sonnenstaub. Kein Mensch begegnete mir.

Mutter, flüsterte ich, anfänglich ohne Stimme. Mit der Zeit suchte ich lauter die Stiege hinauf bis in den Dachboden. Keine Antwort meldete sich. Die Einsamkeit wollte mir fast schon Tränen erpressen; da kam mir unser Sommerhäuschen in den Sinn. Und richtig! Als ich, furchtsam hoffend, von hinten heranschlich, sah ich durch eine Lücke im wilden Wein eine dunkelblonde Halslocke und den wohlbekannten lila Waschkleidrücken. Alle fünf Katzen breiteten sich schlitzäugig und schnurrend in der Wärme. Im Eingang lag Minko. Er hatte mich schon bemerkt und wedelte, ohne sich sonst zu rühren, vertraulich mit seinem buschigen weißen Schwanz, als ahne er, daß ich eingesperrt gewesen war.

Mutta, begann ich schüchtern. Und indes sich ihr überraschtes Gesicht vom Strickstrumpf zu mir wandte, sprach ich unter einem gekünstelten Lächeln:

Denken S' Ihnen, wir sand auskömmen.

Ja wia denn? fragte sie.

Ich antwortete pflichtschuldig: Beim Fenster, mit dem Schürhagl. Nach einer Pause, in welcher ich ergeben wartete, was jetzt mit mir geschehen werde, sagte Mutter, die es, so denke ich mir, wahrscheinlich auch nicht wußte:

Bleibst halt sitzen da. Ich mußte alsdann, wie sie sich ausdrückte, meinen Strumpf in die Hand nehmen und fleißig stricken. Dies vollbrachte ich auch mit sichtbarer Bußfertigkeit und mit dem heimlichen Nebengedanken, meine Mutter für einen neuen Wunsch gnädig zu stimmen. Als sie ungewöhnlich früh aufstand, um für Mensch und Tier die Abendmahlzeit zu richten, zeigte ich ihr meine Strafarbeit, an der keine Masche hinabgefallen und kein „Nähterl" gefehlt war. Darnach bat ich unter plötzlich kugelnden Tränen:

Aber hiaz därfen wir auf die Nacht wieder in den Zirkus gehn? Na ja, in Gotts Namen, sagte Mutter. Morgen fahrens eh fort.

Mit Hildegard kam die Frau Kofler fürbitten, allein wagte sie sich nicht nach Hause. Unser Essen blieb zum zweiten Mal auf dem Teller. Denn meine Schwester war satt von den vielen Guglhupf-scheiben, welche sie bei ihrer Freundin bekommen hatte, und ich empfand aus lauter Freude keinen Hunger. Überschwenglich dank-bar für die Verzeihung und das Eintrittsgeld, gelobte ich der Mutter, daß wir „Tatsach, Ehr und Seligkeit" nicht mehr Seil tanzen wollten. Wir gehorchten ihr auf jeden Wink. Und Schlag halb acht gingen wir an ihren Händen sittsam und brav in die „letzte Gala-Schlußvorstellung".

SPAZIERWEGE

Von unserm Dorf aus gab es nach jeder Richtung recht unterschiedliche Straßen und Bergwege, die wir als Sonntagsvergnügen zur Auswahl vor uns hatten. Allein durften wir aber nicht wandern. Die Mutter, obgleich sie wehe Füße hatte und von der Arbeitswoche müde war, ging immer zu unserer Aufsicht und trotz allem auch zur eigenen Freude mit. Der Walchengraben lockte uns sehr. Die Sommerfrischler nannten ihn wildromantisch. Dann und wann, immerhin noch selten, begegnete uns ein Tourist, der seinen großen photographischen Apparat aufstellte und Motive suchte. Wir Kinder verleibten uns die Jahreszeiten und die Naturbilder so gedankenlos ein wie das Abc oder das Einmaleins in der Schule. Wir rupften vom Fels die blauen Glöckchen ab, bauten an einer seichten Furt kleine Mauern, Kanäle, Brücken und Mühlen, ließen ein Papierschiff fortschwimmen und sahen aufgeregt zu, wie es nach hohem Geschaukel im raschen Schuß zu kreisen anfing und schwankte und versank. Weiter unterwegs sammelten wir Fichtenzapfen und flache schwarze Steine, die eigentlich Schlacken aus den alten Hochöfen waren und unerschöpflich an Zahl mit dem Wildbach sich bergab schoben. Oft auch übten wir unsern Wagemut, indem wir auf einem hutschenden Brett zum jenseitigen Ufer turnten. Meine Schwester Hildegard und die Inspektor-Mitzi gaukelten besonders schwungvoll. Und Mutter stand dabei wahre Todesängste aus. Sie hemmte uns immer, weil, so sagte sie zu mir, die als einzige ihren Belehrungen zuhörte, weil ihr die eigene Jugendzeit als warnendes Beispiel vor Augen stand. Solche kecke Waghalsigkeiten, wie seinerzeit sie beim Schladminger Talbach verübt hatte, erlaubte sie uns nicht.

Mir wurde bei ihrer Schilderung ganz elend. Und ich erlebte in meiner entsetzlichen Phantasie leibhaftig den Schmerz, daß die Mutter als kleines Mädchen ertrunken war.

Wenn die Walcher Ida, die stets am meisten Hunger hatte, ihr Brot aus dem Sack zog und die Kofler Nannerl meine Schwester ein paarmal stupfte und schließlich, eins vom andern ermuntert, über

Durst klagte und jedem Rinnsal zulief, wenn unser Minko rebellisch lechzte und wedelte, sah sich Mutter nach einem trockenen Baumprügel um. Hier rastete sie, ein bißchen kurzatmig, mit dem Jausenbrot auf ihrem Schoß. Endlich hob sie die Deckel. Sie hatte Gläser und kleine Trinkbecher mit. Dazu eine Masse Löffel, Zucker, ein Dutzend Kaisersemmeln, Käse, Butter, Wurst und in Silber gewickeltes Brausepulver für alle. Manchmal tat sie uns ein paar Tropfen Wein ins Wasser. Das schmeckte noch besser und war ein Mittel gegen die Lungenentzündung!

Auch Minko wurde liebreich gelabt.

Nachdem die Jause bis auf das letzte Bröslein verschmaust war, bettelten wir, von frischen Kräften angetrieben, ums Weitergehen.

Habts nit Füaßweh? fragte Mutter mit freundlicher Verwunderung.

Nein, das hatten wir nicht. Und darum vergaßen wir gänzlich, uns zu erkundigen, ob sie mit ihren offenen Knöcheln und der festen Aderfasche es wohl ermache.

Unser Wunsch und unser Trachten ging ins Berwerk. Die Hunte, ich stellte mir diese ja lebendig, mit gold- und silberspeienden Mäulern vor, der tiefe Schacht, die Gruben, die Ruinen der Knappenstadt, kurzum alles, was wir dem Namen nach kannten, zog uns mächtig an; doch wir gelangten mit Mutter nicht zum Ziel. Auf den Grün-Angern, wo die ersten Almen sind, suchten wir gewiß eine Sennin heim, weil sie unsere Kundschaft war. Sie trug sogleich roggene Krapfen auf und lud uns freundlich zu einem Häferl Kaffee ein. Gebrannte Kaffeebohnen brachte unsere Mutter selber. Sie hatte schon zu Hause auf ihre liebste Stärkung gerechnet und nötigte nun die Sennin, das volle Skarnitzel als Erkenntlichkeit anzunehmen.

Wir Kinder aßen mit Appetit den ganzen Tisch leer. Dann liefen wir fort. Um Hütte und Trempel konnte man Verstecken spielen. Es tat nicht weh, wenn wir, über Säue, Ferkel und Hühner stolpernd, auf den kotigen Grund stürzten. Wir wischten das schmutzige Knie mit Speichel ab, und wenn es blutete, legten wir eine Blotsche Huflattich als Pflaster zwischen Strumpf und Haut.

Indessen rollte die feurige Sonnenkugel schön langsam in den fernen Taleinschnitt. Auf einmal flog ein schneidiger Wind von der Schattseite, und der Weideboden, der eben noch grellgrün geleuchtet hatte, wurde taufeucht und dunkel. Die Mutter rief uns, so viele wir waren, mit Namen herbei. Minko schloff aus seinem Winkel hervor, und wir versäumten eilend den Dank und den Abschied... Kaum gingen wir ein Stück gegen den Fahrweg zu, als uns eine Glockkuh entgegengraste. Hinter ihr drängte in Herden das ganze Almvieh. Es plärrte und blökte schon ungeduldig mit bamstigen Eutern daher. Mitten zottelte der Stier, noch dazu, so schien uns, ein schwarzer. Die kurze Horngabel über der dick gekrausten Stirn und der Nackenwulst ragten hoch und furchtbar aus den andern Rindsbukkeln. Manchmal stieg seine Schwanzquaste. Manchmal brüllte er dröhnend auf. Und der Halterbub, indem er mit einer Rute leicht die Flanken peitschte, schrie zwischen Schimpf und Schelten:

Er tuat eh nix.

Dennoch hatten wir uns schnell über den Zaun geschwungen. Und Minko mußte in den Bach hinein. Irgendwo hinter einer Fichte wartete Mutter, mit dem Jausenkorb abwehrend, bis der Trieb vorüber war.

Aller Gefahren und Todesängste eingedenk, hielt sie mich bei der Hand, indes wir den rauschenden Bach entlang immer viel zu nahe dem Wasser liefen. Und zu Hause seufzte sie:

Gott sei Dank! Einmal und nicht wieder.

Mutter ließ sich trotzdem schon am nächsten Sonntag und jeden andern, der nicht verregnet war, wieder zu einem Spaziergang erbitten. Talauf gingen wir zum vulgo Schiestl „ein bißl heimgarteln". Hier wohnte unsere Schulfreundin, die Danklmayr Josefa. Ihre Mutter, eine kleine rundliche Frau, hatte drei so dicke Zöpfe, daß sie auf dem Kopfe wie eine unförmig große Pelzhaube aussahen. Sie litt immer an Kopfweh und hörte nicht gut. Dabei konnte sie wunderschön die Harfe schlagen.

Wenn unsere Mutter in ihrer innigen Musikliebe sie darum bat, trug sie das gewaltige Instrument in die Bauernküche und knüpfte zuvörderst die Umhüllung herab. Ich sehe heute noch das Stoffmuster. Es leuchtete vor dem Auge wie lauter Saiten, nur hatte jeder Streif eine andere Farbe. Neben dem Überzug gefiel mir auch das Schnitzwerk des Harfenköpfels.

Das heitere feiertägliche Spiel bekam bald einen traurigen Abklang. Zuerst starb der Hausvater. Ein paar Jahre darauf die Hausmutter. Josefa und ihr älterer Bruder waren kaum aus der Schule, als ihnen der Schiestlhof zufiel. Einen Vormund gab man ihnen freilich. Aber die große Wirtschaft betrieben sie nunmehr ganz selbständig und nicht zu ihrem Schaden.

Talab führte unsere Fußreise nach Niederöblarn zur Frau Viktoria Winkler. Sie war eine Wittib, schon ziemlich alt und der Zeit nicht mehr gewachsen. Wenn sie mit einer Tasse voll Kracherlflaschen etwas zittrig in den grünen Wirtsgarten balancierte, merkte man ihr an, daß sie ihre vielen Gäste: die Sommer-Herrschaften, die Bauern und uns Ausflügler, recht schwer füreinander brachte. Sie hatte im roten kugelrunden Gesicht oft einen ratlosen, hilfsbedürftigen Ausdruck. Unser Vater verstand es gut, ihr die sorgenvolle Verwirrung auszureden. Wir spürten dieweil im gemußten Stillsein die brennende Hitze. Denn das Dach über dem Lusthäuschen war seltsamerweise aus Eisen und innen mit unzähligen eisernen Haken gespickt; wie die Leute sagten, stammte es vom alten Bergwerk. Ich aber, vielleicht durch den Sonnenbrand, vielleicht durch die kummervolle Miene der Frau Winkler, vielleicht nur aus Vorliebe für altertümliche und tragische Worte, die, halbverstanden, mein kindliches Herz entzückten: ich bildete mir ein und behauptete vor meinen Freundinnen felsenfest, das Dach sei entweder von einem Femgericht oder von einer Folterkammer.

Wir benützten, sobald unsere Kracherlflaschen leer waren, die erstbeste Ausrede, um davonzulaufen. Ein Bergwasser wie die Walchen, nur nicht so breit, aber durch einen Steig zugänglich, zog uns magnetisch an, bis wir mit geschürzten Kleidern in der tiefen Mitte planschten. Über uns wölbte sich buschig das Erlgesträuch. Es ließ nur spärliche Lichtpunkte auf uns fallen, dafür jedoch eine Menge Zecken. Wir fühlten sie erst später. In der Kapelle. Sie stand weiter unten, dicht am Bachufer, bei jedem Wolkenbruch ernster bedroht, bis sie wirklich einmal mit Bänken, Heiligenbildern und Altartüchern zu schwanken anfing und in einem Seebett auseinanderschwamm.

Damals war sie noch fest. Wir knieten uns in frommer Anwandlung hinein, jedes möglichst gesondert, und flüsterten ingedenk, daß uns der allwissende Gott und die Himmelmutter zuschauten, mit gefalteten Händen ein Vaterunser. Oft wünschten wir, auch der Herr Pfarrer möge es sehen. Ausdauernd war unsere Sammlung leider niemals. Jede spähte verstohlen um sich, was die übrigen taten. Und ob doch keine zu lachen anfing. Bevor uns dieser Frevel passieren konnte, trachteten wir geschwind aus der geweihten Kapelle fort.

Der stärkste Anziehungspunkt war die Krämerei, welche man durch die Gaststube der Frau Winkler immer in einer finstern Schwade von Tabaksrauch betrat. Die Ziehtochter Seraphine mußte noch ihre schäumenden Bierkrüge absetzen, dann schenkte sie uns Aufmerksamkeit. Wir hatten die herrlichste Freude, hier als Kundschaften aufzutreten, und gebärdeten uns genau so, wie wir es zu Hause sahen. Mit ein paar Kreuzern in der Hand bestaunten wir eine

Viertelstunde lang wählerisch den kleinen Laden. Und zuletzt, wann die gute Seraphine schon ungeduldig wurde, wußten wir noch nicht sicher, was wir kaufen sollten: Gerstenschleim, Minzenzelteln, Kraftpastillen, Türkischen Honig. Oder Fingerringe, echt vergoldet, mit einem farbigen Edelstein.

Als der aussichtsreichste Spaziergang galt aber der Mitterberg. Wirklich in der Mitte von zwei Tälern, hatten wir auf der Hochfläche den ersten Blick in die fernere Welt. Der Grimming erstand immer noch freier, noch größer und zackiger vor unserm Gesicht. Je nachdem die unzähligen Fahrwege und Pfade sich wenden, sahen wir einmal das Dorf Öblarn lieblich in den Talwinkel geschmiegt. Es war so klein, daß wir nur nach fleißigem Spähen unter den zusammengeschachtelten Dächern unser Haus erkannten. Dann wieder die hohen Berghöfe, die man unten gar nicht ausnahm. Die Tauern mit Waldbuckeln und gestuften Lichtungen. Der Walchenbach, von einer dickbuschigen Gestrüppzeile begleitet und im sanften Wiesenmoos so blank und spiegelnd, daß man die Hand vors Auge halten mußte, die staden Sumpfkrümmungen der Enns. Wo sie uns zwischen Schilf und einem perlmutterbleichen Narzissenfeld verschimmerte, noch ein Stück abwärts in der Mulde zweier Berge sahen wir auf einem Hügel das stattliche Schloß Trautenfels und dahinter wiederum grün und grau das zackige Getürm von vielen andern Bergen. Wir standen eine Weile still, weil eines von uns glaubte, die Irdninger Kapuzinerglocke zu hören. Manchmal hörten wir im Windhall auch das Anfahren einer Lokomotive.

Sch sch sch! schnaubten wir lustig mit und beobachteten, wie irgendwo im sonnenflimmernden Bild der Landschaft eine schneeweiße Dampfwolke stieg und sich zu einem rollenden Schweif auszog. Das Rattern und Rollen über die Eisenbahnbrücke drang in die hohe Luft herauf, und schließlich unterschied man den Zug deutlich. Er arbeitete sich klein und schwarz und geschäftig durch den ruhenden Umkreis von Heustadeln und Weidgevierten. Die Weltrichtung, von welcher er kam, bedeutete für uns Wien und Graz.

Wenn man quer über den Mitterberg wanderte, hatte man, aus einem Walde tretend, das Dorf St. Martin, die alte Poststraße und im Einschnitt zwischen Kamp und Grimming den Paß Stein vor sich. Es wurde hier zur Frühlingszeit bald aper, und wir fanden auf dem Kalkgrund immer Blumen, die uns seltsam waren. Beim Wasserfall brauchten wir nur auf allen vieren ein wenig ins Gefels zu krallen, gleich schmeckten wir den Petergstamm. Wenn uns der trockene

Wind recht durchgeblasen hatte, kehrten wir in der Sagmühle zu. Sie war jahrhundertlang ein großes Herbergswirtshaus gewesen. Nun sah die Muttergottes in der hohen Mauernische statt der Fuhrmannzunft verstaubte Radfahrer, ab und zu schon ein Auto.

Wir wählten heimzu auch die alte Poststraße den Grimming entlang. Es dämmerte meistens schon; und dieweil wir Hand in Hand mit geduckten Köpfen immer stiller durch den Moornebel gingen, tauchte viel zu schnell für die müden Füße unserer Mutter die Dunkelheit ein. Die letzte halbe Stunde wanderten wir in völliger Finsternis. Mutter, die sich insgeheim vor Räubern und Wegelagerern fürchtete, rief öfters laut und mit strenger Stimme:

Minko, da herein.

Das sollte jedem die böse Absicht verschrecken. Sonst redete sie fast nichts mehr. Uns hinwieder kamen alle erdenklichen Geistergeschichten in den Sinn, obwohl wir uns hüteten, auch nur mit leisem Wort daran zu rühren. Schon ein Weidenstrunk oder ein Heuhiefler, der unkörperlich und überlebensgroß durch den feuchkalten Dunst schattete, ließ uns stumm zusammenschauern.

Einmal, weit vor dem Wege, leuchtete uns rot und freundlich ein Lichtkreis entgegen. Wir schritten wie die verirrten Kinder im Märchen beherzter aus, und als wir schon nahe waren, erkannten wir ein helles Fenster beim Rastinger in Niedergstatt. Hier wohnte unsere Schulfreundin Maria Walz, diejenige, welcher wir alles schenkten, was uns zu kurz und zu eng wurde.

In der Strimitzen schien wiederum ein Troststern. Dann aber bog sich die Straße einschichtig zur Enns, das Wasser schliff rauschend an den Weiden vorbei. Oben an der Waldlehne raschelte das Laub, ob es grün oder dürr war. Käuzchen jammerten. Und das ärgste! Sobald wir vom kurzen Hohlweg an jene Stelle gelangten, wo ein steiler Fußpfad zum Ebnerbankerl abzweigt... glaubten wir dumpfes, unheimliches Hufgeklapper leibhaftig zu hören. Keines wollte eingestehen, wie bang ihm war. Wir hielten uns nur fest an den Händen gepackt und hasteten atemlos mit langen Schritten. Vorne ließen wir den treuen Minko gehn und hinter uns wußten wir, oftmals umschauend, die Mutter.

Es gab nämlich der Sage nach einen verwunschenen Reiter, der hatte schon manchen in Schweiß gehetzt, wann er nächtlich hier heimging.

Der Mitterberg ist überhaupt ein merkwürdiger Berg. Er hat viele Irrwurzen. Sogar Vater, der als gebürtiger Öblinger bis zur Tauernschneide jeden Hof und jede Alm wußte und weltkundig sich auf der

Eisenbahn und in der Stadt Wien zurechtfand, sogar Vater führte uns einmal bei einer ganz gefehlten Lichtung heraus, als er über den Mitterberg zum vulgo Eberl ging, um dort den Platz für einen Göpel abzumessen.

Unsere Mutter und die Eberlin hatten auch immer viel miteinander zu bereden. Dann tauschten sie gern Waren. Die Eberlischen brachten Wolle, Rindschmalz, Butter, Käse, Preiselbeeren, roggene Krapfen und Bauernbrot, weil Vater mit Vorliebe nach dem griff, was er von Jugend an gewohnt war. Dafür nahmen sie Werkzeug, Maschinenzeug, Zucker, Gewürze, Tabak, Schuhnägel, Zwirn, Barchent und Blaudruck. Geld gab niemand her.

Als wir damals auf dem Mitterberg den Gangsteig verloren, trug Mutter einen Weisetkorb mit sich. Die Eberlischen hatten nach einem ziemlich langen unfruchtbaren Ehestand einen Sohn in der Wiege. Wir Kinder erfaßten das große freudige Ereignis aber gar nicht, und die mühsame Suche nach der richtigen Abkürzung bereitete uns ein Vergnügen, weil wir, ebenfalls mit Körbchen ausgestattet, Himbeeren und Schwarzbeeren brockten. Immerhin erinnere ich mich noch, wie Vater als ein riesiges Schattenbild wieder in eine Lichtung trat und mit gestrecktem Arm weithin zeigte.

Dort! sagte er.

Jenseits der Schlägerung, die sich bis zu einem feuchten Graben hinabzog, sahen wir das Bauernhaus mit Stall und Tenn und Kornkasten, Haardarrsch und Auszugkeusche rundum von tragenden Feldern und endlich vom eigenen Wald umfriedet. Ganz allein. Sowohl Vater wie wir empfanden ob des schönen Anblicks nichts weiter, als daß es einen fuchste bei den Mitterbergern; jeder Hof war abgeschlossen und unauffindbar hinter einem Pfadgewirr von Bartmoos und Irrwurzen.

Die Eberlischen lachten uns aus, als wir von unserer Berg-und-Tal-Querung ein bißchen zerkratzt und zerschunden daherschnauften. Wir umstellten alsdann pflichtschuldig die säuerlich riechende Heidel, in welcher der kleine Stammhalter schlief, und fragten nach üblichem Brauche:

Wia hoaßt er?

Franzl hoaßt er, antwortete die Eberlin stolz, ich höre es heute noch.

Bei der Jause war von einem Spinnrad die Rede. Wir trampelten alle in den Dachboden eines aussuchen, oben standen viele. Es lustete Mutter, die in ihrer Jugend spinnen gelernt hatte, es wieder zu probieren, mit Haar und Wolle. Wenn wir einmal größer wären, versprach sie, würden wir auch dazu abgerichtet. Nachdem Hildegard flink und flüchtig und ich mit Bedacht am Trittbrett gewippt hatten, liefen wir fort. Draußen mußten wir dem Vater das Meßband halten. Das freute uns wenig. Aber wunderschön und hochinteressant mutete uns der Ziehbrunnen an. Trotzdem es Mutter verboten hatte, windelte Hildegard aus Leibeskräften. Als der Eimer in die Höhe schwebte, schlürften wir mehr Wasser, als gut war. Später ging ich wieder und wieder daran vorbei und beugte mich heimlich über das schwarze Brunnenauge.

Im Herbst wanderten wir gerne der Sonne nach. Der Reif brannte dem Mitterberg schon langsam alle Farben ein. In Gstatt und auf der Eichleiten schopfte sich das Laubwerk licht und dicht. Der Weg war voll von dieser Streu, und wo wir umsprangen, flatterte uns ein welkes Blatt an. Wir waren über diese Vergänglichkeit durchaus nicht traurig. Wo immer wir hinlangten, erschien die Natur heiter und freundlich, weil sie etwas zu geben hatte. Im leuchtenden Rotviolett reiften sicher ein paar Brombeeren. Die Preiselbeeren bekamen um diese Zeit erst den süßen Saft. Und aus dem Waldgewölb, das schütter und luftig wurde, fingen wir im Wandern büschelweise die Haselnuß. Wo der Weg offen war, sahen wir unten schon die Mähder mit Wasserstiefeln. Und bei den Ennsbänken fischte Leander allerhand Schwemmholz zusammen; er gehörte eigentlich zum Armenhaus. Doch er wohnte lieber in der Einsiedlerhöhle, im Sommer und im Winter.

Die Walcher-Kinder waren ihm einmal nachgeschloffen. Er hatte ein Schilfbett und einen Herd aus Steinen. Das Feuer leuchtete, und eine Petroleumlampe hatte er auch. Vielleicht bilde ich es mir ein, vielleicht erzählten sie wirklich, er brate sich Fische, Erdäpfel und Äpfel. Mir kam sein Leben beneidenswert vor. Die Anwandlungen der frühen Kindheit erlangten neue Gewalt über mich. Ich begann wieder in meinem Garten zu bauen und ließ mich oft zwei-, dreimal zum Essen rufen, weil ich gerade Leander oder Robinson spielte. Der Bretterverschlag mußte mir eine Höhle vortäuschen, und der grüne Grasgrund bedeutete für mich das endlose Meer. Wogen, Wolken, Stürme, Fische, Vögel und Früchte zauberte mir die Phantasie.

Aus der Nähe, wenn wir von der Eichleiten hinabsahen, war mir aber der alte Höhlenmensch nicht geheuer. Je mehr die Walcher-Kinder von ihm wußten, um so weniger mochte ich ihm von Angesicht begegnen. Er hatte einen grauen verwilderten Bart, und das Gewand schlotterte, als ob er keinen richtigen Leib hätte.

Weiter bergauf mußten wir an einem Geisterstadel vorüber. Die letzte Gefahr, welcher besonders Mutter auswich, war eine große Sandgrube. Die Enns oder die Sintflut, sagte der Walcher Loisl, wäre seinerzeit so hoch gestiegen. Es lag in muscheligen Schichten haushoch ein staubfeiner silbriger Moorsand; wir hätten gar zu gerne hier gegraben, doch eine „Wahrnungs"-Tafel verbot es bei „Straffe". Trotzdem geschahen manche Unglücksfälle. So ist der Öblarner Bräumeister Franz Bernkopf, ein Nachkomme der Konstanzia Grogger, vulgo Stralzin, hier verschüttet worden; doch das war später.

Wir Kinder strawanzten noch in unbeschwerter Fröhlichkeit und nicht denkend, was dies und das einmal für uns bedeuten werde. Rings um die Hochfläche öffnete sich unsern Blicken wieder ein ganz anderes Bild. Der Grimming in seinen blauen Spätherbstschatten war schon zurückgeblieben. Auf der Wetterseite ragten viel blickfreier, als wir gewohnt waren, der Kamp und der Stoder hervor. Linkerhand das Gumpeneck sahen wir hoch über dem Schattenberg gipfeln. Es hatte schon einen Anhauch von Schnee. Meine Freundin Ida beredete es wichtig, weil ihre größeren Geschwister oft hinaufstiegen, Speik sammeln und Vögerl schaun. Mir machte es keinen bewußteren Eindruck als eben Wald und wieder Wald. In die Sölk schaute ich schon lebendiger, weil zum Kirchtag die Prozessionen herauszogen, und gar im Oberland, wo das Tal aufhörte und das Gebirg im Sonnenrauch fast gläsern entrückte, in der Ferne verhing sich meine sehnsüchtige Neugier.

Mutter zeigte uns den Dachstein, den wohl sie selbst und wir alle miteinander schwerlich unterschieden; am Fuße, redete sie ehrerbietig im Schulton, sei ihr Heimatort Schladming. Noch weiter oben käme alsdann Radstadt, wohin Tante Julie beinahe einmal geheiratet hätte, und ganz weit weg, über den sieben Bergen, sagte sie in der Märchensprache, dort läge Salzburg. Ich hatte von dieser Stadt eine unbeschreiblich theatralische und feierliche Vorstellung. Kein Wunder nach dem, was Onkel Fritz mir überschwenglich erzählte. Ich wünschte mir heiß, auch einmal in die Bürgerschule und ins Theater zu kommen. So bemerkte ich manches, was mir näher war, nur oberflächlich.

Dafür würdigten die zugereisten Städter unsere Gegend nach Gebühr. Mitten in einer Kuhwiese überraschte uns ein riesengroßer Sonnenschirm und ein Ding, unserer Schultafel ähnlich. Wir verstanden, da malte ein wirklicher Maler. Berufsphotographen gab es ebenfalls, sie brachten die ersten Ansichtspostkarten in Schwung. Von den Ausdrücken der naturbegeisterten Sommerfrischler hat sich besonders einer in mein Gedächtnis geprägt, weil er neun Silben hatte... Sie sagten, auf dem Mitterberg entrolle sich ein herrliches Hochalpengebirgspanorama. Nur ein Wort wußte ich, welches noch mehr Buchstaben hatte, nämlich das Wort Donaudampfschiffahrtsgesellschaft.

Das Brennerhäusel, zu dem wir unsern Ausflug machten, benannten die Sommerfrischler „Häuserl im Wald". Damals trafen wir viele Leute an. Durch die geschlossenen Fenster hörte man eine Ziehharmonika. Wir rasteten im Freien vor der Gastwirtschaft; es standen Bänke und Tische in die Wiese gezimmert; große Pferde neigten sich über unsere Achsel. Wir fütterten sie mit Brot und Zuckerstücken. Wenn sie davontrabten, war ihr Hufschlag im Moosboden kaum zu hören. Aus der schopfigen sattgrünen Binsenweide blinkten überall Lachen und Tümpel. Darin spiegelte sich weiß und blau das hohe Himmelsbild. Kaninchen huschten vorbei, manches ließ sich fangen. Wir streichelten es. Ein ebenso großer scheckiger Wachhund wie Minko wurde ganz zutraulich und gab uns die Pratze.

Bei einem andern Tische saß auch eine Frau mit etlichen Mädchen. Unsere Mutter hatte sie gleich erkannt, und im grüßenden Hinübernicken erzählte sie, das wäre die Frau Millerin aus Gröbming; sie habe einen solchen Kaufladen wie wir. Aber „ihr Herr" befasse sich dazu noch mit der Doktorei.

Das flößte uns Hochachtung ein. Wir strebten nach dieser nobeln Bekanntschaft und gaben uns auffallend Mühe, so zu tun, als wären wir Herrschaftskinder. Die Gröbminger Dirndeln lächelten uns aus der Entfernung ein bißchen gespreizt und geschämig an; dabei wurde ihre Unterhaltung uns zuliebe immer lauter; sie sprachen, vom Beispiel angeeifert, ebenfalls in gekünsteltem Schriftdeutsch. Eine konnte es besonders gut. Ich will nicht behaupten, daß es damals war, nur weiß ich sicher, daß sie einmal zu ihren Geschwistern sagte:

Laß mich das Brat salber tragen!

Merkwürdigerweise hatten wir Landkinder in Öblarn und in Gröbming und sonstwo das gleiche Sprachgefühl. Ein o im Wort oder ein i am Ende hielten wir stets für bäuerisch. Das a galt für vornehm. So sagten wir zum Beispiel in der Schule:

Bitt Herr Lehra, ich habe meinen Rattiergummel verlaren.

Beiläufig in dieser Tonart taten wir und die andern nun gegenseitig groß und waren überzeugt, daß wir eine sehr feine günstige Wirkung ausübten. Mit der Zeit aber wurde uns das Hin- und

Herhorchen doch zu langweilig. Wir herüben und sie drüben schlichen vom Tisch. Anfangs spielten wir noch getrennt: Ringelringelreia. Die zwei Kreise näherten sich indes wie von selber. Und plötzlich lief eine von den Millerischen herbei und sagte, uns die Hand entgegenstreckend:

Tan ma miteinander spüln!

Unserseits nahm ich das Wort. Ich fragte hocherfreut:

Wia hoaßt denn du?

Kathl, antwortete sie resch.

Auf dem grünen Berganger, wo der Wind die weiten faltigen Kittel bauschte und die Zöpfe zerriß und der Spieleifer sich zur Wildheit aufblies, hatte unsere gezierte Bildung keinen Halt mehr. Ich habe längst vergessen, wie viele Gröbminger und Öblarner Dirndeln es eigentlich waren. Gewiß ist nur, daß die vier Millerischen Schwestern damals mit uns eine ewige Freundschaft schlossen, welche mit den Jahren noch ewiger geworden ist.

Auf dem Heimweg nannten wir fleißig ihre Namen. Mich bewegte bis zur Bangigkeit, daß Anna privat die 1. Klasse Bürgerschule machen durfte; im nächsten Herbst kam die Kathl dran. Beide wollten Lehrerin werden. Ob grüblerischer Gedanken entrückten mir wieder einmal Himmel und Landschaft. Dennoch ging der empfindlichen Seele nichts verloren. Es war genau wie bei Berufsphotographen oder Touristen: In der Dunkelkammer meines Lebens sind diese frühen Bilder strahlend licht geworden.

DIE REISE NACH SALZBURG

Sicherlich hat uns Mutter manchmal in ihre Heimat mitgenommen. Es dämmert meiner fernen undeutlichen Erinnerung, daß sie uns gemütvoll und zutunlich am kleinen weinumrankten Haus vorüberführte, in dem sie als Kind gewohnt hatte. Doch der Anblick bedeutete uns wenig, und ihre Erzählungen weckten in uns nicht den gewünschten Widerhall. Auch die andern Häuser und die Bekannten, welche Mutter heimsuchte, hinterließen uns keinen besonderen Eindruck. In ganz Schladming war uns nichts so wichtig und unvergeßlich wie der Bahnhof. Dort gab es nämlich schon damals, von einer niedern Gartenplanke umfriedet, einen allerliebsten Spielzeugbahnhof. Man brauchte nur eine Zehnhellermünze in den Automaten-Einwurf zu stecken, dann wurde die kunstreich aufgebaute Landschaft zauberhaft lebendig. Überall begannen die Wasser zu quellen. Das Rad einer Bergmühle drehte sich mit zierlichem Geklapper. Zwischen bemoostem Fels und kleinen Fichtenbäumen schoß ein Sturzbach tropfensprühend hervor. Eine Signalglocke hämmerte. Und längs dem Schienengleis fielen zwei Schranken. Man hörte irgendwo verborgen ein leises Rattern. Dann schoß ein kleiner blecherner Eisenbahnzug geschäftig aus dem schwarzen Tunnel. Er hielt vor einer Station. Ein Beamter mit roter Kappe salutierte und ließ ihn weiterfahren. Die Lokomotive pfiff und fuhr mit ihrem ganzen Anhang, der Postambulanz, den Wagen III. und II. und I. Klasse, dem Salonwagen und dem Aussichtswagen an unsern staunenden Augen vorbei, wand sich um malerische Kurven, überquerte einen schauerlichen Abgrund, pfiff noch einmal und entschwand schließlich schon langsam und ruckartig im dunkeln Tunneleingang. Der Holzhacker im Wald tat nur noch ein paar matte Hiebe auf sein Bloch. Der Müller bewegte sich wie ein Wettermännchen im Haustor zurück, und die springenden Wasser versiegten. Vor der Station sank dem Wächter der Arm mit der roten Signalfahne, und der Bahnbeamte stand steif wie eine Statue.

Solang wir auch warteten, es rührte sich nichts mehr als vielleicht ein wirklicher Vogel, der überlebensgroß nach Käfern peckte oder von einer winzigen Telegraphensäule zur andern flog. Wir hätten gar zu gerne noch ein Zehnerl in den Einwurf gesteckt.

Mutter schüttelte unerbittlich den Kopf. Allzuviel ist ungesund! sagte sie, ihren erzieherischen Willen hochdeutsch betonend. So mußten wir uns gehorsam bescheiden. Als wir nachher reisestolz und prahlerisch das wunderbare Schladminger Spielwerk beredeten, hörte uns Onkel Fritz mit schief geneigtem Kopf zu.

Oh, sagte er, das ist noch gar nichts gegen „Hellabrunn". Dann schilderte er eifervoll und von seinen eigenen Erinnerungen berauscht, die Wasserkünste und sonstigen Sehenswürdigkeiten der Stadt Salzburg.

Es kam der Tag, an dem die Eltern uns dies alles wirklich zeigen wollten.

Wir hatten noch Herbstferien. Das Wetter war beständig heiter und luftklar, aber für unsere Batistkleider schon zu kalt. Was für ein Gewand wir stattdes bekamen, weiß ich nicht mehr. Ich erinnere mich nur, daß uns Mutter die rotsamtenen Tellermützen aufsetzte und die braunen Kapuzinermäntel über den Arm zu tragen gab. Das Mißfallen hierüber störte meine Vorfreude. Dennoch behielt ich alles achtsam und würdig. Hildegard mußte öfters gemahnt werden, damit sie in ihren Reisestaat kein Loch riß.

Eine Stunde vor der Zugzeit begann der Abschied. Unsere Mutter hatte sich vom „Blatt der Hausfrau" ein Beispiel genommen. Sie trug einen Stadthut mit schillernder Vogelschwinge und über den grauen Lüstermantel ein ledernes Reisetäschchen umgehängt. Den Regenschirm unter den Arm pressend, in neuen Schuhen, die bereits drückten, ging sie noch einmal fürsorglich durch das Haus, schob offene Laden zu, versperrte Kasten und Fächer und erinnerte sich immer wieder an eine wichtige Anordnung. Besonders inständig bot sie Tante Julie die Sorge für unsere Hunde und Katzen auf. Zuletzt seufzte sie ängstlich und atemlos: In Gottes Namen! und betraute Onkel Fritz mit ihrem silbernen Schlüsselbund. Vater empfand den Abschied weniger schwer. In Hut und Überrock nach der Uhr sehend, schätzte er, daß wir viel zu früh dran seien, und schrieb noch schnell einen Geschäftsbrief auf der Schreibmaschine. Wir ließen uns indes nicht länger halten. Die Dienstboten traten mit Mutter vor das Haus und beteuerten, von der bevorstehenden Trennung fast wehmütig ergriffen, daß sie gewiß auf das Feuer, auf Diebe und Einbrecher achthaben wollten. Halbenwegs zum Bahnhofe paßten unsere Freundinnen mit einem Blumenbukett. Sie teilten mitfühlend unser Reisefieber und nahmen uns beflissen den kleinen Koffer ab, darin das Waschzeug, die Barchentnachtjacken und ein tüchtiges Quantum Eßvorrat verpackt waren.

Hildegard und ich versprachen im vollen Glücksgefühl jeder eine Ansichtskarte.

Nach einer langen Wartefrist, in der wir aufgeregt fürchteten, daß Vater den Zug versäume, wurde es endlich ernst. Vater mit seiner Jahreskarte kam sicheren und mächtigen Schrittes gerade recht, um einzusteigen. Er zog ein Fenster herab, damit wir besser winken könnten. Der Herr Vorstand, der Wächter Stock und der Briefträger David, überhaupt alle Leute auf dem Bahnhof nahmen unsere Lustreise zur Kenntnis und winkten wohlwollend zurück. Hinter dem Staketenzaun standen die Freundinnen. Sie hatten schon ihr Sacktuch vorgerichtet und ließen es lustig flattern. Nur die Walcher Ida sah uns mit finsterer Miene nach, sie rührte keine Hand; was ihr nicht zu verdenken war. Mich schmerzte es, und ich unterdrückte meine Freude fast schuldbewußt.

Später freilich nahmen mich die flüchtigen Bilder der Fahrt wiederum gefangen. Im Paß Mandling, wo der Zug zwischen die brüchigen Rinnen einer Grenzmauer fuhr, durchpulste mich sogleich eine erhaben feierliche Stimmung, weil Mutter sagte, diese Mauer stamme noch aus der Heiden- und Türkenzeit. Und jetzt wären wir nicht mehr im Steirischen, sondern im Lande Salzburg. Den ersten Tunnel erwarteten wir besonders ungeduldig als großes Ereignis. Als der Kondukteur das Licht anzündete und Vater vor dem sauern Rauch das Fenster emporriß, erstaunte selbst die lebhafte Hildegard angstbeklommen. Allein die plötzliche Nacht, die bald wieder zum Tag wurde, und die Gewißheit, daß wir so dasaßen wie früher, ohne daß wir eigentlich verschwunden waren oder daß sonst etwas Unheimliches geschah, die Enttäuschung machte uns beinah noch stiller als die Furcht.

Soviel ich aus den traumartigen Bruchstücken jener Kindheitsfahrt noch absehen kann, hat mich die Wirklichkeit stetig ernüchtert. So zögerte ich mit der Bewunderung, als wir an Mutters Hand vom Salzburger Bahnhof gegen die Stadt spazierten, und fragte unzufrieden, ob dies schon die größten Häuser seien. Auch die vierstöckigen schienen mir zu niedrig. Einen starken und prächtigen Eindruck machte mir ein Leichenwagen, weil Onkel Fritz uns niemals von einem solchen erzählt hatte. Noch heute sehe ich die Stelle, wo er uns mit schwarzen federbeschopften Pferden und einem düstern Livreekutscher begegnete. Das bedeutet Glück, sagte Mutter.

Ich faßte mich glaubensselig für etwas Überraschendes und Noch-schöneres. Die Schaufenster genügten meiner phantastischen Erwartung gerade. Fesseln konnten sie mich nicht. Während Hildegard die Eltern von einem Laden zum andern lockte und allerlei Spielzeug, Kleider, Zuckerwerk und Obst unter einem Atem bestaunte und begehrte, tat es mir seltsam, wahrscheinlich so wie später noch oft. Meine starken inneren Gesichte verloren sich vor der anschaulichen Umwelt. Dabei war ich zu schwerfällig und zu begriffstützig für das Neue. Ich fühlte den Boden unter mir schwinden und wurde unsicher, ob ich und alles andere richtig dasei.

Ohne gewohnten Anhalt, zwischen Eigensinn und Tatsachen irre und von niemandem belehrt, zottelte ich hinter den Eltern durch die Stadt Salzburg und fragte dann und wann, ob wir bald zum Kapellhaus kämen, wo Onkel Fritz gewohnt hatte. Dort erhoffte ich mir auch die Sehenswürdigkeiten. Ich hatte kein Auge für den herbstlich verblühenden Mirabellgarten; meine Sehnsucht zielte stracks zum Vogelhaus, weil ich darin jene hundert oder tausend Vögel lebendig vermutete, die Walcher Loisl mir daheim beschrieb und aufmalte. Eine zahme Dohle mit gestutzten Flügeln, die ich für eine Krähe hielt, wippte uns im Eingang zutraulich entgegen. Innenbei turnte ein geschwänzter Affe an den Gittersprossen hoch und griff sogleich nach unsern roten Tellermützen. Ein anderer Affe saß hustend im Eck und schielte mit menschlich traurigen Augen unentwegt auf uns. Auf hochhangenden Triangeln hutschten sich Papageien. Einer konnte sprechen.

Ich fragte, was er kosten würde. Der Wärter antwortete schmunzelnd, die Tiere seien unverkäuflich.

Das Dutzend Singvögel in einer Drahtsteige beachtete ich kaum. Ich suchte nach den vielen andern. Allein es war nur noch ein zerrupfter Adler zu sehen. Er hatte, wie ich sogleich sachverständig erkannte, einen schlechten Käfig. Der Sandmist stank, und die Flügel schürften sich an der Enge wund. Mir wurde angst und bang vor dem grauenhaft verzweifelten Schnabelgesicht.

Nach dem Vogelhaus zeigte uns Vater Mozarts Wohnhaus. Dann gingen wir über den Mozartsteg, wo man damals noch Maut zahlen mußte. Ich glaubte mit aufgeregtem Herzen und zuversichtlich, daß wir nun etwas besonders Feierliches und Großartiges von Mozart selber anschauen dürfen. Was es hätte sein sollen, weiß ich nicht. Vater trachtete indes forsch und wohlgelaunt zum Augustiner Bräustübel nach Mülln, wohin er einen alten Freund, den Bahnmeister Kubisch, bestellt hatte; der war ihm seinerzeit ein treuer Helfer im Fahrradhandel gewesen. Wir Kinder raunzten schon müde. Immerhin, der gesalzene Rettig, zu einer langen Schlange ausgezogen, ist mir noch wohlgefällig in Erinnerung.

Auch das Hotel Krebs, in dem wir übernachteten, habe ich mir gemerkt. Es hatte eine rote Farbe. Am Morgen, als wir gegen die Staatsbrücke spazierten, sahen wir Stellwagen. Sie fuhren zum Königssee. Der liegt schon in Deutschland, sagte Vater. Dann machte er uns auf die Vogelschwärme an der Salzach aufmerksam. Möwen vom Meer, sagte er sparsam. Wie gerne hätte ich weitergefragt! Doch er hielt zum Reden nicht still und machte große Schritte. Wir mußten manchmal laufen, um ihn mitten in der Menschenmenge nicht zu verlieren.

Im Petersfriedhof zeigte er uns die Katakomben.

Ich han mir denkt, wandte ich zweiflerisch ein, die Katakomben sind in Rom?

Aso? meinte Vater.

An der glatten steilen Wand des Mönchsberges emporstaunend, wollte ich wissen, wo die Stiege zu diesen Gewölben ging. Und als er im schnellen Vorübergehen auf die sieben Gräber des Ritters Blaubart deutete, forschte ich neugierig, ob dem Ritter wirklich ein blauer Bart gewachsen sei.

Das nicht. Aber sieben Frauen hat er umgebracht, sagte Vater.

Ich forschte, warum.

Auf dem Weg nach der Drahtseilbahn erzählte mir Mutter die schauerliche Sage vom Schlüsselbund, welchen eine jede Frau bei der Hochzeit bekam. Es war ihr erlaubt, wann sie Langweil hatte, die schönen Zimmer anzuschaun. Nur den goldenen Schlüssel sollte sie nicht gebrauchen. Leider jedoch war eine jede voll Neugier und mußte es büßen. Auch die siebte und lieblichste. Sie ging am Morgen, während ihr Gemahl zur Jagd ausritt, durch die Prunkgemächer, eines war herrlicher als das andere. Ganz geblendet vom silbernen Tafelgeschirr und glückselig über die kostbaren Teppiche, die samtenen Vorhänge und die seidenen Betten, stand sie vor der letzten Kammer und bildete sich ein, daß ihr der allerteuerste Schatz verheimlicht würde. Immer wieder mahnte sie der Schutzengel fortzugehen. Aber sie konnte die Versuchung nicht überwinden und sperrte auf. O Gott! da fiel ihr freilich der goldene Schlüssel vor Schreck auf das Pflaster; denn allhier war ein Blutgerüst, und an der Mauer hingen schön und bleich die Köpfe der sechs Blaubartfrauen.

Da beeilte sich die siebente und schloß die Kammer zu. Auf ihrer Flucht über Treppen und Gänge begegnete ihr plötzlich der Ritter.

Nun, gefällt dir meine Burg? sprach er mit einem Lächeln. Sie stellte sich unwissend und hauchte: O ja, ich gehe nur ein bißchen Blumen brocken.

Dann gib mir derweil die Schlüssel, schaffte Blaubart. Als er sie nahm, bemerkte er auf dem Golde einen Blutfleck.

Wenn sie ihn weggewischt hätte, sagte ich zu Mutter und marterte mich mit Gedanken und Widerreden, um für die schreckliche Geschichte ein besseres Ende zu erfinden.

Die Fahrt auf der steilen Zahnradbahn paßte zu meinen Gefühlen. Im schwindlichten Emportauchen über die Stadt und besonders zwischen den finstern Festungsmauern packten mich die Schauer der Vergangenheit noch mächtiger an. Ich schaute witternd, schon der Geruch allein versetzte mich in eine Art Traumwandel. Mir schien, jetzt müsse ich etwas Geheimnisvolles erfahren, wie aus dem Märchenbuch. Nur so nebenbei sah ich die Geschütze und die exerzierenden Soldaten, von denen meine Schwester Hildegard kaum fortzubringen war. Die schöne Aussicht interessierte mich gar nicht.

Wir blieben nur kurz auf der Festung Hohensalzburg, weil Vater um 11 Uhr beim Glockenspiel sein wollte. Das helle zierliche Geklingel enttäuschte mich wiederum. Ich hatte es mir lauter und mit mehr Spektakel vorgestellt. Nachdem es also wirkungslos verhallt war, marschierten wir frühe, wie es der ländlichen Gewohnheit entsprach, und vor Hunger nur mehr ans Essen denkend, zum Peterskeller.

Vater, der nirgendwo lange seßhaft war oder, sobald er saß, wenigstens in Plänen weit ausgriff, eiferte uns bei der Mahlzeit und beim Kartenschreiben mit der freudigen Verheißung an, wir sollten uns tummeln, denn jetzt führen wir nach Hellbrunn, aber nicht per Stellwagen, sondern per Fiaker.

Das wurde eine aufregende Lust. Die Eltern in ihrer Stattlichkeit füllten gerade die breite behagliche Polsterung aus. Ich und Hildegard mußten auf die schmale Klappbank. Wir saßen verträglich aneinandergeschmiegt und umklammerten uns inniger, wenn uns das holperige Geschaukel der Kutsche aus dem Gleichgewicht warf. Im Rückwärtsschauen blendete mich eine lange sonnengestrichelte Allee. Sie wurde immer verdeckt von Vaters schneidigem Gemsbarthut und dem bekümmerten Gesicht meiner Mutter, die sich auf der ganzen Fahrt sorgte, es gingen die Pferde durch.

Wir waren die einzigen Besucher in Hellbrunn und kamen für die Wasserkünste beinahe zu spät. Man hatte sie teilweise schon eingewintert. Die Vogelgrotte und die Spiegelkaskaden sahen wir gerade noch. Einmal hängte uns Mutter die braunen Kapuzinermäntel um und führte uns zu einem langen steinernen Tisch. Kaum rasteten wir, als von überall her ein wahrer Braus von Springbrunnen auf uns niederträufte.

Ich glaube aber, daß diese Überraschungen und Schauspiele uns nicht allzuviel Eindruck machten. Der abwechslungsreiche Tag hatte mich schon recht ermüdet. Die Stunden bis zum Abend sind mir völlig verloren. Einzig noch bewußt, aber gleichsam durch einen erwünschten Traum getragen, empfand ich den Höhepunkt unserer Salzburger Reise, nämlich das Theater.

Es war so schön, ja fast schöner, als Onkel Fritz es zu preisen verstand. Wir hatten Karten für die Galerie erste Reihe und kamen bald genug, um zu sehen, wie das Deckenlicht nach und nach aus tausend Glaskristallen zur Tiefe glitzerte und die Goldverzierungen sich überall aufhellten und das dunkelsamtene Rot sich mit farbigen Kleidern und Uniformen belebte und da und dort in den Logen ganz besonders vornehme Herrschaften Platz nahmen. Sie musterten sich gegenseitig durch Operngucker. Auch die Eltern hatten einen mitgebracht. Wir durften ihn öfter benützen. Man sah damit noch besser in die Hofloge, wo ein goldgestickter Doppeladler über die Brüstung hing. Auf den Kaiser warteten wir freilich vergebens.

Es bereitete uns ein mutwilliges Vergnügen, im geschwinden Emporhüpfen den Klappsessel schnellen zu lassen. Zu unserm Stolz passierte es niemals, daß wir unversehens durchfielen, wie Onkel Fritz warnend prophezeit hatte. Plötzlich läutete es, und Mutter gebot uns, still zu sitzen. Beim zweiten Klingelzeichen ging der Eiserne Vorhang in die Höhe. So etwas hatte ich mir schon wegen des Eisens erschütternder und bombastischer ausgedacht. Aber das nun erscheinende Bild der Stadt Salzburg mit den großen Rokokogestalten und Fabeltieren gefiel mir.

Dann ein drittes Läuten. Und ich sah atemlos unter bebendem Herzklopfen zum erstenmal eine wirkliche Bühne. Man spielte „Minna von Barnhelm".

Ein Salonstück, urteilte unsere Mutter leise und ablehnend. Hildegard schlummerte an ihrer Schulter behaglich ein. Ich strengte mich alle Akte hindurch fleißig an, den Sinn der Handlung zu erfassen. Nachdem der gemalte Vorhang unter dem letzten Applaus herabgesunken war und das Publikum schon in den Reihen weiterdrängte, behauptete ich immer noch eigenwillig meinen Sitz und hoffte auf das Wunderbare, das mir selbst nicht deutlich war.

Die Restauration Mirabell ist das Schlußbild unserer Reise. Wir waren ähnlich wie am Heiligen Abend schier übernächtig munter und die vielen eilends erlebten Freuden hinterließen nichts als ein unersättliches Hungergefühl. Der Kellner mußte eine Portion nach der andern herbeitragen. Auch den Semmelkorb gupfte er mehrmals.

In der Frühe reisten wir heim. Ich habe die Fahrt im einzelnen vergessen. Ingedenk bin ich noch der stillen Kränkung, die Mutter herabstimmte, weil Vater allen Leuten mit vorwurfsvollem Humor erzählte, daß ihn unser Aufschnitt im Hotel Mirabell auf 7 Kronen 50 Heller gekommen war. Ich selbst prahlte hauptsächlich mit dem Theaterbesuch und redete mir und dem Onkel Fritz überzeugend vor, daß ich die Geschichte vom Ring und der Zofe genau verstanden habe. In Wirklichkeit hatte ich gar nichts verstanden. Und am besten hatten mir doch die Affen im Vogelhaus gefallen.

WELTEREIGNISSE UND DORFEREIGNISSE

Von allen Zeitungen, die ins Haus kamen, wurde die Wochenausgabe der „Wiener Bilder" am schnellsten aufgeblättert. Sie gab unerschöpflichen Einblick in alle Begebenheiten und Neuigkeiten der fünf Erdteile, nicht selten auch über Vorkommnisse, die Naturgelehrte in Berg und Meerestiefen erkundeten, ja sogar mittels Fernrohr im Himmelsgewölbe ausforschten.

Dieser Anschauungsunterricht machte besonders Onkel Fritz gesprächig. Er bekam viele Besucher in die Schreibkanzlei. Und Vaters Ansehen steigerte sich, wenn er, von einer Reise zurück, als Augenzeuge bestätigte, was uns dieses Bilderbuch mit Fortsetzungen zum Anschauen bot. Zumal er auswärts Weltblätter las und der Leumund interessanter Persönlichkeiten auch im Volksmund fast dichterischen Widerhall fand, hatte ich, die begierig horchte, genug Spektakel für meine Phantasie.

Eskimos, Chinesen, Indianer und Neger, die ich nur aus Büchern kannte, bekamen Wirklichkeitswert, weil Vater sie im Grazer Orpheum oder in einem Wiener Varieté gesehen hatte. Und in den Naturkatastrophen spiegelten sich multipliziert unsere Hochwässer und Feuersbrünste. Allein die Kriege muteten mich poetisch an, weil in ganz Europa nur Manöver waren.

Auf dem Gipfel aller Sehenswürdigkeiten stand unser Kaiser Franz Joseph. Die Illustrierten, in denen er abgebildet war, rissen wir uns aus der Hand. Die Tonleiter ehrfurchtgebietender Namen bis zu Seiner Majestät hinauf war unserm Aug und Ohr sehr geläufig. Lebte doch ein großer Teil adeliger Jagdherrn und Hofbeamten im weiten Umkreis seiner Sommerresidenz Ischl.

Unser innigster Wunsch, aus Neugier und patriotischer Verehrung entflammt, zielte jedes Jahr ins Salzkammergut.

Bis Aussee nahmen uns die Eltern einmal mit. Doch leider im Frühjahr. Daß die Salzfrächter vor ein paar Jahrhunderten bis Venedig gefahren sind und von dort eine kostbare Maskerade heimgebracht haben, die Bereicherung des älplerischen Narrenzuges durch südländisch kostümierte Gestalten war schon eine Reise wert.

Durch besondere Plakate angelockt, stiegen viele Öblarner mit uns in den Personenzug.

Wir trugen wieder unsere spanischen Bolerokleider und Hüte, die sogar von den Kitzinger-Kindern bewundert wurden, und weil es noch winterlich rauh war, darüber die langen Kapuzinermäntel. Mir wurde im Kaffeehaus heiß. Später nach stundenlangem Zuwarten auf der Straße, von Neugierigen hin- und hergeschoben, wurde mir kalt. Aber was wog dieses Frösteln gegen die stürmischen Pulsschläge der Erwartung. Es fiel mir gar nicht ein, mich zu beklagen. Unsere Mutter hatte Mühe, Hildegard fest am Kapuzenzipf zu halten. Denn aus dem Spalier der Zuschauer rief man alle fünf Minuten: Hiaza kömmens!

Die Blasmusik war bereits zu hören. Daß ich mir den Herold hoch zu Roß nur einbilde, ist möglich. Zwischen die Erwachsenen gezwängt, spürte ich wenigsten den Zugwind der Gasse nicht mehr. Plötzlich aber schob Vater mich nach vorn.

Die schlampigen Trommelweiber erkannte ich sogleich als Männer. Besondern Eindruck machten sie mir nicht. Dergleichen hatten die Öblarner schon nachgemacht. Aber dann!

Ihr behende tänzelndes Gefolge versetzte mich in schauende Erstarrung. Diese Venediger Masken, vom Spitzhut bis zu den Schnabelschuhen siebenfarbig in abertausend Schuppen eingenäht, verzauberten meine Sinne zum Gruseln. Nebenbei freilich beschäftigte sich mein Verstand mit der Frage, wie man aus der Panzerenge schliefen könne, wenn man einmal drinnen steckte, und was ein solches Geflitzer und Geglitzer überhaupt koste.

Alles nur Blechschnitzel und Glassplitter, sagte ein Zuschauer neben mir.

Die erhorchte Antwort machte mich zum Bewußtsein nüchtern, daß ein Flinzerlfasching auch nur ein gewöhnlicher Mensch sei. Und ich bekam den Schüttelfrost.

Vater unternahm noch im selben Jahr mit uns eine zweite Familienreise, und zwar wirklich nach Ischl! Sein Entschluß hatte uns so sehr überrascht, daß wir um die Vorfreude kamen und Mutter zuwenig Zeit hatte, uns neue Kleider zu nähen. Hildegard wuchs ja so schnell, daß man es schicklich fand, wieder einen Rocksaum aufzutrennen. Als Umhang mußten wir auch im Sommer die Kapuzinermäntel über den Arm nehmen. Eine Verkühlung war jedenfalls ausgeschlossen.

Unsere Gespielinnen, die uns ziemlich schweigsam zum Bahnhof begleiteten, tröstete ich mit dem Versprechen, daß ich ihnen nachher, wenn wir wieder zu Hause wären, vom Kaiser Franz Joseph erzählen würde.

Und deiner Mutter, sagte Hildegard zur Kofler Nannerl, im Hotel Kaiserin Elisabeth richten wir Grüße von dir aus.

Vielleicht speisen wir auch dort, sagte ich, durch Tante Juliens feines Benehmen zur Nachahmung angeregt.

Im Zugfenster nahm uns der Augenschein gefangen. Der Grenzübertritt vom Herzogtum Steiermark in das Herzogtum Oberösterreich, dem ich in gehobener Stimmung entgegensah, entging mir, weil meine Eltern die Stelle nicht genau wußten. Dafür entschädigte mich die Aussicht auf den Hallstätter See.

In Ischl wollte ich natürlich schnurstracks zum Ziel meiner Sehnsucht. Und Vater, der gewohnt war, seine Programme mit möglichst geringem Zeitverlust zu erledigen, nahm vom Bahnhof weg einen Einspänner mit der Order: Zur Kaiservilla.

Wenn wir hineindürfen, fügte er bei.

O ja, sagte der Kutscher. Ob er warten solle?

Nein! Ja... zirka zwanzig Minuten, entschied Vater mit einem Blick auf unsere Mutter, die ihre Krampfadergeschwüre auswärts noch schmerzlicher empfand als zu Hause bei der Arbeit.

Während wir unsere Taschen, Schirme und Mäntel im Wagen umständlich verstauten, fanden sich noch andere Besucher ein.

Wir haben es jut jetroffen, bemerkte ein Herr, wie mir sofort bewußt wurde, ein Deutschländer, indem er von seiner Taschenuhr kritisch auf eine gedruckte Verlautbarung blickte und dann den Zwicker aufsetzte.

Nee, pünktlich beginnt die Führung nich.

Kaum getadelt, erschien der diensthabende Hoflakai, wenn ich mich nicht dichterisch täusche, in Jägertracht.

Bitt schön, meine Herrschaften!

Ich wagte nicht mehr zu fragen. Ich schaute nur. Doch was ich gesehen habe, ist in nebelgrauer Enttäuschung erloschen, als ich aus den Gesprächen von da und dort vernahm, Seine kaiserlichkönigliche Majestät sei im steirischen Revier Neuberg zur Jagd.

Was sollte ich meinen Freundinnen nun erzählen?

Ich bin bei allen Gedächtnislücken sicher, daß wir auch die Grüße der Kofler Nannerl im Hotel Kaiserin Elisabeth nicht ausgerichtet haben. Einzig an die schöne drappfarbige Jacke erinnere ich mich so gut, daß ich sie zeichnen könnte.

Hildegard, die uns immer voraushuschte, blieb einmal vor einem Modesalon stehn. Im Schaufenster war eine lebensgroße Puppe ausgestellt. Und sie hatte auf dem Leib, was uns Schwestern festbannte und wie aus einem Munde rufen ließ:

Dö Jacken möcht iiii!

Im Hingleich zu den Kapuzinermänteln mußte unsere Bewunderung den Wert dieses hochmodernen eleganten Reklamestückes mit Schulterkräglein, Quetschfalten, passepoilierten Ärmeln und goldgelbem Atlasfutter ins Unberechenbare verdoppeln. Nicht verdoppeln ließ sich die letzte Neuheit selber, um die wir laut und ungestüm weiterbettelten. Weil wir Landkinder mit unserm Gezeter bei den Vorübergehenden scheeles Aufsehen machten, vielleicht auch, weil der elterliche Geschmack diesmal mit unserm übereinstimmte, betrat Mutter das Geschäft. Den Vater zerrten wir nach.

Der Preis war so hoch, daß Vater mißlaunig das Wort Luxus aussprach. Mutter indessen fragte höflich, ob nicht eine zweite ähnliche Qualität auf Lager sei.

Der Verkäufer schüttelte den Kopf.

Bedaure, nein.

Vater sagte erleichtert: Habe die Ehre. Mutter entschied sich für eine Anprobe. Leider zeigte sich, daß ich, obwohl die ältere, zu schmächtig und zu klein war. Meiner Schwester paßte die Jacke wie auf den Leib gegossen. So bekam *sie* diese. Und ich, zum Weinen unglücklich, wurde mit dem Trost beschwichtigt, daß mir Tante Julie aus Pilsen genau dieselbe Façon besorgen werde.

Meine Erinnerung, in schmerzlicher Niedergeschlagenheit erstickt, dämmert auf der Eisenbahn eine Zeitlang weiter. Seelisch betrachtet, tauchte ich von einem schwarzen Tunnel in den andern, wobei ich mir über die eigentliche Ursache hinweg aufzählte, was mein Schönheitssinn sonst noch vergeblich begehrte. Das Wort Entsagung, für meinen jugendlichen Gedankenschatz von poetischer Schwermut versüßt, wurde oft Anlaß zum Reimen. Schließlich hatte die prosaische Überjacke keinen Platz mehr in meinem Gedicht. Ganz im Gegenteil. Ich verwand die Eitelkeit der Welt.

Vanitas vanitatum auf lateinisch, wie in einem Merkbuch für Studierende zu lesen stand.

Erst in der Station Ebensee, wo wir vom Personenzug in ein Dampfschiff umstiegen, fand ich gründlich auf die sichtbare Welt zurück.

Gott sei Dank fürchtete Mutter sich auf der Überfahrt nach Gmunden nicht. Das einzige, was ihr Sorgen bereitete, war die Nächtigung. Doch sie hätte dem Vater ruhig vertrauen können. In dem schönen Esplanade-Hotel, zu dem er uns führte, gab es keine

Wanzen. Wir genossen eine weite Aussicht auf Dampfer und Segelboote. Am besten gefielen mir die Schwäne. Abends erlebte Mutter den Höhepunkt der Vergnügungsreise, ein Kurkonzert. Sie rastete auf einer Promenadenbank andächtig wie in einer Kirche. Ihre Augen veränderten sich bei der Hingabe an gute Musik immer seltsam selig. Dem Vater und meiner Schwester wurde das Sitzen zu langweilig. Sie mischten sich lustwandelnd unter das Kurpublikum — Corso genannt —, erklärte mir später Tante Julie.

Ich blieb nachdenklich bei der Mutter. Da sie nichts redete, zupfte ich sie fragend: Warum weinen Sie?

Sie legte zwei Finger über die Lippen: Bst!...

Am nächsten Morgen war ganz Gmunden beflaggt. Der Herzog von Cumberland ehelichte unter großem Pomp eine Prinzessin aus dem Hause Mecklenburg-Schwerin.

Den Zug der Hochzeitskutschen sehe ich heute noch vor mir. Vater hatte uns in die vorderste Reihe der Zuschauer geschoben. Der Chor der Hochrufe dehnte sich meines Wissens kilometerlang. Dem Brautpaar war ein Kaiserwetter beschieden. Und wenn es auch nicht die Kaiserkrone trug, entschädigte uns sein Anblick doch für die bittere „Entsagung" in Ischl. Was ich nachher noch schauend erlebte, wurde von der vorfreudigen Ungeduld auf das Wiedersehen mit unsern Freundinnen verdrängt. Ich sah während der Heimreise bereits ihre neugierigen Gesichter vor mir.

Auf dem Bahnhof der Wirklichkeit fehlte die Kofler Nannerl. Die Walcher Ida empfing uns mit verdrossener Miene.

Endlich! sagte sie. Ich bin zu jedem Zug euch abholen gangen. Hast du meine Ansichtskarte noch nicht?

Wir fetschen furt, sagte Ida statt einer Antwort. Der Vater wird Schulleiter von Groß Sölk. Da ist er sein eigener Herr. Und die Mutter braucht nimmer waschen und bögeln für die Summerfrischler. Und das ganze Haus haben wir alloan.

So schnell, wie die Neuigkeit erzählt war, kam es zur Übersiedlung nicht. Vielleicht hat uns Ida prahlerisch einen Wunschtraum erzählt.

Immerhin, eines traurigen Tages wurde es wahr. Das Ehepaar Walcher verabschiedete sich gerührten Herzens von uns Nachbarn und ganz besonders von mir.

Lassen S' die Paula studieren, bat mein Lehrervormund unsern Vater, was dieser mit einem stummen flüchtigen Händedruck gleichsam abschüttelte. Daß Mutter seinen kaufmännischen Standpunkt billigte, war ihr anzusehen.

Der neue Oberlehrer, Herr Komotschar, äußerte bereits nach dem ersten Quartal, ich sei zumindest schon für die Bürgerschule reif. Und das war nicht übertrieben. Ging ich doch schon fünf volle Jahre in dieselbe Klasse. Sämtliche Bücher, mit inbegriffen die Bibliotheksbücher, kannte ich in- und auswendig. Das einzig Neue, was Herr Komotschar uns bot, waren seine Vorträge über den Alkohol. Er ist, wie er in ausführlichen Schilderungen gestand, selbst ein Opfer dieser verheerenden Sucht gewesen und fühlte sich nun, wie ich es mir auslegte, zu lebenslänglicher Entsagung geheilt.

Die meisten Schulkinder begriffen seine Bekenntnisse nicht ganz. Sie grinsten und kicherten nur scheu verhalten, wenn er, ein Handtuch vor das schweißnasse Gesicht pressend, seinen Gemütsanfall als die Folge des überwundenen Lasters schilderte. Verspottet haben ihn nicht einmal die übermütigsten Buben. Gewöhnt an die Zornesausbrüche des Herrn Walcher, hielten wir die anschaulichen Belehrungen des Nachfolgers wohl für eine Stützung des Unterrichtes. So unschuldig, so respektvoll, so einfältig waren wir noch.

Was mir nicht behagte, war die Zeichenstunde. Bisher hatten wir uns an Vorlagen aus der Natur gehalten. Landschaftsbilder, Baumgruppen, Tiere, Blumen, vor allem aber Menschenköpfe trugen mir, wenn ich sie auch eigenwillig veränderte, doch manches „Sehr gut" ein. Der Herr Komotschar gab Ornamenten und Symmetrie-Entwürfen mit Hilfe von Netzwerk den Vorzug. Für Aufsätze schrieb er uns Dispositionen auf die Wandtafel. Diese gingen mir besonders gegen den Strich. Ich verlor die Freude an meinen Lieblingsstunden, was aber der Gegenliebe für meinen Lehrer keinen Eintrag tat.

Wenig Fortschritte machte ich beim Organisten, der mir Klavierstunden gab. Erstens brachte er mir, wie Onkel Fritz sagte, eine falsche Fingerhaltung bei, zweitens war unser Klavier verstimmt. Und was die Hauptsache, es fehlte mir das Talent.

Unser hochverehrter Herr Pfarrer glaubte seit der Schulfeier, er könne eines aus mir wecken. Er hatte uns größere Mädchen, die sich für den Chorgesang eigneten, schon früh zum Notenlesen angelernt. Bei den meisten lohnte sich die Mühe, besonders bei der Inspektor-Mitzi, deren musikalische Vorfahren sogar vor dem Erzherzog Johann aufspielen durften.

Bei mir täuschte die Stimme über den Mangel an Gehör hinweg. Nachdem die Größeren ausgeschult waren, durfte ich allein in die Singstunde gehn. Ich tat es gern, denn die alte Frau Lindmayr beschenkte mich je nach der Jahreszeit mit Lebzelten, Faschingskrapfen, Ostereiern, Erdbeeren, Kirschen und Zuckerbirnen. Zudem hatte sie meine mütterliche Schulkameradin, die Rabenhaupt Maria, als Dienstmädchen aufgenommen, um sie zur Stütze der Hausfrau und Pfarrerköchin auszubilden.

Indem ich ja nicht ewig leb und eine Blinde nicht haushalten kann, muß mein Franz, der Bernhard, sagte sie, vom Alter verwirrt, eine ordentliche Vertrauensperson und Wirtschafterin um sich haben. Die alte Frau Lindmayr hatte eine Wahl zu höchster Zufriedenheit getroffen. Wir hörten sie niemals eine Klage äußern. Ihr Sohn allerdings sagte einmal zugunsten seiner beiden großen Schäferhunde, die mit dem gräflichen Rustan gerauft hatten:

Sie werden von unserer Perle zu bäurisch gefüttert.

Daß die rüstige Frau Lindmayr während der Schulmesse nicht mehr kniete, war ein schlechtes Zeichen, das nur der frommen Maier Loisl auffiel, die als einzige hinter der Gräfin Nostitz jeden Tag zum Speisgitter ging. Wir Kinder machten uns keine Gedanken. Erst die Sommerferien ohne unsere Wiener Freundin Emy ließen uns befremdet rätseln und ungeduldig warten.

Im Herbst wurden die Kühe verkauft und die Landwirtschaft verpachtet. Daß wir nun im großen leeren Viehstall fröhlich Verstecken spielten, blieb meistens unbemerkt. Singstunden gab es immer seltener. Ich vermißte sie, obgleich ich bei dem hochverehrten Musiklehrer so wenig vom Blatt singen lernte wie beim Organisten Gartler den richtigen Fingersatz.

Erahnt haben, von meiner Mutter angefangen, sämtliche Erzieher meine Begabung für Harmonie. Doch sie verkannten das Instrument. Mir ist für meinen Lebensweg keine Harfe geschenkt worden, sondern ein Sprachbilderbuch.

Darum fühlte ich mich zum Himmel erhoben, wenn der Herr Pfarrer auf der Kanzel predigte. Seine Worte waren mir Musik. Und daß er allmählich vergaß, mich einzuladen, beunruhigte mich immer mehr. Ich nahm mir nach einer Religionsstunde den Mut und stotterte:

Bitt, wann muß ich wieder in die Singstunde kommen?

Später, murmelte er nur flüchtig.

Die Erkenntnis meiner Unfähigkeit hat mich nachhaltig beschämt. Doch was mir in jungen Jahren immer aus dem Tiefstand verlorener Hoffnung half, war der poetische Gedanke an Entsagung. Er beseelte mich wehmütig zu dichterischen Phrasen.

Ehrliche Tränen habe ich geweint, als uns die Rabenhaupt Maria über den Gartenzaun zuflüsterte, die Frau Mutter röchle in letzten Zügen. Noch selben Tages läutete die Sterbeglocke.

Die alte Liezener Bürgersfrau hätte sich ein ehrenvolleres Begräbnis nicht wünschen können. Wie die Zeitungen berichteten, spielte die Blasmusik einen Trauermarsch. Feuerwehr, Veteranen, die Turnerriege, die Handwerker-Innungen, die Bergknappen — jeder Verein marschierte mit seiner Fahne voraus. Unsere Schulfahne durfte der Cozzi Fred tragen, obwohl er protestantisch war. Er überragte alle Buben an Leibesgröße und stolzierte in seinem auffallend schönen, echt hamburgischen Matrosenanzug.

Laut Druckbericht nahm der „Hochwürdige Herr Sohn die Einsegnung an der Schwelle des Trauerhauses unter großer geistlicher Assistenz in selbeigener Person vor. Ihm respondierten die Hochwürdigen Herrn Benedictiner von Admont, an der Spitze der Prior, die Irdninger Kapuziner, höhere Weltpriester und Ihrer Gnaden Prälaten im violetten Ornat sowie der Adel aus der Umgebung. Dem Sarge folgen die Verwandtschaft, der Bürgermeister Herr Johann Fischer, Träger des Goldenen Verdienstkreuzes I. Klasse, Bezirksschulinspektor Ferdinand Tremel, der Stationsvorstand Willibald Herster, die Frau Postmeister Luise Hohensinner und die Kommandanten der k. u. k. Gendarmerie."

Der Leichenzug, der sich rund um den Dorfplatz wand, nahm kein Ende. Er verdichtete sich gegen den Friedhof zu einem unübersehbaren Massengewühl. Die Frauen verschwanden, zum Teil noch in Seitengäßchen gedrängt. Aber unsern Vater, der sonst nie zu Begräbnissen ging, sah ich einmal mit gezogenem Hut. Und das gehörte sich auch, zumal er ein „Studienkolleg" aus Admont war.

Meine Mutter hatte aus unserm Geschäft einen Kranz von künstlichen Rosen gestiftet, echte gab es um diese Jahreszeit nicht mehr. Und Onkel Fritz als Klavierspieler der Sängerrunde schloß sich dieser an. Uns größeren Kindern der Gemeinden Öblarn, Niederöblarn, Bach und Mitterberg, die stolz auf ihre Gebinde und Schleifen „mit dem Letzten Gruß" sich als Hauptpersonen fühlten, wurde gestattet, in der Nähe des Grabes Spalier zu stehen. So hörten wir deutlich, was später die Wochenzeitung als klassischen Nachruf pries.

Ich habe mir kein Wort gemerkt, ich weiß nur, daß ich während der Trauerrede unseres Herrn Pfarrers wünschte, er möge mein Geschluchze hören. Auch an das Requiem habe ich keine Erinnerung. Und ich frage mich, wer die Orgel spielte? Wahrscheinlich nicht mehr der Herr Gartler, sondern bereits der neue Herr Oberlehrer Ferdinand Kutaleck, welcher die Stelle des abermals erkrankten Herrn Komotschar übernahm.

Er nickte mir in der Schule ebenfalls mitunter ein Lob zu. Meine Mutter setzte die ganze Hoffnung auf ihn und erbat für mich Klavierunterricht, drei Stunden jede Woche. Er nahm seine Aufgabe sehr ernst, und so pflichtete ich neben der Schreibmaschine noch einem Marterwerkzeug.

Das Umlernen auf den richtigen Fingersatz war die Folterprozedur ersten Grades. Auch Pater Bernhard Lindmayr hatte an dem früheren Organisten allerhand auszusetzen gehabt. Nach seinem hochmusikalischen Urteil waren sowohl der letzte wie der vorletzte miserable Versager gewesen. Nicht zu reden von der armen Frau Walcher, die trotz ihres feinen Gehörs die Orgel stümperhaft mißhandelt hatte.

Wenn ich mich richtig erinnere, hat allein die Barmherzigkeit der alten Frau Lindmayr zuwege gebracht, daß jede Kündigung auf dem Papier im Küchenherd zu Staub und Asche wurde.

Sie appelliert halt immer an mich, ich solle dieser armen Fretterin den zusätzlichen Verdienst nicht entziehen, rechtfertigte sich Pater Bernhard den Sommergästen und besonders einem Operntenor gegenüber, wenn er nach einem Hochamt mit Beschwerden drangsaliert wurde.

Nun war die Angeklagte in Groß Sölk und ihre starke Fürbitterin, von Gott berufen, in die Ewigkeit übersiedelt.

Was sie zurückließ, ist ein unzerstörbares Andenken. Damit nach uns Vergehenden auch die Kommenden ihr Grab am Friedhofseingang erhalten mögen, ist in die Kirchenmauer eine schwarze Marmortafel eingelassen. Darauf steht in Goldbuchstaben:

Hier ruht in Gott
Frau Rosalie Lindmayr,
gestorben am 5. November 1905
im 76. Lebensjahr.
Leiden in Lieben wandelnd,
wurdest Du überreich,
Froh gabst Du uns allen,
Edle Verschwenderin,
bes. Deinem Bernhard.

Als Schulmächen habe ich ihr manchmal in poetischer Wehmut mit einem Sträußchen Vergißmeinnicht gedankt. Jetzt zündet ihr mein Geist schon bittend ein Licht an. Denn ich bin überzeugt, daß die Jenseitigen uns immer noch Gaben über den Grenzzaun reichen.

TANTE KAROLINE

Einmal im Jahre bekamen wir einen Brief aus Graz ungefähr des Inhalts: Libe Marie und Juli. In Anfange meines Schreibens grüße ich Euch hertzlich hoffe alles gesund Linus hat jetz einen neuchen Posten zahlt sehr gut indem ich mit Husten und Influenza gelegen bin und schickt mir jeden Monat 10 Kronen. Sagt aber nichts was macht Hüderl und Paula werden schon große Mädeln sein wie meine Gnädige immer sagt habt ihr auch in der Zeitung gelesen. Der Einbruch war in unserer Nachbarschaft kam die Polizei auch zu uns lebt das dicke Hunderl noch? Und die Katzerln wir haben auch eine Angohra sie bleibt bei ihrer Nichte weil die Gnädige fort fahrt und gibt mir 14 Tage Urlaub Fritz wird es ja wissen daß der junge Herr wieder ein Buch geschrieben hat und viel Geld verdient gesehen hab ich ihn noch nicht. Mit Grüßen eure dankschuldige Lina. Grüsse an Herr Grogger. Mein Bretterl weiß sehr viel habe gestern in die Lodri gsetzt was mir träumt hat bin neugierig drei Numero auf einen Terno.

Obgleich der Brief an Mutter adressiert war, öffnete ihn Vater. Er nahm sich jedoch nicht Zeit, die grobgekratzten Buchstaben und die Sätze ohne Punkt und Beistrich zu enträteln, sondern warf das Papier nach flüchtigem Anschaun über den Tisch. Dabei nannte er unsere Tante Lini eine verrückte Person.

Wir müssen sie doch wohl einladen, sagte Mutter, nachdem sie die Nachricht mit der ganz verschämten Bitte gelesen hatte.

Er tat, als ob er nichts höre. Das bedeutete soviel wie ja.

Einmal besuchte sie uns vor Allerheiligen. Ich erinnere mich noch an den grauverhängten Spätherbsttag. Ich und Hildegard gingen nach der Schule in den Friedhof, wo die Dorfleute und die Bauern schon fleißig Gräber aufputzten. Alle Kinder mußten bei ihren Familien Helferdienst leisten und liefen geschäftig mit Hetschebetschen und Schneebeeren, andere brachten Moos und kohlschwarze Gartenerde, Ofenruß, Steine, Papierrosen und Blumenstöcke herbei. Meine Freundin Ida machte aus den Grashüglein ihrer toten Geschwister ein langes Gartenbeet. Meine Freundin Mitzi wusch den Marmorengel der kleinen Base Ferdinanda und jätete sodann bei ihrer Großmutter, die ich zu Lebzeiten sehr gefürchtet hatte. Meine Cousinen schleppten einen Korb schwarzvioletter Laternen zur Groggerischen Grabstätte, die ihnen als Hauserbe zustand. Die Kofler Nannerl hatte auch eine Verwandte, mit der sie auf einmal wichtig tat, nur wir beiden Schwestern tändelten müßig zwischen den Kreuzen umher, bis ich in einer Anwandlung von Langweile und Schwermut auf den Einfall kam, alle jene Gräber zu schmücken, die niemand betreute. So holte ich mir Haue und Schaufel und begann eifrig den festen alten Grasfilz auszureißen. Das offene, schön geglättete Erdreich verzierte ich erfindungsreich mit roten und weißen Fruchtperlen. Hildegard mußte immer neue bringen. Sie bediente mich fleißig. Als ich etwa mit dem dritten oder vierten Hügel fertig war, leerte sie unversehens ihre volle Schürze darüber aus und rief schon im Fortlaufen:

Die Tant Lini is kömmen.

Mich freute die Arbeit nun auch nicht mehr. Ich klaubte ziemlich zerstreut das Häuflein Unordnung zusammen und ging ebenfalls nach Hause.

Tante Lini saß bei der Kaffeeschale. Sie hatte noch ihre schwarze Plüschjacke an. Ihr putziger Stoffhut mit nickenden Crêperosen lag auf dem Bett, daneben schon einige Wäschestücke aus ihrem kleinen Reisekoffer. Ich erinnere mich an eine vornehme weiße Nachtjacke mit Spitzenbesatz und an graukarierte bäurische Flanellhemden. Einen Regenschirm und Hausschuhe brachte sie auch mit.

Ihr Kleid war städtisch zugeschnitten, aber, wie uns sogleich auffiel, „altmodern". Wir errieten, daß es so wie die andern feinen Sachen von ihrer Gnädigen stammte. Ihr eigener Geschmack, besonders was sie inwendig anhatte, war recht bäuerisch. Die Haare trug sie straff gescheitelt und am Ohr zu prallen Zöpfchen geflochten. Darüber spannte sich ein grobes Haarnetz.

Während sie ihr Kipfel in den Kaffee tunkte und alsdann ein weiches Stück abbiß, redete besonders Onkel Fritz auf sie ein. Er sagte, daß er das neue Buch bereits gekauft habe, und wollte Familieneigentümlichkeiten und sonst noch allerlei über ihre Herrschaft erfahren. Tante Lini war nämlich Stütze und Hausfräulein bei der Stiefmutter des Schriftstellers Greinz.

Auf solche Fragen erzählte sie nun ausführlich und umständlich, was sie vormittags einkaufte, was sie abends kochte, wieviel sie im Monat brauchten, wann die Nichte kartenspielen kam, warum es hie und da eine Verstimmung gab, so daß sie kündigte und sich einen halben Tag in ihrem Zimmer einsperrte, bis die Gnädige wieder „Aber meine liebe Karoline" sagte; sie erzählte von der Angorakatze, vom rauchenden Ofen, von der Zimmerpalme, kurzum von lauter Dingen, die Onkel Fritz nicht im geringsten interessierten. Schließlich ging er fort.

Unter sich redeten die Schwestern von der Longinischen Verwandtschaft. Vorsichtig und geheimnisvoll erwähnten sie dabei Linus. Wir Kinder sollten nicht wissen, daß Tante Lini einen unehelichen Sohn hatte. Aber wir wußten es natürlich. Sie schämte sich noch immer ob des Fehltrittes, besonders ihrer Dame gegenüber hielt sie ihn geheim. Linus lebte in Wien und hatte es als hochanständiger Mensch zu einer guten Stellung gebracht. Er war mit der keuschen Eigenart seiner Mutter sehr rücksichtsvoll und berief sich niemals auf das enge Verwandtschaftsband. Auch uns besuchte er nicht. Manchmal schickte er eine Photographie und äußerte in einem höflich bescheidenen Brief auch politische Ansichten, die wir Kinder jedoch nicht verstanden. Vater sagte, er sei ein Sozialdemokrat.

Das Wort war aber nicht feindselig gemeint. Auf mich wirkte es beiläufig so, wie wenn er den Onkel Fritz einen Bücherhelden nannte. Im allgemeinen schätzte er Linus. Tante Lini stand weniger in Gunst bei Vater. Ihre Ankunft übersah er flüchtig, und an den Aufmerksamkeiten, die wir ihr am ersten Tage erwiesen, nahm er nicht teil. Immerhin bestimmte er, daß gute Speisen, und zwar seine eigenen Leibspeisen, auf den Tisch kamen. Sie zeigte sich für alles dankbar, wollte die letzte beim Schöpflöffel sein und ließ sich zu jedem neuen Brocken nötigen. Unsern Vater sprach sie nicht schwägerlich mit dem Duwort an, sondern fast untertänig mit Sie, Herr Grogger.

Wenn er die Serviette beiseite schob und von der Mahlzeit wieder zu seinen Schreibgeschäften ging, wurde sie gesprächig. Dabei stellte sie schon hausfraulich die Teller aufeinander, räumte das Besteck ab und warf die Tischtuchbrösel ins Feuer.

Und hiaz, Hülderl, sagte sie, über das ganze kümmerliche Runzelgesicht strahlend, zu Hildegard, die am meisten bei ihr galt. Hiaz bring mein Reisegepäck. Es war dem kleinen Segelleinwandkoffer gar nicht anzusehen, wieviel Sachen er enthielt. Ein paar Schachteln und Rollen hatte sie kreuz und quer mit Spagat verschnürt am Schirme baumeln. Und in der seidengefütterten Plüschjacke vernäht und verspendelt trug sie noch etwas Besonderes bei sich; es gehörte uns Kindern.

Endlich hielt jede ihr Geschenk in der Hand, etwas Hartes,

Viereckiges in vielen Papierhüllen. Als die letzte zu Boden geflattert war, zeigte sich ein Etui; außen mit einer goldenen Inschrift, innen atlasweiß. Auf dem Polster staken wunderschöne echte Ohrgehänge; Hildegard bekam Vergißmeinnicht aus Türkis, ich dunkelrote böhmische Granatsteine.

Aber solche Pretiosen! lobte unsere Mutter vorwurfsvoll und nahm uns die Herrlichkeit gleich weg, um sie aufzubewahren, bis wir einmal größer wären. Dann schalt sie Tante Lini wegen der vielen Unkösten, welche sie sich antat. Ihr Besuch bei uns kostete sie gewiß die Ersparnis von Monaten. Denn auch für Mutter und Tante Julie brachte sie noble Gastgeschenke, wenn ich mich recht erinnere, einen grauen Seidenstoff für Blusen. Onkel Fritz bekam Zigaretten. Dem Vater legte sie etwa einen Zigarrenspitz schüchtern neben die Schreibmaschine. Er sagte: Dank schön! und verkaufte ihn am nächsten Tag.

Tante Lini fühlte sich bald wie zu Hause. Sie zog ihr Barchentkleid an und nadelte eine Latzschürze an die schmächtige Brust. Keine Stunde blieb sie müßig. Sie überraschte uns mit ihren Kochkünsten, sie half Geschirr waschen, und wenn die Küche sauber war, setzte sie die Brillen auf und bat um eine Näharbeit. Die hatten wir auch.

Weil Vater waggonweise einkaufte und handelte, gab es immer eine Kammer voll Mehl- und Kukuruzsäcken, die durch den häufigen Gebrauch und noch mehr durch die Mäuse schadhaft wurden. Die Flickerei dauerte den ganzen Winter lang. Schon meistens im November dingte Mutter die Huber Kathi, eine Tagwerkerin, die in unsern ersten Lebensjahren hie und da als „Kindsin" ausgeholfen hatte. Sie kam immer noch zu uns schlafen, wenn die Eltern auf den Ball gingen und sonst zu einem Fest. Wir hefteten uns zutraulich an ihre Kittelfalte und wollten sie niemals fortlassen.

Wenn sie abends beim roten Nachtlicht einen Strumpf strickte, riß ich oft schnell die Augen auf, um nicht zu übersehn, daß sie etwa fortschlich. Ihr grobes, pferdeschweifschwarzes Haar hing schon zerrüttet ins Gesicht, und die Pupillen kugelten rund wie Kirschen hervor, während sie gerade eine Masche, die herabgefallen war, mühselig aufspießte. Von Zeit zu Zeit hinkte sie mit ihrem schweren Klumpfuß zu meiner Schwester ans Bett und horchte auf ihre lärmenden Traumreden. Wenn sie zu mir trat, griff ich nach ihrer Hand und flüsterte:

Kathi, i schlaf no nit!

Sie kam mir im Halbdunkel vor wie ein Mensch aus ganz anderer

Zeit. Aber auch bei Tag erschien sie mir steinalt, obwohl sie damals noch keine fünfzig war. Das verstärkte den Zauber ihrer Person, und ich glaubte ihr noch lieber.

Kathi, bettelte ich, kaum daß Mutter die Küchentür hinter sich zumachte, Kathi, bitt schön, verzähln S' mir a Gschicht!

Dann krallte ich auf das hohe Tafelbett und nahm den anbefohlenen Strickstrumpf in die Hand. Doch ich strickte keinen Gang, sondern betrachtete, während das niedere Schneelicht ins Fenster fiel, die Miene der Huber Kathi. Die spielte, je nachdem sich eine Erzählung anließ, vom lieblich treuherzigen Lächeln bis zum Grauensausdruck. Die Augäpfel rollten hervor, und ein kohlschwarzer Haarsträhn zerschnitt ihr das Gesicht. Beim Einfädeln stockte ihre Redseligkeit gewöhnlich; indem sich der zahnlose Mund gegen das Garn spitzte und es anfeuchtete, fragte sie mit erhobener Nadel:

Wo bin i stehn blieben?

Wias zwölfe gschlagn, beim Totenbahrziachen! drängte ich unersättlich weiter.

Wenn die Tante Lini auf Besuch war und Sackflicken half, so wechselten sie im Erzählen ab. Kathi war auch eine dankbare Zuhörerin. Ihre Miene spiegelte lebhaft die schauerlichen Ereignisse. Manchmal spreizte sie die Finger vor dem offenen Mund und sagte:

Ah, Mensch!

Leider wußte Tante Lini von der Räuberbande zwischen Kraubath und Kaisersberg nichts Neues mehr. Aber Kathi erinnerte an den bayrischen Hiasel und an einen andern Hauptmann, der als nobler Schloßherr aufgetreten war und seine Gäste betrunken ins seidene Himmelbett gelegt hatte, von wo sie alsdann durch eine Falltür in den tiefen Keller sanken. Heiß und kalt berührte mich die Schilderung jener Frau , die lebendig im Starrkrampf lag und kein Lid und kein Glied bewegen konnte. Sie wurde für tot in den Sarg gebettet und begraben. Um Mitternacht schlich ein Leichenräuber in den Friedhof und stahl ihr das Geschmeide. Den Ehering zwickte er samt dem Finger ab. Als das Blut rann, wich der Krampf von ihren Kiefern. Sie machte den Mund auf und gebot mit hohler Stimme:

Weiche hinweg, du Verruchter!

Dann stand sie in ihrem weißen Brautkleid auf und gebar beim Mondschein zwei schöne Knäblein. Der Räuber aber fiel von Gottesfurcht zerschmettert auf den Erdboden.

Nicht immer nahmen die Geschichten ein so glückliches Ende. Zuweilen hatten sie überhaupt weder Ende noch Anfang. Und Tante

Lini oder Kathi antworteten auf mein neugieriges Forschen achselzuckend und hilflos:

Ja, das woaß i neamer.

Das Lichtfeiern war am schönsten. Da sank die Hand mit dem
langen Faden zum Schoß. Manchmal wurde ein Sack zusammengelegt. Die rutschende Schere schlug an die Zwirnspulen im Nähkorb,
daß man ängstlich auffuhr. Jedes Geräusch tat unheimlich. Die
Köpfe der beiden Frauensleute bewegten sich am dämmernden
Fenster nur mehr wie Schatten. Die Worte verloren sich spärlich, oft
schon im Gähnen, aber die Gedanken und Bilder wuchsen riesen-
groß und schmückten die Erzählung schauerlich aus. Meine Schwester Hildegard, die in einem Winkel oder unter dem Tisch gelauscht
hatte, ohne daß wir's wußten, kroch furchtsam hervor und setzte
sich neben Tante Lini auf den Fußschemel. Und ich, obschon ich's
fast nicht über die Lippen brachte, stellte scheue Fragen nach dem
Tod und der Ewigkeit.

Die Antworten begannen stets geheimnisvoll und aufregend,
allein gescheiter wurde ich dabei auch nicht wie jener Mann, dem
sein sterbender Freund heilig versprochen hatte, er werde ihm eine
Botschaft aus dem Jenseits geben.

Und richtig, redete die Huber Kathl im tiefen Tonfall eines Geistes
durch die Dunkelheit. Die dritte Nacht is er zum Bett kömmen. Ja,
mein Liaber, hat er g'sagt. Es is nit aso, wia du behaupst, und nit aso,
wia ich behaupt han. Lebewohl! hat er gsagt. Aft is die Erscheinung
verschwunden.

In unser atemloses Horchen kam Mutter mit reschem Schritt und
zündete das Gaslicht an. Gewöhnlich begleiteten sie ein paar Katzen,
die, ihre Zeit kennend, mit steil erhobenen Schwänzen die leere
Milchschüssel umkreisten.

Wir blinzelten etwas verlegen und schuldbewußt, wenn sie uns in
der Eilfertigkeit ihrer Geschäfte fragte:

Seids schön brav? Was tuats denn allweil?

Nix! sagten wir scheinheilig, und Tante Lini lobte uns mit listigem
Schmunzeln. Abends beim Auskleiden und beim Nachtgebet kämpfte ich bitter mit meinem schlechten Gewissen. Raubersgschichten,
wollte ich sagen, schieche Raubersgschichten hat sie verzählt. Ich
sagte es aber nicht. Das ist die einzige Sünde meines Lebens, die ich
unserer Mutter verschwiegen habe.

Tante Lini besuchte uns noch oft. Ihr Gehaben wurde immer
wunderlicher. Sie tuschelte gern von ihrem Sparkassenbuch und
ihrem Testament. Hildegard gehörte zu den Haupterben und war

mit Ohrringen, Broschen und Uhrketten bedacht. Neben solchem Wohlwollen bezeigte Tante Lini den merkwürdigsten Argwohn. Sie trug den großen Perlbeutel mit dem Reisegeld tagsüber im Kittelsack. Bei Nacht verbarg sie ihn unter dem Kopfpolster. Auch den Familiengesprächen mißtraute sie. Wir betrafen sie zuweilen an einer Tür horchend. Und nach einer Woche meinte sie schon, wir wollten sie wieder weg haben.

Sei doch nit so einbilderisch, greinte unsere Mutter herzlich.

Aber Tante Lini blieb bei ihrer Meinung.

Oh, mein Bretterl hat mirs schon gsagt, widersprach sie eigensinnig und mit fast tückisch funkelndem Blick. Und das beinige Faltengesicht verzog sich rund zum Weinen. Man mußte sie einfach in Ruhe lassen. Vor dem Schlafengehen, wenn sie den Tisch säuberlich gewischt hatte und für sich und die ganze Familie Karten aufschlug, verbesserte sich ihre bittere Stimmung mitunter schnell zur Fröhlichkeit. Da lag neben der falschen Katze der treue Hund, die Abreise fiel ins Wasser, und der große Herr (damit meinte sie Vater) hatte den Kopf voll Freundschaftsgedanken, mit Füßen trat er den Verdruß, und seine Hoffnung deckte ein Geldbrief. Sie selber fand sich zwischen der Jungfrau und einem Soldaten, das is mein Hülderl und ihr Zukünftiger, sagte sie. In unser Haus stand ein Präsent. Nur eine Karte deutete sie ungern, nämlich den Dieb, der mit einer grellgelb leuchtenden Blendlaterne ins Fenster stieg.

Mutter, immer noch völlig ihrem Einfluß gehorsam, riegelte die Türen selber zu. Dieweilen suchten Hildegard und ich unter den Betten, ob er vielleicht schon da sei. Auch bei Träumen hörte Mutter auf Tante Lini. Die hatte eine staunenswerte Gabe, alles Bildliche sinnbildlich auszulegen, und das Große Ägyptische Traumbuch, in welchem andere Leute ratlos oder zweifelnd studierten, war ihr wie eine Geheimschrift offenbar.

Nur in einem Punkt schenkte ihr die Familie keinen Glauben. Nicht nur Vater, auch Onkel Fritz und ihre leiblichen Schwestern behaupteten, sie sei doch ein bißchen närrisch, und wir Kinder lachten sie hinterrücks unbarmherzig aus; sie empfand es schmerzlich. Ihr anfänglicher Eifer, uns zu überzeugen, verkehrte sich bei jedem Besuch zu einem vorsichtigen Versteckspiel. Und man mußte, wenn man doch neugierig wurde, lang und dringlich betteln, bis sie einen an ihrer größten Herzensfreude teilhaben ließ. Sie hatte sozusagen einen Freund, den sie manchmal zärtlich an ihren Brustlatz drückte, den sie liebte, lobte und um Rat fragte und mit allen Gedanken ihres einsamen Lebens betraute. Das war kein

Mensch, nicht einmal ein Kanarienvogel, sondern ein Bretterl. Ein dunkles dünngehobeltes Stück Edelholz, handgroß, wie ein gestieltes Blatt geschnitten. Am Abend, wenn das Gaslicht abgestellt war, blieb sie bei einer flackernden Kerze noch ein paar Stunden auf dem Bettrand sitzen und ergab sich kindlich ergötzt ihrer magischen Unterhaltung. Über den Knien hatte sie Tante Juliens großes Heftbrett liegen. Darauf war vom linken zum rechten Rand ein schmaler Regenbogen aus Buchstaben und Ziffern gezeichnet. Wenn sie den Kopf erwartungsvoll und glücklich lächelnd zur Seite bog und das braune Edelholzblatt mit der Hand bedeckte, glich sie unserer Mutter beim Zitherspielen. Ihre ruckende zuckende Hand griff gelenkig in die kreuz und quer. Dazu sumste ihre Stimme melodisch die Buchstaben, die das Holzblättchen zeigte, so geschwind zu Silben zusammen, daß ich im Horchen und Lesen schwer folgen konnte; es gab ganz wunderbare allwissende Antworten.

Es wußte von ihrem Sohn, daß er heiraten, wieviel Nachwuchs er bekommen werde und wieviel er verdiente. Fast immer verhieß es einen Haupttreffer. Sogar die Toten im Jenseits machte es ausfindig.

Das is er, der Meinige, flüsterte Tante Lini einmal, mit verschmitzter Genugtuung an den Mann denkend, der sie und Linus im Stich gelassen hatte und verschollen war.

Ich wollte das Zauberkunststück natürlich auch versuchen. Sie legte mir die Finger zurecht und bat mehrmals aufmunternd:

So, mein liabs Bretterl, verzähl ihr was Schöns.

Aber das Bretterl war bockbeinig, es rührte sich nicht vom Fleck.

Vor ihrer Abreise fragte es Tante Lini immer noch aus, ob sie wieder kommen werde. Dann prophezeite sie gerührt, heuer wäre sie das letztemal bei uns gewesen. Mutter nahm solche Reden nicht ernst.

Wir besuchten Tante Lini auf meiner ersten Reise nach Graz. Die Stadt, vom Schloßberg aus betrachtet, noch viel größer als Salzburg, verwirrte mich zum Zweifel, ob wir Tante Lini wohl finden würden?

Zuerst aber, bat Mutter, gehen wir zum Onkel Franz, damit wir den Anstandsbesuch hinter uns haben. Tante Julie, die zu Neujahr und zu den Namensfesten mit der noblen Verwandtschaft korrespondierte, hatte unsern Besuch, „auf gütige Erlaubnis hoffend", bei der Frau Tante beziehungsweise Großtante angemeldet, damit „die Groggerischen Kinder Paula und Hildegard der Longinischen Linie vorgestellt würden". Mit dieser Anbahnung verknüpfte sie einen vorsorglichen Hintergedanken. Bis zum Morgen der Abfahrt gab sie unserer Mutter noch wichtige Ratschläge.

Es gehört sich, sagte sie mit ihrer sanften, lungenschwachen Stimme, daß dein Mann den Onkel als Herr Oberlandesgerichtsrat tituliert und der Dame des Hauses mit einer Verneigung die Hand küßt. Als Adelige ist sie das gewohnt. Die Kinder müssen ein Bukett überreichen, einen Knicks machen und in der Schriftsprache reden.

Die Zeremonie wurde uns eingelernt. Sie gelang.

Trotzdem verschlug es uns bei der feierlichen Begrüßung den Atem. Hildegard verbarg ihre Scheu hinter Grinsen und Schielen. Mir klopfte das Herz ob der hohen Ehre, daß ich von den herrschaftlichen Verwandten vielleicht als Kostkind aufgenommen werde, wenn ich übers Jahr in die Handelsschule mußte.

Diese Möglichkeit hatte Tante Julie nämlich meinen Eltern in den Kopf gesetzt. Vater sprach darum mit Kaufmannsstolz von seinem großen Geschäftsbetrieb ähnlich sicher wie zu Kundschaften und keineswegs bittlich oder auch nur in Andeutungen seines Wunsches. Unsere Mutter schwieg, ich glaube, weniger aus Bescheidenheit als unter dem beklemmenden Widerwillen, mich in eine fremde Stadt abgeben zu müssen.

Zu den Erfrischungen, die uns geboten wurden, erschienen der Sohn Emil, bereits graduierter Facharzt, und die Tochter Fanny, die mich Jahre später, als sie in Judenburg die Kinder ihres Bruders erziehen half, an ein hochgeborenes Stiftsfräulein erinnerte.

Ich war auf die Grazer Longin-Familie so stolz wie Tante Julie.

Ohne Hanskuß, wie Vater sich bei der Dame des Hauses eingeführt hatte, verabschiedete er sich auch, mit der ehrgeizlosen Selbstzufriedenheit, daß ein tüchtiger Steuerzahler einem hohen Staatsbeamten ebenbürtig sei. Unsere Mutter seufzte, als wir außer Hörweite waren: Gott sei Dank!

Weil ihr vom Pflastertreten die Sohlen brannten, hielt sie mit Vater und der hüpfenden Hildegard nicht Schritt. Einmal blieb sie mit mir vor einem Schaufenster mit Herbst- und Winterhüten schauend stehn.

Merkwürdig, sagte sie zu ihrem Spiegelbild, die Tante Julie hat schon recht, wenn sie ihre Reformkleider in Pilsen machen laßt. Mit der Stadtmode kann unsereins nicht konkurrieren.

Daß die Frau vom Onkel Franz ziemlich altväterisch angezogen war, wunderte sie tröstlich. Und ganz besonders dankbar lobte sie die aristokratische Liebenswürdigkeit.

Das Du sagen ganget mancher Bürgersfrau nicht über die Lippen, dachte sie laut.

Ich fragte, obgleich ich den Namen erriet:

Mutter, wen meinen Sie?

Ach nix, antwortete sie, von meiner Gegenwart irritiert. Sag dem Vater, er soll bißl warten. Dann verschwand sie in einer Konditorei. Hildegard folgte ihr schneller als ich. Wir Kinder wollten uns vom Tischlein deck dich gar nicht mehr trennen und stritten schließlich um den Vorzug, das Einkaufpaket zu tragen.

Im großen Warenhaus Kastner und Öhler verlangte Mutter einen passenden Blusenstoff für eine ältere Person. Ihre Wahl fiel nach dem Rat der Verkäuferin auf geblümelte Lilaseide.

Außer dieser Kostbarkeit gab es noch unzählig verlockende Angebote. Von der Spielwarenabteilung waren wir Kinder kaum fortzubringen. Erst die aufregende Tatsache, daß wir Vater verloren hatten, machte uns gefügig. Wir fanden ihn nicht dort, wo wir ihn zuletzt gesehen hatten. Schreckensminuten und -viertelstunden verstrichen wie ein Alptraum. Plötzlich entdeckte ihn Hildegard, das Sonntagskind, hinter dem Fenster eines nahegelegenen Kaffeehauses. Er grollte ob unserer Säumigkeit mit dem Sprichwort: Zeit ist Geld, rechnete uns vor, daß er seine Langweile mit fünf Zeitungen vertrieben hatte. Dann rief er, uns Kinder links und rechts an den Händen fassend:

Schuwido! Und wohin jetzt?

Zur Tant Lini, sagte Mutter. Sie hat schon lang nichts mehr von sich hören lassen.

Mein kindlicher Verstand, der die weitaus ältere Schwester meiner Mutter für eine Greisin hielt, war immer für dichterische Einbildungen findig. Ich mutmaßte besorgt:

Vielleicht ist sie schon gestorben?

Oh, das Weibel ist zaach, beruhigte Vater mich schmunzelnd.

Jawohl, gab Mutter zu, die Lini ist grad so feingliederig und flink und kerngesund wie die Urgroßmutter. Gemeint war die Bergbauerntochter aus dem Schladminger Tauern.

Die Prophezeiung stimmte.

Tante Lini überlebte ohne Gebrechlichkeiten vier jüngere Halbgeschwister. Erst als hohe Siebzigerin verließ sie ihren Dienstposten. Frau Greinz hatte für sie eine Altersrente eingezahlt, damit sie nicht mit leeren Händen jemandes Haus belaste. Der Abschied von ihrer Herrin fiel der treuen Dienerin schwer. Tante Lini schrieb uns noch verwirrtere Briefe als sonst und fragte in verschämten Andeutungen, ob wir sie nehmen und beerben wollten. Darauf war eine Antwort schwierig. Unsere Mutter war damals schon tot, und die Familie lebte sich auseinander. Immerhin luden wir sie, nachdem wir eine merkbare Bedenkzeit überschlagen hatten, zum Kommen ein. Auch Linus, der gute Mensch, war gern bereit, seiner Mutter den Lebensabend freundlich und schön zu machen. Er mietete neben seiner Wiener Wohnung eine Stube und stellte ihr das Zusammenleben in ermunternden Briefen vor. Dies aber sicher nicht wegen der Erbschaft.

Ihr tat die Wahl wehe. Sie versprach einmal, nach Wien zu siedeln, das anderemal kündigte sie uns ein baldiges Wiedersehen an. Dazu schickte sie als Gastgeschenk ein Kaffeeservice für sechs Personen. Kaum hatten wir es in die Kredenz getan, überraschte sie uns mit einer neuen Nachricht:

Libe Juli Fritz Hüderl Paula und Herr Grogger! Seid nicht böse ich habe mirs überlegt und falle den Verwanten nicht zur Last habe mich in das Versorgungshaus am Gries einverleiben lassen für lebenslenglich mein Bretterl will es auch Matraze und essen is gutt besucht mich wenn ihr nach Graz fahrt wie get es euch daß die Marie sobald hat sterben müssen ich bin zufrieden es grüßt euch eure liebende dankschuldige Lina.

Sie blieb sich lebtags gleich. Noch im hohen Alter hat sich ihr Bild gegen meine Kindheitserinnerung wenig verändert. Im Scheitel unter dem Haarnetz herrschten immer die schwarzen Strähne vor. Krankheiten oder Schwäche kannte sie nicht. Selbst in ihrer traurigen Umgebung legte sie ehrgeizig Wert auf ein adrett geschnürtes Kleid und etwas Aufputz.

Als ich sie zum letztenmal sah, wird sie wohl über Mitte der achtzig gewesen sein. Ich ging, vom ungewohnten Pflastertreten und der schwüleren Stadtluft ein bißchen müde, die Haupt- und Nebenstiegen des großen Armenhauses empor. In meine steifen Finger schnitt der Spagat zweier gewichtiger Pakete, die ich als Liebesgabe mitbrachte. Oben am Gang wiesen Nummern und Pfeile. Die Zugluft vibrierte im alten bleigefaßten Fensterglas, es roch muffig und mailich zugleich. Während ich eine Saaltür aufmachte und langsam hinter mir schloß, starrten mich an dreißig Gesichter hoffnungsfreudig an. Sie kehrten sich wieder ab, weil ich nicht der erwünschte Besuch war. Aus verkrümelten Decken krächzte und ächzte und hüstelte und stöhnte es hervor. Murmelndes Geflüster verfolgte mich im Weitergehn. In andern Räumen empfing man mich ebenso. Ich mußte mich durch viele Bettreihen und hinkende Weiblein hindurchwinden, bis ich zum Bett der Tante Lini gelangte. Es war leer.

Eine Nachbarin erkannte mich als Fräulein Nichte. Sie und noch ein paar erboten sich, auf die Suche zu gehen, indem sie, zu meinen Paketen schielend, mit Ach und Weh in ihre Hausschuhe schlüpften. Es dauerte lange, bis die erste und die zweite allein! zurückkamen. Ich ging wieder auf den weißgetünchten Gang. Manchmal hörte ich fernhallende Männerrufe. Aus dem Erdgeschoß dampfte der Ruch von Sauerkraut. Sperlinge und Amseln flügelten durch ein kümmerliches Hofspalier. Ich hätte mich gern niedergesetzt. Am liebsten wäre ich gegangen. Endlich trippelten flinke Schritte irgendwelche Stufen herab. Dann huschte Tante Lini wie ein Wiesel auf mich zu und fiel mir um den Hals.

Nach der ersten Freude entschuldigte sie sich voll geschämigen Ärgers, daß sie nur eine Barchentbluse anhabe. Sie wollte stante pede ein schönes Kleid anziehn. Wenn ichs doch früher gewußt hätt! klagte sie. Aber ich war auf dem Dachboden bei meinem Winterzeug. Ich hab ja so viel Kisten und Kasten.

Sie schmeckte stark von Naphtalin. Indes sie Spinnweben abstreifte und sich bei einer Wasserleitung wusch, zählte sie ihre reichen Schätze auf: Decken, Jacken, Hüte, Schals, Schuhe, Wäsche, Porzellangeschirr, Andenken von der Gnädigen, Bilder, einen Papageienkäfig und einen Plüschsessel.

Gehn wir in den Garten, bat sie, mißtrauisch nach Horchern spähend, und führte mich über steile steinerne Hintertreppen ins Freie.

Da und dort spazierten Armenhäusler im Gespräch, andere spielten Karten. Einer schnarchte. Tante Lini wußte von den meisten Namen und Stand. Außer armen Dienstboten zeigte sie mir einen ehemaligen Fiaker, einen abgehausten Kaufmann, einen Weinreisenden, eine Lebedame, alles Grazer, denen sie in ihren guten Jahren auch begegnet war.

Indem wir uns auf eine abgesonderte Bank setzten, ließ ich die beiden Pakete erlöst aus meinen Fingern fallen.

Zuckerbäckereien sind haltbare Delikatessen, gelt, das wird dir seltsam sein, sagte ich in der Meinung, sie groß zu erfreuen.

Tante Lini äußerte indes keinen Dank, sondern greinte mürrisch über die unnütze Auslage.

Därfst ja kein Präsent mehr bringen, Paulerl. Was glaubst denn, mir geht nix ab. Und gesetzt den Fall, so hab ich ja selber Geld. Da schau, sagte sie und zog ihr Sparkassenbuch aus dem Kittelsack. Zweitausend Gulden. Es waren aber 200 Schilling. Als sie wieder von der Erbschaft zu reden begann, sagte ich, die stünde natürlich dem Sohn zu. Sie gab mir recht. Überhaupt hatte sie sich über ihren

Fehltritt, der an sechzig Jahre zurücklag, endlich getröstet. Sie bereute ihn nicht mehr, weil der Linus, wie sie mit Stolz eingestand, ein so braver Bub geworden war.

Aber, sagte sie, mich scheel von der Seite messend, wenn du vielleicht etwas brauchst, auf mich kannst immer rechnen. Ich mußte mich wehren; sie wollte mir eigensinnig einen kleinen Notkreuzer zustecken. Für ein neues Kleid oder so was. Ich war ihr zu wenig schön angezogen. Auch Schmuck vermißte sie an mir, und das glatte Haar, ähnlich geflochten wie ihres, gefiel ihr gar nicht.

Du mußt dir Locken kräuseln, gebot sie zärtlich. So kommst du nicht unter die Haube. Je nobler man auftritt, umso höflicher wird man respektiert. Diese Lehre und noch allerlei Wohlmeinung legte mir Tante Lini beim Abschied ans Herz. Ich solle darüber nicht böse sein, bat sie demütig. Aber sie müsse es sagen, das Bretterl habe ihr's geschafft.

Dann umarmte sie mich und eilte mit den „Zuckerbäckereien und Delikatessen" flink davon. Die vielen Weiblein in ihrem Schlafraum paßten schon begierig bei den Fenstern.

Ich ging langsam durch den Armengarten. Die dicken Knospen im gestutzten Baumwerk hauchten schon Düfte aus. Die Kieswege wurden mittäglich heiß und leer. Auch der Schnarcher war aufgewacht und tummelte sich zum Essen. Amseln und Spatzen stoben vor seinem trägen Schritt in die Hofecke. Im fernen Schwarm war Tante Lini nicht mehr zu unterscheiden. Trotzdem winkte ich dem entschwundenen Bilde nach. Ich hatte es immer noch vor mir, während ich über die Radetzkybrücke, den Jakominiplatz und den Stadtpark dahinging. Oh, dachte ich, die ist nicht närrisch. Die ist weise.

Etwa ein Jahr später bekamen wir briefliche Nachricht, daß Tante Lini bei klarem Bewußtsein und ruhig gestorben sei. Sie hatte keine dringende Verständigung angeordnet.

So ging ihr Sohn Linus als einziger Verwandter hinter der Armenleiche.

IM NAMEN DES GESETZES

In unserer Gegend, auf dem einschichtigen Weg ins Sölktal, war eine grausame Untat geschehen. Man fand bei winterlicher Morgenlichte den beraubten Leichnam einer Hausiererin namens Maria Grader. Obschon der Täter sich nicht verriet und niemand etwas Genaues wußte, reimte der Volksmund bald die ganze Geschichte zu einem Gedichte zusammen, das an dreißig Strophen hatte und die nächtliche Wanderung, den Überfall, das Gespräch mit dem unbekannten Mann und schließlich den Todesstoß offenbarte. Ein weißer, linierter, schön beschriebener Kanzleibogen, der langsam schwärzlich wurde, kam sogar bei den Schulkindern in Umlauf, und wir lernten diese Ballade heimlich unter der Bank viel geschwinder als Aufgaben, die uns der Herr Lehrer Walcher vorsetzte. Wir plapperten sie gedankenlos, ohne jedes Erbarmen und Verständnis für das Furchtbare. Besonders Hildegard mit ihrem Merkvermögen und ihrer Freude am Gesichterschneiden konnte sich nicht genug tun. Anfangs vielleicht aus spitzbübischem Übermut, dann immer phantasievoller übertreibend, steigerte sie Stimme wie Mienenspiel, bis sie in schauerlichstem Tonfall sagte: Er stach ihr fünfmal in das Herz hinein.

Bei diesem Höhepunkt freilich wurde uns allen übel. Auch ihr selber.

Als Herr Walcher ein paar Mädchen betraf, wie sie sich eifrig Abschriften machten, hieß er das Gedicht einen Schund und warf es, so viel Papier seine Hand erwischen konnte, in den Ofen. Das Deklamieren verbot er streng. Unsere Mutter schalt gleichfalls darob. Immerhin war Hildegard so furchtsam geworden, daß sie abends nicht allein im Schlafzimmer blieb. Und ins stille Kämmerlein mußte ich sie stets begleiten.

Die Erwachsenen waren indes nicht weniger von Aufregung gepackt. Sie sprachen monatelang von der Hausiererin, mutmaßten, verdächtigten, kauften Sicherheitsschlösser und schränkten unsere jugendliche Freiheit noch enger ein.

Ich weiß nicht mehr, was für eine Zeitspanne über dem Ereignis vergangen ist, noch weiß ich aus persönlichem Erinnern, ob wir Kinder die wirkliche Tatsache begriffen haben. Mir kommt vor, ich entnehme sie mehr dem mütterlichen Widerhall.

Uns beschäftigte in jenen Tagen hauptsächlich der Anblick eines neuen Plakates. Es hing ein wenig flatternd hinter dem Glas unserer Ladentür und schreckte einen von weitem wie ein riesenhafter Partezettel. Oben im schwarzen Rand erschien zwischen gekreuzten Totenbeinen ein grinsender Totenkopf. Es war die „Einladung zum größten Zaubervarieté der Welt". Signor Turandito Tatarello, so oder ähnlich war der Name, welchen wir mit Eifer und Mühe zusammenbuchstabierten, ein Meister der Schwarzen Magie, der auf den größten Schaubühnen Europas gastiert hatte, beehrte sich erstmalig und einmalig, in Öblarn aufzutreten und dem verehrlichen Publikum seine noch nie dagewesenen Künste vorzuführen. Das spannende Programm verhieß Sehenswürdigkeiten wie Messerfressen, Feuerspeien, Bauchreden, einen bengalischen Sternschnuppenregen, die Umwandlung von Hühnereiern in Turteltauben und die Rückverwandlung, die Goldmacherei, das Wachstum einer Lilie binnen fünf Minuten, Versuche mit der sprechenden Paradiesschlange, Blitzrechnen, Gedankenlesen, eine Chinesin mit zwei linken Händen, einen Virtuosen, drei Instrumente auf einmal spielend, die Erweckung aus dem Starrkrampf und endlich Dinge, die uns fast verboten anmuteten, weil wir sie nicht verstanden, so die Geheimnisse des Spiritismus, der Hypnose, der Telepathie und Katalepsie.

Wir übten unsere Mundfertigkeit an diesen Worten, indem wir sie oft genug, aber teilweise mit falscher Betonung aussprachen, so sagten wir, glaube ich, Telle Batti und Katha Lepsi. Der Name Turandito Tatarello rollte uns nur so über die Zunge und erinnerte uns, weiß nicht, wie, an ein anderes schon geläufiges Kunst- und Bravourstück.

Hildegard konnte es natürlich am besten. Sie sagte dreimal in einem Atemzug: Paprikaschnitzel, Schnaprikaspitzel, Piprikaschnatzel, Schniprikapatzel. Ernsterer Gedanken oder gar Zusammenhänge bin ich nicht ingedenk.

Wir liefen öfters am Nachmittag gegen das neuerbaute Bahnhofhotel, wo der Zauberer sich angekündigt hatte. Daß wir die Mutter unablässig um die Freude dieses Abends bettelten, ist sicher.

Sie antwortete wahrscheinlich wie immer: Wenn ihr schön brav seid.

Leider sollte unser Wunsch nicht in Erfüllung gehen. Es kam, was wir erst später erfuhren, ein fremder Herr in unser Kaufgeschäft; er war groß und beleibt, trug sich städtisch mit kariertem Überzieher und steifem Hut. Über der Achsel hatte er einen Plaid und unter dem Arm eine Aktentasche. Mutter konnte ihn haarscharf beschreiben. Sie behauptete, daß er ihr schon vom ersten Augenschein unheimlich gewesen sei und daß sie ihm nichts geglaubt habe.

Er stellte sich als Agent für Schreibmaschinen vor.

Das ist kein Reisender, dachte Mutter, durch langjährige Erfahrungen sicher, führte ihn aber trotzdem zu Onkel Fritz ins Schreibzimmer. Vater war auswärts.

Der fremde Herr ließ sich unsere Maschine zeigen, schrieb versuchsweise darauf, gab sein Urteil ab und musterte nebenbei die Korrespondenz, welche postfertig dalag. Onkel Fritz bemerkte dies nicht sogleich, doch im nachhinein, so gegen Abend fiel ihm die Beobachtung plötzlich ein, weil noch etwas Ungewöhnliches geschah. Unser Lehrbub Hansl verlangte keck den Haustorschlüssel. Er wollte ins Hotel zum Zauberer gehn.

Du bist noch nicht freigesprochen, sagte die Mutter strenge. Und wo nimmst du das Geld her?

Hansl fing stotternd zu schwören an, daß er heilig wahr nichts aus der Kassa gestohlen habe. Der Herr Schreibmaschinenagent wollte ihn freihalten.

Mutter und Onkel Fritz blickten einander vielsagend an. Was bedeutet das? fragten sie. Hansl mußte ein regelrechtes Verhör bestehn und die verdächtige Einladung wiederholen. Er tat es pflichtschuldig und wortgenau, indem er die feine Aussprache des Agenten, so gut es ging, nachahmte.

Du bist der Lehrling hier? hatte er gefragt, und Hansl hatte darauf jawoll gesagt. Dann lobte ihn der Herr, weil er das Auslagfenster so schön putzte. Und dann las er laut, was auf dem Schwarzkünstlerplakat gedruckt stand. Beginn der Vorstellung Punkt 8 Uhr.

Da gehst du gewiß auch zuschaun? hat er gefragt.

Der Hansl antwortete: Nein.

Warum denn nicht? hat der noble Herr gesagt.

Ich habe leider kein Geld nicht und keinen freien Ausgang, hat der Hansl gesagt.

Nun, die Zeche zahl ich dir schon, hat der Herr gesagt. Und den Hausschlüssel wirst du wohl kriegen. Dann hat er auf dem Plakat weitergelesen. Entree für Erwachsene 50 Heller. Die geb ich dir gleich.

Hierauf war der Hansl von der Leiter gesprungen und hatte gesagt: Danke bestens, gnä' Herr.

Nun stand er bereits im Sonntagsanzug da und sagte, wiederum stramm auf seinen Wunsch pochend: Ich weiß mich nix schuldig. Weil du ein Trottel bist, antwortete Onkel Fritz pathetisch. Unsere Mutter sperrte das Haustor zu und sagte auf hochdeutsch: Alles eine abgekartete Geschichte. Sie war der Ansicht, daß der Agent und der Schwarzkünstler einer Verbrecherbande angehörten und im geheimen Einverständnis handelten. Sie wollten unserm Hansl wahrscheinlich einen Rausch anzechen, damit er den Hausschlüssel hergab. Vielleicht sogar probierten sie es mit der Hypnose. Die Erwachsenen vertieften sich aufgeregt wispelnd in eine lange Beratung. Das meiste erlauschten wir Kinder gar nicht. Schließlich wurden Mutter und Tante Julie einig, daß Onkel Fritz beim Gendarmerie-Wachtmeister eine Anzeige machen müsse.

Hansl legte völlig zerknirscht sein schönes Sonntagsröckel ab und trug es in den Dachboden. Der Abend verging in banger, ungeduldiger Spannung. Wir wollten nicht schlafen gehen, und jeder Tritt auf der Straße, jedes Rascheln und Klirren ließ uns zusammenfahren und erwartungsvoll wähnen, daß nun etwas Schreckbares, ein Einbruch, ein Zauberspiel oder eine Hypnose vor sich gehe. Die Aufpasserei dauerte doch zu lang. Wir ermüdeten, und ich erinnere mich nicht mehr, wie wir endlich ins Bett kamen. Am Morgen war die Angelegenheit, die wir im Grunde doch nicht faßten, ziemlich reizlos verblaßt. Vielleicht sagte Mutter, als ich nachfragte, mit abtuender Handbewegung: Ach nix. Vielleicht enttäuschte uns der Ausgang. Jedenfalls verstand ich erst viele Jahre später recht zu würdigen, was mir Onkel Fritz erzählte.

Er war also beim Herrn Gendarmerie-Wachtmeister gewesen und hatte von seinen Verdachtsmomenten genau Meldung erstattet. Der Herr Wachtmeister steckte daraufhin den geladenen Revolver und die Patronentasche zu sich, hängte sich sein Gewehr mit aufgepflanztem Bajonett über die Schulter und begleitete so in dienstfertiger Ausrüstung unsern Onkel Fritz zum Bahnhofhotel. Hierselbst war das Varieté bereits in bestem Gang. Bei der Kasse im Vorhaus saß niemand mehr. Durch den Türspalt lugend sahen sie gerade eine Taube fliegen. Gelächter und staunende Rufe schallten auf. Dann redete der Zauberer und schüttelte papierene Rosengirlanden aus dem umgekehrten Zylinder. Eine Frau, der die Augen schwarz verbunden waren, tastete sich durch die gepferchten Zuschauer. Sie hatte ein Schlangenarmband um den nackten Oberarm und auf der Büste, sagte Onkel Fritz, einen goldenen Schuppenpanzer. Als er die Tür weiter öffnete und ins Gastzimmer schlüpfte, ging diese

Meernixe mit einer großen Muschel absammeln. Auch Onkel Fritz gab Trinkgeld her. Das hochinteressante Programm nahm ihn sehr gefangen, und die Tabakswolken wimmelten schon dick, so machte er den gesuchten Herrn nicht gleich ausfindig. Endlich bemerkte er ihn abseits bei einem Extratischchen. Seine Finger trommelten nervös auf die Decke. Zwei Krügel Bier und zwei Portionen Gulasch standen längst aufgetragen, die rote Paprikasoß stockte schon kalt. Er hatte keine Eßgesellschaft; denn zwischen dem Salz- und Pfefferstreuer stak ein Täfelchen mit der Aufschrift: Reserviert.

Das war ein neues Verdachtsmoment.

Onkel Fritz ging wieder zum Wachtmeister ins Vorhaus, um ihm alles zu berichten, und erzählte auch das, was sich bei uns daheim begeben hatte, noch einmal umständlich. Sie ratschlagten eine Weile. Als der Hotelwirt speisenbeladen in schwitzender Eile ihnen die Gala-Vorstellung einloben wollte, raffte der Wachtmeister sich zum schnellen Entschluß auf und sagte im Amtston:

Ruafen S' mir den fremden Herrn heraus, beim Extratischerl. Aber — Vorsicht bitte.

Oho! sagte der Hotelwirt vif.

Es dauerte keine Minute, so kam der verdächtige Schreibmaschinenagent trotz seiner Beleibtheit lebhaften Schrittes aus dem Gastzimmer und strebte, aufmerksam umherschauend, nach dem Haustor.

Halt! kommandierten die Männer und vertraten ihm nach vorne und hinten den Weg. Dann schlug ihm der Wachtmeister gebieterisch auf die Achsel und rief:

Im Namen des Gesetzes sind Sie verhaftet.

Was? fragte der Agent.

Während die Männer ihn steif anstarrten, knöpfte er langsam den Rock auf und wies, die Futterseite nach außen wendend, ein kleines Blechschild vor.

Pardon! Entschuldigen vielmals, sagte der Wachtmeister, indem er verdonnert zurückwich.

Der fremde Herr, so erzählte Onkel Fritz später noch immer beschämt und gedäftet, der sogenannte Agent entpuppte sich als Geheimdetektiv.

Da er nun selbst einer verbrecherischen Absicht beschuldigt war, mußte er sich vor der Gendarmerie rechtfertigen. Dies geschah im Schlafzimmer des Hotelwirtes, wo er ungestört und unbelauscht reden konnte. Auch Onkel Fritz durfte diese aufklärende Geschichte mit anhören.

In einem der vielen Schlösser des Ennstals, Namen nannte der Detektiv nicht, kurzum bei adeligen Herrschaften, langten von Zeit zu Zeit furchtbare Briefe ein, die vernichtende Brandlegung ankündigten. Geschrieben waren diese Drohungen stets mit der Schreibmaschine. Nun gab es aber in der ganzen Gegend nur zwei fortschrittliche Männer, die sich Schreibmaschinen eingestellt hatten.

Wenn schon nicht Urheber, so war einer von ihnen Komplize dieses kriminalistischen Planes und überließ dem rachsüchtigen Verfasser jedenfalls diese raffinierte Erfindung zum Gebrauch. Da aber der eine der Schreibmaschinenbesitzer als vereidigter Rechtsanwalt unmöglich einer solchen gesetzwidrigen Handlung zu bezichtigen wäre, konnte nur unser Vater Mitwisser und Mitschuldiger sein. Um den Beweis dafür zu erbringen, gestand der Geheimdetektiv, habe er unsern Lehrbuben Hansl gesprächig machen wollen.

Onkel Fritz fühlte sich von der vertraulichen Aussage sehr getroffen und erbot sich, für seinen Bruder einen heiligen Eid abzulegen. Auch unsere Mutter kränkte sich bitter. Sie wurde noch mißtrauischer und feindseliger gegen alles Neue, was ins Haus kam. Den Vater kümmerte der ehrenrührige Verdacht wenig, schon weil er ihm wahrhaftig mit gutem Gewissen begegnen konnte.

Aber selbst wenn er einmal ein schlechtes Gewissen hatte, spielte er humorvoll mit der Justiz.

So erlaubte er sich einmal in Bischofshofen eine höchst eigenmächtige Handlung. Er hatte hier den Anschluß versäumt und stand mit einer Schar Leidensgefährten auf dem leeren Perron. Nur Lokomotiven und Güterwagen rollten diesseits und jenseits übers Geleis. Ein Kellner bot die Speisekarte, auf der fast alles gestrichen war, und ein Eisenbahner sagte: Könnens ruhig ein Krügel Bier trinken, der nächste Zug geht erst in sechs Stunden.

Verflixt, schalt Vater, in den Fahrplan vertieft. Es stimmte.

Mehr und mehr Leute umringten ihn. Einer von denen, die ihn kannten, fragte vertrauensvoll:

Was tun wir, Herr Grogger?

Als Beschützer angerufen, wetterte Vater über die miserable Zugsverbindung, über die Eisenbahndirektion Innsbruck und das Eisenbahnministerium in Wien. Aber das half nichts, und er entschloß sich doch wie die meisten Leute zu einem späten Mittagessen. Sie saßen noch keine Minute, als jäh das Einfahrtssignal hämmerte und der dröhnende Boden sie aufspringen ließ.

Majestätisch mit zwei großen Maschinen bespannt, fuhr ein internationaler Expreßzug in den Bahnhof.

Da steigen wir ein, sagte Vater unternehmend, und der dichte Kometenschwanz von Mitreisenden folgte ihm.

Sie gingen entlang der Schlafwagen und Salonwagen und Speisewagen bis zu einem Abteil 2. Klasse. Dritte Klasse gab es keine. Als sie öffneten, kam ein Kondukteur hinter ihnen hergestürzt und schrie: Weg da!

Es war, so erzählte er, ein sogenannter Diamantenzug. Nur für amerikanische Multimillionäre, auf der Tour von Zürich nach Budapest.

Indes er das Verbot zwei- und dreimal wiederholte und andere Kondukteure schimpfend zuliefen, schwang Vater sich in den Waggon, und sein kühnes Beispiel verleitete beinahe den ganzen Anhang. Als es weit vorne plötzlich zur Abfahrt pfiff, mußten die Kondukteure wohl oder übel die Tür zuschlagen. In den Abteilen saß nur Dienerschaft, Weiße, Mischlinge und Neger. Sie verstanden nicht Deutsch, noch weniger verstanden sie das gewaltsame Eindringen. So machten sie der fremden Gesellschaft höflich Platz. Es war eine behagliche Reise. Der Expreß sauste mit wiegender Federung an Werfen und Sulzau vorbei, schloff durch den schwarzen Tunnel im Paß Lueg und erreichte viel früher, als Vater nach seiner Taschenuhr schätzte, die Stationen Golling und Hallein. Schon sahen sie im dunstblauen Himmel das Bild der Festung Hohensalzburg klar und nahe gezeichnet, als unversehens stark die Bremsen eingriffen und der Zug stillstand. Über den bescheidenen Bahnhof von Aigen-Glasenbach war Gendarmerie verteilt. Den Ausgang besetzten sogar Doppelposten. Der Wachtmeister und der Stationschef traten langsam gegen den Diamantenzug, aus dem die Köpfe der amerikanischen Multimillionäre hervortauchten. In das undeutsche Stimmengewirr mischten sich die derberen Rufe der Eisenbahner. Alles drängte gegen das Abteil, in welchem Vater saß.

Er wurde als Rädelsführer verhaftet. Zwei Gendarmen in voller Dienstausrüstung eskortierten ihn über den Bahnsteig. Er ging, für Armesündergefühle unfähig, mit selbstbewußter Haltung und beleidigter Miene zur Kanzlei. Bis an die Tür begleitete ihn ziemlich kleingeschreckt das Gefolge der Mitschuldigen. Sie hörten jedes Wort des Verhörs.

Es begann sehr streng. Das Bahnamt Bischofshofen hatte das widerrechtliche und unbefugte Eindringen der Reisegesellschaft über die ganze Strecke gemeldet, und sogar der Name des Vaters war bei der Anzeige genannt worden.

Nun fragte der Wachtmeister um die Ursache.

Zeit ist Geld, antwortete Vater und beschwerte sich neuerdings über die schlechten Zugsanschlüsse und die oftmaligen Verspätungen. Als ihm der Wachtmeister zu Bewußtsein bringen wollte, daß es sich um einen teuer bezahlten Luxuszug handle, wies Vater seine Jahreskarte vor und sagte stolz, er habe auch gezahlt.

Das schon, gaben Wachtmeister und Vorstand zu. Aber laut Reglement hätten auf diese Garnitur Salonwagen nur die Ausländer einen Anspruch.

Ah so... trumpfte Vater großmächtig. Und ein österreichischer Steuerträger nicht?

Nein... antworteten die beiden zögernd. Dann aber ließen sie Vater und seinen Anhang doch frei. Nicht einmal Geldstrafen wurden ihnen auferlegt.

Eine andere Gesetzesübertretung, die Mutter nie gebilligt und Onkel Fritz nie gewagt hätte, leistete sich unser Vater an der Reichsgrenze bei Salzburg. Er hatte rege Geschäftsbeziehungen mit dem bayrischen Eisenwerk Hammerau und machte von Zeit zu Zeit dahin eine Reise. Auf der Heimfahrt war es seine Leidenschaft, deutsche Zigarren und Zigaretten und Lebensmittel durch die Zollgrenze zu schmuggeln. Es gelang ihm alles ohne Fehlschlag. Während mancher neben ihm eine Kleinigkeit mit kläglicher Miene und scheuer Hast nur schlecht verhehlte und sogleich hoppgenommen wurde, passierte Vater siegessicher und witzig strahlend die Revision.

Er gefiel sich überhaupt in der Rolle des großen Gönners. Und er spielte oft den Helfer zum Nutzen solcher, die ihn dramatisch oder sentimental vor einen gefährdeten Karren spannten.

Meine Mutter, die sich strengster Wahrhaftigkeit verpflichtet fühlte und mich zu heroischer Ehrlichkeit anhielt, zeigte sich mit diesem Jux absolut nicht einverstanden. Sie grollte den Leuten, die Vaters großen Erfolgsstolz oft genug mit Schmeicheleien schürten und für sich mißbrauchten. Höchstens für unsern guten Onkel Fritz, der, wie Tante Julie sich ausdrückte, ein passionierter Raucher war, billige Mutter den kleinen Schwindel.

Aber einmal gelang dem Vater ein ganz großer.

Mein lieber Freund, warnte ihn der Herr Direktor von Hammerau mit einem Blick auf seine vollbepackten Arme. Heute wirds kritisch. Sie sind fein scharf hinter den Paschern her.

Vater ließ sich nicht abschrecken. Und das Glück war ihm günstig wie immer. Er sah in der Bahnhofsrestauration von Freylassing einen österreichischen Gendarmen sitzen. Zu dem sagte er leutselig:

Habe die Ehre! Gestatten, mein Name ist Grogger.

Sie sprachen vom Wetter, sie tranken ein paar Achterl Wein und erfuhren voneinander, daß sie den gleichen Weg nach Salzburg hatten. So blieben sie bis zur Zugszeit im Gespräch. Dann passierten sie festen Schrittes, Vater voran, etliche Treppen und Hallen und letztlich die bayrisch-österreichische Zollsperre.

Als das Reisepublikum den stattlich überragenden Herrn mit dem weiten grünen Lodenmantel und dem wippenden Gamsbart und hinterdrein den kleinen dicken Gendarmen mit aufgepflanztem Bajonett sahen, wichen sie betreten aus.

Der muaß fein was Args angestellt haben, glaubten Augenzeugen.

Solche aber, die Vater kannten, waren verdutzt der Meinung, man habe ihn schon erwischt. Niemand machte sich Gedanken über das schwere Handgepäck. Selbst den Beamten fiel es nicht auf.

Ob der Gendarm ein Pfiffikus oder ein Spätzünder war? Wer weiß es? Jedenfalls kamen die beiden ohne Anstand in die Stadt Salzburg. Dort bot Vater seiner Bewachung eine geschmuggelte Zigarre und machte sich wohlgelaunt aus dem Staub.

Durch solch witzige Abenteuer setzte Vater seine kaufmännische Ehre leichtsinnig aufs Spiel. Er konnte sie nicht lassen. Denn bei aller Fortschrittlichkeit pulste in ihm noch ein starker Schuß Bauernblut nebst dem angeborenen Ehrgeiz, daß nur der ein richtiger Mann sein könnte, der quasi auch ein richtiger Wildschütz war.

Er wurde nicht bürgerlich zahm, wenn jemand sagte:

Im Namen des Gesetzes!

DER MAIAUSFLUG UND DIE SCHLANGE

Das Bahnhofhotel sollte uns bald noch eine größere Aufregung verursachen. Dem Elternhaus näher als die anderen Gaststätten, bedeutete es schon durch seinen Namen eine sensationelle Reklame für unser unbekanntes Dorf. Die Entstehung verdankte es insofern unserm Vater, als er den Ackergrund vom Schuhmacher Tassetti erworben und gemeinnützig, wie er Bittstellern gegenüber war, ohne Provision einem auswärtigen Interessenten zugewendet hatte. Dieser plante ein Unternehmen, wie es bisher in Öblarn keines gab. Die vier Wirte befeindeten dieses Vorhaben. Doch die Gemeinde mit ihrem Bürgermeister, dem Herrn Fischer, der durch seinen Sohn nebenberuflich selber ein Wirt war, hatte fortschrittlich den Fremdenverkehr im Auge, und somit stand der Baubewilligung und der Konzession nichts mehr im Wege.

Unser Vater, sozusagen Vormund des neuen Hoteliers, der, etwas schwerfällig, den eifernden Erbsässigen nicht gewachsen war, hatte mitfühlendes Verständnis für die Existenz des neuen Nachbarn und stützte ihn bewußt oder unbewußt durch Empfehlungen. Auch er selber bevorzugte das Bahnhofhotel.

Obgleich von den Vorfahren her ein echter Öblarner, hatte er sich durch seine Abkehr von der engen Heimat aus dem familiären Zusammenhalt der führenden Bürgerschaft gelöst. Onkel Fritz erzählte manchmal theatralisch, wieviel Fallen seinem tüchtigen Bruder gestellt worden waren. Auch daß er sich statt einer Partie mit goldener Mitgift und Grundbesitz eine als Handelsgehilfin dienende Lehrerwaise ausgesucht hatte, machte ihn voraus in der bürgerlichen Verwandtschaft unbeliebt.

Weitschichtig miteinander versippt durch unergründlich verwurzelte Stammbäume, durch Heirat, durch unehelichen Nachwuchs und nicht zuletzt durch Patenschaft waren alle Öblarner, ausgenommen die ansässigen Aristokraten, zu denen auch der Herr Cozzi gezählt wurde, zumal seine Frau, geborene von Schröder, einem protestantischen Hamburger Senatorengeschlecht entstammte.

Der blaublütige Standesstolz hielt wohlwollenden, aber gemessenen Abstand vom bürgerlichen. Und dieser spaltete sich in zwei gleich selbstbewußte Hälften.

Meine Freundin Mitzi belehrte mich wieder, wer zur Hautevolee gehörte. In erster Linie ihr Onkel sowie der Herr Pfarrer und der Bürgermeister Fischer, der gräfliche Herr Schloßverwalter sowie deren Damen und selbstverständlich die Frau Kitzinger und das Fräulein von Kolar.

Der Herr Kitzinger, siebenfacher Hausbesitzer, rechnete sich nicht zu den Spitzen der Gesellschaft.

Als ich das letzte Halbjahr in die Schule ging, starb unser Großvater. Die Trauerzeremonien übertrafen sogar das Begräbnis der alten Frau Lindmayr. Nur die Geistlichkeit nahm geringeren Anteil, weil Großvater zwar kirchentreu, aber ein politischer Freigeist gewesen war. Erinnerlich ist mir nur noch, daß wir Enkel dem hochgetragenen Sarg folgten, voran der einzige Bub: Stammhalter für Haus und Namen, hinterdrein, mit schweren Kränzen beladen und bei den Klängen des Trauermarsches herzhaft schluchzend, die Salzinger Adelheid und wir sechs Grogger-Mädchen.

Im Rückblick sehe ich inmitten der großen Verwandtschaft die Eltern zum letzten Mal Seite an Seite gehen.

Als das Totenmahl im Tafelzimmer des Stammhauses vorüber war und wir schon längst unsere Kinderfröhlichkeit wiedergewonnen hatten, beorderte Herr Inspektor Tremel sämtliche Schüler in die Oberklasse, und wir mußten stehend den Nachruf anhören, den er „weiland seinem Freund und Gönner" widmete, von dem er eine Abschrift nun dessen Sohn Josef übergeben wollte. Er begann mit gehobener Stimme:

„Euer Wohlgeboren!

Aus Anlaß des Hinscheidens Ihres Vaters, unseres unvergeßlichen Ortschulaufsehers, sieht sich der unterzeichnete Lehrkörper der Schule Öblarn veranlaßt, Euer Wohlgeboren wie allen Ihren Verwandten sein tiefstes, aufrichtigstes Beileid zum Ausdruck zu bringen.

Der Lehrkörper beklagt den Verlust eines biederen, ehrlichen Charakters, eines Mannes, der bei jeder Gelegenheit und zu aller Zeit bereit war, für die Schule, welcher er durch nahezu 37 Jahre als außerordentlich tätiger Ortschulaufseher angehörte, mit allen ihm zur Verfügung stehenden Mitteln einzutreten; wir beklagen den Verlust eines Mannes, dessen grundehrliche Natur in schlichter Geradheit uns Gewähr war, in jeder Lage einen Anwalt der Schule und der Lehrer zu finden.

In goldenen Lettern soll sein Name in unserer Schulchronik erglänzen, auf daß sein Andenken gesegnet bleibe in den späteren Geschlechtern!"

Das für unsere Familie hochehrende Schriftstück weckte nicht nur stolze Freude in meinem Herzen. Während die meisten meiner Mitschüler nur gewartet hatten, bis die Lesung zu Ende ging, und Hildegard nach gemußter Andacht springlebendig das Stiegengeländer hinabritt, dämmerte mir plötzlich die Erkenntnis, daß meine Eltern in der Heimat gar keine Rolle spielten.

Ich habe darunter gelitten, einmal besonders. Bei meinem letzten Maiausflug machte ich mir überflüssig viel Gedanken... Angeboren? Oder angelernt?

Die Hilde denkt nicht. Du bist die Ältere und mußt die Gescheitere sein! verpflichtete Mutter mich jedesmal, bevor sie uns mit Kreuz und Weihwasser aus ihrer Obhut verabschiedete. Und meine Schwester war tatsächlich ein Sonntagskind. Selbst wenn sie sich die Nase und die Kniescheiben blutig stieß, heilten die Blessuren schneller denn manche unsichtbare Wunde, die ich mir seelisch zuzog.

Es war an einem unvergeßlich blauen Frühlingstag. Und so wolkenlos der Himmel, so strahlend auch unser junges Gemüt. Wir Mädchen, bereits im luftigen Steirergewand, marschierten paarweise, vor uns die Bubenschar, halbnackt in Lederhosen, die ärmeren Kinder alle bloßfüßig. Aber jedes hatte ein großes Eßpackel bei sich. Wir waren noch keine halbe Stunde unterwegs, als die Hungrigsten schon aus ihren Taschen, Körbchen und Rucksäcken hervorkramen wollten, was eigentlich für das Mittagessen auf den Grün-Angern bestimmt war. Unsere Aufsichtspersonen: das neue Fräulein Küritz und der Herr Kutaleck, für uns zweite Klasse bereits insgeheim ein verlobtes Liebespaar, hielten streng auf Ordnung, damit die Respektspersonen am Schluß des Zuges nicht belästigt würden.

Meine Freundin Mitzi langweilte sich bald. Sie blieb zurück und bat bei einer Quelle: Herr Onkel, darf ich Wasser trinken? Ich bin durstig.

Wir auch! riefen wir Mädchen im Chor. Und das war nicht einmal gelogen.

Während die Erwachsenen im Vorbeigehen uns freundlich belächelten und um eine Biegung verschwanden, flüsterte Mitzi: Die vom Lehrkörper haben es leicht. Möcht nicht wissen, wieviel Wein und Bier sie trinken.

Ich sagte aus angeborenem Hang zur Schulmeisterei: Das Fräulein von Kolar gehört aber gar nicht zu unserm Lehrkörper und die Frau Kitzinger noch weniger.

Aber zur Hautevolee! schnappte Mitzi zurück und zog ihr Butterbrot aus dem Pompadour. Wer schon aß, schielte begierig nach des andern Bissen. Wir mußten manchmal die Schürze breiten, damit Semmeln, Brotstücke, Krapfen, Würste und Käsekrumen nicht auf den Boden bröselten. Beim Schwatzen und Teilen und Tauschen geriet ich unter die letzten Nachzügler.

Plötzlich rief eine Mitschülerin: Schau!

Die Groggerschen Cousinen kicherten, und meine Freundin, die Inspektor-Mitzi, rief:

Eure Mutter ist doch gar nicht eingeladen!

Ich würgte mein betroffenes Erstaunen in den vollen Schlund. Ich ärgerte mich, schämte mich, wollte mit den übrigen Mädchen flüchtig werden. Und blieb doch stehn. Mutter kam, auf ihren grauen Schattenspender gestützt, langsam und ein wenig hinkend bergauf. Manchmal trocknete sie den Schweiß von den Stirnfransen. Manchmal raffte sie sich den langen Rock. Und man sah ihre dickgefaschten Beine.

Der Anblick tat mir weh. Aber ich fand in einer Sturzflut von zerrütteten Gedanken kein gutes Wort. Ich jammerte:

Mutter, warum gehn Sie uns allweil nach!

Sie blickte mich atemschöpfend mit stummer Zurechtweisung an. Was ich an ihrer Seite, nun auch ermattet, sonst noch redete, habe ich vergessen. Ich weiß nur, daß ich mir reuig die Antwort selber gab. Denn seit ich denken konnte, hat uns die Angst unserer Mutter verfolgt. Sie sagte denn auch einmal bei einer morschen Brücke:

Wo is die Hilda?

Davongeloffen! klagte ich vorwurfsvoll, und ihr Schweigen verpflichtete meine Phantasie zum Mitdenken. Sie hatte schon recht. Meine Schwester turnte gern auf runden Blochen, krallte beim Beerenbrocken auf schlüpfrige Felsen und tänzelte unsicher entlang des Abgrundes, der steil zum Bach abfiel. Die Walchen rauschte uns mit hohen, schäumenden Schneewasserfällen entgegen und bewegte mich, beim Schraburchkreuz für Hildegard zu beten. Dabei empfand ich, daß meine Mutter auch mich in Gefahr wähnte, denn sie hielt mich bergseits unentrinnbar mit der linken Hand. Weil alles Dunkel sich in der dämmernden Erinnerung aufhellt, sehe ich die wildromantische Mailandschaft, seinerzeit das Thema für einen Aufsatz in poetischer Unterrichtssprache, im Spiegel der Dichtersprache verklärt.

In der Grabenschlucht sickerte dünn die Sonne. An manchen Windungen war sie unversehens ein Kessel voll Licht. Über dem steilen Gestein zersprudelte der Schnee. Der Lattich blühte, und von den Erlen staubte es Wolken auf unsere Köpfe.

Schon nahe den Angern, wo das Tal verflacht und sich riesige runde grünbemooste Felsblöcke aus der Almwiese buckeln, setzte uns die Mittagshitze zu. Mutter öffnete den Schirm über uns. Ein windschiefer, verwitterter Wegweiserpfeil zeigte zum Gebüsch, drin verborgen wir alsbald Tisch und Bank fanden.

Da bleib ich sitzen, redete Mutter vor sich hin. Ich hielt den Schattenspender über ihr, während sie umständlich eine Flasche Kaffee und etlichen Eßvorrat aus Pergamenthüllen und Servietten wickelte.

Warum, bettelte Hildegard, warum gehn Sie nicht zum Angererwirt? Ich möcht ein Kracherl.

Ihr gedankenvolles Schweigen tat mir weh. Aber je länger ich sie ansah, um so deutlicher höre ich wenigstens in der Erinnerung den melodischen Anschlag einer Kuhglocke, hochzeitliches Vogelgezwitscher und den orgelnden Wellenschlag des Baches.

Was ihre Sinne immerdar entzückte, war die Musik. Sie flüsterte, an die Naturstimmen hingegeben, plötzlich: Los!

Jetzt hörte ich die Schulkinder auch.

„Alles neu macht der Mai" hatte das Fräulein Küritz sogar den Abc-Schützen eingelernt. Die Halbwüchsigen des Herrn Kutaleck sangen aus vollem Halse: „Der Mai ist gekommen, die Bäume schlagen aus." Dann schmetterten alle unbändig laut: „In einem Bächlein helle."

Aber du mußt jetzt hinübergehn, befahl Mutter mir, die allein an ihrer Seite zurückgeblieben war. Und schau auf die Hilda! Steigt's ja auf keine Kreuzotter!

Ich gehorchte ungern. Schon nach dem ersten Schritt zögerte ich in der bittlichen Erwartung, sie ginge mit mir. Sie tat es nicht, sie zwang mich unwiderruflich zum Gehorsam, indem sie einen Schuh auszog und alsdann zu mir emporseufzte: Paula, geh!

Ich war in einem Alter, da man Unschicklichkeit und Ungeschicktheit noch nicht auseinanderhalten kann. Jedenfalls gab ich bald meiner Mutter und bald der Hautevolee die Schuld. Immerhin trug ich mich mit der Absicht, dem Herrn Inspektor zu erklären, warum vielleicht doch noch eine Aufsichtsperson nötig wäre. Ich wünschte sogar, zur Beglaubigung mögen uns ein paar Giftnattern in die Quere kommen.

Die Verstörtheit in meiner Seelentiefe hat den Zusammenhang mit der Lebensoberfläche ausgelöscht.

Ich fragte mich auf dem Heimweg und wohl noch bis zum Einschlafen, ob die Anwesenheit meiner Mutter dem Herrn Inspektor von den Schulkindern gemeldet worden war? Ob der Herr Pfarrer selbst sie in ihrem Versteck wahrgenommen habe... Nach gut siebzig Jahren kann ich nicht mehr zwischen dem Wunsch und der Einbildung unterscheiden, daß er zur Mutter ging und sie zur Jause einlud.

Ich weiß nur noch, daß Mutter ganz entschieden sagte:
Das gehört sich nicht.

Was sie genau damit meinte, gab mir zu denken, während wir beide als die letzten Nachzügler heimgingen. Ich hätte gern gewußt, ob die Hautevolee-Damen sie absichtlich ignoriert hatten.

Mit meiner Freundin Mitzi konnte ich über diesen Punkt nicht reden. Sie hatte zwar schon ein Anstandsbuch. Allein sie hätte schwerlich zugegeben, daß auch Respektspersonen ab und zu Fehler machten.

Es zog mich zur Tante Julie, der ich stets mein Herz ausschüttete, wenn Mutter und ich verschiedener Meinung waren. Sie wußte nichts von der Sache und äußerte sich anfangs sehr zurückhaltend. Schließlich räusperte sie sich zu mildem Bedauern.

Wer sind die Öblarner schon? Bei den Schladmingern haben wir Longinischen viel gegolten. In den besten Kreisen, nicht nur bei den Katholischen, auch bei den Evangelischen. Besonders deine Mutter war überall beliebt und begehrt, weil sie so lebenslustig gewesen ist und noch dazu eine gute Zitherspielerin. Ich habe leider keine so starke Lunge zum Singen, sagte Tante Julie und kam wieder auf meinen Kummer zu sprechen.

Die Hiesigen reißen halt mehr Kren. Und deine Mutter ist zu gemütlich mit den einfachen Leuten. Mit den Bäuerinnen verkehrt sie sogar per du. Als Lehrerstochter könnte sie der Frau Inspektor Tremel wohl das Wasser reichen.

Weswegen, grollte ich, war sie dann nicht eingeladen?

Weil, belehrte mich Tante Julie nachdenklich, weil ihr zuwenig standesgemäß lebt. Eure Mutter leidet noch an einem vererbten Bauernstolz.

Wie die Frau Walcher, sagte ich mir zum Trost.

Tante Julie schloß kopfschüttelnd die Augen.

Nein, nein, das ist etwas ganz anderes. Wir haben Ahnen.

Und die Frau Walcher nicht?

Natürlich auch. Selbstverständlich. Nur dürfte sie mysteriöser Herkunft sein.

Mehr erfragte ich nicht. Viel später entnahm ich aus dem Gemunkel mißgünstiger Leute, sie sei ein Findelkind, das reisende Musiker im Paltental zurückgelassen hatten. Wer sie kannte, jedenfalls ich, vertraute dem besseren Leumund, der eine vornehme Abstammung andeutete. Ich glaube dies gern. Ihr geistreiches Gesicht, leider vom großen Blähhals entstellt, mutete mich sehr edel an, so daß ich eine aristokratische Herkunft durchaus für wahrhaft annehmen konnte. Aber sie genoß nicht mehr Ansehn als die Frau Kofler und galt der Öblarner Bürgerschaft wie meine Mutter als Zugereiste.

In der Sölk freilich wurde die Familie Walcher gebührend geschätzt. Was der originelle Herr Walcher bei uns ziemlich unbedankt geleistet hatte, bot den geschundenen Bergbauern eine neue Welt. Musikalische Talente entfalteten sich zu fruchtbarer Mitarbeit, der verlassene Pfarrer bekam Chorsänger und aufgeweckte Ministranten, der kinderreiche Hausstand des gewesnen Unterlehrers, nunmehr Schulleiters, bekam Lebensmittel in Fülle. Für den Hungerstudenten Loisl fand sich ein nahrhafter Kostplatz, und der reiche Hanslebnersohn verliebte sich in die schöne Ella, was zu einer langen Brautschaft und nach der Militärzeit des Bräutigams zu einer glänzenden Partie führte.

Damals, im Jahr der Übersiedlung, krankte Ella noch an Heimweh und dem hoffnungslosen Wunsch, Opernsängerin zu werden. Die Leute redeten darüber ohne Verständnis. Das rührte mich zu melancholischem Mitgefühl und Selbsterbarmen, weil ich ja einmal Kaufmannsgattin werden mußte. Es entstanden wieder ein paar Reimversuche über das Thema Entsagung.

Ich wollte aber eine Dichterin werden und sagte dies oftmals und laut genug zu meiner Mutter. Sie hatte eine unfehlbare Methode, mich mit Stummheit zu bändigen.

Fürs erste faßte ich für mich insgeheim die Bürgerschule von Salzburg ins Auge. Ich erklärte drum als Dreizehnjährige in der Pfingstwoche, nachdem für die Oberklassen die Sommerbefreiung fällig geworden war, mir gebühre auch ein Anspruch darauf.

Du bist doch kein Bauernkind! widersprach mir Herr Kutaleck. Doch den Eltern war es recht. Sie hatten Arbeit für mich. Ich nutzte allerdings Zeit und Gelegenheit musisch zum Märchenlesen. Eifriger noch vertiefte ich mich in die Dachbodenkisten, worin die Geistesschätze des Admonter Stiftsgymnasiums verstaubten. Herausgelernt habe ich nichts aus ihnen als das staunende Wissen, was es alles zu lernen gab.

Mein Verlangen nach Onkel Fritzens Bildungsstätte mußte sich auf Umwegen gedulden. Mittlerweile wurde es wenigstens durch eine Fahrt zum Zahnarzt in Salzburg gestillt.

Die Lücke zwischen meinen vordersten Schneidezähnen war kaum sichtbar. Der Herr Dr. Moschnigg ging mit ihr so behutsam um, daß sie bis in mein Alter nicht größer geworden ist. Doch der erste Bohrer ging mir schon durch Mark und Bein. Als nach mir Hildegard auf den Wartestuhl hopste, flüsterte ich, von Mitleid bewegt: Fürcht dich nicht. Es tut kein bissel weh.

Meine Lüge wurde bei ihr zur Wahrheit, was mich wieder überzeugte, daß einem Sonntagskind nichts geschehen könne.

Zuletzt begab sich Mutter, die sich bei einem zähen roggenen Krapfen zwei künstliche Zähne ausgebissen hatte, von einem zum andern Tag in Behandlung. Nachher bedankte sie sich bei Tante Julies Freundin, der Frau Schwammberger, für die Betreuung und bat, uns für den Rest des Aufenthaltes noch Zeit zu widmen. Vater war nämlich zu Hause geblieben. Aber wir hatten doch einen männlichen Begleiter, der ihm an Wachstumsmaßen nicht nachstand, obwohl er noch ein halbes Kind, etwa zwei Jahre älter als ich war.

Karl hieß er. Frau Schwammberger hatte ihren einzigen Sohn mit abgöttischer Liebe im wahrsten Wortsinn erzogen. Geistig war er ein unschuldiges Kind. Er wußte nicht, daß er sein glühendes Herz an mich verloren hatte. Ich erkannte dies durch die peinlich besorgten Blicke meiner Mutter. Ich verlor mich wahrscheinlich mit Aug und Ohr an sein pausbäckiges Gesicht, so daß sie mich öfters von der Kante des Gehsteigs zog und warnend ausrief:

Gib doch acht, wo du hinsteigst!

Die Ursache meiner Unvorsichtigkeit war das Marionettentheater, zu dem Karl uns führen wollte. Er beschrieb mir aufregend alle Stücke, die er gesehen hatte. Daß ich einige von den Wanderbühnen her kannte, riß ihn zur Schmähung hin, sie seien ein Schund gegen die Salzburger Puppenspiele.

Wenn ihr übernachtet, kannst du eine künstliche Vorstellung erwischen, zum Beispiel den „Faust" von Goethe, wiederholte er so eindringlich oft, daß die beiden Mütter hinter uns es hörten.

Wir hätten Platz, bot Frau Schwammberger uns eifrig an. Meine Mutter dankte vielmals, sie habe das Zimmer beim Gablerbräu noch nicht abbestellt. Die halbe Verneinung wurde ein ganzes Ja, als wir den Theaterzettel zu Gesicht bekamen. Während Hildegard, vor Erwartung zappelnd, überprüfte, ob doch wohl auch der Kasperl dabeisei, und aus Begeisterung für ihn seine Grimassen nachahmte, las uns Karl ernsthaft die Personen vor. Ob Mutter dabei auf ihre ledige Jugend zurückschaute, dawo sie als Gretchen für den Dr. Faust bestimmt worden war? Sie sagte:

Ich muß es mir erst überlegen.

Daß wir nicht das Goethesche Kunstwerk, sondern die volkstümliche Urfassung sahen, begriff ich erst später. Für mich war der Abend ein Himmelsgeschenk. Wenn ich schon vorher nichts gegessen hatte, so vertrieb ich mir nachher den Schlaf mit Illusionen. Ich war heilig entschlossen, auch eine Dichterin zu werden. Und ich quälte mich mit der Auswahl von Titeln für meine Werke, die sich im Gehirn zum Chaos verflochten wie meine aufgelösten Zöpfe auf dem Bettpolster.

Daheim war mein erster Weg zum Onkel Fritz. Während er meine frischen Erinnerungen mit seinen jahrzehntealten ergänzte, wurde ich aber doch so nebenbei der Neuigkeiten inne, die Tante Julie der Mutter zuflüsterte.

Unsere dreifarbige Katze hatte sechs Junge bekommen. Bei unserm Ladenmädchen Fanny hab' ein Bursch gefensterlt. Der Lehrbub stehle Zuckerl, Schokolade, Malzbonbons, und mit dem Kitzinger-Lehrling habe er einen Taschenfeitel gegen Buffallo-Bill-Hefte eingetauscht. Onkel Fritz müßte dem Kaufmann Kitzinger einen Wink geben.

Was? fragte Onkel Fritz, der langsam ein wenig schwerhörig wurde.

Er hat auch ein schlechtes Gewissen, bemerkte Tante Julie mit ziemlich ungnädigem Seitenblick und schloß bedeutsam seufzend:

Die Männer sind alle gleich.

Die Verstimmung zwischen nächsten, sehr geliebten Verwandten ließ mich noch aufmerksamer horchen. Doch das nützte mir nichts. Erst nach ein paar Tagen ahnte ich beiläufig, daß Tante Julie eifersüchtig war.

Weil der Buchhalter frei hatte, saß ich am dritten Schreibtisch und erlauschte ein Gespräch, das Onkel Fritz sozusagen dem Vater aufnötigte. Er bekam meist kurze oder gar keine Antworten. So sagte er ein zweites Mal:

Mir scheint, die Braut vom Hotelier bleibt schon da?

Wahrscheinlich.

Wann heirat's denn?

Bald.

Woher stammt sie eigentlich?

Aus Südtirol.

Sapperlott! Ein fesches Weib. Und noch so jung.

Dieser Begeisterung stimmten zumindest sämtliche Männer bei. Die Frauen konnten ihr ja doch nichts Böseres nachsagen, als daß sie mit ihrem Bräutigam in der wilden Ehe lebte. Immerhin wußten wir von der Frau Kofler, daß viele Öblarner jetzt nicht mehr über die „betende" Maier Loisl spöttelten. Sie war unsere Dorfheilige, was uns Kindern immer nur bei der Maiandacht zu Bewußtsein kam.

Daß sie ein Zweiglein auf dem Groggerschen Stammbaum war, erfuhr ich erst im späteren Lebensalter, als mein Sinn für die Vergangenheit schon recht ausgeprägt war.

Ich glaube, die Eltern wußten von dieser Verwandtschaft überhaupt nichts. Ihre Mutter ist in den Pfarrmatriken als geborene Engelhartin Maria Schwabin notiert. Und einen Engel konnte man ihre einzige Tochter wohl nennen.

Den großen Haus- und Hofbesitz im innern Dörfel hat sie nicht mehr geerbt. Sie bewohnte die feuchte Buglmühle am Fluder, lebte überbescheiden von der Weißnäherei, ging jeden Tag in die Kirche, oft auch zweimal, fastete an Freitagen und Quatembertagen streng bei magerer Schottsuppe, wogegen das Volk, des Guten aller Zeit übersatt, von Mehlspeisen rülpste.

Die Maier Loisl ist sehr alt geworden. Ich habe die bettlägerige Greisin oft besucht. Während ich ihren frommen Reden nachhorchte, gewahrte sie wohl, daß mein Auge von himmlischen Illusionen zu irdischen Gütern abschweifte. Sie hatte einen Schrank, dem man ein paar Jahrhunderte ansah. Zieraten und Malerei zeugten für eine sakrale Herkunft. Ich bewunderte den Bauernschrank begehrlich, ohne daß ich es sagte. Aber die Sterbende konnte Gedanken lesen. Nach ihrem Heimgang in die wohlverdiente Seligkeit kam ihr Erbe und bot mir den Kasten zum Verkauf an.

Im besonderen hat das fortschrittliche Beispiel der Öblarner keinen Respekt für die Maier Loisl gezeigt. Ihr frommer Wunsch, das Gewissen der Jugend für die Unschuld zu wecken und zu festigen, wurde humorvoll oder zweiflerisch belächelt.

Seit Pater Möstl in die Pfarre Gröbming abberufen worden war, schon vor sechs Jahren, setzte sie ihre Hoffnung auf Pater Bernhard.

Doch der Jungfraunverein, den sie anstrebte, kam nie zustande. Warum, das reimte ich mir erst nach und nach aus vielen heiteren und lehrreichen Bemerkungen zusammen! Sie war wohl von

Beichtvaterweisheit diktiert. Ordensfrauen jener Zeit wären bis zum Papst gegangen, wenn ein Geistlicher gepredigt hätte: Die Gnade der Berufung, klösterliche Schutzmauern, achtsame Mütter zügeln den Naturtrieb. Aber das alpenländische Naturvolk ist noch ein Urvolk. Kinderlose sind ihm verdächtig. Bauern wollen wissen, ob eine Jungfrau fruchtbar ist. Wenn eine Gefallene ihren Fehltritt aus falscher Scham vertuschen will, endet es mit einer Abtreibung.

Unser hochstudierter Herr Pfarrer, Doktor der Theologie und Philosophie, ließ sich nicht um seine Täuflinge bringen. Doch er gab der Maier Loisl öffentlich den Reisesegen, wenn sie sich für eine Wallfahrt verabschiedete. Sie fuhr im dickwattierten Spenser, üppig drallen Faltenkittel und blauschwarz gemusterten Kopftuch einmal nach Rom und einmal nach Lourdes.

Ihr schlichter Heiligenschein wirkte wie ein Schild gegen den drohenden Schatten der schönen Südtirolerin. Bräute und Ehefrauen, die um ihr Liebesglück bangten, nahmen die fromme Seele eifervoll in Schutz.

Sie soll nur beten, daß die Verführerin da draußen kein Unheil anrichtet, sagte Tante Julie, indem sie gegen das Hotel wies. Die Männer sind alle schwach. Und die Ehe ist ein Paradies. Jeder dritte darin ist die Schlange!

DIE KATASTROPHE

Ich hatte am 12. Juli 1906, vierzehnjährig, ein sehr gutes Entlassungszeugnis bekommen. Der Schulpflicht war ich schon Anfang Mai mit der Sommerbefreiung entronnen, und zwar durch eigenwillige Abmeldung, weil ich — so meine Begründung — bereits alles auswendig konnte. Und Herr Kutaleck hielt es für selbstverständlich, daß ich die Aufnahmsprüfung in eine Fortbildungsschule bestehen werde.

In einem Alter, wo ein Mädchen damals mit „Fräulein" betitelt wurde, maß man mit einemmal der Gegenwart ebensoviel Wichtigkeit als der Zukunft bei.

Ich wußte meinesgleichen in der Zeitschrift „Das Kränzchen" als Backfisch tituliert und im „Blatt der Hausfrau" noch mit kurzen Röcken dargestellt. Die Konfirmationskleider waren aber schon lang.

In Anbetracht der jüngsten Nostitz-Komtesse, die mit mir fast gleichaltrig war und noch sogenannte „Stamperkitterl" trug, wollte ich die Röcke nicht anziehn, die Mutter uns weit über die Knie verlängert hatte und uns Schwestern unerbittlich aufzwang.

Diese Wiener Mode sei höchstens für Blaublütige und Sommerherrschaftstöchter passend und erlaubt, sagte sie. Bei meiner Schwester war sie das Anstückeln sowieso gewohnt.

Unsere Dienstboten sprachen mich nunmehr mit „Sie" an. Es gefiel mir sehr, daß Herrn und bescheidene Leute „Fräulein Paula" zu mir sagten.

Das Fräulein Nora, die Schwester vom Cozzi Fred, vier Jahre älter als ich, sagte „Du" zu mir. Sie war eine akademische Malerin, hatte in Dresden studiert und lebte nun wieder in der heimatlichen Holzvilla auf dem Schattenberg, wo ihre Eltern privatisierten.

Geld war nicht viel vorhanden, und das Fräulein Nora beschäftigte sich sozusagen mit kunstgewerblichen Arbeiten, Gemälde gab es meines Wissens nur ein paar von ihr.

Bilder, Landschaften, Porträts, Stilleben malte Komtesse Nora, die älteste Tochter des Grafen Nostitz. Sie war schon eine Dame, deren Quetschfaltenrock im Staub nachschleppte. Sie wirkte sehr majestätisch, wodurch sie sich zehn Jahre später zur Hofdame für die Kaiserin Zita eignete. Ich hätte nie gewagt, sie anzusprechen. Ich verschaute mich nur andächtig in das Bild auf ihrer Staffelei. Sie malte die Ennswasserwellen, die mir nie gelangen.

Da sagte plötzlich neben mir ihre Mutter, die Exzellenz Gräfin: Liebes Kind, bitte bringen Sie den Pompadour da meiner Tochter. Das Gras ist mir zu hoch und zu feucht.

Ob dieser Ehre ganz aufgeregt, erdachte ich mir eine Anrede mit vielen Nebensätzen. Hervorgebracht habe ich nichts als unser pflichtschuldiges „Grüß Gott" und die feierlichen Worte: Gnädigste Komtesse! Ich höre mich heute noch.

Der schnelle freundliche Dank bedeutete mir, daß ich gehen könne. Und ich hätte so gern über die Malkunst gesprochen!

Die Gelegenheit dazu fiel mir vom Himmel, als ein Fräulein von Dahmen bei uns nach einem Atelier fragte. Vater hätte ihr das große, leere, ebenerdige Zimmer in der Edelweißvilla nicht angeboten, wenn er geahnt hätte, daß sie meine Begabung entdecken und meine künstlerische Leidenschaft zu hellen Flammen schüren werde. Mein nahes Zukunftsbild, die Bürgerschule, verblaßte durch den inbrünstigen Wunsch, mich bei Fräulein v. Dahmen als Malerin auszubilden.

Sie ließ mich an ihren „Studien" teilhaben und lehrte mich Kohlezeichnen und Zigarettenrauchen. Beides gelang mir. Das eine verschwieg ich dem Vater, das andere der Mutter. Sie vertraute mir arglos, weil meine Lehrerin eine sehr solide ältere Dame und um meine Unschuld sehr besorgt war.

Meine Lehrmeisterin hatte nämlich einen Neffen, den sie „Stöpsel" nannte. Und dieser junge Baron von Dahmen besuchte sie in rührender Anhänglichkeit jeden Vormittag. Meist brachte er seinen Freund Siegfried Hellmann mit. Die Jünglinge bewunderten auch meine Kunst mit großer Hochachtung. Während ich darob geschmeichelt strahlte, sah das Fräulein von Dahmen in dieser Huldigung zuviel des Guten. Füglich befahl sie mir schon am Morgen, sobald ich ihr die geputzten Pinsel überreichte:

Paulinchen, wenn die zwei Buben heute wieder klopfen, rühr dich nicht! Dann sperrte sie die Tür zu.

Meine Mutter, der ich diese pädagogische Finte wie einen Schabernack erzählte, überließ ihre Hintergedanken meiner späteren Erkenntnis. Sie sagte nur auf hochdeutsch:

Das gehört sich auch.

Sie lobte das Fräulein von Dahmen als hochanständige Künstlerin.

Durch diese Privatstunden wurde ich zuerst bei den Aristokraten berühmt. Man besichtigte, zum Teil mit dem Lorgnon, das Porträt, welches ich nur nach Unterweisungen mit eigener Hand entworfen hatte.

Die alte Baronin Lindner, die durch unseren Großvater in den Besitz des Berghammergutes gelangt war und öfters den Vater um Rat fragte, erschien eines Tages in unserem Schreibzimmer, um diesmal ihrerseits ihm einen wohlgemeinten Rat zu geben. An ihrer Seite das Fräulein von Dahmen beteuerte ihm liebenswürdig mit vielen Worten, die Vater überzeugen sollten, daß ich für eine Laufbahn als Malerin bestimmt sei. Er sagte schroff:

Für so einen Luxus hab ich kein Geld.

Man könne mir einen Freiplatz auf der Münchner Akademie verschaffen! Man hoffe, man garantiere, man bedenke und sei verpflichtet, wetteiferten die beschwörenden Stimmen durcheinander, bis meine Gönnerin mit dem Ausruf frohlockte: Sie Glücklicher, sagen Sie doch endlich ja! Das Paulinchen wird eine Künstlerin.

Nein! entschied Vater ungnädig. Die Künstler haben alle einen lockeren Lebenswandel.

Onkel Fritz, der von der Groggerschen Freimütigkeit immer wieder auf Longinische Umgangsformen verwiesen wurde, beschönigte die Peinlichkeit eines schnellen Abschieds, indem er die Damen höflich zur Tür begleitete.

Alsdann eilte er schnurstracks zur Tante Julie. Ich, die im Vorhaus alles erlauscht hatte, stürzte ihm nach.

Man muß sich für seine Familie direkt genieren, schalt er, ebenfalls groggerisch rauh. Eine Gemeinheit, dieser hochehrenwerten alten Jungfer eine derartige Infamie direkt ins Gesicht zu schleudern!

Tante Julie hüstelte unter einem Asthmaanfall. Nach Geschäftsschluß erzählte sie die ganze Geschichte meiner Mutter.

Marie, du mußt dich entschuldigen. Ich stelle dir einen Brief zusammen, schlug sie vor.

Ich durfte ihren Aufsatz überbringen. Doch Mutter legte, wie bei solchen Ratschlägen üblich, zwei Finger an die Lippen und verbrannte den Zettel.

Ein paar Tage später kam der Graf Nostitz als Fürsprecher. Vater hörte ihm mit gezwungener Höflichkeit zu, antwortete jedoch abermals und noch schroffer: Nein!

Und wenn das Fräulein von Dahmen mich jetzt nimmer mag?
Er hat recht, sagte meine Mutter. Sie sagte immer nur: Er. Und
Vater gebrauchte statt ihres Taufnamens das Wörtchen sie.

Meine Angst, ich sei bei den Aristokraten in Ungnade gefallen,
verlor sich in Dankbarkeit. Tante Julie bestätigte mir: Sie sind sehr
fein und immer tonangebend.

Unserem Vater konnte sie das „unsalonfähige Benehmen" nicht
verzeihen. Die beiden verband überhaupt keine Sympathie. Und daß
er meine zukünftige Berühmtheit verhinderte, empfand sie als
Brutalität. Über mein neues Gedicht „Entsagung", das ich ihr
anvertraute, räusperte sie sich gerührt und zeigte es meiner Mutter.
Der karge Beifall, von einer verschlossenen Miene noch mehr
gedämpft, entwertete auch meinen Trost. Am liebsten wäre ich
Tante Julie schwärmerisch um den Hals gefallen. Doch ich wollte
meine unpoetische Mutter nicht kränken. Ihr taten ohnehin die
Beingeschwüre weh. Oder... sonst... etwas?

Sie blickte der Tante Julie vielsagend in die Augen, als diese
einmal die Weltreisen unseres Vaters kritisierte.

Ja. Für solche Zwecke hat er Geld genug.

Ist die da draußen wieder da? fragte Mutter stumpf. Tante Julie
sagte beruhigend:

Gar keine Spur. Die kommt auch nimmer. Die sucht sich einen
fescheren Kavalier.

Oder sie hat schon einen? riet Mutter.

Sie ging nun jeden Abend, nachdem sie das Geschäft zugesperrt
und die Tageslosung an Onkel Fritz abgeliefert hatte, mit ihm zu
Tante Julie ins Nebenhaus. Hildegard und ich mußten schlafen
gehen.

Meine Schwester gehorchte willig, nicht nur von ihren knabenhaf-
ten Spiel- und Turnkünsten, sondern auch von körperlicher Schwer-
arbeit müde. Sie ließ sich von der Köchin für den Haushalt
einspannen und half dem Lehrling gewichtige Waren tragen. Im Bett
sprach sie kaum noch ein Wort mit mir. Ich verlangte auch keine
Unterhaltung, denn ich las nun selber die spannenden Abenteuer des
Buffalo Bill. Sie hatten die Märchen von den Brüdern Grimm und
Andersen verdrängt.

Wir Schwestern bewohnten seit Jahren das Blaue Zimmer,
nebenan das Große Zimmer gehörte den Eltern. Wenn Mutter
draußen das Licht aufknipste, drehte ich meine Bettlampe ab. Da sie
aber meist vorsichtig durch die Tür lugte, war ich doch ehrlich genug
zu gestehn:

Ich bin noch munter. Und nicht selten belästigte ich sie mit einer Bitte, die ich tagsüber nicht hatte vorbringen können.

Anfang Herbst einmal, als die Sommergäste und die Schwalben ihre Winterquartiere aufsuchten, war ich der trostbedürftigen Meinung, daß Mutter meiner Entsagung einen Ersatz schulde. Keineswegs im Hinblick auf Stöpsel und Siegfried Hellmann, bei deren Abschiedsbesuch sie mich verleugnet hatte, wohl aber, weil meine edle Fürbitterin mir gleichsam die letzte Hoffnung von der Stirn geküßt hatte.

Leb wohl, Paulinchen! Leg's in Gottes Hand. Sein Wille geschehe!

Zumal aber mein Wille auch nicht erschwachte, bahnte ich mir einen Ausweg. Ich bat Mutter, mich zum Fräulein von Cozzi heimlich in die Lehre zu schicken.

Da Onkel Fritz mich willig, ja geradezu mit Genugtuung freigab und meiner Mutter alle Mittel recht waren, die mich in ihrer Nähe festhielten, zahlte sie gerne so viele Privatstunden, als für mich Anfängerin nötig waren, meist drei Nachmittage in der Woche.

Leider durfte ich nicht Menschen- und Tierbilder zeichnen. Ich lernte malen auf Seide und dafür das Wort Batik. Vieles, was mich weniger freute, habe ich gänzlich vergessen. Ob die geometrischen Projektionen auf eine perspektivische Schulung oder auf darstellende Mathematik hinzielten, weiß ich nicht. Jedenfalls nutzten sie meinem Können.

Da Nora mit den Kitzinger-Töchtern eng befreundet war, taute deren erfrorene Freundschaft mit mir wieder auf. Bella und Reserl boten uns Grogger-Töchtern neuerlich das Du-Wort an. Und Fräulein von Kolar erkor uns zu Mitgliedern ihrer Dilettantenbühne.

Meine Schwester, die sich um Gutsein und Böswerden zwischen uns Älteren nie gekümmert hatte, blieb nun unzertrennlich mit ihrer Altersgenossin Justi vereint.

Sie lernte ihren Text von uns allen am schnellsten. Und sie bekam lauter Knabenrollen, weil der Kitzinger Ferdi sehr scheu war. Seine Schwestern, besonders Bella, eigneten sich für die Hauptrollen, die einer gefühlvoll ergreifenden Darstellung bedurften. Ich, meist ihre Gegenspielerin als böse Stiefmutter, Zauberin, Hausmeisterin, Weissagerin, Kammerzofe, einmal sogar als Sklavenhändlerin, mußte alle Szenen der tragischen Handlung beherrschen, welche zuletzt ein Engel in Menschengestalt, die Kitzinger Reserl, zu einem glücklichen Abschluß führte. Einmal befreite Nora Cozzi als mächtiger Riese Rübezahl gefangene Heinzelmännchen. Den lautesten Beifall gewann Hildegard in spitzbübischen Nebenrollen.

Sie dachte über die Ehre und den Erfolg nicht nach. In mir erwuchs indes eine unstillbare Lust, und ich vertraute der Tante Julie, erst insgeheim, dann zwecks Fürsprache bei meiner Mutter: Ich möchte Schauspielerin werden!

Leider bekam ich zunächst nur Räuspern zur Antwort.

Die beiden Schwestern waren diesmal wohl der gleichen Meinung. Die mütterliche traf mich ins Herz, denn ich spürte aus dem Verweis schon das Gewitter, das auf unser Haus zurollte.

Versündige dich nicht! Bitt lieber den Herrgott, daß du nicht deine Heimat verlierst.

Der Blitz aus heiterem Himmel streifte mich nur. Aufgefallen war mir freilich, daß die Frau Kofler in der letzten Zeit noch öfter als sonst bei uns einkaufte.

Jeden Schmarrn extra, beanständete die Ladnerin Fanny. Sie wird der Frau eh schon lästig; die schaut nachher den ganzen Tag finster drein.

Ich selber bemerkte, daß sich Mutter vor der Nachbarin versteckte, doch abends um so länger bei unsern Verwandten blieb. Langsam argwöhnisch, beobachtete ich die Eltern beim Mittagessen. Wenn Vater zu Hause war, wurden wir Kinder ob jeder Kleinigkeit getadelt. Miteinander redeten die Eltern höchstens nur ärgerlich oder strittig über das Detailgeschäft.

Ich erkundigte mich wie schon früher einmal besorgt bei Onkel Fritz:

Müssen wir abhausen?

Er lachte unfroh:

Geld genug.

Dann kann er mich doch in die Bürgerschule lassen? forschte ich, hoffte ich, begehrte ich mit berechnender Hinterlist. Nicht wahr, Onkel Fritz? Weißt du noch? In welcher Klasse lernt man alle Tragödien von Schiller und Goethe auswendig? Und wenn man einen Kostplatz hat, darf man jeden Tag ins Theater gehn? Der Vater muß, muß, muß mich fortlassen!

Na ja, vielleicht. Er schupfte die Achseln, begann in einer Strazza zu blättern, stieß irgendwohin eine Stampiglie, fächelte mit einem Schneuztuch über den Schreibtisch und die Kopierpresse und sagte schließlich grollend:

Hoffen wir das Beste. Aber jetzt tummel dich! Wenn du mit dem Kopierbuch fertig bist...

Meine wirbelnde Phantasie staubte die Anordnungen hinweg, die ich sonst noch hätte befolgen sollen. Ich hatte nur gehört, was ich hören wollte. Das „Vielleicht" verwandelte sich in ein „Gewiß". Ich glaubte, auch das Jawort meiner Mutter so gut wie sicher erbettelt zu haben, weil sie mir nie mehr widersprach und immer ein trauriges Gesicht machte, wenn ich zudringlich klagte:

Wann suchen Sie mir einen Kostplatz?

Das neue Schuljahr hatte längst begonnen. Ich setzte mir in Gedanken eine Weihnachtsbitte an das Christkind auf. Selbst die Mißstimmung zwischen den Eltern legte ich günstig für mich aus.

Mutter als Lehrertochter werde mir das Opfer bringen. Vater bestand auf seinem Wunsch und zwang mich in seine Eisenfirma. Deshalb trotzten sie gegeneinander. Und ich versäumte womöglich noch ein Studienjahr.

In diesem Irrtum erwachte ich eines Nachts zwischen Zuversicht und Angst zum klaren Bewußtsein, daß sich jetzt meine Zukunft entscheide. Die Eltern nebenan befeindeten sich laut und immer lauter mit erbitterten Vorwürfen. Um besser zu verstehn, drehte ich die Bettlampe auf.

Hildegard war schon munter, saß kerzengerade im Bett, die Knie angezogen, die Augenlider schlaftrunken geschlitzt, den Mund gähnend offen.

Obgleich sie nicht einmal zu flüstern wagte, ermahnte ich sie aufgeregt: Sch!

Nur zu bald erfaßte ich: das grausame Ehezerwürfnis war nicht wegen der Bürgerschule entstanden. Mutter sagte kalt:

Leugne nicht! Ich habe Beweise. Du fahrst alle paar Wochen nach Südtirol und du machst teure Lustreisen mit ihr. Das hat der Fritz vom Handelsagenten erfahren. Aber auch die Öblarner reden es schon im Wirtshaus. Ich scham mich vor dem ganzen Dorf.

Soviel ich mich erinnern kann, verteidigte sich Vater grausam mit Anklagen gegen Mutters unrentable Wirtschaft. Sie dingte in ihrer Erzieherfreude oft mehr schulentlassene Mädchen, als wir brauchten, nur weil man sie darum bat. Sie war eine vorzügliche Lehrmeisterin für Laden, Küche und Garten.

Nur bei mir fruchtete ihr Beispiel wenig.

Die Paula, sagte Vater in wachsender Bitterkeit, die hast du genug verzogen. Das Klavierklimpern laß ich noch gelten. Aber zu was diese Pinseltändelei! Arbeit muß sich verzinsen. Aus der Paula wird ihr Lebtag nichts!

Sein donnernder Männerbaß, zwar gewohnt, traf mich wie Schläge.

Ich stopfte die Finger in die Ohren und sagte leise zu Hildegard:

Du gelt, wir heiraten nia!

Sie schlüpfte unter die Decke. Ich horchte von Zeit zu Zeit abermals. Die Eltern debattierten immer heftiger. Es war von Scheidung, Verkauf und Auswanderung nach Amerika die Rede. Als ich Mutter plötzlich weinen hörte, litt es mich nicht mehr im Bett. Ich öffnete mit einem Ruck die Tür und schrie, auch weinend:

Bitt schön, bitt schön, tans nimmer streiten!

Es wurde still. Schlafen konnte ich freilich nicht mehr. Hildegard redete bald wieder fröhlich im Traum, was sie öfter tat.

Beim Frühstück erwähnte die Köchin Marie, daß Vater mit dem ersten Zug weit fortgefahren und Mutter in die Wohnung vom Herrn Fritz gegangen sei.

Ich ging ihr nach. Schon in der Küche klang Mutters erregte Stimme mir leicht verständlich entgegen. Und während ich im Zweifel, ob ich öffnen dürfe, durch den Türspalt lugte, rief Tante Julie warnend:

Vorsicht! dibi Paupaulaba kobommt.

Bleib da! erlaubte mir Mutter. Und ihren Verwandten erklärte sie: Die Paula weiß alles.

Diese Erwähnung bewirkte, daß ich noch mehr traurige Tatsachen erfuhr. Onkel Fritz nannte sie einen Skandal. Sich hierüber bei Tante Julie Luft zu machen entsprach seinem Naturell. Er hatte ihr dramatisch alle Geheimnisse preisgegeben, die sie hinwieder in schwesterlichem Mitgefühl beredete. Ähnlich wie früher Geschäftskrisen und Steuerschulden.

Daß ich nun Mitwisserin war, verpflichtete die beiden Frauen allerdings zu Bedacht und Vorsicht. Sie vermieden unsittliche Worte oder übersetzten sie in die B-Sprache. Anderseits jedoch weckten sie meine Neugier und säten so den Keim der Erkenntnis, die erst nach Jahren langsam aufging und mir das Verständnis der zwieträchtigen Beziehungen ermöglichte.

Nach ein paar Menschenaltern denke ich mir: Auch unsere natürliche Einsicht wächst urgesetzlich über drei Stufen. Was wir noch kindhaft im gottväterlichen Reich erleben, entwickelt sich wie ein Lichtbildfilm in reifen Jahren zu deutsamer Klarheit. Und was wir alsdann im mündigen Wachstum erfahren und zulernen, was immer wir vom Reich Gottsohnes vage wissen und hörig glauben, wird dermaleinst im Reich des Heiligen Geistes zu übernatürlicher Harmonie.

Die Befürchtung, daß die offene Ehedissonanz meine junge Seele verstören werde, bewog Tante Julie, erziehlich zu flüstern:

Geh doch Puppenspielen mit der Hilda!
Bleib da! sagte Mutter. Ihr zerstreitet euch doch alleweil.
Ich erfüllte diesen Wunsch gern. Der gemeinsame Schmerz band uns noch fester zusammen. Ich war sicher, daß sie mich beim Leiden und Entscheiden ganz nah haben wollte.

Und was redeten die Erwachsenen denn auch! Nichts Neues. Über den Verkauf des Hotels, das binnen kürzester Zeit talauf und talab berühmter geworden war als durch jede Annonce. Und über die Roheit, daß der betrogene Bräutigam mit frivolen Witzen ausgespöttelt wurde. Von Männern, die gleichfalls bei jeder Gelegenheit, bauerndeutsch gesagt, „außigrasten".

Die pikanten Anzüglichkeiten, welche Frau Kofler unserer Mutter in bester Wohlmeinung zugetuschelt hatte, waren noch eine Lappalie gegen die sichersten Beweise, welche, von mir überbracht, dem Onkel Fritz aus der Posttasche in die Hand gefallen sind. Juxkarten, Ansichtskarten mit falscher Unterschrift, rekommandierte Liebesbriefe für Vater. Und eine anonyme Anzeige an Mutters Adresse. Der Umschlag enthielt als Beilage eine Photographie der Villa, die Vater seiner „feurigen Konkubine" gekauft haben soll.

Meine Aufmerksamkeit galt besonders den Fremdwörtern. Ich raffte sie, bildlich gesprochen, gierig für meine Sprachschatztruhe zusammen. Das Wort Katastrophe, sonst für Feuersbrünste und Hochwasser giltig, überstieg nun sogar diese Begriffe. Es erschütterte mich körperlich wie ein Erdbeben. Manche Fremdwörter verstümmelte ich in Erregung zum Dauerfehlgepräge. So passierte mir das Wort „perflex" oft noch zwanzig Jahre später.

Mutter konnte unanständige Berufe nur auf deutsch nennen. Doch sie verhüllte diese in die B-Sprache. Was ich mir dann zurückübersetzte, klang meinen Ohren schauerlich und viel sündhafter als Französisch und Latein.

Nach vielleicht ein paar Wochen hörte ich Onkel Fritz mit erhobener Stimme sagen, Vater habe eine Depesche telegraphiert, er treffe mit dem Abendzug in Öblarn ein.

In der großen Aufregung, die darob entstand, verbot Mutter uns Kindern, ihn abzuholen. Ich verkroch mich auf die oberste Dachbodenstiege. Mir schwindelte, mir war übel. Mein Herz hämmerte im lauernden Horchen. Ich wurde gleichsam erwachsen, während Onkel Fritz mit dem Reisekoffer ins erste Stockwerk vorankeuchte. Er sagte zu Vater:

Die Marie hat dich ins Rote Zimmer umquartiert.

DIE ENTSCHEIDUNG

Was sollen wir machen? sagte Onkel Fritz bei Familienberatungen.
Er meinte, was zu unternehmen sei, um, wie er sich ausdrückte, die
komplizierte Situation in Ordnung zu bringen. Den Vorsitz führte
eigentlich Tante Julie.

Marie, begann sie, als Mutter einmal mit bekleckstem Schurz nur
auf einen Sprung zu ihr gekommen war, um sie zu bitten, ihr einen
Brief an Vater aufzusetzen.

Erstens, verlangte Tante Julie, tu den Schurz weg! Und überhaupt
mußt du dir neue Kleider machen lassen. In Pilsen. Du ziehst dich ja
an wie eine Stalldirn.

Mutter sagte zu ihrer Entschuldigung, daß wir ein krankes Ferkel
hätten und daß es recht schwierig sei, armen Viechern etwas
Kurwasser mit Bittersalz einzugießen.

Aber Männer wollen schöne Frauen. Wenn du dir schon nicht die
Zeit nimmst, daß du dir jeden Abend Kräusellocken eindrehst, so
kauf dir wenigstens einen falschen Zopf! Ein graues Haar hast du
auch schon auf der Schläfe. Reiß es aus!

Jaja, redete Mutter ins Leere. Du mußt ihm vorhalten, daß alles
Leugnen umsonst ist. Und daß ich ihm nichts mehr glaube. Er hat
mir nämlich einen Versöhnungsbrief geschrieben. Es muß ihm wer
ins Gewissen geredet haben.

Das bin ich gewest, sagte Onkel Fritz mit triumphierendem Blick
zu Tante Julie hin. Er war der beste, friedfertigste Mensch, solang
Tante Julie mit sanfter Stimme und fraulich behutsamer Hand sein
Groggerisches Temperament zügelte. In der Ehekrise der Eltern
schürte sie es.

Ich hab meinem Herrn Bruder per Telephon den Standpunkt
klargemacht. Wir sind ja kommerziell in Verbindung, schmetterte er
immer noch aus Leibeskräften in die Ferne. Der Ehebruch trifft nicht
minder meine Existenz. Er reißt die ganze Familie ins Elend. Und
wenn er den Besitz verkauft und uns brotlos macht, so erschieße ich
mich.

Fraglich, ob Vater die Vorwürfe und Drohungen ganz zu Ende

hörte. Er war bei Jähzornsausbrüchen, die Onkel Fritz gelegentlich hatte, der Schwächere.

Mutter schwankte zwischen Mißtrauen und Hoffnung.

Da! sagte sie und fingerte aus ihrer Schürzentasche ein zerknittertes Kuvert hervor. Es hatte den Aufdruck: Franz Grogger, Eisen-, Maschinen und Fahrradhandlung. Und adressiert war es an Frau Marie Grogger, Kaufmannsgattin.

Die Paula hat's auf meinem Bett gfunden, sagte Mutter.

Schade, daß er sich nicht handschriftlich ausdrückt, bedauerte Tante Julie, nachdem sie den Brief mit geschlossenen Lippen gelesen hatte. Ein graphologisches Orakel könnte uns bessern Aufschluß geben als solche Schwüre, die vielleicht Phrasen und Notlügen sind.

Onkel Fritz wollte seinen besiegten Bruder in Schutz nehmen. Tante Julie schnitt ihm mit belegter Stimme das Wort ab:

Männer haben einen schwachen, sehr sinnlichen Charakter. Aber scheiden lassen darfst du dich nicht, Marie. Denk an die Kinder!

Die Dienstboten haben eh schon alles unter die Leut bracht, wendete Mutter ein.

Was willst du ihm denn schreiben?

Es ist aus.

Ich vermute, Tante Julie hat diese Antwort mit einer Fülle von schön stilisierten Vorwürfen und Zweifeln aufgesetzt. Sicher in Erinnerung ist mir, daß Onkel Fritz uns fast feierlich berichtete, sein Bruder habe beim Lesen heimlich mit den Tränen gekämpft. Und wieder stellten wir die Frage: Was machen wir jetzt?

Tante Julie beredete Mutter, schon wegen der Öblarner den Schein wenigstens tagsüber zu wahren. Die Kundschaften sollten uns wie immer durch das Glasfenster zu viert beim Mittagstisch sehen.

Selbst die Frau Kofler, die zwischen dem Elfer- und Zwölferläuten gern eine Schachtel Zündhölzer, ein Stück Kernseife, Schuhbänder, Haarnadeln und dergleichen Kleinigkeiten einkaufte, rief uns aufmunternd Guten Appetit! zu.

Vater sagte nicht: Danke. Doch er bestand wie früher darauf, daß wir Kinder den Suppenteller leerlöffelten, er teilte die Fleischstücke aus und besprach eher widerwillig als interessiert den Wirkungskreis unserer Mutter. Seiner bäuerlichen und bürgerlichen Erbanlage gemäß verachtete er die Kleintierwirtschaft und das Detailgeschäft immer mehr. Als Grundquelle schätzte er die kleine Ladenkasse freilich.

Am Andrä-Kirchtag, wo wir einen besonders guten Zuspruch

hatten, mußte ich schon fleißig Lehrlingsarbeit tun. Mit den Einheimischen sprach ich in der Mundart. Gegenüber städtisch gekleideten Fremden redete ich wie in der Schule. Meinem Gruß folgte, leider nicht in Mutters verbindlichem Tonfall, die Frage: Was steht zu Diensten?

Das unwillige Benehmen trug mir manchen Tadel ein. Besonders wenn ich bei der Kasse zu sagen vergaß: Danke vielmals. Schaffen S' ferner, bitte. Wahrscheinlich um mein Standesbewußtsein zu heben, weihte Mutter mich in ein Geschäftsgeheimnis ein, das nicht einmal Ladnerinnen mit dem Freibrief wissen durften, zumal es Einblick in den Gewinn gab, den der Absatz einer Ware brachte.

Merk dir, Paula, sagte meine Mutter einmal, bevor sie mit der Tageslosung in die Schreibkanzlei ging: Üb immer Treu und Redlichkeit bis an dein kühles Grab. Diese zehn Anfangsbuchstaben: UITURBADKG sind die Schlüsselziffern für den Eigenpreis. Du kannst dir an den Fingern ausdividieren, wieviel man ohne Schaden einer Kunde nachlassen kann. Selbstverständlich, fügte sie bei, hat jeder Kaufmann seinen eigenen Spruch. Unserer soll auch dein Lebensspruch werden.

Das walte Gott! sagte Onkel Fritz an ihrer Seite.

Aufgedungen wurde ich noch nicht. Die Eltern scheuten sich vor einer Aussprache und ebenso vor einer Scheidung.

Durch einen Hausverkauf sind wir alle entwurzelt. Und was fangt die Marie mit zwei Kindern an? Ehekrisen gehn meist a conto der Frau, sagte Onkel Fritz.

Tante Julie nickte.

Männer weichen ihren moralischen Pflichten oft wie Schulstürzer aus.

Nicht jeder! sagte Onkel Fritz.

Sie wischte seine Verteidigung mit feiner Handbewegung hinweg.

Gelegenheit macht Diebe. Dazu die Hetzer im Wirtshaus. Das Gegenmittel: eine Frau muß sich ins Licht setzen, muß ein paar Verehrer haben. Zur Liebe gehört eine Portion Diplomatie, sagte Tante Julie.

Du hast leicht reden, sagte Mutter, ob der guten Ratschläge verärgert.

Ganz außergewöhnlich übergab sie einmal dem Onkel Fritz ihren Schlüsselring und fuhr, städtisch gekleidet, mit uns nach Radstadt. Dort wußte sie eine Freundin noch von Schladming her. Wenn ich mir von dieser auch kein Bild machen kann, weil wir zwischen zwei Zügen entlang einer, wie mir vorkam, romantisch-mittelalterlichen

Mauer auf und ab spazieren mußten, glaubte ich doch, daß Mutter sich für alle Fälle einen Posten suche. Sie fuhr sehr niedergeschlagen mit uns heim.

Was aus mir werden solle, wagte ich nicht zu fragen. Den Brief an das Christkind hatte ich längst zerrissen.

Im schwermütigen Bewußtsein, daß Mutter mich nun besonders nötig habe, sagte ich einmal abends zum Bett meiner Schwester hinüber:

Die Bürgerschul muß ich mir aus dem Kopf schlagen. Was wirst denn du, wenn du ausgeschult bist?

Hildegard duckte den Kopf in die Schultern und grinste wie bei einer Prüfung.

I?... Mutta! sagte sie.

In den Adventwochen befaßten sich Onkel Fritz und Mutter geheimnisvoller denn eh und je mit Vorbereitungen auf Weihnachten. Wir Kinder sollten für den Verlust an Familienglück mit teuern Geschenken entschädigt werden. Ebenso reichlich wurden Fleiß und Treue unserer Dienstboten und Angestellten mit preiswerten Gaben aus dem Kaufgewölbe belohnt.

Auch Hildegard und ich sorgten für Überraschungen. Ich stickte mittels Nadelmalerei einen Tischläufer für ein Speisezimmer, das wir nicht hatten. Meine Schwester strickte in der Handarbeitsstunde dicke Wollsocken, weil diese Aufmerksamkeit den Vätern allgemein zugedacht war.

Wir freuten uns, von vieler Geschäftigkeit und ungeduldiger Neugier abgelenkt, kindergläubig, obschon wir längst nicht mehr an das irdische Christkind glaubten, und zählten die Tage bis zum Heiligen Abend.

In allen Schaufenstern, in erdichteten Geschichten, in Zeitungen und Zeitschriften stand die Verkündigung: Friede auf Erden. Wir waren auch andächtig dafür gestimmt, und selbst die Erwachsenen erhofften sich ein Wunder. Unsere Mutter war jeden Morgen um sechs Uhr früh in die Rorate gegangen. Am Thomastag, wo in den meisten Familien noch das heidnische „Lasseln" der Brauch war, hatte sie vorsichtig drei Hüte gehoben. Und was zog sie? Den Schlüssel, die Zwirnspule und den Rosenkranz.

Eine gute Prophezeiung. Gott sei Dank! sagte Tante Julie lebhafter als sonst, der Hausschlüssel bleibt dir. Und die Zwirnspule bedeutet den Lebensfaden. Alt wirst du auch.

Nur der Rosenkranz, spaßierte Onkel Fritz. Marie, du gehst doch hoffentlich nicht ins Kloster?

Das wär zu spät. Meine Mutter schmunzelte, befahl uns liebevoll, schön brav zu sein, und probierte uns im Beisein ihrer Schwester die neuen Flügelschürzen an, die wir zu Ehren des Christkinds tragen sollten. Dann befahl sie mir Klavierübungen: Stille Nacht, heilige Nacht und Ihr Kinderlein, kommet. Das Klavier stand an der Fensterwand des Blauen Zimmers, ein paar Schritte vom geschnitzten Schreibtisch entfernt.

In der Frühe des Heiligen Abends, nachdem wir uns gewaschen, gekämmt und angekleidet hatten, mußten wir das obere Stockwerk verlassen. Wir warteten indes die Zeit ab, wo die Erwachsenen im Rummel weihnachtlicher Geschäftigkeit unser Dasein vergaßen. So konnten wir, in der alten Herrschaftsküche lauernd, dennoch beobachten, wie unser Hausknecht Tschukopf den grünen Christbaum in das große, schöne ehemalige Elternzimmer trug; zumal es jetzt einbettig war, bot es übergenug Platz für ein Dutzend Menschen. Durch die offene Zwischentür hörte man Onkel Fritz Klavier spielen, bis er eine Leiter holen mußte. Tante Julie langte mit Ketten, Kugeln, Sternen und Silberschneeflocken nicht bis zum hohen Wipfel.

Wir hätten fibbernd gern beim Schmücken mitgetan. Es war uns nicht erlaubt. So leierten wir zum Zeitvertreib fleißig unsere Weihnachtsverse herab. Am Nachmittag rief uns Tante Julie zu sich, um uns nochmals die richtige Betonung einzuprägen. Zu meiner Beschämung blieb ich öfter stecken. Hildegard deklamierte fehlerlos und so poetisch, daß unserer Mutter die Augen feucht wurden.

Der Ladenschluß war ausnahmsweise punkt sechs Uhr. Allein die Hausleute setzten sich zum Nachtmahl. Es stand unter strengem Fastengebot.

Nooch zwei Stunden! zählten wir Kinder.

Als eine von diesen vergangen war und wir, abermals gewaschen und gekämmt, in unsere Sonntagskleider schlüpften, hielt Mutter erst mir die neue Flügelschürze entgegen und sagte auf hochdeutsch:

Du bist die Ältere und mußt die Gescheitere sein. Gib acht drauf! Und tu nit wieder kritteln drüber!

Meine Schwester mahnte sie alsdann mit erhobenem Zeigefinger, aber lächelnd:

Daß du mir ja kein Loch hineinreißt!

Wir Kinder durften beim Räuchern mitgehn. Hildegard hutschte den Weihwasserkessel so fröhlich durch Haus und Nebengebäude, als ich ernsthaft beflissen den Wedel schwang, um besonders im Stall und in meiner Hasenhütte die bösen Geister auszutreiben.

Mutter tat es mit der qualmenden Räucherpfanne. Die Männer drückten sich von dieser heidnisch-heiligen Zeremonie.

Onkel Fritz bewachte bei unserer Rückkehr die Tür vom Großen Zimmer.

Und jetzt, begann er, verheißungsvoll zögernd.

Warte! sagte Tante Julie mit verschleierter Stimme, inweilen beide unsere Mutter anblickten.

Wenn die Glocke zum dritten Mal läutet, dann geht! sagte Mutter hastig.

Ins Schreibzimmer, sagte Tante Julie und schwieg in der Absicht, unserer Mutter das letzte Wort zu überlassen.

Wir errieten es. Hildegard schnitt ein jammervolles Gesicht. Ich zog sie stiegenabwärts. Die Hunde liefen uns nach.

Endlich läutete es zum erstenmal.

Erinnerung oder Einbildung läßt mich im Vorhaus durch die verschwommenen Schatten der Dienstleute huschen. Sie putzten sich nacheinander am Stufenteppich ehrerbietig die Schuhe ab. Als es nach dem Geschlürf und Getrappel oben still wurde, hörten wir Kinder nur noch Vaters Schreibmaschine.

Es läutete zum zweiten und dritten Male.

Geh du! flüsterte Hildegard.

Ich klopfte. Ich erklopfte keine Antwort. Als wir eintraten, tat Vater, als bemerke er uns nicht. Er hämmerte, ohne abzusetzen, auf die Tasten. Hildegard versteckte sich hinter seinem Sessel.

Ich wurde steif wie zum Deklamieren und sagte, was ich mir in aller Aufregung eingelernt hatte:

Vater, wir bitten Ihnen, daß Sie zum Christkindl kommen.

Was er antwortete . . . ? Ob er uns überhaupt Beachtung schenkte, ich weiß es nicht. Der wichtige Augenblick, um den ich nachher so dringlich befragt worden bin, ist in Leib und Seele abgestorben. Ganz lose, ohne jeden Zusammenhang besinne ich mich, daß Vater irgendwann in ein blaues Schneuztuch nieste. Vielleicht war es damals.

Ausdenken kann ich nur sicher, daß Hildegard und ich enttäuscht die Stiege emporstolperten, daß Onkel Fritz doch Klavier spielte, daß wir unsere langen Gedichte aufsagten und nachher für die schönen Präsente nur der Mutter die Hand küßten.

Die Dienstboten bedankten sich nach unserm Beispiel. Ehe sie sich mit ihren Präsenten zum Weihnachtsschmaus in die Küche setzten, beteten wir wie jedes Jahr kniend den Freudenreichen Rosenkranz. Vorbeterin war unsere Mutter.

Die Feiertage täuschten uns ein wenig über die Niedergeschlagenheit hinweg. Onkel Fritz, der die Buchhalter für zwei Wochen beurlaubt hatte, vergrub sich in seiner Rechenbibliothek, und gutherzig, wie er war, verzichtete er sogar bei der Schlußbilanz auf meine mechanischen Handlangerdienste. Nicht einmal das halbe Tausend Abreißkalender für das Jahr 1907, schon in adressierte Papiersäcke verpackt, brauchte ich mit der Stampiglie „Franz Grogger" und dem Datum abzustempeln.

Genieß deine Freiheit, sagte er. Du wirst bald in den Ernst des Lebens eingespannt werden.

Es gab mir einen Stoß in der Seele.

Wann? fragte ich.

Onkel Fritz tat immer ein paar Züge an seiner Zigarette, wenn er eine schwerwiegende Antwort aufschob. Endlich sagte er:

Deine Mutter kann sich halt noch immer nicht entschließen.

Komm ich zum Kitzinger oder zum Waidhofer in die Lehr?

Er lachte kurz auf, dann überlegte er sich die Antwort noch einmal.

Frauen sind wankelmütig. Womöglich greinen sie dann mit mir. Laß mich jetzt in Ruh. Frag die Mutter.

Oh, diese Männer! entsetzte sich Tante Julie, nachdem mich Mutter tagsüber mit kränkender Unnahbarkeit und eiligen Ausreden abgefertigt hatte. Und zumal ich nicht von der Stelle wich, sagte Tante Julie:

Mach dir nicht zuviel Hoffnungen, Paula. Lern einen schönen Vers für Maria Lichtmeß. Vielleicht entschließt die Mutter sich erst im neuen Jahr.

Silvester begingen wir, wie Onkel Fritz sich ausdrückte und die beiden Schwestern für richtig hielten, ohne Sang und Klang.

In dieser Tonart ging es auch weiter. Für uns Kinder wurden die neuen Geschenke langsam alt. Meine Bücher waren bald ausgelesen. Im Dunkel, wo die Umwelt meine Sinne nicht mehr beleben konnte, vor dem Einschlafen, verfielen meine Gedanken einem quälenden Kreislauf. Er begann und endete bei der Zukunftsfrage.

Im Zurückdenken weiß ich, daß meine Neugier an den Leiden meiner Mutter teilnahm. Mich bedrückte das Gefühl, sie denke an eine Trennung. Wenn ich verspätet erwachte, sah ich das Bett meiner Schwester aufgewühlt und leer. Unsere Köchin, sie hieß ebenfalls Marie, stellte mir das Frühstück auf den Zirbel-Nachttisch und wünschte mir guten Morgen. Sie war für ihre Bergbauernabkunft zart und gegen uns Kinder voll zärtlicher Höflichkeit. Ihre

Tochter diente in Admont bei einer Erzherzogin. Mich titulierte sie „Fräulein Paula".

Lassen S' Ihnen nur Zeit zum Essen. Drei Kipferl wären nit z'viel. Ihnere Wangerl sein ohnedem wieder so kasig.

Ich war zu verwöhnt, um solch sorgliche Betreuung gebührend zu schätzen, und sagte nur erzieherisch wie meine Mutter: Bst!

Denn ich hatte schon einen Bleistift in der Hand und dichtete beim Kaffeetrinken, womit meine beste Zeit anfing.

Unser zerschlissenes Versbüchlein gab mir Anregungen. Eine Zeile von da, ein Satz von dort, der gefühlvolle Blumenspruch verhalf mir zu Einfällen. Und heraus formte sich ein Glückwunsch, wie seinesgleichen nirgends gedruckt stand. Er hat unsere Mutter nach Lichtmeß bestimmt sehr beglückt. Und es ist denkbar, daß die allgemeine Bewunderung wie Öl auf ihr Herz geträufelt ist und einen glosenden Funken entzündet hat.

Noch unterdrückte sie ihn stumm wie den Schmerz ihrer Krampfadergeschwüre. Noch rätselte ich vor dem Einschlafen stundenlang weiter.

Die Ursachen für meine Beklommenheit mehrten sich. Mutter entschwand fast jeden Abend zu einer Familienberatung. Ich spürte, daß Onkel Fritz abermals Beweise in der Hand hatte. Doch die Erwachsenen hielten sie geheim. Die Versuche, meiner Mutter einen Seufzer des Vertrauens zu entlocken, schlugen fehl. Nur ein Telephonat, das ich zufällig im Vorgemach erlauschte, weil Onkel Fritz immer sehr laut in die Muschel sprach, nur ein paar Worte stachelten meine zähe Geduld zu plötzlicher Verzweiflung.

Jetzt wird es ernst, jetzt wird es ernst, wiederholten meine Lippen auf dem Weg zur Mutter. Ich fand sie nicht im Gewölbe, nicht im Wohnzimmer, nicht in der Küche. Tschukopf und die Ladnerin suchten sie auch. Tante Julie sagte:

Um Gottes willen, es wird doch nichts passiert sein!

Dann hörten wir im Oberstock unseren kleinen Flocki bellen. Er war der richtige Spitz, er schnüffelte, und dann kratzte er winselnd an der Tür des Roten Zimmers. Als ich sie spaltbreit öffnete, stob er hinein.

Nit, nit, kreischte Mutter. Die Katz fliegt ihn an!

Ihr dreifarbiges Glückssymbol fauchte auch wirklich mit erhobenem Buckel aus einem karierten Tuchentnest. Sie hatte sieben Junge geworfen. Wieder ein gutes Zeichen. Drei von ihnen: ein weiß-schwarz-gelbgeflecktes, ein graues und ein Löwerl wollte Mutter behalten. Sie sagte:

Hilf mir Bett putzen.

Ich gehorchte zimperlich. Als Hildegard von der Schule heimkam und sah, daß unsere Magd den Boden rieb, entwand sie ihr augenblicklich die Bürste und planschte mit der Seifenlauge nach Herzenslust, bis der Wasserkübel fast leer war. Ihre wachsenden Körperkräfte tobten sich schon übermächtig bei der Arbeit aus.

Aber sie blieb noch kindlicher als ich. Sie zerschlug noch Puppen, meine Spielgefährten waren nur noch Tiere. Im Vorfrühling, wo es noch sehr kalt war, zog es mich zum Großen Zimmer. In einen Winkel, nicht weit vom Kamin, hatte Mutter die Wöchnerin gebettet, und hier betreute und erzog ich ihre possierlichen Sprößlinge zu sauberer Selbständigkeit.

Was tust du denn alleweil allein? Und deine Sanatogen-Schokolade hast wieder stehenlassen, rügte mich Mutter, indem sie mir eine Schale vorhielt. Trink! damit du endlich gesünder ausschaust! Die Tant Julie meint, dir tut eine Luftveränderung not.

Das Wort traf uns beide auf den wunden Punkt. Unsere Gesichter mögen sich wohl ineinander gespiegelt haben.

Das Panorama meiner nächtlichen Gedanken hub wiederum zu kreisen an: Nach Schladming, wo Mutter in der Lehre gewesen war? Nach Radstadt, wohin sie mit uns die erste Zuflucht genommen hatte? Nach Salzburg, wo ich Hunderte von großen Kaufgeschäften wußte? Mutter hat mir wohl den Einfall von der Zunge gelöst.

Ja, Salzburg ist das beste für dich, äußerte sie sich schwermütig. Ich laß dich ungern von mir fort. Aber auf Vater ist kein Verlaß nicht. Was wird aus euch, wenn er andere Wege geht und unser Haus verschachert!

Dann brauch ich ja auch nicht ins Geschäft zu heiraten! sagte ich aufgeweckt.

Nein! sagte Mutter. Du mußt eine Lehrerin werden.

DIE AUFNAHMSPRÜFUNG

Daß mein unerreichbarer Schicksalsstern am Himmel der schönen Künste, in eine solide Zukunftsgewißheit verwandelt, jählings aus finstersten Gewitterwolken fiel, diese Überraschung setzte mir zwiespältig zu. Ich weiß nicht mehr, ob ich, so glücklich als erschrocken, für den Beschluß dankte, der für meine Mutter ein Opfer war.

Ich schrieb einen Brief an meine Freundin Ida in der Groß Sölk, damit Herr Walcher so schnell als möglich erfahre, daß ich studieren dürfe. Die Groggerischen Cousinen dämpften meine Prahlereien, indem sie fast ein bißchen verächtlich sagten, das Kochen sei zehnmal wichtiger. Darum bekäme zuerst einmal die Resi einen Lehrplatz in Bad Aussee. Und die Cilli werde Küchenmädchen bei Verwandten im Grand Hotel Leoben.

Und wohin kommt die Hilda? erkundigte ich mich bei Tante Julie, die leichter Zeit für meine unermüdlichen Nachforschungen hatte. Sie wurden ausgiebig befriedigt. Da meine Schwester weniger für das Geschäft als für den Haushalt begabt war — sie hatte zwar im Lesen ein Sehr gut, aber in Rechnen immer noch die Note drei —, und ebenso im Hinblick auf die erstaunlich kräftige Entwicklung der bald Vierzehnjährigen hatte unsere Mutter, ohne Vater zu fragen, den Beschluß gefaßt, sie in das Institut der Kreuzschwestern nach Ischl zu schicken, damit sie in allen fraulichen Berufen ausgebildet werde. Sie sei bereits angemeldet, erfuhr ich von Tante Julie.

Zu Ostern schulte sie etwas vorzeitig aus, weil sie ja, noch fünfjährig, zugleich mit mir Abc-Schützin geworden war.

Zu Pfingsten, sagte Tante Julie, wird laut Prospekt der Sommerkurs eröffnet.

Und ich?

Du kommst erst im Herbst nach Salzburg. Frau Schwammberger hat alle Formalitäten geregelt. Sie hätte dich auch gern in Kost und Quartier genommen. Aber die Mutter will's nicht.

Wo wohn' ich denn?

Bei den Ursulinen.

Nein! begehrte ich auf. Die Schwestern lassen mich nicht ins Theater gehn. Und ich werde bestimmt keine Klosterfrau.

Die halbe Freude an meiner Zukunft war mir ins Wasser gefallen. Sogar die schöne Leinen- und Barchentausstattung, die Onkel Fritz bei einer Wäschefirma bestellt hatte, verlor ihren Anwert, weil jedes Stück mit der Nummer 12 eingemerkt wurde.

Noch ein Schatten trübte die beschränkte Aussicht: ich hatte ja nur zwei Klassen Volksschule. Frau Schwammberger schrieb, auf mein vorzügliches Entlassungszeugnis hin wolle man es probeweise mit mir versuchen.

Alt genug wäre ich schon. Die Befürchtung, daß ich wegen meiner bescheidenen Kenntnisse bei der Aufnahmsprüfung vielleicht durchfallen könnte, zähmte meinen Freiheitsdrang langsam zu demütiger Ergebung. Ich verschloß mich gern in der Dachkammer, um Vaters Gymnasialbücher durchzublättern. Lieber benutzte ich meinen Aufenthalt im Schreibzimmer, um Onkel Fritz auszufragen, was ihm aus der Bürgerschule noch im Gedächtnis war. Nach historischem Unterricht verlangte ich unersättlich. Und dabei taute die alte Liebe zum Phantasieren auf. Ich würde, so sagte ich mir, das Kloster schon aushalten, wenn es mir nur dazu verhülfe, eine Künstlerin zu werden. Ob eine Dichterin, eine Malerin oder eine Schauspielerin, wußte ich noch nicht genau.

Ich zählte die Monate bis zum Herbst.

Als ich mich von Hildegard trennen mußte, gab mir der „Ernst des Lebens" wieder einen Riß. Sie hatte so wie ich eine ganz neue Wäscheausstattung und einen großen hölzernen Koffer bekommen. Schon beim Einpacken, das Mutter für sie besorgte, sah ich wehmütig zu. Hildegard verhehlte ihren Abschiedsschmerz mit kläglich spitzbübischem Mienenspiel. Was wir redeten, weiß ich nicht mehr. Aber die Stimme des Gewissens bat sie zerknirscht um Verzeihung für mein oft jähzorniges Zuschlagen, für sündhafte Schimpfworte und für Racheakte. Ich nannte sie Strafen, weil sie wohlverdient trafen. Hildegard war nämlich diejenige, welche mir beim Lehrerspielen oft schon während des Schulgebetes entwischt war.

Jetzt entwischte sie mir in die Fremde, und ich war hilflos unfähig, ihr meine Liebe zu zeigen. Ich schüttelte immer noch ihre Hand, als der Zug schon pfiff und Mutter mich vom Gleis zurückdrängte, um alsdann Hildegard eilig auf das Trittbrett zu schieben. Ich rannte winkend dem letzten Wagen nach und rief, so laut ich konnte:

Morgen schreib ich dir.

Beim Zurückgehen traf ich den Briefträger David; er tröstete die Kofler Nannerl, die mit einem Reisebukett aus Pfingstrosen zu spät gekommen war. Nun begleitete sie mich weinend nach Hause, obwohl sie mir sonst lieber aus dem Weg ging.

In den folgenden Tagen wartete ich vergeblich auf eine Nachricht von meiner Schwester. So begann ich einen Brief an sie. Das linierte Papier, mit Rosen, Veilchen und Vergißmeinnicht geschmückt, aber schließlich durch Einfügungen und Streichungen verkritzelt, war nicht verwendbar. Wissend, daß die Institutspost gelesen werde, übertrug ich das „Manusprikt" sauber in ein Schulheft, was ich, durch die Zeitschrift „Das Kränzchen" belehrt, schon Tagebuch nannte. Es wurde mir das teuerste aller Bücher, und ich behielt es für mich.

Soviel ich mir im Rückblick einbilden kann, enthielt es neben allen Dorfneuigkeiten die tröstliche Gewähr auf ein baldiges Wiedersehen. Onkel Fritz und Tante Julie hatten nämlich die Absicht, mich auf eine Rundreise mitzunehmen. Im Hochsommer.

Zu diesem Zweck nähte Mutter bis in späte Nachtstunden ein duftiges luftiges Kleid für mich. Einweihen sollte ich es schon zu Beginn der großen Ferien. Für diesen Termin war die Aufnahmsprüfung festgesetzt. Nachdem die Maturantinnen frei und mündig ausgeflogen waren, schwärmten die jungen Vögel, willens, flügge zu werden, zu einer Generalprobe in den Käfig.

„In die schwarze Gefangenschaft" nannte es mein neuer Verehrer aus der Nachbarschaft jenseits des Brunnens, über den früher mein Kindheitsbräutigam, der Walcher Loisl, geklettert war — einzig und allein, weil ich seiner leidenschaftlichen Vogelliebhaberei als aufmerksame Schülerin standgehalten hatte.

Sein Nachfolger kam für eine Vernunftehe nicht in Betracht. Als viel jüngerer Bruder von Frau Kutalek, geborener Kuritz, wohnte er im Erdgeschoß des Schulhauses. Genau über seinem Kabinett sang die Inspektor-Mitzi aus der hochmusikalischen Familie Gretler den ganzen Tag, obwohl sie der kränklichen Tante die meiste Arbeit abnehmen mußte.

Auf dem Weg zum Brunnen, zum Keller und zum Garten begegnete ihr oft zufällig mein Freund. Daß er auch ihr den Hof machte, reizte mich nicht zur Eifersucht, sondern verband uns zu einem Sympathiedreibund. Wir schwärmten ja auch insgeheim für den Grafen Bardeau, weil er glattrasiert war. Vielleicht, so denke ich mir, war damals unserem gemeinsamen Verehrer noch kein Bart gewachsen.

Er ging in die fünfte Klasse einer Stadtschule in Graz und kehrte uns Landmädchen gegenüber gern den Städter heraus.

Wir hänselten ihn dafür mit dem Spottvers:

> Der Pepi ist sehr eitel
> Auf seinen schönen Scheitel.

Begreiflich, daß er zurückschlagen wollte. Er tat es mit dem schwarz-rot-goldenen Freiheitsgeist, der schon den steirischen Mittelschülern eingeimpft worden ist. Das plänkelnde Knabenschwert hätte mich kaum angefochten, wenn ich nicht schon durch mutwillige oder feindselige Scherzworte von Erwachsenen verletzt gewesen wäre. Büßen dafür mußte mein Freund Pepi. Als er mir beim Ballwerfen einmal zurief, im Kloster gebe es nur einen Sport, nämlich das Rosenkranzbeten, schleuderte ich in hoheitsvoller Haltung den Möbelpracker vor seine Füße und wies ihn förmlich ab:

Herr Küritz, gehen Sie mit der Inspektor-Mitzi auf den Lawntennisplatz!

Mir erlaubte es Mutter ohnedies nicht. Und das Sie-Sagen war ganz in ihrem Sinn. Auch die Frau Inspektor Tremel meinte, wir Mädchen seien für das Duwort schon zu groß.

Noch unter dem Eindruck der häufigen Sticheleien auf geistliche Orden wunderte es mich, daß es Hildegard bei den Kreuzschwestern aushielt. Sie schickte wenige, aber dennoch fröhliche Lebenszeichen, in denen sogar die Schreibfehler spitzbübisch anmuteten.

Hoffentlich ist es bei den Ursulinen auch so lustig, sagte ich zu Tante Julie, wahrscheinlich sehr besorgt, denn sie wollte mir das Institut einloben.

Es ist ein sehr nobles, sehr teures Pensionat. Hundertzwanzig Kronen kostet allein der Aufenthalt, sagte Onkel Fritz.

Wird Vater das zahlen?

Das muß unser Lokalgeschäft schon tragen.

Und wenn Vater sich scheiden läßt?

Der Ehekontrakt lautet auf Mein Gut — Dein Gut.

Er läßt sich nicht scheiden, sagte Tante Julie.

Und sie schien recht zu behalten. Wie mir vorkommt, liebten die Eltern einander noch quälerisch. Sie taten sich gegenseitig allerhand zu Trotz. Und sie paßten wirklich nur durch Fleiß und Tüchtigkeit zusammen. Eines war dem andern unersetzlich. Wenn Onkel Fritz nichts erreichte, mußte ich die Mittlerin sein.

Paula, sag zu ihr! Paula, sag zu ihm!

Vielleicht wäre der Riß noch einmal geheilt, wenn ich mich für die

Kaufmannslehre entschieden hätte. Die Studi war ein Schlag für Vater. Für mich eine eingehämmerte Bestimmung, der ich bei aller Prüfungsangst, vermehrt durch düstere Vorhersagen, nicht mehr entrinnen konnte. Ich erleichterte mir das Herz in einem Brief an meine Schwester, ungefähr des Inhalts:

Ich glaube, die Ursulinen führen ein strengeres Regiment als die Kreuzschwestern. Und es kostet auch mehr. Sei froh, Du bist ein Sonntagskind. Aber ich will! schrieb ich, dreimal unterstrichen. Indem daß ich diese Ausbildung brauche, muß ich jetzt einmal der Heimat entsagen.

Im Prospekt, den mir Tante Julie gezeigt hat, stehen viel Vorschriften. Siehe da: 1. dürfen die Zöglinge nicht mehr als drei Kronen Taschengeld besitzen. 2. dürfen sie es nur für notwendige oder nützliche Einkäufe verwenden. 3. Briefe und Besuche sind nur einmal im Monat erlaubt. 4. Alle Post wird gelesen. 5. sind die Internen zum Tragen einer Uniform verpflichtet: Röcke bis zu den halben Waden, Ärmel bis zum Handgelenk reichend, und am Hals hochgeschlossen. Farbe im Winter dunkelblau, im Sommer schwarz. Für die Wochentage schwarze Clothschürzen. 6. Ausgänge nur in Begleitung. 7. Für die Aufnahme ist ein Sittenzeugnis erforderlich.

Nicht um meinen Leumund besorgt, wohl aber im Hinblick auf den Ernst des Lebens, welcher mir von Onkel Fritz angedeutet worden war, habe ich unsern Herrn Pfarrer gewiß mit sehr beklommenem Gesicht um das erwünschte Dokument angesprochen.

Er setzte sich an den Schreibtisch und griff nach dem Gänsekiel. Die Worte flossen wie vorbedacht in einem Zug auf das Papier. Zuletzt ließ er violetten Streusand darüber rieseln. Bei der Überreichung sah er mir ernst in die Augen.

Du wirst also Lehrerin, sicher nach Gottes Ratschluß. Ich gratuliere dir. Du warst mir eine sehr liebe Schülerin. Aber jetzt hinaus in eine andere Atmosphäre!

Um die Zeit meines 15. Geburtstages tat ich sozusagen einen Probeschritt aus meinem zerhagelten Paradeisgarten in eingezäuntes Neuland, das keineswegs wüst und leer, sondern vom Salzburger Erzbischof gesegnet und geweiht, aber für ein Landkind unheimlich war.

Frau Schwammberger, diesmal ohne Karl, begleitete Mutter und mich zur Wasserpforte am Salzach-Kai, wo ich mich vorstellen sollte. Eine Pförtnerin öffnete uns das Tor und die Tür zum Besuchszimmer. Sie nannte es Parlatorium. Mich mutete es wie eine

Eisgruft an. Das Gewölbe war durch ein Holzgitter abgeteilt. Diesseits standen wir, jenseits hinter einem durchsichtigen schwarzen Vorhang erschien nach längerer Wartefrist eine Klosterfrau. Sie war mittelgroß, rundlich, hatte scharfe Brillen und eine Aussprache, die ihr anschauliches Bild in ein höheres Wesen vergeistigte. Sie schien wenig Zeit zu haben, nannte mich einen Ausnahmefall, der auf Grund der eingelangten Dokumente ein gutes Prüfungsresultat erhoffen lasse. Man werde ja sehen. Entweder für den ersten Jahrgang oder die Vorbereitungsklasse. Zuletzt fragte sie zerstreut:

Also du bist aus...?

Ich hauchte: Öblarn

Wo liegt das?

Bei Schladming.

Und du heißt?

Grogger Baula.

Paula! wiederholte die vornehme Ordensdame ermunternd, du hast einen Apostelfürsten zum Namenspatron. Mach dich seiner würdig!

Meine Mutter dankte für die Audienz mit jener liebenswürdigen, aber sehr distanzierten Höflichkeit, welche sie unseren adeligen Kundschaften erwies. Es zeigte von Menschenkenntnis, daß sie sich am Schluß der Audienz zu fragen erlaubte:

Habe ich die Ehre, mich von der Frau Oberin zu empfehlen?

Ein freundlicher Blick verzieh den Irrtum.

Ich bin die Direktorin.

Mater Stanisla von Thielen, ergänzte die Pfortenfrau ehrfürchtig.

Nach der flüchtigen Verabschiedung, wiederum mit zerstreuter Redegewandtheit, blieb mir die entschwundene Klosterfrau hinter dem schwarzen Organdyschleier wohl unsichtbar, aber unverlierbar gegenwärtig. Mein Herz antwortete ihrer hochkultivierten Ausstrahlung mit schwärmerischen Impulsen. Das Beichtgitter schreckte mich nicht mehr. Die Hauptsache, ich hatte Glück bei der Aufnahmsprüfung. Dann, nach vier oder fünf Jahren würde ich dem Vater zeigen, daß ich doch zu etwas tauge.

Mir kam das Fräulein von Dahmen in den Sinn, und dazu fielen mir alle Aristokraten ein, die mit ihr an meine Zukunft glaubten.

Freilich erschien mir diese noch immer als Kaleidoskop. Es war mir klar, daß ich vorderhand der Schauspielerei entsagen müsse. Aber die Malkunst stand großgeschrieben auf dem künftigen Stundenplan, und mein Herz flatterte dem gefürchteten Käfig zu, für den mich eine weise Pädagogin gezähmt hatte.

Und hiaz, sagte die Pförtnerin, setzen S' Ihnen nieder, bis die Mater Rafaela kommt und Ihnen abholt.

Gemeint war die Institutsvorsteherin. Sie kam.

Frau Schwammberger, bis zu ihrem Eintritt in einer stillen Ecke des Parlatoriums, trat nun grüßend hervor und berief sich auf ihre Vermittlung. Mutter war abermals sehr höflich und sehr zurückhaltend. Nur zuletzt, als die kleine Pforte in die Absperrung geöffnet wurde, bat sie für mich um Nachsicht und Geduld, falls ich überhaupt aufgenommen würde.

Mater Rafaela wirkte militärisch. Sie hatte ein strenges, auch bebrilltes Gesicht, eine schulmeisterliche Stimme und eine schmächtige Gestalt! Ihre mütterlichen Tugenden sollte ich erst später kennenlernen. Im Augenblick ahnte ich sie noch nicht.

Der Weg von der Wasserpforte in das Institut war ziemlich weit. Wir gingen durch untergründige Wirtschaftsräume, entlang einer Wagenremise, eines Kohlenkellers, etlicher Holzlager, vorbei an offenen Badekabinen, deren Bottiche zum Trocknen umgestürzt waren. Links der langgestreckte Bau sei die Turnhalle, sagte Mater Rafaela über die Achsel und erinnerte sich plötzlich an das sogenannte Stöckl des hochwürdigen Herrn Hausgeistlichen und Religionsprofessors Dr. Prötzner, welches Zöglinge nur zufolge seiner besonderen Einladung betreten durften.

Die große Gebäudefront dahinter, die städtische Handelsschule, geht euch nichts an! warnte sie mich mit erhobenem Zeigefinger. Junge Mädchen, die kokettieren, Liebesbriefe schmuggeln und Zigaretten rauchen, sind für unsere Lehranstalt ungeeignet. Ob intern oder extern.

Die beiden Fremdwörter waren mir neu — doch ich erriet: jeder Zögling mit einer schlechten Sittennote werde unwiderruflich ausgeschlossen.

Daß auch ich dem Geschmack der Vorsteherin nicht ganz entsprach, spürte ich aus ihren Seitenblicken. Sie blieb einen Augenblick stehn und zupfte ein bißchen schmunzelnd an der schwarzen Haarmasche.

Deine Mozartfrisur hast du dir wohl der Stadt Salzburg zuliebe geflochten. Aber der Zopf und der Schopf müssen weg. Du hast Haar genug für einen dicken Gretchenkranz.

Und, fuhr sie mit ernster Miene fort, für unsere uralten Quadermauern solltest du besser angezogen sein. Du hast ein spinnwebdünnes Fähnchen auf dem Leib, einen Hals ohne Kragen und nackte Arme mit viel zu kurzen Puffärmeln.

Beim Eingang ins Pensionat raffte die Vorsteherin ein wenig den schweren schwarzen Habit und gab mir, von Stufe zu Stufe rastend, noch mehr Paragraphen der Hausordnung zu wissen:

Das frühe Aufstehn, das strenge Silentium, sogar bei Tisch, die Schwarze Tafel für Unpünktliche und Schlampige, das Verhör bei der Würdigen Mutter, die jährlichen Exerzitien, die tägliche Gewissenserforschung, die zum öffentlichen Selbstzeugnis verpflichtet ... Worte und Statuten, keineswegs erfaßt, aber wuchtig empfunden, machten mir beim Aufstieg die Beine schwer. Den Höhepunkt meiner Niedergeschlagenheit erreichte ich aber beim Küchentrakt, als Mater Rafaela auf eine massiv verschlossene Tür hinwies.

Hier beginnt die strenge Klausur, zu der Laien keinen Zutritt haben. Wer auch nur einen Schritt über die Schwelle wagt, verfällt der Exkommunikation. Einzig der hochwürdige Herr Erzbischof kann von einem solchen Frevel lossprechen.

Nach links abbiegend, begegneten wir schwarz- und weißgekleideten Klosterfrauen. Ich spähte vergeblich nach einem Lichtblick auf die Direktorin. Aber selbst die Unsichtbare verwirrte meine Gedanken und machte meine Ohren unwillig gegen den weisenden Zuspruch der Institutsvorsteherin.

Und hier, sagte sie, einen dunklen Korridor entlang weisend, ist linker Hand die Schulpforte und gradaus die Kapelle.

Im ersten Betstuhl vor dem Marienaltar blieben wir eine Weile knien. Immer beim Ave bekam die Mutter Gottes zwei Gesichter. Ich sagte ins Lächeln der Mater Stanisla:

Bitt für uns, daß ich die Prüfung besteh!

Und schon wünschte ich, ingedenk der gestrengen Mater Rafaela: Hoffentlich falle ich durch.

Gottlob habe ich auch das andere Examen bestanden, nämlich die militärischen Exerzitien, von einer militanten Pädagogin auferlegt.

Mater Rafaela Durmann war eine bürgerliche Offizierstochter. Sie verstand sich auf Abrichtung von Rekruten, bekanntlich ein Vorgang, der weh tut, aber die Tüchtigkeit von Leib und Seele erprobt.

Nach getaner Einschulung führte mich meine künftige Obristin zum Speisesaal, betupfte mich mit einem Weihbrunntropfen und überließ mich dem Schwarm der übrigen Lehramtskandidatinnen, die hier zur Jause versammelt waren.

Mir grauste schon vor dem kleinsten Fältchen Milchhaut, und ich stellte mich mit meiner Schale hinter den Rücken einiger Mädchen auf, die noch unklösterlicher gekleidet waren als ich. Sie befragten ein paar Uniformierte neugierig, ob es bei den Ursulinen auszuhalten sei.

O ja. Für uns schon, antwortete ein Zögling in reinem Hochdeutsch, aber den Dialekt müßt ihr euch abgewöhnen.

Nobel, sagte ein Mädchen, reden bei uns grad die Böhm. Und die Ungarn und die Polacken. Und die Russen.

Und die Deutschen, klang es uns entgegen. Wir Oberösterreicher singen, wia uns der Schnabel gwaxen is.

Lei zualosn därf uns neamd.

Du, sagte ich hellhörig, bist eine Kärntnerin.

Und du?

Eine Steirerin.

Ich auch. Eine Leobnerin. Und wo bist du zu Haus? In Öblarn. Nie gehört. Wo ist das? Im Murtal? Im Ennstal. Beim Dachstein? Beim Grimming, der ist fast genauso hoch.

Wir haben den Untersberg, der ist viel berühmter. Ist sagenumwoben. Und durch Eishöhlen interessant. Seehöhe 1973 Meter. Merk dir's, damit du es weißt, wenn du morgen geprüft wirst.

Ihr habt es ja leicht, sagte ich. Ihr habt alle die Bürgerschule hinter euch.

Und die Vorbereitungsklasse, sagte mehr als die Hälfte und verbreitete sich dann in ein Gespräch über Lehrpersonen und Lehrgegenstände, das uns Neuen die Fremdheit noch bewußter machte. Ich entnahm daraus die Tatsache, daß etliche Zöglinge ein „Ideal", die Mater Stanisla, verehrten. Doch sie unterrichtete erst ab dem zweiten Jahrgang. Welche Enttäuschung!

In Mathematik sei das Schwindeln unmöglich. Wehe, wenn wir die Mater Michaela bekämen! Zur Deutschprofessorin Fräulein Mary Narbeshuber könne man nur sagen: klassisch!

Und die Mater Rafaela? fragte ich.

Die hat doch in der Schule nichts zu reden, rief eine Externe.

Aber bei uns, sagte ein Zögling. Im Institut herüben führt sie das Regiment. Macht euch gefaßt, ihr heurigen Hasen!

Durch das augenblickliche Stillschweigen schwang tropfend der große Schöpflöffel, mit dem eine fast erwachsene Interne die Milch austeilte. Und eine Stimme erinnerte mich an meine deutschböhmische Verwandtschaft. Der Schriftsprache wegen hielt ich das große Mädchen für eine Autorität. Aber sie war weder eine Lehrerin noch eine Lehramtskandidatin, sondern eine Art Vertrauensperson, ein Waisenkind, im Kloster aufgewachsen und päpstlicher als der Papst, erzählten mir die Zöglinge. Ihr Name Alberta Krause machte mich ein bißchen gruseln.

Ihre Zurechtweisung zugunsten der Mater Rafaela hat mich immerhin erleichtert aufatmen lassen.

Ihr Externen, sagte sie, seid alle angesteckt von der Los-von-Rom-Bewegung. Wohlgemerkt: Niemand zwingt euch, den Schleier zu nehmen. An Heimweh stirbt keine. Und langweilig wird euch bei uns nie. Jeden Tag eine Stunde Rekreation, eine Stunde Spaziergang bei schönem Wetter, jeden Monat ein Ausflug zum Landgut St. Josefsheim. Öfters eine Wallfahrt nach Maria Plain. Im Winter Adventspiele und ein kostümierter Fasching mit Blumenreigen.

Bei der ausführlichen Vorschau in den Klosterkalender hatten schon angesessene Zöglinge lebhaft mitgetan. Ich hätte sie längst vergessen, wenn nicht das spätere Erleben mein Gedächtnis aufgefrischt hätte. Aber eins der beliebtesten Ereignisse schilderte man uns schon damals: den Tag der Zwetschkenknödel. Es durfte sich eine Anzahl Freiwilliger melden, die den Küchenschwestern bei der Herstellung an die Hand gehn sollten, denn der Erdäpfelteig aus etlichen Trögen mußte für rund 2000 Stück reichen, wenn man durchschnittlich zehn für jeden Klosterteller antrug. Mich lockte diese Verheißung der Uniformierten nicht, die nun von den „Kleinen" zu den „Großen" aufstiegen, wenn sie die Prüfung bestanden.

DER WALZERTRAUM

Auch ich bestand die Prüfung. Weil aber alle andern eine höhere Schulbildung hatten und die Zahl der Kandidatinnen schon die Höchstzahl 40 überschritt, wurde ich für die Vorbereitungsklasse zurückgestellt. Es tat mir leid, weil ich mit den Steiermärkerinnen schon Freundschaft geschlossen hatte.

Wieder zu Hause, vergaß ich sie bald, weil ich bei der Platzmusik mit einem Sommerfrischler-Backfisch bekannt geworden war. Sie hieß Janka Heurteux. Ihr Vater, ein Pole, hatte den hohen Titel Ministerialrat. Die Familie war sehr fromm; ihre Jugend: zwei oder drei Buben und das Mädchen, besuchten Klosterschulen. Dies hob mein Selbstbewußtsein, wenn mein Feriennachbar Pepi und der Forstadjunkt Apfelbäck mir meine Zukunft vergällen wollten.

Ein Schulbub, nur um ein paar Jahre älter als ich, imponierte mir überhaupt nicht. Daß auch ein richtiger Mann, ein gräflicher Beamter, mich verehrte, schmeichelte mir schon. Die Kitzinger-Töchter tanzten beim Kaiserfest ausschließlich mit Wiener Universitätsstudenten.

Mutter, gehen Sie doch mit! bettelte ich an Samstagabenden, wenn unsere Musikkapelle auf dem Dorfplatz trommelnd einhermarschierte und Herr Apfelbäck mich dahin entführen wollte.

Du bleibst da! sagte Mutter unerbittlich und setzte sich auf die Hausbank. Das Promenieren in Sehweite erlaubte sie.

Ich weiß nicht mehr, was ich mit meinem Verehrer dabei sprach, bestimmt nichts, was man bei den Ursulinen „kokettieren" genannt hätte. Ich zog es immer vor, mit Erwachsenen gescheit zu reden.

Dies war auch meine Absicht, als ich einmal, schon in der Dunkelheit, in das Haustor trat. Herr Apfelbäck spazierte richtig gemessenen Schrittes auf und ab und nahm augenblicks die gebotene Gelegenheit wahr, vom wunderbaren Sternenhimmel zu schwärmen.

Ich machte ihm keinen Schritt entgegen, war aber voll ehrgeiziger Impulse bereit, mit ihm, wie ich mich ausdrückte, zu philosophieren.

Seine plötzliche Liebeserklärung verschlug mir die Rede. Um so herzhafter fragte er:

Soll ich Sie küssen?

Die erwünschte Antwort gab er sich selber. Allein ich war ebenso schnell. Ich stieß ihn rücklings zwei Stufen hinab, das Raufen mit Stärkeren war ich ja von der Schulzeit her gewohnt. Daß ich, über seine Frechheit schwer beleidigt, schalt und mir heftig den Mund abwischte, hat hinwieder ihn beleidigt. Er grüßte mich fortan nicht mehr.

Das bekümmerte mich wenig. In meinem Gewissen hinterließ der ungestüme Mannesmund indes schmerzliche Spuren. Ich hatte meinem Nächsten Gelegenheit zur Sünde gegeben. Wo sollte ich beichten, bevor ich mein Studium bei den Ursulinen begann? Vor meinem hochverehrten Pater Bernhard schämte ich mich unsäglich. Vor meiner Mutter hatte ich Angst.

Nach langem Grübeln erfand ich einen Ausweg: Wenn Tante Julie und Onkel Fritz mich diesmal auf ihre Urlaubs-Lustreise mitnahmen, ergab sich in einer fremden Kirche bestimmt eine günstige Gelegenheit.

Ich fragte also mit ungeduldigen Hintergedanken alle Tage:

Wann fahren wir?

Auf die Woche, sagte Onkel Fritz des öfteren. Endlich sagte Tante Julie: Morgen.

Die Bahnfahrt und die Stadt Salzburg waren mir nicht mehr neu. Wir wohnten wieder im Gablerbräu und fuhren wieder nach Hellbrunn. Erst am Königssee verlangten meine bußfertige Seelenlast und meine sieben Sinne unter Hut und Haut nach schöpferischem Widerspiel. Ich kaufte nur kolorierte Ansichtskarten. Ich nahm mir vor, einen historischen Roman über den wahnsinnigen König Ludwig von Bayern zu schreiben, ein Bild von St. Bartholomä zu malen. Und ich drängte Onkel Fritz zur Rückkehr nach Salzburg, weil ich mir Wasserfarben und Pastellstifte kaufen wollte.

Im Stadtbereich galt meine nächste Bitte einer Theaterkarte.

Das Theater ist im August geschlossen. Aber Ischl hat Hochsaison, sagte Onkel Fritz.

Und was spielen sie? erkundigte ich mich.

Hoffentlich eine Oper!

Ich wünschte mir ein Märchen. Und Tante Julie sagte zuversichtlich:

Wo der Hof ist, kommen nur Salonstücke auf die Bühne.

Meine kindliche Schaubegier mußte sich noch die lange Fahrt hindurch auf der Schmalspurbahn gedulden. Der berühmte Schafberg und die Seenlandschaft lockten mich wohl ans offene Fenster.

Die vielen Ausländer hinter mir, die über meinen Hut hinweg ihrer Naturbegeisterung Luft machten, eiferten mein Gehör zwar zum Rätseln an. Ich studierte, welche Sprache sie redeten. Doch zutiefst unter dem oberflächlichen Sinnengenuß hielt ich mich schon für den Höhepunkt der Reise bereit. Freilich mit dem selbstverständlichen Wunsch, daß wir auch meine Schwester Hildegard ins Theater mitnehmen dürften.

Am Tag unserer Ankunft in der kaiserlichen Sommerresidenz gab man zum 50. Mal den „Walzertraum". Die Melodien waren mir schon durch das Grammophon vertraut. Mich interessierte viel mehr die Handlung und ebenso die Hofloge, wo nach Onkel Fritzens Behauptung Seine k. u. k. Majestät unter einem prunkvollen Samtbaldachin mit Goldfransen und Krone und Doppeladler sich dem Volk zeigen werde.

Von dieser Aussicht beschwingt, klopfte mein Herz am nächsten Morgen stürmisch dem Wiedersehn mit Hildegard entgegen. Leider regnete es.

Arm in Arm mit Tante Julie schritt Onkel Fritz ohne Umfrage zielsicher dem Institut der Kreuzschwestern zu. Daß er jede Stadt in Oberösterreich, Salzburg, Kärnten und Tirol so gut wie Graz kannte, ließ mich in stolzem Vertrauen hinterdrein spazieren. Auf telephonische Anfrage im Kloster erhielten wir die Besuchserlaubnis ausnahmsweise für den späten Nachmittag. Bei den Kreuzschwestern gab es kein strenges Klausurzeremoniell. Hildegard hatte den weißen Küchenschurz fast losgebunden. Sich überstolpernd, eilte sie auf mich zu. Wir riefen wie aus einem Munde:

Grüß dich!

Sie durfte uns auf der Führung durch die Lehranstalt begleiten. Jede Schwester stellte ihr ein Vorzugszeugnis aus. Und allgemein rühmte man ihr gutes Gedächtnis für Deklamationen.

Die Institutsbühne machte mir Eindruck. Gegen die prosaische Ausbildung sträubte sich mein poetisches Naturell. Während Onkel Fritz genaue Informationen über den Spezialkurs für Buchhaltung einholte, tuschelte ich hinter seinem Rücken meiner Schwester ins Ohr, daß wir am Abend in den Musentempel gingen.

Hoffentlich lassen sie dich mitgehn.

Wohin? fragte sie, nicht so gründlich eingeweiht in Onkel Fritzens Sprache.

In die Operette, sagte ich ein bißchen zu laut. Die Vorsteherin fing das Wort auf und sah mich in ihrer ganzen Größe fragend an. Das war genug für meine ungezügelten Impulse. Ich sagte beherzt:

O bitte, darf meine Schwester heut auf die Nacht mit uns gehen? In den „Walzertraum".

Die sonst so lieblich frommen Augen blitzten mich eisig an. Tante Julie räusperte sich.

Pardon, bitte nochmals um Entschuldigung.

Ein klösterliches Lächeln wischte meinen vorlauten Wunsch hinweg, und von mir zu Hildegard blickend, sagte sie:

Aber wenn dich der Herr Onkel und die Frau Tante in eine Konditorei mitnehmen wollen, kann ich dich bis zur Segensandacht beurlauben.

Also auf Wiedersehn pünktlich um sechs! erinnerte sie uns am Ende der Visitation.

In einiger Entfernung von den Klostergebäuden fragte ich meine Schwester:

Bist du unglücklich?

Gar keine Spur, sagte sie fröhlich. Gehn wir zum Zauner! Dort machen sie noch schönere Bäckereien als in der Kochschul.

In diesem Eissalon verkehrt die ganze aristokratische Hautevolee, sagte Onkel Fritz. Tante Julie konnte sich hier sehen lassen. Leider genierte sie sich mit Hildegard, die nach Onkel Fritzens Feststellung in ein paar Monaten völlig aus dem Leim gegangen war. Ihre Kleider platzten schon aus den Nähten.

Aber sie lernte ja auch die Schneiderei und zählte uns auf, was sie für die Ausstattung fertig habe. Ein Spitzenhemd, ein Nachtkorsett, Anstandshöschen und einen Rüschenunterrock. Ein englisches Kostüm war zugeschnitten und geheftet. Dazu nähte jeder Zögling noch ein Taufkleid für die Heidenmission.

Und mir versprach Hildegard, ein weißes Brautkleid mit Schleppe zu nähen, worauf ich ihr entschieden zur Antwort gab:

Ich heirate nie!

Ich wohl, sagte Hildegard.

Einen Kaufmann, bemerkte Tante Julie, bekam aber nur ein spitzbübisches Grinsen zur Antwort.

Rechnen und Buchführung lernst du jetzt im Kloster, tröstete ich meine Schwester ganz überflüssigerweise. Im Schweigen war sie unsrer Mutter sehr ähnlich. Sie bekritzelte nunmehr Ansichtskarten für die Eltern, die Dienstboten. Bei der letzten, glänzend bunt kolorierten an die Kofler Nannerl bat sie:

Ich brauchet auch die Unterschrift von ihrer Mutter. Gehn wir ins Hotel Kaiserin Elisabeth!

Herr Ober, zahlen! sagte Onkel Fritz mit Blick und Wink auf ein

Plakat. Es führte uns zum weltberühmten Kurkonzert. Der Regen hatte längst aufgehört. Schwärme vornehmer Herrschaften promenierten bei den flotten Klängen der Militärmusik unter den herbstlich vergilbten Baumkronen. Ich bilde mir ein, es sind wilde Kastanien gewesen. Die Sonne brannte noch ungeschwächt durch ihren Schatten. Und Onkel Fritz mußte Tante Julie den Reisemantel abnehmen. Sie seufzte manchmal asthmatisch, ihre Aufmerksamkeit war lebensvoll dem Publikum gewidmet. Wir hörten sie ausrufen: Schaut euch diese Toiletten an! Alles erstklassige Pariser Mode. Unsereins ist dagegen die reinste Landpomeranze.

Für mich bist du sehr elegant, schmeichelte ihr Onkel Fritz zärtlich. Und sie lächelten einander zu.

Wir Schwestern spazierten nach ihrem Beispiel Arm in Arm, so gut es ging, in ihrer Nähe, aber nicht so nahe, daß sie uns während einer Musikpause verstehen konnten.

Ich hatte mir vorgenommen, ausführlich zu wiederholen, was ich in einem längst begonnenen Brief nicht vollendet hatte, weil ja auch bei den Kreuzschwestern alle Post gelesen wurde.

Also, begann ich, in Salzburg ist es noch weit strenger als in Ischl, das kannst du mir glauben!

Ja, ja. Verzähl mir lieber von daheim! Ist die Mutter immer noch... noch auf den Vater harb? Laßt er sich scheiden? Oder nicht? Kauft er wirklich ein neues Auto!? Und... was macht der Puchwein?

Der Puchwein?! fragte ich erstaunt, sitzt oft beim Onkel Fritz oben mit dem Lehrer Gindl, der komponiert die Lieder selbst. Und die Tante Julie wartet ihnen mit sehr guten Torten auf. Aber jetzt kommt er weniger. Weil er die Kitzinger Bella verehrt.

Der Gindl?

Nein, der Puchwein.

O je!

Der Aufschrei und das Gesicht meiner Schwester gaben mir zu denken. Sie schielte mich weinerlich an. Ihre Schritte wurden schneller. Nach einer Weile stumpfer Schweigsamkeit, indessen sie mehrmals über die Achsel gespäht hatte, sagte sie tonlos:

Er ist in der Schul alleweil so lustig gewest. Und wie er mir das Entlassungszeugnis geben hat, bin ich ganz rot worden. Und alle haben mich ausglacht, weil er gsagt hat: Hilderl, den Dreier in Rechnen und Geometrie hab ich dir geschenkt, weil du dir sonst alles so gut gemerkt hast. Sag's niemand nicht! schluchzte sie, von Atemstößen geschüttelt. Ich kann ihn nit vergessen.

Um Gottes willen, entsetzte ich mich. Hat er dir sonst noch eine Liebeserklärung gemacht?

Sie schüttelte traurig den Kopf.

Du bist noch viel zu jung, belehrte ich sie, mit Nachdruck an ihrem Ellenbogen rüttelnd.

Nur um ein Jahr jünger als du. Die Leute halten uns eh für Zwillinge.

Und darum mußt du dir an mir ein Beispiel nehmen. Mich erobert kein Verehrer. Ich habe die Prüfung schon bestanden.

Ja, du! seufzte meine Schwester demütig. Sie war vom ersten Schuljahr an gewohnt, daß ich alles besser konnte.

Ich wollte sie trösten:

Sei froh, daß du bei den Kreuzschwestern ausgebildet wirst. Im Kloster ist die irdische Liebe sowieso verboten. Schau! Mein Blick hatte an der Litfaßsäule vorbei den Theaterzettel gestreift. Wohl schad, daß du nicht mit uns in den „Walzertraum" gehen kannst. Dann hättest du wenigstens eine Zerstreuung beim Arbeiten . . . und Beten, schloß ich unter düsteren Nebengedanken an meine Zukunft.

Hildegard riß mich zur Seite und studierte laut lesend die Ankündigung:

Ein Walzertraum. Operette von Oscar Straus.

Die Personen schnatterte sie wie eine Litanei herunter. Plötzlich fragte Tante Julie hinter uns:

Was habt ihr denn die ganze Zeit die Köpf zum Tuscheln zusammengesteckt?

Für das Blaskonzert habt ihr zwei wohl sehr wenig Interesse, grollte Onkel Fritz. Keine von euch hat der Marie ihr musikalisches Talent geerbt.

O ja! wehrte ich mich. Ich hab im Singen Sehr gut. Und die Hilda soll auch einmal eine Operette hören.

Tante Julie nickte.

Vielleicht kannst du sie doch noch ausbitten, bettelte ich.

Na, das geht nicht, sagte meine Schwester. Ich muß heut auf die Nacht selber zur Probe. Am 19. November spielen wir die Heilige Elisabeth. Und der Landgraf von Thüringen bin ich.

Im Hinblick auf diese Rolle fiel ihr der Weg zu den Kreuzschwestern leicht. Sie sagte ohne Stocken den ganzen Text auf und schilderte mir alsdann das prachtvolle Ritterkostüm. Keine Rüstung, sondern ein Barett, Harnisch und Atlashosen. Aber ein kurzes Kitterl über den Popo.

Die Trennung an der Pforte fiel uns nicht schwer. Jede lebendig von Kunstbegeistertung entflammt, bei aller Unterschiedlichkeit schwesterlich liebevoll, schüttelten wir einander immer wieder die Hände und wünschten: Pfüat Gott!

Die paar Stunden bis zum Beginn der Vorstellung sind in meinem Gedächtnis ausgelöscht. Und seltsamerweise ist auch die Handlung von der ersten bis zur letzten Szene hinter dem eisernen Vorhang von gut siebzig Jahren versunken.

Unverlierbar gemerkt habe ich mir einzig und allein die Enttäuschung, daß unser Kaiser und König Franz Joseph I. nicht erschienen war. Ich blickte während des ersten Aktes oft genug von der Galerie zur Hofloge hinab. Sie blieb dunkel. Dafür fesselte mich der Augenschein und noch mehr die lebensprühende Musik. Tante Julie hatte mir unrecht getan. Meine Impulse geigten und flöteten mit im Takt der Instrumente. Ich sah mich in berauschter Einbildung selber als Schauspielerin, was immer schon mein inbrünstiger Wunsch gewesen war, ich tanzte in den Armen des Kavaliers, der hinreißend elegant die Hauptrolle spielte, ich erhob mich auf der Galerie und applaudierte mit dem begeisterten Publikum, während er mich auf der Bühne in dramatischer Umarmung küßte.

> Leise, ganz leise weht's durch den Raum,
> Selige Weise, Walzertraum.

Gib doch Obacht! warnte mich Tante Julie nach der Vorstellung, als ich auf dem Weg zum Gasthof beinah in ein Auto gelaufen wäre.

Ich grübelte, ganz entrückt, wie der Text weiterging. Hildegard hätte ihn bestimmt von Anfang bis zum Ende aufsagen können.

Noch in meinem Kabinett, wo ich bei einer angebissenen Schinkensemmel fast einschlief, versuchte ich einige zerstreute Worte sinnreich zusammenzufügen. Es gelang mir nicht.

Die kurze Nacht währte für mich lang. So müde ich mich ins Bett gelegt hatte, so quälend wach blieb mein Geist bis in den Morgen. Ich erinnerte mich nüchtern, daß ich von Haus aus die Absicht gehabt hatte, in einer auswärtigen Kirche beichten zu gehen. Ich errötete in Gedanken.

Wie dumm erschienen mir jetzt die Gewissensbisse wegen der fremden Sünde! Sie war nichts gegen die eigene von gestern. Und immer noch. Das Bravsein war bisher leicht gewesen. Der fesche Forstadjunkt Apfelbäck war eine Null im Vergleich zu diesem Mann — zu diesem Künstler.

Onkel Fritz mußte mir behilflich sein. Vielleicht gab es irgendwo Photographien von der Operette zu kaufen.

Ich traf ihn beim Frühstückstisch allein. Er rief begeistert:
Na, wie hat dir der „Walzertraum" gefallen?
Gut!
Mein Erröten entging ihm wohl. Was er daraufhin befriedigt vom Komponisten Straus erzählte, ging mir bei einem Ohr hinein und beim andern hinaus.
Als endlich Tante Julie kam, erhob er sich höflich vom Sessel und begrüßte sie mit einem Handkuß. Ich bemerkte, daß sie zärtliche Blicke tauschten. Tante Julie trug zum Reisekostüm ihre teuerste Bluse. Ihr Lockenkopf war noch sorgfältiger gekräuselt als sonst. Und ihr Benehmen zwang den Kellner, sie mit ergebenem Bückling „gnädige Frau" zu betiteln. Beim Zahlen fragte er, ob er den Herrschaften einen Fiaker bestellen solle.
Onkel Fritz überprüfte die Rechnung, bedankte sich nobel mit Trinkgeld und sagte:
Ein Dienstmann genügt. Wir gehen zu Fuß.
Tante Julie fand dies unfein und genant.
Ich habe unsere Rundreise auf Heller und Pfennig auskalkuliert.
Aber die kaiserliche Sommerresidenz war die schönste und teuerste Station, verteidigte sich Onkel Fritz und zeigte uns sein letztes Fünfkronenstück.

ZWISCHEN VERGANGENHEIT UND ZUKUNFT

Mein Außen- und mein Innenleben entwirrte sich auf der Rückfahrt durch das Salzkammergut nur allmählich. Ich schloß vor der fliehenden Dämmerwelt immer wieder schlaftrunken die Lider und ergötzte mich in einem stundenlangen selbstgehöhlten Seelentunnel an herrlichen Zukunftsträumen. Am billigsten und schnellsten erreichbar schien mir immer noch der Beruf einer Dichterin. Die Malerakademie kostete schweres Geld. Unser Vater würde es niemals blechen. Und Tante Julie hatte bei meiner Entsagung gesagt: Zuerst einmal mußt du Lehrerin werden. Ich lächelte geheimnisvoll. Obzwar ich zur Schulmeisterei einen angeborenen Hang hatte, verstieg ich mich über diesen sonst ersehnten Beruf hinweg in den Künstlerhimmel, um — nach Onkel Fritzens Sprachgebrauch — eine Tragödin zu werden.

Ich hoffte, er werde von meinem Wunsch begeistert sein. Die Hauptsache, daß Tante Julie ihn unterstützte. Ihre Phantasie führte Regie, soweit ich zurückdenken konnte.

Dennoch zögerte ich in der ersten Septemberwoche, ihr anzuvertrauen, was ich poetisch Schicksalsbestimmung nannte. Ein Ausspruch meiner Mutter hemmte meine Redseligkeit. Obgleich sie selber stets Zuflucht bei ihrer Schwester suchte, hat sie mich oft gewarnt:

Merk dir's, man darf nicht zuviel auf sie losen!

Ein wenig unheildrohend wirkte ihre Erscheinung tatsächlich auf mich, wenn sie unvermutet aus dem Hintergrund des Automatenschrankes tauchte, um irgendwelche Mißstände, Schäden oder Diebstahl zu melden. Mit mir befaßte sie sich weitaus williger als Mutter. Sie hatte Zeit. Sie bevorzugte mich. Sie liebte mich wie ein leibliches Kind. Wenn mir ein Gedicht gelungen war, ließ ich mich von ihr bewundern. Wenn Vater verächtlich ihr müßiges Leben tadelte, sah ich in ihr die romantisch Leidende, welche sie de facto auch war. Sie paßte haargenau zu den späten Biedermeiergestalten der Gartenlaube. Den Hang zum Briefschreiben habe ich von ihr geerbt. Was sie jeweils damit angerichtet hat: folgenschwere Konflikte habe ich jedoch weniger verschuldet, weil ich meine Regie nur über Dichtergestalten ausübte.

Mein gereifter Verstand hat der mütterlichen Warnung recht gegeben. Ich habe im Rückblick meiner Tante Julie in dem Maß gegrollt, als ich sie in der Kindheit angeschwärmt und geliebt hatte. Indessen bin ich der absoluten Weisheit inne worden, daß sich Gut und Böse die Waage halten und summa summarum das Beste sind. Man muß nur sehr alt werden, um sich damit abzufinden... Bisweilen ist man selbst hoch in den Achtzigern noch nicht alt genug.

Damals im Paradeisgarten meiner Jugend empfand ich für Tante Julie jene Herzensdankbarkeit, welche sie letzten Endes als Werkzeug Gottes verdient.

In der kurzen Wartefrist auf den Schulbeginn, die mich den Eltern entfremdet hat, zumal diese, wenn auch entzweit, in ihrer kaufmännischen Existenz immer noch untrennbar zusammenhielten, besonders in ihrer endgültigen Überzeugung, daß ich meinen Willen nicht mehr ändern werde, verlor sich der letzte Rest Familienleben.

Die Köchin mußte unserm Vater meistens auf dem Schreibtisch servieren. Ich litt unter dem stolzen Schweigen meiner Mutter. Und ich versuchte mich mit kleinen Liebesdiensten hüben und drüben nützlich zu machen.

Größere blieben mir für später vorbehalten.

Noch unmündig, malte ich mir die Zukunft wie gesagt unerschöpflich phantasievoll in rosiger Glorie aus. Die Gegenwart, die kleine Welt versank mir bereits unter den Füßen. Mir wuchsen Flügel.

Wer mir jemals geweissagt hätte, mein Weg in die große Welt werde nur quer über unsere Bahnhofstraße führen und dort ins Ziel münden, wo auf ehemals verschmähtem billigem Ackergrund noch unser schönster Spielplatz, die Kitzinger-Tenne, gewesen ist — ein Prophet, der aus den Sternen oder aus meiner Hand enträtselt hätte: das Dorf Öblarn und der Grimming genügten für mein Talent, einem solchen Ehrenbeleidiger wäre Tante Julie mit einem zürnend stilisierten, in aristokratischen Lateinbuchstaben verfaßten, vier Seiten langen Anklagebrief begegnet.

Daß sie der städtischen Verwandtschaft ebenbürtig werde, erweiterte sie ihre Korrespondenz auf die noblen, höher betitelten Familien in Graz und in Judenburg. Natürlich schrieb sie auch ihren Schladminger Bekannten, vor allem der Frau Superintendent. Ich

hinwieder schickte den Freundinnen nah und fern meine neue Adresse:
Paula Grogger, stud. päd., Ursulinenkloster Salzburg.

Mein hölzerner Reisekoffer, 1 Meter 30 lang, 80 cm breit, mit gewölbtem Deckel 70 cm hoch, braun gestrichen, mit Sperrschloß abgesichert und vom Tischlermeister Zeiler pünktlich geliefert, gefiel mir leider nicht. Hatte ich doch in Bahnhofsnähe seit früher Kindheit genug vornehme Sommergäste kommen und abreisen sehen. Koffer, wie bäuerliche Dienstboten sie ins Haus brachten und Rekruten sie beim Einrücken für drei Jahre zum Militärdienst mitnahmen, überhaupt jedes bäuerliche Gepäcksstück erschien mir für die Stadt Salzburg zu minder.

Viel zu bäurisch muteten mich auch die Uniformkleider an, obwohl Mutter die Schnitte dafür dem „Blatt der Hausfrau" entnommen hatte. Das „Steirergewand" aus Blaudruck, welches ich natürlich nicht einpacken durfte, warf ich in die Sammelkiste für die armen Kinder. Meine Mutter zog es zornig hervor, dabei sagend: Versündig dich nicht!

Sie liebte die ländliche Tracht über alles. Und sie hielt sich auch streng an die übernommenen Formen und Vorschriften, die selbst Nätherinnen bereits außer acht ließen. Sie war von Natur aus eine Bewahrerin jenes Volkstums, dem Viktor von Geramb erst in den zwanziger Jahren eine akademische Lehrkanzel eroberte.

Ich hoffärtiges Kind meiner Zeit hätte mein ganzes Erbgut verschleudert, wenn ich aus der heimatlichen Gefangenschaft ausgebrochen wäre. Das Ursulinenkloster hat meinen flatternden Geist und mein unruhiges Herz gezähmt. Ich erkenne aus der Lebensübersicht, daß ich fünf Jahre sozusagen für Exerzitien beurlaubt war, damit ich die Ursprungskräfte aus meinem Paradeisgarten bewältigen könne.

Noch schätzte ich sie gering.

Alles Sichtbare darin, das ich zurückließ, verursachte mir freilich Abschiedswehmut. Vor dem Einschlafen und beim Erwachen quälte mich die frühreife Sorge um die Eltern. Und wenn Tante Julie sie mir tagsüber ausredete, blieb immer noch ein bohrender Stachel in meinem Bewußtsein, den ich ihr nicht zeigen wollte. Er wurde größer und größer.

Wenn ich jetzt für fünf Jahre ins Kloster ging, mußte ich dem Gedanken ans Theater entsagen und jedenfalls die sündhafte Versuchung beichten, welche der „Walzertraum" einen Augenblick lang in mir geweckt hatte.

Ob ein Schauspielerkuß schon eine Todsünde war? Die Antwort darauf hatten wir in der Religionsstunde nicht gelernt.

Auf meinem Rundgang in die Nachbarschaft sparte ich mir das Grüß-Gott-Sagen beim Herrn Pfarrer für zuletzt.

Er präludierte gerade am Klavier und überhörte, daß mich jemand, ich habe vergessen, wer, durch den Türspalt schob. Als er den Klavierdeckel zuklappte, bemerkte er mich und verstand. Aha! sagte er, schon reisefertig? Ich gratuliere dir zum Studium, noch dazu in der Mozartstadt. Salzburg ist der richtige Ort für deine Fortbildung. Einmal in puncto Musik. In Öblarn... von diesem Organisten kann dein Gehör nicht geschult werden. Dann, eine neue Welt für das Auge: die klassisch-italienische Baukunst. Das alpine Panorama, nach Deutschland offen. Die fürsterzbischöfliche Kultur mit leider dem einzigen Manko, daß die Benediktiner zum theologischen Lehrstuhl keine Universität haben... Aber warum schaust du mich denn so verzweifelt an?! Paula, fällt dir das Fortgehn so schwer?

Ich schüttelte den Kopf gegen die verwirrenden Gedanken und Vorsätze, die mich zum Bekenntnis drängten. Aber wenn ich schon vor der Beichte Angst hatte, war ich ohne Gitter zwischen dem Herrn Pfarrer und mir noch weitaus mehr befangen.

Er sprach mir, nichtsahnend, Courage zu.

Paula, du warst mir immer ein liebwertes Pfarrkind. Reife jetzt mit Gottes Hilfe zu einer tüchtigen Lehrerin aus!

Ich hauchte einen Dank, während er mir die Stirn segnete. Meinen Handkuß verschmähte er. Weltgewandt, wie er war, begleitete er mich wie ein Fräulein zum Haustor und sagte, schon im Griff nach der Klinke:

Seit meine Mutter tot ist, bin ich sehr einsam geworden. Vielleicht siedle ich auch einmal von Öblarn fort.

O bitte! rief ich erschrocken, sind Herr Pater Bernhard zu Weihnachten wohl noch da?

Er lächelte beruhigend. Um es vorweg zu nehmen, mußten noch drei Weihnachten und ein halbes Jahr vergehn, bis er unter seine letzte Eintragung in die Pfarrchronik schrieb:

Und jetzt Schluß damit.

Er brachte uns die Nachricht, die der Volksmund längst vorbereitet hatte, selber im Herbst des Schuljahres 1910. Ich war noch auf Ferien zu Hause und bei Mutter im Laden behilflich. Sie schickte mich wahrscheinlich zum Geldwechseln in die Schreibkanzlei.

Mein vorsichtiger Eintritt wurde gar nicht beachtet. Ich war in eine politische Unterhaltung geraten, der ich halben Ohres entnahm, daß Pater Bernhard wie fast alle Öblarner Bürger den Deutschnationalen zustimmte. Erst im Fortgehn sagte er mit einem Blick auf mich:

Ich komme jedenfalls noch einmal, um mich von der ganzen Familie zu empfehlen.

Onkel Fritz begleitete ihn zur Tür:

Wird es denn faktisch Ernst, Herr Pfarrer?

Jawohl, war die spröde Antwort, die ich seit siebzig Jahren im Gedächtnis habe. Wenn man zu lange an einem Ort weilt, so wird man den Leuten zu gemein.

Der Ausspruch gab mir zu denken wie viele seiner absonderlichen Worte und Weisheiten. Begriffen habe ich ihn erst durch bittere Erfahrung. Seinerzeit hob mich die „Alpenpost" über manche Nachreden hinweg.

Gottlob, die geistliche Glorie, die unsern Herrn Pfarrer umstrahlte, wurde in meinen Augen noch leuchtender, als wir im Kirchenblatt lasen, Seine Hochwürden Professor Dr. Theol. u. Phil. Pater Bernhard Lindmayr, der verdienstvolle Seelsorger von Öblarn, sei für die Pfarre Gaishorn ernannt und nunmehr Seiner Gnaden Dechant des Kreises Paltental...

Wenn Phantasie und Erinnerung miteinander spielen, geschieht es jeweils, daß man sich im Labyrinth der Vergangenheit vergeht. Man muß, um ans Ziel zu finden, bei einer Mauer die Markierung suchen, die man ausschweifend verloren hat.

Wo bin ich stehen geblieben?

Sozusagen vor dem Beichtspiegel. Mein Sündenfall fehlte darin, denn die Schauspielerei war nicht verboten. Hatte doch sogar unser Kaiser eine Geliebte aus diesem Beruf. Aber heiraten durfte er sie nicht, weil sie nur eine Bürgerliche war.

Und überhaupt lebten sie miteinander nur in idealer Beziehung, hatte die Exzellenz Gräfin Nostitz der Frau Inspektor Tremel versichert. Und ich erfuhr es von meiner Freundin Mitzi.

Aber um Rat wollte ich einen so wilden, koketten, geschwätzigen Backfisch nicht fragen. Ebensowenig meine liebste Freundin Bella, die von einer strengen Gouvernante erzogen und indes erwachsen war. Mir blieb nichts übrig: An allerhand fraglichen Auswegen vorbei trieb es mich doch zu meiner Mutter.

Daß sie, den ganzen Tag beschäftigt, gar nicht wahrnahm, wie beharrlich ich ihr nachging, milderte meine Bedrängnis, andererseits aber wuchs sie durch die Ungeduld, die peinliche Beichte endlich hinter mich zu bringen. Nur noch ein Tag trennte mich von dem Eintritt in die Klosterschule. Der schwere Reisekoffer stand schon zum Abtransport bereit.

Zwei große Ledertaschen klafften indes offen, weil uns immer noch etwas einfiel, was des Mitnehmens wert war. Mutter merkte eben ein paar Wollstrümpfe für den Winter mit der Nummer 12 und sagte milder als sonst:

Paula, tummel dich! Morgen mußt du früher als sonst aufstehn.

Ich blieb sitzen. Meinen Rücken fröstelte. Ich hatte gebadet. Mein sauber gewaschenes Haar, kopfüber zum eisernen Ofen geneigt, wurde allmählich trocken. Mein Gesicht dahinter glühte.

Morgen, dachte ich, morgen darf ich mir nicht mehr den Mozartzopf flechten. Die Knödelfrisur ist wohl auch verboten. Und die Brennscher, seufzte ich laut. Und meinen Spiegel und meine Staffelei und die schönsten Kleider muß ich natürlich daheim lassen.

Jetzt heißt es halt einmal studieren, sagte Mutter auf hochdeutsch.

Ich seufzte! Um die Tanzstunden ist mir schon leid. Da ich keine Antwort bekam, trotzte ich weiter.

Mutter drehte die Nachttischlampe ab und die Deckenlampe auf, weil sie ihre Reisehandschuhe und die Uhr verlegt hatte. Nachdem alles gefunden war, sagte sie:

Jetzt muß ich noch die Hunde äußerln führen.

Nicht! Bleiben S' da! bat ich hinter dem Vorhang meines fliegenden Haares.

Du kannst dich wohl selber kampeln, sagte sie, war mir aber doch behilflich. Ich schrie ein paarmal: Au weh!

Obgleich sie jammern nicht leiden konnte, tadelte sie mich diesmal nicht. Was sie sonst redete, ist mir nicht in Erinnerung. Ich habe ihr gar nicht zugehört. Ich fragte sie plötzlich laut, was ich insgeheim immer dachte:

Mutter, ist das Küssen eigentlich eine Unkeuschheit?

Sie staunte befremdet.

Wie kommst du denn auf so eine Idee?

Zumal ich schwieg, fügte sie zögernd bei: Es kommt ganz drauf an. Bei einem Ehebruch...

Na, na, nein! rief ich eilends, so was meine ich nicht. Es handelt sich um ein Theaterstück.

Ach so.

Wenn man nämlich dabei zuschaut.

Na, ja.

Und wenn einen nachher davon träumt, nicht nur bei der Nacht, auch wenn man munter ist, räusperte ich hervor. Und wenn man sich ... öfter ... jeden Tag vor dem Einschlafen gewunschen hat, er küßt einen.

Wer? Meine Mutter wurde nachdenklich und um so argwöhnischer, als ich schwieg. Sie striegelte mir die verfilzte Mähne aus der Stirn und betrachtete mich bestürzt. Mir scheint, du kommst schon in die gefährlichen Jahre. Hast du denn eine heimliche Bekanntschaft gemacht? Trau den Männern nicht! Wer ist es denn? Wie heißt er?

Ich schupfte die Achseln.

Also ein x-beliebiger. Und wo habt ihr euch getroffen?

Nirgends, hauchte ich, ob der mütterlichen Aufregung zerknirscht.

Tu nicht leugnen!

Ihr Blick ging mir wie eh und je mitten ins klopfende Herz, ermattete indessen bald zu bekümmerter Wachsamkeit.

Oder? forschte sie noch dringlicher. Bildest du dir schon wieder was ein?

Ich lüge nicht, beteuerte ich schuldbewußt, ich habe ihn wirklich gesehen.

Wo?

In Ischl. Im Sommertheater. Er ist ein Operettensänger. Und ich kann ... ich denke, ich bring ihn nicht mehr aus dem Kopf ... So ein eleganter Kavalier! Und so eine Stimme!

Mutter atmete vom Schrecken zu glücklicher Heiterkeit auf.

Wohl, wohl, die Musik ist schon was Schönes. Dich hat sie halt verliebt gemacht. Aber das ist doch keine Sünd. Denk nimmer dran!

Gründlich, wie mein Gewissen einmal war und ist, gab ich mich mit dieser Lossprechung nicht zufrieden. Die Erkenntnis, daß ich meiner Mutter nur ein halbes Geständnis abgelegt hatte, ließ mich nicht zur Ruhe kommen. Ich hörte im Bett jede Viertelstunde der Turmuhr schlagen. Bevor ich mich vor der Geisterstunde fürchten mußte, entschloß ich mich, die ganze Wahrheit zu sagen, wozu ich ja peinlich streng erzogen worden war. Ingedenk der Tatsache, daß es auf lange Zeit die letzte Gelegenheit für eine Generalbeichte sei, und wohl auch, weil ich jetzt sicher hoffte, Mutter werde meinen Entschluß höchstens zu den „läßlichen Sünden" rechnen, in feierlicher Abschiedsstimmung, fühlte ich mich zu gewählten Worten verpflichtet. Oder sollte ich einen Brief hinterlassen? In Gedanken schrieb ich ihn bereits.

Liebste, teuerste Mutter! Ich bin des Klosters nicht würdig, denn ich möchte gern eine Schauspielerin werden.

Meine Federschachtel und ein paar Mappen Schreibpapier waren aber längst eingepackt. Ich mußte reden.

In übermächtiger Gewißheit, daß Mutter noch nicht schlafe, klinkte ich die Türe zwischen unsern Zimmern auf. Eine kleine brenzlige Baumölflamme in rotem Glas beschimmerte ein bißchen die Wand neben Mutters Bett. Am Fußende der Sessel trug wie ein Tischchen einen Tiegel Bauernsalbe, einen Rest essigsaurer Tonerde, Mull- und Flanellfaschen, Sicherheitsnadeln, Wasser und Schere. Am Kopfende neben dem Nachtkästchen lag Flocki in einem weichgepolsterten Korb. Seine schwarze Nase schnupperte wachsam zu mir auf.

Mutter war noch wach. Sie wunderte sich nicht über meinen Besuch. Sie blickte mich aus verweinten Augen forschend an und machte mir Platz.

Gib acht! sagte sie, während ich mich steif und schief auf den hohen Matratzenrand hockte. Unter der Tuchent ist der Simmerl.

Das war ihre gelbe Glückskatze.

Ich tat mir mit meinem eingelernten Vorsatz schwer. Ich wußte plötzlich den Anfang nicht mehr und habe wohl ein sehr klägliches Gesicht gemacht. Meine Mutter schüttelte ernst den Kopf.

Paula, du denkst zuviel. Das mußt du dir abgewöhnen!

Ich schnappte nach einer Antwort.

Ja, ja, unterbrach Mutter den Widerspruch auf meinen Lippen. Du nimmst alles zu tragisch. Du wirst das Heimweh bald überwinden können. Und wenn du ausgelernt hast, bist du eine selbständige Person, eine Lehrerin, vielleicht in Öblarn ... Denn das versprich mir: Klosterfrau darfst du keine werden! Da, sagte sie mit verzerrtem Lächeln, da verlieret ich dich ganz.

Nein, nein, wollte ich überschwenglich schwören, indes ich auf den Sessel mit dem Verbandzeug starrte und mir ihres mühsamen und schmerzhaften Lebens bewußt wurde. Der Mut, ihr meinen geheimen Entschluß zu gestehn, blieb mir in der würgenden Kehle stecken.

Geh endlich ins Bett! sagte meine Mutter fast verweisend. Und vergiß deine dummen Skrupel und Schwärmereien. Laß dir gemerkt sein: das beste Heilmittel ist, nicht dran denken.

Das war leicht gesagt.

NUMMER 12

Der Abreisetrubel fesselte mich freilich an die Oberfläche des Daseins. Wie mir erinnerlich, vertrieb ich mir die aufregenden Stunden des Vormittags, indem ich immer wieder auf die Uhr schaute und von meiner Menagerie Abschied nahm. Unsere Dienstboten belästigte ich mit Bitten, den geliebten Küniglhasen Bimberl gut zu füttern und ihm, wenn es kalt würde, reichlich frische Streu aufzuschütten. Die Hunde beschwor ich nach dem Beispiel der Mutter in hochdeutscher Sprache, ja recht wachsam zu sein und gefährliche Einbrecher aus dem Gewölb zu verscheuchen. Im Garten besuchte ich den Vogelfriedhof und das Schildkrötengrab. Mein Eichkätzchen, das ich mit der Milchflasche aufgezogen hatte, schwang sich in Freiheit von Baum zu Baum.

Das Reisegepäck stand schon im Vorhaus, und mein größter Holzkoffer wurde gerade auf einen Handwagen geladen, als mein Blick zufällig das Auslagenfenster streifte.

Die glänzend schwarze Clothschürze fehlte mir noch. Ich bettelte so lange, bis Mutter sie herausnahm. Tante Julie merkte sie mit meiner Institutsnummer 12.

Kann sein, daß ich durch unsern Hof und den Schulhof und den Friedhof noch schnell in die Kirche lief und wie auch sonst in Bangigkeit hinter dem Rücken der Maier Loisl ein Vaterunser aufsagte.

Unser Mittagessen, sonst punkt elf Uhr, tischte uns die Köchin Marie um eine halbe Stunde früher auf. Appetit hatten wir wenig, dafür brauchten wir sehr viel Zeit zum Anziehen.

Ich wühlte noch einmal im großen Reisekoffer, weil ich der schwarzen Uniform die dunkelblaue vorzog. Und Mutter kleidete sich unter dem Beistand von Tante Julie in Pilsener Mode: das war eine bodenlange Zwickelschoß, rückwärts mit gebauschten Fächerfalten, eine Säumchen-Seidenbluse, eine Überjacke aus Plüschpelz und ein grauer Lüstermantel. Ihren Girardihut hatte Onkel Fritz aus Wien bestellt.

Der einzige Schnellzug Graz—Salzburg, der talauf in Öblarn hielt, und das nur, weil der Graf Bardeau es wünschte, mein Zukunftsexpreß war laut Fahrplan um ½ 1 Uhr in Aussicht. Schon beim 12-Uhr-Läuten machten uns Mutter und ich auf den kurzen Weg zur Station. Das ganze Hauspersonal trat gerührt mit Glückwünschen an. Onkel Fritz und Tante Julie begleiteten uns zum Zug. Von Vater hatte ich mich nicht verabschieden können. Er war mit unserm Schofför, dem Herrn Greifensteiner, seit Tagen auf einer Geschäftsreise.

Über die Fahrt nach Salzburg weiß ich aus späteren Wiederholungen, daß sie mit dem Aufenthalt in Bischofshofen ganze vier Stunden dauerte und mir allzu schnell verstrich. Sicher habe ich während dieser letzten Zeit vertrauter Zweisamkeit auf meine schweigsame Mutter allerhand Wichtigkeiten und Nichtigkeiten eingeredet, vielleicht um nicht denken zu müssen.

In Salzburg begrüßten uns Frau Schwammberger und ihr Sohn Karl. Er nahm uns das meiste Gepäck ab und führte uns zu einem Schalter, wo wir das Eilfrachtgut auslösten. Umsichtig und mit dem Stolz eines Reisemarschalls verschaffte er uns für den größten Koffer einen „Spediteur", für uns rief er einen Fiaker herbei. In diesem Dreisitzer hatte der Riese Karl nicht Platz. Er sollte dem Wunsch der Frau Schwammberger gemäß auf die Begleitung verzichten, was er denn auch traurig und mit zeitraubender Umständlichkeit tat.

Der Spediteur war geschwinder gewesen. Er trat vor der Wasserpforte bereits ungeduldig von einem Fuß auf den andern und verlangte sein Geld. Den Koffer habe er vor einer halben Stunde, übertrieb er zornbebend, dem Hausmeister bei den „Urscheln" abgeliefert.

Ich war über ihn nicht weniger empört als er unsertwegen. Ein Glück, daß die vornehme Direktorin Mater Stanisla von Thielen hinter Gemäuer und Gitter und Schleier das ordinäre Schimpfwort nicht gehört haben konnte.

Zu meiner Enttäuschung erwartete mich im Parlatorium eine andere Klosterfrau, nämlich die resche und in der Wirtschaft tätige Mater Alfonsa, die aber, soviel verstand ich schon vom Orden, gewiß keine Laienschwester, sondern eine Chorfrau war, da sie eine schwarze Haube trug.

Sie habe es eilig. Sie öffnete in Gottes Namen das Pförtchen zwischen sich und mir. Dabei sprach sie vom Nachtmahl. Was sie ansonsten redete, lauter prosaische Fragen und Antworten, die meine seelische Ergriffenheit nicht berührten, ihre „Gefühllosigkeit" machte mir den Abschied von meiner Mutter noch schmerzlicher.

Die Zöglinge, mehr als hundert, waren bereits im Refektorium. Ich kam gerade für das Tischgebet zurecht und wurde schnell hinter einen freien Sessel geschoben. Als ich bei der Anricht die Institutsvorsteherin erkannte, fühlte ich mich bei ihrem ersten Blick allen Klosterstatuten unterworfen. Angesichts ihrer wachsamen Augen und der vorbildlich gefalteten Hände wurde mir meine weltliche Erziehung bang bewußt.

Zumal man während eines langen gemütlichen Biedermeierfriedens, jedenfalls in bürgerlichen Geschäftshäusern, das bäuerliche Bitten bei den Mahlzeiten verlernt hatte und sich nur noch vor dem gesegneten Weihnachtsbrot und dem Osterschinken andächtig bekreuzigte, mußte ich im Chor der Zöglinge also tun, als betete ich seit eh und je jeden Tag dreimal:

Herr, segne diese deine Gaben, die wir von deiner großen Güte empfangen haben und empfangen werden.

Hand aufs Herz! Ich bewegte nur geschickt die Lippen. Im letzten Sinn betet man um das tägliche Brot nur dann, wenn es rationiert ist.

Damals dachte ich bei einer Portion Scheiterhaufen, die mir über die Schulter gereicht wurde: So was haben bei uns die Dienstboten zum Nachtmahl gekriegt.

Mir hatte die Mutter statt dessen ein Stück Schweizer Käse und ein paar Blättchen ungarische Salami aufgeschnitten. Daß der künstlerische Mensch, manchmal fast leergeschöpft, auch um die Speisung des Geistes bitten müsse, habe ich, kostheikel gegen die Ursulinenküche, nicht geahnt.

Das Mädchen neben mir hieß Ida. Ihr schmeckte der fade Semmelschmarrn so gut, daß sie ihren Teller zum Nachfüllen hinhielt.

Sie war im Pongau daheim. Durch unsere nahverwandten Mundarten wurden wir gleich mitteilsam. Sie hatte auch keine Bürgerschule, doch immerhin fünf Klassen Volksschule absolviert, in St. Johann, wo ihr Vater beim Steueramt angestellt war.

Vor dem Abendessen war Lesung und Gewissenserforschung. Zum Zweck der Kontrolle mußten wir Zöglinge uns ab Nummer 1 der Reihe nach melden. Ich hatte mich bald vorgestellt. Ida Müllner kam erst bei 93 dran.

Nach dem Abendessen hatten wir Rekreation. Mater Alfonsa führte mich, diesmal recht hausmütterlich um viele Kleinigkeiten besorgt, zu meinem Kasten. Er hatte zwei Türen. Auf dem linken Flügel stand die Institutsnummer: 12. Der rechte Flügel gehörte der Nummer 93. Ida Müllner war schon mit dem Einräumen beschäftigt, half mir aber sogleich den schweren Holzkoffer öffnen und machte im obersten Fach für meinen Florentinerhut Platz. Den därfst du aber nicht aufsetzen, sagte sie bewundernd. Sie bewunderte überhaupt alles, was ich ihr reichte: meinen Paletot, meine Uniform, meine neuen Clothschürzen, meine Nachtjäckchen und meine Turnhose. Paula! begann sie, das blustige Satingewamst ihrer hageren Gestalt anpassend, zu de Hosen muaß man im Kloster Beinkleid sagen. Oder „die Unaussprechliche", verbesserte ich sie. Das weiß ich von meiner Tante. Und überhaupts, fuhr sie leiser fort, wann uns wer hört, sollet ma nach der Schrift reden. Meine große Schwester hat mich schon abgericht. Sie lobt die Ursulinen sehr. Ich hab eine Ermäßigung. Destwegen wird man genau so gut behandelt. Aber bei den Großen im Internat herrscht ein verflixter Kastengeist. Du wirst es schon sehen. In der Vorbereitungsklass' bist noch eine Null, sagte sie. Ein bissel mehrer wird man im zweiten Jahrgang. Aber im dritten und nachher im vierten, da bist wer!

Das habe ich im Waschraum bemerkt, als mich eine „Große" vernichtend zur Statue machte, weil ich gedankenverloren und betrübten Herzens vor ihr zur Wasserleitung strebte. Nicht so sehr das Heimweh denn das Gewissen quälte mich.

Mater Rafaela hatte nach dem Abendgebet uns Neuen die Stirn mit Weihwasser betupft und sodann uns feierlich eingeschärft, etwaiger Kardinalfehler ingedenk, aufrichtig Reue und Leid zu erwecken und mit guten Vorsätzen für das kommende Schuljahr alle Versuchungen des Bösen Feindes zu bekämpfen.

Die Alten wissen ohnehin Bescheid, sagte sie von ihrem Katheder herab. Für diejenigen, welche aus ihrem weltlichen Habitus schlüpfen und morgen beim Heiligen-Geist-Amt kommunizieren möchten, sitzt ein Hochwürdiger Herr Beichtvater im Krankenchor.

Unser Religionsprofessor, der Dr. Prötzner, is gar nit so zwider, hatte mir meine erste Institutsfreundin zugetuschelt. Er gibt als Buß meistens nur eine Überwindung auf.

Das war mir kein Trost, eher ein warnender Fingerzeig.

O Gott, o Gott, warum hatte ich nicht auswärts gebeichtet! Wenn nicht ein Wunder geschah, blieb mir nichts anderes übrig, als meine peinliche Versuchung dort zu gestehen, wo ich mich am meisten für sie schämte.

Nachdem wir im Waschraum unter dem Dachgeschoß verschwenderisch planschend Gesicht und Hals und Hände gesäubert hatten, führte uns die Aufsichtsperson Adalberta Krause zum Großen Schlafsaal. Darin standen, sehr matt beleuchtet, an die zwanzig Betten. Jedes hatte eine Nummer, eine Bettschere und am Kopfende einen Sessel. Unsere Aufsicht verschwand hinter einer hohen dreiteiligen spanischen Wand. Ihre unsichtbare Stimme erinnerte die geschwätzigen Mädchen von Zeit zu Zeit drohend an das strenge Silentium.

Nicht reden, bitte!

Nicht denken! Nicht denken! hörte ich meine Mutter von ferne sagen. Ich zog mir gehorsam Decke und Tuchent über die Ohren, doch es half mir nicht, den wunden Punkt zu überwinden.

Mein Gewissen wurde wunder und wacher und hellhöriger, indes die gestrenge Tag- und Nachtwächterin Adalberta noch mit den Perlen ihres Rosenkranzes klapperte. Als sie endlich einschlief, gab ich den laut aufräumenden Mitzöglingen die Schuld an meiner gestörten Nachtruhe.

Es sind die Nerven, sagte ich mir, trotzdessen nach andern Ursachen weitergrübelnd. Es ist das fremde Bett... Und alles Neue. Die vielen Lehrpersonen! Gott sei Dank auch sehr sympathische wie das „Fräulein Mary", die bei der Aufnahmsprüfung meine Deutscharbeit gelobt hatte. In erster Linie zog es mein Herz zur hochgebildeten Mater Stanisla von Thielen. Sie war ein wirkliches Ideal. Das andere, unerlaubte, der geliebte Schauspieler, spielte plötzlich keine Rolle mehr.

Wohl aber... die Schauspielerei! Diesen Zukunftstraum bekannte ich mir zögernd ein. Diesen Vorsatz gab ich niemals auf. Ich täuschte die Klosterfrauen mit einer Lüge. Was würde Mater Stanisla zu meinem Geheimnis sagen?

In der Beichte mußte ich jedenfalls die ganze Wahrheit gestehen. Ob der Religionsprofessor mich lossprechen werde? Theaterspielen war schließlich eine erlaubte Kunst. Aber das Küssen! — Ich vergrub mein Gesicht im harten Roßhaarpolster.

Nicht denken, nicht denken!

Doch je gewaltsamer ich mich zum Schlaf betäuben wollte, um so williger und wohlgefälliger erlagen meine Sinne den berauschenden Erinnerungsbildern.

Leise, ganz leise

Weht's durch den Raum...

Und wenn mein Gedächtnis versagte, begann ich lernbegierig von vorn.

Als in grauer Frühe die Klingel schrillte, erschrak ich zu trübem Bewußtsein.

Im Namen Jesu, aufstehn! tönte es in meinen Ohren nach. Ich blinzelte gewiß recht unglücklich zu Mater Alfonsa auf, während sie frisch und fröhlich schmunzelnd an meiner Tuchent riß.

Mitunter mußte eine Neue zum Schweigen gebändigt werden. Es wurde uns gesagt, daß um 6 Uhr die erste heilige Messe und um 7 Uhr das Frühstück sei. Für die Nüchternen, wohlgemerkt! aber erst nach dem Hochamt.

Ich beschloß, nüchtern zu bleiben. Im Krankenchor erforschte ich eine Zeitlang mein Gewissen. Zum Beichtstuhl wagte ich mich auch hinter den letzten nicht. Wie sollte ich mich schicklich ausdrücken? „Ich habe applaudiert." — „Bei?" — „Einer pikanten musikalischen Frivolität." So hatte Tante Julie den „Walzertraum" voll Begeisterung gelobt.

„Ich habe mich leichtfertig verliebt. Noch mehr! Ich habe mir eine Umarmung gewünscht. Aber wirklich das erste Mal im Leben."

Wie oft ich mir das Lippenbekenntnis auch schon wörtlich zurechtgelegt hatte und wie sehr ich mich damit quälte, es gelang mir nicht, mein Vorleben, so nannten die Erwachsenen eine zweifelhafte Vergangenheit, in deutlichen Sätzen zu schildern. Denn ich hatte ja nichts getan. Die Sünde spielte sich in der Phantasie ab — immer noch, wenn mir die Operettenmelodie einfiel. Dabei liebte ich den Sänger gar nicht mehr. Heiliges Ehrenwort!

Ich betete zu meinem Schutzengel und brachte es zu dem Wunsch, daß man schriftlich beichten dürfe. Mit Aufsätzen hatte ich immer Glück. Die volle Wahrheit stundenlang einem Brief zu vertrauen, zuerst mit Bleistift und Radiergummi, dann mit lateinischen Buchstaben, eine Art Hausarbeit, die man ohne Unterschrift auf den Altar legte. Schreiben wäre für mich die Erlösung gewesen.

Als es zur ersten Messe läutete, verließ der Beichtvater den Krankenchor. Ich folgte ihm nicht zur Kirche. Mit ein paar Neuen, die ich von der Aufnahmsprüfung her kannte, irrte ich, über die Hausordnung noch unsicher, stiegenauf. Man schenkte mir aber keine Beachtung, weil ich nicht zum ersten Jahrgang gehörte.

Bei meinem Kasten blieb ich stehn. Weiß nicht, wie lange ich in meinen Fächern kramte und im Eifer, noch besser Ordnung zu machen, mich verlorenen Geistes sogar an Idas Eigentum vergriff. Die hinter meinem Rücken vorbeiflüsterten, machten mir bewußt, daß noch immer strenges Silentium sei.

Einmal trappelten die „Kleinen", die hatten ausschlafen dürfen,

in musterhaftem Stillschweigen vom Oberstock nach unten. Bald folgte ihnen ein Schock älterer Zöglinge. Und meine Freundin Ida zupfte mich, laut sagend:
Gehst du zum Frühstück oder zur heiligen Kommunion?
Ich legte einen Finger auf die Lippen, weil ich nicht antworten wollte. Sie hielt es für eine Mahnung und enteilte.
Der Trakt, in dem unser Kasten stand, wurde nun menschenleer. Er grenzte, wie mir bereits ehrfurchtgebietend eingeprägt worden war, an die Strenge Klausur. Verletzen konnte man diese zwar nicht, denn die Trennwand hatte eine verschlossene Tür.
Als plötzlich einmal der Schlüssel im Schloß knarrte, gab es mir einen Riß. Ich fürchtete, eine Nonne werde mich verweisend fragen: Was tust du denn hier so allein?
Die Klinke bewegte sich, die Angeln quietschten, und mein Blick erstarrte vor der plötzlichen Erscheinung der hochverehrten Mater Stanisla.
Ich verneigte mich mit jenem tiefen Knicks, den ich seinerzeit der Pförtnerin abgeschaut hatte, und hauchte den Aristokratengruß: Küß die Hand.
Die Direktorin betrachtete mich nachdenklich durch scharfe Brillen.
Bist du nicht die ... die steirische ... Paula?
Ich nickte freudig und vergaß ob der Überraschung meinen schweren Gewissenszwiespalt, sah nur noch, daß sie die Arme vollbepackt hatte, und langte beflissen zu, als sie mir aufbot, an ihrer Statt abzusperren. Mir war, als berührte ich den Himmelschlüssel.
Ob der freundlichen Erlaubnis, ihr tragen zu helfen, bekam ich Herzklopfen. Sie eilte mir die Stiegen in den dritten Stock voraus, die beiden Studierzimmer und die Schuhputzkammer entlang bis zum Gangende, wo sie zwischen zwei Türen einen Augenblick stehenblieb. Dann wählte sie rechter Hand die Tür mit der Aufschrift: Direktionskanzlei.
Das Fenster zum Salzachkai strahlte von der Morgensonne. In einem verhüllten Käfig piepste ein Vogel.
Deck den Hansi ab! sagte Mater Stanisla, und dann kannst du ihn gleich füttern. Verstehst du das?
Ich hauchte: Oh! Die Frage bewegte mich zu einem Wirbel von Antworten.
Ich wollte von meiner Menagerie erzählen. Aber bevor ich ein paar Sätze in gewähltem Hochdeutsch auf der Zunge hatte, gab mir Mater Stanisla ein Wischtuch in die Hand.

Abstauben kannst du auch ein bißl. Nur bring mir nichts durcheinander!

Das Säubern in greifbarer Wirklichkeit war ich von daheim aus nicht gewohnt. Jetzt als Ehrenaufgabe veranlaßte es mich zu beflissener Gründlichkeit. Der Wunsch, den Aufenthalt in der Nähe meines Ideals so lange als möglich zu verlängern, ließ mich jeden Handgriff zwei- und dreimal tun.

Im gründlichen Putzeifer geriet ich unversehens in meine Seelentiefe. Was würde Mater Stanisla zu meinem Geheimnis wohl sagen? Sie stand bei ihrem altmodischen Rollschreibtisch und las eine Drucksache mit dem Titel: Verordnungsblatt. O Gott, sie hatte keine Ahnung! Als sie sich einmal nach mir umwandte, gab ich dem Kanarienvogel hastig ein welkes Salatblatt.

Ich studierte, mich räuspernd, gewählte Sätze zusammen, doch keineswegs, um sie auszusprechen. Nach einer stummen Einleitung über mein Erlebnis in Ischl tat ich mir beim Liebesthema ziemlich schwer. Aber, beteuerte ich mit geschlossenem Mund, ich habe allen Versuchungen entsagt. Ich denke nicht mehr an die Vergangenheit, nur noch an die Zukunft, indem daß ich...

... eine Schauspielerin! — dachte ich bestürzt in dem Rücken der ehrwürdigsten Respektsperson. Sie saß, in die Lesung vertieft. Trotzdem hörte ich sie antworten:

Kind, du paßt nicht ins Pädagogium. Du nimmst einem frömmeren Zögling den Platz weg.

Ihre heilige Verachtung wuchs in meiner Phantasie zu jenem Urteil an, das Mater Rafaela seinerzeit allen unmoralischen Lehramtskandidatinnen angedroht hatte.

Aber ich wollte nicht heimgeschickt werden, die Matura war unbedingt notwendig, wenn ich in Theaterstücken von Goethe und Schiller auftreten wollte. Nach dem Urteil von Onkel Fritz und der Kitzinger-Gouvernante spielte meine Schwester Hildegard noch besser als ich. Aber sie nahm ihr Talent nicht ernst. Sie merkte sich Kochrezepte genauso gut wie Gedichte. Und sie hatte das Heiraten im Sinn. Ich dagegen war zu fünf Klosterjahren mit höheren Studien, Opfern und Entsagungen bereit. Ernst ist das Leben, heiter die Kunst.

Ich bleibe, sagte ich zu mir selbst, und wischte und wischte, wo längst kein Stäubchen mehr lag. Als ich das Fenster öffnete, um das Tuch auszuschlagen, stieß ich eine Vase zu Boden und, was noch peinlicher: der Kanarienvogel flatterte mir auf den Kopf.

Mater Stanisla bot ihm lächelnd einen Finger.

Du hast vergessen, das Käfigtürchen zu schließen. Doch mein Hansi fliegt nicht fort, tröstete sie mich, die ratlos auf die Scherben starrte. Ihr aristokratisches Benehmen gab mir den Rest. Ich wäre ihr am liebsten um den Hals gefallen. Doch ich hütete mich davor, weil unsere Mutter für Zärtlichkeiten nichts übrig hatte. Zum Glück machte die Klingel meiner Inbrunst ein schnelles Ende. Völlig entzaubert war ich freilich nicht. Meine verstauchten Seelenflügel hatten sich immerhin gelockert und entrückten mich nun schwerelos, als hätte ich Wein getrunken, durch das Getümmel der Zöglinge über drei Stockwerke hinweg zur Kirche.

DAS HEILIG-GEIST-AMT

Bevor ich das letzte Kapitel nacherlebe, prüfe ich mich kritisch, ob auch alles, was mir einfällt, stimmt. Und ich wage nicht, beschwörend Rechenschaft über jeden Augenblick der fernen Vergangenheit zu geben. Doch eines ist sicher: Meine Erinnerungsbilder haben sich aus Tatsachen und Wahrheit verdichtet. Mögen sie unklar, weil etwas durcheinander oder übereinander geraten sein, so haben sie sich doch sinngemäß zu einem Ganzen geprägt. Schon die Daten im Kalender bürgen für jedes Blitzlicht.

Der Mensch kann nicht aus seiner Haut heraus. Unentrinnbar der selbeigenen Wesenheit verwachsen, empfindet und reagiert er, sich selber treu, und die ihm einverleibten Momentaufnahmen fügen sich organisch zusammen, wenn sich der Lebenskreis schließt.

Salzburg war für mich das, was ich, durch Bücherlesen gebildet, unter dem Wort „Elysium" verstand. Die Hochschätzung für die Stadt meiner Jugend habe ich vom Onkel Fritz geerbt. Daß ich sie bis ins hohe Alter noch bewahrt habe, überzeugt mich zum Glauben: Es wird schon so gewesen sein, sonst wäre es nicht so weitergegangen.

Die Fischer-von-Erlach-Kirche, Eigentum des Klosters, war fast zu klein für die vielen geistlichen und weltlichen „Ursulinen". Der, wie ich später zulernte, hochberühmte Barockstil machte mir noch keinen Eindruck. Ich nahm nur wahr, daß die Fenster sich nicht in die Außenwelt, sondern zu vier Oratorien öffneten. Das Zöglingschor und das Krankenchor kannte ich bereits. Die Gegenseite gehörte zur Strengen Klausur. Jenseits von Gittern und Glasscheiben wußte ich die mir noch unbekannte Würdige Mutter sowie „Matres", Novizinnen und Laienschwestern, zusammen vielleicht hundert Nonnen. Ganz genau konnte es Ida Müllner mir nicht sagen.

Sie schupfte die Achseln und wies meinen Blick auf eine andere Sehenswürdigkeit.

Die heilige Angela! flüsterte sie zu einer Statue empor. Ich betrachtete diese ziemlich unaufmerksam. Mich störte die fremde Betonung, und ich flüsterte zurück:

Daheim sagen wir Angéla.

Da die Meßfeier noch nicht begonnen hatte, schwätzte Ida hinter der hohlen Hand noch weiter. Eine Adelige aus altem Geschlecht, dö, was den Orden gegründet hat. Aber aus Demut erwählte sie die Heilige Ursula als Patronin. Indem daß die selbig mit elftausend Jungfrauen der Gottesgeißel Attila, dem Hunnenkönig, entgegengetreten ist. Sie fiel in der Schlacht bei Köln im Jahre...

Dann, dachte ich, hätte diese historische Heldin auch ein Denkmal verdient. Meine Augen schweiften nach einem passenden Platz. Gute Einsicht in die Kirche hatte ich ja.

Wir von der Vorbereitungsklasse, dreimal soviel Externe mitgerechnet, mußten, zu je vieren geordnet, entlang des linken Seitenaltars stehn. Rechts war die Bürgerschule. In den Bänken saßen, knieten, rutschten, in Selbstbehauptung eng gedrängt, die vier Jahrgänge. Auswärtige, die zu spät kamen, versteckten sich hintereinander im Schwarm von Nachzüglern, der immer dichter wurde. Ich bemerkte das alles, weil ich von meinem Platz aus des öftern nach dem Eingang schielte. Als ich zwischen den vielen Müttern und Großmüttern, die uns den Ernst des Lebens mit Gebetbuch und Rosenkranz erleichterten, endlich den Girardihut und den grauen Lüstermantel meiner Mutter sah, klopfte mir das Herz in jugendlichem Selbstbewußtsein. Ich hätte ihr gerne zugeflüstert:

Sorgen S' Ihnen nicht um mich!

Schon beim Kyrie dachte ich mir, daß sie ihre Tränen nicht verhalten könnte. Eine lateinische Messe erinnerte sie an vergangene Zeiten, da sie als erste Solistin auf dem Schladminger Kirchenchor gesungen hatte.

Wegen meiner sollen Sie nicht traurig sein, wollte ich ihr mit einem Lächeln andeuten, weiß Gott, wie oft, bis sich plötzlich alle vier Jahrgänge geräuschvoll von den Knien erhoben. Denn der hochwürdige Herr Dr. Prötzner stand bereits auf der Evangelienseite.

Ich müßte lügen, wenn ich seine Ansprache zitieren wollte. Im Rückblick auf fünf Heilig-Geist-Ämter vermute ich, unser Seelenhirt sprach von der Berufung zum Lehramt, zur geistlichen Mutterschaft und zum Ordensleben.

Von der Malerei und der Schauspielkunst redete er bestimmt kein Wort. Er warnte uns vielmehr vor den Gefahren des Leibes und der Seele. Ich kannte diese bereits und wollte mich dennoch in sie begeben... stürzen! verbesserte ich mein Gedankenbild.

Was Dr. Prötzner, ein jesuitisch nüchterner Professor und Prediger, uns für den Einstand mitgab, erweckte in meiner poetischen Seele einen theatralischen Widerhall. Ich befand mich anschaulich auf dem Scheideweg und betete beim Offertorium, beim Sanctus und bei der Wandlung inständig um eine überirdische Antwort. Der Schutzengel gab mir keine. Und der Heilige Geist erhörte wohl nur die Lehramtskandidatinnen. Ich verfiel in Trotz und Glaubenszweifel. Was sollte ich tun? Selbst entscheiden? Beichten? Oder zur Mutter fliehen, damit sie mich heimnähme? In unser Eisengeschäft! Nach Öblarn, wo es weder Theater noch Panorama noch Museum noch Fortbildungsschulen gab. Ein Dorf war überhaupt zu klein für meinen künftigen Beruf. In Öblarn konnte ich keine Lehrerin, keine Malerin und am wenigsten eine Schauspielerin werden. In Salzburg war alles möglich. Was ich bereits seit der Aufnahmsprüfung wußte: das Institut hatte sogar einen Festsaal! Und mein Gehör — hoffte ich als Vorzugsschülerin —, meine Stimme werden bis zur Matura so ausgebildet sein, daß ich später vielleicht doch...

Chorsängerin war ich ja auch daheim schon gewesen.

Bei diesem Hochamt hätte unser Herr Pfarrer die Arme weit ausgebreitet und schön wie ein Opernsänger Pater noster gesungen. Was von oben zu uns herniederrauschte, die Flöten- und Geigen- und Orgelmusik, setzte meiner Phantasie keine Grenzen.

Ob der Tonkünstler Wolfgang Amadeus Mozart das komponiert hatte? Heilige Schwingungen durchpulsten mir Leib und Seele. Sie trugen mich rhythmisch vom Bodenpflaster zu einer Wolkenbühne, die dem kaiserlichen Hoftheater von Ischl immer ähnlicher wurde. Ich schloß die Augen, was mein Wunschbild noch sichtbarer machte.

Nicht denken! Nicht denken! Mitsingen! befahl ich mir und versuchte auch schon zu reimen wie stets, wenn mein Herz aus dem Gleichgewicht schnellte. Meine Finger taktierten mit dem Chorgesang.

Agnus Dei / qui tollis pec / cata mundi

Zu lis-pe stimmte nur... Rispe. Und auf mundi reimte sich überhaupt nichts. Mit dichterischer Freiheit höchstens: Stunde... Runde, Bunde, Wunde. Ja, so ging es:

Lamm Gottes mit der Todeswunde,

Gib mir Kunde aus des Heiligen Geistes Munde.

Aber, sagte ich mir kritisch, die Silben holpern. Und es gibt keine deutschen Wörter, die genau mit den lateinischen harmonieren.

Später einmal, wenn ich, nach der Matura, die Römersprache erlernt habe, werde ich spielend leicht das ganze Hochamt in Verse umdichten. Aber, zögerte ich mit Bedacht, als Tragödin brauche ich eher Französisch, Englisch und Italienisch.

Wenn, überlegte ich mir zum Trost, wenn alles Bestimmung war, wie Mutter behauptete, dann mußte ich jetzt vom Heiligen Geist einen deutlichen Wink bekommen. Ich betete ein Vaterunser nach dem andern um Erleuchtung. Ich betete vor der Christusstatue um ein Wunder.

Nichts war zu hören. Kein Blick, kein Kopfneigen zeigte mir, daß ich zur Schauspielerin erwählt war. Die Enttäuschung weckte in mir Glaubenszweifel.

Erst die Schelle des Ministranten riß mich in die Wirklichkeit zurück. O Gott, was hatte ich mir wieder eingebildet! Ich klopfte, überzeugt von Schuldgefühlen, reuig an die Brust und verbesserte mein schlechtes Gewissen mit den drei Anrufungen, die mir aus allen Mündern zu Hilfe kamen. Die Muttersprache in Prosa verlockte mich unwiderstehlich zu poetischer Verbesserung. Es gelang mir nicht. Zum Eigenschaftswort „würdig" stimmte nur der unpassende Ausdruck „gebürtig". Vielleicht ging es umgekehrt.

Ich bin nicht würdig, Herr!

Darauf reimte sich: Lehr, Meer, sehr, schwer, Begehr, Bär, Ehr, leer, Wiederkehr, kreuz und quer, spär: ein Dialektwort. Aber Speer paßte!

Lamm mit dem Todesspeer. Der Einfall beglückte mich zum Weiterdichten. Die erste, nein die zweite Zeile hatte ich schon. Für den Anfang mußte ich eine Endung mit -eise finden. Grüblerisch wie mein Gedächtnis im Reimen war, bot sich mir eine große Auswahl: leise, Weise, Reise, Kreise, Meise, lobpreise, befleiße, im Schweiße, im Paradeise, verheiße, Seelenspeise.

Im Hinhorchen über gut siebzig Jahre dämmert mir noch der Alptraum, wie inbrünstig ich mich anstrengte, meine Beichte durch Poesie zu ersetzen. An Einfällen mangelte es mir niemals.

Kann sein, daß mich ein tadelnder Blick von Adalberta Krause traf. Kann sein, daß man mich ein paarmal hin- und herpuffte. Plötzlich erschrocken, fühlte ich mich zum Altar gedreht.

Rechts und links die Chorgitter im Erdgeschoß standen bereits offen. Der Geistliche schritt eben mit dem Hostienkelch zu den Klosterfrauen. Die erste der Knienden war sicherlich die hochehrwürdige Mutter Oberin. Ihr Anblick gemahnte mich an unser Doktorbuch, in dem mich das Kapitel über Korpulenz besonders interessierte... Die Anzeichen von Wassersucht gaben mir zu denken. Ob eine Ursulinin die Karlsbader Kur machen durfte? Wacholderbeeren waren ein gutes Hausmittel. Der obersten Vorgesetzten solche anzuraten, hätte ich nie gewagt. Sie wirkte sehr majestätisch.

Neben ihr erkannte ich in schwärmerischer Wiedersehensfreude die Direktorin Mater Stanisla. Bei Mater Rafaela, der dritten Respektsperson, deren rauhe Schale mir damals den Balsam natürlicher Mütterlichkeit noch verbarg, begann ich zu zählen... Wie manchmal vor dem Einschlafen. Trotz besten Willens, vielleicht, weil ich mich vor der verscheuchten Erinnerung fürchtete, geriet ich durch die vielen Kommunikantinnen, die Adalberta Krause in schier endloser Reihenfolge zur Abspeisung dirigierte, alsbald in ein Durcheinander von Augenschein und Gedankentempo. Denn die mehrsilbigen Ziffern ließen sich nicht in den Dreivierteltakt zwingen. Und die Zeremonien des Hochamtes vollzogen sich bei aller Feierlichkeit schneller, als mein Eifer sie begleiten konnte. Es war höchste Zeit. Ida Müllner kehrte schon vom Speisgitter zurück. Ich stand als letzte vor den Externen. Adalberta Krause zupfte mich vergebens. Meine Dichtung erschien mir dringender. Vier Zeilen waren schon fertig. Um sie ja nicht zu vergessen, übte ich sie mit gedankenloser Befriedigung immer wieder von Anfang an und hoffte, daß mir der richtige Schluß schon einfallen werde.

Himmlische Speise,
Weihrauch im Raum,
Leise, ganz leise
Wünsch ich im Traum —
Hoffen und Bangen!
Glück ohne Ruh!
Schicksalsverlangen!
Liebe, bist du!

Endlich! Gott sei Dank! wollte ich denken, als mir auch schon die unschickliche Operettenszene in den Sinn kam. Ich bekreuzigte mich. Nein, nein, nein! Ich begehrte keinen Kuß. Und meiner Liebe zu diesem Sänger hatte ich längst entsagt. Meine Liebe war eine erhabene Leidenschaft! Für die Sch...

Ich schloß die Augen vor der Versuchung, die in mir musizierte. Mein Gedicht war keine Eingebung des Heiligen Geistes. Ich bereute es. Ich wollte es auslöschen. Doch der angeborene Ländlertakt, dem meine Jugend hörig war, beherrschte meine Seelenschwingung. Er machte mir meine Aufgabe zur Lust. Er überdauerte die Fürbitten, die Danksagung, das Ite, missa est und das letzte Evangelium. Als die Ministrantenschelle mich wieder in die Knie zwang, hatte der hochwürdige Herr Dr. Prötzner schon das Velum über den Schultern, und seine geweihten Hände erhoben die Monstranz zum Tedeum. Die Orgel präludierte das erhabenste Kirchenlied, das mich von Kind auf mit biblischen Visionen zum Himmel entrückte. Meine irdischen Augen spähten nach der Mutter. Ihr taktierender Zeigefinger und ihre schöne Stimme verhalfen mir stets zum richtigen Einsatz. Ich schöpfte glückselig Atemluft und sang im Chor der Internen und Externen, der Mütter und Großmütter, der Klosterfrauen, Heiligenstatuen und steinernen Barockengel, so laut ich konnte:

Großer Gott, wir loben Dich.

Die Hymne war mächtiger als der Walzertraum.

(Amen)

Februar 1979